Eveline Althaus
Sozialraum Hochhaus

Urban Studies

Eveline Althaus (Dr. sc.) ist Sozialanthropologin und wissenschaftliche Projektleiterin am »ETH Wohnforum – ETH Centre for Research on Architecture, Society and the Built Environment« am Departement Architektur der ETH Zürich.

Eveline Althaus

Sozialraum Hochhaus

Nachbarschaft und Wohnalltag in Schweizer Großwohnbauten

[transcript]

Die Druckvorstufe dieser Publikation wurde vom Schweizerischen Nationalfonds zur Förderung der wissenschaftlichen Forschung unterstützt. Gedankt
wird auch dem ETH Wohnforum – ETH CASE sowie dem Gemeinschaftszentrum Telli für die Beteiligung an den weiteren Publikationskosten.

Bibliografische Information der Deutschen Nationalbibliothek
Die Deutsche Nationalbibliothek verzeichnet diese Publikation in der Deutschen Nationalbibliografie; detaillierte bibliografische Daten sind im Internet
über http://dnb.d-nb.de abrufbar.

Umschlaggestaltung: Maria Arndt, Bielefeld
Umschlagabbildung: Cover und Buchrückseite: Matteo de Mattia
Korrektorat, Lektorat und Satz: Andrea Althaus
Druck: Majuskel Medienproduktion GmbH, Wetzlar
Print-ISBN 978-3-8376-4296-4
PDF-ISBN 978-3-8394-4296-8

Gedruckt auf alterungsbeständigem Papier mit chlorfrei gebleichtem Zellstoff.
Besuchen Sie uns im Internet: *https://www.transcript-verlag.de*

Bitte fordern Sie unser Gesamtverzeichnis und andere Broschüren an unter:
info@transcript-verlag.de

Inhalt

Dank | 9

1   **Einleitung** | 11
1.1   Forschungsdesign und -methoden | 14

I THEORETISCHE GRUNDLAGEN

1   **Nachbarschaftsforschung** | 29
1.1   Die Anfänge der Nachbarschaftsforschung | 30
1.2   Kritik und Rekonzeptualisierung | 38
1.3   Die Erforschung heutiger Nachbarschaften | 47
1.4   Nachbarschaften in Großstrukturen | 64
1.5   Nachbarschaften als Forschungsgegenstand | 69

2   **Hausbiografien in der theoretischen Reflexion** | 71
2.1   Zur Vielschichtigkeit und Formung von Raum | 71
2.2   Forschungsperspektiven auf das ›Haus‹ | 77
2.3   Hausbiografien: Porträts von Häusern im Wandel der Zeit | 84
2.4   Doing house-biographies: Methodologische Diskussion | 91

II HISTORISCHER KONTEXT UND HAUSBIOGRAFIEN

1   **Großwohnbauten und Bauboomjahre (1950-1979)** | 99
1.1   Sozio-ökonomische und städtebauliche Entwicklung | 100
1.2   Bauen im großen Maßstab: Rationalisierung und Vorfabrikation | 102
1.3   Zur Krise des Großwohnungsbaus in den siebziger Jahren | 111
1.4   Segregationsprozesse nach 1980 | 116
1.5   Das Erbe des Baubooms: Herausforderungen heute und morgen | 119
1.6   Wohnen in Großwohnbauten als Forschungsgegenstand | 131

Bildanhang I: Historischer Kontext | 135

2   **Hochhaus am Waldrand: Unteraffoltern II, Zürich** | 143
2.1   Eine Ortsbegehung | 143
2.2   Planungs- und Baugeschichte | 145
2.3   Krise: Bauschäden und soziale Segregation | 149
2.4   Erneuerung: Sanierung, Sozialarbeit und Bevölkerungsstruktur | 154

2.5 Verwaltung und Unterhalt | 175

2.6 Perspektiven von Bewohnerinnen und Bewohnern | 180

2.7 Zusammenschau | 192

Bildanhang II: Unteraffoltern II | 195

3 Ein Stadtteil in der Vertikalen: Mittlere Telli, Aarau | 213

3.1 Eine Ortsbegehung | 213

3.2 Planungs- und Baugeschichte | 215

3.3 Sozio-demografische Disparitäten und Quartierarbeit | 226

3.4 Verwaltung und Unterhalt | 242

3.5 Perspektiven von Bewohnerinnen und Bewohnern | 256

3.6 Zusammenschau | 270

Bildanhang III: Telli | 273

III NACHBARSCHAFTEN IN HOCHHAUSSIEDLUNGEN

1 Gebaute Räume | 291

1.1 Raumanordnungen und nachbarschaftliche Zugehörigkeit | 292

1.2 Im Übergang zwischen Innen und Außen | 294

1.3 Fürs Kollektiv gebaut | 299

1.4 Die eigenen vier Wände: Abtrennung und Durchlässigkeit | 307

2 Kontakte und Verbindungen | 309

2.1 Distanz wahren und Nähe zulassen | 309

2.2 Das vielseitige Spektrum nachbarschaftlicher Kontakte | 312

2.3 Mehr als Nachbarn: Weitere Bezugspunkte | 324

3 Spannungen und Konflikte | 333

3.1 Konfliktpotentiale im Generationengefüge | 334

3.2 Auslöser für Nachbarschaftskonflikte | 341

3.3 Kommunikation in Konfliktsituationen | 347

4 Steuerung und Organisation | 353

4.1 Administrative und soziale Steuerung | 353

4.2 Geselligkeit organisieren | 363

5 Vielfalt und Differenzen | 369

5.1 Alteingesessene und Neuzugezogene | 370

5.2 Postmigrantische Nachbarschaften | 376

5.3 Diversität und hybride Identitäten | 383

5.4 Diskurse über Integration | 398

6 Stadträumliche Einbettung | 401

6.1 Innen- und Außenzuschreibungen | 401

6.2 Segregationsprozesse | 404

6.3 ›Durchmischung‹ in der Nachbarschaft | 407

Schlussbetrachtungen | 411

Abkürzungsverzeichnis | 421

Abbildungsverzeichnis | 423

Literatur- und Quellenverzeichnis | 427

Dank

Bei der Entstehung dieser Arbeit haben mich viele Menschen unterstützt. Ihnen allen möchte ich von Herzen danken. Ein besonderer Dank geht an meine Mentorin Marie Glaser (ETH Wohnforum – ETH CASE), die mich an das Projekt und die Hausbiografien heranführte und mir über alle Phasen klug, ermunternd und mit Rat und Tat zur Seite stand. Ebenso dankbar bin ich meinen Referenten Dietmar Eberle (Departement Architektur, ETH Zürich) und Sybille Frank (Institut für Soziologie, TU Darmstadt) für die vielen wertvollen und bereichernden Anregungen und ihre Unterstützung bei der wissenschaftlichen Betreuung der Arbeit. Herzlich danke ich auch Claudia Mühlebach (Huber Waser Mühlebach Architekten) für unsere rundum gute und inspirierende Zusammenarbeit im Team und ihre Zeichnungen des Planmaterials. In Erinnerung dankbar verbunden bin ich Annelies Adam-Bläsi, die mit ihrer Begeisterung für das Thema die Grundlage des Projekts maßgeblich geprägt hat. Finanziell wurde die Studie wie auch die Buchpublikation vom Schweizerischen Nationalfonds getragen.

Ein riesengroßer Dank geht an Andrea Althaus, die mit ihrem aufmerksamen Lektorat Wunder gewirkt, und das Manuskript in Form gebracht hat. Ebenso danke ich Julia Wieczorek und dem Team des transcript Verlags für ihre angenehme Begleitung im Publikationsprozess.

Die Studie wäre nicht realisierbar gewesen ohne die Unterstützung aller Interview- und Forschungspartnerinnen und -partner. Besonders danke ich den Bewohnerinnen und Bewohnern für die Offenheit, mit der sie uns ihre Wohnungstüren geöffnet und ihre Gedanken vermittelt haben. Ein großes Merci geht an Hans Bischofberger und das Gemeinschaftszentrum Telli wie auch an die beteiligten Hauswarte der Siedlungen. Mit ihrer fundierten Kenntnis der Überbauungen und ihrer engagierten Unterstützung waren sie grundlegend wichtige ›Türöffner‹ für die Recherchen vor Ort. Ebenso gilt mein Dank allen Beteiligten der Liegenschaftenverwaltung der Stadt Zürich, der Wincasa in Olten sowie der Allgemeinen Wohnbaugenossenschaft Aarau. Mit ihrem großzügigen und unkomplizierten Entgegenkommen haben sie die Recherchen wesentlich vereinfacht und die Studie inhaltlich bereichert.

Für die Zusammenstellung des Siedlungsspiegels von Unteraffoltern II danke ich den Statistikdiensten der Stadt Zürich. Ebenso gebührt mein Dank dem Stadtbauamt sowie dem Stadtbüro Aarau für die großzügige Bereitstellung von Daten zur Wohnbevölkerung der Telli-Überbauung. Lauro Imhof danke ich ganz herzlich für die Transkription der Interviews.

Michaela Schmidt und Susanne Gysi bin ich für ihr sorgfältiges Lesen sowie ihre hilfreichen Wissensimpulse zur Raumentwicklung und zur Geschichte des Schweizer Baubooms dankbar. Ebenso danke ich Annalis Dürr und Katharina Barandun für den inspirierenden Austausch rund um die Nachbarschaftsthematik sowie Margrit Hugentobler, Ignaz Strebel und allen Kolleginnen und Kollegen am ETH Wohnforum für die Gelegenheit inhaltliche Fragen in einem unterstützenden Ambiente diskutieren zu können.

Persönlich danke ich von Herzen meinen Freundinnen und Freunden, meinen Schwestern Nina und Andrea Althaus und meiner Familie im Kleinen und im Großen für ihr Da-Sein und ihre vielen wohltuenden Ermutigungen auf dem Weg der Entstehung dieser Arbeit. Besonders dankbar bin ich Matteo de Mattia, der mich mit viel Liebe und Enthusiasmus über alle Phasen dieser Arbeit begleitet hat – und der mit seinen Fotos auch dieses Buch und Buchcover verschönert.

Diese Arbeit widme ich meinen Eltern Veronika und Hans Althaus-Brand. Mit ihrer Großzügigkeit und Wärme, ihrer liebevollen Zuversicht und ihrem freien Denken haben sie mich seit meinen ersten Tagen unterstützt und bestärkt.

1 Einleitung

In den Jahren des Baubooms nach dem zweiten Weltkrieg veränderte sich die gebaute Umwelt in Europa und so auch der Schweiz grundlegend. Die meisten Großwohnbauten und Hochhäuser, die an den Rändern unserer Städte stehen, sind in der hochkonjunkturell befeuerten Aufbruchsstimmung der 1960er- und frühen 1970er-Jahre entstanden. Die Bauboom-Siedlungen schufen in kurzer Zeit viele Wohnungen für breite Bevölkerungsschichten. Anfänglich wurden sie als Wohnraum mit einem hohen technischen Ausbaustandard für die moderne Kleinfamilie beworben. Damit einhergehend wurde in öffentlichen Diskursen der »Anschein einer Utopie vom besseren Leben« transportiert (archithese 2010, 2). Diese Darstellung erfuhr hingegen im Laufe der späten 1960er- und insbesondere der 1970er-Jahre grundlegende Umdeutungen ins Negative. Die Ölkrise 1973 stellte diesbezüglich einen markanten Einschnitt dar. Heute erleben Hochhäuser und große Überbauungen im Städtebau – gerade auch im Zuge der Diskussion um Nachverdichtungsstrategien in urbanen Gebieten der Schweiz – teils wieder eine Aufwertung (vgl. Janser 2011, 7). Die ›Wohnmaschinen‹ der 1960er- und 1970er-Jahre werden in der Öffentlichkeit wie auch in Fachdiskursen jedoch nach wie vor als monotone und anonyme Strukturen problematisiert und gelten als Wohnort von benachteiligten Bevölkerungsgruppen (vgl. Kraft 2011, 48f).

Die Frage nach dem Umgang mit den heute 40- bis 50-jährigen, alternden Bauboom-Bauten stellt gegenwärtig eine große Herausforderung dar, mit der sich die Architektur und Denkmalpflege sowie die Immobilienwirtschaft und -bewirtschaftung auseinanderzusetzen haben (vgl. etwa Hassler/Dumont d'Ayot 2009). In den Großwohnkomplexen wird diese Problematik aufgrund von bestehenden Negativbildern und der beobachtbaren Tendenz zur sozialen Marginalisierung und Segregation der Wohnbevölkerung verschärft – ein Thema, womit die Sozialarbeit und -politik konfrontiert ist (vgl. etwa BfS 2004, 1; Stienen 2006, 145ff; Programm Projets urbains 2013, 50).

Im Schweizer Kontext wird die Diskussion zum künftigen Umgang mit diesem Baubestand bislang mehrheitlich bautechnisch und -energetisch sowie bauhistorisch geführt. Die vorliegende Arbeit erweitert diese Perspektive mit einer fundierten Auseinandersetzung mit den Lebenswelten und Wirklichkeiten vor Ort. Denn der künftige Umgang mit Großwohnbauten aus der Bauboom-Zeit ist – so die Annahme, die dieser Studie zugrunde liegt – nicht nur eine konstruktiv-technische Frage um Erneuerung oder Abriss. Sondern es bedarf auch einer Diskussion von qualitativen Fragen, die sich mit der Wahrnehmung der Bauten sowie mit alltagspraktischen Erfahrungen des Wohnens und Zusammenlebens in den Siedlungen beschäftigen.

Den Fokus auf die Nachbarschaften zu richten, eignet sich hierzu besonders, denn der Nachbarschaftsbegriff vereint in sich räumliche wie soziale Bedeutungsdimensionen und ermöglicht es, gebaute Strukturen und menschliche Dynamiken relational zusammenzudenken. Dabei geht es mir nicht nur darum, eine differenzierte Analyse heutiger Nachbarschaften in Großüberbauungen vorzunehmen, sondern diese im Zusammenhang mit den vielseitigen Geschichten der Bauten auch im Wandel der Zeit zu betrachten: Wie haben sich die Wahrnehmungen von und die Diskurse zu Großwohnbauten aus unterschiedlichen Perspektiven (u.a. von BewohnerInnen, Verwaltungen oder der breiteren Öffentlichkeit) von deren Errichtung bis heute verändert? Und wie wirkt sich dieser Wandel auf das soziale Gefüge und die gelebten Nachbarschaften in einer Großüberbauung aus? Um diese Fragen zu diskutieren, wende ich den Forschungsansatz der *Hausbiografien* an, den ich in diesem Beitrag theoretisch diskutiere und methodologisch weiterentwickle. Der Forschungsansatz wurde von einem interdisziplinären Team am ETH Wohnforum entwickelt (vgl. Glaser 2013b) und war Grundlage des vom Schweizerischen Nationalfonds geförderten Forschungsprojekts *Zur Karriere des Baubooms – Hausbiografien ausgewählter Wohnungsbauten aus den Jahren 1950 – 1980*, in dessen Rahmen diese Arbeit entstanden ist.

Eine Hausbiografie, verstanden als narrativ-analytisches Porträt eines Hauses oder einer Siedlung im Wandel der Zeit, zeichnet sich durch einen mehrperspektivischen Zugang aus. Es geht darum, die Geschichte(n) zu Bau und Erneuerung, Nutzung und Aneignung sowie Wertschätzung und Kritik eines Hauses (oder einer Siedlung) aus der Perspektive unterschiedlicher AkteurInnen zu verstehen. In der vorliegenden Arbeit bildet das Wissen dieser Porträts die Grundlage, um die Nachbarschaftsanalyse um eine zeitliche Dimension zu erweitern und die Ausgestaltung nachbarschaftlicher Dynamiken zu kontextualisieren. Umgekehrt ermöglicht die Betrachtung der Nachbarschaften, das mit dem Forschungsansatz der Hausbiografien generierte situations- und objektspezifische Wissen zur Lebens- und Gebrauchsgeschichte einer Siedlung in einem übergeordneten Rahmen zu diskutieren. Im Zentrum der Studie stehen empirische Forschungsarbeiten, die ich in zwei Deutschschweizer Hochhaussiedlungen – *Unteraffoltern II* in Zürich-Affoltern (auch Isengrind genannt) und *Mittlere Telli* in Aarau (auch Telli genannt) – zwischen 2012 und 2014 vorgenommen habe. Die Auswahl dieser zwei Siedlungen erfolgte auf der Basis einer vergleichenden Betrachtung der baulichen, historischen und sozio-ökonomischen Grunddaten von insgesamt 24 Schweizer Bauboom-Großwohnbauten, wovon zwei Überbauungen mit möglichst kontrastierenden Ausprägungen ausgewählt wurden. Die Forschungsergebnisse werden dabei in Auseinandersetzung mit sozial- und kulturwissenschaftlichen Theorien zur Nachbarschaft sowie zum (Sozial-)Raum analysiert.

Die Arbeit gliedert sich in drei Hauptteile, die von Einleitung und Schlusssynthese eingefasst werden. Einleitend werden das Forschungsdesign und das empirische Vorgehen genauer vorgestellt. Neben einer detaillierten Beschreibung des Auswahlprozesses der untersuchten Hochhaussiedlungen werden die angewandten Forschungs- und Analysemethoden präsentiert, die sich am Verfahren der *Grounded Theory* orientieren.

Teil I erörtert das theoretische Fundament der Studie. In einem ersten Schritt wird dem Konzept der Nachbarschaften nachgegangen. Neben einer Begriffsklärung werden die für diese Studie relevanten Erkenntnisse unterschiedlicher Konjunkturphasen der Nachbarschaftsforschung diskutiert. Der Fokus richtet sich dabei insbesondere auf das Verhältnis der Nachbarschaftsforschung zu gebauten Groß- bzw. Hochhausstrukturen. In einem zweiten Schritt wird das Konzept der Hausbiografien vorgestellt. Zur theoretischen Diskussion und Weiterentwicklung des Konzepts wird auf Zweierlei Bezug genommen: zum einen auf Theorien zur sozialen Produktion von Raum und zum anderen auf verschiedene wissenschaftliche Perspektiven, die sich mit dem ›Haus‹ auseinandersetzen. Diese Überlegungen bilden die Basis, um den Forschungsansatz der Hausbiografien zu begründen und die Fragen und Implikationen, die mit der Biografie-Konstruktion sowie der Erforschung der Lebens- und Gebrauchsgeschichte(n) eines Hauses bzw. einer Überbauung einhergehen, zu beleuchten. Abschließend richtet sich der Blick auf die forschungspraktische Seite des Machens und Schreibens von Hausbiografien, wobei die methodologischen Prinzipien des Ansatzes diskutiert werden.

Teil II widmet sich der Geschichte des Schweizer Großwohnungsbaus. Der historische Abriss wird mit Bezug auf die sozio-ökonomischen und städtebaulichen Entwicklungen der Bauboomjahre (1950-1979), aber auch hinsichtlich des Wandels in der diskursiv hergestellten Wahrnehmung der Bauten und den damit einhergehenden Krisensituationen diskutiert, und letztlich hinsichtlich der Frage nach heutigen und künftigen Herausforderungen mit diesem baulichen Erbe reflektiert. Abschließend richtet sich das Augenmerk auf Wohnforschungen, die sich mit der Geschichte von Großwohnbauten der 1960er und 1970er beschäftigen.

Ausgehend von den zeitgeschichtlichen Betrachtungen, wende ich mich dem empirischen Material zu den beiden untersuchten Objekten zu. Die Geschichte(n) der Überbauungen Unteraffoltern II und Telli werden je in einer Hausbiografie narrativ strukturiert und analysiert.

Das mit den Hausbiografien erarbeitete Wissen dient als Grundlage für die Fokussierung auf die Nachbarschaftsthematik, der ich mich in Teil III zuwende. Im

Zentrum steht die Analyse des empirischen Materials, in der ich verschiedene Dimensionen der untersuchten Hochhausnachbarschaften erörtere. Die gebauten Räume spielen dabei ebenso eine Rolle wie die unterschiedlichen Praktiken und sozialen Relationen, die Organisations- und Steuerungsmechanismen ebenso wie die Dynamiken, die aus der Heterogenität der Wohnbevölkerung hervorgehen. Und last, but not least ist es unabdingbar, Nachbarschaften immer auch als Teil breiterer stadträumlicher Settings zu denken.

Die Schlussbetrachtungen nehmen eine Diskussion der Ergebnisse der Studie vor. Die verschiedenen Betrachtungswinkel werden zusammengeführt, indem ich erstens den Beitrag einer differenzierten Nachbarschaftsanalyse für die Untersuchung von Großwohnbauten und zweitens den Beitrag des Hausbiografien-Ansatzes zur Erforschung von Nachbarschaften reflektiere. Nicht fehlen sollen dabei auch Überlegungen zu den Grenzen dieser Arbeit und ein Ausblick auf weitere Fragen, die sich im Forschungsprozess eröffnet haben.

1.1 FORSCHUNGSDESIGN UND -METHODEN

Die empirischen Forschungsarbeiten der vorliegenden Arbeit fanden im Rahmen des SNF-Forschungsprojekts *Zur Karriere des Baubooms* statt. In diesem Projekt wurde im interdisziplinären Dreierteam (Architektur, Kultur- und Sozialwissenschaften) ein reger Austausch praktiziert. Dabei wurden alle Etappen der Forschung von den ersten Besichtigungen der Siedlungen über die vielen Schritte der Datenerhebung und -auswertung gemeinsam besprochen, und viele Aufgaben kooperativ bearbeitet. Das Architektur-Wissen wurde von Claudia Mühlebach (dipl. Arch. ETH SIA/Huber Waser Mühlebach Architekten) eingebracht. Zu ihrem spezifischen Beitrag gehörte es, Baupläne, Konzepte und die Materialisierung eines Hauses zu studieren und ausgehend davon Grundrisse im Maßstab nachzuzeichnen. Gemeinsam mit Marie Glaser brachte ich ein sozial- und kulturanthropologisches Wissen ins Team ein.

1.1.1 Vorbereitende Arbeiten und Auswahl der Siedlungen

Die ersten Schritte der Forschungsarbeit dienten der Eingrenzung und Auswahl der Häuser und Siedlungen für die Untersuchung. In zahlreichen Exkursionen wurden in der Anfangsphase des Forschungsprojekts insgesamt 24 Wohnüberbauungen, die während des Baubooms der 1960er- und 1970er-Jahre im Großraum von Zürich, Bern und Genf gebaut worden sind, besucht. Aus einer Recherche in Zeitschriften und existierender Fachliteratur wurden zu jeder Überbauung vertiefende Informationen der Grunddaten gesammelt.[1] Das zur Erfassung dieser Grunddaten entwickelte Datenraster umfasste Angaben zu Entstehungsdatum, Lage (Agglomeration, Stadtrand, Stadt und eigenes Zentrum), Bauweise und Bebauungsart, Anzahl Wohneinheiten, Außenraum und Arealfläche, Eigentümerschaft (private und institutionelle, kommunale oder genossenschaftliche Träger) und – wenn vorhanden – Hinweise auf Inhalte einer öffentlichen Diskussion sowie zu sozio-demografischen Angaben. Diese Daten wurden mit Fotos und Feldnotizen ergänzt. Die darin festgehaltenen persönlichen Eindrücke, Wahrnehmungen und Beobachtungen vor Ort wurden im Anschluss im Forschungsteam diskutiert. Ziel der Besichtigungen war es demnach nicht nur, erste Informationen zu sammeln, sondern es ging auch darum, die Orte konkret kennenzulernen und sie in der Begehung und Erkundung auf uns wirken zu lassen. Bestandteil der anschließenden Diskussion war auch die Reflexion zu unseren subjektiven Haltungen und (Vor-)Annahmen. Als Forschende bringen wir immer auch unsere eigenen Wohnbiografien und Vorstellungen von ›Haus‹ und ›Zuhause-Sein‹ mit. Selbstreflexion und das Hinterfragen eigener Vorurteile, ist ein grundlegender Bestandteil qualitativer Sozialforschung (vgl. etwa Flick 2000, 41; Bourdieu 1997, 781), die auch grundlegend ist, um unbekannten Wohnformen offen und möglichst unvoreingenommen begegnen zu können.[2] Ebenso stellten sich die Diskussionen im Forschungsteam als fruchtbar heraus, um die eigenen disziplinären Sichtweisen im Austausch mit anderen zu reflektieren.

Für die Auswahl der zu untersuchenden Siedlungen wurden, basierend auf dem Datenraster, verschiedene bedingende, beschreibende und entscheidungsrelevante Auswahlkriterien erarbeitet. Als *bedingende Kriterien*, die prinzipiell erfüllt sein mussten, wurde die Entstehungszeit (1960er- und 1970er-Jahre), die Bauweise (rationelle, Element- oder Großtafelbauweise) sowie die Bebauungsart und Mindestanzahl der Wohneinheiten (gebaute Einheit mit mindestens 250 Wohneinheiten) de-

---

1   Wichtige Quellen hierzu waren u.a. Koch et al. 1990; Durban et al. 2007 sowie die von der Liegenschaftenverwaltung und dem Finanzamt der Stadt Zürich herausgegebene »Dokumentation der städtischen Wohnsiedlungen« (Stadt Zürich 2002).

2   Deshalb kurz zu meiner Wohnbiografie: In einem Holzhaus in einem Bergtal einer Tourismusregion aufgewachsen (Turbach bei Gstaad), habe ich den Großteil meines Erwachsenenlebens in Wohngemeinschaften und Mietwohnungen in Altstadtvierteln in der Schweiz gewohnt (Fribourg, Bern), mit Zwischenstationen in europäischen Großstädten (Berlin und London). Wohnhochhäuser der 1960er- und 1970er-Jahre waren für mich bislang ›fremd‹. Zum einen war ich bei den ersten Besuchen fasziniert von den Bauvolumen und der ›Andersartigkeit‹ der Gebäude im Vergleich zu dem, was ich aus eigener Wohnerfahrung kannte. Zum anderen bemerkte ich an mir auch negative Stereotypen, die ich dank den Begegnungen und Beobachtungen im Laufe der Forschung bald ablegen konnte.

finiert. Als rein *beschreibende Kriterien*, die zwar für die Geschichte einer Siedlung wichtig sind, aber die Auswahl nicht direkt bestimmten, wurden Angaben zu Außenraum, Sozio-Demografie sowie der öffentlichen Berichterstattung behandelt. Als *entscheidungsrelevante Kriterien* wurden der Standort, die Eigentümerschaft sowie der Umgang mit Gebäudeunterhalt und Sanierungen definiert.

Die Auswahl der Siedlungen ließ sich von dem Ziel leiten, ein differenziertes Bild von Bauboom-Großwohnbauten zeichnen zu können. Maßgebliche Auswahlkriterien waren, dass sie unterschiedliche Eigentümerstrukturen aufwiesen und an unterschiedlichen Standorten lagen. Da sich die öffentliche und fachliche Meinung zu Großüberbauungen mit der Ölkrise in den 1970er-Jahren grundsätzlich wandelte, war es außerdem ein Anliegen, Siedlungen einzubeziehen, die sowohl vor als auch nach 1973 gebaut bzw. fertiggestellt worden sind. Da die Sanierung des Baubestands aus der Periode des Baubooms aktuell eine große Herausforderung darstellt, sollten zudem sowohl Siedlungen einbezogen werden, die in den letzten Jahren bereits umfassend saniert worden sind, als auch solche, bei denen intensive Renovierungsarbeiten erst anstehen. Eine weitere wichtige Bedingung zur Auswahl der Siedlungen war die Möglichkeit, mit Verwaltung und Bewohnerschaft relativ einfach Kontakt aufnehmen zu können sowie das Vorhandensein von genügend Archivmaterial. Ausgewählt für eine weitere Bearbeitung wurden nach einem mehrstufigen Selektionsverfahren die Siedlungen Unteraffoltern II und der Mittleren Telli. Grund dafür war, dass die beiden Überbauungen hinsichtlich der genannten Auswahlkriterien besonders kontrastierende Ausprägungen aufwiesen.[3] Die Vorrecherchen ließen außerdem auf das Entgegenkommen seitens der Verwaltungen, eine gute Archivdatenlage und somit auch auf die Machbarkeit des Vorhabens schließen.

Mit der hausbiografischen Bearbeitung von mehr als einer Siedlung ging es mir darum, deren Geschichte(n) in ihrem jeweiligen Setting zu erforschen und ausgehend davon in der vergleichenden Zusammenschau Gemeinsamkeiten oder Unterschiede zu erkennen. Da der Ansatz der Hausbiografien die spezifische Lebens- und Gebrauchsgeschichte eines Hauses beleuchtet, erwachsen die Narrative in der Biografie einer Überbauung im Laufe des Forschungs- und Analyseprozesses. Die Anwendung von denselben Erhebungsinstrumenten (Forschungsraster für die Archivrecherche, Beobachtungsraster, Interviewleitfäden) und denselben Analysemetho-

---

3   Mit Bezug auf die entscheidungsrelevanten Kriterien können die Überbauungen folgendermaßen skizziert werden: Unteraffoltern II – Lage am Stadtrand von Zürich; kommunale Eigentümerin (sozialer Wohnungsbau); vor 1973 gebaut; umfassend saniert. Mittlere Telli – ein eigenes Zentrum; Eigentümermix mit privat-institutionellen, privaten, kommunalen und genossenschaftlichen Trägern; mehrheitlich nach 1973 gebaut; erst partiell saniert.

den kann aber eine Vergleichbarkeit gewährleisten, ohne die jeweils eigenen Dynamiken und Eigenarten der Siedlungen aus dem Blick zu verlieren.

1.1.2 Archivrecherche und historisches Quellenmaterial

Um die Biografie eines Hauses im Laufe der Jahre von dessen Bau bis zum heutigen Zeitpunkt nachzeichnen zu können, ist die Bezugnahme auf historisches Quellenmaterial unabdingbar. Die Forschung in Archiven ermöglicht es, zu verstehen, wie das Wissen über ein Haus oder eine Siedlung historisiert wird. Für das Erkenntnisinteresse einer Hausbiografie sind die bestehenden Quellen in Fachbibliotheken und öffentlichen Archiven meist begrenzt und beschränken sich auf baugeschichtliche Darstellungen oder auf Plan- und Kartenmaterial. Neben dem Archiv des Instituts für Geschichte und Theorie der Architektur (gta) der ETH Zürich wurden deshalb die Archive von EigentümerInnen und Liegenschaftenverwaltungen aufgesucht. Für die Siedlung Unteraffoltern II wurde das Archiv der Liegenschaftenverwaltung der Stadt Zürich (LVZA), für die Siedlung Mittlere Telli die Archive des Immobilien-Dienstleisters Wincasa in Olten und der Allgemeinen Wohnbaugenossenschaft Aarau (ABAU) genutzt. Nach Vorgesprächen und unter Gewährleistung der Datenschutz- und Persönlichkeitsrechtsbestimmungen gewährleisteten alle drei Verwaltungen den freien Zugang in ihre Archive zur Einsicht von Dokumenten zu den betreffenden Siedlungen.

Das angetroffene Quellenspektrum war breitgefächert: Pläne, Bauakten, Sanierungskonzepte, Kostenabrechnungen und Buchhaltungsmaterial, Dokumente zu den vorgenommenen und laufenden Unterhalts- und Reparaturarbeiten, Berichte und Korrespondenzen von Behörden und anderen Verwaltungsstellen sowie von BewohnerInnen und Sozialarbeitenden, Aktennotizen der verantwortlichen VerwalterInnen, Mieterdossiers, Medienmitteilungen und Zeitungsberichte etc. Die Bestände lagen unsortiert vor und unterschieden sich deutlich hinsichtlich ihres Umfangs und ihrer Ordnungsstruktur. Bei der Sichtung zeigte sich, dass das aufbewahrte Quellenmaterial von den Selektionskriterien bzw. der Archivierungspraxis der wechselnden VerwalterInnen über die Jahre geprägt ist.

Zur Systematisierung der Daten wurde ein Forschungsraster verwendet, das eine vielschichtige Beschreibung und Analyse der ausgewählten Siedlungen ermöglichte.[4] Als Arbeitsinstrument diente es dazu, Angaben zu Kennzahlen und Flächen, aber auch zu offenen Themenfeldern für alle Untersuchungsobjekte in gleicher Weise zu erfassen. Es orientiert sich am bestehenden Schweizer Wohnbewertungs-

---

4 Die Forschungsraster wurden auf Basis einer Vorlage aus dem Projekt »Zur Karriere des Dauerhaften« (Glaser/ETH Wohnforum 2013) weiterentwickelt.

system WBS (Bürgi/Raaflaub 2000) und setzt den Schwerpunkt auf folgende Dimensionen und deren allfällige Veränderungen im Laufe der Zeit:

- W1) Wohnstandort – Ebene Wohnumfeld: Standort und Lage, städtebauliche Strukturen, Infrastruktur, Verkehrsanbindung, Naherholungsräume, kulturelle Einrichtungen, baugeschichtliche Veränderungen und Sozialstruktur des Quartiers
- W2) Wohnanlage – Ebene Siedlung: Baudaten, Bautypologie, Flächen und Kennzahlen, Raumprogramm, Kosten, Bau- und Planungsgeschichte, architektonisches Konzept, Sanierungen und Umbauten, Außenraum, Bewohnerschaft, sozio-demografische Entwicklungen und Siedlungsaktivitäten, öffentliche Diskurse (Medienberichte)
- W3) Wohnhaus – Ebene Haus/Wohnungen: Flächen und Kennzahlen, Raumangebot, Wohnungsgrößen und Wohnungsmix, Vermietungspraxis und Mietpreisentwicklung, Leerstände, Ausstattungen, Innenausbau und Materialisierung, allgemeine Wertschätzung

Das in der Archivrecherche gesammelte Datenmaterial wurde in den Forschungsrasterbögen erfasst, nach den genannten Themenfeldern gegliedert und in Auswertungs-Workshops im Forschungsteam diskutiert. Diese Diskussion ermöglichte es auch, die für eine Hausbiografie relevanten Konzepte und Zusammenhänge herauszuarbeiten. Die Zwischenergebnisse der Diskussion wurden in Memos sowie Netzwerk-Ansichten schriftlich und visuell festgehalten.

1.1.3 Beobachtungen vor Ort

Um die gebauten Räume zu erfassen, wurden fotografische Dokumente, Karten und Pläne gesammelt und Grundrisse studiert. Einen wichtigen Stellenwert für die vorliegende Arbeit nahmen Beobachtungen vor Ort ein. Zu verschiedenen Tages- und Jahreszeiten wurden pro Siedlung Ortsbegehungen mit systematischen Beobachtungen durchgeführt, die auch fotografisch dokumentiert wurden. Ziel davon war es, die aus schriftlichen Quellen und Interviews generierten Daten mit Beobachtungsnotizen zu ergänzen. Das ›Präsent-Sein‹ und ›eigene Sehen‹ ermöglichen es, neuralgische Themen und Handlungsmuster in Erfahrung zu bringen und Alltägliches in einem anderen Licht zu betrachten. Ein solcher Zugang erfordert Offenheit:

»Was einen Ort ausmacht, was sich dort ereignet, was er vielleicht besagen könnte [...], das erschließt sich über eine Befremdung des alltäglichen Blicks, die Selbstverständlichkeiten thematisierbar macht. Das Sehen setzt Offenheit voraus, ein Sensorium für Stimmungen, Indizien und unerwartete Konstellationen: Es geht auch darum, nicht immer schon Bescheid zu wissen.« (Binder et al. 2010, 10)

Zur Fokussierung des ›Sehens‹ ist ein konzentriertes und systematisches Vorgehen erforderlich. Zur Vorbereitung und als Orientierungsmittel der Beobachtungen wurde deshalb ein Beobachtungsraster erarbeitet, das auf folgende Dimensionen fokussiert:

• Raumstrukturen und räumlich/bauliche Eigenschaften
• Formen der Raumnutzung und -aneignung
• soziale Interaktionen und Kontakte
• soziale Kontrolle, Normen und Regelungen im (halb-)öffentlichen Raum
• Atmosphären

Während den Rundgängen wurden Fotos gemacht, die als visuelle Notizen in die Beobachtungen einflossen. Die Strukturierung der im Anschluss an die Ortsbegehungen verfassten Beobachtungsprotokolle orientierte sich an den oben genannten Schwerpunkten, wurde aber frei gehandhabt und ließ auch Raum für Unvorhergesehenes und für situationsspezifische Ereignisse (vgl. Przyborski/Wohlrab-Sahr 2009, 63f). Während die Beobachtungsprotokolle in der Anfangsphase noch sehr allgemein formuliert wurden, veränderten sie sich im Laufe der Forschung und reflektierten zunehmend Erkenntnisse, die auch aus den Archivrecherchen und Interviews hervorgingen.

In Anlehnung an ethnografische Zugänge war es uns wichtig, mit den Menschen zu reden, die uns während den Ortsbegehungen begegneten – insofern diese ein Interesse an einem Gespräch zeigten.[5] Die Hauswarte erlebten wir bei den Beobachtungen als Schlüsselpersonen vor Ort. Bei beiden Überbauungen vereinbarten wir im Forschungsteam relativ zu Beginn der Erhebungsphase ein Treffen mit dem hauptamtlichen Hauswart. Wir ließen uns – im Rahmen eines *commented walk* – die Räume der Siedlung vorstellen und begleiteten ihn während einiger Stunden bei seiner Arbeit. Diese wie auch folgende – sich aus spontanen Treffen ergebenden – Gespräche, stellten sich als wertvolle Wissensquelle heraus. Die Hauswarte besitzen ein großes Wissen über die Gebäude, nicht nur über deren technisches Funktionieren und Strategien von Reparatur und Unterhalt, sondern auch über die Logik der Verwaltung und die Nutzung der (halb-)öffentlichen und gemeinschaftlichen

---

5   Die Fotokamera trug dazu bei, dass ich offensichtlich als Außenstehende wahrgenommen wurde, worauf ich von BewohnerInnen teils auch neugierig auf mein Tun angesprochen wurde. Auf meine Erklärungen hin, waren die Reaktionen in der Regel durchwegs positiv und es ergaben sich häufig Gespräche.

Räume, über alltägliche Geschichten, Mieterkonflikte, Klatsch und Tratsch sowie generell über die vielseitigen Eigenheiten und Qualitäten eines Hauses.

1.1.4 Qualitative Interviews und Fokusgruppen

Um die Geschichte(n) und Dynamiken eines Hauses in ihrer Vielschichtigkeit zu erfassen, ohne einfach architekturhistorische Darlegungen zu repetieren, ist es nicht nur unabdingbar, sich vor Ort der Überbauungen zu bewegen, sondern auch mit den Menschen, die hier wohnen und arbeiten, zu reden. Mit dem Ziel, die Sichtweisen, Erzählungen und Wissensbestände von verschiedenen AkteurInnen systematisch in Erfahrung zu bringen, wurden deshalb – im Forschungsteam jeweils zu zweit[6] – halbstrukturierte Interviews und Fokusgruppen durchgeführt. Zu Beginn wurden insgesamt drei Fokusgruppen organisiert, an denen VertreterInnen von Eigentümerseite und den Verwaltungen, verantwortliche Bewirtschafterinnen, Hauswarte sowie Sozial- und Quartierarbeitende teilnahmen.[7] Dabei konnten relevante Themen und Einschätzungen aus der Sicht von Professionellen, die sich täglich mit den Überbauungen beschäftigen, in Erfahrung gebracht werden. Die Entscheidung, dies nicht in Einzelinterviews, sondern in Form von Gruppen- bzw. Teamdiskussionen zu tun, stellte sich als gewinnbringend und sinnvoll heraus, da dadurch nicht nur kollektive Einschätzungen und Erzählungen, sondern auch kontroverse Diskussionsinhalte angesprochen wurden, die in der Analyse ein differenziertes Bild ermöglichten (vgl. auch Przyborski/Wohlrab-Sahr 2009, 101ff). Da wir die befragten Personen aus Vorgesprächen und Treffen während den Archivrecherchen und Ortsbegehungen meist bereits kannten, trugen die Gespräche einen kooperativen, offenen Charakter. Durch das ›Zusammensitzen an einem Tisch‹ konnten auch weitere forschungspraktische Schritte geklärt werden. Die Fokusgruppeninterviews mit VertreterInnen von Eigentums- und Verwaltungsseite fanden in den Sitzungszimmern der Liegenschaftenverwaltungen statt und dauerten ca. 2 Stunden. Sie orientierten sich an einem Leitfaden, der auf folgende Schwerpunkte fokussierte:

• Eigenschaften bzw. Qualitäten und Herausforderungen der Liegenschaft über die Jahre: Siedlungsebene, Wohnungen, Architektur, Außenraum, Quartier bzw. Situation und Lage in der Stadt, erster Eindruck und persönliche Wahrnehmungen

---

6   Die Präsenz von zwei Personen stellte sich insbesondere in den nachbereitenden Auswertungen als wertvoll heraus.

7   Bei der Telli-Überbauung wurden zwei Fokusgruppen durchgeführt: eine mit VertreterInnen der Wincasa (der größten Liegenschaftenverwaltung in der Telli) und eine mit dem Gemeinschaftszentrum Telli.

- Bauliche und ökonomische Strategien über die Jahre: Unterhalt und Sanierung, Investitionen und wirtschaftliche Entwicklung
- Soziale Strategien und Vermietungspraxis über die Jahre: Zusammensetzung der Mieterschaft, Fluktuationen, Richtlinien
- Nachbarschaft und soziales Zusammenleben über die Jahre: Gemeinschaftsinfrastruktur, Siedlungsaktivitäten, Mieterkonflikte, Regelungen und Kontrolle und Hausordnung
- Zukunftsperspektiven

Mit dem in Literatur- und Archivrecherchen erarbeiteten Vorwissen wurden die Fragen für die Fokusgruppen spezifisch auf die Situation und Geschichte der jeweiligen Überbauung bzw. Institution angepasst. Obwohl es angedacht war, in den Interviews zuerst allgemeine Informationen über die Liegenschaften und ihre Praxis und erst dann zu den Nachbarschaften einzuholen, war es interessant zu beobachten, dass die InterviewpartnerInnen aus Verwaltung, Unterhalt und Sozialarbeit jeweils bereits in den Anfängen der Gespräche auf dieses Thema zu sprechen kamen.

Etwas anspruchsvoller stellten sich Sampling und Organisation der Interviews mit BewohnerInnen heraus. Mit dem Anliegen möglichst heterogene Perspektiven in Erfahrung zu bringen, wurde bei der Auswahl der InterviewpartnerInnen aus der Bewohnerschaft darauf geachtet, Personen zu gewinnen, die sich hinsichtlich der Kriterien Geschlecht, Alter (verschiedene Generationen und Lebensphasen), Haushaltsstruktur (Alleinstehende und verschiedene Familien- und Wohnformen) sowie Herkunft (SchweizerInnen und MigrantInnen verschiedener Nationalitäten) voneinander unterschieden. In Orientierung am theoretischen Samplingverfahren der Grounded Theory wurden die Kontakte nicht alle im vornherein bestimmt, sondern im sich gegenseitig bedingenden Prozess von Datenerhebung und -auswertung Schritt für Schritt gewonnen (vgl. Glaser/Strauss 1967, 45). Hinsichtlich der damit einhergehenden Verfeinerung der Auswahlkriterien war es außerdem ein Anliegen, sowohl langjährige BewohnerInnen, die (wenn möglich) schon seit Erstbezug der Siedlung da wohnten, als auch Jugendliche, die hier aufgewachsen sind sowie neuer Zugezogene zu berücksichtigen. Ebenso sollten gemäß den unterschiedlichen Miet- und Eigentumsstrukturen sowohl MieterInnen von freitragenden als auch von subventionierten Wohnungen (Unteraffoltern II) bzw. MieterInnen unterschiedlicher Verwaltungen sowie WohnungseigentümerInnen (Telli) befragt werden. Nicht zuletzt war es wichtig, dass die InterviewpartnerInnen in unterschiedlichen Wohnblöcken und Wohnungstypen, aber auch in unterschiedlichen Geschossen in den Hochhäusern wohnten.

Die Gewinnung von InterviewpartnerInnen stellte sich in beiden Siedlungen zunächst als schwieriges Unterfangen heraus. Auf die mit Hilfe der Verwaltungen vermittelten brieflichen (und anschließend telefonischen) Kontaktaufnahmen reagierten die meisten angefragten BewohnerInnen entweder gar nicht oder formulier-

ten Skepsis und Ablehnung. Gerade beruflich weniger qualifizierte sowie fremdsprachige Personen, die einen wichtigen Bestandteil der Bewohnerschaft der Siedlungen ausmachen, waren schwierig zu erreichen. Viele darunter gaben an, dass sie
mit ihrer gesundheitlichen Situation oder ihrer Arbeit stark belastet seien. Mehrere
Personen haben auch kurz vor dem Interviewtermin wieder abgesagt.

Um das Vertrauen zu gewinnen und verbindliche Zusagen nicht nur von ›privi-
legierten‹ Gruppierungen zu erhalten, brauchte es viel Fingerspitzengefühl, Beharr-
lichkeit und auch eine direkte Präsenz vor Ort. In beiden Siedlungen kamen uns dabei *gatekeepers* entgegen. In Unteraffoltern II unterstützte uns der Hauswart bei der
Suche nach InterviewpartnerInnen, indem er uns bei einem Rundgang durch die
Siedlung verschiedenen BewohnerInnen vorstellte und so direkte Begegnungen ermöglichte. Aber auch die Teilnahme am Siedlungsforum – einem Treffen von BewohnerInnen, die sich für die Siedlung engagieren –, bei dem wir uns und unser
Forschungsprojekt vorstellen konnten, erwies sich als hilfreich, um gemäß den
Samplingkriterien passende Personen für ein Interview zu finden. In der Telli konnten wir mit dem Gemeinschaftszentrum auf professionelle VermittlerInnen zählen,
die sehr viele BewohnerInnen der Siedlung kennen. Nach dem von ihnen vermittelten Erstkontakt war das Eis gebrochen und es ergaben sich bereits bei der telefonischen Kontaktaufnahme unkomplizierte Gespräche.

Mit Unterstützung dieser Schlüsselpersonen konnten so schließlich elf Interviews mit ganz unterschiedlichen Gruppen (Familien mit Kindern und Alleinstehende, eher Wohlhabende und an der Armutsgrenze Lebende, Jugendliche und Ältere, Menschen aus unterschiedlichen Herkunftsländern, Frauen und Männer etc.)
geführt werden. Bei den Interviews, die in den Wohnungen der InterviewpartnerInnen stattfanden, war es ein Anliegen, möglichst alle Personen einzubeziehen, die in
einem Haushalt wohnten und Interesse an der Teilnahme hatten. Ausnahme war ein
Interview mit einer Gruppe Jugendlicher in der Telli, das nicht in einer Wohnung,
sondern an ihrem Treffpunkt in den Außenräumen der Überbauung stattfand. Die
meisten Interviews wurden demnach nicht mit Einzelpersonen, sondern als Grup-
peninterviews mit Familien, Paaren oder Wohngemeinschaften organisiert. So
konnten insgesamt 24 BewohnerInnen befragt werden. Die halbstrukturierten Interviews dauerten zwischen 1.5 und 2.5 Stunden, wobei die Fragen des Leitfadens
nach folgenden Schwerpunkten strukturiert wurden:

- Wohngeschichte, Nutzung und Aneignung der Wohnung, des Hauses und der
  Wohnumgebung
- Persönliche Einschätzung der Wohnung, des Hauses und der Wohnumgebung
  (Qualitäten und Probleme)
- Spezifisches zum Wohnen in einer Großüberbauung, Vorstellungen und Eigenar-
  ten, wahrnehmungsbezogene Raumstrukturen, Identifikationspotential
- Soziales Zusammenleben und Nachbarschaften

- Quartierbezüge, Veränderungen
- Image und Außenwahrnehmung

Die Nachbarschaftsthematik wurde auch bei den Interviews mit der Bewohner-schaft bewusst nicht an erster Stelle platziert. Wir wollten in Erkundung bringen, ob dieses Thema in den Narrativen der BewohnerInnen zum Wohnen in einer Hoch-haussiedlung überhaupt erwähnt würde. Wie bereits in den Interviews mit den Ver-waltungen wurde die Nachbarschaft in allen Bewohnerinterviews – bevor überhaupt danach gefragt wurde – erwähnt, und hat als Thema im Gespräch in der Regel viel Raum eingenommen. Inhaltlich war außerdem auffallend, wie alle BewohnerInnen eine generelle Zufriedenheit mit ihrer Wohnsituation artikulierten und diese positi-ve Einschätzung auf kritische Nachfragen noch betonten. Dies mag einem gewissen ›Methodeneffekt‹ geschuldet sein, der für die Wohnforschung allgemein eine Her-ausforderung darstellt. Lässt sich doch beobachten, dass Menschen sich meist mit ihrer Wohnsituation arrangieren und auf Fragen nach der Wohnzufriedenheit posi-tiv reagieren. Vor dem Hintergrund der nicht ganz einfachen Suche nach Interview-partnerInnen aus der Bewohnerschaft ist zu beachten, dass sich vor allem offene Menschen mit positiver Grundeinstellung für ein Interview bereit erklärt haben. Im Kontext der untersuchten Hochhaussiedlungen verstehe ich die auffallende Demon-stration von Zufriedenheit aber auch als eine Umgangsstrategie im Gespräch mit Außenstehenden, deren allfällige Negativbilder es mit positiven Darlegungen zu widerlegen gilt. Der Fokus auf die Nachbarschaften ermöglichte es dabei, sich von phrasenhaften Statements zur Wohnzufriedenheit zu verabschieden und es kamen differenzierte und durchaus auch kritische Aussagen zum Wohnen und Zusammenleben in den Hochhäusern zur Sprache.

Das Erkenntnisinteresse der Interviewerhebung lag zum einen darin, Deutungen von BewohnerInnen zu ihrem Wohnen hinsichtlich der sozialen Vernetzungen und Nachbarschaftsbeziehungen in Erfahrung zu bringen. Zum anderen ging es darum, mehr über die Geschichte(n) der Siedlung, wie sie von den Befragten von ihrem Einzug bis heute erlebt werden, zu erfahren.

Der Erhebungsort in der Wohnung ermöglichte dabei einen direkten Einblick in die Lebenswelt, die Einrichtungen und geschmacklichen Präferenzen sowie die so-zialräumliche Organisation in Wohnung und Haus. Von den Forschenden erfordert der Gang über die Türschwelle in die privaten Räume einer Wohnung und die dor-tige Kommunikationssituation Offenheit und ein Gespür für die Gepflogenheiten und Wünsche der jeweiligen BewohnerInnen. Nach dem erheblichen zeitlichen Aufwand, der für den Feldzugang investiert worden ist, gestalteten sich alle Inter-viewsituationen komplikationsfrei und wir erfuhren viel Gastfreundschaft und Ent-gegenkommen. Die Interviews wurden mit einer kommentierten Begehung durch die Wohnung, das Haus und die Siedlung abgeschlossen. Wir besichtigten Räume, die die Befragten uns zeigen wollten, und gingen Wege, die sie oft nutzen. Bei Einverständnis dokumentierten wir diese Rundgänge fotografisch. Einige BewohnerInnen gaben uns auch Fotos von sich mit.

Zu allen befragten Personen wurde im Anschluss an die Interviews jeweils ein Kurzfragebogen mit sozio-demografischen Angaben sowie ihrer Wohnbiografie erfasst. Damit konnten nicht nur die Samplingkriterien überprüft werden; das im Rahmen der Strukturdaten vermittelte Kurzporträt einer Person diente in der Analyse oft auch dem besseren Verständnis der in den Gesprächen vermittelten Inhalte. Unmittelbar nach dem Interview wurde ein Postscript verfasst, in dem Beobachtungen und Eindrücke zur Erhebungssituation festgehalten, und so Kontextinformationen dokumentiert wurden, die für die Interviewanalyse oft aufschlussreich waren (vgl. Flick 2000, 107f).

Alle Interviews wurden auf Tonband aufgenommen und direkt im Anschluss mit Hilfe des Transkriptionsprogramms f5 nach einem einfachen Regelsystem wortwörtlich transkribiert.[8]

1.1.5 Datenauswertung

Die angewandten Forschungs- und Auswertungsstrategien orientierten sich an der Grounded Theory (GT). Dieses sozialwissenschaftliche Forschungs- und Analyseverfahren wurde in den 1960er-Jahren von Barney G. Glaser und Anselm L. Strauss aus dem Interesse heraus entwickelt, neue Theorien aus den Forschungsdaten heraus zu entwickeln – anstatt Hypothesen aus bestehenden Theorien abzuleiten und zu testen – und so die qualitative Forschung über eine reine Beschreibung von Phänomenen hinauszubringen (vgl. Charmaz 2006, 4ff). Eine Orientierung an der GT ermöglicht es, einer Fülle und Komplexität an Datenmaterial Sinn und Struktur zu geben und daraus zu einer »theoretischen Darstellung der untersuchten Wirklichkeit« zu kommen (Strauss/Corbin 1996, 8f). Ein zentrales Prinzip der GT ist das Ineinanderfließen der Datenerhebungs- und Auswertungsphasen in einer Art Rückkoppelungssystem, das auch diese Studie inspiriert hat. So wurden parallel zu den Auswertungen der Archivrecherchen erste Interviews geführt. Und die Erkenntnisse aus der Analyse der ersten Interviews flossen in Sampling und Organisation weiterer Interviews hinein.

Die Interviewanalyse erfolgte in Anlehnung an das Analyseverfahren der GT in einem mehrstufigen Prozess (vgl. etwa Glaser/Strauss 1967; Strauss 1998; Strauss/Corbin 1996). Hierzu arbeitete ich mit der Software *atlas.ti*. Diese ermöglicht es, Codes und Kategorien zu entwickeln, Memos zu schreiben sowie Netz-

---

8   Das angewandte Transkriptionssystem orientierte sich am Praxishandbuch Transkription (Dresing/Pehl 2011, 19ff).

werkansichten anzufertigen und dadurch die Daten im Sinne der GT auf vielseitige Weise auszuwerten und zu strukturieren.

Das *offene Codieren* ist der erste Schritt im mehrstufigen Analyseprozess nach GT, bei dem die Daten in einzelne Teile aufgebrochen und konzeptualisiert werden. In diesem Rahmen habe ich die besonders aufschlussreichen Abschnitte oder Sätze in jedem Interviewtranskript herausgegriffen und mit konzeptuellen Bezeichnungen (Codes) benannt. Diese können im Sinne der GT alltagssprachliche, aus dem Material entlehnte, Begriffe sein (sogenannte In-vivo-Codes) oder auf sozialwissenschaftliche Konstrukte Bezug nehmen (theoretische Codes). Damit diese Konzepte über eine reine Deskription oder Klassifikation der Phänomene hinausgehen, animiert die GT dazu, beim genauen Lesen Fragen an das Datenmaterial zu stellen: Wovon zeugen die Daten? Aus wessen Perspektive werden sie formuliert? Auf welche theoretischen Konzepte oder für die Thematik relevanten gesellschaftlichen Entwicklungen verweisen sie? Ebenso gehört es dazu, die Datensegmente vergleichend zu betrachten, und so erste Verbindungen zwischen den Codes zu erkennen (vgl. etwa Charmaz 2006, 50). Um diese Überlegungen festhalten und reflektieren zu können, ist es sinnvoll, im Codierprozess kontinuierlich Notizen (im GT-Jargon Memos) zu verfassen. Das Schreiben von Memos ist ein grundlegendes – und meiner Meinung nach sehr hilfreiches – Instrument im Werkzeugkasten der GT. Im Rahmen des offenen Codierens bietet atlas.ti hierzu die Möglichkeit, die Codes mit Notizen zu verknüpfen und dadurch Reflexionen zum Datenmaterial und den ersten Konzepten festzuhalten. Diese Möglichkeit habe ich intensiv genutzt. Denn die Ergänzung der Codes mit Code-Notizen erleichtert es, die Eigenschaften eines Konzepts zu diskutieren und so auch die Kategorienbildung – als nächster Schritt im Analyseprozess – voranzutreiben. Im Laufe der Analysearbeiten nach GT werden die Codes miteinander verknüpft, analytische Überlegungen verdichtet und in übergeordneten Kategorien zusammengefasst. Glaser und Strauss nennen diesen Schritt *axiales bzw. theoretisches Codieren*. Generell geht es dabei darum, die offenen Codes zu ordnen, zu strukturieren und in einen theoretischen Zusammenhang zu bringen.[9] Ziel ist es, im empirischen Material Muster zu entdecken und die für den Forschungsgegenstand wesentlichen Kategorien – bzw. ein Netz von Kategorien – zu entwickeln. Auf diese Weise können Phänomene über einen vergleichenden Blick in einen Kontext gestellt und deren neuralgische Dimensionen und Eigenschaften herausgearbeitet und miteinander in Verbindung gebracht werden (vgl. Berg/Milmeister 2011, 323; Mey/Mruck 2011, 26). Zur Entwicklung von wesentlichen Ka-

---

9   Bei der Auswertung der Daten orientierte ich mich an der Weiterentwicklung der GT nach Anselm Strauss, ohne jedoch sein Kodierparadigma strikt zu befolgen. Strauss weist darauf hin, dass seine Methode durchaus offen und situationsspezifisch frei gehandhabt werden kann und soll (Strauss 1998, 32).

tegorien habe ich in atlas.ti die Codes unter übergeordneten Konzepten (sogenannte *families*) gruppiert. Besonders bewährt hat sich dabei einerseits die Visualisierung von Zusammenhängen über die Anfertigung von Mindmaps (sogenannte *network views*), und andererseits das Verfassen von Memos. Memos geben einem die Möglichkeit, seine Gedanken frei zu formulieren und im Prozess des Schreibens auch zu reflektieren. So lässt sich über Memos – gewissermaßen auch als Alternative zum strengen axialen Codieren – eine *storyline* der Daten verfassen (vgl. auch Muckel 2011). Indem die Kategorien in Beziehung zueinander gesetzt werden, ist es möglich, Kernkategorien herauszubilden. Dieser Analyseschritt, der das relationale Gefüge der Analyse abbildet, wird auch *selektives Codieren* genannt.

In der vorliegenden Arbeit lässt sich das Resultat meines Auswertungsprozesses am Aufbau des Analysekapitels zu den Nachbarschaften ablesen. Die sechs Hauptüberschriften bilden die Kernkategorien ab,[10] deren vielseitige Dimensionen und Variationen in den Unterkapiteln diskutiert werden. Hierzu waren für mich die Code-Notizen, Memos und Netzwerkansichten eine wertvolle Stütze. Sie dienten als Gerüst und Basis für die feinere Strukturierung und Beschreibung der Textinhalte und haben mich dazu inspiriert, nah am Material und am Alltags- und Erfahrungswissen zu den Nachbarschaften zu bleiben, diese aber dennoch differenziert und mit einem weiten Denkhorizont zu reflektieren.

Für meine eigenen Analysen stellte sich die Zusammenarbeit im Team als unterstützend und anregend heraus. In Auswertungs-Workshops haben wir alle Interviews im Forschungsteam besprochen. Dabei wurden für jedes Interview wichtige Dimensionen und Themen herausgearbeitet und in Auswertungsprotokollen dokumentiert. Diese Protokolle bildeten gemeinsam mit dem, in Forschungsrastern aufbereiteten, Archivmaterial die Basis, um neuralgische Themen und Zusammenhänge für die Hausbiografien herauszufiltern und in Netzwerk-Ansichten zu visualisieren. Das gemeinsame konzeptuelle Arbeiten wird in der GT-Literatur verschiedentlich positiv hervorgehoben. Die Diskussion mit anderen ermöglicht nicht nur, unterschiedliche Lesarten zu integrieren und trägt somit dazu bei, der Vieldeutigkeit von Sinn(-Zuschreibungen) und Handlungsmustern gerechter zu werden, sondern hat auch ein korrektives Potential auf mögliche eigene »blinde Flecken« oder Voreingenommenheiten bei der Betrachtung der Daten (vgl. Strauss 1998, 175ff; Mey/Mruck 2011, 34; Berg/Milmeister 2011, 317). Für die Reflexion im Analyseprozess ist nach GT die *theoretische Sensibilität* unabdingbar. Diese »Fähigkeit zu erkennen, was in den Daten wichtig ist, und dem einen Sinn zu geben«, geht auch aus dem Vorwissen bestehender Theorien hervor (Strauss/Corbin 1996, 30). Das theoretische Fundament dieser Studie, wird im Folgenden genauer vorgestellt.

---

10 Namentlich: Gebaute Räume, Kontakte und Verbindungen, Spannungen und Konflikte, Steuerung und Organisation, Vielfalt und Differenzen, Stadträumliche Einbettung.

I THEORETISCHE GRUNDLAGEN

1 Nachbarschaftsforschung

Um den Forschungsgegenstand ›Nachbarschaft‹ besser fassen zu können, gilt es vorerst den Begriff zu klären. Der Nachbarschaftsforscher Bernd Hamm schrieb:

»Kaum ein anderer Beziehungstyp macht den wechselseitigen Zusammenhang zwischen sozialer und räumlicher Organisation von Gesellschaft so konkret, so elementar und so unmittelbar erfahrbar wie die Nachbarschaft.« (Hamm 1998, 172)

Zugleich sah er in der »Alltäglichkeit und Banalität« des Begriffs einen Grund dafür, dass der Nachbarschaft in den Sozialwissenschaften nur »mäßige Aufmerksamkeit zuteil wird« (ebd.). Die sozial- und kulturwissenschaftliche Forschung und insbesondere die Stadtforschung haben sich zwar verschiedentlich mit dem Nachbarschaftskonzept beschäftigt, es ist daraus aber keine allgemein umfassende Theorie der Nachbarschaft hervorgegangen, sondern vielmehr eine Vielzahl an theoretischen Konzeptualisierungen und empirischen Studien (vgl. Bartmann/Dürr 2011, 13; Schnur 2012, 451). Wer sich einen Überblick über den Forschungsstand verschaffen will, muss sich demnach durch einen ›Dschungel‹ an Deutungs- und Definitionsansätzen bewegen. Auf diesem Weg wird eines relativ schnell deutlich: Die wissenschaftliche Auseinandersetzung mit dem Nachbarschaftsbegriff erfolgte unterschiedlich intensiv und hat immer wieder neue Aspekte beleuchtet. Eine Mehrzahl der Arbeiten konzentriert sich auf den Beginn des 20. Jahrhunderts, dann auf die 1960er- und 1970er-Jahre und auf die Jahre seit der Jahrtausendwende. Diese drei Phasen stehen im engen Zusammenhang mit urbanen und gesamtgesellschaftlichen Entwicklungs- und Wandlungsprozessen. Um 1900 wuchsen viele Städte stark an und erfuhren während des wirtschaftlichen Aufschwungs in den Nachkriegsjahrzehnten teilweise fundamentale Transformationen. Gegenwärtige soziale Veränderungen und Neupositionierungen des Urbanen scheinen sich erneut auf eine zunehmende wissenschaftliche Auseinandersetzung mit der Nachbarschaftsthematik auszuwirken.

Die Nachbarschaftsforschungen nähern sich dem Konzept in der Regel von zwei verschiedenen Betrachtungsebenen. Während die einen Forschungsansätze von den lokalen Strukturen ausgehen und Nachbarschaft vorerst als stadtstrukturelle Einheit und/oder räumlich verortete Gemeinschaft (bzw. *community*) thematisieren, fokussieren andere Studien stärker auf die AkteurInnen, das soziale Handeln und die Beziehungen von Nachbarinnen und Nachbarn in ihrem Wohnumfeld. Die erste Perspektive ist insbesondere im angelsächsischen Diskurs zur *neighborhood* – gerade auch in der Stadtplanung – zu finden.[1] Mit der zweiten Perspektive wird (im Sinne des englischen Begriffs *neighborliness*) der Blick auf die subjektiv erlebte soziale und interaktive Herstellung und Ausgestaltung von Nachbarschaft in Haus, Siedlung und Quartier gerichtet.[2] Diese Betrachtungsebenen sind jedoch nicht scharf voneinander zu trennen, sondern stellen eher Gewichtungen innerhalb eines Kontinuums dar. Denn das Charakteristische am Nachbarschaftsbegriff ist gerade, dass er diese beiden Bedeutungsdimensionen in sich vereint. Nachbarschaft bedarf zwar einer baulich-räumlichen Struktur und Anbindung, muss aber auch immer wieder aktiviert werden (vgl. Hengartner 1999, 287; Laurier et al. 2002). Es handelt sich um ein relationales Konzept (Wietschorke 2012, 93; Reutlinger et al. 2015, 244), das sich sowohl auf die tatsächlichen oder potentiell möglichen sozialen Beziehungen und Vernetzungen nahebei Wohnender bezieht, als auch auf das sich daraus bildende Bewusstsein eines über räumliche Nähe definierten Kollektivzusammenhangs (vgl. Hamm 1973, 15; Flade 2006 (1987), 81).

Die drei wissenschaftlichen Konjunkturphasen der Nachbarschaftsforschung dienen im Folgenden als Strukturierungshilfe, um die Geschichte und Theorie des Begriffs zu beleuchten und dessen Verhältnis zu gebauten Großstrukturen besser zu verstehen.

1.1 DIE ANFÄNGE DER NACHBARSCHAFTSFORSCHUNG

Die Anfänge der sozialwissenschaftlichen Auseinandersetzung mit Nachbarschaften haben eine Basis gelegt, die das Verständnis des Konzepts bis heute prägen. Vor dem Hintergrund der urbanen Transformationsprozesse um 1900 wurde Nachbarschaft insbesondere mit meist normativ besetzten Konzepten von Gemeinschaft

---

1   So ist etwa in *The Cambridge Dictionary of Sociology* folgende Begriffsbestimmung zu lesen: »Neighborhood is a largely undertheorized and commonsense term referring to urban locales based on residential proximity« (Rey 2006, 413).

2   In diesem Sinn definiert der Soziologe Bernd Hamm Nachbarschaft als: »eine soziale Gruppe, deren Mitglieder primär wegen der Gemeinsamkeit des Wohnortes miteinander interagieren« (Hamm 1973, 18).

(bzw. *communities*), Solidarität und Unterstützung von Menschen im lokalen Wohnumfeld verknüpft. Bereits in den Anfängen wurde deutlich, dass sich mit dem Nachbarschaftskonzept unterschiedliche wissenschaftliche Intentionen verfolgen lassen. Während die einen Zugänge zur wissenschaftlich-theoretischen Begriffs-entwicklung beitrugen, wirkten andere in die Praxisfelder von Städtebau und -planung ein.

1.1.1 Etymologie des Begriffs

Der Begriff Nachbar lässt sich aus dem Althochdeutschen *nahgibur(o)* herleiten, das (wie auch das Englische *neighbour*) seinen Ursprung im Westgermanischen *naehwa-gabur(on)* hat. Das Wort *gibur* wurde im Althochdeutschen sowohl für die Bezeichnung eines Landmanns oder Bauern verwendet als auch für einen Mitbe-wohner, denn *bur* bedeutete soviel wie Haus oder Wohnort. *Nahgibur* bezeichnete also denjenigen, der nahebei wohnte bzw. verwies auf einen Mitbewohner der Dorfgemeinschaft (vgl. Kluge 2002, 97; 642; Köbler 1993, 811; Duden 2007, 548; Vierecke 1972, 15; Hamm 1973, 14).[3]

1.1.2 Nachbarschaft als Gemeinschaft

Das gemeinschaftliche Leben in dörflich-ländlichen Strukturen diente lange als *die* Hintergrundfolie, um Nachbarschaft sozialwissenschaftlich zu thematisieren. Eine wichtige Grundlage für die Logik Nachbarschaft als Gemeinschaft zu konzipieren, hat Ferdinand Tönnies in seinem 1903 verfassten soziologischen Klassiker *Gemein-schaft und Gesellschaft* gelegt. In diesem Werk skizziert er die Nachbarschaft – ne-ben der Verwandtschaft und der Freundschaft – als eine der drei ursprünglichen Formen der »Gemeinschaft« (Tönnies 1912 (1903), 17). Der soziale Zusammenhalt der ›Gemeinschaft‹ zeichnet sich für Tönnies – antagonistisch zur ›Gesellschaft‹ – in erster Linie durch das ›organische‹ rurale Leben, das ›Miteinander-Verbundensein‹ und die vertraute Kenntnis voneinander aus. Die Nachbarschaft sei im spezifischen durch geteilte Interessen und den gemeinsamen geografischen Ortsbezug bedingt, organisiere sich rechtlich – etwa im Sinne der Allmende – ge-nossenschaftlich und reproduziere sich gerade im Fall von temporärer Abwesenheit durch ritualisierte Routinen:

»Nachbarschaft ist der allgemeine Charakter des Zusammenlebens im *Dorfe*, wo die Nähe der Wohnstätten, die gemeinsame Feldmark oder auch bloße Begrenzung der Äcker, zahlreiche

---

3   Erst im Mittelalter wurde ›Bauer‹ (aus ahd. gibur, mhd. gebur) zu einer Berufs- und Stan-
     desbezeichnung.

Berührungen der Menschen, Gewöhnung an einander und vertraute Kenntnis von einander verursacht; gemeinsame Arbeit, Ordnung, Verwaltung notwendig macht; die Götter und Geister des Landes und Wassers, welche Segen bringen und Unheil drohen, um Gunst und Gnade anzuflehen veranlasst. Durch Zusammenwohnen wesentlich bedingt, kann diese Art der Gemeinschaft doch auch in Abwesenheit sich erhalten, obschon schwerer als die erste Art [der Verwandtschaft], und muss alsdann um so mehr in bestimmten Gewohnheiten der Zusammenkunft und heilig gehaltenen Bräuchen ihre Stütze suchen [Herv. i.O.].« (Tönnies 1912 (1903), 18)

Das Bild, das Tönnies von der Nachbarschaft zeichnet, entspricht im Wesentlichen der historischen Darstellung des Lebens in einem vorindustriellen Dorf und bezieht sich in diesem Sinn auf eine »räumlich umgrenzte Gemeinschaft mit geschriebenen oder mündlich tradierten Regeln und Ordnungen, die normativen Charakter hatten und so das Zusammenleben regulierten« (Engelhard 1986, 25). Neben der persönlichen Bekanntschaft aller mit allen, der gemeinsamen Teilhabe an Bräuchen und geselligen Anlässen wie auch der starken sozialen Normierung und Kontrolle wurde in diesem Kontext das soziale Zusammenleben maßgeblich durch die ökonomische Situation bestimmt. Nachbarinnen und Nachbarn waren meist zwangsläufig aufeinander angewiesen und hatten Hilfe in Notlagen zu leisten (Hamm 1973, 32ff; 38).

1.1.3 Solidarität und Nothilfe

Max Weber hat einige Jahre nach Tönnies in seinem Grundlagewerk *Wirtschaft und Gesellschaft* (1921/22) Nachbarschaft als »jede durch räumliche Nähe [...] gegebene chronische oder ephemere Gemeinsamkeit der Interessenlage« (Weber 1972 (1921/22), 215) beschrieben und die Nothelfer-Funktion von NachbarInnen hervorgehoben:

»Nachbarschaft bedeutet praktisch, zumal bei unentwickelter Verkehrstechnik, Aufeinanderangewiesensein in der Not. Der Nachbar ist der typische Nothelfer und ›Nachbarschaft‹ daher Trägerin der ›Brüderlichkeit‹ in einem freilich durchaus nüchternen und unpathetischen, vorwiegend wirtschaftsethischen Sinne des Wortes.« (ebd., 216)

Weber entmystifiziert das Prinzip der Solidarität und betont den interessengeleiteten Charakter des nachbarlichen Unterstützungssystems. Hilfe wird in erster Linie geleistet, weil man selbst auch immer wieder auf die Hilfe anderer angewiesen ist. Dieses gegenseitige Aufeinander-Angewiesen-Sein tariert nach Weber bis zu einem gewissen Maße auch soziale Differenzen oder Machtbeziehungen im Wohnumfeld aus. Denn auch der »ökonomisch Prominente und Übermächtige« komme »immer wieder in die Lage [...] auf den guten Willen seiner Umwelt angewiesen zu sein«

(ebd., 216). Das Bild eines harmonischen gemeinschaftlichen Miteinanders kann demnach als Mythos verstanden werden. Ging doch die Solidarität, die traditionell unter Nachbarinnen und Nachbarn verlangt wurde, immer auch mit Abhängigkeitsverhältnissen und Konflikten einher. Die nachbarschaftliche Solidarität hat dabei – so Bernd Hamm – gerade auch im Konfliktfall eine integrierende Funktion für das Kollektiv gehabt, etwa indem abweichendes Verhalten von breit akzeptierten Normen mit der Verweigerung einer erbetenen Hilfeleistung sanktioniert werden konnte (vgl. Hamm 1973, 45). Mit Bezug auf Weber betont Hamm, dass »der Wandel im Charakter der Nachbarschaft immer auf dem Hintergrund des Wandels der ökonomischen Verhältnisse zu sehen« sei (ebd., 38). Mit der Industrialisierung und zunehmenden Arbeitsteilung, dem Entstehen der modernen Marktwirtschaft, der »wachsenden Verfügung über technische Hilfsmittel und dem vermehrt möglichen Rückgriff auf anonyme Risikoträger wurde der Haushalt unabhängiger von der Hilfe der Nachbarn« (ebd., 45). Die nachbarschaftliche Selbsthilfe verlor zunehmend an Bedeutung. Das Aufblühen des Vereinswesens gegen Ende des 19. Jahrhunderts trug außerdem dazu bei, dass die Geselligkeit mehr und mehr von nachbarschaftlich organisierten Feiergemeinschaften ausgelagert wurde (Engelhard 1986, 1).

1.1.4 Normativität und Großstadtkritik

Vorstellungen von Gemeinschaft und Solidarität – wie auf dem Dorf – waren und sind bis heute als normative Setzungen wirkmächtig in der Konzeptualisierung von Nachbarschaft. Dies ging von Anfang an meist mit einer Verklärung der Nachbarschaftsidee und einer grundlegenden Kritik an städtischen Großstrukturen einher. Eine Logik, die sich bis heute in Diskursen zum sozialen Leben in Großüberbauungen widerspiegelt.[4]

Eine wichtige Grundlage dieses Denkens kann in der Großstadtkritik gesehen werden, die um 1900 breitenwirksam aufgegriffen wurde und als Reaktion auf den, mit der Industrialisierung einsetzenden, tiefgreifenden sozio-ökonomischen Wandel und im Hinblick auf das rapide Wachstum der Städte diskutiert worden ist. Wichtige Beiträge zu diesem Diskurs haben – neben der Gemeinschafts-/Gesellschafts-Gegenüberstellung von Tönnies – etwa Wilhelm Heinrich Riehl in *Land und Leute* (1854) sowie Georg Simmel in *Die Großstädte und das Geistesleben* (1903) formuliert. Riehl beschrieb im Sinn der romantischen Stadtkritik die »Künstlichkeit«, »Naturwidrigkeit«, »Monstrosität«, »Vereinzelung« und fehlende »Originalität« der stark anwachsenden Großstädte im Gegensatz zum »natürlichen« Leben auf dem Land oder in Kleinstädten (Riehl 1854, 67ff). Georg Simmel sah in seinem, die Stadtsoziologie fundierenden, Text im Großstadtleben »einen tiefen Gegensatz ge-

---

4   Vgl. Kap. I 1.3.

gen die Kleinstadt und das Landleben, mit dem langsameren, gewohnteren, gleich-mäßiger fließenden Rhythmus ihres sinnlich-geistigen Lebensbildes« (Simmel 1998 (1903), 120).[5] Solche Erklärungsansätze trugen dazu bei, dass im Rahmen der Großstadtkritik die Vorstellung vom natürlichen Landleben und der solidarischen dörflichen Nachbarschaft als Gegenbild zu den Problemen der Großstadt – den mi-serablen Lebens- und Wohnbedingungen des Proletariats und der (vermeintlichen) menschlichen Isolation, Entfremdung und Anonymität – aufgegriffen wurde (vgl. Pfeil 1972, 38ff; Hamm 1973, 20ff; Schäfers 2006, 135f).

Wirksam wurde diese Idealisierung von Nachbarschaft insbesondere in Sozial-reform-Bewegungen, die die Armutseffekte in den Arbeitervierteln und die groß-städtische Segregation durch eine gezielte Steuerung von Nachbarschaft abzumil-dern versuchten, wie Jens Wietschorke am Beispiel der Settlement-Bewegung dar-legt (Wietschorke 2012, 96ff).[6] Die Vorstellung von nachbarschaftlicher Solidarität und Gemeinschaft wurde in diesem Zusammenhang zu einem normativen und sozi-alerzieherischen Prinzip, das mit der Forderung nach Maßnahmen zur ›sozialen Durchmischung‹ verknüpft wurde, wobei damit konkret die »Ansiedelung von An-gehörigen der gebildeten Mittelschicht« (ebd., 98) in die benachteiligten Quartiere gemeint war. Im sozialpolitischen Diskurs um Schweizer Großsiedlungen aus den 1960er- und 1970er-Jahren wird diese Argumentation heute weniger auf soziale als auf kulturelle und ethnische Differenzierungen adaptiert.[7]

Die Vorstellung von Nachbarschaft als strukturell definierbarer Wohnumge-bung einer Gemeinschaft wurde hauptsächlich von zwei Zugängen aufgenommen und weiterentwickelt: der ethnografischen Stadtforschung zum einen und der Stadt-planung zum anderen (vgl. Evans/Schahadat 2012, 19). Für beide war die Ausein-andersetzung mit den zu Beginn des 20. Jahrhunderts stark wachsenden und sich

---

5   Die Erhöhung des Tempos, der Stimuli, der gesellschaftlichen Vielfalt in der Großstadt trage zu einer »Steigerung des Nervenlebens« (Simmel 1998 (1903), 119) bei; das Vor-herrschen der Geldwirtschaft (im Unterschied zu der auf dem Land noch eher verbreiten Tauschwirtschaft) führe zu einer »reinen Sachlichkeit« (ebd., 121) des menschlichen Handelns.

6   Die Settlement-Bewegung breitete sich gegen Ende des 19. Jahrhunderts von England zuerst in die USA und dann in den deutschsprachigen Raum aus. Die soziale Segregation des Proletariats sollte mittels zweierlei Initiativen reduziert werden: zum einen durch die Gründung von »settlement houses« oder »Volksheimen«, die »den Geist bürgerlicher Kultur ausstrahlen« sollten und zum anderen durch die Förderung der »sozialen Durch-mischung«, von der man sich »›zivilisierende‹ Effekte auf die Arbeiterschaft versprach« (Wietschorke 2012, 98).

7   Vgl. Kap. III 6.3.

verändernden Großstädten ebenfalls fundamental. Beide sind im US-amerikanischen Kontext verortet.

1.1.5 Urban neighborhoods: die Chicagoer Schule

Die *Chicago School of Urban Sociology*, die bis heute als einflussreichste Strömung der Stadtforschung angesehen werden kann (Lindner 2004, 16), hat bei der Konzeptualisierung von Nachbarschaften als urbane lokalisierbare Gemeinschaften eine grundlegende Rolle gespielt.[8] Im programmatischen Grundsatzartikel *The City. Suggestions for the Investigation of Human Behavior in the Urban Environment* (1925) beschreibt Robert Ezra Park die Stadt als Struktur, die sich im Zusammenspiel von physischer und kultureller (bzw. ›moralischer‹ wie er es nennt) Organisation gestaltet und immer wieder verändert und als solche ein Produkt der »menschlichen Natur« sei (Park 1970 (1925), 4). Diese dynamische Perspektive und die Bezugnahme auf ökologische Termini sind handlungsleitend in der Art und Weise, wie die Chicagoer Soziologen die Verteilung und Organisation von sozialen Gruppen im Stadtraum betrachten. Die Stadt ist in ihrem Verständnis ein Mosaik von kleinen Welten mit einer kohärenten Sozialorganisation, die räumlich verortet sind und sich berühren, aber nicht überlappen (ebd., 40). Mit der Vorstellung von ›natürlichen‹ Umgebungen bzw. *natural areas* in der Stadtstruktur verweist Park darauf, dass die Organisation im urbanen Raum Prozessen zuzuschreiben sind, die eigenen Gesetzmäßigkeiten folgen und als solche weder geplant noch kontrolliert werden. Er hebt insbesondere die Bedeutung von ökonomischen Prinzipien wie Landpreis, Arbeitsteilung, Konkurrenz und Mobilität hervor. Die *natural areas* werden zu ›kulturellen‹ Settings, die durch spezifische Traditionen, Gewohnheiten und Normensysteme ihrer BewohnerInnen geprägt sind und als solche Transformationsprozessen unterliegen:

»In the course of time every section and quarter of the city takes on something of the character and qualities of its inhabitants. Each separate part of the city is inevitably stained with the peculiar sentiment of its population. The effect of this is to convert what was at first a mere geographical expression into a neighborhood, that is to say, a locality with sentiments, traditions, and a history of its own.« (Park 1970 (1925), 6)

Die Nachbarschaft ist für Park die kleinste lokale Einheit in der Stadt, »the simplest and most elementary form of association with which we have to do in the organiza-

---

8   Der Begriff Nachbarschaft wird hier direkt vom englischen *neighborhood* übersetzt, wobei im deutschen Sprachgebrauch in diesem Sinn teilweise auch die Begriffe ›Stadtviertel‹ oder ›Quartier‹ verwendet werden.

tion of city life« (ebd., 7). Park unterscheidet dabei die *neighborhoods* von einer anderen urbanen Organisationsform, derjenigen der *segregated areas*. Die Nachbarschaft beruht nach Park auf Nähe und sozialen Kontakten. Sie existiert ohne formale Organisation, sondern bildet sich vielmehr spontan, um den lokalen Eigenschaften und Interessen – auch als Grundlage der politischen Partizipation und Kontrolle – Ausdruck zu geben (ebd., 7). Die segregierten Gegenden haben demgegenüber einen größeren und hinsichtlich der ›Exklusivität‹ bestimmter Bewohnergruppen verfestigteren Charakter, wobei Park mit Bezug auf den US-amerikanischen Kontext seiner Zeit auf Stadtviertel verweist, in denen Menschen derselben Einwanderergruppe bzw. sozialen Schicht zusammenleben wie etwa *Chinatown, Little Sicily* oder die *Gold Coast* von Chicago. Die Nähe und Solidarität von lokalen Nachbarschaften sind nach Park Bestandteil dieser Gegenden und werden insbesondere in benachteiligten Stadtteilen intensiviert (ebd., 9f). Die humanökologische Analyse der räumlichen Verteilung von Bevölkerungsgruppen in der Stadt wurde von Ernest W. Burgess (einem Schüler und Kollegen von R.E. Park) ausgearbeitet, wobei er insbesondere kartografische Methoden anwandte (Burgess 1970 (1925). Ausgehend von Parks und Burgess' konzeptuellen Einrahmungen zeichnete sich die Chicagoer Stadtsoziologie insbesondere durch ihre reichhaltigen Ethnografien aus, die sich den alltäglichen Besonderheiten spezifischer urbaner Lebenswelten widmeten.[9] Der Fokus lag meist auf der Erforschung von »anderen«, oft marginalisierten Welten in der Stadt, den *neighborhoods* der ethnisch, kulturell und sozial Anderen, der Armen und Außenseiter (Lindner 2004, 115). Verschiedenes wurde am Chicagoer Ansatz kritisiert.[10] Wichtig ist es, hervorzuheben, dass das Nachbarschaftsverständnis der Chicagoer Stadtforschung in US-amerikanischen Städten der ersten Hälfte des 20. Jahrhunderts entstand, das heutigen, meist pluralistischeren Ausformungen nicht mehr entspricht (Gottdiener/Budd 2005, 93). Dennoch haben die Chicagoer Soziologen Pionierarbeiten geleistet, die die Stadtforschung bis heute grundlegend beeinflusst, und vielen WissenschaftlerInnen als Inspirationsquelle gedient haben.[11] Ge-

---

9 Prägend für die Ausrichtung dieser Studien war die journalistische Reportage-Erfahrung nach R.E. Park, bei der es in erster Linie um ein unvoreingenommenes ›Sehen‹ bzw. die Orientierung an der Prämisse ging: »Go into the district, get the feeling, become acquainted with people« (zit.n. Lindner 2007 (1990), 50ff).

10 So etwa die Analogie mit der Pflanzenökologie oder die Kartografierung und Generalisierung von ›natürlichen‹ Gegenden, die als solche nie existiert, und teilweise Problemgebiete auch erst definiert und konstruiert haben (Lindner 2004, 144). Nicht unproblematisch ist auch die Tendenz diese Welten als isolierte Einheiten zu betrachten oder gegenüber Themen der Mittelschicht blind zu sein (vgl. Hannerz 1980, 57).

11 So etwa die Park-Schüler Everett C. Hughes und Herbert Blumer, die – mit Bezug auch auf G.H. Mead – den ›symbolischen Interaktionismus‹ fundierten und die wiederum das

rade der ethnografische Zugang zur möglichst unvoreingenommenen Erforschung des Alltagslebens einer spezifischen urbanen *neighborhood* oder *community* hat sich in einer Vielzahl von Arbeiten niedergeschlagen und wirkt auch in der Ausrichtung dieser Forschungsarbeit nach.

1.1.6 Stadtplanung und das Konzept der Neighborhood-Unit

Eine andere Logik ist in Zugängen der Stadtplanung zu sehen, die Nachbarschaft(en) als quantitativ bestimmbare, strukturelle Größe vordefiniert, und als solche auch in die Städtebau-Praxis aufgenommen haben. Als grundlegend wichtige Figur in diesem Diskurs fungierte der Planer C.A. Perry, der 1923 die Idee der *neighborhood-unit* entwickelte. Er konzipierte diese als ein räumlich – etwa durch größere Durchgangsstraßen – begrenzter Stadtteil in der Größe eines Grundschulbezirks (ca. 3500 bis 5000 Personen), der neben den Wohnbereichen über zentral gelegene (Dienstleistungs-)Institutionen und lokale Läden verfügt und von offenen Park- und Erholungsflächen sowie einem internen Straßensystem durchzogen werden sollte (Perry 1966, 95). Perrys Organisationsschema war zwar in erster Linie technischer Natur, sah Nachbarschaft aber auch als sozialen Zusammenhang (vgl. Wietschorke 2012, 109) und war vom Anspruch getragen, »Größe durch Gliederung zu überwinden« bzw. »die Stadt in überschaubare und erlebbare Einheiten« aufzuteilen (Pfeil 1972, 343f). Dies sollte auch zur Ortsbindung beitragen (vgl. Perry 1966, 108). Die Idee der Organisation der Stadt auf der Basis von funktionellen Nachbarschaften war nicht vollkommen neu. Als wichtiger Vordenker gilt der britische Stadtplaner Ebenezer Howard, der um 1900 mit seinem Gartenstadt-Konzept die Idee von aufgelockerten städtischen Einheiten im Grünen in die Stadtplanung einbrachte (Klages 1958, 20ff).[12]

Perrys Vorstellungen wurden im siebten Band des New Yorker Regionalplans von 1929 im Detail ausgeführt und flossen 1933 auch in die Charta von Athen ein, die als Grundlage der funktionalistischen Stadtplanung bis in die 1960er-Jahre hinein vielerorts für neu zu errichtende Stadtteile verwendet wurde (Häußermann/Siebel 2004, 110; Wietschorke 2012, 109). In den USA wurde die *neighborhood-unit* zur typischen kommunalen Organisationsform (Hamm 1973, 53). Perrys Ansatz wurde aber auch international breit aufgenommen und »vom Denkbild

---

Denken von Soziologen wie Erving Goffman, Howard Becker oder Anselm Strauss prägten (vgl. Hannerz 1980, 58).

12 Die Chicagoer Soziologen sollen die soziale Dimension von Perrys Nachbarschaftsverständnis beeinflusst haben. Zudem lässt sich eine Linie zum amerikanischen Sozialtheoretiker C.H. Cooley (1909) ziehen, der Nachbarschaft als Primärgruppe, die auf Face-to-Face-Kontakten beruhe, definierte (Hamm 1973, 11f).

her, ohne Erdenschwere« (Pfeil 1972, 345) in den angelsächsischen Ländern, in
Deutschland, Holland, Schweden, teilweise auch in Frankreich und in der Schweiz
(mit Burckhardt et al. 1955) rezipiert.[13]

1.2 KRITIK UND REKONZEPTUALISIERUNG

So einflussreich die Idee der *neighborhood-unit* für den Städtebau gewesen sein
mag, so groß war auch die Kritik, die – breitenwirksam erst beinahe 40 Jahre nach
ihrer Entstehung – formuliert worden ist. Es war eine Zeit, in der in vielen Städten
teils fundamentale Umgestaltungen und Re-Dimensionierungen vorgenommen
wurden. Die Kritik an den einflussreichen Planungsinstanzen hat auch dazu beigetragen, dass sich in den 1960er- und 1970er-Jahren verschiedene sozialwissenschaftliche Studien intensiv mit dem Nachbarschaftsbegriff auseinandersetzten. Die
Nachbarschaftsforschung hat dadurch nicht nur an Auftrieb gewonnen, sondern
auch eine Neuausrichtung erfahren. In den Fokus gerieten zunehmend die lebensweltlichen und sozialen Handlungs- und Beziehungsgefüge von Menschen im
Wohnumfeld.

1.2.1 Stadt- und Nachbarschaftsplanung anders denken

Grundlegend wichtig in diesem Diskurs ist Jane Jacobs, die in *The Death and Life
of Great American Cities* (1961) als eine der glühendsten Kritikerinnen der damaligen Stadtplanung das Ideal der geplanten Nachbarschaft als in sich abgeschlossene,
nach innen gerichtete, vermeintlich urbane Insel in Frage stellte. Diese Vorstellung
würde der Fluidität, Dynamik und Mobilität des Großstadtlebens nicht gerecht werden (Jacobs 2011 (1961), 149ff), sondern imitiere vielmehr kleinstädtische und
dörfliche Idealbilder, die als Kontrollinstrument für Behörden zwar attraktiv seien,
aber wenig mit dem ›realen Leben‹ zu tun hätten:

»Neighborhood is a word that has come to sound like a Valentine. As a sentimental concept,
›neighborhood‹ is harmful to city planning. It leads to attempts at warping city life into imita-
tions of town or suburban life [...]. It is fashionable to suppose that certain touchstones of the
good life will create good neighborhoods – schools, parks, clean housing and the like. How
easy life would be if this were so! How charming to control a complicated and ornery society
by bestowing upon it rather simple physical goodies. In real life cause and effect are not so
simple« (Jacobs 2011 (1961), 146).

---

13 Ausführlich zur Rezeptionsgeschichte vgl. Pfeil 1972, 345ff.

Jacobs plädiert dafür, städtische Nachbarschaften als »mundane organs of self-government« (ebd., 153) zu erfassen.[14] Hierzu müsse der Fokus vielmehr auf die alltäglichen Netzwerke und Beziehungsmuster in der Stadt gerichtet werden (ebd., 174ff).

Im deutschsprachigen Raum wurde diese Argumentation Ende der 1960er-Jahre aufgenommen. Hans Paul Bahrdt kritisiert in *Humaner Städtebau* (1969) einerseits den Widerspruch, von einer Face-to-Face-Gemeinschaft auszugehen, obwohl das Konzept der Nachbarschaftseinheit zu groß sei, dass jeder jeden kenne. Die Größenordnung eines Grundschulbezirks sei andererseits wiederum zu klein, um ein soziales und kulturelles Eigenleben zu garantieren (Bahrdt 1969, 101). Bedeutsamer als das planerische Konstrukt der Nachbarschaftseinheit sei der gelebte Raum der engeren Umgebung, der subjektiv – je nach Lebensalter und sozialer Schicht unterschiedlich genutzte – Versorgungs- und Aktionsbereich (vgl. Pfeil 1972, 349). Mit planerisch vorgegebenen Raumeinheiten könne keine gemeinschaftsbildende Kraft erzeugt werden, weil diese nur Chancen für nachbarschaftliche Sozialbeziehungen biete, sie aber nicht bedinge oder intensiviere (Vierecke 1972, 14; 68).

Generell ging es in diesem Diskurs um eine Perspektivverschiebung: weg vom deterministischen *Soll* der Stadt- und Nachbarschaftsplanung hin zum *Ist* der unterschiedlichen Verhaltensweisen und Wahrnehmungen (in) der Stadt. Neben diversen aktionsräumlichen Studien, die sich mit der Alltagsmobilität und den Aktivitätsmustern unterschiedlicher Bewohnergruppen in spezifischen Stadtvierteln oder Nachbarschaften befasst haben,[15] nahmen sich insbesondere auch perzeptionstheoretische Ansätze diesem Anliegen an (Schnur 2008b, 27). Einen wegweisenden Beitrag zu Letzterem stellt Kevin Lynchs Klassiker *The Image of the City* (1960) dar. Lynch fokussiert auf die Wahrnehmungen und mentalen Bilder von spezifischen urbanen Settings mittels kartografischer Darstellungen bzw. *mental maps* aus der Perspektive von BewohnerInnen. Im Zentrum des Interesses steht die »Lesbarkeit« der städtischen Landschaft. Eine gute Vorstellbarkeit trage nach Lynch nicht nur zur spezifischen Wahrnehmung, sondern auch zur Qualität einer Stadt bei und fördere Orientierung, Sicherheitsgefühl und Identifikation mit einem Viertel bzw. einer Nachbarschaft (Lynch 1960, 1-13; 46ff). Verschiedenes wurde an Lynch kriti-

---

14 Jacobs weist darauf hin, dass es insbesondere drei Größenordnungen von städtischen Nachbarschaften seien, die nach diesem Verständnis Sinn machen würden: 1) Straßen, 2) Bezirke und 3) Städte als Ganzes, wobei insbesondere die kleinste Dimension der »street neighborhoods« einer Stadt Stabilität gebe (Jacobs 2011 (1961), 153; 174).

15 Eine Grundlagearbeit hat Stuart F. Chapin mit *Human Activity Patterns in the City* (1974) geleistet. Eine Übersicht zu den Aktionsraumstudien und deren Bedeutung für die Quartiersforschung findet sich bei (Schnur 2008a, 40ff).

siert.[16] Sein Ansatz ermöglicht es aber, Stadtplanung von den lokalen Bedürfnissen der BewohnerInnen aus zu denken und individuelle und kollektive Raumvorstellungen in den Mittelpunkt des Interesses zu stellen (vgl. Seifert 2011, 181ff).

1.2.2 Subkulturen, Communities, urbane Dörfer

Die Kritik an deterministischen Ansätzen in der Stadtplanung ging mit diversen Forschungsarbeiten einher, die sich mit der kulturellen Vielfalt in der Stadt auseinandersetzten bzw. die Lebensrealitäten von urbanen ›Subkulturen‹ untersuchten (vgl. Schnur 2008a, 37). Viele orientierten sich dabei an den Ethnografien der Chicagoer Schule.[17] Eine einflussreiche Studie legte Herbert Gans mit *The urban villagers* (1962) vor, in der er das italienische Arbeiterviertel im Bostoner Westend untersuchte und das Verhältnis zwischen Ethnizität und Klassenzugehörigkeit analysierte. Mit dem Begriff des »urbanen Dorfs« verwies Gans darauf, dass die von ihm untersuchte – im öffentlichen Diskurs stark problematisierte – *neighborhood* keineswegs den Stereotypen entsprach, sondern über reichhaltige Subkulturen, ein ausgeprägtes Gemeinschaftsgefühl und intensive Nachbarschaftskontakte verfügte (Häußermann/Siebel 2004, 108; Schnur 2008a, 38). Der Kulturanthropologe Rolf Lindner spricht Gans den Verdienst zu, dass er sich von der damals üblichen Negativ-Rhetorik über Slums oder Ghettos distanziert und dazu beigetragen habe, Begriffe wie *neighborhood* oder *community* als wertfreie Konzepte zu etablieren (Lindner 2004, 168). In England wurde die soziologische Studie *Family and Kinship in East London* (1957) von Michael Young und Peter Willmott zu einem Klassiker, der – zwar nicht mit direktem Bezug zur Chicagoer Schule, doch mit einem ähnlichen ethnografischen Zugang – das Alltags- und Familienleben einer *working class community* im Kontext der mit der sozialen Wohnbaupolitik neu gebauten *housing estates* der Nachkriegszeit erforschte (Young/Willmott 1957).

Zu den *subculturalists* kann auch der Community-Forscher Gerald D. Suttles gezählt werden (Schnur 2008a, 38). In seiner Studie *The Social Construction of Communities* (1972) weist Suttles – durchaus auch im Sinne der Kritik an einer funktionalistischen Stadtplanung – darauf hin, dass es neben der physischen Struk-

---

16 So etwa die einseitige Fokussierung auf das Visuell-Ästhetische, methodologische Vereinfachungen (etwa hinsichtlich der angewandten Mapping-Techniken) oder auch seine normative Grundhaltung (vgl. Seifert 2011; 129; 156).

17 Zu nennen sind etwa die Klassiker *Street Corner Society* (1943) von William F. Whyte zu einer italienischen *neighborhood* in Boston und der Organisation von lokalen Gangs. Etwas jüngeren Datums weiter *Streetwise* von Elijah Anderson (1990) oder die Studien von Loïc Wacquant (etwa 2006, 2008) zu den ›Ghettos‹ in Philadelphia und Chicago bzw. den Banlieues in Frankreich (Low 1996, 385; Schnur 2008b, 26).

tur einer Stadt immer auch unterschiedliche kognitive Wahrnehmungen derselben gebe:

»There is the cognitive map which residents have for describing, not only what their city is like, but what they think it ought to be like. This cognitive map of the city need not necessarily correspond closely with the actual physical structure.« (Suttles 1972, 21f)

Mit Bezug auf den sozialen Konstruktionscharakter einer lokalen *community* betont er, dass diese als offene Institution verstanden werden müsse (ebd., 268). Nachbarschaft wird nach Suttles in erster Linie durch die Zuschreibungen bestimmt, die von Out- und Insidern definiert werden: »Like the family, the neighborhood is largely an ascribed grouping and its members are joined in a common plight whether they like it or not« (ebd., 35). Die soziale Kohäsion sowie emotionale oder strukturelle Zugehörigkeiten zu einer Nachbarschaft würden gerade im Falle von segregierten Stadtvierteln – bzw. *defended neighborhoods* – über (vorgestellte oder reale) Bedrohungen und Negativzuschreibungen gefestigt (ebd., 33f).

1.2.3 Lebenswelten und Orientierungsrahmen sozialen Handelns

Im deutschsprachigen Raum spiegelt sich »die Fokussierung auf endogene Faktoren und lokale kulturelle Vielfalt auch im Lebenswelt-Ansatz wider« (Schnur 2008b, 27). Mit Bezug auf die Phänomenologie Husserls hat Alfred Schütz wichtige Weichen zur Konzeptualisierung des Lebenswelt-Begriffs gestellt. Die Lebenswelt im Schützschen Verständnis entspricht unserer – räumlich, sozial und zeitlich strukturierten – alltäglichen und als selbstverständlich erfahrenen Wirklichkeit. Sie ist zugleich auch »eine Wirklichkeit, die wir durch unsere Handlungen modifizieren und die andererseits unsere Handlungen modifiziert« (Schütz/Luckmann 2003, 33). Mit Bezug auf Max Weber, der den ›subjektiv gemeinten Sinn‹ sozialen Handelns wissenschaftlich fruchtbar gemacht hat, geht es deshalb immer auch um intersubjektive Deutungen dieser Wirklichkeit.[18] So Schütz:

»Die Lebenswelt besteht nicht erschöpfend aus den bloß materiellen Gegenständen und Ereignissen, denen ich in meiner Umgebung begegne. Freilich sind diese ein Bestandteil meiner Umwelt, jedoch gehören zu ihr auch alle Sinnschichten, welche Naturdinge in Kulturobjekte,

---

18 Zentrale Prämisse in Webers Theorie des sozialen Handelns ist, dass die handelnden Personen mit ihrem Handeln einen subjektiv gemeinten Sinn verbinden. Dieser sinnhafte Handlungsgrund kann zwar nur vom einzelnen Menschen vorgestellt werden, bezieht sich aber auf das Verhalten von anderen und ist demnach gesellschaftlich und kulturell produziert (vgl. Weber 1972 (1921/22), 1f).

menschliche Körper in Mitmenschen und der Mitmenschen Bewegungen in Handlungen, Gesten und Mitteilungen verwandeln« (Schütz/Luckmann 2003, 31f).

Nachbarschaft kann mit Schütz als Teil der räumlichen Verortung (bzw. in seinen Worten der ›räumlichen Aufschichtung‹) unserer alltäglichen Lebenswelt verstanden werden. Es sind gerade die »Welt in aktueller Reichweite« und die Erfahrungen und »Sinnschichten« im »Hier« (ebd., 71), in unserem unmittelbaren Wohnumfeld, die in Nachbarschaften zum Tragen kommen. Quartierstudien, die sich auf einen solchen Ansatz beziehen, stützen sich meist auf ethnografische Methoden (Schnur 2008a, 39f). Denn die Lebens- und Sinnwelten sozialer AkteurInnen in den Mittelpunkt der Forschungslogik zu stellen, heißt, sich auf einen verstehenden, ergebnisoffenen Erkenntnisprozess ohne vorbestimmende Kategorien einzulassen. Einen solchen Zugang findet sich etwa in der Studie *Street Life* von Gisela Welz zu einem mehrheitlich von Afro-AmerikanerInnen und Puerto-RicanerInnen bewohnten Stadtteil des New Yorker Bezirks Brooklyn. Welz hat sich 1985 in einem mehrmonatigen Feldaufenthalt als teilnehmende Beobachterin intensiv im Straßenraum ihres *blocks* aufgehalten (Welz 1991, 73), um die Alltagswelt und das Leben auf den Straßen als kulturelle Praxis zu untersuchen und zu beschreiben.

Die funktionalistische Vorstellung einer Nachbarschaft als stadträumliche Einheit wurde im Zuge der Re-Konzeptualisierung des Nachbarschaftsbegriffs also mit reichhaltigen Studien und empirischen Evidenzen widerlegt. Um Nachbarschaften zu verstehen, müsse – so der Konsens der unterschiedlichen Ansätze – vielmehr das soziale Handeln, die Interaktionen, Sinngebungen und Relationen der Menschen in ihrem spezifischen Wohnumfeld in den Mittelpunkt des Forschungsinteresses gestellt werden (vgl. Engelhard 1986, 58ff; Hengartner 1999, 283f). Bereits Max Weber hat das soziale Handeln in Nachbarschaftsbeziehungen hervorgehoben und als »amorphes, in dem Kreise der daran Beteiligten flüssiges, also ›offenes‹ und intermittierendes Gemeinschaftshandeln« charakterisiert (Weber 1972 (1921/22), 217). Auch in traditionellen bäuerlichen Kontexten sei das nachbarschaftliche Gemeinschaftshandeln »nicht die Regel, sondern die, sei es auch typisch wiederkehrende Ausnahme«, die im Vergleich zur Hausgemeinschaft viel weniger intensiv und diskontinuierlich erfolge (ebd., 216). Einen ersten Versuch das Nachbarschaftshandeln zu systematisieren hat Helmut Klages vorgenommen, indem er drei Verhaltenstypen voneinander unterscheidet: Erstens das *zeremonielle Verhalten*, der unverbindlichste Typ, zu dem in erster Linie die Befolgung von grundlegenden Anstandsregeln und Konventionen (wie Grüßen oder die Anteilnahme an familiären ›Freud- und Leidereignissen‹) gehört. Das *Solidaritätsverhalten* zeichnet sich nach Klages zweitens durch die Praxis von Ausleihe, gegenseitiger Hilfe und kleinen Gefälligkeiten aus. Der dritte Typ, das *individuelle Kontaktverhalten*, erfolgt nach Klages eher selten und stark selektiv und umfasst die Aufnahme von bekanntschaftlichen Beziehungen und gegenseitigen Besuchen (Klages 1958, 127).[19]

1.2.4 Bernd Hamm: Verhalten, Interaktionen, Beziehungen

Eine im deutschsprachigen Raum grundlegende und systematische Zusammen-schau, die das Augenmerk auf das Handeln und Verhalten von Nachbarinnen und Nachbarn im Wohnumfeld legt, ist Bernd Hamms *Betrifft: Nachbarschaft* (1973). Hamm trägt nicht nur empirisch fundierte Erkenntnisse zusammen, sondern nimmt auch eine (Re-)Konzeptualisierung des Nachbarschaftsbegriffs vor. Laut dem Quartierforscher Olaf Schnur ist es Hamm damit gelungen, die wohl einzige konsistente deutschsprachige Nachbarschaftstheorie dieser Art geschrieben zu haben (Schnur 2012, 454f). Nachbarschaft existiert für Hamm nicht einfach so, sondern wird akti-viert, wenn ein Bedürfnis vorliegt bzw. wird »von den Beteiligten angeknüpft« (Hamm 1973, 93f). Grundlage seiner Nachbarschaftsdefinition sind denn auch die Interaktionen zwischen Nachbarinnen und Nachbarn. Die Interaktion muss nach Hamm nicht unbedingt manifest werden, sondern kann auch bestehen, »wenn lediglich eine latente Bereitschaft zur Aufnahme von Beziehungen vorliegt« (ebd., 74). Der Nachbar oder die Nachbarin ist für ihn eine soziale Position, die nicht erworben, sondern auswechselbar und dem Wohnort zugeschrieben ist. Nachbarschafts-beziehungen gehen demnach nicht von Personen, sondern vom Wohnumfeld aus, in dem man durch seine Wohnung zum Nachbarn bzw. zur Nachbarin wird. Hamm versteht Nachbarschaft als erweitertes Territorium des Haushalts und als soziale Gruppe, die auf Face-to-Face-Kontakten beruht. Explizit widerspricht er der Be-trachtung von Nachbarschaft als Gemeinschaft, da eine solche den Nachbarschafts-begriff ideologisiere. Die Bebauungsstruktur und räumliche Größe einer Siedlung wirken sich nach Hamm auf die Auswahlmöglichkeit der InteraktionspartnerInnen aus, die Art der Nachbarschaftsbeziehungen tangieren sie jedoch kaum. Vielmehr hängt diese von der sozialen Nähe bzw. Distanz der Personen ab. Nach Hamm steigt die Interaktionsdichte mit der Zahl der gemeinsamen Bezugsgruppen (Hamm 1998, 173; vgl. auch Schnur 2012, 455). Denn neben der Nachbarposition stehen wir immer auch in Bezug zu anderen sozialen Gruppen, wobei die unterschiedliche Zahl an Bezugsgruppen unser Nachbarschaftsverhalten prägt (Hamm 1973, 75; Hamm 1998, 174). Hamm differenziert dabei nach sozialer Schicht, Lebensphase, Alter und Geschlecht: Kinder, nicht erwerbstätige Mütter und betagte Menschen verbringen meist viel Zeit in der Wohnung und im unmittelbaren Wohnumfeld und treten dadurch in der Regel auch intensiver in Kontakt mit ihren Nachbarinnen und

---

19 Diese Typologie wurde in den 1970er-Jahren in der deutschsprachigen Stadt- und Nach-barschaftsforschung breit aufgenommen (vgl. etwa Hamm 1998, 95; Herlyn 1970, 142).

Nachbarn. Gerade für Kinder ist die Nachbarschaft oft *die* räumliche und soziale Umwelt schlechthin (Bahrdt 1969, 110), in der sie auch eine wichtige Rolle bei der Aktivierung von Nachbarschaftskontakten spielen (Hamm 1973, 77; 83; vgl. auch Engelhard 1986, 58; Pfeil 1972, 166; Vierecke 1972, 35). Mit höherem Einkommen, höherer Bildung und beruflicher Stellung nehmen die Anzahl der sozialen Bezugsgruppen einer Person zu und die Bedeutung der Nachbarschaft ab.[20] Umgekehrt werden Nachbarschaftsbeziehungen gerade für untere Sozialschichten wichtiger, was Hamm mit verringerten Mobilitätschancen sowie einer zunehmenden Bedeutung gegenseitiger Hilfeleistungen erklärt (Hamm 1973, 77; 93; Hamm 1998, 177). Andere ForscherInnen, die sich Anfang der 1970er-Jahre mit der Nachbarschaftsthematik auseinandergesetzt haben, heben hervor, dass die Art der Nachbarschaftsbeziehungen auch von der Persönlichkeit abhängig ist. Personen, die in ihrem sonstigen Sozialverhalten kontaktfreudig sind, würden auch intensivere Nachbarschaftskontakte leben (vgl. etwa Pfeil 1972, 198; Herlyn 1970, 158). Hamm bleibt bei einer sozialen Argumentation und betont, dass eine Person bei der Auswahl von potentiellen Interaktionspartnern in der Nachbarschaft diejenigen wählt, die ihr sozial näherstehen. Eine homogene Nachbargruppe erhöhe demnach die Intensität nachbarschaftlicher Kontakte (Hamm 1973, 93; Hamm 1998, 173f).

Das Nachbarschaftsverhalten wird maßgeblich durch Konventionen und Normen bestimmt, die nach Hamm einen unterschiedlich verpflichtenden Charakter haben. Er unterscheidet dabei zwischen Muss-, Soll- und Kann-Erwartungen: Muss- und Soll-Erwartungen sind Minimalanforderungen wie etwa die Einhaltung der Hausordnung, deren Verletzung zu Streitigkeiten führen kann. Demgegenüber ist die Kann-Erwartung – wie beispielsweise genug Distanz zu seinem Nachbarn zu wahren oder nicht neugierig zu sein – weniger bindend (Hamm 1998, 174; vgl. Schnur 2012, 456). Bei einer relativ homogenen Wohnbevölkerung werden die Verhaltenserwartungen von den meisten geteilt, was auch den Konformitätsdruck und die soziale Kontrolle erhöht. In sozial heterogenen Nachbarschaften hingegen treffen meist unterschiedliche Normen, Interessen und Wertvorstellungen zusammen. Dies kann sich auf eine geringere soziale Kontrolle, aber auch auf die Eskalation von Konflikten auswirken (Hamm 1973, 85f). Nach Hamm sind Nachbarschaftskonflikte meist Rollenkonflikte, die umso heftiger ausfallen, »je verbindlicher die Verhaltenserwartungen, die zum Konflikt führen, formuliert sind« (Hamm 1973, 97). Nachbarrollen gehen für ihn aus unterschiedlichen Verhaltenserwartungen hervor (ebd., 89). Als wichtigste drei Nachbarrollen nennt er diejenige des Nothelfers, des Sozialisationsagenten und des Kommunikationspartners. Die Rolle des

---

20 Auch Bahrdt weist darauf hin, dass Nachbarschaft bei höherem Sozialstatus weniger bedeutsam werden (Bahrdt 1969, 110), was Vierecke in seiner empirischen Studie zu einer Neubausiedlung in Hochdahl hingegen nicht bestätigen kann. (Vierecke 1972, 52)

Nothelfers bezieht sich auf alle Formen der Nachbarschaftsbeziehung, die im weitesten Sinn aus ökonomischen Motiven erfolgen. Dazu zählt Hamm auch die Ausleihe von Haushaltsgegenständen oder Nahrungsmitteln sowie informelle Arbeitsleistungen wie Kinderbetreuung oder Unterstützung bei Gartenarbeiten (ebd., 80f). Die Rolle des Sozialisationsagenten bezieht sich darauf, rollenkonformes Verhalten gegenüber Kindern vorzuleben, aber auch gegenüber Neuzugezogenen die Angleichung von Normen einzufordern (ebd., 82f). Die Rolle des Kommunikationspartners ist vor allem für Personen relevant, die stark an ihre Wohnung gebunden sind und relativ wenig anderen Bezugsgruppen angehören, wobei von nachbarschaftlichen Gesprächen oft ein Konformitätsdruck ausgeht (ebd., 88f). Die Durchsetzung rollenkonformen Verhaltens wird nach Hamm maßgeblich durch Sanktionen, Gratifikationen und soziale Kontrolle erreicht (ebd., 91).[21] Die soziale Kontrolle manifestiert sich in der Beobachtung der Nachbarinnen und Nachbarn und hat nach Hamm auch eine Überwachungs- und Hilfsfunktion in Bedrohungssituationen (ebd., 91). Gratifikationen sieht er etwa im freundlich Grüßen, in Hilfsangeboten oder der Demonstration von Vertrauen; Sanktionen in der Verweigerung eines Grußes bzw. einer Hilfeleistung, in Klopfzeichen oder dem Zur-Rede-Stellen (ebd., 90). Der in Nachbarschaftsbeziehungen bedeutsame Gruß symbolisiert nach Hamm »die Bereitschaft des Grüßenden, den Nachbarnormen zu folgen und gegenüber dem Gegrüßten eine oder mehrere Nachbarrollen zu spielen« (ebd., 93).

Hamm bleibt in seiner Konzeptualisierung nicht auf der Ebene des individuellen Nachbarschaftsverhaltens, sondern verankert dieses in sozio-strukturellen und politischen Zusammenhängen. Den Charakter nachbarschaftlicher Beziehungen sieht er letztlich insbesondere durch drei Variablen bestimmt: erstens der Zusammensetzung der Wohnbevölkerung, zweitens dem Wohnungsbestand und der Art der Bebauung sowie drittens den Spielräumen städtisch-kommunalen Handelns bzw. den planungspolitischen und ökonomischen Rahmenbedingungen (Hamm 1998, 176f).

Die Kritik an Hamms Nachbarschaftsverständnis richtet sich heute insbesondere gegen seine Definition von Nachbarschaft als sozialer Gruppe nahe beieinander Wohnender. So schreibt Ruth Rohr-Zänker mit Bezug auf Hamm:

»Nachbarschaften [können sich] überlagern, auch einzelne Menschen können verschiedene Nachbarschaften leben. Vergleichbar zu den ›Bastelexistenzen‹, die die Individualisierung erzwingt (Beck 1986), ließe sich von ›Bastelnachbarschaften‹ sprechen« (Rohr-Zänker/Müller 1998, 13).

---

21 Hamm präzisiert, dass die soziale Kontrolle der Durchsetzung rollenkonformen Verhaltens dient, zugleich aber selbst auch Teil der Verhaltenserwartungen an eine Nachbarposition und demnach eine soziale Rolle ist (Hamm 1973, 92).

Olaf Schnur kritisiert aus heutiger Sicht außerdem Hamms Auffassung von Raum, die »noch im zeittypischen Containerraum-Verständnis« beheimatet sei und keine Unterscheidung zwischen physischem und sozialem Raum vornehme (Schnur 2012, 457).[22]

1.2.5 Nachbarschaftliche Konflikte und Stigmatisierungen

Dass das Nebeneinanderwohnen von Menschen mit unterschiedlichen Lebensweisen nicht immer unproblematisch ist und der Bruch oder die Divergenz von Normen in Nachbarschaftsbeziehungen zu Konflikten führen können, ist eine vielfach beschriebene Thematik, die gerade auch im Rahmen der Kritik an der funktionalistischen Planungsvorstellung einer harmonischen Nachbarschaftseinheit formuliert worden ist. So kritisiert etwa der Soziologe Kurt Viereckе in seiner, Anfang der 1970er-Jahren durchgeführten, empirischen Studie zu einer Neubausiedlung in Hochdahl, das planerische Konstrukt, ältere Menschen und Familien in einer Siedlung zu mischen. Das Ideal die Integration und Teilhabe älterer Menschen zu fördern, resultiere in Wirklichkeit häufig in generationenbezogenen Nachbarschaftskonflikten. So schreibt er: »Ohne Ausnahme machen wir dagegen in unserer Befragung die Erfahrung, dass junge Familien sich von älteren Einwohnern, diese wieder insbesondere von Kindern gestört fühlen.« (Viereckе 1972, 51)

Ein grundlegendes und bis heute einflussreiches Werk, um Nachbarschaftskonflikte zu erfassen, ist *The established and the outsiders* (1965) von Norbert Elias und John S. Scotson. Wie aus ihrer empirischen Studie einer kleinen englischen Gemeinde hervorgeht, bergen gerade Nachbarschaftskontakte zwischen Alteingesessenen und Neuzugezogenen ein erhebliches Konfliktpotential in sich. Elias und Scotson haben das Verhältnis von zwei Gruppen untersucht, die sich nur hinsichtlich der Zeit, die sie in der *community* wohnen, voneinander unterscheiden, sonst aber derselben Nationalität und sozialen Schicht (›working class‹) angehören. Im Laufe der Jahre (bzw. über Generationen) haben sich unter den Alteingesessenen gemeinsame Normen und Lebensvorstellungen eingespielt. Der Einfluss der Zugezogenen auf ihre etablierte Lebensweise nehmen sie als Bedrohung wahr, auf die sie mit Stigmatisierungen und Abgrenzungsmechanismen – wie dem Tabu des engeren Kontakts mit Mitgliedern der neuen Gruppe – reagieren. Die Stigmatisierungen gehen mit der Zuschreibung von Negativbildern einher, etwa dem Vorurteil unsauber zu sein oder fehlende Kenntnisse der geltenden Gepflogenheiten und Regeln zu haben, was sich auf die Betroffenen paralysierend auswirken kann:

---

22 Vgl. hierzu auch Kap. I 2.1.2.

»Members of an outsider group are regarded as failing to observe the[se] norms and re-
straints. That is the prevailing image of such a group among members of an established
group. Outsiders [...] are – collectively and individually – experienced as anomic.«
(Elias/Scotson 1994 (1965), xxiv)

Letztlich geht es hier nach Elias und Scotson um ein Machtthema: Eine bedeutende
Ressource der Machtungleichheit stellt gerade die gewachsene soziale Kohäsion der
Gruppe der Alteingesessenen dar, die diese verteidigen und auf die die Zugezoge-
nen nicht zurückgreifen können (vgl. ebd., xxii).

1.3 DIE ERFORSCHUNG HEUTIGER NACHBARSCHAFTEN

Gesellschaftliche und städtische Transformationsprozesse bewegen auch die jüngere Auseinandersetzung mit Nachbarschaften. Sowohl in theoretischen als auch pra-
xisorientierten Ansätzen werden Konzepte, die seit den Anfängen der Nachbarschaftsforschung kursieren, aufgegriffen und auf gegenwärtige Herausforderungen
und Potentiale hingedacht. Angesichts neuer sozialer Vernetzungsmöglichkeiten
stellt sich die Frage nach heutigen und künftigen Formen nachbarschaftlicher Relationen.

1.3.1 Sozialer Wandel und ›Revival‹ des Nachbarschaftskonzepts

Seit es Stadtforschung gibt, wird immer wieder prognostiziert, dass das Konzept der
Nachbarschaft ausgedient habe. So ist das Nachbarschaftskonzept nicht nur mit Beginn der Industrialisierung und der Nachkriegsmoderne, sondern auch im Übergang
von der Moderne zur Post- oder Zweiten Moderne grundlegend in Frage gestellt
worden (Schnur 2012, 449). Postfordistische Gesellschaftsmodelle und neoliberale
Wirtschaftspolitiken haben tiefgreifende Individualisierungs- und Flexibilisierungs-
prozesse in Gang gesetzt:

»Moderne Instanzen wie die Klassenzugehörigkeit, die Kernfamilie oder Geschlechterrollen
verlieren an Wirkkraft, während die Individuen ›freigesetzt‹ und autonom agieren (Giddens),
aber auch verunsicherter sind (Beck 1986), ihre Biografie in hohem Masse selbstbestimmt zu-
sammenpuzzeln [...] bzw. ›zwangsflexibilisieren‹ müssen und in diesem ambivalenten Kontext eine neue Lebensstilvielfalt produzieren.« (Schnur 2012, 449; mit Bezug auch auf
Sennett 2000)

Damit einhergehend ist ein tiefgreifender sozialer Wandel zu beobachten. Neuere
Kommunikationstechnologien und sich wandelnde Mobilitätsmuster haben unser

Zusammenleben in den letzten zwanzig Jahren grundlegend verändert. Die Vernetzungsmöglichkeiten über Internet und relativ günstige Preise für Mobilität ermöglichen es, dass sich unsere sozialen Relationen heute oft weit über den Nahraum hinaus erstrecken. Es ist gar die Rede von der Welt als *global village*, als Dorf, in dem man stets online »mit allem und jedem benachbart« sein kann (Klös 1997, 13). Nachbarschaft – als lokal gebundene Kategorie – wirkt demgegenüber wie ein Relikt aus Vorzeiten bzw. wie ein »eisengraues Wort« (Schilling 1997, 9).

Vor diesem Hintergrund sind Nachbarschaften in den 1980er- und 1990er-Jahren mehrheitlich aus dem Blickfeld wissenschaftlicher Auseinandersetzungen geraten. Gerade die in dieser Zeit populär werdende Netzwerkforschung festigte die Darstellung von einem überholten Konzept, das nicht mehr zeitgemäßen gesellschaftlichen Realitäten entspreche (vgl. Menzl 2011, 101). In der Stadtforschung wurde – mit dem diskurstheoretischen Blick auf symbolische und kulturelle Codierungen von Stadtlandschaften – die planerische Konstruktion sowie ethnografische Repräsentation von Nachbarschaften als ›andere‹ Lebenswelten grundsätzlich in Frage gestellt (vgl. Low 1996, 386).

Dennoch ist das Nachbarschaftskonzept nicht komplett verschwunden, sondern erfährt seit den späten 1990er-Jahren ein regelrechtes ›Revival‹. Dies kann als Gegenströmung zu den oben dargelegten Dynamiken verstanden werden. Die gesellschaftlichen Fragmentierungs- und Unsicherheitserfahrungen, die mit den Globalisierungsprozessen und gegenwärtigen sozio-ökonomischen Krisen einhergehen, lösen nicht selten einen Rückbezug auf das Lokale und auf (Alt-)Bekanntes aus. In ständigen Sinn- und Identitätsproduktionen halten sich die Menschen – so Manuel Castells – an Imaginationen von sich selbst und Bildern von »meiner Nachbarschaft, meiner Gemeinschaft, meinem Fluss, meinem Stück Strand, meiner Kirche, meinem Frieden, meiner Umwelt« (Castells 1989, 61; 25 zit.n. Bauman 2012, 83; vgl. auch Bauman 2001, 145-150). Die in solchen Verankerungsmomenten vorgenommene Fixierung auf ›sichere Werte‹ ist angewiesen auf einen räumlich lokalisierbaren Referenzrahmen. Wie Régine Robin darlegt, spielt dabei auch der Bezug auf – über Erinnerungspraktiken aktualisierte – Kontinuitäten und Identitäten eine grundlegende Rolle:

»On pourrait dire: ›Eh bien, si l'avenir est bouché, s'il est fermé, si toutes les alternatives réelles, les aspirations utopiques à un monde meilleur ne sont plus possibles, fixons-nous donc sur les valeurs sûres.‹ Les valeurs sûres, c'est le passé en fonction de son immense disponibilité, c'est l'identité, y compris locale, de groupe: être entre soi, revendiquer son identité (sexuelle, culturelle, groupale) et non plus les grandes identités nationales ou universalistes« (Robin 2002, 115).

Im Rahmen dieser Bedeutung von kleinräumlichen und gruppenbezogenen Selbst- und Fremdbildern kann auch die aktuelle Neu-Gewichtung des Nachbarschaftskonzepts verstanden werden. So meint Olaf Schnur: »Das ›vor Ort‹ der Alltagswelt übernimmt mehr und mehr sozialintegrative Funktionen.« (Schnur 2012, 450)

Die gesellschaftliche Pluralisierung stellt hingegen vielerorts – und mit besonderer Akzentuierung in urbanen und räumlich dichten Wohnstrukturen – neue Herausforderungen an das nachbarschaftliche Zusammen- bzw. Nebeneinanderleben. Fragen nach dem Umgang mit unterschiedlichen Lebensstilen und kultureller Diversität erfordern angepasste Lösungsansätze für die Gemeinwesen- und Quartierarbeit (vgl. Reutlinger et al. 2015; Barandun 2012; Althaus 2010; Willener 2007 und 2008) sowie für die Stadtentwicklung (vgl. Siebel 2011; Drilling et al. 2016; Fretz 2011 oder Stienen 2006). Ausgehend von diesen Beobachtungen scheint es nicht verwunderlich, dass das Konzept der Nachbarschaft in den letzten Jahren zu neuer Popularität gelangt ist.[23] Nicht selten dient es künstlerischen oder politischen Initiativen als Projektions- und Experimentierfläche, um die Bedeutung von Begegnungen und Lebensqualität im Siedlungsraum aufzugreifen und mitzugestalten.[24] In diesem Zusammenhang erfährt auch das Idealbild von nachbarschaftlicher Gemeinschaft und Solidarität wieder an Aufwind.

1.3.2 Wiederentdeckung nachbarschaftlicher Gemeinschaft

Der Bezug auf den nachbarschaftlichen Gemeinschaftsbegriff als normative Kategorie ist jedoch kein einfacher, dienten Gemeinschaftsideologien in der Geschichte doch verschiedentlich politischen Instrumentalisierungen. Besonders schwerwiegende Folgen hatte dies im Nationalsozialismus, der mit dem Gemeinschaftsgedanken eine »perfekt durchorganisierte ›Volksgemeinschaft aus Nachbarschaften‹ erstrebte« (Hamm 1973, 58). Dieser »Missbrauch von Gemeinschaftsideologien zu repressiven politischen Zwecken« (ebd., 57) bildete die Ausgangslage für kritische Stimmen, die sich dezidiert gegen die »Verführung einer wärmenden Gemeinschaft« (Evans/Schahadat 2012, 17) und somit auch gegen intime Nachbarschaften aussprachen. Einer der einflussreichsten Vertreter dieser Argumentation ist der Sozialphilosoph Helmuth Plessner. In seinem Werk *Grenzen der Gemeinschaft* (1924)

---

23 Zu nennen sind neben den bereits zitierten Publikationen der letzten Jahre auch die von Architektur- und Designschulen initiierten Projekte wie die Universität der Nachbarschaften in Hamburg (vgl. http://udn.hcu-hamburg.de) oder die *Neighborhood-labs* in Berlin (http://www.design-research-lab.org/?projects=neighborhood-labs).

24 So etwa das Modell *Lebenswerte Nachbarschaften* der Bewegung Neustart Schweiz (http://neustartschweiz.ch), die Zürcher Initiative für Hinterhof-Chöre zur Förderung der Qualität von Nachbarschaftsbeziehungen (http://www.hofgesang.ch/info) oder die Aktion *Emmas Hoftour* des Raumlabor Berlin zur Ermöglichung und Förderung nachbarschaftlicher Begegnungen im Quartier (http://raumlabor.net/emmas-hoftour-2).

trat er pointiert gegen die Radikalisierung von Gemeinschaft im aufkeimenden Nationalsozialismus als instrumentalisierender Verheißung für die »Ausgeschlossenen, Enttäuschten, Wartenden […] und Verarmten« (Plessner 1972 (1924), 26) ein. Ausgehend davon plädierte er »für die Idee einer gesellschaftlichen Lebensordnung, und das heißt für […] Technik, Politik, Diplomatie, der Heilsamkeit des Unpersönlichen um des Persönlichen willen« (ebd., 41; vgl. auch Evans/Schahadat 2012, 15ff). Diese Kritik am Gemeinschaftsbegriff ist – angesichts der verheerenden Auswirkungen der nationalsozialistischen Ideologie – gerade unter deutschsprachigen Intellektuellen auf breite Resonanz gestoßen (vgl. etwa Habermas 1993).

Unter sich nunmehr veränderten gesellschaftlichen und politischen Bedingungen hat die Forderung, sich auf den Sinn und Wert von Gemeinschaften (bzw. *communities*) zurückzubesinnen, seit den 1980er-Jahren wieder an Gewicht gewonnen. Dies gilt insbesondere für den Kommunitarismus, einer sozialphilosophischen Strömung, die die Ursache der Krise moderner Gesellschaften in einem, durch neoliberale Wirtschaftspolitiken geförderten, rücksichtslosen Individualismus und der daraus folgenden zwischenmenschlichen Entsolidarisierung identifizieren (Rieger 2010, 483). Die gesellschaftliche Organisation über kleine homogene Gemeinschaften sehen die Kommunitaristen als Möglichkeit, soziale Werte wie Verantwortung und Bürgerbewusstsein zu revitalisieren (vgl. Schnur 2012, 450).[25] In einer ähnlichen Logik argumentieren kritische ÖkonomInnen, die – angesichts der aktuellen ökonomischen, ökologischen und sozialen Krisenerfahrungen und -szenarien – an die Bedeutung der *Commons* (Gemeingüter) für gesellschaftliche Transformationsprozesse erinnern (vgl. etwa Ostrom 2012; Helfrich 2012). Die soziale Bewegung Neustart Schweiz versteht verdichtete Nachbarschaften in diesem Sinn etwa als »eigentliches Grund-Modul einer auf Commons basierten Gesellschaftsordnung« (Widmer 2013, 22; Neustart Schweiz 2016) und plädiert dafür, »anonyme Siedlungen in multifunktionale Nachbarschaften mit einem intensiven Innenleben« umzubauen (Neustart Schweiz 2013). Nachbarschaft wird dabei nicht nur als Solidarzusammenhang, sondern auch als Lebenswelt und als räumlich-planerische Einheit verstanden.

1.3.3 Neighborhoods planen

In der Stadtforschung hat – gerade auch mit der Kritik am Konzept der *neighborhood-unit* – seit den 1970er-Jahren eine Perspektivverschiebung stattgefunden, die den Fokus zunehmend auf die Offenheit, Diversität, Fluidität und Prozesshaftigkeit von urbanen Räumen legt. Dadurch ist Nachbarschaft mehr und mehr als

---

25 Zur umfassenden Diskussion um die Kommunitarismus-Liberalismus Debatte vgl. Proske 1994 und Merz-Benz 2006, 27-52.

flexibles Konzept verstanden worden (vgl. Evans/Schahadat 2012, 21; Wietschorke 2012, 112). Das Erkenntnisinteresse richtet sich in diesem Verständnis hauptsächlich auf die sozial produzierten und in der subjektiven Wahrnehmung variierenden Grenzen und Eigenheiten von Nachbarschaften im Stadtraum (vgl. etwa Galster 2012, 86-94).

Trotz dieses Diskurses prägt die Planungsvorstellung von topografisch situierten urbanen Nachbarschaften den Städte(bau)diskurs bis heute. Insbesondere in Zugängen des *New Urbanism* wird wieder intensiv über Prinzipien einer idealen Nachbarschaftsplanung nachgedacht. Die Frage nach den Qualitäten und der kommunalen Organisation einer Nachbarschaft steht dabei im Vordergrund.[26]

Am Ausgangspunkt des *New Urbanism* und den davon inspirierten Politiken, die seit Anfang der 1990er-Jahre insbesondere in den USA einflussreich sind (etwa mit dem Planungsprogramm Hope VI), steht die Kritik an den suburbanen Stadterweiterungen, die ab den 1950er-Jahren auf Grundlage der, vom *Congrès International d'Architecture Moderne* (CIAM) propagierten, Funktionstrennung vorangetrieben worden sind. Diese endlosen *suburbias* haben – so der Grundtenor des *New Urbanism* Diskurses – nicht nur zu einer massiven Zersiedelung der Landschaft und Erhöhung des Autoverkehrs, sondern auch zu langweiligen, anonymen Wohnumfeldern geführt. Im Mittelpunkt der Diskussion steht die normative Frage, wie lebendige urbane Nachbarschaften geschaffen werden können. Dabei wird Wert auf eine ausgeglichene Mischung der Funktionen gelegt, die in unmittelbarer Gehdistanz des Wohnumfeldes vielseitige Infrastrukturen – wie Arbeits-, Einkaufs- und Verpflegungsmöglichkeiten, Schulen und Kinderbetreuungseinrichtungen sowie Erholungs- Sport, Kultur- und Freizeitaktivitäten – bereitstellen sollte (vgl. etwa Gottdiener/Budd 2005, 93f; Haas 2008). Ein wichtiges Thema ist die Gestaltung von integrierten Nachbarschaften, die nicht nur ein gesundes Leben ermöglichen, sondern auch die Gemeinschaft fördern sollen. Der Stadtplaner und *New Urbanist* Sidney Brower formuliert verschiedene Qualitäten, die eine solche *community-generating neighborhood* ausmachen: Bedeutsam sind für ihn hierzu die Quartierorganisationen und öffentlichen Einrichtungen, aber auch die räumliche Anordnung der Begegnungs- und Freizeitorte sowie distinktive Elemente, die eine *community* in ihrer Eigenart in Erscheinung treten lassen. Eine solche ›gemeinschaftsbildende

---

26 Einen grundlegenden Beitrag zur Qualitätsdiskussion hat Donald I. Warren geleistet und eine Typisierung von Nachbarschaften nach den Qualitätsdimensionen »integral‹, ›parochial‹, diffus, transitorisch, anomisch« vorgeschlagen. Während eine »integrale Nachbarschaft« sich durch die sozial kohäsive Teilhabe an einem ausgeprägten Gemeinschaftsleben auszeichne, stehe am anderen Ende der Skala die »anomische Nachbarschaft«, die durch Anonymität, Desinteresse sowie einer geringen Identifikation mit dem Wohnumfeld geprägt sei (Warren 1978, 310-331).

Nachbarschaft‹ nutze das Potential kollektiver Erinnerungen, richte sich auch auf langjährige BewohnerInnen aus und ziehe Menschen mit ähnlichen Werten und Lebensstilen an (vgl. Brower 2011, 116-121). Kritisiert am *New Urbanism* Diskurs wird insbesondere, dass Ideen vertreten würden, die sich eigentlich nur bessergestellte Gesellschaftsschichten leisten könnten, obwohl es oft gerade marginalisierte und benachteiligte Gruppen seien, für die Nachbarschaften wichtig seien (Gottdiener/Budd 2005, 94; vgl. auch Klös 1997, 17f).

1.3.4 Benachteiligte Nachbarschaften: Segregation im Stadtraum

Zygmunt Bauman beschreibt – mit Bezug auf Manuel Castells *The Informational City* (1989) – die Bedeutung von Nachbarschaften und lokalen Netzwerken für sozial benachteiligte Gruppen im Gegensatz zu den ›neuen Eliten‹, die sich – der Logik ökonomischer Ströme folgend – mittels globaler Kommunikationsnetzwerke und Mobilitätsmuster von der Zugehörigkeit zu einem (Wohn-)Ort lösen (können). Er sieht in der »zunehmenden Kluft zwischen den Lebenswelten derer, die sich entzogen haben, und jener, die auf der Strecke blieben […], den wahrscheinlich fundamentalsten gesellschaftlichen, kulturellen und politischen Umbruch, der mit dem Übergang von der ›festen‹ zur ›flüchtigen‹ Phase der Moderne verbunden ist« (Bauman 2012, 81). Zugleich warnt Bauman aber auch vor einer vereinfachenden Gegenüberstellung einer dynamisch ortsunabhängigen und einer statisch lokalen Lebenswelt. Das Räumlich-Lokale sei grundlegend wichtig, da Menschen nur an Orten Erfahrungen machen könnten (vgl. ebd., 85). Bauman betont aber mit dem *Community*-Forscher Michael Peter Smith, dass an Orten keineswegs eine »statische Ontologie des ›Seins‹ oder der ›Gemeinschaft‹«, sondern vielmehr – und zwar schichtunabhängig – »im Entstehen begriffene dynamische Konstruktionen« zum Ausdruck kommen (ebd., 81 zit.n. Smith 2001, 54f). Die Differenzen zwischen den Sozialräumen der Eliten und derjenigen der Ärmsten skizziert er denn vielmehr auch als Problem von Segregationsprozessen.

Die soziale Differenzierung und Segregation von Bevölkerungsgruppen im Stadtraum beschäftigt die Nachbarschaftsforschung seit ihren Anfängen – die Chicagoer Schule hat hierzu einen wichtigen Grundstein gelegt. Im deutschsprachigen Raum werden die Ursachen und Auswirkungen von Segregationsprozessen insbesondere seit den 1990er-Jahren intensiv erforscht und diskutiert (vgl. etwa Dangschat 1994/1998; Farwick 2012; Friedrichs 1995/2000; Friedrichs/Triemer 2009; Goebel/Hoppe 2015; Häußermann/Siebel 2000/2004; Häußermann 2008; Hillmann/Windzio 2008; Huissoud et al. 2004). Unter anderem haben Hartmut Häußermann und Walter Siebel die jüngere Segregationsdiskussion maßgeblich geprägt. Sie definieren Segregation als hohe »Konzentration bestimmter sozialer Gruppen auf bestimmte Teilräume einer Stadt oder einer Stadtregion« (Häußermann/Siebel

2004, 140). Die Verteilung verschiedener Gruppen in einer Stadt ist »Ausdruck ihrer Sozial- und Machtstruktur« (ebd.) und bildet neben sozialen Ungleichheiten auch Distinktionsbedürfnisse bestimmter Milieus ab, die sich symbolisch voneinander abgrenzen (ebd., 139). Die Mechanismen, die zu Segregationsprozessen führen, sind komplex: Die Immobilien- und Wohnungsmärkte sowie Wohnbaupolitik, die das Angebot an Wohnraum steuern, spielen ebenso eine Rolle wie allgemeine Trends der Stadtentwicklung oder die sozio-ökonomische Lage.

Häußermann und Siebel unterscheiden zwischen der freiwilligen oder aktiven Segregation und der erzwungenen oder passiven Segregation. Erstere geht mit der Wohnstandortwahl der BewohnerInnen aufgrund von Präferenzen – und genügend Mitteln, um diese zu verwirklichen – einher. Zweitere erfolgt aufgrund von Restriktionen, einem Mangel an ökonomischen Ressourcen und sozialer Diskriminierung (ebd., 159). Die Autoren sprechen in diesem Zusammenhang auch von ›exklusiven‹ Räumen, die über ökonomische oder symbolische Barrieren nur für privilegierte Gruppen zugänglich sind, gegenüber ›Orten der Exklusion‹ für benachteiligte Gruppen (ebd., 140).[27] Die wissenschaftliche Auseinandersetzung mit Segregation fokussiert seit ihren Anfängen meist auf die marginalisierten und benachteiligten Quartiere. Solche ›Milieus der Armut und Ausgrenzung‹ entstehen nach Häußermann und Siebel insbesondere durch eine ›selektive Mobilität‹, nach der sozial besser integrierte und erwerbstätige Personen aufgrund sozialer Verunsicherung, zunehmender Konflikte und Angst vor sozialem Abstieg wegziehen; die Zuziehenden und Verbleibenden sich hingegen mehrheitlich aus Personengruppen zusammensetzen, die auf dem Wohnungsmarkt benachteiligt sind wie Nichterwerbstätige und MigrantInnen (ebd., 160). Die dadurch ausgelöste soziale Segregation geht mit verschiedenen Effekten einher, die die Benachteiligungen weiter verschärfen. So kann die Anpassung an ein Milieu, in dem »abweichende Verhaltensmuster präsenter sind als in Wohngebieten der Mittelschicht, [...] durch Sozialisation einen Rückkoppelungseffekt (erzeugen), der die Normabweichung bei Jugendlichen verfestigt« (ebd., 166). Auch die gebauten Strukturen können nach Häußermann und Siebel die Abwärtsspirale verstärken. Als problematisch wahrgenommene Siedlungen werden nicht selten durch städtebauliche Barrieren – wie großen Straßen oder Brachflächen

---

27 Weiter differenzieren Häußermann und Siebel zwischen sozialen, ethnischen und demografischen Dimensionen. Die ›demografische Segregation‹ bezieht sich auf die Konzentration von Gruppen mit ähnlicher Altersstruktur oder Haushaltsgröße und die ›ethnische Segregation‹ auf Gruppen mit ähnlicher Herkunft, Nationalität, Religion bzw. ethnischer Zugehörigkeit. Bei der ›sozialen Segregation‹ spielen Merkmale wie Einkommen, Bildung und Erwerbsarbeitslosigkeit eine wichtige Rolle. Immer bedeutsamer werden heute auch segregierte Gegenden, deren Bewohnerschaft ähnliche Lebensstile teilen (vgl. Häußermann/Siebel 2004, 144).

– von umliegenden Nachbarschaften isoliert, was sich auf die interne Kultur und das Dienstleistungsangebot auswirkt. Konfliktpotential sehen die Autoren gerade im Mangel an gemeinschaftlich nutzbaren Räumen sowie in der räumlichen Dichte, die »keine Ausweichmöglichkeiten, kein Entkommen vor der intensiven Begegnung mit anderen (fremden) Verhaltensweisen« zulassen (ebd., 169). Letztlich geht eine Segregationsdynamik auch mit symbolischen Benachteiligungen einher. Dazu gehört etwa die – im kollektiven Gedächtnis meist beharrlich bestehenden – Zuschreibungen als ›Slum‹ bzw. ›sozialer Brennpunkt‹, aber auch die Vernachlässigung der Bausubstanz oder ›Vermüllung‹ und Verwahrlosung der öffentlichen Räume. Die Stigmatisierungen können sich negativ auf die Lebensqualität, das Selbstwertgefühl wie auch die sozialen Teilhabechancen (etwa bei der Lehrstellen- oder Arbeitsplatzsuche) der BewohnerInnen auswirken. Die Wahrnehmung, diesen Entwicklungen ohnmächtig ausgeliefert zu sein, kann nach Häußermann und Siebel die Verantwortung und Bindung der BewohnerInnen an die eigene Lebensumwelt schwächen (ebd., 170).

Einen, die Segregationsforschung theoretisch fundierenden, Beitrag hat Pierre Bourdieu geleistet, der Segregation als Ergebnis von symbolischen und sozialen Kämpfen in einer Stadt versteht. Ausgangslage von Bourdieus Analyse ist die ungleiche Verteilung von Macht und Ressourcen im sozialen Raum.[28] Er betont, dass die wesentlichen lokalen Unterschiede in einer Stadt nicht auf geografische Bestimmungsfaktoren, sondern auf ›Kapital-Unterschiede‹ zurückzuführen sind. Wer über genügend Kapital verfügt, hat nicht nur die Möglichkeit, über »physischen Raum (weitläufige Parks, große Wohnungen etc.)« zu verfügen bzw. sich seltene Güter materiell oder symbolisch anzueignen, sondern kann auch »unerwünschte Personen oder Sachen auf Distanz […] halten« (Bourdieu 1997 (1993), 164). Bourdieu führt weiter aus:

»Umgekehrt werden aber die Kapitallosen gegenüber den gesellschaftlich begehrtesten Gütern, sei es physisch, sei es symbolisch, auf Distanz gehalten. Sie sind dazu verdammt, mit den am wenigsten begehrten Menschen und Gütern Tür an Tür zu leben. Der Mangel an Kapital verstärkt die Erfahrung der Begrenztheit: Er kettet an einen Ort« (ebd., 164).

Diese Erfahrungen sind wirkmächtig und haben das Potential, sich tief in unsere Haltungen, Gewohnheiten und Lebensweisen einzuschreiben. In Bourdieus Worten

---

28 Der soziale Raum ist für Bourdieu (oft synonym mit dem Begriff ›Feld‹ verwendet) eine abstrakte Figur, in dem sich soziale Positionen abbilden, die auf bestimmten Formen von Macht (oder Kapital) beruhen. Der soziale Raum bildet gewissermaßen den strukturierten Rahmen, in dem Handeln stattfindet und der zugleich auch durch handelnde Menschen geschaffen wird (Bourdieu und Wacquant 2006, 36; vgl. auch Löw 2001, 181).

findet so der Habitus[29] im ›Habitat‹, im Wohnen, seinen Niederschlag (ebd., 165). In diesem Zusammenhang weist er auch auf die Wirkkraft hin, die der Wunsch nach sozialer Homogenität für die Herausbildung von Segregation haben kann, denn nichts sei »unerträglicher als die als Promiskuität empfundene physische Nähe sozial fernstehender Personen« (ebd., 165). Dies ist auch ein Grund, wieso nach Bourdieu Bestrebungen zur Förderung von ›sozialer Mischung‹, »nach welcher sich schon allein durch die räumliche Annäherung von im Sozialraum sehr entfernt stehenden Akteuren ein gesellschaftlicher Annäherungseffekt ergeben könnte« (ebd.), im Alltag oft scheitern. Mit Bezug auf die Armut in vielen Banlieues Frankreichs betont Bourdieu, dass homogene Gruppen im Stadtraum sich hingegen keineswegs nur selbst konstituiert haben, sondern oft auch das Resultat von staatlichen Wohn(bau)politiken sind (ebd., 167).

Die Frage nach der Bewertung von Segregation bzw. sozialer Mischung ist Gegenstand aktueller stadtpolitischer Debatten. Hintergrund dieser Diskussion ist – wie der Architektur- und Wohnsoziologe Tilman Harlander für die Situation in Deutschland darlegt – die seit den 1990er-Jahren zunehmende Zuwanderung und ein damit einhergehender problematisierender Blick auf »die Einwanderer und ihre hohen Arbeitslosenquoten, ihre Integrationsprobleme, Bildungsdefizite, Sprachschwierigkeiten, Zugangsprobleme auf dem Wohnungsmarkt« und damit zusammenhängend ihre immer deutlicher sichtbare sozialräumliche Konzentration, gerade auch in Großsiedlungen (Harlander 2012, 306). Ein Leitmotiv in der Debatte ist der Begriff der ›überforderten Nachbarschaften‹, der 1998 aus einer Studie zu ausgewählten west- und ostdeutschen (Groß-)Siedlungen hervorgegangen ist (Pfeiffer et al. 1998). Die einseitige soziale Zusammensetzung der Siedlungen wird darin als Grundproblem dargelegt, das nicht nur zu einem ›Milieu der Ärmlichkeit‹, sondern auch einer ›Überforderung‹ aller Beteiligten – BewohnerInnen, Wohnungsunternehmen, Kommunen wie auch dem Sozialstaat – führen könne und dem nur mit einer angepassten Steuerung der ›sozialen Mischung‹ beizukommen sei (ebd., 4f zit.n. Harlander 2012, 306). Dieser Diskurs zeigte auch politisch Wirkung: 1999 wurde in Deutschland das Bund-Länder-Programm *Soziale Stadt* zu einer umfassenden Unterstützung von benachteiligten Quartieren bzw. ›Stadtteilen mit besonderem Entwicklungsbedarf‹ lanciert. Auf einer ähnlichen Argumentation basiert das in der Schweiz lancierte Quartierentwicklungsprogramm des Bundes *projets urbains*, das die »soziale Mischung« im Quartier explizit als eine Grundlage der »ge-

---

29 Bourdieu definiert ›Habitus‹ als gesellschaftlich und historisch produziertes System von Dispositionen, das soziale AkteurInnen veranlasst auf eine bestimmte Weise zu handeln bzw. das spezifische Praktiken, Wahrnehmungen und Haltungen generiert (vgl. Bourdieu 1993, 101).

sellschaftlichen Integration in Wohngebieten« versteht (vgl. Programm Projets urbains 2013).

Während – wie Harlander beobachtet – VertreterInnen aus Politik und Wohnungswirtschaft in der Segregationsdebatte die Steuerung von ›sozialer Mischung‹ also mehrheitlich befürworten, finden sich in den Sozialwissenschaften verschiedene Stimmen, die demgegenüber Skepsis formulieren. Wie etwa der bereits zitierte Bourdieu verneinen diese die Annahme, dass räumliche Nähe automatisch auch zu sozialer Nähe führe, und stellen davon ausgehend ›Mischung‹ als Instrument zur Integration von benachteiligten Bevölkerungsgruppen in Frage. Kulturelle Differenz und Heterogenität trage maßgeblich zur Produktivität der Stadt bei. Außerdem wiesen die informellen Netzwerke, die sich bei einer sozialräumlichen Konzentration von Einwanderergruppen herausbilden, für die Beteiligten oft ein nicht zu unterschätzendes Unterstützungspotential auf. Diese freiwillige Art der Segregation, die eine Realität sei, müsse, solange sie durchlässige Übergänge in die Mehrheitsgesellschaft ermögliche, akzeptiert werden. Integration sei trotz Segregation möglich. Problematisch sei Segregation erst, wenn sich benachteiligende Strukturen im Quartier selbst verfestigt haben, die die Betroffenen ausschließen (Harlander 2012, 310, u.a. mit Bezug auf Siebel 1997, 33; Häußermann 1998, 159; Häußermann 2000, 229f). Das Motiv ›Integration trotz Segregation‹ – das Mitte der 2000er von einem Expertenforum (dem u.a. auch Häußermann und Siebel angehörten) als zentrale Empfehlung in die bundesdeutsche Integrationspolitik eingebracht wurde, blieb nicht ohne Widerstand. Gerade VertreterInnen aus den Kommunen und der Wohnungswirtschaft, die sich in ihrer Praxis mit den negativen Folgen von Segregation konfrontiert sehen, lehnen dieses ab und halten weiterhin am ›Mischungsziel‹ fest (Harlander 2012, 310).

Im wissenschaftlichen Diskurs geht es bei der Segregationsdebatte letztlich um die Frage, wie aktuelle Formen der sozialen Ungleichheit in der Stadt erfasst werden können. Die einen Positionierungen sehen darin ein altbekanntes Phänomen, da – so der Soziologe Thomas Krämer-Badoni – Stadt immer sowohl Integration als auch Ausgrenzung hervorgebracht habe und die Unterschichtung von MigrantInnen vielmehr ein Mittel zur Integration als ein Ausdruck von Ausgrenzung sei (Krämer-Badoni 2001). Andere verstehen die sozialräumliche Exklusion und Ausgrenzung von Teilen der (Stadt-)Bevölkerung als eine historische Zäsur und ein Zeichen der tiefen Erschütterung der sozialstaatlich vermittelten Integration (Kronauer 2010 71f) bzw. als Ausdruck einer ›Krise der Städte‹ im Zeichen der Globalisierung und insbesondere als Krise der Stadt als »Integrationsmaschine« (Häußermann 1998, 161ff; alle zit.n. Harlander 2012, 307). Ausgehend von dieser Argumentation wird auch die Frage nach dem politischen Umgang mit Segregationsprozessen diskutiert. Eine pointierte Position nimmt Bernd Hamm ein, der die segregierten Nachbarschaften als Zeichen einer gesellschaftlichen Entsolidarisierung interpretiert und dazu auffordert – auch wenn die Segregationsprozesse meist Ursachen haben, die weit über die lokale Ebene hinausgehen – lokalpolitisch aktiv zu werden: etwa mit dem Bereitstellen von Infrastrukturen zur Selbstorganisation und Subsistenz, mit der Förderung genossenschaftlicher Eigentumsstrukturen, mit Beiträgen zur Ökologisierung der Städte sowie mit Partizipations- und Integrationsmöglichkeiten für MigrantInnen (ebd., 179ff). Die Förderung nachbarschaftlicher Selbstorganisation sei zwar alles andere als ein ›Allheilmittel‹, könne aber – und hier argumentiert Hamm durchaus im Sinn der *Commons*-Bewegung – einen wichtigen Beitrag in gesamtgesellschaftlichen Krisensituationen leisten (Hamm 1998, 181).

1.3.5 Nahräumliche Relationen und Netzwerke im Internetzeitalter

Die zunehmende Bedeutung virtueller Wirklichkeiten hat zu einer Veränderung unserer sozialen Vernetzungsmöglichkeiten geführt. In der Stadtforschung ist die Frage virulent geworden, welche Rolle lokale Verortungen und alltäglich gelebte Nachbarschaftsbeziehungen heute überhaupt noch spielen und mit welchen Konzepten sich dies allenfalls erfassen lässt. Verschiedene empirische Studien haben in den letzten Jahren zu Ergebnissen geführt, die darlegen, dass lokale Lebenswelten und Nachbarschaften im Alltagsleben der BewohnerInnen – auch in hochmobilen und urbanen Kontexten – durchaus noch wirksam und relevant sind (vgl. etwa Andreotti/Le Galès 2008, 140f; Evans/Schahadat 2012, 8; Kennedy 2010, 144ff; Menzl 2011, 102; Reutlinger et al. 2010, 227 und 2015, 59ff). Da Nachbarschaft(en) heute im Wandel stehen – so die allgemeine Devise – sind angepasste Konzeptualisierungen erforderlich, um diese zu erfassen. Bereits in den 1970er-Jahren wurde dargelegt, dass die ›moderne Nachbarschaft‹ keinen Gruppencharakter mehr habe, sondern vielmehr als lockeres Netzwerk von Beziehungen verstanden werden solle, die sich gegenseitig überlagern (Herlyn 1970, 141; Engelhard 1986, 58f). In diesem Sinn haben in der neueren Nachbarschaftsforschung Ansätze an Gewicht gewonnen, die Nachbarschaft als Teil des individuell variablen Beziehungsgefüges einer Person verstehen und sich auf Theorien zu sozialen Netzwerken beziehen. Obwohl – beziehungsweise gerade weil – das Konzept des sozialen Netzwerks den Nachbarschaftsbegriff mitunter auch als alltäglich-banal oder sozialromantisierend erscheinen ließ und ins Abseits drängte (Hamm 1998, 172f; Schnur 2012, 450).

Das Konzept des sozialen Netzwerks ist deshalb so attraktiv, weil es die vielseitigen und komplexen Beziehungsgeflechte, in denen wir uns als Individuen bewegen, in den Blick nimmt. Soziale Bezüge sind heute zunehmend weitmaschige, oft sehr heterogene und aus eher losen Beziehungen bestehende Netzwerke, die oft – gerade mit Hilfe von Internet und Mobiltelefonie – ortsgebundene Grenzen überwinden (Menzl 2011, 101). Bedeutsame persönliche Beziehungen sind demnach »immer weniger ausschließlich in der unmittelbaren (räumlichen) Nachbarschaft verortet« (Reutlinger 2015, 16). Die Frage stellt sich, wie Nachbarschaften unter diesen Voraussetzungen alltäglich hergestellt und gelebt werden (ebd., 243 ff). Zwei jüngere empirische Studien aus dem deutschsprachigen Raum, die sich damit auseinandersetzten, sollen hier genauer vorgestellt werden. Es ist dies zum einen die Untersuchung *Neue Nachbarschaften in der S-5 Stadt* (2010) von einer Forschungsgruppe um Christian Reutlinger; und zum anderen die Studie *Wohnen in der Hafencity Hamburg. Zuzug, Alltag, Nachbarschaft* (2011) einer Forschungsgruppe um die Autoren Marcus Menzl und Toralf Gonzalez an der HafenCity Universität Hamburg (HCU).

Reutlinger et al. stellen in ihrer Studie in der Agglomeration Zürich die Frage, wie sich Nachbarschaftsbeziehungen heute organisieren und welche Unterstützungs- und Belastungsdimensionen damit einhergehen. Dabei differenzieren sie zwischen drei Siedlungstypen: dem Punkthaus mit Stockwerkeigentümern, der Großanlage einer Versicherungsgesellschaft mit Mietwohnungen sowie den Doppelhäusern einer Genossenschaft (Reutlinger et al. 2010, 214 ff). Die Autoren plädieren dafür, den Fokus auf die »wechselseitige Abhängigkeit der Menschen voneinander und ihre Ausrichtung aneinander« zu legen. Sie schlagen deshalb vor, Nachbarschaft als »unterstützende Beziehungsstrukturen in einem bestimmten Gebiet« – im Sinne eines territorial verorteten »Interdependenzgeflechts« – zu verstehen (ebd., 230). Allgemein kommen sie zur Erkenntnis, dass persönliche Beziehungen zunehmend flexibel und mobil werden und der Nahraum zu deren Ausgestaltung mehr und mehr an Bedeutung verliert (ebd., 206; 228). Die territorial gebundene Nachbarschaft bleibe hauptsächlich für Personen relevant, denen der Zugang zu Mobilität erschwert und deren Aktionsradius relativ klein sei (ebd. 209). Zu solchen »›Gefangenen‹ in der Agglomeration« (ebd., 227) zählen Reutlinger et al. insbesondere Kinder und Jugendliche sowie alte und behinderte Menschen. Die Ausgestaltung von Nachbarschaften sehen sie stark alters- und schichtabhängig (ebd., 229). Aktive Beziehungen würden vor allem in Lebensphasen gepflegt, »in denen die Mobilität kleiner und der Bedarf an Unterstützungsmöglichkeiten und Erfahrungsaustausch größer ist« – wie etwa in der Familienphase (ebd., 206; 228). Außerdem bestätigen ihre Ergebnisse die These, dass »ähnliche Lebenslagen und Bedürfnisse […] dazu [führen], dass Nachbarschaftsbeziehungen eher gepflegt werden als in heterogenen Formen des Zusammenlebens« (ebd., 230). Im Unterschied zu den Stockwerkeigentümern in den Punkthäusern gebe es in der Großanlage zwar keine »ritualisierten Formen der Nachbarschaft« (wie gemeinsame Putzaktionen oder Feiern); die Zugehörigkeit zu einer ähnlichen sozialen Schicht würde hingegen – wie bei den anderen beiden Siedlungstypen auch – als verbindendes Element dazu beitragen, dass aktive und sich gegenseitig unterstützende Nachbarschaftsbeziehungen durchaus (noch) gelebt werden (ebd., 222; vgl. auch Reutlinger et al. 2015, 46-51).

Menzl et al. argumentieren mit ihrer Untersuchung in der Hafencity Hamburg, dass – auch wenn ein Großteil der Menschen sich heute in einer Vielzahl von sozialen Arenen bewegt –, Nachbarschaftsbeziehungen von vielen aktiv gelebt werden (Menzl 2011, 101). Die Autoren identifizieren vier verschiedene Nachbarschaftsmuster, die parallel nebeneinander bestehen: 1) die ›reduzierte‹ Nachbarschaft, 2) die ›konsumierende‹ Nachbarschaft, 3) die ›traditionale‹ Nachbarschaft und 4) die ›post-traditionale‹ Nachbarschaft. Während die ersten beiden Typen kaum nachbarschaftliche Kontakte anstreben, zeichnen sich die beiden letzteren durch aktive Vergemeinschaftungen in Siedlung und Quartier aus. Mit der Typisierung der ›reduzierten‹ Nachbarschaft, charakterisieren die Autoren ein Verhalten, das mehrheitlich durch den Rückzug ins Private, den Wunsch nach Anonymität, der Scheu an Kommunikation oder dem Desinteresse an verlässlichen Beziehungsstrukturen im Wohnumfeld bestimmt ist. Für die ›konsumierende‹ Nachbarschaft besteht zwar ein Interesse an Aktivitäten im Wohnumfeld, und dementsprechende Angebote werden auch genutzt, ohne jedoch eine aktive oder engagierte Rolle einzunehmen. ›Traditionale‹ Nachbarschaftsmuster zeichnen sich gemäß den ForscherInnen insbesondere durch direkten Austausch, gegenseitige Unterstützung und Hilfsbereitschaft, eine gewisse Verbindlichkeit sowie Klatsch und wechselseitig bestehende Wissensbestände übereinander aus. Dazu gehören zudem soziale Normierungen und Abgrenzungsmechanismen gegenüber anderen Bewohnerinnen und Bewohnern. Die ›post-traditionalen‹ Nachbarschaften sind im Unterschied zu den ›Traditionalen‹ flexibler, unverbindlicher, toleranter gegenüber verschiedenen Lebensstilen sowie freier von sozialen Erwartungen und Zwängen. Aufgrund der Offenheit und Ungezwungenheit ist dieser neue Nachbarschaftstypus hingegen relativ instabil und fragil (Menzl et al. 2011, 62f; 88; 101).

In der Studie werden diese unterschiedlichen Einstellungen zur Nachbarschaft nach Zugehörigkeit zu sozialen Milieus und Lebenslage differenziert. Die ›traditionale‹ Nachbarschaft wird nach den Autoren mehrheitlich von einer ›bürgerlichen Mitte‹ und von SeniorInnen getragen. Bei jüngeren BewohnerInnen, insbesondere bei ›AufsteigerInnen‹, deren Prioritäten in der beruflichen Karriere liegen, sind ›desinteressierte‹ Nachbarschaftsmuster vorwiegend. Jüngere Familien leben demgegenüber mehrheitlich den ›konsumierenden‹ Nachbarschaftstyp. Die ›post-traditionalen‹ Nachbarschaften werden gemäß den Autoren insbesondere von Personen gelebt, die dem etablierten und dem liberal-intellektuellen Milieu zugeordnet werden können (ebd., 89f).[30]

---

30 Die Autoren beziehen sich hier auf eine Differenzierung in Anlehnung an das Milieu-Modell der Sinus Trendforschung (vgl. http://www.sinus-institut.de). Es bleibt hingegen unklar, wie die von ihnen befragten Bewohner, in diese Gruppen eingeteilt worden sind.

Die Studie befasst sich schwerpunktmäßig mit der Frage, wie sich gesellschaftliche Veränderungsprozesse in Nachbarschaftsbeziehungen bemerkbar machen. Menzl betont, entgegen der in der Netzwerkforschung verbreiteten These, dass »der Trend hin zu Netzwerken nicht verbunden [ist] mit einem Bedeutungsverlust des Territorialen« (Menzl 2011, 102). Vielmehr stellt er fest, dass der lokale Kontext das verbindende Element der BewohnerInnen in der Hafencity ausmacht, der maßgeblich zur Vernetzung beiträgt und dazu führt, dass sich »äußerst stark ortsbezogene soziale Netzwerke« bilden (ebd., 102). Die Autoren untersuchen in diesem Zusammenhang explizit die Nachbarschaftsmuster in multilokalen Haushalten und kommen zum Schluss, dass »aktive Nachbarschaftsbeziehungen auch bei sehr ausgeprägter Multilokalität entstehen können« (Menzl et al. 2011, 64). Ein nicht zu unterschätzender Faktor hierzu ist die Identifikation mit dem Wohnort und insbesondere eine emotionale Ortsbindung (im Sinne von Reuber 1993, 116), die durch den in der Hafencity produzierten ›Bedeutungsüberschuss‹ weit verbreitet ist und beschleunigt wird (Menzl 2011, 102).

Bei der Betrachtung von Nachbarschaft als Netzwerk wird die Relevanz der Kommunikation besonders hoch gewichtet. Nachbarschaft wird bei Menzl auch als Kommunikationszusammenhang dargelegt, der mehr oder weniger formalisierte Formen annehmen kann (Menzl 2011, 99). Heute werden zum nachbarschaftlichen Austausch häufig auch Kommunikationsmittel wie Internet oder Mobiltelefone verwendet, die nicht an territoriale Strukturen gebunden sind. Neben der Benutzung digitaler Netzwerke sind aber Face-to-Face-Kontakte und konkrete lokale Bezugspunkte weiterhin grundlegend wichtig (ebd., 101). Analog zu der in der Netzwerkforschung verwendeten Unterscheidung von gerichteten und ungerichteten Netzwerken[31] differenziert Menzl zwischen zwei nachbarschaftlichen Netzwerktypen: Zum einen Gruppierungen, die »als Zweckgemeinschaften zur Erreichung bestimmter Ziele gegründet wurden« (wie Siedlungs- oder Quartiervereine), und zum anderen Zusammenschlüsse, für die »die Vernetzung selbst das Ziel ist« (wie Nachbarschaftstreffs), wobei im Alltag oft eine Kombination der beiden Netzwerktypen vorkommt (ebd., 102). Aktive Freiwilligenarbeit in gerichteten Nachbarschaftsnetzwerken wird insbesondere von Personen geleistet, die über höhere Bildungsabschlüsse und sozio-ökonomische Ressourcen verfügen und die auch über die Nachbarschaft hinaus breit vernetzt sind.

Das Konzept des sozialen Netzwerks hängt eng mit demjenigen des Sozialkapitals zusammen (vgl. etwa Putnam 2000, 19; Blokland/Savage 2008, 2f). Der Sozio-

---

31 Gerichtete Netzwerke beziehen sich auf sachliche, klar definierte Aufgaben und Ziele. Ungerichtete Netzwerke sind weniger formalistisch und zeichnen sich vielmehr durch intensive persönliche Bezüge und hohe Vertrauensbestände aus (Menzl 2011, 102 mit Bezug auf Diller 2002).

loge Mark Granovetter spricht von *the strength of weak ties* (Granovetter 1973), nach dem lose geknüpfte, schwache Verbindungen zwischen Menschen für die Aktivierung eines breiten Netzwerkes viel ergiebiger sind als enge Verbindungen. Dies wirkt sich – wie Häußermann und Siebel darlegen – auch auf die Potentiale der Netzwerkbildung im Nachbarschaftskontext aus. Sind doch »die Netze der Mittelschicht größer, heterogener und räumlich diffuser als die Netze der Unterschicht […], [deren] Reichweite und Leistungsfähigkeit […] in Quartieren, in denen sich eine Problem beladene Bevölkerung konzentriert, zusätzlich eingeschränkt [werden]« (Häußermann/Siebel 2004, 167, erg. EA). Heutige Nachbarschaftsnetze können in diesem Sinn als ›handlungsgenerierte Raumbezüge‹ (Werlen 1987) verstanden werden, die auch von den individuell einsetzbaren Ressourcen abhängig sind (Schnur 2012, 458).

1.3.6 Kontakte im Spannungsfeld von Nähe und Distanz

Wie neuere Studien verschiedentlich thematisieren, zeichnet sich der Nachbarschaftsbegriff gerade durch die ihm inhärenten Ambivalenzen aus. Der Kulturanthropologe Heinz Schilling schreibt dazu: »Nachbarschaft scheint das Paradigma schlechthin von einerseits und andererseits« (Schilling 1997, 11). Es handelt sich um ein Spannungsfeld, das zwischen Öffnung und Abgrenzung, Mein und Dein, Individuellem und Gemeinschaftlichem oszilliert, wobei es immer auch um das Austarieren zwischen Nähe und Distanz geht (vgl. ebd.).

Die Bewertungen zur Bedeutung von Nähe und Distanz in nachbarschaftlichen Beziehungsstrukturen unterscheiden sich. Der Wert von Solidarität und gegenseitiger Hilfe im Alltag sowie der demokratische Anspruch nach gesellschaftlicher Partizipation bilden die Grundlage für die Aktivitäten von Gruppierungen und Personen, die sich für mehr Nähe und lebendige Nachbarschaften einsetzen – und die so auch die »Sehnsucht nach mehr Miteinander« (Eberle 2012) bedienen. Dazu gehören Interessensgruppen, Dienste zur Nachbarschaftshilfe sowie lokale Tauschbörsen, die sowohl im Rahmen von Bewohnerschaftsinitiativen entstehen als auch von kommunaler oder kirchlicher Sozial- und Quartierarbeit organisiert werden.[32] Es geht meist um praktische, unbürokratische und begrenzte Gefälligkeiten und Unterstützungsleistungen in alltäglichen (Problem-)Situationen. Und es geht um das Wissen über das Sozialkapital in einem vorhandenen Nachbarschaftsnetzwerk (Reutlinger et al. 2010, 210). Mit Bezug auf das Sozialkapitalkonzept von Robert Putnam stehen insbesondere die Potentiale einer Nachbarschaft für integrative und

---

32 Dazu gehören auch Internet-Foren wie z.B. http://www.nachbarschaftshilfe.ch (vgl. Eberle 2012; Förderverein Nachbarschaftshilfe Zürich 2007).

solidarische soziale Netze im Vordergrund dieser Perspektive.[33] So wird etwa im *Cambridge Dictionary of Sociology* argumentiert:

»The level of social capital in a neighborhood is often related to factors such as stability, integration, trust, solidarity, and tolerance, which in turn are used to explain such things as differential economic growth or levels of crime between regions [...]. The argument is often circular in that evidence *for* and conditions *of* social capital in neighborhoods may be the same [Herv. i.O.].« (Rey 2006, 413)

›Gute‹ Nachbarschaften stellen eine einflussreiche Dimension bei der Bindung an einen Wohnort dar, da sie das Zugehörigkeitsgefühl und die Vertrautheit mit dem lokalen Umfeld über Kontakte mit Menschen, die dort leben, fördern (vgl. Reuber 1993, 116). Diese Beobachtung bildet die Basis für die Praxis von Quartier- und Gemeinwesenarbeit. Damit sollen gezielte Impulse gesetzt und eine aktive Planung und Steuerung übernommen werden, um die Teilhabe der Wohnbevölkerung zu fördern, lokale Vernetzungen zu erleichtern und Aushandlungs- sowie Veränderungsprozesse zu begleiten (vgl. Menzl 2011, 103). Letztlich geht es dabei immer auch um die Förderung von Sozialkapital sowie von tragenden Unterstützungs-Netzwerken vor Ort, um die sozialen Probleme abzuschwächen, die Partizipation der Bewohnerschaft zu stärken und sie näher zusammenzubringen (vgl. ausführlich Alisch 2001; Barandun 2012; Hinte 2001; Lüttringhaus 2004; Pierson 2008).

Andere Perspektiven betonen hingegen gerade die Relevanz von Distanz in Nachbarschaftsverhältnissen. Bereits Max Weber schrieb:

»So ist es doch klar, dass das Prinzip nicht nur der ephemeren Tramway- oder Eisenbahn- oder Hotelgemeinsamkeit, sondern auch der perennierenden Mietshaus-Gemeinsamkeit im ganzen eher auf Innehaltung möglichster *Distanz* trotz (oder auch gerade wegen) der physischen Nähe als auf das Gegenteil gerichtet ist und nur in Fällen gemeinsamer Gefahr mit einiger Wahrscheinlichkeit auf ein gewisses Mass von Gemeinschaftshandeln gezählt werden kann.« (Weber 1972 (1921/22), 216)

Da wir unsere NachbarInnen kaum je frei aussuchen können, ist es meist eine zufällig-erzwungene Nähe, die uns verbindet (vgl. Flade 2006 (1987), 81; Frisch 1953,

---

33 Der Politikwissenschaftler Robert Putnam hat die Sozialkapitalforschung grundlegend geprägt. In seiner Begriffsdefinition betont er die Dimension der Vernetztheit, der Normen und des Vertrauens (Putnam 1995, 67): »Social capital refers to connections among individuals – social networks and the norm of reciprocity and trustworthiness that arise from them.« (Putnam 2000, 19)

328).[34] Ein Zuviel an Nähe kann deshalb auch Angst vor dem »Zuviel einer unent-rinnbaren Wechselseitigkeit« (Schilling 1997, 11) auslösen. In diesem Sinn argu-mentiert auch Slavoj Zizek, dass das Eindringen des Fremden von nebenan unsere eigene Welt aus dem Gleichgewicht bringt und deshalb aggressive Reaktionen her-vorrufen kann (Zizek 2012, 48). Nachbarschaftskonflikte hängen meist auch mit Grenzverletzungen zusammen, mit störenden Impulsen, etwa Geräuschen oder Ge-rüchen, die in unsere eigene Sphäre eindringen (vgl. Reemtsma 2004). Konfliktpo-tentiale, die sich aus nachbarschaftlicher Nähe ergeben, werden auch in der Litera-tur thematisiert. Franz Kafka erzählt in seiner Kurzgeschichte *Der Nachbar* etwa von der Skepsis gegenüber dem Unbekannten nebenan, von dem durch die Ringhö-rigkeit der Wände ausgelösten Befangen im alltäglichen Handeln und von der Angst, dass sich das Handeln des Nachbarn gegen die eigenen Interessen richten könnte (vgl. Kafka 1970, 345f). Als anderes Beispiel sei Paul Watzlawicks *Ge-schichte mit dem Hammer* genannt, in der er beschreibt, wie Zweifel, Misstrauen und die imaginierte Unfreundlichkeit des Nachbarn durch Verweigerung einer Leihgabe letztlich nur unser eigenes Unglücklichsein fördern (vgl. Watzlawick 2011 (1983), 37).

Das Grundthema ist immer das Gleiche, und dies wird auch in den Sozialwis-senschaften so thematisiert: Um unseren persönlichen eigenen Raum zu wahren und zu schützen, grenzen wir uns ab und verhalten uns gegenüber unseren NachbarIn-nen höflich-reserviert (vgl. Hall 1990 (1966)). Dient doch der Bezug auf Konven-tionen, ritualisierte und normierte Verhaltensweisen meist gerade der Vermeidung von Intimitäten (Bahrdt 1969, 104). In diesem Sinn ist »die wichtigste Norm gut-nachbarlichen Verhaltens […] die Distanznorm« (Siebel 1997, 51). Nachbar-schaftskontakte sind deshalb, wie etwa Beate Engelhard darlegt, oft eher knapp und karg, informell, spontan oder von affektiver Neutralität bestimmt, wobei das Spek-trum an Minimalformen vom Übersehen oder einem kurzen Blick über Gruß-, Hör- und Gesprächskontakte bis hin zu rudimentären Formen gegenseitiger Hilfe reicht (Engelhard 1986, 58; vgl. auch Hengartner 1999, 285).

Nähe und Distanz stehen komplementär zueinander und es macht keinen Sinn, das eine über das andere zu gewichten. Es braucht vielmehr beides (vgl. Münkler 2011, 194f). Roland Barthes spricht auch von der paradoxen Utopie einer »Verge-meinschaftung der Distanzen« (Barthes 2007, 42f) als idealer Lebensvorstellung,

---

34 So schrieb etwa Max Frisch 1953 nach seiner Rückkehr aus den USA: »Der Mieter-Nachbar ist eine zufällig-erzwungene Nachbarschaft, oft eine sehr flüchtige Nachbar-schaft, und meistens wäre es kein menschlicher Verlust, wenn ich diesem Nachbarn nicht in die Küche oder die Loggia sähe. Die Nachbarschaften, die ich brauche, sind die geis-tig-menschlichen, nicht die Wohn-Nachbarschaften.« (Frisch 1953, 328)

sowohl seinem eigenen Rhythmus zu folgen als auch in einer gewissen Struktur miteinander verbunden zu sein.

Auf die alltagspraktische Ebene der Nachbarschaft heruntergebrochen, geht es bei der Frage nach dem *Wie* eines ›guten‹ nachbarschaftlichen Zusammenlebens immer auch darum, das Gleichgewicht zu finden zwischen Begegnung und Rückzug. In diesem Sinn schreibt Heinz Schilling treffend:

»Die Idealnachbarschaft besteht in unserer Gesellschaft offenbar aus Menschen, die füreinander da sind, wenn es die Situation erfordert, sich aber ansonsten in Ruhe lassen. Eine Wertekombination. Solidarität, wenn es die Not gebietet. Fremdbleiben, wenn es die individuelle Verwirklichungsmöglichkeit erfordert« (Schilling 1997, 10f).

Eine solche »stille Vereinbarung einer Verbindlichkeit der Unverbindlichkeit« (ebd., 12) bedingt, dass aus Begegnungsmöglichkeiten kein Begegnungszwang werden darf (Schroer 2006, 245). Es geht um ein »Miteinanderzutunhabenkönnen von Menschen […] aufgrund des gemeinsamen Raums, den diese Menschen miteinander teilen« (Schilling 1997, 10). Der Kulturwissenschaftler Thomas Hengartner schlägt deshalb vor, Nachbarschaft weder einfach »an strukturelle Vorgaben gebundene Gemeinschaftlichkeit noch (als) reiner Möglichkeitsraum« (Hengartner 1999, 287), sondern als »soziale Organisation von Nähe« zu verstehen (vgl. auch Klös 1997, 18). Von grundlegender Bedeutung dabei ist es, eine Wohn- und Lebenssituation zu schaffen, die Sicherheit vermittelt, was kollektiv geteilte Regelungen erforderlich macht (ebd., 24f). Mit Bezug auf relationale Raumvorstellungen,[35] geraten dabei die Herstellungsprozesse von Nachbarschaften in den Blick oder anders gesagt, »das alltägliche Nachbarschaften-Machen« (Reutlinger et al. 2015, 245). Indem der Nachbarschaftsbegriff in den Plural gesetzt wird, kann nach Reutlinger et al. auch »die Vielzahl unterschiedlicher Nachbarschaften, die alltäglich hergestellt werden«, konzeptionell besser erfasst werden (ebd., 244).

1.4 NACHBARSCHAFTEN IN GROSSSTRUKTUREN

Bei einer genaueren Betrachtung der Herstellung von Nachbarschaften müssen immer auch die Strukturen und der spezifische Kontext berücksichtigt werden, die das Handeln beeinflussen (Reutlinger et al. 2015, 245). Es gehört zur Geschichte des Konzepts, dass großmaßstäbliche Strukturen immer wieder als Herausforderung oder gar als Bedrohung für Nachbarschaften wahrgenommen und dargelegt wurden. So gingen die Anfänge der sozialwissenschaftlichen Beschäftigung mit Nachbar-

---

35 Vgl. ausführlicher Kap. I 2.1

schaften um 1900 mit der Annahme einher, dass nachbarschaftliche Lebenswelten in der Großstadt vom Verschwinden bedroht seien. Dies wurde gerade in den 1960er- und 1970er-Jahren vielfach empirisch widerlegt. Nachbarschaft sei in größeren und dichteren urbanen Strukturen keineswegs verschwunden, sondern habe sich einfach verändert und habe teilweise neue Ausprägungen angenommen (vgl. etwa Hamm 1973, 57; Engelhard 1986, 65). In ähnlichem Sinn wird gegenwärtig wieder mit empirischen Evidenzen argumentiert, dass lokale Bezüge und Nachbarschaftsbeziehungen – trotz der Erweiterung und teilweise Auflösung der räumlich-lokalen Maßstäbe durch Internet und globale Netzwerke – im Alltag nach wie vor relevant sind (vgl. u.a. Kennedy 2010, 144ff).

Immer wieder diskutiert wurde auch die Frage, ob und inwiefern die Bebauungsstrukturen die räumlichen Beziehungsmuster beeinflussen. Generell wird dargelegt: Je dichter die Bebauung ist, desto enger wird definiert, wer zu den Nachbarn zählt. Während sich in Ein- und Zweifamilienhauszonen der nachbarschaftliche Kontaktraum oft über die Grenzen des Hauses auf eine ganze Straße oder ein Viertel erstreckt, wird dieser in dichteren Überbauungen meist nur auf einen Hauseingang oder eine Etage bezogen (vgl. Hamm 1973, 98; Klös 1997, 14ff; Vierecke 1972, 25ff). Von Bedeutung für die Ausgestaltung von Nachbarschaft scheint aber weniger die Größe der Bebauung zu sein, sondern vielmehr die geteilten halböffentlichen Räume und Zwischenräume wie gemeinsame Höfe, Hauseingänge, Flure, Vorgärten, Wege, Gemeinschaftsräume, Spieleinrichtungen oder Sitzgelegenheiten (vgl. Engelhard 1986, 58; Hengartner 1999, 285). Reutlinger et al. beobachten etwa in ihrer Studie in der Agglomeration Zürich, dass die unmittelbare Nachbarschaft gerade aufgrund dieser geteilten Siedlungsräume und -einrichtungen nach wie vor relevant ist, das Quartier aber meist ausgeblendet wird und vielmehr eine direkte Orientierung in die Stadt erfolgt (Reutlinger et al. 2010, 210; 229). Auch Menzl et al. legen für die Hafencity Hamburg dar, dass Nachbarschaft in Großstrukturen gelebt wird, insofern hierzu bauliche und soziale Infrastrukturen, Anreize und Fördermaßnahmen bestehen (Menzl et al. 2011, 103). Tendenziell gehen aktuelle Komfortstandards des Wohnens – wie Isolationsmaßnahmen, wohnungsinterne Waschmaschinen oder direkte Zugangswege von der Tiefgarage in die Wohnung – in eine andere Richtung und verringern gerade in dichten Strukturen die möglichen Kontaktzonen mit den NachbarInnen (vgl. Althaus 2013b). Es ist vor allem der genossenschaftliche und kommunale Wohnungsbau, der hier Gegensteuer geben will. Mit Bezug auf die Situation in Zürich legt Jan Capol die anspruchsvolle Anforderung an den zeitgenössischen gemeinnützigen Wohnungsbau dar (Capol 2000, 41). Um »Nachbarschaften zu bauen« sind nach Capol verschiedene Aspekte förderlich: Die Ausschreibung eines Architekturwettbewerbs, der zu einer qualitativ hochstehenden Siedlungsarchitektur beiträgt; die Verwendung von einfachen Materialien zugunsten der Integration von Gemeinschaftseinrichtungen; die Gestaltung einer kommunikativen Erschließung (Laubengang oder eines geräumigen Treppenhauses); eine

Flexibilität und innere Verschränkung der Wohnungsgrundrisse sowie die Schaffung von attraktiven Außenräumen mit Aufenthaltsqualitäten und einer Wohnumgebung, die sich um Nutzungsmischung bemüht (ebd., 41ff).

Explizit zu Nachbarschaften in Hochhausüberbauungen sind im deutschsprachigen Raum bislang nur wenige Studien durchgeführt worden. Meist finden sich spezifische Ausführungen bei Untersuchungen, die sich mit dem Wohnen in Großsiedlungen beschäftigen.[36] Diese gehen im Allgemeinen von zugeschriebenen Stereotypen wie der Anonymität, ›Vermassung‹ und Vereinzelung in dieser Bebauungsstruktur aus und setzen diesen differenzierte Forschungsergebnisse entgegen. Eine der ersten Untersuchungen hat Hanni Zahner 1963 mit einer Befragung von HochhausbewohnerInnen in Schweizer Städten durchgeführt. Damals war diese Wohnform noch etwas Neues und Ziel war es deshalb, den ideologisch gefärbten Vorurteilen Angaben aus Bewohnersicht entgegenzusetzen. Zahner stellte eine starke Bejahung des Wohnens im Hochhaus fest und betonte insbesondere auch die guten Nachbarschaftskontakte, die diese Wohnform ermögliche. ›Schwätzereien‹ und Streitigkeiten unter NachbarInnen kämen kaum vor, hingegen gebe es – sofern man dies suche – die Möglichkeit zu gegenseitiger Hilfe und Austausch (Zahner 1963, 284f; vgl. auch Herlyn 1970, 117).

Einen systematischen Beitrag zu den sozialen Auswirkungen des Hochhauswohnens hat etwas später Ulfert Herlyn in seiner Studie *Wohnen im Hochhaus* (1970) geleistet, mit einer Befragung in insgesamt 54 – seit den späten 1950er-Jahren neu gebauten – Wohnhochhäusern der Städte München, Stuttgart, Hamburg und Wolfsburg. Herlyns Argumentation geht von der empirisch gestützten Erkenntnis aus, dass eine gewisse soziale Distanziertheit unter NachbarInnen im Hochhaus gerade durch die räumliche Nähe hervorgerufen wird und dem Schutz der Privatsphäre dient. Distanz gehört deshalb zur Eigengesetzlichkeit nachbarschaftlicher Kommunikation und wird von den BewohnerInnen größtenteils positiv bewertet (Herlyn 1970, 144f). So schreibt er: »Die meisten Hausbewohner drängen gerade auf die Unabhängigkeit und wollen kein normatives Zusammengehörigkeitsgefühl entwickeln« (ebd., 167). Eine gewisse Anonymität wird geschätzt, da sie auch zu einer Befreiung von der – den persönlichen Handlungsspielraum einschränkenden – sozialen Kontrolle führt und Streitereien zu vermeiden hilft, die oft gerade aus allzu großer Nähe hervorgehen (ebd., 163). Dies bedeutet jedoch nicht, dass im Hochhaus keine Nachbarschaftskontakte bestehen. Die Konvention alle bekannten BewohnerInnen zu grüßen, ist nach Herlyn auch im Hochhaus weit verbreitet (ebd., 148). Ebenso geben mehr als die Hälfte der Befragten seiner Studie an, sich regelmäßig mit NachbarInnen zu unterhalten, wobei gerade die Nutzung gemeinsamer Einrichtungen wie der Waschküche die Kommunikation fördere (ebd., 149ff). Kol-

---

36 Vgl. Kap. II 1.6.

lektivaktionen beschränken sich hingegen meist auf die Beteiligung an Unterschrif-
tensammlungen zur Durchsetzung gemeinsamer Interessen (ebd., 153). Herlyn
weist nach, dass gerade die einzelnen Stockwerke oft relativ intensive Kontaktzonen bilden, bei denen es auch häufig zu gegenseitigen nachbarschaftlichen Hilfeleistungen, teilweise auch zu Besuchskontakten kommt. Letztere werden aber meist
auf ein bis zwei Parteien beschränkt. Der Grund für diese etagenbezogenen Interaktionen sieht Herlyn insbesondere in der Präsenz des Fahrstuhls (ebd., 155; 158).[37]
Er unterscheidet die Etagenkontakte je nach bautechnischen Lösungen und kommt
zum Schluss, dass gerade das Punkthochhaus mit vier oder sechs Wohnungen pro
Etage eine optimale Größe aufweise, um auswählen zu können, mit wem man Kontakt aufnehmen und wen man lieber meiden wolle. Bei Laubenganghäusern mit
mehr als acht Parteien sei diese Möglichkeit aufgrund der Anzahl der Haushalte
schon beeinträchtigt. Bei nur zwei Parteien auf einem Stockwerk sieht der Autor
hingegen die Gefahr, dass allzu leicht ein ›Zwangskontakt‹ entstehen könne (ebd.,
156). Außerdem geht Herlyn auf die Rolle des Hauswarts für nachbarschaftliche Interaktionen ein. Dieser könne mittels Durchsetzung von Regelungen und Schlich-
tungspraktiken sowohl entlastend und konfliktlösend wirken, über die Normierung
und Verbreitung von Klatsch und hausinternen Informationen aber auch soziale
Kontrolle ausüben und zu ungewollten Distanzminderungen beitragen (ebd., 160ff;
169).

Während Herlyn wertvolle Informationen zu Hochhausnachbarschaften im
Kontext ihrer Erstbelegung liefert, hat sich 27 Jahre später Nina Gollnick in der
Studienarbeit *Nachbarschaft im Hochhausblock* zu der Hochhaussiedlung Neu-
Kranichstein in Darmstadt mit Entwicklungen und Veränderungen seit der Entstehungszeit der Bauten auseinandergesetzt (Gollnick 1997, 283ff). Interessant an
Gollnicks Studie ist, dass sie die Pluralität und Dynamik von Nachbarschaften in
spezifischen Hochhausstrukturen zu erfassen versucht. Mit dem Vergleich von zwei
verschiedenen Hochhäusern – an der Bartningstraße und am Pfannmüllerweg – legt
sie anschaulich dar, dass sich je nach Eigentümer, Lage und sozialer Belegung ganz
unterschiedliche Nachbarschaften herausgebildet haben. Das untersuchte sechzehn-
stöckige Punkthochhaus an der Bartningstraße wurde 1968 für Werkswohnungen
der Deutschen Bundespost in der Nähe des Quartierzentrums errichtet. Da die meisten ErstmieterInnen als ehemalige Angestellte bei der Post in den Wohnungen geblieben sind, gibt es ein »fast geschlossenes System, in dem Kontrollinstanzen jede
Abweichung wahrnehmen« (ebd., 289). Die Kontakte sind durch Höflichkeitsregeln
– sich freundlich begegnen ohne sich aufzudrängen – bestimmt (ebd., 288). Es gibt

---

37 Herlyn attestiert dem Lift eine »eindeutig kommunikationshemmende« Wirkung, da die
   Fahrt im Fahrstuhl als »peinlich empfundene Zwangssituation« das »Treppenhaus als be-
   vorzugte Stätte nachbarlicher Unterhaltung« nicht ersetzen könne (Herlyn 1970, 150).

ein hausinternes Nachbarschaftsfest und in der Aneignung des halböffentlichen Raums vor der Wohnungstür (Türdekoration, Schuhe, Möbelstücke) wird ein ähnlicher Repräsentationsstil gegen außen gepflegt (ebd., 290). Das 20-stöckige Hochhaus am Pfannmüllerweg ist zur selben Zeit von einer gemeinnützigen Wohnbaugesellschaft errichtet worden und beherbergt bis zum Zeitpunkt der Studie ausschließlich Sozialwohnungen. Von der restlichen Siedlung durch eine große Durchgangsstraße abgetrennt und mit vorliegender Sondermüllanlage ausgestattet, begleitet das Hochhaus von Anfang an ein starkes Stigma (ebd., 291). Die materielle Armut verbindet die BewohnerInnen. Ansonsten ist eine große Heterogenität hinsichtlich Nationalitäten, Alter und Haushaltsformen auszumachen (ebd., 295f). Diebstähle im Haus, Vandalismus und die Vernachlässigung der Bausubstanz sind ein Thema, gemeinsame Einrichtungen wurden deshalb weitgehend abmontiert. Unter den meisten MieterInnen macht sich dies in Resignation, Misstrauen und einem sich Arrangieren – auch über den Rückzug in die eigene Wohnung – bemerkbar (ebd., 293f). Ebenfalls kommen teilweise gewaltsam ausgetragene Nachbarschaftskonflikte vor (ebd., 297). Gollnick beobachtet aber bei den Kindern, die hier aufwachsen, einen starken Zusammenhalt und Stolz auf ihren Wohnblock, die sie der Stigmatisierung von außen entgegensetzen (ebd., 300f). Unter den Erwachsenen haben sich nach Gollnick verschiedene Kleingruppen – wie Müttergruppen, Alteingesessene, Russlanddeutsche, muslimische Frauen etc. – gebildet (ebd., 308, 315), die sich untereinander solidarisch verhalten, aufgrund der genannten Probleme hingegen keine gemeinsame Verantwortlichkeit für ihr Haus aufbringen können (ebd., 307). Während am Pfannmüllerweg also unterschiedliche Nachbarschaften nebeneinander bestehen, hat sich an der Bartningstraße eine Nachbarschaft in traditioneller Form mit starker gegenseitiger Kontrolle und Konformitätsdruck herausgebildet (ebd., 311). Aber auch hier scheinen sich mit der einsetzenden Neubelegung der frei werdenden Wohnungen im sozialen Wohnungsbau Veränderungen anzukündigen (ebd., 287).

In jüngeren Studien zu Großsiedlungen wird Nachbarschaft nur am Rande thematisiert[38]. Für die Schweiz ist etwa die Untersuchung *Wohnort Großüberbauung* zum *Tscharnergut* in Bern zu nennen, die insbesondere auf das organisierte Siedlungsleben und die Rolle des Quartierzentrums fokussiert und darlegt, dass in einer Großüberbauung durchaus lebendige Nachbarschaften entstehen können (Bäschlin 2004, 59ff). In der Studie *Heimat Großsiedlung* zur *Gropiusstadt* in Berlin werden unter dem Stichwort ›Siedlungsleben‹ weniger die Ausgestaltung von Nachbarschaften, sondern mehr die sozialen Verhältnisse, die kulturelle Infrastruktur, die Quartierarbeit und der Aufbau von partizipativen Netzwerken diskutiert (vgl. Bielka/Beck 2012, 157ff).

---

38 Vgl. Kap. II 1.6.

1.5 NACHBARSCHAFTEN ALS FORSCHUNGSGEGENSTAND

Wer sich einen Überblick über die Nachbarschaftsforschung verschaffen will, merkt schnell, dass es keine einheitliche Theorie und nur wenige systematisierende Darstellungen gibt. Vielmehr erwartet einen ein Dickicht an Studien, die sich mit dem Nachbarschaftsbegriff auf unterschiedliche, theoriegeleitete oder praxisorientierte Art und Weise befassen. Es handelt sich um ein alltagspraktisches Thema, das nicht nur die soziale und kulturelle Dimension unseres Wohnens, sondern auch unseres Wohnumfelds – und damit auch Konstanz und Wandel von Siedlungen und Städten – anspricht. Der Nachbarschaftsbegriff bezieht sich sowohl auf eine stadträumliche Struktur als auch auf soziale Relationen und Vernetzungen von Menschen mit anderen, die in ihrer Nähe wohnen. Einige Ansätze legen den Fokus eher auf die räumlich-strukturelle, andere eher auf eine akteurzentrierte Perspektive. Analytisch betrachtet spielen die beiden Dimensionen aber immer zusammen. Es macht deshalb Sinn, bei der Erforschung von Nachbarschaften sowohl die Bedeutung der sozialräumlichen Kollektivzusammenhänge als auch den Umgang der Menschen untereinander zu betrachten und zusammenzudenken.

Aus der Begriffsgeschichte lässt sich außerdem lernen, wie wichtig es ist, sich über die normativen Setzungen, die dem Begriff inhärent sind, bewusst zu werden. Die Normativität des Begriffs hat Tradition: Seit den Anfängen wurde Nachbarschaft – durchaus auch im Rahmen der Kritik an Groß(-Stadt-)Strukturen – immer wieder in Zusammenhang mit Imaginationen von dörflicher Gemeinschaft gebracht, mit Solidarität, gegenseitiger Hilfe und Zusammenhalt. Diese Themen werden heute vor allem in Strömungen wie dem Kommunitarismus oder der *Commons*-Bewegung wieder aufgegriffen und neu interpretiert. Auch die Diskussion um die Gestaltung einer idealen bzw. qualitätsvollen Nachbarschaft, die beim stadtplanerischen Konzept der *neighborhood-unit* von Perry ausgearbeitet wurde und heute den *New Urbanism* Diskurs prägt, basiert auf diesem normativen Fundament; ebenso die in der Segregationsdebatte aufgenommene Problematisierung von benachteiligten Gegenden, die auch mit Überlegungen einhergehen, wie eine ausgeglichene und integrative ›soziale Mischung‹ in der Nachbarschaft gefördert werden könne. Diese Bestrebungen scheinen aber dem Konzept nur gerecht zu werden, wenn sie die vielseitigen Ausgestaltungen und auch Ambivalenzen, die Nachbarschaften zugrunde liegen, ernst nehmen, und etwa neben der Nähe, auch die Bedeutung der Distanz in Nachbarschaftsverhältnissen berücksichtigen. Zu dieser Einsicht kommen auch Ansätze, die – wie es die KritikerInnen an den Planungsinstanzen in den 1960er-Jahren taten –, weniger herausarbeiten wollen, wie eine ideale Nachbarschaft aussehen soll, als vielmehr wie sich die Lebensrealitäten vor Ort denn konkret gestalten und was daraus gelernt werden kann. Ein derartiger Zugang wurde bereits in den

1920er-Jahren in den ethnografischen Forschungen der Chicagoer Soziologen angewandt und in den 1960er- und 1970er-Jahren von Forschungen, die urbane ›Subkulturen‹ und Lebenswelten untersuchten, wieder aufgenommen. Dazu gehören gerade auch Ansätze, die weniger die sozialräumlichen Strukturen als vielmehr die
Bedeutung des sozialen Handelns und der nachbarschaftlichen Relationen bzw.
Vernetzungen in den Vordergrund ihres Forschungsinteresses stellen. Eine solche
Perspektive ermöglicht es, das Konzept nicht zu idealisieren, wird so doch relativ
bald klar, dass nicht nur Solidarität und Gemeinschaftlichkeit sondern auch Stigmatisierungen und Konflikte Teil von nachbarschaftlichen Dynamiken sind.

Gegenwärtig ist die Frage wieder virulent, wie sich Nachbarschaften heute konkret ausgestalten und hergestellt werden, angesichts neuer Vernetzungsmöglichkeiten und aktueller gesellschaftlicher Herausforderungen. Hier positioniert sich auch
diese Forschungsarbeit: Der Blick in die Geschichte der wissenschaftlichen Auseinandersetzung mit dem Konzept macht deutlich, wie wichtig es ist, den generellen
normativen Setzungen möglichst unvoreingenommene empirische Aussagen zu den
Wirklichkeiten eines spezifischen lokalen Settings entgegenzusetzen. Auf diese
Weise können die lebensweltlichen Handlungsbezüge sowie die diskursiven Zuschreibungen aus der Perspektive verschiedener Beteiligter aufgenommen und analysiert werden. Es zeigt sich auch, wie der Nachbarschaftsbegriff oft als Inbegriff
des Kleinräumlichen diametral unterschiedlich zu Großstrukturen konzipiert worden ist. Zur Thematik von gelebten Nachbarschaften in Großwohnbauten, die auch
die Innenperspektiven einbeziehen, gibt es deshalb bis heute nur wenig – für den
schweizerischen Kontext kaum – Forschung. In diese Lücke springt diese Arbeit
ein.

2 Hausbiografien in der theoretischen Reflexion

Neben der Auseinandersetzung mit der Nachbarschaftsforschung, bildet der Bezug auf den Hausbiografien-Ansatz das Fundament der vorliegenden Studie. Um das Verständnis der Hausbiografien weiterzuentwickeln, sind insbesondere zwei theoretische Zugänge wichtig: zum einen sozialwissenschaftliche Theorien zum Raum und zum anderen unterschiedliche Forschungsperspektiven auf das Haus. Diese Diskussion ermöglicht es, den Forschungsansatz auch im Hinblick auf methodologische Fragen zu beleuchten und zu reflektieren.

2.1 ZUR VIELSCHICHTIGKEIT UND FORMUNG VON RAUM

Die Auseinandersetzung mit räumlichen Fragen hat die Kultur- und Sozialwissenschaften immer wieder beschäftigt. Als theoretische Kategorie ist der Raum – abgesehen von der Humangeografie – jedoch lange nur sehr marginal behandelt worden (vgl. Schroer 2006, 17-28). In den letzten zwanzig Jahren hat sich jedoch ein Wandel abgezeichnet, der mitunter auch als *spatial turn* bezeichnet wird. Raum ist mittlerweile zu einem selbstverständlichen Thema sozial- und kulturwissenschaftlicher Reflexion geworden (vgl. Lossau 2012, 185; Schlögel 2011 (2003), 60-71; Döring/Thielmann 2008). Damit einher geht eine Perspektivverschiebung hin zu einem relativistischen Raumverständnis. Ausgehend von der Kritik am absolutistischen Denkmodell eines dreidimensional-euklidischen Behälterraums, der unabhängig von allen Körpern besteht und diese umschließt, richtet sich der Fokus vieler jüngerer Konzeptualisierungen vielmehr auf die Relationen von körperlichen Objekten und Lebewesen, aus deren Anordnung und Struktur hervorgehend Raum sich denken lässt (Löw 2001, 17f; 24f; vgl. auch Läpple 1991, 18; 195f). Kennzeichnend für diese neueren sozial- und kulturwissenschaftlichen Raumvorstellungen ist die

Bedeutung, die dem Handeln bei der Raumkonstitution zukommt.[1] Wenn der Blick auf die Praxis gerichtet wird, können sowohl die »grenzziehenden Ordnungen und handelnd hergestellten Anordnungsprozesse« von Raumgebilden (Löw 2004, 46) als auch die Reziprozität zwischen Menschen und gebauten Räumen beleuchtet werden (Rolshoven/Omahna 2013, 7ff). Im Folgenden sollen zwei raumsoziologische Theorien vorgestellt werden, die für die Entwicklung des Forschungsansatzes der Hausbiografien wichtig waren, da sie eine differenzierte und analytisch inspirierende Betrachtung von Wohngebäuden im Wandel der Zeit ermöglichen.

2.1.1 Henri Lefebvre und die Raumtriade

Ein Denkmodell, das die Vielschichtigkeit, Prozesshaftigkeit und Formung von Raum aufgenommen hat und einen wichtigen Beitrag zu heutigen Raumverständnissen in den Sozialwissenschaften geleistet hat, ist die Raumtriade, die der Philosoph Henri Lefebvre in den 1970er-Jahren konzipiert hat und die seit der Übersetzung seines Werkes *La Production de l'espace* (1974) ins Englische (1991) unter anglo-amerikanisch und deutschsprachigen GeografInnen, SoziologInnen, ArchitektInnen und UrbanistInnen zahlreich rezipiert worden ist.[2] Für Lefebvre ist Raum vor allem gesellschaftlicher Raum und damit sozial produziert; zugleich strukturiert und reproduziert Raum aber auch gesellschaftliche Verhältnisse (Lefebvre 1991 (1974), 26f; Lefebvre 2002 (1977), 7). Dabei denkt Lefebvre Raum im Wechselspiel von drei miteinander verbundenen Aspekten: der ›räumlichen Praxis‹, der ›Repräsentation des Raums‹ und den ›Räumen der Repräsentation‹, die er auch mit den Begriffen des ›erfahrenen‹, des ›konzipierten‹ und des ›gelebten‹ Raums umschreibt. Mit dem »espace perçu« (›erfahrener Raum‹) verweist Lefebvre auf die praktisch-sinnlichen Rahmenbedingungen und materiellen Inhalte, die über eine

---

1   Handeln wird im soziologischen Sinn sehr breit verstanden. Bereits Max Weber definierte Handeln als menschliches Verhalten, das »äußeres oder innerliches Tun, Unterlassen und Dulden« einschließt und mit dem die handelnden Personen einen ›subjektiv gemeinten Sinn‹ verbinden (Weber 1972 (1921/22), 1). Handeln ist also nicht mit Aktivität gleichzusetzen, sondern beinhaltet auch das Sprechen oder Passives wie das ›Nicht-Tun‹ und Vermeiden von etwas.

2   Etwa von: Harvey 1973; Castells 1977; Soja 1989; Gottdiener 2002; Elden 2002; Schmid 2010; Stanek 2011. Lefebvres Raumtriade ist eingebettet in ein viel umfassenderes Denksystem, das im Kontext einer von Hegel, Nietzsche und Marx inspirierten politischen Ökonomie auch die Kontrolle und Macht des kapitalistischen Systems im gesellschaftlichen Raum diskutiert. Die Konzeptualisierung der Raumtriade orientiert sich an französischen Phänomenologen wie Maurice Merleau-Ponty und Gaston Bachelard (vgl. Schmid 2010, 244; Kipfer et al. 2012).

nicht-reflexive alltägliche Praxis produziert und reproduziert werden und die somit gesellschaftliche Kontinuität und Kohäsion gewährleisten. Der zweite Aspekt, der »espace conçu« (›konzipierter Raum‹ oder ›Repräsentation des Raums‹) bezieht sich auf die abstrakten Diskurse, Darstellungs- und Wissenssysteme von Raum, die in Lefebvres Denken immer mit Machtbeziehungen einhergehen. Er wird durch die Konzepte und Modelle von ArchitektInnen, PlanerInnen, WissenschaftlerInnen, ExpertInnen und den Medien hergestellt. Lefebvres dritter Aspekt, der »espace vécu« (›gelebter Raum‹ oder ›Räume der Repräsentation‹), ergänzt die anderen zwei Aspekte und bezieht sich insbesondere auf die symbolischen Bedeutungen, die durch Gebrauch, Nutzung und Aneignung hergestellt werden. Die Symbolisierungen haben dabei das subversive Potential, andere Räume zu imaginieren und somit die vorherrschenden Diskurse und Ordnungen zu hinterfragen (vgl. Lefebvre 1991 (1974), 33; 38f; Lefebvre 2002 (1977), 17; Schmid 2010, 210-230; Rolshoven/Omahna 2013, 19ff; Steets 2008, 395ff).

Die drei Raumdimensionen durchdringen sich nach Lefebvre wechselseitig und sind immer gleichzeitig wirksam, aus ihrer Dialektik geht Raum hervor. Lefebvre denkt die dialektischen Momente als Triplizität, wobei die dritte Dimension gewissermaßen die Dualismen dekonstruiert (Gottdiener 2002, 23). Gezielt will er damit auch eine Reflexion über Widersprüche und Konflikte anregen, die im gesellschaftlichen Raum liegen und Ausdruck von sozio-politischen und ökonomischen Ungleichheiten und Interessen sind (Lefebvre 1991 (1974), 365). Wenn seine Überlegungen zum Raum (von denen die Raumtriade nur ein Teil ist) manchmal diffus und ambivalent erscheinen,[3] kommt Lefebvre doch das Verdienst zu, neue Perspektiven zur Analyse von Raum eröffnet zu haben, die nicht nur die gesellschaftliche Formung von Raum, sondern auch die Mehrdimensionalität und Dynamik solcher Prozesse einbezieht. Wie die Kulturanthropologin Johanna Rolshoven darlegt, ermöglicht die triadische Struktur von Raumwahrnehmung, Raumkonzeption und Raumrealisierung nach Lefebvre heutigen kultur- und sozialwissenschaftlichen Raumbetrachtungen eine komplexitätsorientierte Zugangsweise jenseits eines bipolaren Ursache-Wirkungsdenkens (Rolshoven 2003b, 199; Rolshoven 2013, 19).

Die Raumtriade eignet sich als Denkmodell auch für die Betrachtung von Wohnhäusern, wie sie in dieser Arbeit vorgenommen wird. Die Dimension des ›erfahrenen Raums‹ kann etwa in den verschiedenen Formen der individuellen Wahrnehmung eines Hauses gesehen werden, aber auch in den alltäglichen Routinen, Handlungen und Verhaltensweisen, die in der unmittelbaren Lebenswelt eines Hau-

---

3   Wie Martina Löw ausführt, verabschiedet sich Lefebvre in seiner Argumentation nicht konsequent von absolutistischen Raumvorstellungen – trotz seiner Kritik an den vereinfachenden Vorstellungen eines Behälterraums und seines Beitrags, Raum als gesellschaftliches Produkt zu denken (vgl. Löw et al. 2008, 55).

ses stattfinden und die dessen räumliche Konfigurationen formen. Die in Architektur-, Planungs- und Wissenschaftsdiskursen hergestellte Dimension des ›konzipierten Raums‹ bestimmt, wie ein Haus entworfen, gelesen und verstanden werden sollte, etwa bezüglich seiner gebauten Struktur und der in ihr geltenden Konventionen und Ordnungsprinzipien, der Beurteilung seiner Merkmale und der Solidität seiner Bausubstanz, aber auch im Hinblick auf die Bewertung der spezifischen Wohnqualitäten oder der sozialen Zusammensetzung seiner BewohnerInnen. Die Dimension des ›gelebten Raumes‹ wiederum kann in der Art und Weise gesehen werden, wie Menschen sich ihr Haus aneignen, wie sie es verändern, dekorieren, zu ihm schauen und welche persönlichen Zeichen und individuellen Spuren sie in den öffentlichen und halb-öffentlichen Räumen ihrer Wohnumgebung hinterlassen. Diese räumlichen Prozesse lassen sich auch in der Entstehung und den Dynamiken eines Wohngebäudes erkennen. Ein Haus umfasst mit Lefebvre gedacht immer viele Facetten, die, im Wechselspiel von der im Alltagshandeln geformten und wahrgenommenen Materialität, der planerisch-diskursiv hergestellten Struktur und den aus Gebrauch und Aneignung hervorgehenden symbolisch-imaginären (Um-)Deutungen, dynamisch miteinander verwoben sind (vgl. Althaus/Glaser 2013, 286).

2.1.2 Martina Löw: Prozessuale und relationale (An)Ordnung

Eine der meist beachteten jüngeren Beiträge zur Theoretisierung eines relationalen Raumbegriffs hat Martina Löw in *Raumsoziologie* (2001) vorgelegt. Löw denkt Räume im Zusammenhang mit den Prozessen ihrer Konstituierung. Sie versteht Raum als »relationale (An)Ordnung von Lebewesen und sozialen Gütern an Orten« (Löw 2001, 271). Mit der Schreibweise der »(An)Ordnung« verweist sie auf den Doppelcharakter von Raum, der sowohl eine Handlungs- als auch eine Ordnungs- und Strukturdimension umfasst: Räume werden durch Handeln – die Praxis des Anordnens – generiert und geben zugleich auch eine handlungsstrukturierende Ordnung vor (vgl. Löw 2001, 131; Löw 2008, 40; Löw et al. 2008, 63; Steets 2008, 405). Mit Bezug auf Anthony Giddens' Strukturationstheorie[4] konzeptualisiert Löw die »Dualität von Raum« als Dualität von Struktur und Handeln, wobei »Räume nicht einfach existieren, sondern [...] im (in der Regel repetitiven) Handeln ge-

---

4 Anthony Giddens konzipiert in seiner *theory of structuration* das Verhältnis von Handeln und Struktur in ihrer Dualität und wechselseitigen Konstitution: Handeln kann nicht ohne Struktur gedacht werden und umgekehrt, die beiden Dimensionen sind rekursiv, d.h. gleichursprünglich und bedingen sich gegenseitig. Strukturen fungieren als Bedingung von Handeln und werden zugleich durch soziale AkteurInnen (re-)produziert. Damit stellt Giddens auch die scharfe konzeptionelle Trennung zwischen objektivistischen und subjektivistischen Theoriezugängen in Frage (vgl. Giddens 1984).

schaffen werden und als räumliche Strukturen, eingelagert in Institutionen, Handeln steuern« (Löw 2001, 172).

Analytisch unterscheidet Löw zwischen zwei gleichzeitig ablaufenden und sich gegenseitig bedingenden Handlungsdimensionen, die an der Konstitution von Raum beteiligt sind. Zum einen bildet sich Raum durch das Platzieren und Positionieren von Elementen – sozialen Gütern, Menschen und gebauten Materialien – zu räumlichen Konfigurationen heraus. Diesen Prozess bezeichnet Löw als *Spacing* und nennt als Beispiele »das Aufstellen von Waren im Supermarkt, das Sich-Positionieren von Menschen gegenüber anderen Menschen, das Bauen von Häusern, das Vermessen von Landesgrenzen, das Vernetzen von Computern« (ebd., 158). Zur Generierung von Raum bedarf es zum anderen immer auch einer Syntheseleistung durch Menschen, die die Elemente einer (An)Ordnung aktiv über Wahrnehmungs-, Vorstellungs- und Erinnerungsprozesse zusammenfassen bzw. in Beziehung zueinander bringen (ebd., 159). Kurz: Raum ist relational strukturiert und umfasst sowohl einen Syntheseprozess[5] als auch eine Platzierungspraxis. Dabei werden über die Konstitution von Raum immer auch – und hier bilden die Reflexionen von Michel Foucault[6] oder Pierre Bourdieu[7] wichtige Referenzpunkte – »gesellschaftliche Machtverhältnisse ausgehandelt, verfestigt oder verschoben« (Löw 2004, 58). Löw betont, dass Platzierungen und Syntheseleistungen lokal spezifisch an Orten – und dazu zählt sie explizit auch virtuelle Orte – erfolgen (ebd.,

---

5   Beim Konzept der Synthese bezieht sich Löw auf Norbert Elias, der Raum und Zeit als soziale Konstruktionen versteht. Raum entsteht nach Elias aus der positionalen Relation zwischen bewegten Ereignissen. Damit Menschen sich orientieren können, bestimmen sie die Positionen und die Abstände zwischen den Positionen mit Hilfe von unbewegten und unveränderlichen Maßstäben (wie Linealen oder Meilensteinen), um über diese Syntheseleistung ein fixes Gebilde zu abstrahieren. Zeit wird im Unterschied dazu laut Elias über verändernde Maßstäbe wie Uhren konstruiert (Löw 2001, 135f; Elias 1997, 72ff).

6   Für Foucault verändern sich Raumbilder im Laufe von Epochen. Heutige Raumausprägungen denkt er relational in Form von Beziehungen zwischen Lagerungen und Platzierungen bzw. als »eine Gemengelage von Beziehungen, die Platzierungen definieren«. Dabei geht es immer auch um die Durchsetzung von Macht, die in gebauten Räumen eingeschrieben ist (Foucault 1992, 38f).

7   Der soziale Raum ist für Bourdieu eine abstrakte Figur, in dem sich soziale Positionen abbilden, die auf bestimmten Formen von Macht beruhen (Bourdieu und Wacquant 2006, 36). Ihm stellt Bourdieu den angeeigneten physischen Raum gegenüber, als Raum, in dem sich die sozialen Prozesse einschreiben und der durch die unterschiedliche Verteilung von Gütern und Dienstleistungen sowie der physisch lokalisierten Akteure und Gruppen und deren ungleichen Aneignungschancen bestimmt wird (Bourdieu 1991, 29; Löw 2001, 181f; vgl. auch Kap. 1.3.4).

46; 58). Sie unterscheidet dabei den Raumbegriff von demjenigen des Orts: »Ein Ort bezeichnet einen Platz, eine Stelle, konkret benennbar, meist geographisch markiert […] und einzigartig« (Löw 2001, 199). Orte werden durch die Konstitution von Raum hervorgebracht, machen zugleich aber auch die Entstehung von Raum erst möglich (ebd., 198). In Kritik an der Konzeptualisierung von Räumen als einer »Verdinglichung zu Orten und Territorien« (ebd., 64f), plädiert Löw mit dem Blick auf die sozialen Prozesse der Raumkonstitution dafür, Räume als bewegt und veränderlich zu denken. Raum ist kein starres statisches Gebilde, sondern eine relationale (An)Ordnung von Körpern, die konstant in Bewegung sind, die neu platziert oder anders wahrgenommen werden können. Und durch diese Bewegung verändert sich auch die (An)Ordnung selbst (ebd., 153).

Einige Autoren vermissen bei Löws Theorie der sozialen Herstellungsprozesse von Raum eine genauere Betrachtung der materiellen Komponente von Raum sowie der Wirkungen, die räumliche Arrangements auf menschliches Verhalten haben können (vgl. Döring/Thielmann 2008, 26f; Lossau 2012, 190; Schroer 2006, 176ff). Der Soziologe Markus Schroer meint etwa, dass man weiter fragen müsse, »was mit den so hergestellten Räumen geschieht, welche Wirkungen sie ausüben. Entscheidend für das soziale Geschehen kann durchaus sein, ob es sich um eine Tür, eine Schranke oder eine Mauer handelt bzw. ob das Material der Tür aus Glas besteht und somit durchsichtig, leicht und transparent ist oder ob es schwer, dick und undurchsichtig ist« (Schroer 2006, 177). Es gehe nicht nur darum, »zu sehen, wie der Raum sozial hergestellt wird, sondern auch darum zu berücksichtigen, was der Raum selbst vorgibt« (ebd., 178). Orten und Räumen seien Bedeutungen und Wertigkeiten von Menschen eingeschrieben (ebd. 177). Es sei deshalb weniger entscheidend, *den* Raumbegriff zu bestimmen als vielmehr unterschiedliche Räume und Raumkonzeptionen zu erkennen. Räume zeichneten sich oft gerade durch deren Beständigkeit aus, durch deren Potential, Grenzen zu definieren, Zugehörigkeiten herzustellen und Zugänge zu regeln, aber auch dadurch erst in Bewegung erfahrbar zu werden (ebd., 180).

Die Reflexion von (und zu) Martina Löws Raumkonzeption regt an, Raum im Wechselspiel von Kontinuität und Wandel, Verfestigung und Bewegung zu denken. Lefebvres Überlegungen zu Prozessen der Raumproduktion schärft Löw mit einem Verständnis, das konsequent die relationalen Ordnungs- und Handlungsmomente der Geschaffenheit, Transformation und Konstanz von Räumen analysiert. Diese Perspektive lässt sich auch gut für die Untersuchung von Wohnbauten und deren Geschichte(n) anwenden (vgl. Glaser 2013b, 16). ArchitektInnen, RaumplanerInnen und Bauunternehmen bestimmen mit ihrem Handeln – geprägt von aktuellen Raumvorstellungen – wo und wie ein Wohnbau Form annimmt, wie ein Konglomerat von (Bau-)Körpern an einem Ort platziert wird. Hierzu spielen auch die Gesetzgebung und die, das Planungs- und Baurecht mitdefinierenden, AkteurInnen und Institutionen eine wichtige Rolle. Die Konstruktion eines Hauses oder einer Siedlung strukturiert dabei auch die gebaute Umwelt eines Ortes. EigentümerInnen, Verwaltungen und HauswartInnen organisieren im Laufe der Jahre Maßnahmen zu Reparatur, Unterhalt und Erneuerung, zu Um- oder Neubau. Sie stellen Einrichtungen zur Verfügung und bestimmen Regeln und Ordnungsprinzipien der Nutzung. Sie legen etwa – wie in Schweizer Mietshäusern üblich – fest, dass ein Raum als geteilte Waschküche genutzt werden soll. Aber die Waschküche kommt ihrer Funktion nur nach, wenn sie von den BewohnerInnen in der alltäglichen Praxis auch als solche genutzt und von Wartungsdiensten regelmäßig unterhalten wird. So sind es immer auch die verfestigten und in ihrer Permanenz beharrlichen Räume selbst, die Handeln bestimmen. Die BewohnerInnen ziehen und richten sich im Rahmen der gebauten Strukturen ein und positionieren sich in verschiedenen und sich verändernden Konstellationen in einem Haus. Der Gebrauch von Gemeinschaftsräumen oder die Feier eines Hausfests kann zum Beispiel Räume unter NachbarInnen formen. Individuelle Raumaneignungen wie Dekorationen, Bepflanzungen, Ablagesysteme oder Spuren in Treppenhaus, Flur oder Vorgarten formen neue Raumkonstellationen. Sie orientieren sich an den Wahrnehmungs-, Vorstellungs- und Erinnerungsschemata der AkteurInnen, die sich im Laufe der Jahre verändern und durchaus auch konfliktiv widersprechen können. Alle diese Prozesse verdeutlichen die Bewegungen, die einer verfestigten baulichen Struktur inhärent sind. Mit den Worten des Historikers Karl Schlögel können wir im Raume die Zeit lesen (Schlögel 2011 (2003)). Hier setzt auch der Forschungsansatz der Hausbiografien an, der Räume in deren Prozesshaftigkeit und zeitlichen Dimension denken und die Geschichte eines Hauses im Wandel der Zeit erzählen will (vgl. Althaus/Glaser 2013, 286f).

2.2 FORSCHUNGSPERSPEKTIVEN AUF DAS ›HAUS‹

Der Bezug auf die raumtheoretischen Überlegungen macht deutlich, wie wichtig es ist, den Begriff des ›Raums‹ nicht mit einem topografisch bestimmbaren Ort gleichzusetzen. An einem Ort können – mit Martina Löw gedacht – viele Räume entstehen, zugleich verändern Orte sich auch über Raumkonstitutionsprozesse. Um Wohnbauten zu betrachten, »macht es deshalb Sinn nicht den allgemeinen Terminus Raum zu verwenden, sondern konkret von dem Haus […] zu sprechen« (Glaser 2013b, 16f) und dabei Raumdimensionen und räumliche Praktiken, die ein Haus produziert hat und die aus ihm hervorgehen, in den Blick zu rücken. Ein Haus kann als die kleinste urbane Einheit verstanden werden, die – so Karl Schlögel – »irgendwo in der Mitte zwischen dem großen Raum: Straße, Stadtviertel, Stadt, Landschaft und den kleineren Einheiten: Wohnung, Zimmer, Interieur« liegt (Schlögel 2011 (2003), 314). Ein Haus ist also nie eine isolierte Einheit, sondern immer eingebettet in breitere gesellschaftliche Strömungen und eine spezifische lokale Umgebung»mit ihrer Infrastruktur und ihren sozialräumlichen Aspekten, zu denen der Wohnbau und seine Bewohnerschaft in Beziehung stehen« (Glaser 2013b, 17). Bei einem Haus eröffnen sich komplexe Differenzierungen von (halb-)öffentlichen und privaten, inneren und äußeren Sphären (vgl. Althaus/Glaser 2013, 285). Dabei umfasst der Begriff des Hauses immer sowohl eine materiell-technische als auch eine soziale und kulturelle Dimension.

2.2.1 Gebaute Architektur

Ein Haus ist eine Konstruktion aus Baukörpern. Es besteht in der Regel aus einem Rohbau und Ausbau, aus einem Fundament und einem Dach, aus Wänden, Stützen, Türen, Fenstern, Schwellen, Gängen, Zimmern, Treppen usw. Es ist heute meist mit diversen technischen Einrichtungen, einem Heiz- oder Kühlsystem, Elektrizität, Wasserleitungen und sanitären Installationen verbunden. Kurz: Es besteht aus materiellen und technischen Komponenten, die zu einer Konfiguration zusammengestellt worden sind. Dem Bau eines Hauses liegen Konzepte, Entwürfe und Pläne von Baufachleuten zugrunde, die immer auch finanziert werden müssen und Gesetze und Vorschriften zu befolgen haben. Die Architektur beschäftigt sich mit diesem komplexen Wissen um baulich-planerische Lösungen bei der Umsetzung und Gestaltung eines Gebäudes.

Vitruv hat in der Antike mit den Kriterien der *firmitas* (Festigkeit), *utilitas* (Nützlichkeit) und *venustas* (Schönheit) allgemeine Anforderungen an das Entwerfen und Bauen von Häusern formuliert, die – so der Architekt und Architekturhistoriker Vittorio Magnago Lampugnani – ihre Relevanz unter einer städtebaulichen Betrachtungsweise bis heute nicht eingebüßt haben (Lampugnani 1995, 90). Wie divers die Professionsverständnisse und baulichen Ausgestaltungen der Architektur je nach Epoche, Schule und Architektenpersönlichkeit auch sein mögen, letztlich geht es beim Entwerfen und Bauen von Häusern immer darum, ausgehend von einer Analyse des Ortes bzw. der städtebaulichen Struktur, passende (und das heißt heute vor allem auch ressourcenschonende) Baulösungen für die Hülle, das Programm und die Materialität eines Gebäudes zu finden (Eberle 2010). Es gilt Konzepte und Systeme zu entwickeln, um bestimmte Baustoffe (Mauerwerk, Beton, Holz, Stahl, Glas und Dämmmaterial) mit bestimmten Bauelementen (Fundament, Sockel, Wände, Öffnungen, Dach, Treppen und Aufzug) in bestimmten Bauweisen und unter bestimmten bauphysikalischen und energetischen Konstruktionsprinzipien zusammenzubringen (Deplazes 2005). In diese Prozesse fließen»ästhetische, gestalterische und konzeptionelle Kompetenzen« (Hauser et al. 2011, 11), handwerkliches Erfahrungswissen, konstruktive Entscheidungen und funktionale Bestimmungen hinein, die immer auch auf rechtliche, ökonomische, politische und soziale Bedingungen Bezug nehmen müssen (ebd., 11).

Architekturtheoretische und -historische Studien analysieren Konzept, Ausgestaltung und Funktion eines Gebäudes hinsichtlich dieser komplexen Einflussfaktoren von Planung und Bau. Zugänge aus Geschichte, Sozial- und Kulturwissenschaften legen ihren Fokus hingegen insbesondere auf das ›Gewordensein‹ eines Hauses und fragen danach, wie sich das soziale und kulturelle Leben sowie Repräsentationen und Bedeutungen in ihm eingeschrieben haben.

2.2.2 Soziale Formation und gelebte Alltäglichkeit

In traditionellen historischen und anthropologischen Zugängen wird der Begriff Haus eng mit der Analyse von Verwandtschafts- und Gesellschaftsstrukturen verknüpft (Ghanbari 2010, 76). Für den Ethnologen Claude-Lévi Strauss etwa ist das Haus »eine moralische Person, sodann Inhaber einer Domäne, die sich aus materiellen und immateriellen Gütern zusammensetzt; schließlich perpetuiert es sich dadurch, dass es seinen Namen, sein Vermögen und seine Titel in direkter oder fiktiver Linie weitergibt« (Lévi-Strauss 1986 (1983), 78, zit.n. Ghanbari 2010, 75). Das Haus denkt er demnach in Zusammenhang mit Regelungen von sozialer Reproduktion und Deszendenz; mit der Weitergabe von Kontinuität an einem Wohnort, die sich gerade über Verwandtschafts- oder Allianzbildungen organisiert. Bei diesem Verständnis wurde Lévi-Strauss von den Geschichtswissenschaften beeinflusst.

Gerade in der Geschichte der frühen Neuzeit (1500-1800) fungiert der Begriff ›Haus‹ als Kategorie, um die soziale Organisation von Familien zu untersuchen. So schreibt die Historikerin Raffaela Sarti:

»There were houses that had a family, rather than the other way around [...]. Dependency on the house was very marked in the whole of central Europe. Every farm (Hof) had a name that was transferred to the family that lived on it. When the family moved, people changed their name and not the house.« (Sarti 2002, 38)

Das Haus hatte eine wichtige Schutzfunktion und war zugleich auch Arbeitsort. Über das Haus wurden soziale und rechtliche Ordnungsprinzipien und unterschiedliche familiäre Residenzmuster geregelt.[8] Im 19. Jahrhundert verlor das Haus als juristische Einheit im Sinne eines familiär organisierten »durch Satzungen und Rechte gebundenen Kollektivs« zunehmend an Gewicht (Ghanbari 2010, 76). Für die historische Hausforschung war deshalb der Diskurs vom Verfall des ›ganzen Hauses‹

---

8 Als Wohnfolgeregelungen definierten diese, wo ein Paar nach der Heirat wohnte. Während sich der Wohnsitz nach patri-lokalem Residenzmuster in das Haus der Familie des Mannes und nach matri-lokaler Regel zur Familie der Frau verlagerte, zog das Paar nach neo-lokaler Regel in ein eigenes Haus (vgl. etwa Sarti 2002, 75).

und die »Verabschiedung des Hausvaters als einer ›altständischen Rechtsfigur‹« lange Zeit bestimmend (Ghanbari 2010, 76 mit Bezug auf Koselleck 1981, 116). Neuere historische Ansätze hingegen sind – in Kritik an einem solchen Verständnis[9] – bestrebt, die Perspektiven zu öffnen. So schlägt etwa Joachim Eibach mit seinem Konzept des ›offenen Hauses‹ einen Begriff zur Analyse der »kommunikativen Praktiken von Wohn- und Lebensgemeinschaften« vor, der ermöglichen soll, ein Haus in seiner Einbettung in Nachbarschaft und herrschaftlichem System zu denken (Eibach 2011, 639f). Er schlägt deshalb vor, das Haus begrifflich zu erweitern und als ›häusliches Ensemble‹ zu verstehen, um so auch größere Anlagen und räumlich diversifizierte Arrangements in den Blick rücken zu können (ebd., 639). In der Studie *Ein Haus und seine Menschen* hat die Historikerin Olivia Hochstrasser einen wichtigen Beitrag zu einer lebensweltlich orientierten Mikrogeschichtsforschung geleistet. Darin porträtiert sie ein Haus auf der Schwäbischen Alb – von dessen Entstehung im bäuerlichen Kontext des 16. Jahrhunderts über die Brüche und Wandlungen im Laufe der Zeit bis zum heutigen Datum. Hochstrasser schreibt:

»Die Geschichte eines Hauses ist im wesentlichen die Geschichte seiner Bewohner, ihrer Familien, ihrer Arbeit, ihrer sozialen Beziehungen und wirtschaftlichen Bedingungen: Hausgeschichte setzt sich zusammen aus einer Summe zahlreicher individueller Lebensgeschichten« (Hochstrasser 1993, 10).

Die Bausubstanz und Materialität interessiert sie insofern, als hier »der konkrete Lebensvollzug seiner Bewohner […] seinen ablesbaren Niederschlag gefunden« hat, sich etwa historisches Wissen zu »Raumaufteilung, Funktion des Gebäudes, Nutzungen« und letztlich zu Leben und Alltag von Bevölkerungsschichten, über die sonst kaum schriftliche Quellen überliefert worden sind, ablesen lassen (ebd., 9).

Die Frage nach der »Bedeutung von Häusern und Hausrat für die Hausbenutzenden« in Bezug auf die Logiken und Handlungspraxen, die damit einhergehen, spielt für die kulturanthropologische Haus- und Architekturforschung bis heute eine wichtige Rolle (Rolshoven/Omahna 2013, 12). Ein Haus ist in dieser Perspektive nicht nur eine physisch-materielle Konstruktion, sondern – mit den Worten Karl Schlögels – auch ein Schauplatz und Knotenpunkt von Leben (Schlögel 2011 (2003), 314). Ein Haus wird von Menschen genutzt und angeeignet, taktil und op-

---

9   Ausschlaggebend für dieses Verständnis ist die Kritik am Konzept des ›ganzen Haus‹ wie sie etwa von Otto Brunner als ein »mythischer Urtypus abendländisch-männlicher Zivilisation« mit Bezug auf die »autonome Lebensform der ›Hausväter‹« in Erinnerung gerufen werde (Eibach 2011, 636). In der Gattung der ›Hausväterliteratur‹, die Leitgedanken zur Führung aristokratischer Haushaltungen formulierte, erscheint das ›Haus‹ als unabhängige, beinahe autark funktionierende, Größe (vgl. Sarti 2002, 77).

tisch wahrgenommen und mit Bedeutungszuschreibungen, Emotionen und Erinnerungen verknüpft. Bauliche Arrangements werden im Laufe der Zeit umplatziert, umgebaut und verändert. Kurz: Ein Haus ist immer sowohl gebauter wie auch gelebter Raum (Glaser 2013b, 17). Für die kultur- und sozialwissenschaftliche Erforschung eines Gebäudes oder Gebäudekomplexes rücken deshalb – so der Architekt und Kulturanthropologe Manfred Omahna – alltägliche Sinnkonstruktionen, Nutzungslogiken sowie räumliche Beziehungsnetzwerke in den Vordergrund des Interesses (Omahna 2013, 44). In diesem Sinn argumentiert etwa auch der Soziologe Thomas Gieryn:

»Buildings stabilize social life. They give structure to social institutions, durability to social networks, persistence to behaviour patterns [...]. And yet, buildings stabilize *imperfectly.* Some fall into ruin, others are destroyed naturally or by human hand, and most are unendingly renovated into something they were not originally. Buildings don't just sit there imposing themselves. They are forever objects of (re)interpretation, narration and representation – and meanings or stories are sometimes more pliable than the walls and floors depict. We deconstruct buildings materially and semiotically, all the time [Herv. i.O.].« (Gieryn 2002, 35)

Dass Häuser ein Veränderungspotential und Eigenleben haben, legt auch die Kulturanthropologin Klara Löffler – mit Bezug auf Erkenntnisse der *material culture* Forschung – dar: »Häuser, als Verdichtung von Räumen und Dingen, können als autonome Wesen erlebt werden, die uns ihren Willen aufzwingen« (Löffler 2013, 36). Der *Material-Cultures*-Forscher Daniel Miller will ein Haus in diesem Sinn nicht nur als passiven Symbolträger, sondern auch als Gegenstand von *agency* und Mobilität verstanden wissen, um so die wechselseitigen Relationen zwischen Menschen und Dingen erfassen zu können (vgl. Miller 2001, 12).

2.2.3 Das ›lebendige Haus‹: Performanz und Hybridität

Damit entspricht Miller neueren Denkmodellen, die den Begriff der *agency* aufnehmen,[10] um die Beziehungen zwischen Menschen und Dingen bzw. menschlichen und nicht-menschlichen AkteurInnen in sozialen und kulturellen Prozessen zu analysieren (vgl. Gassner 2009, 121f).

Der Sozialanthropologe Alfred Gell hat mit *Art and Agency* (1998) eine einflussreiche theoretische Schrift verfasst, in der er – ausgehend von der Reflexion zu

---

10 Der Begriff der *agency* fungiert dabei als theoretische Kategorie, die auf die Handlungspotentiale von (menschlichen und nicht-menschlichen) AkteurInnen und die in Handlungsprozessen involvierten Intentionalitäten und Wirkungen fokussiert (vgl. Gell 1998, ix).

Kunstobjekten – feststellt: »The immediate ›other‹ in a social relationship does not have to be another ›human being‹ […]. Social agency can be exercised relative to ›things‹ and social agency can be exercised by ›things‹« (Gell 1998, 18). Gell lehnt es ab, dass materielle Objekte Bedeutungen und Symbole sind, die decodiert und interpretiert werden müssen, vielmehr will er sie als Teil eines Systems von sozialem Handeln verstehen (ebd., 6). Materielle Artefakte verkörpern nach Gell komplexe Intentionalitäten, sind Objektivierungen menschlichen Handelns und können als solche selbst *agency* ausüben, indem sie Wirkungen auf uns haben und unser Handeln beeinflussen oder bestimmen (Gell 1998, 20f; vgl. auch Hoskins 2006, 75f).

Während Gell in Objekten also die darin eingebettete menschliche *agency* sieht, gehen andere WissenschaftlerInnen – insbesondere VertreterInnen der Akteur-Netzwerk-Theorie (ANT) – einen Schritt weiter. So diskutiert etwa Bruno Latour die Wirkungsfähigkeit von Dingen und Materialien als unhierarchisch, eigen- und auch widerständig zur menschlichen *agency*. Mit diesem Denken geht auch eine grundlegende Veränderung in der wissenschaftlichen Betrachtung von Gebäuden einher. Die ANT ermöglicht es, »die Blickrichtung zu ändern und vom Ding aus zu denken«, also nicht nur zu fragen, »was Menschen mit Gebäuden tun, sondern auch was Gebäude mit Menschen ›tun‹« (Rees 2013, 68). In diesem Sinn plädieren Bruno Latour und Albena Yaneva dafür, ein Haus nicht als statische Größe, sondern als »einen Fluss von Tranformationen« zu verstehen (Latour/Yaneva 2008, 85). Wenn man sich – so Latour und Yaneva – bewusst wird, dass der euklidische Raum in Zusammenhang mit der, in der Renaissance erfundenen, Perspektivzeichnung und den heutigen Visualisierungswerkzeugen computergestützten Entwerfens einfach »unsere Art des Zugangs zu Objekten« (ebd., 83) und nicht eine realistische Größe per se ist, öffnen sich neue Möglichkeiten, Gebäude zu erforschen. Mit Latour und Yaneva gesprochen lässt sich dabei nicht nur die einengende Unterscheidung zwischen vermeintlich ›subjektiven‹ und ›objektiven‹ Dimensionen eines Hauses aufgeben, sondern man kann den »vielen materiellen Dimensionen der Dinge gerecht« werden (ebd., 85). Mit der Betrachtung eines Hauses als »offenes Feld« sowie als »kontroverser Raum« (ebd., 86) sind nach Latour und Yaneva generell lebendigere Beschreibungen von Gebäuden und Entwurfsprozessen möglich, die die architekturtheoretischen Zugänge »auch für Architekten, Benutzer, Projektsteurer, Investoren und für Bauunternehmer relevant« (ebd., 88) machen könnten:

»Wir sollten heute in der Lage sein, ein Gebäude als Navigation durch eine kontroverse Datenlandschaft zu denken: mit einer lebendigen Folge von erfolgreichen und gescheiterten Konzepten und Entwürfen, mit einer kreuz und quer verlaufenden Zeitschiene unbeständiger Definitionen und wechselnder Kompetenzen, mit widerspenstigen Materialien und Technologien; wechselnden Nutzeransprüchen und Beurteilungen. Schließlich sollten wir uns ein Gebäude als einen beweglichen Regler vorstellen, der Eingriffe reguliert, die Aufmerksamkeit von Nutzern lenken, der Menschen zusammen bringen, den Fluss der Akteure konzentrieren

und ihn so steuern kann, als würde eine neue produktive Kraft im Zeit-Raum entstehen.«
(ebd., 86)

Ähnlich argumentiert die Geografin Jane M. Jacobs, dass es bei der wissenschaftlichen Betrachtung eines Hauses weder darum gehen kann, nur die gebaute Architektur eines Gebäudes zu untersuchen, noch das Materielle als bloßen Hintergrund zur
Erforschung des Alltagslebens oder der in ihm eingelagerten symbolischen Ordnungen und Bedeutungen auszublenden. Sie plädiert vielmehr dafür, beide Perspektiven auf das Haus zu integrieren: Sowohl die verkörperten Materialitäten, die physische Struktur, die Konstruktionsprinzipien, die gebaute Gestalt und den architektonischen Stil ernst zu nehmen als auch die Stimmen der NutzerInnen und BewohnerInnen sowie die Bedeutungen und Repräsentationssysteme, die mit einem Haus
verknüpft werden, zu berücksichtigen (Jacobs 2006, 2). Jacobs bleibt aber nicht bei
dieser Argumentation, sondern schlägt eine Erweiterung des Denkens vor, das von
einer – mit Bezug auf Latour – ›Semiotik der Materialität‹ ausgeht; das, wie sie
schreibt,»encapsulates the notion of a ›semiotics of materiality‹ in which the relational assemblages of human and non-humans that work to ›make‹ a building event
are brought into view« (ebd.). Mit dem Konzept des *building events* verstehen Jacobs et al. architektonische Materialisierungen als sozio-technische Prozesse bzw.
als»consequence of socio-technical gatherings or assemblages« (Jacobs et al.
2012b, 128). Architektur wird so zu etwas Dynamischem, Lebendigem und Perfor-
mativem:

»Buildings are always in process and part of a socio-technical realm of practice, which is both
quotidian and routine but also always political and power laden and potentially spectacular
[...]. A building is always being ›made‹ or ›unmade‹, always doing the work of holding to-
gether or pulling apart.« (Ebd., 128)

Der Geograf Ignaz Strebel konkretisiert dieses Verständnis, indem er ein Gebäude
über die Praktiken von denjenigen betrachtet, die in ihm leben und mit ihm arbeiten
(Strebel 2011, 248). Für ihn sind soziale Praktiken und Formungen gebauter Infrastruktur eng miteinander verflochten. Indem er den Begriff des ›lebendigen Hauses‹
(*living building*) einführt – und von Vorstellungen eines ›gelebten Hauses‹ (*lived
building*) abgrenzt – betont er die Wichtigkeit, Praktiken nicht getrennt von einem
Gebäude zu denken als etwas, das wie in einem Behälter oder auf einer Bühne geschieht, sondern die Lebendigkeit des Gebäudes selbst anzuerkennen (ebd, 248). Er
schreibt:»We must start thinking of buildings and architecture in more symmetrical
and more hybrid terms« (ebd, 246). Dabei geht es nach Strebel immer auch darum,
die komplexen Relationen und Netzwerke zwischen Menschen und Architektur in
den Blick zu bekommen (ebd., 246).

Der Geograf Lloyd Jenkins hat diese Vernetztheit und Hybridität von Gebäuden anlässlich einer Studie zu einem Pariser Geschäftshaus – dem 11, Rue de Conservatorie – in theoretischer Absicht herausgearbeitet. Für Jenkins ist ein Gebäude in Akteur-Netzwerke eingebunden und als solches immer auch durchlässig. So Jenkins: »The building becomes a place where a number of material and immaterial links meet in a node of relations, whose durability is both relative and negotiated« (Jenkins 2002, 232). Diese Perspektive ermöglicht es, sich von der Vorstellung eines Hauses als einer *black box* – im Sinne eines fixen, abgeschlossenen, stabilen Artefakts – zu lösen und ein Gebäude vielmehr in den Konstruktionsprozessen und Nutzungen, dem Wandel in Eigentümer- und Verwaltungsstrukturen und den alltäglichen Praktiken und Komplexitäten zu erfassen (vgl. ebd., 225). In diesem Sinn versteht Jenkins ein Haus als »the consequence of a negotiation between proprietors, planning regulations, builders, engineers, ideas about public and moral health, and recent innovations in sanitation technology« (ebd., 231). Mit dem Fokus auf die Relationen und Netzwerke in einer räumlich und zeitlich veränderlichen »Assemblage« wird es nach Jenkins auch möglich zu konzeptualisieren, wie sich Macht – als »diffused network of links« (ebd., 232) – in einem Gebäude materialisiert. Auch das Eingebettet-Sein eines Hauses in seiner urbanen Umwelt wird besser fassbar:

»The building as a permeable entity becomes less an individual building block in a collection of blocks, but rather it becomes an unstable assemblage that is intimately connected to and renegotiated by the surrounding buildings, streets, communities, and economies and the world beyond.« (Ebd., 232)

2.3 HAUSBIOGRAFIEN: PORTRÄTS VON HÄUSERN IM WANDEL DER ZEIT

Das Verständnis einer Hausbiografie als narrativ-analytisches Porträt eines Hauses im Wandel der Zeit wird durch die in dieser Arbeit diskutierten theoretischen Überlegungen aus Raumsoziologie, Architektur, Geschichte, Sozial- und Kulturanthropologie sowie Geografie und der ANT bereichert und weiterentwickelt. Mit ihnen lässt sich ein Haus als ein multidimensionales, lebendiges und prozessuales Setting betrachten, das relational aus Praktiken hervorgeht und wiederum formend auf diese einwirkt. Um die Geschichte(n) eines Hauses zu erforschen, bietet es sich deshalb an, die verschiedenen Dimensionen zusammenzudenken: seine gebaute Architektur und materiell-technische Konfiguration, sein historisches, soziales, kulturelles Gewordensein und alltägliches Eigenleben, aber auch sein Eingebundensein in einem spezifischen lokalen, ökonomischen und politischen Kontext im Laufe der Zeit.

2.3.1 Lebens- und Gebrauchsgeschichte(n) eines Hauses

Die Architekten und Architekturhistoriker Johann Friedrich Geist und Klaus Kürvers haben mit ihrer Studie zum *Berliner Mietshaus* nicht nur eine umfassende Geschichte dieses städtischen Haustypus geschrieben, sondern auch wegleitende Überlegungen zur Konzeptualisierung einer Hausbiografie vorgelegt. Veranschaulicht an der »dokumentarischen Geschichte von ›Meyer's Hof‹ in der Ackerstraße 132-133« erweitern sie architekturhistorische Auseinandersetzungen zur Entstehungs- und Baugeschichte dieses Mietshaus-Komplexes mit sozialhistorischen und alltagskulturellen Darlegungen zum Leben der BewohnerInnen (Geist/Kürvers 1984; vgl. auch Glaser 2013b, 16). In ihrer Studie sind die rechtlichen, ökonomischen und politischen Bedingungen der Planungsgeschichte ebenso Bestandteil wie die Analyse des Bautypus und der Bauweise; die Geschichte und Zusammensetzung der Baumaterialien ebenso wie die Darlegung des konstruktiven Aufbaus und der funktionellen Gliederung der Räume; die Rolle und Anordnung von Mietshäusern in der sich erweiternden Stadt ebenso wie Überlegungen zu sozialen Milieus, Stratifikationsprozessen und sich wandelnden Wohnverhältnissen im Laufe der bewegten Geschichte Berlins des 19. und frühen 20. Jahrhunderts (vgl. Geist/Kürvers 1984; Geist 1991).

Der Begriff der Hausbiografie wird auch von der Geografin und Wohnforscherin Alison Blunt verwendet, die dabei auf das dynamische Wechselspiel eines Hauses und der Art und Weise, wie Menschen dieses bewohnen, fokussiert. Sie schreibt:

»House-biographies tell stories of particular dwellings and their inhabitants over time and reveal the ways in which a house itself, and domestic life within it, are intimately bound up with wider social, economic, and political processes« (Blunt 2008, 551).

In ihrer Studie zum *Christadora House*, dem 1928 erstellten ersten Wohnhochhaus der Settlement-Bewegung in New York City, wendet Blunt einen solchen hausbiografischen Zugang an. Der Fokus auf die Biografie eines Gebäudes über eine längere Zeitperiode dient ihr dabei als Grundlage, um breitere Fragen über alternative Formen städtischen Wohnens zu untersuchen. Sie bezieht sich auf andere AutorInnen, die die Geschichte eines Hauses über die materielle und lokale Situierung von Lebensgeschichten, Erfahrungen und Erinnerungen von BewohnerInnen im Kontext von breiteren stadträumlichen und sozialen Veränderungen untersucht haben.[11] Während Hausbiografien sich nach Blunt insbesondere mit Wohnhäusern und Wohnerfahrungen im Wandel der Zeit beschäftigten, versuchen Biografien von

---

11 So etwa Lees 2003; Llewellyn 2004; Myerson 2004; Tindall 2007.

Hochhäusern als ikonischen Gebäuden im Stadtraum, die vielschichtigen Narrative von Stadtentwicklung, Architektur, Eigentumssituation und Politik zu erfassen (Blunt 2008, 553).

In Blunts Studie wird der Forschungsansatz der Hausbiografie weit gedacht: Wo Geist/Kürvers – aufgrund der untersuchten Zeitperiode – historisch orientiert bleiben, werden verschiedene in einem Haus involvierte AkteurInnen – aus Architektur und Planung, Bewohnerschaft, Verwaltungen, Eigentümerschaft und der breiteren Öffentlichkeit – empirisch einbezogen. Der von Blunt gesetzte Fokus auf das Wohnen im Wandel der Zeit geht mit einer – von ihr im Rahmen von *skyscraper biographies* thematisierten – Perspektive auf breitere sozio-ökonomische, kulturelle, materielle, architektonische und planungshistorische Dimensionen einher. Mit der Verwendung des Begriffs der ›Biografie‹, die meist für die Lebensgeschichte eines Menschen verwendet wird, wird der spezifische Zugang betont: Analog zu neueren theoretischen Ansätzen, die den performativen und handlungsfähigen Charakter von ›Dingen‹ thematisieren, ist es wichtig, ein Haus in seiner Lebendigkeit zu betrachten. Die Anthropologin Janet Hoskins schreibt: »Asking questions about the agency of objects has led to the development of a more biographical approach« (Hoskins 2006, 77) und verdeutlicht »things can be said to have ›biographies‹ as they go through a series of transformations« (ebd., 74).

Mit der (haus-)biografischen Perspektive wird die Dimension der Zeit bei der Analyse von Raum konsequent mitgedacht. Der Fokus auf Permanenz und Wandel räumlicher Konfigurationen im Laufe der Zeit, der in raumsoziologischen Überlegungen herausgearbeitet wurde, wird auf die Analyse der Geschichte(n) eines Hauses angewandt. Da – so Klara Löffler – »Bauen ein Prozess [ist], der nie gänzlich zum Abschluss kommt« (Löffler 2013, 36), ist es wichtig, den Momenten des Umplatzierens, Umgestaltens, Umbauens, den vorgenommenen Sanierungen und Erneuerungen eines Hauses im Laufe der Zeit Aufmerksamkeit zu schenken (ebd., vgl. auch Gieryn 2002, 65). Aber auch die – konstant-routinierten oder sich verändernden – Wahrnehmungen und Wertvorstellungen, die Nutzungen, Aneignungen und Anpassungsleistungen von Menschen, die in einem Haus wohnen oder an ihm arbeiten, spielen eine wichtige Rolle. Wie Jacobs, Cairns und Strebel hervorheben, ist es dabei sinnvoll, die AkteurInnen, die in einem Haus zusammenkommen – bzw. die Architektur-Praktiker, wie sie es nennen – breit zu fassen und auch die Wirkungen von Materialien einzubeziehen:

»We might think immediately of two very potent kinds of architectural practitioners: the designer/architect and the occupant/user. But there are many other architectural practitioners – builders, demolishers, conservators, maintenance workers, DIY-ers, homemakers, cleaners, artists, vandals. We might also think of other non-human architectural practitioners – pets, rodents, birds, insects, plants, moulds – who also inhabit and act with buildings in all manner of ways. There are also many other forces and actions involved in architecture – supporting, sealing, joining, weathering, peeling, rusting – which are active in that they work to hold it in place or compromise its very presence.« (Jacobs et al. 2012b, 7)

Mit einer Hausbiografie gilt es in diesem Sinn – wie Marie Glaser schreibt – die vielseitigen Spuren des Gebrauchs aufzufinden, die Menschen, Dinge und Materialien über die Jahre in einem Haus hinterlassen haben (Glaser 2013b, 18f). Es geht also weniger darum, die Lebensgeschichten von Menschen in einem Haus zu porträtieren als vielmehr die komplexen Geschichte(n) des Hauses selbst in den Mittelpunkt des Interesses zu stellen. Dabei wird mit einer Hausbiografie auch mehr als eine architekturhistorische Abhandlung angestrebt. So Karl Schlögel:

»Es gibt die Geschichten von bemerkenswerten Familiensitzen, Bahnhöfen, Bankgebäuden, Schlössern. Doch häufig sind es Baugeschichten, kunstgeschichtliche Analysen und nur selten Geschichten, in denen die komplexe Geschichte des Orts den roten Faden abgibt.« (Schlögel 2011 (2003), 315)

Die Arbeit an einer Hausbiografie interessiert sich dafür, »was im Dazwischen geschieht, zwischen den Baukörpern und den Menschen, die mit ihnen in vielfältigster Form zu tun haben« (Glaser 2013b, 16).

2.3.2 Qualität und Wertschätzung eines Hauses über die Jahre

Der Forschungsansatz der Hausbiografie wurde von einem interdisziplinären Team am ETH Wohnforum entwickelt, um die Dauerhaftigkeit im Wohnungsbau zu untersuchen. Häuser mit einer langen Lebensdauer werden über Generationen hinweg bewohnt und in vielen verschiedenen Situationen genutzt (vgl. Gassner 2009, 120). Ein Haus ist dann dauerhaft – so die Annahme –, wenn es unterschiedliche, über Jahre und Generationen sich wandelnde Wertvorstellungen, Ideale und Leitbilder integrieren kann. So Marie Glaser:

»Der Gebrauch, die Nutzungsansprüche und -wünsche sowie die den Räumen zugeschriebenen Funktionen und Bedeutungen können sich wandeln. Das heißt, das Wandelbare, die Dynamik sind Garanten des Dauerhaften und nicht die Fixierung auf einen einmaligen Gebrauch« (Glaser 2013b, 18).

Die in dieser Studie vorgenommene theoretische Diskussion der Hausbiografien ermöglicht es, das Konzept nicht nur auf die Analyse von Dauerhaftigkeit im Wohnungsbau anzuwenden. In einem breiteren Sinn verstanden, ist es das Ziel einer Hausbiografie, die verschiedenen Dimensionen, die zur Qualität und Wertschätzung eines Hauses über die Zeit beitragen, erfassen zu können. Angewandt auf die Geschichte von ausgewählten Großwohnbauten aus der Zeit des Baubooms in der Schweiz wird deutlich, dass ein differenziertes Verständnis von Qualität wichtig ist. Auch Krisen, Probleme und Negativbilder sind meist Teil der Biografie eines Hauses. Ein aktiver Umgang mit Herausforderungen von Seiten der EigentümerInnen oder BewohnerInnen kann gerade eine besondere Qualität ausmachen und zur Wertschätzung des Ortes beitragen. Es geht in diesem Sinn bei einer Hausbiografie darum, die Geschichte(n) eines Hauses – oder eines Gebäudekomplexes – im Wandel der Zeit zu beschreiben und hinsichtlich seiner vielseitigen baulich-materiellen und sozio-kulturellen Eigenheiten und Dynamiken zu befragen: Was war das ursprüngliche architektonische Konzept? Welches sind die baulich-konstruktiven und materiellen Komponenten eines Hauses, welche Wirkungen gehen von ihnen aus und was wurde baulich verändert? Über welche Infrastrukturen und Einrichtungen verfügt ein Haus? Wie ist es in seinem Wohnumfeld und Quartier eingebettet? Hat sich die Eigentumssituation geändert? Welche Verwaltungs- und Sanierungsstrategien wurden und werden vorgenommen? Wie werden Unterhalts- und Reparaturarbeiten organisiert? Wie nehmen BewohnerInnen ihr Haus und ihr Wohnumfeld in ihrem Alltag wahr? Wie gehen sie damit um, wie eignen sie es sich an, wie nutzen und verändern sie es? Wie erinnern sich unterschiedliche Menschen, die mit einem Haus zu tun haben – BewohnerInnen, HauswartInnen, VerwalterInnen, EigentümerInnen, QuartierarbeiterInnen – an dessen Geschichte? Welche Zukunft stellen sie sich vor? Welches sind die öffentlichen und fachlichen Diskurse und welche Bilder, Werte und Bedeutungen vermitteln sie? Wie wirken diese Diskurse auf ein Haus und die Bewohnerschaft zurück? Wie wird damit umgegangen? All diese Fragen leiten die Arbeit an einer Hausbiografie an (vgl. Althaus/Glaser 2013, 285f; Glaser 2013b, 12).

Mit einem ähnlich breiten Erkenntnisinteresse haben sich in den letzten Jahren auch andere Studien mit den komplexen Geschichten von spezifischen Häusern auseinandergesetzt, ohne dabei den Biografie-Begriff zu verwenden. Die Anthropologin Clare Melhuish hat in *The Life & Times of the Brunswick* (2006) beispielsweise ein umfassendes Porträt des Londoner Wohnkomplexes mit integriertem Einkaufszentrum vorgelegt. Nach einer bauhistorischen Abhandlung und einer Analyse des architektonischen Konzeptes von Patrick Hodgkinson geht sie auf die sich verändernde öffentliche Rezeption, die Wechsel in der Eigentümerschaft, die verschiedenen Pläne zu Sanierung und Erneuerung des Komplexes sowie die Erzählungen der BewohnerInnen ein (Melhuish 2006).

Mit *Storie di Case* (2013) hat eine italienische Forschergruppe Geschichten von 23 ausgewählten ›gewöhnlichen‹ Wohnhäusern in den Städten Milano, Roma und Torino, die während des Baubooms der Nachkriegszeit gebaut worden sind, zusammengetragen. Thematisiert werden dabei – mit dem Fokus auf die Transformation der Häuser im Laufe der Zeit – die Konzepte und Ideen der Architekten, Planer und Bauherren, die Ausprägungen der Wohnungsmärkte, Stadtentwicklungs- und

Wohnbaupolitiken, die bauliche Konstruktion der Wohnungen und der halböffentlichen und gemeinschaftlichen Räume, aber auch die Wohnkulturen der BewohnerInnen, die sozialen Werte und Vorstellungswelten, die Repräsentationsmuster, die sich in der Materialität der Wohnungen und Häuser eingeschrieben haben sowie die Verbundenheit eines Hauses mit dem umliegenden Ort. Mit dem Blick auf die spezifische Mikrogeschichte eines Hauses interessieren sich die ForscherInnen um Filippo de Pieri letztlich dafür, mehr über die Geschichte und die Konstruktionsprozesse der italienischen Städte während des Baubooms nach dem Zweiten Weltkrieg zu erfahren (De Pieri 2013; XI-XXX). In der vorliegenden Arbeit wird dieses Erkenntnisinteresse für den schweizerischen Kontext geteilt. Filippo de Pieri schreibt zu den Ähnlichkeiten der *Storie di Case* mit den Hausbiografien:

»Es ist nicht selten, dass man in der Forschung über Architektur oder die Stadt meint, originellen und wenig betretenen Pfaden zu folgen, um dann auf dem Weg zu entdecken, dass man unvermutete Weggefährten hat. Wenn dies geschieht, lohnt es sich zu überlegen, welche Gründe entfernte Forschende dazu bewegt, sich in verschiedenen Teilen von Europa quasi gleichzeitig dieselben Fragen zu stellen [übers. EA].« (De Pieri 2014).

De Pieri sieht diese Gründe insbesondere in der Relevanz, über Erneuerung und Erhalt des bestehenden Baubestandes nachzudenken, die sich dem heutigen Dialog zwischen Architektur und Sozialwissenschaften stellt. Der Bezug auf Erinnerungen und Geschichten kann dabei Erkenntnisse liefern, um über künftige Lösungen in Wohnungsbau und Stadtplanung nachzudenken (ebd.).

Um die Geschichte eines Hauses oder einer Siedlung im Wandel der Zeit porträtieren zu können, wird bei den Hausbiografien bewusst der Biografie-Begriff verwendet. Damit soll nicht nur auf das Verständnis von einem Haus als lebendiges, dynamisches System verwiesen werden, sondern auch dem Konstruktionscharakter Ausdruck gegeben werden, der den vielseitigen Erinnerungen und Erzählungen zu einem Haus und somit auch dieser Forschungsarbeit zugrunde liegt.

2.3.3 Exkurs: Erzählen, Erinnern und Vergessen als Teil der Biografie-Konstruktion

Der Begriff der Biografie lässt sich etymologisch auf das Griechische zurückführen, als Beschreibung *(-grafie)* von Leben *(bios)* (vgl. Duden 2001, 97). Geschichtsphilosophisch lässt sich etwa mit Paul Ricoeur erkennen, dass Geschichte von Leben nie einem exakten Fakt oder einer Wahrheit, nie *der* Wirklichkeit ›wie sie gewesen‹ ist, entspricht, sondern in der Retrospektive narrativ organisiert und strukturiert und somit vielseitig konstruiert wird (vgl. etwa Ricoeur 1955, 27ff). Damit wird es möglich, den Fokus auf die narrativen Aspekte des ›Geschichte-Machens‹ zu richten: Biografien beschreiben Geschichten des Lebens, wie sie von sozialen Akteur-Innen erzählt bzw. in der Gegenwart präsentiert werden.

Für den Bezug auf die Vergangenheit ist das Gedächtnis fundamental: Sich erinnern, so eine Grundannahme der Gedächtnisforschung, ist nicht nur ein hirnorganischer Prozess neuronaler Verschaltungen, sondern unterliegt auch sozialen und kulturellen Bedingungen. Maurice Halbwachs hat diese Bedingtheit und Konstruktivität von Erinnerungen bereits in den 1920er-Jahren beleuchtet. Er schreibt dabei den materiellen und räumlichen Verortungen von Erinnerungen eine fundamentale Bedeutung zu: Die Vergangenheit könne nicht wieder erfasst werden, »wenn sie nicht tatsächlich durch das materielle Milieu aufbewahrt würde, das uns umgibt« (Halbwachs 1967 (1950), 142).[12] Eine wichtige Rolle spielt nach Halbwachs außerdem »die Sprache und das ganze System der damit verbundenen gesellschaftlichen Konventionen, die uns jederzeit die Rekonstruktion unserer Vergangenheit gestattet« (Halbwachs 1966 (1925), 369). Indem wir uns als Individuen immer wieder auf andere – gegenwärtige und prospektiv antizipierte – gesellschaftliche Anhaltspunkte und Rahmenbedingungen beziehen, wandeln sich auch unsere Erinnerungen und Vergangenheitsbilder. Mit der Zeit treten gewisse Züge im Gedächtnis deutlicher hervor, andere verwischen und neue Bilder überdecken die alten (Halbwachs 1967 (1950), 59). Damit kann das Gedächtnis als etwas Dynamisches gedacht werden, das die Zeitebenen der Vergangenheit, Gegenwart und Zukunft miteinander verwebt, das Ereignisse interpretiert und dabei Einzelnes hervorhebt, anderes retuschiert und das auch vergisst (vgl. Ayass 2001, 204).

In diesem Sinn argumentiert auch Paul Ricoeur: »Se souvenir, c'est non seulement accueillir, recevoir une image du passé, c'est aussi la chercher, ›faire‹ quelque chose« (Ricoeur 2000, 67). Das Vergessen ist für Ricoeur Teil der Erinnerungs-Praxis und manifestiert sich etwa in narrativen Strategien wie dem Nicht-Thematisieren, Unterlassen oder Vermeiden von Inhalten in einer Erzählung (Ricoeur 2002, 26).[13] Ricoeur denkt eine Erzählung als sprachliche Artikulation der Zeiterfahrung (Ricoeur 1988, 13). In diesem Verständnis erklären und strukturieren wir uns über Erzählen die Welt, schaffen Ordnung und Sinn, organisieren unsere Erfahrungen. Geschichte wird in der Gegenwart aus unterschiedlichen Perspektiven selektiv erzählt, erinnert und vergessen. Historiografische Erzählungen und Prakti-

---

12 In ähnlichem Sinn argumentieren auch die Gedächtnistheoretiker Jan und Aleida Assmann, dass Orte »für die Konstruktion kultureller Erinnerungsräume von hervorragender Bedeutung sind« (Assmann 1999, 299).

13 Ricoeur unterscheidet verschiedene Tiefengrade des Vergessens: anders als das Vergessen durch Auslöschung von Spuren kann das Vergessen durch Nicht-Verfügbarkeit wieder rückgängig gemacht werden. Zweiteres gibt nach Ricoeur dem Erinnern als Moment der Wiedererkennung auch erst einen Sinn (Ricoeur 2002, 23f).

ken des Erinnerns und Vergessens sind dabei nicht außerhalb von sozialen Macht-strukturen denkbar (vgl. etwa Le Goff 1992 (1977), 135; Robin 2002, 112) und verweisen immer auch auf gesellschaftliche Diskurse, Werte und Regeln (vgl. etwa Sarasin 2003).[14] Gerade für Erinnerungsprozesse und historische Erzählungen, die in der Gegenwart und für die Zukunft ein bestimmtes Interesse legitimieren und letztlich Deutungsmacht durchsetzen wollen, ist es bedeutsam, narrativ Kohärenz zu schaffen. Damit einhergehend werden Biografien oft möglichst bruchlos, in sich konsistent, eindeutig und linear erzählt (vgl. etwa Binder 2003, 260; Robin 2001, 35). Zu jeder Geschichte gehören aber auch Brüche und Widersprüche, Disharmo-nien und Diskontinuitäten. Diese nicht auszublenden, sondern in die Erzählung zu integrieren, ist Anspruch einer differenzierten wissenschaftlichen Betrachtung und Analyse.[15]

Diese Überlegungen sind auch für die Entwicklung des Forschungsansatzes der Hausbiografien grundlegend wichtig. Eine Hausbiografie versucht ein narrativ-analytisches Porträt eines Hauses und seinen räumlich-materiellen sowie sozio-kulturellen Dynamiken zu beschreiben. Sie bezieht sich dabei auf die Erinnerungen und Erzählungen, wie sie aus der Perspektive unterschiedlicher AkteurInnen ver-mittelt worden sind und fügt sie zu einer eigenen narrativen Struktur zusammen. Um den Konstruktionscharakter dieser Arbeit zu reflektieren, ist eine methodologi-sche Diskussion des Forschungsansatzes unabdingbar.

2.4 DOING HOUSE-BIOGRAPHIES: METHODOLOGISCHE DISKUSSION

2.4.1 Hausbiografien sind konstruiert und fragmentarisch

Die Reflexion zum Konstruktionscharakter des im Forschungsprozess generierten Wissens ist für die methodologische Diskussion der Hausbiografien wichtig, be-leuchtet sie doch den Aspekt des Geschichte-Machens und regt an, darüber nachzu-denken, wie Daten, die in Archiven und vor Ort erhoben werden, sich in eine Er-zählung transformieren können (vgl. auch De Pieri 2014). Während des For-schungsprozesses an einer Hausbiografie werden Dimensionen analytisch heraus-gearbeitet und narrativ strukturiert.

---

14 Deshalb ist es sinnvoll und wichtig danach zu fragen, wer denn Geschichte konstruiert, wie und warum er oder sie dies tut und in welche Machtverhältnisse er oder sie einge-bunden ist (vgl. Blok 1992, 121).

15 Die in diesem Kapitel skizzierten Überlegungen wurden vertieft in meiner Lizentiatsar-beit behandelt (Althaus 2007).

Die Erkenntnis, dass »Erfahrungen [...] in Erzählungen ebenso wenig einfach abgebildet [sind] wie in den sozialwissenschaftlichen Texten, die darüber erstellt werden« (Flick 2000, 53), kann als methodologische Prämisse qualitativer Forschungen verstanden werden. Einen grundlegenden Beitrag zur Konzeptualisierung der subjektiven und sozialen Konstruktionen unserer alltäglichen Lebenswelt hat Alfred Schütz geleistet.[16] Er denkt Wirklichkeit als intersubjektiv und gesellschaftlich hergestellten Wissensvorrat, der aus Erfahrungen hervorgeht und diese zugleich auch formt:

>»Jeder Schritt meiner Auslegung der Welt beruht jeweils auf einem Vorrat früherer Erfahrung [...]. All diese mitgeteilten und unmittelbaren Erfahrungen schließen sich zu einer gewissen Einheit in der Form eines Wissensvorrats zusammen, der mir als Bezugsschema für den jeweiligen Schritt meiner Weltauslegung dient.« (Schütz/Luckmann 2003, 33)

Erfahrungen werden dabei nach Schütz immer auch durch die »reflektive Zuwendung« hergestellt, die wir ihnen zukommen lassen (ebd., 91). Neben der Phänomenologie Edmund Husserls wurde Schütz in seinem Denken maßgeblich von Max Webers ›verstehender Soziologie‹ geprägt. Nach Weber steht das soziale Handeln am Ausgangspunkt jedes sozialwissenschaftlichen Verstehensprozesses, wobei er ›Verstehen‹ als die deutende Erfassung der Sinnzusammenhänge sozialer AkteurInnen definiert. Da »ein wirklich effektiv, d.h. voll bewusst und klar sinnhaftes Handeln [...] in der Realität stets nur ein Grenzfall« (Weber 1972 (1921/22), 10) ist, wird es oft erst durch eine reflexive Analyse erfassbar. Dabei geht es in den Sozialwissenschaften nach Weber nicht nur darum zu ›verstehen‹, sondern auch zu ›erklären‹, d.h. nach generellen Regeln und Logiken zu suchen und hierzu Konzepte zu entwerfen und zu analysieren. Diese können jedoch nie der Wirklichkeit als solcher entsprechen, sondern stellen idealtypisch konstruierte Abstraktionen dar. Der Einfluss des Denkens von Max Weber und – in seiner Rezeption – von Alfred Schütz findet sich insbesondere in Forschungsansätzen wieder, die sich einem interpretativen Paradigma verpflichtet sehen. Dieses geht davon aus, dass die Wirklichkeit in interpretativen Handlungsprozessen vielseitig (re-)produziert wird und stellt ausgehend davon die Sicht- und Handlungsweisen von Menschen – bzw. die »Konstruktion der an wissenschaftlichem Verstehen Beteiligten« (Flick 2000, 53) – ins Zentrum des Erkenntnisinteresses. Im Vordergrund steht demnach weniger die Quantität und beschreibende Darstellung von empirischen Regelmäßigkeiten als vielmehr die »inhaltliche Interpretation komplexer Informationen« (Beer 2003, 11).

Mit diesem Forschungsverständnis kann eine Hausbiografie nie umfassend die Geschichte des ›Lebens‹ eines Hauses abbilden, sondern hat immer fragmentari-

---

16 Zum Konzept der Lebenswelt vgl. auch Kap. I 1.2.3.

schen Charakter. Als Forschende verstehen wir eine Hausbiografie nicht als lineares, klassisch chronologisch aufgebautes Narrativ, sondern setzen Schwerpunkte, arbeiten neuralgische Themen heraus und analysieren Konzepte, die für das Porträt eines Hauses im Wandel der Zeit relevant sind. Bei der Bearbeitung einer Hausbiografie eröffnen sich immer neue Perspektiven, gewisse Spuren ließen sich vertiefter erforschen, andere Erzählstränge weiter ausbauen. Zugleich ergibt sich mit der Zeit auch eine gewisse Sättigung der erhobenen Daten. In diesem Sinn argumentiert de Pieri mit Bezug auf das Schreiben der *Storie di Case*:

»Wie jede gut erzählte Geschichte machen auch diese Lust, weitere Geschichten zu hören, neue Details und Nuancen kennenzulernen; nach einer gewissen Schwelle lassen sie aber auch den Eindruck von Vertrautheit aufkommen und immer wiederkehrende Elemente auftauchen [übers. EA].« (De Pieri 2013, XXIII)

Auch in der Arbeit an den Hausbiografien tauchen mit der Zeit immer wiederkehrende Elemente auf. Meist stellen sie die zentralen Themen der Porträts dar, die durch Verdichtung und aus der »gründlichen Analyse des historisch wie empirisch erhobenen Materials« hervorgehen (vgl. Glaser 2013b, 19).

Wenn man ein Haus in seiner ›Lebendigkeit‹ ernst nehmen will, stellt sich die Frage, ob nicht das Haus selbst eine Geschichte erzählt, Forschende sozusagen einfach VermittlerInnen einer Autobiografie sein könnten. Tatsächlich lassen sich in den Bauten selbst Potentiale, Wirkungen und Veränderungen ablesen. In der Art und Weise, wie der Ansatz der Hausbiografien in der vorliegenden Studie angewandt wird, fließen solche Beobachtungen unter anderen Datenquellen in die Erhebung hinein, stehen aber nicht im Zentrum des Erkenntnisinteresses.[17] So geht es in dieser Arbeit weniger darum, mögliche ›autobiografische‹ Erzählungen eines Hauses herauszuschälen, sondern ich verstehe mich als Autorin der ›Biografie‹ eines Hauses, die über die Forschungs- und Analysearbeit und den Einbezug diverser Perspektiven das Porträt eines Hauses auch mitkonstruiert. Da WissenschaftlerInnen über ihre theoretische Position und Fragestellung einer Forschung immer auch eine bestimmte Richtung geben und die erhobenen Daten auf spezifische Weise verarbeiten (vgl. Flick 2000, 41; Honer 1993, 33f), ist die Methoden- und Selbstreflexion nicht zu unterschätzen.[18] Mit Pierre Bourdieu gesagt, ermöglicht die ›Reflexivität‹, sich über die Konstruktionsakte der Forschung selbst bewusst zu werden

---

17 So ließe sich das Konzept der Hausbiografie in künftigen Forschungen – etwa mit der Perspektive der ANT – auch auf eine feinmaschigere Analyse der Wirkungsfähigkeit und Bedeutung von Materialitäten und sozio-technischen Prozessen eines Hauses anwenden, um somit ein Haus in seiner eigenen ›Sprache‹ und ›Erzähllogik‹ zu erfassen.

18 Vgl. Einleitung, Kap. 1.1.

und sie bis zu einem gewissen Grad auch zu kontrollieren (Bourdieu 1997, 781).[19] Beim Machen und Schreiben einer Hausbiografie fließt demnach immer auch das persönliche und professionelle Hintergrundwissen der ›Biografin‹ in den Text hinein. In meiner Art zu Forschen und Schreiben scheint wohl der wertschätzende Zugang und das Interesse an Potenzialen des Alltäglichen, aber auch der kritische Blick auf strukturelle Ungleichheiten hervor. Dieser Zugang liegt in meiner Ausbildung als Sozialanthropologin begründet. Es ist anzunehmen, dass andere ›Biograf-Innen‹ bedingt durch ihr Hintergrundwissen beim Schreiben der Hausbiografien andere Aspekte beleuchten würden, die in meiner Darlegung zu kurz kommen.[20]

2.4.2 Hausbiografien schreiben: ein mehrperspektivischer Zugang

Eine Hausbiografie bringt Betrachtungen zu den gebauten Räumen und zu sozialen sowie kulturellen Dimensionen eines Hauses im Wandel der Zeit zusammen. Als Forschungsinstrument von einem Team aus Sozial- und Kulturwissenschaften, Geschichte und Architektur entwickelt (Glaser 2013b), liegt dem Ansatz die Prämisse zugrunde, dass die Arbeit an einer Hausbiografie von einer interdisziplinären Zusammenarbeit im Team grundlegend bereichert wird (Glaser 2011). Der mehrperspektivische Zugang der Hausbiografien widerspiegelt sich auch in der Methodenvielfalt der Forschungspraxis.[21] Jede Methode hat ›blinde Flecken‹, die eine andere Methode bis zu einem gewissen Grad sichtbar machen kann. Die methodische Kombination von Archivrecherchen, qualitativen Interviews und Beobachtungen vor Ort ermöglicht es, diachrone mit synchronen Blickwinkeln zu kombinieren. So werden in den Interviews zwar Bezüge zur Vergangenheit gemacht, mit der Analyse von Archivdokumenten lassen sich diese Erzählungen in ihrem historischen Kontext verorten. Darüber hinaus können vergangene Ereignisse eruiert werden, die heute nicht zur Sprache kommen. Die Interviews geben Aufschluss darüber, welchen Aspekten einer Thematik in der Gegenwart Bedeutung zugeschrieben wird, und ermöglichen es, die Archivdokumente in einen breiteren Erzählzusammenhang

---

19 So Bourdieu: »Denn der positivistische Traum von der perfekten epistemologischen Unschuld verschleiert die Tatsache, dass der wesentliche Unterschied nicht zwischen einer Wissenschaft, die eine Konstruktion vollzieht und einer, die das nicht tut, sondern zwischen einer, die es tut, ohne es zu wissen, und einer, die darum weiß und sich deshalb bemüht, ihre unvermeidlichen Konstruktionsakte und die Effekte, die diese ebenso unvermeidbar hervorbringen, möglichst umfassend zu kennen und zu kontrollieren« (Bourdieu 1997, 781).

20 Bspw. würden ÖkonomInnen Analysen von Wertzyklen der Liegenschaften vornehmen können.

21 Vgl. Einleitung, Kap. 1.1

zu bringen. Durch das Einbeziehen der Alltagsperspektiven unterschiedlicher Menschen lassen sich die Geschichte(n) der Häuser vertiefter aufschlüsseln und verschiedene Blickwinkel auf denselben Gegenstand beleuchten. Mit der Methode der Beobachtung wiederum können räumlich-materielle Bezüge erfasst werden. Die Erkenntnisse aus Text- und Interviewanalyse gewinnen mit den eigenen Eindrücken zu den Wirklichkeiten vor Ort somit eine konkrete Referenzbasis.

Beim Schreiben der Hausbiografien wird dieses vielseitige Forschungsmaterial zusammengeführt und darauf basierend eine *storyline* entwickelt, die das narrative Grundmuster bildet und die zentralen Themen der Geschichte und Eigenarten eines Hauses oder einer Überbauung aufnimmt.

II HISTORISCHER KONTEXT UND HAUSBIOGRAFIEN

1 Großwohnbauten und Bauboomjahre in der Schweiz (1950-1979)

Die vielen Wohnsiedlungen, die in der Schweiz während der Hochkonjunktur der Nachkriegszeit geplant und gebaut worden sind, prägen heute das Erscheinungsbild vieler Stadtränder und Agglomerationsgebiete. Gerade die Großüberbauungen, Wohnhochhäuser und Plattenbauten, die in den 1960er- und 1970er-Jahren die suburbanen Landschaften der Schweiz zu verändern begannen, verkörpern als besonders augenscheinliche Zeitzeugen das Erbe des Schweizer ›Baubooms‹. Der quantitative Zuwachs an Wohngebäuden in dieser Zeitperiode war generell beeindruckend: 42.2% aller bestehenden Wohnungen in der Schweiz wurden in den Jahren zwischen 1946 und 1980 gebaut (BfS 2011a, 3).[1] Im Wohnungsbau fand dabei – wie Gysi, Dubach und Henz in ihrer 1988 verfassten Studie zum *Erbe des Baubooms* darlegen – eine »Abkehr von den für die 50er-Jahre typischen zwei- und dreigeschossigen Zeilenbauten statt« und »neue Formen der baulichen Konzentration mit Hochhäusern, Scheibenhäusern und einzelnen Flachbauten setzten sich durch« (Gysi et al. 1988, 184). Genaue statistische Zahlen zum Anteil des Großwohnungsbaus gibt es nicht. Schätzungen einer Studie des Bundesamtes für Wohnungswesen (BWO) gehen davon aus, dass rund ein Drittel des Schweizer Wohnungsbestands dieser Zeitperiode zu Großsiedlungen gehören (Schilling/Scherer 1991, 1), was etwa einem Siebtel des heutigen Wohnungsbestands entsprechen würde.[2]

In der vorliegenden Arbeit wird unter einer Großüberbauung eine gebaute Einheit verstanden, die in ihrer ursprünglichen Form mindestens 250 Wohneinheiten

---

1 Der Gesamtwohnungsbestand in der Schweiz beträgt zurzeit rund vier Millionen, allein 1.6 Millionen davon wurden in den 1950er- bis 1970er-Jahren gebaut (BfS 2011b, 13; Gysi et al. 1988, 189).

2 Zum Zeitpunkt der BWO-Studie im Jahr 1991 waren es noch ein Sechstel des damaligen Schweizer Wohnungsbaubestandes (vgl. Schilling/Scherer 1991, 1).

umfasst. Diese Bestimmung erfolgt vor dem Hintergrund der kleinräumlichen
Strukturen schweizerischer Städte. In der Forschungsliteratur gibt es keine allgemein geltende nominelle Definition einer Großüberbauung, vielmehr wird auf unterschiedliche Größendimensionen in unterschiedlichen Ländern oder Regionen
verwiesen.[3]

1.1 SOZIO-ÖKONOMISCHE UND STÄDTEBAULICHE ENTWICKLUNG

1.1.1 Wirtschafts- und Bevölkerungswachstum

Der städtebauliche Wandel in den Nachkriegsjahrzehnten hängt eng mit der sozio-
ökonomischen Situation der Schweiz in diesen Jahren zusammen. Von 1950 bis
1970 nahm die Bevölkerung der Schweiz – mit jährlichen Wachstumsraten von
durchschnittlich über 1.4% – um mehr als einen Viertel zu (BfS 2014, 1). In den
1960er-Jahren führte diese Entwicklung zu Prognosen, die mit weiterhin stark steigenden Einwohnerzahlen rechneten. Es wurde berechnet, dass sich die Schweizer
Bevölkerung von 1960 bis zur Jahrtausendwende von 5.4 Millionen auf über 10
Millionen Personen verdoppeln würde (Gabathuler 1996, 10f; BfS 2010, 7). Zu verzeichnen waren zum einen Geburtenüberschüsse der sogenannten Babyboomer-
Generation, zum anderen nahm die Einwanderung in die Schweiz nach dem Zweiten Weltkrieg stark zu – beides begünstigte die demografische Expansion
(Lorenzetti 2012, 245ff). Dabei trugen gerade die ArbeitsmigrantInnen mehrheitlich
aus süd- und südosteuropäischen Ländern maßgeblich zur Konstruktion der neu gebauten Siedlungslandschaft und Infrastruktur bei.

Wie in anderen europäischen Ländern herrschte in der Schweiz ein ausgeprägter
Mangel an Wohnraum, auch wenn das Land von den Zerstörungen des Zweiten
Weltkrieges nicht direkt betroffen war. Die Städte und Industrien waren während
des Krieges intakt geblieben, die Eigentums- und Machtbeziehungen in der Gesellschaft hatten sich nicht verändert und das Bankensystem und der Finanzplatz wurden weiter ausgebaut (vgl. Bergier et al. 2002, 441ff; Mazbouri et al. 2012, 494ff).
Die 1950er- und 1960er-Jahre waren geprägt von einem beständigen Wirtschafts-
wachstum und einem offenen Arbeitsmarkt. Die Löhne und der Wohlstand nahmen
erheblich zu: Zwischen 1945 und 1974 stieg der Reallohn der Arbeitnehmer um
230% (Müller/Woitek 2012, 99). Die Einkommensunterschiede reduzierten sich
(vgl. Mäder et al. 2010, 50ff). Diese Prosperitätsprozesse gingen mit der Expansion

---

3   So wird für Deutschland eine Großsiedlung in der Regel als gebaute Einheit mit mehr als
    1000 Wohneinheiten definiert (vgl. Arch+ 2011a, 54).

des Wohlfahrtstaats sowie der Entwicklung einer breiten Mittelschicht einher, für die viele Konsumgüter – wie Autos, Fernseher, Waschmaschinen und Staubsauger – nun erschwinglich wurden. Damit einhergehend stiegen auch die Komfortansprüche im Wohnen (Furter/Schoeck 2013, 10).

Es war eine Zeitperiode bahnbrechender technischer und infrastruktureller Neuerungen: Die erste Mondfahrt, die Errichtung von Atomkraftwerken, der Ausbau des (National-)Straßennetzes für den Autoverkehr, der Bau von modernen Einkaufszentren, Gewerbezonen sowie Freizeit- und Tourismusinfrastrukturen waren begleitet von einer generellen Aufbruchstimmung nach den Schrecken des Zweiten Weltkrieges, einem ungetrübten Glauben an Wachstum und technischen Fortschritt sowie dem Vertrauen in Planung, Steuerung und Beherrschbarkeit der Systeme (Hassler/Dumont d'Ayot 2009, 8).

1.1.2 Bauen für die moderne Kleinfamilie

Damit einhergehend zeichnete sich ein ausgeprägter sozio-struktureller Wandel ab: Die Bewohnerschaft aus ländlichen (Berg-)Regionen zog zunehmend in die stadtnahen Gegenden, wo es mehr Arbeitsmöglichkeiten im Industrie- und insbesondere auch im stark wachsenden Dienstleistungssektor gab, während die Anzahl der in der Landwirtschaft tätigen Personen rapide abnahm. Zu beobachten war dabei auch ein Agglomerations- und Zersiedelungsprozess. Während die »Kerne der bestehenden Städte weiter zu Dienstleistungs- und Einkaufszentren aus- und umgebaut wurden«, wurde – so der Architekt und Stadtplaner Michael Koch – »das Wohnen immer weiter an den Stadtrand bzw. in die Vororte und schließlich die Region gedrängt«, wo sich neben den »Einfamilienhauswiesen« auch Großwohnanlagen ausbreiteten (Koch 1992, 197). Mit diesem Strukturwandel einhergehend verschwanden zunehmend größere Haushaltsstrukturen mit drei Generationen, die bis anhin in ländlichen Gegenden durchaus noch verbreitet waren und das Ideal der Kleinfamilie setzte sich durch. Dies ging mit konservativen Familienpolitiken und engen Regulierungen der Geschlechterbeziehungen einher. Das sich nach dem Zweiten Weltkrieg über alle soziale Schichten durchsetzende Alleinverdiener-Modell war begleitet von einem Idealbild, das Frauen einseitig die Aufgabe der Kindererziehung und Hausarbeit zuwies und somit auch viele Frauen – die ihr Stimmrecht in der Schweiz erst 1971 erhielten –, von der Erwerbsarbeit ausgrenzte (vgl. Joris/Witzig 1987, 31ff). Frauen waren deshalb meist die Hauptakteurinnen des Wohnens, auch wenn sie in politischen und strategischen Entscheidungsprozessen in Architektur und Städtebau größtenteils unsichtbar waren (vgl. Hugentobler/Gysi 1996, 12). Das Konkubinat – das Zusammenwohnen von unverheirateten Paaren – war in den meisten Schweizer Kantonen bis weit in die 1970er-Jahre hinein verboten. Im Kanton Zürich wurde dieses Verbot etwa erst 1972 abgeschafft.

Die vorherrschenden Entwicklungen und Werte spiegelten sich auch in der Architektur und den gebauten Strukturen der Bauboom-Wohnsiedlungen wider. So orientierten sich die Grundrisse der Wohnungen oft einseitig am Idealbild der Kleinfamilie mit zwei Kindern. Dazu gehört die vordefinierte Ausrichtung und Ausstattung der Zimmer als Eltern- und Kinderschlafzimmer, Wohnzimmer und Küche, die sich heute aufgrund der kleinen Schlafzimmer- und Küchengrößen oft als wenig flexibel für andere Nutzungen erweist (vgl. Gysi et al. 1988, 185). Die Kleinfamilie wurde aber nicht als isolierte Größe gedacht. Gemäß den damals vorherrschenden, durchaus auch politisch begründeten, Werten von Gemeinschaftlichkeit und Gemeinsinn in Kleinstrukturen wurden in vielen (auch nicht genossenschaftlich organisierten) Großüberbauungen aus der Bauboomzeit Einrichtungen und Räume zur gemeinschaftlichen und freien Nutzung für die Siedlungsbewohnerschaft integriert, wie Gemeinschafts-, Jugend- und Handwerksräume, Sitz- und Spielausstattungen, Waschküchen und Trockenräume, teilweise auch Kleintierzoos etc.

Gemäß der Technikaffinität der Zeit zeichneten sich die Wohnungen in den Bauboom-Siedlungen außerdem durch eine damals hohe technische Ausstattung und einen modernen Wohnstandard aus. Die Verfügbarkeit von Zentralheizungen, Waschmaschinen, Kühlschränken und Telefonanschlüssen sowie einer Liftanlage und einem Garagenabstellplatz für das eigene Auto im Haus – Dinge, die in den 1950er-Jahren vielen noch unbekannt waren –, wurden nun zur Selbstverständlichkeit für breite Bevölkerungsschichten (vgl. Eberhard 2011, 240). Demgegenüber waren damals viele der bestehenden Altbauwohnungen – auch in den Städten – noch nicht mit sanitären oder neueren elektrischen Installationen ausgestattet und wurden deshalb zunehmend von Menschen mit geringem Einkommen bewohnt. Die mehrheitlich durch Generalunternehmen geplanten und gebauten neuen Siedlungen in Stadtrand- und Agglomerationsgebieten stellten demnach in der Schweiz in erster Linie eine Erweiterung des bestehenden Altbau-Baubestandes dar, die sich an den Komfort- und Wohnbedürfnissen der neuen breiten Mittelschicht ausrichtete (Furter/Schoeck 2013, 12f).

1.2 BAUEN IM GROSSEN MASSSTAB: RATIONALISIERUNG UND VORFABRIKATION

Die Normierung der Grundrisse und Technisierung der Wohnungen wurde in der Nachkriegszeit durch die Industrialisierung der Bauwirtschaft vorangetrieben. Es galt, in kurzer Zeit eine Vielzahl von dringend benötigten Wohnungen zu bauen. Hierzu setzte sich – neben der Rationalisierung der Bauprozesse und der Kombination von industriell vorgefertigten Bauteilen mit einem in Ortbeton gegossenen

Rohbau – für den Bau großer Wohnüberbauungen zunehmend die ›schwere Vorfabrikation‹ durch. Bei dieser Bauweise, die auch Plattenbau, Großtafel- oder Elementbauweise genannt wird, sind die Wände und Decken tragend[4] und bestehen aus vorfabrizierten, raumgroßen Betonplatten, die auf der Baustelle mit Spezialkranen montiert werden (vgl. Bräm 2003, 28; Knopp/Wassmer 1995, 34; Kotulla/Gropp 1994, 1; Furter/Schoeck 2013, 37). In den 1940er- und frühen 1950er-Jahren wurde aufgrund der kriegsbedingten Materialknappheit vorerst mit Montagesystemen aus Holz experimentiert (vgl. Knopp/Wassmer 1995, 28). Später nahm Beton als »Material der ›Moderne‹« (Hassler 2004, 9) für den vorfabrizierten Siedlungsbau eine prominente Rolle ein. Außerdem kamen »Gipsplatten für nicht-tragende Wände, aber auch Zellton- und verschiedene Sandwichplatten« (Gysi et al. 1988, 220) zum Einsatz. Bei der »Verwendung neuartiger Baumaterialien und vorfabrizierter Gebäudeteile« wurde jedoch kaum an deren Alterungsprozess gedacht (ebd.).

Die Anwendung von Bausystemen und das Bauen mit (Beton-)Fertigteilen wurde in großem Umfang realisiert und während des Baubooms der 1960er- bis frühen 1970er-Jahre »nahezu zum Inbegriff zeitgenössischer Architektur« (Krippner 2004, 150). Deren Anwendung setzte in der Schweiz erst gegen Ende der 1950er-Jahre ein, später als in den europäischen Nachbarländern wie etwa in Frankreich, wo die schwere Vorfabrikation mit einem seit 1947/48 staatlich geförderten Wiederaufbauprogramm vorangetrieben wurde (Knopp/Wassmer 1995, 36f). Dass die ersten Versuche mit der schweren Vorfabrikation in der Region Genf unternommen wurden, mag nicht erstaunen, wenn man bedenkt, dass das Bauen in der Romandie damals generell stark von den Entwicklungen in Frankreich beeinflusst war (vgl. Graf 2009, 120f). Zu nennen ist etwa das von Marc Saugey realisierte Wohnhaus *Malagnou-Parc* (1950/51), das als damalige Neuheit in der Schweiz komplett in Beton-Vorfabrikation gebaut wurde und so gewissermaßen einen Prototyp darstellte (Knopp/Wassmer 1995, 36; vgl. auch s.n. 1952, 1ff). Auch die Experimente der Gebrüder Honegger, die für das rationalisierte Bauen das eigenes Bausystem HA (Honegger-Afrique) entwickelten, liefern interessante Beispiele der Vorfabrikation in der Region Genf – etwa ihre Wohnsiedlungen *Cité Balexert* in Vernier (1957-62) und *Cité Caroll* in Onex (1958-66) (vgl. Delemontey 2010, 148ff). Auch die einige Jahre später von Jean Hentsch und Jacques Zbinden gebaute Siedlung *La Gradelle* in Chaîne-Bougeries (1961-66) wurde in schwerer Vorfabrikation gefertigt (vgl. Hentsch 1967, 709ff). In La Gradelle, wie auch vielen anderen Wohnsiedlungen, kam das Bausystem IGECO – eine Abkürzung für *industrie générale pour la construction* – zur Anwendung. Das 1957 in Etoy (Waadt) vom Unternehmer, Ingenieur und Architekten César Tacchini gegründete IGECO-Werk war die erste Fabrik zur

---

4   Im Unterschied dazu bildet bei der Skelettbauweise ein Skelett von Stützen, Balken und Riegeln die tragende Konstruktion (Kotulla/Gropp 1994, 1).

Herstellung von Beton-Fertigteilen für den Elementbau in der Schweiz (Graf 2009, 123f).[5]

In der Geschichte der Schweizer Großüberbauungen kann das Tscharnergut in Bern als weiterer »Quantensprung« (Knopp/Wassmer 1995, 38) betrachtet werden. Von 1958-1965 – von einer Architektengruppe um Hans und Gret Reinhard mit einem vorfabrizierten Trag- und Fassadensystem in Beton im Auftrag von zwei Baugenossenschaften und einer institutionellen Anlegerin – gebaut, war es die erste Schweizer Großüberbauung, die nach einem Richtplan erstellt wurde. Mit seinen 1186 Wohnungen, den verkehrsfreien und grünen Siedlungsaußenräumen und den diversen Freizeit-, Spiel- und Gemeinschaftseinrichtungen wurde das Ensemble aus fünf 20-geschossigen Hochhäusern und acht achtgeschossigen Scheibenhochhäusern in Öffentlichkeit und Fachkreisen breit diskutiert und diente vielen weiteren Planungen als Referenzbeispiel (vgl. Knopp/Wassmer 1995, 38; Brändle 2011, 11; Bäschlin 2004). Im Westen von Bern folgte daraufhin in den 1960ern und frühen 1970ern der Bau von weiteren Großüberbauungen, die in Beton-Elementbau erstellt wurden. Die Hochhaussiedlungen *Gäbelbach* (1965-68), *Schwabgut* (1965-1971), *Bethlehemacker II* (1967-1974), *Fellergut* (1969-1974) oder *Kleefeld Ost* und *West* (1969-1973) stellten insgesamt über 4000 Wohnungen zur Verfügung und können somit in ihrer Dimension durchaus als Stadterweiterung im Sinne eines *grand ensemble* verstanden werden (Knopp/Wassmer 1995, 38; Brändle 2011, 10ff).

Auch in anderen Schweizer Orten wurde rege gebaut. In Vernier bei Genf wurde von 1963-1971 die wohl bekannteste Schweizer Großüberbauung erstellt: die *Cité du Lignon*, die aus zwei Hochhaustürmen (mit 26 und 30 Geschossen) sowie einer durchschnittlich 15-geschossigen Hochhauszeile, die sich über einen Kilometer erstreckt, mit insgesamt 2700 Wohnungen besteht. Für den Entwurf von Georges Addor und Dominique Juillard wurde der Rohbau in Ortbeton gegossen und mit einer Curtain-Wall-Fassade aus vorfabrizierten Panelen ummantelt (vgl. Schneider 2011, 102f; Knopp/Wassmer 1995, 40).

Zur selben Zeit entstand in Zürich die Siedlung *Lochergut* (1963-66), die aus einer gestaffelten acht- bis 22-geschossigen Hochhausscheibe mit integriertem Geschäftszentrum besteht und aufgrund ihres imposanten Erscheinungsbilds das Stadtbild Zürichs veränderte. Der vom Architekten Karl Flatz im Auftrag der Stadt Zürich konzipierte Bau wurde in schwerer Vorfabrikation durchgeführt, was für eine stadtzürcherische Siedlung ein Novum darstellte. Kurz darauf wurden am Stadtrand die Siedlungen *Unteraffoltern II* (1967-70) und *Glaubten III* (1968/69) gebaut.

---

5   Das IGECO-Vorfabrikationssystem hatte die Nutzungslizenz des dänischen Unternehmens Larsen und Nielsen für die Schweiz. Es basierte auf industriell gefertigten schweren Stahlbetonelementen, die auf der Baustelle in Trockenmontage miteinander verschweißt wurden (vgl. ausführlicher Graf 2009, 124ff).

Beide entstanden im Rahmen einer von der Stadt 1966 beschlossenen Wohnbauaktion zur Förderung des sozialen Wohnungsbaus. Die Verwendung von rationalisierten Bauweisen und Vorfertigung galt dabei als Garant, um die Baukosten und somit
auch Mietzinse möglichst niedrig zu halten (Durban et al. 2007, 134; Hochbaudepartement der Stadt Zürich 2002, 202). Anders als die meisten der bisher genannten Beispiele wurden diese stadtzürcherischen Siedlungen nicht auf Initiative von
privatwirtschaftlichen Bauunternehmen, sondern im kommunalen Auftrag gebaut.
In der Stadt Zürich hat der gemeinnützige Wohnungsbau Tradition. Die Stadt hat
seit dem frühen 20. Jahrhundert gezielt Bauland erworben und darauf entweder selber gebaut oder es im Baurecht an gemeinnützige Baugenossenschaften abgegeben
(vgl. Durban et al. 2007). In den 1960er-Jahren folgten auch Genossenschaften dem
Diktum in großen Wohnüberbauungen dringend benötigten bezahlbaren Wohnraum
zu schaffen. Als Beispiele sind hier etwa die in Vorfabrikation erstellten Siedlungen
Friesenberghalde der Familienheim-Genossenschaft Zürich (1969-73, Architektur:
Ernst Gisel) und *Lerchenberg* der Baugenossenschaft Hagenbrünnli (1969/70, Architektur: W. Gautschi und O. Rotach) zu nennen. Verglichen mit dem Umfang des
damaligen Bauvolumens stellen gesamtschweizerisch betrachtet die Projekte im
gemeinnützigen Wohnungsbau jedoch ein marginales Phänomen dar. Der Siedlungsbau konzentrierte sich mehrheitlich auf die noch freien Landflächen in Gemeinden im Umland der Städte. Mit der regen Bautätigkeit wuchsen viele kleine
Bauerndörfer stark an und der Agglomerationsgürtel des Schweizer Mittellandes
nahm Form an.

1.2.1 (Fehlende) Planung und die Rolle der Generalunternehmen

In der wirtschaftsliberalen Schweiz wurde die Bautätigkeit von Großüberbauungen,
die als Antwort auf den akuten Wohnraummangel geplant und gebaut wurden,
mehrheitlich von privatwirtschaftlichen Initiativen vorangetrieben (vgl. Schoeck
2013, 95). Der vorwiegend in Städten organisierte genossenschaftliche und kommunale Wohnungsbau spielte in den Agglomerationen und auf dem Land gegenüber den Generalunternehmen nur eine marginale Rolle (Furter/Schoeck 2013, 11f).
Die weitgehende Absenz des Staates bei der Industrialisierung der Bauwirtschaft
und beim Wohnungsbau liegt im schweizerischen Föderalismus begründet, der die
Entscheidungskompetenz zu Baufragen den Gemeinden zuschreibt. Dadurch war es
kaum möglich gebündelte Bauprojekte auf regionaler oder überregionaler Ebene zu
planen (Knopp/Wassmer 1995, 32; Schoeck 2013, 95). Zudem war der (Neo-)Li-
beralismus und Antikommunismus in der Schweiz während des Kalten Krieges
stark ausgeprägt, weshalb »eine aktive und vor allem auf alternative Ziele ausge-
richtete Planung […] politisch beargwöhnt und bekämpft« blieb (Koch 1992, 198).
Planung geschah bis Ende der 1960er-Jahre »hauptsächlich sektoral« (ebd.) und

konzentrierte sich etwa auf den Bedarf an neuen Infrastrukturleistungen, wie dem Ausbau des Autostraßennetzes. Außerhalb der größeren Städte war vor dem Inkrafttreten des ersten nationalen Raumplanungsgesetzes im Jahr 1980 die Orts- und Raumplanung äußerst schwach bis inexistent. Die stark wachsende Siedlungsentwicklung der Agglomeration wurde deshalb selten auf einer übergeordneten Ebene koordiniert. Jede Gemeinde hatte andere Bauvorschriften und die Vorstellungen zur Siedlungsentwicklung gingen weit auseinander. Die einen wollten die Schweiz nach wie vor ländlich begreifen, andere plädierten für ein urbanes Selbstverständnis. Städtebauliche Visionen, wie sie etwa Max Frisch, Lucius Burckhardt und Markus Kutter in *Achtung: Die Schweiz* (1955) formulierten, in der die Autoren vorschlugen, anstelle der Landesausstellung im Jahr 1964 eine ›moderne Stadt‹ zu bauen, hatten hingegen einen schweren Stand (Burckhardt et al. 1955; Schoeck 2013, 97). Die bodenrechtliche Situation – kleinteilige Parzellierungsstrukturen, Grundeigentum und Privatbesitz – machten die Handlungsspielräume für Planung und Städtebau zur damaligen Zeit »äußerst bescheiden« (Eisinger 2004, 312; vgl. auch Schoeck 2013, 97). Auch das von Planungsfachleuten und Städtebauern geforderte und 1963 in einem Bericht der Eidgenössischen Wohnbau-Kommission postulierte Leitbild einer Dezentralisation und kleinräumigen Konzentration stellte zwar ein wichtiges Moment hin zu einer gesetzlichen Fundierung der Raumplanung in der Schweiz dar,[6] hinkte jedoch der weitgehend ungeplanten Agglomerationsentwicklung hinterher und vermochte sie nicht direkt zu steuern (vgl. Eisinger 2004, 312; Eisinger 2003, 39; Häfeli 2012, 729).

Kohärent mit den Planungsdiskursen im internationalen Kontext verkörperten die meisten Großüberbauungen mit ihrer Lage außerhalb der Stadtzentren die städtischen Leitbilder der Moderne, wie sie vom CIAM in den 1920er- und 1930er-Jahren propagiert worden sind. Die Idee der Funktionstrennung – d.h. in den mit dem Auto erreichbaren Stadtzentren zu arbeiten und das Wohnen in die grünen Vororte zu verlagern – sowie das von Le Corbusiers *Unité d'habitation* geprägte Bild der freistehenden, vom Grünraum umspülten Großform lassen sich noch heute in Architektur und Aufbau vieler Großüberbauungen ablesen (vgl. Kraft 2011, 52; Gysi et al. 1988, 183). Wie Angelus Eisinger erwähnt, sollte der direkte Einfluss der CIAM auf den Siedlungsbau allerdings nicht überbewertet werden:

---

6 Ein wichtiger Meilenstein in diesem Prozess war der 1969 in die Bundesverfassung aufgenommene Raumplanungsartikel, der dem Bund die Kompetenz zur Grundsatzgesetzgebung sowie zur Koordination der kantonalen Gesetzgebungen in der Raumplanung zuschrieb (vgl. BWO 2006, 25).

»Eine Interpretation über die eng mit der modernen Architekturbewegung verknüpfte Charta von Athen läuft [...] Gefahr, ein städtebauliches Objekt retrospektiv mit ›zuviel Avantgarde‹ aufzuladen [...] und andere Ansätze und Beweggründe zu übersehen.« (Eisinger 2004, 12)

Einer der Hauptgründe für die Lage der meisten Großüberbauungen am Stadtrand oder in der Agglomeration kann denn auch eher in der Verfügbarkeit von Land an geeigneter Stelle (nahe am Grün und nah an der Verkehrsinfrastruktur) und nicht selten im Mangel an griffigen kommunalen Planungspolitiken für die Bauprojekte gesehen werden. Die Expansion des Wohnungsbaus und insbesondere die Errichtung von großen Wohnüberbauungen in (Beton-)Vorfabrikation wurde im Wesentlichen von Baukonzernen wie der Göhner AG geplant und gebaut (vgl. Häfeli 2012, 729).

1.2.2 Das System ›Göhner‹

Die Göhner AG prägte den Wohnungsbau der 1960er- und frühen 1970er-Jahre in der Schweiz maßgeblich mit und wird heute auch als »Inbegriff des Bauwirtschaftsfunktionalismus« (Gadola/Spechtenhauser 2003, 42) bzw. »Lichtgestalt der privatwirtschaftlichen Bauproduktion« (Furter/Schoeck 2013, 12) rezipiert. Die Firma entwickelte sich ab den 1920er-Jahren von einer Schreinerei und Fensterfabrik zu einem Großunternehmen der Bauwirtschaft. Mit der Weiterentwicklung und Anwendung der Elementbauweise ging es der Göhner AG vorerst darum, eine standardisierte Typologie für den Einbau der in Eigenproduktion hergestellten Türen und Fenster zu finden. Für die Entwicklung eines firmeneigenen Vorfabrikationssystems beteiligte sich das Unternehmen an der Elementbaufabrik IGECO, wodurch neue Produktionswerke in Lyssach bei Bern sowie Volketswil bei Zürich entstanden (Furter/Schoeck 2013, 46; Knopp/Wassmer 1995, 50). Die typisierten Wohnungsgrundrisse basierten auf dem Grundkonzept des, vom französischen Ingenieur Raymond Camus entwickelten, Plattenbau-System *Camus* und wurden vom Architekturbüro Gelpke und Düby für den Schweizer Wohnungsmarkt adaptiert. Später beteiligten sich auch Architekten wie W.M. Förderer, Steiger und Partner, Hans Litz, Jakob Schilling und andere an der Weiterentwicklung der Architektur (vgl. Furter/Schoeck 2013, 48; 51). Bei der industriellen Fertigung der Betonelemente wurden – wie Furter und Schoeck in ihrer umfassenden Studie zum ›Gesamtsystem‹ Göhner darlegen –, »sämtliche Leitungen sowie Türzargen und die Stahlstifte für das Verschweißen der Elemente auf der Baustelle gleich mit eingegossen. Öffnungen, etwa für die Sanitärleitungen oder Spiegelkästen, wurden ausgespart« (ebd., 54). Auf der Baustelle wurden die Bauelemente platziert, miteinander verschweißt und die Dilatationsfugen abgedichtet (ebd.). Auch beim Innenausbau wurde mehrheitlich auf Vorfertigung zurückgegriffen: Die Fenster, Türen und Küchen kamen montagefertig aus dem eigenen Betrieb, der versiegelte Parkettboden wurde in raumbreiten Bahnen verlegt und die vorgefertigte Sanitäranlage musste nur noch eingebaut werden (ebd., 55). Die Anwendung der Großtafelbauweise machte eine gewisse Seriengröße erforderlich. Der Bau einer Siedlung lohnte sich erst ab mindestens 200 Wohnungen, was das Vorhandensein von großflächigem Bauland erforderte. So lag ein Schwerpunkt der Firmentätigkeit bei umfangreichen Landkäufen, bei denen das Unternehmen umtriebig bis spekulativ im Graubereich des Legalen vorging. Teilweise wurden erst nachträglich Umzonungen von Landwirtschafts- in Baulandflächen genehmigt (vgl. Eisinger 2003, 40; Furter/Schoeck 2013, 50).[7]

Aufgrund der hohen Transportkosten der per Lastwagen beförderten Bauelemente wurde darauf geachtet, die Distanzen von der Fabrik zur Baustelle möglichst gering zu halten. Fast alle Göhner-Siedlungen entstanden deshalb in einem Aktionsradius von 20 km zum IGECO-Werk in Volketswil im Agglomerationsraum Zürich. Zu den Bekanntesten zählen die Siedlung *Sunnebüel* in Volketswil (1965-1973), *Müllerwis* in Greifensee (1968-1971), *Sonnhalde* in Adlikon (1969-1979), *Benglen* (1971-1974) sowie *Webermühle* in Neuenhof (1974-1984). In Vernier, in der Nähe des IGECO-Werks in Etoy, entstand von 1971-1977 die Siedlung *Avanchet Parc*, die mit 2233 Wohnungen und integriertem Einkaufs- und Kirchenzentrum die größte Göhner-Siedlung ist (vgl. Furter/Schoeck 2013, 15). Insgesamt baute die Göhner AG in den 1960er- und 1970er-Jahren um die 9000 Plattenbau-Wohnungen, was dem Wohnungsstand einer mittelgroßen Schweizer Stadt wie beispielsweise Aarau entspricht (ebd., 9).

In Aarau selbst plante und baute indes die Horta AG – ebenfalls ein Unternehmen, das sich in der Nachkriegszeit von einem Schreinereibetrieb zu einer großen Baufirma entwickelte – mit der Überbauung Mittlere Telli (1971-91) eine Großüberbauung, die mit 1258 Wohnungen zu den Größten der Deutschschweiz zählt.[8]

Die für den Großwohnungsbau typische serielle Massenproduktion und Zusammenfügung von Betonelementen war international bis anhin mehrheitlich im sozialen Wohnungsbau angewandt worden. In der Schweiz wurde die Vorfabrikation vorwiegend von privatwirtschaftlichen Akteuren ohne staatliche Lenkung vorangetrieben. In der Logik der Bauwirtschaft ging es in erster Linie darum, eine gute Rendite zu erzielen und eine »gute Kapitalanlage für die im Wohnungsbau täti-

---

7   Bei der ersten komplett vorfabrizierten Göhner-Siedlung Sunnebüel wurde ein Rechtsstreit um die Umzonung bis auf Bundesebene ausgetragen. Der Bundesgerichtsentscheid wies die Beschwerde der Gemeinde Volketswil mit der Argumentation ab, dass »Planungsmaßnahmen nach modernem Baurecht nicht mehr nur eine Gemeindeaufgabe sei« (Eisinger 2003, 41) und dem Bauvorhaben aufgrund des hohen Wohnungsbedarfs in der Region zuzustimmen sei.

8   Vgl. ausführlicher Kap. II 3.

gen Investoren« zu gewährleisten (Gysi et al. 1988, 184). So orientierten sich etwa die Göhner-Siedlungen hinsichtlich ihrer Grundrisse und Bauqualität explizit an der Zielgruppe der stark wachsenden Mittelschicht (Schoeck/Furter 2013, 7). Die klassische und am häufigsten gebaute Göhner-Wohnung war die, von den Architekten Gelpke und Düby entworfene, 5-Zimmer-Familienwohnung der Serie G2 (96m^2), die sich über die ganze Gebäudetiefe erstreckt und mit einem relativ großzügigen Wohnraum (19.4m^2), Balkon, versiegeltem Parkettboden, begehbarem Schrankraum, separatem Bad/WC und gut ausgebauten Kücheneinrichtungen modernen Komfortansprüchen gerecht werden sollte (ebd., 48; 53). Da die Entwicklung der schweren Vorfabrikation in der Schweiz nicht von staatlichen Planungspolitiken gefördert wurde, hatte sie in der Schweiz generell einen schweren Stand (Eisinger 2003, 39). Wie Angelus Eisinger darlegt, stellten sich den Unternehmen viele Hürden. Hohe Investitionen, mangelnde Auslastung der Fabrikanlagen, beträchtliche Transportkosten sowie kantonale und kommunale Unterschiede in der Bau- und Planungsgesetzgebung machten die Vorfabrikation gegenüber konventionellen Bauweisen und dem bestehenden Baugewerbe nur im Fall vom Großsiedlungsbau, wie sie etwa von der Göhner AG betrieben wurde, konkurrenzfähig (ebd., 39). Häufig stellte sich die schwere Vorfabrikation als »nicht wirklich wirtschaftlicher« heraus (Krippner 2004, 154). Rationalisierte Bauweisen in Ortbeton mit der Integration von teils vorgefertigten Elementen stellten sich demgegenüber oft als einfacher zu handhaben heraus.

1.2.3 Rationalisiertes Bauen und die Rolle der Architektur

Die Auswirkung der Vorfabrikation auf die gestalterischen Ausdrucksmöglichkeiten der Architektur war ein Thema, das in Fachkreisen breit diskutiert worden ist. Die CIAM proklamierte bereits in der Zwischenkriegszeit die »industrielle Serienproduktion zum urbanistischen Modell der Wohnanlagen« (Knopp/Wassmer 1995, 28). Le Corbusier wie auch Walter Gropius sahen im industrialisierten Großwohnungsbau nicht nur eine Antwort im Umgang mit der Wohnungsnot, sondern auch eine Chance, moderne Architektur neu zu denken und zu entwerfen (Archithese 2003, 4; Herbers 2004, 17). Dieses Denken sollte sich in der Nachkriegszeit breitenwirksam durchsetzen und den Städte- und Wohnungsbau der nächsten Jahrzehnte maßgeblich prägen. Mit der Faszination für das Neue waren zu Beginn auch viele Hoffnungen verbunden. 1949 schrieb etwa Alfred Roth, eine wichtige Stimme im Architekturdiskurs der Moderne in der Schweiz:

»Der wahre Sinn dieser Entwicklung der modernen Bautechnik ist kein anderer als der, die materiellen Grundlagen der Architektur zu vereinheitlichen, zu verallgemeinern und qualitativ zu heben, um das individuelle künstlerische Talent von den Fesseln der Technik möglichst frei zu machen« (Roth 1949, 199 zit.n. Eisinger 2003, 39).

In der Praxis setzte das industrialisierte Bauen in der Schweiz relativ spät und für die Architektur nicht mit der erhofften Wirkung ein. Bei der vom Baugewerbe vorangetriebenen Entwicklung der Vorfabrikation in der Schweiz blieben die Architekten oft »weitgehend ausgeschlossen« (Knopp/Wassmer 1995, 49). Fragen zu deren professionellen Rolle wurden begleitet von der Herausforderung, sich mit einem unkoordinierten Nebeneinander von »unzähligen Produkten verschiedener Branchen, oft mit firmeneigener Maßordnung« (ebd.) auseinandersetzen zu müssen.[9] Außerdem wurde die, durch die Vorfabrikation erforderliche und sich als unflexibel herausstellende, Standardisierung der Grundrisse oft weniger als Erleichterung denn als Einschränkung im gestalterisch-architektonischen Spielraum erfahren (ebd., 42). Um diesen Entwicklungen Gegensteuer zu geben, sah sich der Schweizerische Werkbund im Jahr 1965 anlässlich der Planung der Göhner-Siedlung Sonnhalde in Adlikon dazu veranlasst, die Idee der Schaffung einer Mustersiedlung des industriellen Wohnungsbaus aufzugreifen. Ziel der hierzu gebildeten Arbeitsgruppe war es, unter den Bedingungen der schweren Vorfabrikation architektonische Qualität zu gewährleisten und so gewissermaßen einen »›besseren Göhner‹ zu machen« (Gadola/Spechtenhauser 2003, 42). Nachdem der Bauherr, der die Vorstudien finanziell unterstützt hatte, die meisten der umfangreichen Vorschläge aufgrund ökonomischer Überlegungen zurückwies – eine Ausnahme sollten die nach Süden abgewinkelten Balkone bleiben –, zog sich der Werkbund aus dem Bauprojekt zurück und verabschiedete sich vom Bestreben, Adlikon zu einer »Werkbund-Siedlung« zu machen (vgl. Furter/Schoeck 2013, 103ff). Einige Jahre später, im Jahr 1974, beauftragte die Göhner AG die Ortsgruppe Zürich des Werkbundes mit der Einrichtung einer Musterwohnung in der Siedlung Benglen. Dies nahm der Werkbund zum Anlass, die Broschüre *16x die gleiche Wohnung* zu erarbeiten. Ziel davon war es, mit Bezug auf verschiedene Familienmodelle und Lebensabschnitte, unterschiedliche und wandelbare Nutzungsvarianten derselben 5-Zimmer-Standardwohnung zu präsentieren (vgl. Schweizerischer Werkbund 1975, 3; Huber 1977; Furter/Schoeck 2013, 60).

Das Interesse von Architekturseite, die Vorfabrikation architektonisch zu nutzen, ohne monotone Lösungen zu schaffen, zeigte sich in der Schweiz nicht nur in den genannten Studien des Werkbundes, sondern auch in Entwürfen gebauter Pro-

---

9 Auf Initiative des Bundes Schweizer Architekten wurde 1960 eine »Zentralstelle für Baurationalisierung« gegründet, die sich mit der Inventarisierung der modularen Größen und Maße, der Bauteile sowie deren Kombinationsmöglichkeiten befasste (vgl. Knopp/Wassmer 1995, 49).

jekte. Beim Bau der Siedlung *Rietholz* in Zollikon (1962) ging es den Architekten Hans und Annemarie Hubacher sowie Peter Issler beispielsweise darum, den Elementbau mit einer Variabilität an Wohnungen und der Schaffung von großzügigen Raumbeziehungen zu verbinden (vgl. Knopp/Wassmer 1995, 45f). Die von Claude Paillard, Peter Leemann, Fred Cramer und Werner Jaray entworfene Siedlung *Grüzefeld* in Winterthur (1965-67) – um ein anderes Beispiel zu nennen, das in zeitgenössischen Architektur-Fachkreisen auf positive Resonanz stieß –, verband das repetitive Grundmuster mit einer differenzierten und verschachtelten Typologie und schuf somit eine Großform, der »figurative Qualitäten« (Jenatsch 2003, 24) attestiert wurden.

Auch wenn sich verschiedene generelle Merkmale des rationalisierten Bauens während des Baubooms der 1960er- und 1970er-Jahre ausmachen lassen, wäre es verfehlt, von einem einheitlichen Typus Großüberbauung auszugehen. Die Baustrukturen zeichnen sich vielmehr durch eine typologische Vielfalt aus. Dabei kann beobachtet werden, dass die vorerst meist linearen mehrgeschossigen Wohnzeilen, Punkt- oder Scheibenhochhäuser im Laufe der 1960er-Jahre hinsichtlich Höhe, Länge und Gebäudeabwicklung zunehmend differenziert gestaltet wurden (Koch 1992, 205).

1.3 ZUR KRISE DES GROSSWOHNUNGSBAUS IN DEN SIEBZIGER JAHREN

1.3.1 Ölkrise und Kritik

Der Konjunktureinbruch nach der Ölkrise – nachdem die Organisation der Erdöl exportierenden Länder (OPEC) den Erdölpreis im Oktober 1973 aufgrund des Jom-Kippur-Krieges drastisch erhöht hatte –, wirkte sich in der Schweiz besonders stark aus:

»1974 sank das Bruttoinlandprodukt um 7.4 Prozent, 1974/75 brach der Baumarkt ein, zwischen 1973 und 1976 wurden rund 260'000 oder 8% aller Arbeitsplätze abgebaut« (Stahel 2006, 52 zit.n. Hitz et al. 1995, 52).

Mit dem jähen Ende der Hochkonjunktur und den zunehmend sichtbar werdenden Umweltbelastungen und Ressourcenverschleißen wurde die Idee eines grenzenlosen Wachstums zunehmend in Frage gestellt. Der Großwohnungsbau kam dabei – gewissermaßen als Sinnbild für die gescheiterte Radikalität eines solchen Wachstums- und Fortschrittsglaubens – ins Kreuzfeuer der Kritik. Dies war ein europaweites

Phänomen, das sich auch in der Schweiz bis heute auf die öffentliche Wahrnehmung von Großüberbauungen auswirkt.

Denn schon bald zeigten sich an und in den, oft in wenigen Monaten gebauten, Wohnhäusern die ersten Mängel. Auch die in der Anfangsphase häufig fehlenden Quartiereinrichtungen und die Monofunktionalität des Wohnens stellten sich als problematisch heraus. Die einsetzende öffentliche und intellektuelle Kritik prangerte die ständig wachsende und sich verdichtende Infrastruktur und Siedlungslandschaft an und sah diese als Auslöser für tiefgreifend negative Auswirkungen auf Ökosysteme, Dorf- und Stadtbilder sowie die menschliche Psyche und das Sozialverhalten (vgl. Schnell 2013, 18). Begleitet war dieser Diskurs von einer Kapitalismuskritik am reinen Verwertungsinteresse von Architektur und Siedlungsbau, ohne Rücksicht auf die menschliche Seite zu nehmen (vgl. Kraft 2011). Die vom deutschen Arzt und Psychoanalytiker Alexander Mitscherlich in einem Pamphlet bereits 1965 kritisierte *Unwirtlichkeit unserer Städte* (Mitscherlich 1965) fand einige Jahre später auch in der Schweiz eine breite Resonanz. Große Wogen geschlagen hat etwa das von einer Studierendengruppe an der ETH Zürich im Rahmen eines Seminars von Jörn Janssen geschriebene Buch *Göhnerswil. Wohnungsbau im Kapitalismus* (1972). Im Sinne einer politischen Aufklärungs- und Anklageschrift ging es den AutorInnen in erster Linie darum, Fakten zu den wirtschaftlichen und planerischen Hintergründen der neu errichteten Göhner-Siedlung Sunnebüel zu sammeln. Sie legten die Machenschaften des Großunternehmens dabei als rein profitorientiert und korrupt, die Planungspolitik der Landgemeinden als inkompetent dar (vgl. Autorenkollektiv an der Architekturabteilung der ETH Zürich 1972; Schnell 2013, 21). Auf das in den Medien breit diskutierte Buch reagierte das angegriffene Unternehmen mit zahlreichen Gegendarstellungen (vgl. Furter/Schoeck 2013, 194).

Die Siedlung Sunnebüel in Volketswil diente auch dem Dokumentarfilmer Kurt Gloor als Kulisse für seinen Film *Die grünen Kinder – filmisch-empirisches Soziogramm einer Schlafstadt*, der ebenfalls 1972 erstmals vom Schweizer Fernsehen ausgestrahlt wurde und das einstige Bauerndorf Volketswil national bekannt machte. Gloor widmete sich darin in erster Linie der Frage, wie die wohnliche, bauliche und soziale Umwelt der neu erstellten Elementbausiedlung im Grünen die Entwicklung der Kinder beeinflusse. In tendenziös auf alles Negative zugespitzten Kommentaren kritisierte er die rein profitorientierte und nur »pseudokinderfreundliche« Bauplanung, die für die »fehlende Menschlichkeit« der Wohnstrukturen mitverantwortlich sei. Über Interviews mit Eltern brachte er deren pädagogische Haltung in Zusammenhang mit dem Wohnumfeld der Großsiedlung. Beide würden von den Kindern ausschließlich Anpassung, Gehorsam, Sauberkeit, Anstand und Ordnung einfordern, ohne die Entfaltung von Selbstständigkeit, Selbstbehauptung, Kreativität, Phantasie und sozialem Verhalten zu erlauben.[10]

Ein Jahr später veröffentlichte der Architekt Rolf Keller seinen kommentierten Bildband *Bauen als Umweltzerstörung* (1973). Im Jahr der Ölkrise und kurz nachdem der Club of Rome seine Studie zu den *Grenzen des Wachstums* (1972) vorgestellt hatte, stieß er mit seiner Darlegung von »Alarmbildern einer Un-Architektur der Gegenwart« (so der Untertitel des Buches), auf reges Interesse in der Schweizer Öffentlichkeit und in Architektur-Fachkreisen. Mit Schwarz-Weiß-Fotos von zahlreichen überdimensionalen und trostlosen Infrastrukturbauten und Großsiedlungen ging es Keller darum, wachzurütteln und damit für eine umweltfreundliche Art des Bauens zu sensibilisieren. Die in den 1960er- und frühen 1970er-Jahren gebauten Großüberbauungen kritisierte er dabei polemisch als »massenweise produzierte Wohnsilos« (Keller 1973, 170) bzw. gar als »Ställe für die Masse« und sah in der »Kälte und Lebensfeindlichkeit dieser schalen Ordnung in den neuen Wohnkasernenquartieren« den Grund für eine »abstumpfende Normierung« der in ihr lebenden Menschen (ebd., 125). Die Bildaufnahmen bezogen sich dabei mehrheitlich auf Megastrukturen aus den Ballungsräumen west- und osteuropäischer Großstädte (Furter/Schoeck 2013, 202). Die Quantität und räumliche Dimension von Großsiedlungen in Ländern wie Frankreich oder Deutschland überstieg diejenige der Schweiz in der Regel um ein Vielfaches. Sie waren unter anderen planerischen und historischen Voraussetzungen (etwa angesichts des Wiederaufbaus der kriegszerstörten Städte) und oft im sozialen Wohnungsbau konstruiert worden (vgl. Harlander 2011, 18f), was nur für wenige Schweizer Großüberbauungen galt. Dennoch trug die Kritik dieselben Merkmale bzw. wurde undifferenziert übernommen (vgl. Furter/Schoeck 2013, 42).

Explizit auf den schweizerischen Kontext – insbesondere auf die Stadt Schaffhausen – ging die 1974 publizierte Studie *Problem Hochhaus* der Architekten Jörg Aellig, Peter Müller, Hans Düby und Hugo Wandeler ein. Wie der Titel besagt, besteht ihre Hauptaussage darin, »dass Hochhäuser Probleme bringen« (Aellig et al. 1974, 6). Die Autoren führen hierzu verschiedene Argumente an: So stellen sie et-

---

10 Kurt Gloor: »Die grünen Kinder – filmisch-empirisches Soziogramm einer Schlafstadt« (CH, 1972). Später hat Gloor seine zugespitzten Folgerungen, etwa dass eine Gesellschaft, die solche Wohnumfelder schaffe, »beschädigte Menschen« hervorbringe, revidiert (Furter/Schoeck 2013, 197). Praktisch gleichzeitig und in derselben Argumentationslinie wie Gloor diente das Sunnebüel einem weiteren Film als negatives Anschauungsbeispiel: Hans und Nina Stürm: »Zur Wohnungsfrage« (CH, 1972). Die Filmemacher porträtierten darin »die Wohnmisere der unteren sozialen Schichten und den westeuropäischen Metropolen« (Furter/Schoeck 2013, 197) und setzten dabei auch Bilder aus dem Sunnebüel ein.

wa mit diversen Berechnungen in Frage, ob hohes Bauen ein geeignetes Mittel für den Bodengewinn sei, da die überbaute Fläche bei einer Hochhausüberbauung nicht mehr als 20-30% der Grundstückfläche betragen darf und aufgrund des Schattenwurfs der Häuser als auch der erforderlichen Nutzungsflächen in den Außenräumen (etwa für Kinderspielplätze oder Parkplätze) genügend weite Abstände zwischen den Gebäuden gewährleistet sein müssen (ebd., 22ff).[11] Ausgehend davon unterstellen sie dem Wohnen im Hochhaus generell Negativwirkungen, die jedoch weniger auf Fakten als auf normativen Einschätzungen beruhen. Hochhäuser stellten meist eine Verunstaltung der Landschaft dar (ebd., 7), die großen Baumassen und »erdrückende Mächtigkeit einer anonymen Hochhausfassade« lösten einen »Kasernierungseffekt« aus, der »negative psychologische Konsequenzen auf die Bewohner« habe, deprimierend wirke und es schwierig mache, sich zu Hause zu fühlen (ebd., 39). Ebenso waren die Autoren vom Credo überzeugt »Kinder gehören nicht in Hochhäuser« (ebd., 40). Die Benutzung des Lifts wurde als Gefahr und der fehlende direkte Kontakt zum Boden als starke Einschränkung für spielende Kinder dargelegt.[12] Außerdem wurde das Hochhauswohnen als Krankheitsrisiko und die geringen Schwankungen des Gebäudes in oberen Stockwerken als unerträglich beschrieben (Aellig et al. 1974, 7f). Auch die ökonomischen Mehrkosten aufgrund der höheren Anforderungen an Sicherheit und Brandschutz sowie Fassadenkonstruktion und Statik wurden problematisiert (ebd., 47).

1.3.2 Sozialer Wandel und Abwendung vom Großwohnungsbau

Das kollektive Bild von Wohnhochhäusern und Großsiedlungen wandelte sich im Laufe der 1970er-Jahre dramatisch ins Negative. Diese Entwicklung wurde beeinflusst von den kapitalismuskritischen Stimmen sowie Umwelt-Bewegungen, die sich Ende der 1960er-Jahre, auch als Reaktion auf den Vietnamkrieg und erste wirtschaftliche und ökologische Krisenanzeichen, herausbildeten. In der Kunst sowie Jugendsubkultur ging es zunehmend darum, »neue Horizonte und Innovationsmög-

---

11 Die Ausnutzungsziffer, die das Verhältnis der Bruttogeschossfläche (als Summe aller nutzbaren oberirdischen Geschossflächen) zur Landfläche definiert, sollte bei einer Hochhausbebauung nicht höher als 0.8 sein, um den Flächengewinn nicht durch Schattenwurf zu entwerten (Aellig et al. 1974, 26). Um eine hohe Ausnutzungsziffer über 3 (wie bei vielen historischen Altstadtkernen) zu erreichen, kann bei einer offenen Bebauung das Verhältnis von Gebäudehöhe und erforderlicher Freifläche hingegen nicht berücksichtigt werden (ebd., 18ff).

12 Diese Überzeugung war seit Bestehen der ersten Wohnhochhäuser in der Schweiz sowohl in Fachkreisen als auch der breiten Öffentlichkeit weit verbreitet (vgl. Baumann/Zinn 1973; Althaus 2013a, 151).

lichkeiten für Kultur und Gesellschaft zu suchen« (Koch 1992, 201). Und auch im Städtebau »wurden neue Formen von und neue Räume für Öffentlichkeit, Soziabilität und Kollektivität diskutiert« (ebd.).

Die Kritik am Großwohnungsbau ging mit einem Wandel der Voraussetzungen und Werte einher, die deren ursprüngliches Konzept bedingt hatten. Nach dem wirtschaftlichen Einbruch infolge der Ölkrise 1973 wuchsen die Bevölkerung und Städte nicht so stark an wie prognostiziert und die Großüberbauungen blieben oft große Betoninseln an den Rändern der Städte. Die in der Aufbruchsstimmung der 1960er-Jahre geplanten weiteren Bebauungen und Infrastrukturen des unmittelbaren Wohnumfeldes wurden häufig nicht realisiert.[13]

Auch die Haushaltsstrukturen begannen sich zu verändern. Neben dem Ideal der Kleinfamilie wurden von jungen Generationen alternative Wohn- und Lebensstile ausprobiert. Damit einhergehend wurden Fragen der Wohnraumversorgung im städtebaulichen Diskurs auch weniger funktional und technokratisch diskutiert. Die, einige Jahre zuvor noch als Garanten eines fortschrittlichen Lebensstils für moderne Familien propagierten, Wohnsiedlungen wurden plötzlich in der öffentlichen Meinung zu einem äußerst unbeliebten Ort. Problematisiert wurden in diesem stark normativen Diskurs – wie auch aus den rezipierten Buch- und Filmprojekten hervorgeht – die Eintönigkeit der Bebauungsart, insbesondere das Material ›grauer Beton‹, die kühle und unfreundliche Atmosphäre sowie die Anonymität, die in dieser Siedlungsform vermutet wurde. Die Konstruktion solch negativer Vorstellungsbilder nahm dabei meist ohne genaue Kenntnis der Orte auf Stereotypen Bezug. Dies zeigt sich insbesondere in der Divergenz zwischen den von außen zugeschriebenen Negativimages und der Innenwahrnehmung von BewohnerInnen, die früher wie heute oft die Wohnqualitäten der Siedlungen hervorheben und davon berichten, gerne hier zu Hause zu sein.[14]

Mit der nach der Ölkrise einsetzenden Rezession und als Reaktion auf die breite Ablehnung des Großwohnungsbaus endete auch das Bauen in (schwerer) Vorfabrikation abrupt. 1974 stoppte die Göhner AG ihre Fertigelementerzeugung, aber auch andere Produktionen kamen zum Erliegen (Knopp/Wassmer 1995, 50). Es ging nun nur noch darum, »angefangene Projekte möglichst schadlos zu Ende zu führen« (Furter/Schoeck 2013, 16). Bei den Großüberbauungen, die nach 1973 gebaut wurden, handelt es sich denn meist um Bauprojekte, die schon länger geplant waren. Oft handelte es sich dabei um Bauten, die im Auftrag von Gemeinden oder Genossenschaften im gemeinnützigen Wohnungsbau entstanden und bei denen Planungsläufe in der Regel länger dauern. Als Beispiele können etwa die von der Stadt Zürich gebauten Siedlungen *Heuried* (1972-1975) und *Hardau II* (1976-78), die in Zü-

---

13 So etwa in Unteraffoltern II, vgl. Kap. II 2.2.3.

14 Vgl. Kap. II 2.6 und 3.5.

rich-Altstetten von vier Baugenossenschaften erstellte Großüberbauung *Grünau* (1975/76) sowie die genossenschaftlich (mit-)organisierten Berner Hochhaussiedlungen *Wittigkofen* (1973-83, 1991) bzw. *Holenacker* (1979-86) genannt werden. Es waren Bauprojekte, die bereits in ihrem Entstehungskontext einen anachronistischen Charakter hatten, denn ab Mitte der 1970er-Jahre schlief – so Furter und Schoeck – »die Idee der Wohnmaschine in der Schweiz für dreißig Jahre ein. Großsiedlungen und Hochhäuser baute niemand mehr und ein Transfer des angesammelten Wissens fand kaum statt. Dafür begann in den Agglomerationen der großflächige Hüsli-Frass« (Furter/Schoeck 2013, 16). Neben dem, in den 1980er- und 1990er-Jahren weiter zunehmenden, Bau von Einfamilienhäusern wurden im Siedlungsbau vermehrt Projekte in Angriff genommen, die – in Abwendung von der ›Eintönigkeit‹ und ›Trägheit‹ der Plattenbauten – bewusst auf die Variabilität des Entwurfs setzten. Diese Abwendung war beispielsweise prägend beim Bau der stadtzürcherischen Siedlung *Furttal* (1978-80, Architektur: Claude Schelling) oder der Überbauung *Chriesmatt* in Dübendorf (1980-83, Architektur: Rolf Keller). Architektinnen und Architekten wandten sich zunehmend flexiblen Bausystemen in Leicht- und Mischbauweise zu (Knopp/Wassmer 1995, 51). Bis heute werden »Betonelemente in der Schweizer Architektur in der Regel nur noch als Einzelkomponenten wie Fassadenverkleidung oder Treppen eingesetzt« (Bräm 2003, 28). Die Abwendung von der schweren Vorfabrikation hatte einen nachhaltigen Charakter.

1.4 SEGREGATIONSPROZESSE NACH 1980

1.4.1 Attraktivität der Innenstädte und Abwertung des Stadtrands

Als Folge der Produktion von Negativimages gegenüber Großwohnbauten sowie der in den 1980er- und 1990er-Jahren zunehmend sichtbar werdenden Baumängel erfuhren die ehemals als vorbildlich dargelegten ›Wohnexperimente‹ eine Abwertung. Diese Marginalisierung wurde in den neunziger Jahren durch die zunehmende Attraktivität der Innenstädte als Wohn-, Konsum- und Erlebnisorte verstärkt. Dabei spielt die symbolische Dimension, die Imagination und Zuschreibung von Vorstellungsbildern eine nicht zu unterschätzende Rolle: Städte – verstanden als Räume von sozialen Gruppen und deren Repräsentationspraktiken, als Bühnen sozialer Prozesse wie auch als kulturell codierte und symbolisch strukturierte Landschaften – sind heute, bedingt durch globale ökonomische Imperative und Transformationen, dazu gezwungen, distinktive, einzigartige Images von sich zu produzieren (vgl. Binder 2001, 20f). Diese neue Imageproduktion beziehungsweise die Vermarktung von symbolischen Stadtlandschaften sowie die Transformation der Innenstädte in attraktive Konsum- und Eventzonen haben weitreichende Folgen (vgl. Sassen 1991;

Zukin 1995). Von und in den Innenstädten werden nach einer ganz spezifischen »Eigenlogik« (vgl. Berking/Löw 2008; Frank 2012) jeweils einzigartige, »typische« und von anderen Städten unterscheidbare Bilder und Atmosphären (re-)produziert und diese im Sinne eines Stadtmarketings verwertbar gemacht (Frank 2011). Demgegenüber werden den Rändern der Städte – und insbesondere den hier situierten Großüberbauungen der 1960er- und 1970er-Jahre – Bilder des anderen und Peripheren zugeschrieben. Im Kontrast zu dem Einmaligen der Innenstädte werden die Wohnsiedlungen mit Bildern des Monotonen und verwechselbar Eintönigen verknüpft. Henri Lefebvre beschreibt in seiner Stadttheorie – ausgehend von seiner Lektüre der zeitgenössischen französischen strukturalistischen Semiotik – die Dichotomie zwischen Isotopie (gleiche Räume, Orte des Gleichen) und Heterotopie (das andere, der andere Ort). Die Analyse des dialektischen Aufeinanderbezogenseins von Isotopie und Heterotopie skizziert er dabei als Möglichkeit, den urbanen Raum zu entziffern (vgl. Lefebvre 2003 (1970), 37f; Schmid 2010). In dieser Logik können die, in der kollektiven Wahrnehmung vermittelten, Bilder des Stadtrands und insbesondere der modernistischen Großüberbauungen als Heterotopie, als das andere (der Stadt) verstanden werden, die mit Abwertungsdiskursen belegt sind. Denn wie der Soziologe Markus Schroer darlegt, sind »die Begriffe Zentrum und Peripherie bzw. Mitte und Rand [...] mit eindeutigen Wertungen behaftet«, wobei »die klare Formel [gilt]: Zentrum ist positiv, Peripherie ist negativ« (Schroer 2005, 334). So mag es nicht erstaunen, dass Großüberbauungen in der breiteren Öffentlichkeit oft als Problemorte stigmatisiert werden. Mit den Stigmatisierungen gehen auch Marginalisierungsprozesse einher.

1.4.2 Die andere Seite der Verdrängung

Mit der ab den 1990er-Jahren wieder zunehmenden Attraktivität der Stadt ist die Bevölkerung der meisten größeren Schweizer Städte kontinuierlich gewachsen, nachdem sie in den Jahrzehnten zuvor meist deutlich geschrumpft war. Gerade in großen Städten wie Zürich, Genf oder Basel, wo sich der Druck auf dem Wohnungsmarkt besonders verschärfte, setzten teilweise Mechanismen der Gentrifizierung ein, das heißt der Aufwertung von vormaligen ›Arbeitervierteln‹ und damit einhergehend der Verdrängung von Personengruppen mit geringem Einkommen durch mittlere und obere Schichten (Stahel 2006, 58f). Die gleichzeitig sich in einer Abwertungsspirale befindenden Großüberbauungen am Stadtrand bildeten dabei oft die andere Seite dieser Entwicklung und wurden zunehmend zu ›Auffangbecken‹ der von den Verdrängungsprozessen Betroffenen.

Auch wenn der allgemeine Wohlstand in der Schweiz hoch ist,[15] weisen Statistiken seit den 1980er-Jahren auf wachsende soziale Ungleichheiten hin (gemessen am Einkommen sowie am Vermögens- und Kapitalbesitz), die bis zu einem gewissen Grad durch das soziale Sicherungssystem aufgefangen werden (vgl. Mäder et al. 2010, 56f). Diese sozialen Ungleichheiten zeigen sich auch in einer zunehmenden sozialräumlichen Segregation.[16]

So heben verschiedene Studien hervor, dass Menschen mit geringem Einkommen und MigrantInnen in den letzten zwei Jahrzehnten zunehmend konzentriert in bestimmten Siedlungen und Quartieren am Stadtrand oder im suburbanen Gürtel wohnen (vgl. etwa BfS 2004, 1; BfM 2006, 73; Stienen 2006, 145ff; Heye et al. 2017).[17] Die hier situierten vorfabrizierten und oft noch nicht sanierten Großüberbauungen und Wohnhochhäuser aus den 1960er- und 1970er Jahren bieten ihnen günstigen Wohnraum. Im Erfahrungsbericht des Quartierentwicklungsprogramms *projets urbains* des Bundes wird etwa dargelegt:

»Soziale Brennpunkte entstehen nicht irgendwo. Betroffen sind Quartiere mit einer bestimmten städtebaulichen Prädisposition. Großsiedlungen aus den 1960er- und 1970er-Jahren zum Beispiel zählen zu den Sorgenkindern.« (Programm Projets urbains 2013, 50)

Ein »verbreiteter Problempunkt Schweizer Nachkriegssiedlungen« seien dabei, so der Bericht weiter, »die qualitativen Schwächen des Wohnraumangebots: Die Wohnungen sind oft zu klein, die Grundrisse unzeitgemäß. Private Außenräume wie Balkone sind zu knapp bemessen oder fehlen ganz. Und die mangelnde bauliche Qualität bringt Ringhörigkeit und einen hohen Energieverbrauch mit sich.« (ebd., 50) Verschärft wird die Situation insbesondere dann, wenn die Eigentümer Unterhalt und Renovierung der Gebäudesubstanz vernachlässigen, wenn die Quartiere durch stark befahrene Verkehrsachsen vom Ortszentrum abgetrennt und isoliert werden oder wenn Außenräume schlecht nutzbar sind bzw. weitgehend fehlen (ebd. 50f). Darunter leidet dann der Gesamteindruck des ganzen Quartiers,

---

15 Gemäß einer Studie des Politologen Claude Longchamp versteht sich ein Großteil der SchweizerInnen als der Mittelschicht zugehörig, oft auch wenn ihre finanzielle Situation eher prekär aussieht. Im Vergleich zu anderen europäischen Ländern, die viel stärker und direkter von der gegenwärtigen ökonomischen Krise betroffen sind, seien Unsicherheitsgefühle oder Ängste vor sozialem Abstieg weniger präsent (Longchamp et al. 2010, 20).

16 Zum Konzept der Segregation aus theoretischer Perspektive vgl. Kap. I 1.3.4.

17 Eine interessante Zusammenstellung der räumlichen Segregation der ausländischen Wohnbevölkerung in der Schweiz findet sich unter http://ourednik.info/segreg-Etrangers CH/.

obwohl »manchmal nur wenige Liegenschaften für den schlechten Ruf verantwortlich« seien (ebd., 51).

Die in den 1960er- und frühen 1970er-Jahren oftmals noch als ›Wohnraum für die moderne Familie‹ beworbenen Siedlungen wurden so im Laufe der folgenden 20 bis 30 Jahre in der allgemeinen Wahrnehmung nicht selten zu ›Ghettos‹ oder – politisch korrekter – ›sozialen Brennpunkten‹ umdefiniert. Beide Begriffe entsprechen stigmatisierenden Negativzuschreibungen, die sich im öffentlichen Diskurs verselbstständigten und sich bis heute auch über die Siedlungsgrenzen hinaus auswirken.

1.5 DAS ERBE DES BAUBOOMS: HERAUSFORDERUNGEN HEUTE UND MORGEN

Die Alterungsprozesse eines Gebäudes machen – in Zyklen von durchschnittlich 20 bis 30 Jahren – Instandsetzungs- und Erneuerungsmaßnahmen der haustechnischen Anlagen, des Innenausbaus und der Dach- und Fassadenelemente erforderlich (vgl. Schilling/Scherer 1991, 1; Hofer 2009, 205). Bei vielen der oft schnell und kostengünstig gebauten Wohnsiedlungen aus den 1960er- und 1970er-Jahren haben sich bereits relativ früh erste Mängel an der Bausubstanz, aber auch soziale Problematiken gezeigt. Bereits gegen Ende der 1980er-Jahre wurde deshalb – angesichts einer ersten Instandsetzungswelle – die Frage nach dem Umgang mit dem Erbe des Baubooms in der fachlichen Diskussion aufgeworfen und differenzierte Überlegungen und Vorschläge dazu publiziert.[18] Heute – nach dem 40 bis 50-jährigen Bestehen der Bauten – stellt diese Frage für Architektur und Denkmalpflege, Immobilienwirtschaft, Liegenschaftenverwaltungen und Genossenschaften erneut eine große Herausforderung dar. Aufgrund der hohen Anzahl an Bauboom-Bauten sowie der Größe vieler Wohnüberbauungen besteht ein riesiger Renovierungsbedarf, der für den Baumarkt nur schwer zu bewältigen ist. So rechnet etwa der Immobilienentwickler Martin Hofer:

»Wenn man mit mindestens 1% des Gebäudewerts für den periodischen Gebäudeunterhalt rechnet, müssten in den nächsten Jahren mindestens 7 Milliarden Schweizer Franken aufgewendet werden, nur um die Boomjahre-Bauten einigermassen à jour zu halten. Bedenkt man,

---

18 Für den schweizerischen Kontext sind dies insbesondere der am Departement Architektur der ETH Zürich verfasste Teilbericht *Das Erbe des Baubooms* (1988) von Susanne Gysi, Hannes Dubach und Alexander Henz (in: Bassand und Henz 1988) sowie die im Auftrag des Bundesamtes für Wohnungswesen entstandene Studie *Die Erneuerung von Grosssiedlungen* (1991) von Rudolf Schilling und Otto Scherer.

dass das gesamte Umbauvolumen, das die Schweiz im Moment produziert, 11 Milliarden Franken beträgt, wird offensichtlich, dass die Rechnung längerfristig nicht aufgehen kann.« (Hofer 2009, 205)

Solange die Schweiz weiter so viele Neubauten produziere – so Hofer weiter – könnten die hohen erforderlichen Summen für die Instandsetzung der Bauboom-Bauten kaum finanziert werden (ebd.). Es besteht die Problematik eines Renovierungsstaus, die sich regional unterschiedlich gravierend manifestiert (vgl. Behnisch 2009, 246; Hassler 2009, 240).

1.5.1 Umgangsstrategien mit den Bauboombauten

Hinsichtlich der Frage, wie mit diesem Baubestand umzugehen ist, werden insbesondere zwei Strategien diskutiert: zum einen Abriss und (teils) Ersatzneubau und zum anderen Erneuerung, Umbau oder sanfte Sanierung (Eberle 2005, 5). Die meist entscheidungsbestimmende Kostenfrage ist in diesem Fall komplex. Denn einerseits erscheinen für die EigentümerInnen Abbruch und Ersatzneubau einer Liegenschaft aus der Bauboomzeit aus betriebswirtschaftlicher Sicht, gerade aufgrund der hohen Unterhaltskosten, oft als die attraktivere Lösung (vgl. etwa Hofer 2009, 207). Andererseits ist aber auch der Abriss mit erheblichen Kosten verbunden. Die Architekturtheoretikerin und Professorin für Denkmalpflege Uta Hassler spricht in diesem Zusammenhang auch von einem »Erhaltensparadox« der Bauten der Boomjahre und stellt hypothetisch fest:

»Vielleicht werden die Bauten und Anlagen jener Jahre in ihrem ›Grund-Design‹ extrem langlebig sein. Wir könnten gezwungen sein, sie immer weiter zu betreiben, weil die Ersatzinvestition für Abriss und Neubau kaum jemals von einer Generation finanzierbar sein wird.« (Hassler/Dumont d'Ayot 2009, 12)

Da Kostenberechnungen in Entscheidungsprozessen um Erhalt oder Abriss eines Gebäudes meist »unternehmensintern oder/und öffentlich ein Politikum« sind und angesichts der vielen Einflussfaktoren selten genau berechnet werden können, scheint es nicht unüblich zu sein, dass »Zahlen so aufbereitet [werden], dass sie die Sinnhaftigkeit des Projekts belegen« (Kirchhoff/Jacobs 2007, 53). Für mehr Transparenz ist deshalb nicht nur ein betriebswirtschaftliches Portfolio-Denken, sondern ein übergreifendes Denken erforderlich, das auch soziale, kulturelle und ökologische Kriterien einbezieht. Zu berücksichtigen sind etwa die teilweise »höchst problematischen Umwelteinwirkungen« (Behnisch 2009, 253), die mit einem Abriss, aber auch einer umfassenden Erneuerung einhergehen können sowie auch die »enormen Mengen von Abfall, unter anderem auch Sonderabfälle« aus den Baumaterialien (ebd.), die es umweltverträglich zu entsorgen gilt, was in die Kalkulation einbezogen werden sollte. In der Fachliteratur werden denn auch verschiedene Argumente pro oder contra Erneuerung oder Abriss aufgeführt. Dabei wird schnell deutlich: Es gibt keine Patentrezepte, keine einfachen, allgemeingültigen Lösungen, sondern es braucht einen situations- und objektspezifisch analytischen, ganzheitlichen und differenzierten Blick (vgl. etwa Gysi et al. 1988, 238; Bogusch/Brandhorst 2013, 15f). Für die konkreten Entscheidungen spielen – neben dem Zustand der Bausubstanz – meist die städtebauliche Lage und damit auch der Wert eines Gebäudes auf dem Wohnungsmarkt eine Rolle. Ein Abbruch scheint zum einen bei Liegenschaften an sehr attraktiven Lagen in Erwägung gezogen zu werden, wenn über einen Ersatzneubau markant marktfähigere bzw. mit einer besseren Rendite vermietbare oder an neue Wohnbedürfnisse angepasste Wohnungen generiert werden können (vgl. Hofer 2009, 207). Zum anderen scheint ein Abriss oder Teilrückbau bei Objekten in peripherer Lage und mit hohen Leerstandsquoten angemessen zu sein, dort, »wo keine Perspektive und keine Zielgruppe für eine Anpassung gegeben ist« – wie etwa in einer Studie im Hinblick auf schrumpfende Städte und entspannte Wohnungsmärkte in peripheren Regionen Deutschlands hervorgehoben wird (Kirchhoff/Jacobs 2007, VII).

In den Großagglomerationen der Schweiz, gerade in den Wirtschaftsräumen um die Städte Zürich oder Genf mit ihren überhitzten Wohnungsmärkten, sieht die Situation in der Regel anders aus: Der Vorteil der Bauboom-Siedlungen ist es hier meist, günstigen Wohnraum zur Verfügung zu stellen, für den eine große Nachfrage besteht. Für den Erhalt und die (sanfte) Erneuerung des Baubestands sprechen denn auch Argumente, die sich auf dessen Rolle in der Wohnungsversorgung beziehen. So schrieben Gysi et al. bereits 1988:

»Die Erhaltung des heute relativ billigen und trotzdem gute Bruttorenditen abwerfenden Wohnungsbestandes aus den 60er-Jahren hat Priorität. Weder dürfen heutige Bewohner ›wegsaniert‹ noch darf künftigen Nachfragern mit bescheidenem Einkommen der Zugang zu günstigem Wohnraum verbaut werden.« (Gysi et al. 1988, 266)

Unter dieser Prämisse – und gerade die Genossenschaften und Kommunen setzen sich dafür ein – gilt es bei einer Qualitätsverbesserung des Wohnraums immer auch einzuschätzen, welche Mietzinsfolgen noch erträglich oder zumutbar sind und wie hoch die Erneuerungskosten sein dürfen, um zu einem annehmbaren Zinssatz auf die Mieten überwälzt werden zu können (vgl. Schilling/Scherer 1991, 139). Gefragt sind sanfte Strategien, bei denen sorgfältig zwischen günstiger Miete und erforderlichen Erneuerungen des Wohnraums abgewogen wird (Hofer 2005, 22). Eine verallgemeinerte Forderung nach Abriss und Ersatzneubau kann somit gerade aus soziokultureller Perspektive zu »nicht reproduzierbaren Verlusten« führen (Behnisch 2009, 253). Geht es bei der Erneuerung von Alltagsarchitektur doch auch darum, mit der »gelebten Vergangenheit« umzugehen, die einem Gebäude zugrun-

mit der »gelebten Vergangenheit« umzugehen, die einem Gebäude zugrunde liegt (vgl. Bräm 2001, 2).

Die Frage nach der Erhaltungswürdigkeit von Bauten aus den 1960er- und 1970er-Jahren wurde in den letzten Jahren auch zu einem in der Denkmalpflege rege diskutierten Thema.[19] Zurzeit werden in zahlreichen Schweizer Gemeinden und Kantonen die Bauinventare überprüft und mit besonders charakteristischen oder hervorragenden Bauten aus der späten Nachkriegsmoderne als potentiellen oder unter Schutz zu stellenden Denkmälern ergänzt (vgl. wbw 10-2013). Neben Infrastruktur-, Schul-, Verwaltungs- und Industriebauten gehören dazu auch Wohnhäuser und -überbauungen. Angesichts des großen Umfangs des Baubestands dieser Zeitperiode stellt die Auswahl ein schwieriges Unterfangen dar und wird sich »auf die Ikonen der Bauten der Boomjahre konzentrieren« müssen (Capol 2009, 211; vgl. auch Behnisch 2009, 252; Haupt 2013, 16). Dabei hat sich die Denkmalpflege auch mit der großen Sanierungsbedürftigkeit der Bauten auseinanderzusetzen und den Anpassungen, die aufgrund geänderter Anforderungen ans Wohnen erforderlich sind.

1.5.2 Erneuerungen und bauliche Anpassungen

Die Wohnbauten der Boomjahre entsprechen in verschiedener Hinsicht nicht mehr aktuellen Bau- und Wohnvorstellungen. Seit ihrer Entstehung hat sich etwa der Wohnflächenbedarf unter der Schweizer Bevölkerung stark erhöht: Betrug die durchschnittliche Wohnfläche pro Person nach dem Zweiten Weltkrieg noch $15m^2$, lag diese Zahl im Jahr 1980 bereits bei $34m^2$ und erhöhte sich bis zum Jahr 2012 auf $45m^2$ (BfS 2011b). Zugleich wurden auch die Haushalts- und Wohnformen vielfältiger. Der Anteil an Familienhaushalten mit drei oder mehr Personen nahm zwischen 1980 und 2012 von 41% auf 32% ab. Im selben Zeitraum erhöhte sich der Anteil an Einpersonenhaushalten von durchschnittlich 29% auf 35% (ebd). Ebenso ist eine Zunahme von Kleinhaushalten aufgrund von demografischen Alterungsprozessen und der Herausbildung einer allgemein länger gesund und aktiv bleibenden und zu Hause wohnenden, aber auch stark heterogenen Generation älterer Menschen zu verzeichnen (vgl. Höpflinger 2008, 35ff). Die Anzahl der Haushalte in der

---

19 Zu nennen sind etwa der vom Institut für Denkmalpflege und Bauforschung der ETH Zürich publizierte Sammelband *Bauten der Boomjahre – Paradoxien der Erhaltung* (2009) oder die Ausgabe *Junge Denkmäler* (Oktober 2013) der Zeitschrift *Werk, Bauen, Wohnen* (wbw 10-2013). Im Rahmen der europäischen Denkmaltage 2012 standen Betonbauten aus der späten Nachkriegsmoderne im Fokus und auch der Schweizer Heimatschutz widmete im Mai 2014 eine Tagung den Bauten 1960-1980, anlässlich deren Schutzwürdigkeit und Erhalt diskutiert wurde.

Schweiz ist seit 1980 um 27% gestiegen (BfS 2011b, vgl. auch Behnisch 2009, 249). Parallel zum Wandel der Haushaltsstrukturen haben sich in den letzten 30 bis 40 Jahren auch die Wohnformen ausdifferenziert: Neue Familienmodelle, Wohngemeinschaften, Multilokalität und Home-Office sind heute verbreitet und resultieren in anderen und häufig intensiveren Nutzungen der Wohnungen und neuen Formen der Raumaufteilung (vgl. Gysi et al. 1988, 269; Glaser 2009, 64). Die im Konzept auf die Kleinfamilie (in der Norm Ehepaar mit zwei Kindern) zugeschnittenen Bauboom-Wohnungen beziehen sich auf eine Idee, die »in der Wohn- und Lebensbiografie in unserer Gesellschaft nur noch für einen relativ kurzen Abschnitt Gültigkeit besitzt« (Eberle 2009, 52). Dementsprechend werden sie den veränderten Haushalts- und Wohnformen oft nicht gerecht. Die kleinen Wohnungsgrößen einer Durchschnittswohnung aus den 1960er- und 1970er-Jahren genügen dem heutigen Wohnflächenbedarf einer Familie meist nicht mehr und die Grundrisse gelten mehrheitlich als »démodé« (Hofer 2009, 206). Auch die Komfortansprüche haben sich geändert: Ein zweites WC/Bad ist gerade in den etwas größeren Neubauwohnungen zum Standard geworden und auch die kleinen, abgetrennten Küchen oder schmalen Balkone vieler Bauboom-Wohnungen können mit den heutigen großzügig und offen gestalteten Wohnküchen und bewohnbaren Außenwohnräumen nicht mithalten (Meneghotto 2005, 19). Geändert haben sich auch die ökologischen Anforderungen, insbesondere die Wärmeschutzstandards, gegenüber denen viele Wohnbauten aus der Bauboomzeit wahre ›Energieschleudern‹ sind. Der Energieverbrauch und solide Isolierungen waren damals beim Bauen meist unbedeutend. Eines der virulentesten Probleme bei Erhalt und Erneuerung dieses Baubestands sind deshalb die erforderlichen energetischen Anpassungen an Fassaden und Dächern, wobei sich mit den neuen Außendämmungen auch das Erscheinungsbild verändert (vgl. Capol 2009, 211). Dazu kommt, dass bei der Anwendung der rationalisierten Bauverfahren und Vorfabrikation mit Materialien und Technologien experimentiert worden ist, die sich heute teilweise als problematisch herausstellen:

»Die neu verwendeten Materialien – Glas, Zement sowie Mischungen aus verschiedenen Kunststoffen – altern nicht, sie werden defekt. Die Art und Weise, wie sie im Gebäude verbaut sind, macht es schwierig, sie zu reparieren.« (ebd., 210)[20]

Zu den heutigen Problemen mit Bauboom-Bauten gehören auch deren oft »geringe materielle Qualität« (Eberle 2009, 57), die »langfristigen Kosten der Entsorgung von hybriden und synthetischen Baumaterialien« (Wang 2001, 9) und teilweise auch die im Bau verwendeten Schadstoffe, die zu gesundheitlichen Beeinträchti-

---

20 Vgl. auch Eberle 2005, 5.

gungen führen können, wie Holzschutz- und Flammschutzmittel oder Asbest (vgl. Bogusch/Brandhorst 2013, 13).

Die damaligen Leistungen – Bauverfahren zu entwickeln, mittels denen schnell und kostengünstig große Quantitäten von dringend benötigtem Wohnraum zur Verfügung gestellt werden konnten –, stellen heute angesichts der Frage nach Erhalt und Erneuerung dieses Baubestandes also eine große Herausforderung dar. Wie Schilling und Scherer in ihrer Studie zur Erneuerung von Großsiedlungen bereits vor zwanzig Jahren festhielten, gibt es ganz unterschiedliche mögliche Probleme (bzw. Problemwahrnehmungen), die Anlass für Sanierungsmaßnahmen geben können. Die Autoren unterscheiden dabei zusammenfassend: bautechnische Schäden und Isolationsmängel, grundrissliche und konzeptionelle Mängel, die erschwerte bzw. einseitige Vermietbarkeit an bestimmte Bewohnergruppen, Architektur und Wohnumfeld, die mit einem Negativimage belastet sind, Bestrebungen zur baulichen Verdichtung aus wohnwirtschaftlichen Überlegungen oder die Angst vor Leerstand (Schilling/Scherer 1991, 133-136). So unterschiedlich die Probleme, so breit ist auch die Palette der möglichen Erneuerungsmaßnahmen, die von partiellen Instandsetzungen bis zu einem Fundamentalumbau reichen können (ebd., 136f).

Eine Erneuerung wirkt sich nicht nur im baulichen, sondern auch im sozialen Bereich einer Wohnsiedlung aus. Der Bedarf an Wohnungen, die auch für Menschen mit kleineren Einkommen bezahlbar sind, ist heute gerade in den wachsenden größeren Städten zu einem drängenden Politikum geworden (vgl. Schönig et al. 2017). Die Bedeutung, die Großsiedlungen aus den 1960er- und 1970er-Jahren in der Wohnungsversorgung haben, sind deshalb nicht zu unterschätzen und müssen bei Sanierungsvorhaben berücksichtigt werden. Für Verwaltungen und EigentümerInnen stellt sich außerdem die Frage, ob Sanierungsmaßnahmen im bewohnten oder unbewohnten Zustand durchgeführt werden sollen, aber auch, ob bzw. wie und in welchem Umfang die Mitwirkung der Bewohnerschaft und gegebenenfalls auch die Zusammenarbeit mit Sozial- und QuartierarbeiterInnen gefördert werden soll (ebd., 137f). Ausgehend von der Komplexität der Erneuerungsprozesse von Großstrukturen schlagen Gysi et al. vor, bei der Diskussion und Planung um mögliche Maßnahmen zwischen einer räumlichen, sozialpolitischen, rechtlichen und ökonomischen Betrachtungsebene zu differenzieren und diese in Bezug auf die Dimensionen der Wohnstandorte, Wohnanlagen und Wohnungen zu reflektieren (vgl. Gysi et al. 1988, 239ff). Damit beziehen sich die AutorInnen auf eine Erkenntnis, die heute auch unter der Anforderung der Nachhaltigkeit von Sanierungsprozessen aufgegriffen wird: Nachhaltige Erneuerungen machen ein ganzheitliches, übergreifendes Denken und ein umfassendes Verständnis für die Baubestände erforderlich. Es gilt ökologische, ökonomische, soziale und kulturelle Aspekte in die Überlegungen einzubeziehen. In diesem Diskurs stellen sich aktuell etwa Fragen, wie Sanierungen energieeffizient und ressourcenschonend (etwa unter dem Modell der 2000-Watt-Gesellschaft und der Verwendung von möglichst schadstofffreien Materialien), langfristig kalkulierend (im Sinne des Einbezugs der Ressourcenflüsse und indirekten Kosten in die Berechnungen), sozial verträglich (unter Erhalt von günstigem Wohnraum und sozialer Durchmischung) und partizipativ in Zusammenarbeit mit allen Beteiligten organisiert und umgesetzt werden können (vgl. Wang 2001, 9; Hochparterre/Stadt Zürich 2012).

Architektur und Bauwirtschaft werden sich in Zukunft zunehmend mit solchen komplexen Umbauten und Sanierungen beschäftigen müssen. Diese gelten jedoch für viele ArchitektInnen im Gegensatz zu Neubauten in der Regel als wenig attraktiv, gerade aufgrund der eingeschränkten Spielräume im Rahmen der vordefinierten Bautypologien sowie den komplizierten »Schnittstellen von Verantwortungsbereichen«, in denen sie agieren müssen (Wang 2001, 6). Die Herausforderung besteht wohl letztlich darin, die Kollision der Wertvorstellungen zwischen dem ursprünglichen Konzept der Bauboom-Bauten und heutigen Konventionen und Standards zu überbrücken und innovative, kluge Lösungen für die aktuellen und künftigen Anforderungen ans Bauen zu erarbeiten (vgl. Eberle 2009, 57).

1.5.3 Verdichtetes Bauen und Renaissance der Großwohnbauten

Eine der wohl bedeutendsten Anforderungen an heutige Erneuerungs- und Umbauvorhaben ist die Verdichtung. Angesichts der voranschreitenden Zersiedelung der Schweiz herrscht in Architektur- und Städtebau-Fachkreisen breiter Konsens darüber, dass zunehmend verdichtet gebaut werden muss. Denn die Schweiz verfügt aufgrund ihrer topografischen Struktur (ca. 60% der Fläche sind nicht bebaubar) über begrenzte Ressourcen von Bauland, die in den letzten 60 Jahren stark abgenommen haben. Wie etwa der Geograf Christian Schwick berechnet hat, wurde von 1950 bis 2002 in der Schweiz gleich viel Fläche verbaut wie in den 2000 Jahren zuvor.[21] In Kritik an dem in der Großagglomeration entstandenen ›Siedlungsbrei‹ ist Verdichtung politisch zu einem breit anerkannten Postulat geworden, das auch durch das baugesetzliche Instrument der Arealüberbauung gefördert wird. Am 3. März 2013 hat die Schweizer Stimmbevölkerung einer Revision des Raumplanungsgesetzes mit 63% zugestimmt. Damit geht eine Reform der Bauzonenordnung einher, die darauf abzielt, die Siedlungsentwicklung in den bereits überbauten Zen-

---

21 Über die Entwicklung und Anwendung einer mathematischen Formel für Zersiedelung (die lautet: Zersiedelung = urbane Durchdringung [Siedlungsfläche] x Gewichtung [Dispersion/Streuung] x Gewichtung [Flächeinanspruchnahme pro Einwohner und Arbeitsplatz]) konnte Schwick nachweisen, dass »die Zersiedelung [...] zwischen 1935 und 2002 um 155 Prozent zugenommen« hat, »wobei der stärkste Anstieg in den Jahren 1960 bis 1980 erfolgte«. Vgl. das Porträt über Schwick in: Gudrun Sachse: »Los Angeles in den Alpen«, in: NZZ Folio (»Agglo«) vom Januar 2012, S. 52-54.

tren verstärkt nach innen zu fördern und somit dichter zu gestalten, und die zugleich auch eine rechtliche Grundlage schafft, um überdimensionierte Bauzonen in peripheren Gegenden reduzieren zu können, somit die Kulturlandschaft zu schonen und der Zersiedelung entgegenzuwirken.[22] Für Verdichtung sprechen insbesondere Gründe, die deren Beitrag für eine nachhaltige Siedlungsentwicklung hervorheben: Kompaktere Bautypologien verbrauchen weniger Energie, der Boden wird geschont, lange Wege und somit auch die Kosten für Mobilität und Infrastrukturleistungen (wie Straßen, Wasser- oder Elektrizitätsversorgung) pro Einwohner können reduziert werden (vgl. Lampugnani 2007, 15f, archithese 2011, 4).

Auch wenn dieses Verständnis breit akzeptiert ist, bei der konkreten Umsetzung des Verdichtungsziels wird es schwieriger. Dichteres Bauen allein garantiert nicht, dass der Wohnraum auch von mehr Personen genutzt wird. Der gestiegene Wohnflächenbedarf pro Person und die kleiner gewordenen Haushalte machen deutlich, dass die Verdichtungsziele nur begrenzt realisierbar sind. Außerdem liegt die Umsetzungshoheit bei Bauprojekten nach wie vor bei den Gemeinden. Widerstände aus der Bevölkerung sind oft vorprogrammiert. Mehrheitsfähig ist Verdichtung erst dann, so etwa der Architekturhistoriker Ruedi Weidmann, wenn sie für die BewohnerInnen eines Ortes auch mehr Lebensqualität bringt und wenn sie neben baulichen auch funktionale, soziale und historische Aspekte berücksichtigt (Weidmann 2013, 20f). In der Fachwelt hat sich die Erkenntnis durchgesetzt, dass Verdichten nicht nur quantitativ betrachtet werden kann, sondern mit »Qualität einhergehen muss«, wie etwa auch in einem Positionspapier des Schweizer Heimatschutzes festgehalten wurde (Schmid/Egli 2012, 10f).

Bei der Fachdiskussion darüber, was denn Qualität beim verdichteten Bauen bedeute, wird immer wieder auf den Begriff der ›Urbanität‹ zurückgegriffen, der spezifischen städtischen Atmosphäre, die eng mit der Dichte des Gebauten, aber auch der Vielfalt der Bevölkerung und Mischung von Nutzungen einhergeht – und die nicht nur in den größeren Städten, sondern auch bei den sich verdichtenden Zentren in der Agglomeration angestrebt wird. In diesem Sinn geht es etwa darum, multifunktionale Siedlungsstrukturen und Häuser zu ermöglichen, die Wohn-, Arbeits- und Geschäftsräume integrieren, und die breiten Bevölkerungsschichten offenstehen (vgl. etwa Lampugnani 2007; Kaltenbrunner 2011; Bogensberger 2011; Schläppi 2012). Für die architektonische Qualität verdichteter Bauten scheint dabei weniger die Art und Weise der baulichen Verdichtungsstrategie – wie etwa Anbau, Aufstockung, Ergänzungs- oder Ersatzneubau (Hofer 2009, 151) – als vielmehr die gestalterische Fähigkeit bedeutsam zu sein, lebenswerte Atmosphären zu schaffen (vgl. Tröger 2014, 57; Tröger 2015). Dazu gehört es, die historisch gewachsenen

---

22 Vgl. Law News, Revision Raumplanungsgesetz, 2013: http://www.law-news.ch/2013/0-2/volksabstimmung-2013-revision-raumplanungsgesetz.

und ortsspezifisch identifikationsbildenden Strukturen, insbesondere bestehende Naturräume und Freiflächen, zu erhalten (vgl. Weidmann 2013, 24; ETH Wohnforum – ETH CASE 2011, 24). Die Autoren des, vom ETH Studio Basel publizierten, Buches *Die Schweiz – ein städtebauliches Porträt* (2006) machen aber deutlich, dass diese Bestrebungen nicht einfach umzusetzen sind, gerade auch, da sie teils im Widerstreit mit gesellschaftlich verbreiteten Vorstellungsbildern und Werten stehen. Sie schreiben pointiert-polemisch:

»Die spezifische schweizerische Urbanität erweist sich als eine Art Kultur des Verweigerns und Verhinderns von Dichte, von Höhe, von Masse, von Konzentration, von Zufall und von beinahe allen anderen Eigenschaften, die man einer Stadt wünscht und welche auch die Schweizer sehnsüchtigst lieben – bloß fern ihrer Heimat.« (Diener et al. 2006, 17)

Dichte werde mit Großstadt in Verbindung gebracht, der in der Schweizer Öffentlichkeit generell meist skeptische bis offen anti-urbane Werthaltungen entgegengebracht würden. »Zürichs Stadterweiterungen in den vergangenen Jahrhunderten und Jahrzehnten sind«, wie die gegenwärtige Direktorin für Stadtentwicklung Anna Schindler schreibt, »nie radikal, sondern immer pragmatisch geschehen, aufgrund wirtschaftlicher Entwicklungen, politischen Willens oder sozialer Bewegungen« (Schindler 2014, 6f). Verdichtung stellt dabei gewissermaßen eine »Ausnahmeerscheinung« dar, was auch damit zusammenhängt, dass die Bauordnungen im Laufe des 20. Jahrhunderts verschiedene Instrumente entwickelt haben, die Verdichtungen zunehmend erschwert haben, wie »Abstandsvorschriften, Mehrlängen- und Mehrhöhenzuschläge, Bestimmungen zum Schattenwurf, Vorgartenpflicht« (Kurz 2014, 10). Zusammenfassend lässt sich festhalten, dass die Relevanz von Maßnahmen gegen Zersiedelung heute im Prinzip breit anerkannt wird, konkrete Nachverdichtungsstrategien vor der eigenen Haustüre hingegen unbeliebt und schwer umzusetzen sind.

Vor dem Hintergrund der raumplanerischen Debatten um Verdichtung und der damit einhergehenden politischen Überzeugungsarbeit ist in der Öffentlichkeit seit einigen Jahren ein neu erwachtes Interesse an Großüberbauungen aus den 1960er- und 1970er-Jahren zu beobachten. Gerade die bekannten Überbauungen wie Le Lignon, Tscharnergut, Telli, aber auch Göhner-Siedlungen wie Sunnebüel u.a. wurden damit einhergehend in diversen Medienberichten und Reportagen als interessante Experimente des verdichteten Wohnens dargelegt. Angesichts der aktuellen Anforderung im Wohnumfeld räumlich näher zusammenzurücken, wird der Blick auf bereits gemachte Erfahrungen mit kompakten Wohnbauten gerichtet, dabei die verbreiteten Negativbilder mit Porträts zufriedener BewohnerInnen und funktionieren-

der ›multikultureller‹ Nachbarschaften kontrastiert sowie die Qualitäten der Wohn-
orte und ihrer Grünräume und sozialen Einrichtungen hervorgehoben.[23]

In Architektur und Städtebau werden Großüberbauungen aus den 1960er- und
1970er-Jahren als Exempel verdichteten Wohnens jedoch mehrheitlich am Rande
und kritisch diskutiert. Gerade die Monofunktionalität – die einseitige Ausrichtung
und Beschränkung auf die Wohnungsnutzung – vieler Großsiedlungen wird hervorgehoben und als Gegenbild zur Erlebnisqualität nutzungsgemischter Quartiere beschrieben. Diese Diskussion scheint im deutschsprachigen Raum insbesondere
durch Erfahrungsbeispiele aus Deutschland geprägt zu werden. Die nach dem städtebaulichen Leitmotiv ›Urbanität durch Dichte‹ entstandenen Großsiedlungen der
1960er- und 1970er-Jahre zeigten oft – so dieser Diskurs – eher »die Reizarmut
monofunktionaler, in zu kurzer Zeit hochgezogener und räumlich disparater Großstrukturen« (Kaltenbrunner 2011, 32). Städtisches Flair entstehe eben nicht einfach
durch Dichte allein, sondern hänge von der Vielfalt der Nutzungen und Menschen
ab (vgl. etwa Weiss 2004, 16; Bott/von Haas 1996, 44). In der Architekturtheorie
hat sich die Erkenntnis durchgesetzt, dass Dichte nicht Hochhausstrukturen erforderlich macht, sondern besser in anderen Bautypologien gestaltet werden kann. Vittorio Magnago Lampugnani und Thomas K. Keller stellen etwa in ihrer Studie
Urbanität und Dichte (2007) fest: »Städtebauliche Qualität entsteht nicht nur über
die Positionierung und formale Ausbildung der Baukörper, sondern auch über die
Organisation und Ausgestaltung der beanspruchten Bodenflächen«, weshalb
»gerade bei der Gestaltung von dichten städtischen Gefügen […] ein ausgewogenes
und gelungenes Aussenraumkonzept essenziell« sei (Lampugnani/Keller 2007, 87).
Bei ihrer Bestandsaufnahme von 40 typischen städtebaulichen Situationen in
Schweizer Städten wird deutlich, dass die Großsiedlungen aus den 1960er- und
1970er-Jahren, aufgrund ihrer meist großzügigen Außenräume und (halb-
)öffentlichen Grünflächen, im Vergleich etwa mit historischen Altstadtquartieren
sowie dicht gebauten städtischen Blockrandbebauungen bei weitem nicht die

---

23 U.a. zu Le Lignon: »Zuhause in der Blocksiedlung«, in: Migros-Magazin vom
10.10.2011; »Die Zukunft liegt in der Vergangenheit«, in: NZZ vom 28.11.2010 und
»Das andere Wahrzeichen von Genf«, in: NZZ vom 13.7.2013. Zur Telli: »Behaglichkeit
in der Betonwand«, in: NZZ vom 27.11.2010 und »Die erste Satellitenstadt«, in: NZZ
vom 16.3.2013. Zum Tscharnergut: »›Tscharni‹ ohne Blues«, in: Bund vom 04.8.2016.
Zum Lochergut: »Stadtgebirge, Melting Pot, Wohnmaschine«, in: NZZ vom 2.4.2006.
Zum Sunnebüel: »Das schiefe Bild von Göhnerswil«, in: NZZ vom 4.10.2010. Zur Webermühle: »Innenansichten einer Wohnmaschine«, in: NZZ vom 5.8.2011. In Fernseh-
sendungen: Zum Tscharnergut: »Bauen und Wohnen: Hochhaussiedlung« (CH, SRF:
24.4.2012). Zur Telli: »Kulturplatz« (CH, SRF: 28.11.2012). Zu Le Lginon: »A suivre,
Le Lignon« (CH, RTS: 15.11.2008) und »Le Lignon, portrait d'une cité colorée et multiculturelle de la banlieue genevoise« (CH, RTS: 14.10.2010).

städtischen Blockrandbebauungen bei weitem nicht die höchste effektive Ausnutzung aufweisen.[24]

Viele neue Wohnbauprojekte in der Schweiz – gerade in Städten und urbanen Gebieten mit angespannten Wohnungsmärkten – orientieren sich mit Bezug auf das Postulat der ›inneren Verdichtung‹ an der Konstruktion von dichteren Typologien und großen Überbauungen. Dabei handelt es sich zum einen um die Neubebauung nicht mehr gebrauchter Industriebrachen oder bislang unbebauter Stadtrandgebiete – prominente Beispiele sind etwa die Neubebauung des Quartiers *Ruggächern* in Zürich oder *Brünnen* in Bern. Zum anderen wurden in den letzten Jahren in städtischen Quartieren teils ältere Siedlungen abgebrochen und als Ersatzneubauten neu erstellt. Betroffen davon sind bislang weniger Bauboom-Siedlungen der 1960er- und 1970er-Jahre als mehr solche aus den 1930er- bis 1950er-Jahren. Ein paradigmatisches Beispiel aus der Stadt Zürich ist etwa die Wohnsiedlung *Triemli* der Baugenossenschaft Sonnengarten (BGS), die 2009-2011 von Ballmoos Krucker Architekten als Ersatz für 1944-1945 gebaute, dreigeschossige Reihenhäuser neu erstellt wurde. Aus 144 relativ klein zugeschnittenen Wohnungen entstanden 192 großzügiger gestaltete Niedrigenergie-Wohnungen nach MINERGIE-Standard in abgeknickten und gestaffelten fünf- bis siebengeschossigen Zeilen, ebenso wurden Gemeinschaftsräume im Erdgeschoss integriert.[25] Um grüne Außenräume zu erhalten, wurden die Ersatzneubauten viel kompakter und in größerem Massstab gebaut, dem Projekt aber dennoch eine Einpassung in die städtebauliche Umgebung attestiert (vgl. Gmür 2012, 98; von Ballmoos/Krucker 2012, 30-33). Der Ersatzneubau der Siedlung Triemli veranschaulicht den generellen Trend einer »Renaissance der Großüberbauungen«[26] der in der Wohnbautätigkeit der Schweiz gegenwärtig zu beobachten ist. Wie etwa die *Neue Zürcher Zeitung* im Juli 2013 mit Bezug auf Be-

---

24 Berücksichtigt wurden etwa die Großsiedlungen *Wittigkofen* in Bern (Gesamtfläche 263'102m², bebaute Fläche 13% und effektive Ausnutzung 1.3) oder Le Lignon in Vernier (Gesamtfläche 351'040m², bebaute Fläche 13%, effektive Ausnutzung 1.8) (Lampugnani und Keller 2007, 96 und 104). Weit höhere Ausnutzungsziffern ergeben sich im Vergleich dazu in historischen Arbeiterquartieren wie *Zürich Rotwandstrasse* (2.7), den fünfgeschossigen Blockrandbebauungen an der Berner *Herzogstrasse* (2.8) oder dem siebengeschossigen Blockrand am *Quai Charles Page* in Genf (3.7) (ebd., 118; 120; 124).

25 Die Ausnutzungsziffer erhöhte sich von 0.44 auf 1.29. Zugleich nahmen die Wohnflächen zu: eine 4½-Zimmerwohnung war in den alten Häusern 79m² und im Ersatzneubau nun 110m² groß. Dementsprechend erhöhten sich auch die Mieten, die von 750 CHF auf 2150 CHF anstiegen (Baugenossenschaft Sonnengarten 2012, 127). MINERGIE ist ein Label für energieeffizientes Bauen und entspricht in der Schweiz dem höchsten Baustandard für Niedrigenergiehäuser.

26 »Die Großüberbauung ist zurück«, in: NZZ vom 09.7.2013.

rechnungen der Zürcher Kantonalbank berichtete, lag der Anteil an baubewilligten Wohnungen in Großüberbauungen 2011/12 bei 26%. Wir nähern uns demnach wieder dem Bauboom der 1960er- und 1970er-Jahre an. In dieser Zeitperiode lag der Anteil an Großüberbauungen am Wohnungsbau auf ihrem Höhepunkt bei 33%, bevor er dann von 1980 bis 2000 auf ca. 10% abgesunken ist. Die Bautätigkeit der Großüberbauungen konzentriert sich dabei regional insbesondere auf die Städte und Agglomerationen um die Arbeitsmarktregion Zürich (ca. 30% aller Baubewilligungen) und Genf (ca. 20%). Angetrieben wird diese Entwicklung aktuell insbesondere auch durch den hohen Anlagedruck im Immobilienmarkt (Stecher 2013). In diesem Zusammenhang sind in gewissen Stadträumen in den letzten Jahren auch Hochhäuser gebaut worden. So entstanden etwa im Westen Zürichs nach der Fertigstellung des *Prime Towers* (2011, Gigon und Guyer Architekten) weitere Hochhausprojekte, die neben anderen Nutzungen auch Wohneigentum oder Mietwohnungen integrieren, wie beispielsweise die *Escher-Terrassen* (2014, E2A Architekten), der *Hardturmpark* (2014, Gmür Gschwentner Architekten), der *Mobimo-Tower* (2011, Diener und Diener Architekten), das *Toni-Areal* (2014, EM2N Architekten) oder das Wohnhochhaus *Zölly* (2014, Meili Peter Architekten). Diese Projekte richten sich explizit an eine kaufkräftige Zielgruppe. Der Hochhausbau im Wohnungswesen ist heute – im Unterschied zu den 1960er- und 1970er-Jahren – zu einer Prestigefrage geworden, ist doch »schweizweit […] kein Turm mit günstigen Mietwohnungen in Sicht« (Petersen 2014, 19).

Auch wenn im Architektur-, Planungs- und Städtebaudiskurs klare Erkenntnisse zu den Qualitätskriterien verdichteten Bauens bestehen (vgl. etwa Gmür 2011, 53), scheint dieses Wissen nur begrenzt in die Umsetzung von Neubauprojekten einzufließen. Nicht unproblematisch ist, dass die Verdichtung in vielen konkreten Projekten weiterhin oft zu einseitig ökonomisch und baulich-technisch definiert wird und eine übergeordnete Betrachtungs- und Vorgehensweise fehlt, die etwa die gewachsenen Strukturen eines Ortes, Anforderungen an eine funktionale Nutzungsmischung und soziale Überlegungen ebenso ernst nimmt wie eine gute Rendite, attraktive Architektur- und Wohnstandards sowie energetische Vorlagen im Bauen. Entstanden sind oft – so kritische Stimmen zu vielen der neugebauten Großsiedlungen und Hochhäuser – architektonisch wenig inspirierte und weiterhin monofunktionale Strukturen (vgl. Marti 2007, 42ff; Weidmann 2013, 20ff). Furter und Schoeck stellen in ihrer Göhnerstudie fest, dass weder diese Kritik an Großsiedlungen noch die heute in der Schweiz geführten Debatten um Zuwanderung, Wohnungsnot und Bauboom neu sind. Bei den heute realisierten neuen Großwohnbauprojekten fehlt jedoch meist eine Auseinandersetzung mit den Konzepten bereits bestehender Großüberbauungen aus den 1960er- und 1970er-Jahren:

»Die längst pensionierten Akteure von einst erinnern sich, wie sie genau die gleichen Debatten vor vierzig Jahren schon einmal geführt haben. Und sie reiben sich die Augen, wenn sie auf Konzepte schauen, die heute zur Umsetzung kommen. Sie entdecken siedlungsplanerische Fehler im Feinstofflichen, für die sie in ›Göhnerswil‹ Lösungen entwickelt hatten« (Furter/Schoeck 2013, 16).

Denn entgegen der pauschalisierenden Ablehnung liegen vielen Siedlungen aus den 1960er- und 1970er-Jahren bei genauerer Betrachtung differenzierte Überlegungen zugrunde, etwa zu der Umgebungsgestaltung, der Integration von Spiel- und Freizeiteinrichtungen oder zu Gemeinschafts-Räumen in einer baulich dichten Struktur. Die vorliegende Arbeit leistet einen Beitrag dazu, diese Wohnkonzepte im Hinblick auf die Erfahrungen und die Nutzung dieses Baubestands über die Jahre zu diskutieren.

1.6 WOHNEN IN GROSSWOHNBAUTEN ALS FORSCHUNGSGEGENSTAND

Nur wenige jüngere Publikationen haben sich bisher explizit mit dem Wohnen und Leben in Schweizer Großüberbauungen aus den 1960er- und 1970er-Jahren auseinandergesetzt. Zu nennen ist etwa der von der Humangeografin Elisabeth Bäschlin herausgegebene Sammelband *Wohnort Grossüberbauung* (2004) zum Tscharnergut in Bern. Aufgerollt werden verschiedene Facetten der Geschichte dieser Pioniersiedlung im Schweizer Siedlungsbau. Neben Darlegungen zu Entstehungskontext, Planung und Bau, Architektur und Außenraumkonzept legt Bäschlin einen Schwerpunkt auf das soziale Leben im Quartier und auf die Geschichte des Quartierzentrums. Sie kommt in ihren Studien zum Fazit, dass das Tscharnergut früher wie heute ein lebendiger Wohnort ist, wo – entgegen der verbreiteten Negativbilder – die Menschen gerne leben. Und sie stellt fest, »dass auch eine Großsiedlung zur Heimat werden kann, zu einem Lebensraum, den sich die Bevölkerung zu eigen gemacht hat und mit dem sie sich identifiziert« (Bäschlin 1998, 215). Darlegungen von mehrheitlich zufriedenen BewohnerInnen, Erzählungen von Alltagsgeschichten und fotografische Porträts aus dem Tscharnergut und anderen Berner Hochhaussiedlungen sind auch Gegenstand des Sammelbands *Bern West. 50 Jahre Hochhausleben* (Gaberell 2007). Die von Julia Ambroschütz verfasste Publikation *Hardau: Claro que sí, c'est comme ça, c'est la vie* (Ambroschütz 2008) wählt einen ähnlichen Zugang. Anhand von fotografischen Porträts sowie unkommentierten Interviewsequenzen von BewohnerInnen wird die Vielseitigkeit des Wohnens in den Hardau-Türmen in Zürich alltagsnah und atmosphärisch erzählt. Mit dem bereits zitierten *Göhner Wohnen* (2013) nehmen sich die Historiker Fabian Furter und Patrick Schoeck-Ritschard der Geschichte der Göhnersiedlungen an und lassen neben bauhistorischen Analysen auch ehemalige Architekten, Landschaftsarchitekten,

Gemeindepolitiker und BewohnerInnen zu Wort kommen, um die Wohnkonzepte in ihrer Vielseitigkeit zu würdigen (vgl. Furter/Schoeck 2013).

Die vorliegende Studie arbeitet mit dem Forschungsansatz der Hausbiografie, den Marie Glaser mit der Studie *Gemeinschaftsidee im Grossformat – die Siedlung Grünau (1975/76)* anhand einer in den 1970er-Jahren gebauten Schweizer Großsiedlung angewandt hat: Ursprüngliches Konzept, Planungs- und Baugeschichte, Öffentlichkeitsbilder und Nutzerperspektiven, Gemeinschaftsideale und Siedlungsleben sowie die Verwaltungspraxis, Unterhalts- und Erneuerungsarbeiten werden dabei im Hinblick auf den Wandel des gebauten und gelebten Raums im Laufe der Zeit beforscht (vgl. Glaser 2013a).

Wenn wir den engen (Deutsch-)Schweizer Kontext verlassen und den Forschungsstand breiter und internationaler betrachten, lassen sich eine Vielzahl an Forschungen zum Wohnen in Großsiedlungen ausmachen. Ein Blick auf die wissenschaftlichen Trends in der Betrachtung des Großwohnungsbaus macht deutlich, dass die Forschung zu Großsiedlungen lange mehrheitlich von starken Problematisierungen geprägt war.[27] Seit einigen Jahren sind jedoch zunehmend Zugänge zu beobachten, die neben Kritischem auch die Besonderheiten dieses Wohnungsbestandes hervorheben. Studien, die soziale Problematiken und systematische Benachteiligungen (Arbeitslosigkeit, Armut, Kriminalität etc.), Fehlplanungen sowie die Monotonie, Rigidität und Gestaltungsarmut der Architektur oder die menschliche ›Entfremdung‹ und fehlende Identifizierungsmöglichkeiten im Massenwohnungsbau hervorheben, haben zunehmend weniger problembehafteten Darlegungen Platz gemacht. Eine Pionierarbeit mit einem solchen nicht negativ wertenden Ansatz stellt im deutschsprachigen Raum das Buch *Neue Städte* von Ilse Irion und Thomas Sieverts dar (vgl. Irion/Sieverts 1991). Neuere Untersuchungen dokumentieren mit Bezug auf die jeweils spezifischen Entstehungskontexte unterschiedliche europäische Entwicklungen und vielseitige Ausprägungen im Großwohnungsbau der Nachkriegszeit (vgl. etwa Arch+ 2011b; Candide 2013; Dufaux/Fourcaut 2004; Harnack 2012; Haumann/Wanger 2013; Kockelkorn 2012; Parvu 2010; Turkington et al. 2004). Ausgangslage dieser Studien sind häufig anstehende oder kürzlich durchgeführte Erneuerungen, die es erforderlich machen, die Diskussion um diesen Wohnungsbestand neu aufzugreifen. Dazu gehören Abhandlungen, die die Architektur und Planung sowie die Realisierung und Geschichte ausgewählter Großsiedlungen als Wohnexperimente diskutieren. Meist handelt es sich um Fallstudien wie beispielsweise zur *Gropiusstadt* (Bielka/Beck 2012) oder zum *Märkischen Viertel* (Jacob/Schäche 2004; Krohn 2010) in Berlin, zur *Frankfurter Nordweststadt*

---

27 Insbesondere bei sozialpädagogischen und sozial-ökologischen Forschungen wie *Kinder im Hochhaus* (Behrens 1986) oder *Wohnen in Großsiedlungen* (Steinhauser 2008).

(Gleiniger 1995), den *Red Road* Hochhäusern in Glasgow (Jacobs et al. 2012a; Strebel 2013) oder *Grigny-la-Grande-Borne* im Süden von Paris (Jannière 2013). Stigmatisierungs- und Ausgrenzungsdynamiken bzw. -erfahrungen sind nach wie vor ein Thema bei der Untersuchung von Großsiedlungen (Hanley 2012; Keller 2005); ebenso die Frage nach dem heutigen Umgang mit diesem Wohnbaubestand und den Chancen und Herausforderungen, die sich dabei für Denkmalpflege, Architektur und Städtebau ergeben (vgl. etwa Arch+ 2011b; Hopfner/Simon 2012; Senatsverwaltung für Stadtentwicklung und Umwelt 2012; Schweizer Heimatschutz 2013a; Steffen et al. 2015). Einhergehend mit der Beobachtung, dass »Wohnmaschinen« der 1960er- und 1970er-Jahre wieder vermehrt an Attraktivität gewinnen (Harnack 2012) bzw. dass die ehemals stark stigmatisierten Großsiedlungen in der Banlieue zunehmend »entmystifiziert« werden (Wagner 2011), wird in Fachdiskursen der Fokus heute vermehrt auf die Potentiale und Qualitäten dieses baulichen Erbes gerichtet.[28]

So unterschiedlich die Perspektiven der skizzierten Beiträge aus Wohnforschung, Städtebau, Architektur, Denkmalpflege, Bauwirtschaft oder Baugenossenschaftswesen auch sein mögen, so gibt es doch bestimmte Schwerpunkte, die in den meisten Publikationen auftauchen. Dazu gehören Ausführungen zur spezifischen Planungs- und Baugeschichte, zu den besonderen Ausprägungen der Architektur (und den involvierten ArchitektInnen), zur Gesamtanlage (öffentliche Räume und Grünflächen), zu den Chancen und Herausforderungen der Erneuerungs- und Sanierungsprojekte, zu den in der Öffentlichkeit repräsentierten Negativimages und – oft im Spannungsfeld dazu – zur Akzeptanz und den Sichtweisen der BewohnerInnen. Die Relevanz des sozialen und kulturellen Lebens in den Siedlungen wird zwar häufig betont, der Fokus der meisten Beiträge bleibt aber in der Regel bei einer Darlegung der sozialen Verhältnisse (soziale Zusammensetzung und Mischung der Bewohnerschaft) sowie der Ausrichtung und Geschichte der sozialen Einrichtungen und Angebote im Quartier. Kaum werden in den Beiträgen explizit die vielseitigen Ausprägungen und die Herstellung von Nachbarschaften in Großsiedlungen aus Nutzerperspektive analysiert. Hier setzt die vorliegende Studie an, die von der Prämisse ausgeht, dass die Analyse von Nachbarschaften durch eine entideologisierte Betrachtung und differenzierte Kenntnis der Geschichte(n) einer Siedlung bereichert und geschärft wird. In diesem Sinn werden im Folgenden die Großüberbauungen Unteraffoltern II und Telli in einer Hausbiografie porträtiert.

---

28 So etwa in Fachkonferenzen wie dem Symposium der Internationalen Bauausstellung *Leben mit Weitsicht – Großwohnsiedlungen als Chance* vom 13.2.2012 oder der Tagung *Identifikationsräume. Potentiale und Qualitäten von großen Wohnsiedlungen* vom 8.11.2013 in Frankfurt.

*Abbildung 1: Tscharnergut in Bern, Pionierin der Schweizer Großsiedlungen,
(1958-1967 gebaut), Juli 1969*

*Abbildung 2: Wandel der Siedlungslandschaft: Bern West mit den
Hochhausüberbauungen Tscharnergut und Fellergut, Juni 1982*

Abbildungen 3 und 4: Bauen auf der ›grünen Wiese‹,
Cité du Lignon in Vernier, Genève (1963-71 gebaut), Nov. 1966

Abbildung 5: Die 1 km lange Wohnzeile von Le Lignon entsteht,
Vernier, Genève, Juli 1969

Abbildung 6 und 7: Vorfabrizierter Wohnungsbau der Göhner AG,
Baustelle mit raumhohen Betonelementen, September 1966

*Abbildung 8: System Göhner, vorgefertigter Bodenbelag,
September 1966*

*Abbildung 9: Göhner-Siedlung Avanchet Parc in Vernier, Genève
(1971-77 gebaut), September 1985*

Abbildungen 10 und 11: 1960er Jahre, Bauboom im Zürcher Umland

*Abbildungen 12, 13 und 14: Wohnraum für die ›moderne Kleinfamilie‹,
Werbefotos der Göhner AG, 1966 – 1970*

Abbildung 15: Wachstumseuphorie, Überbauungsprojekt
Jolieville, Adliswil (nie realisiert), Planung 1963-1968

Abbildung 16: Kritik am Großwohnungsbau
Rolf Keller »Bauen als Umweltzerstörung«, 1973

Abbildung 17: Großwohnbauprojekte in den 1970er Jahren, Grünau in Zürich-Altstetten (1975/76 gebaut), April 1977

Abbildung 18: Großüberbauung Wittigkofen in Bern (1973-1983 gebaut), November 1986

Abbildung 19: Wohnhochhäuser Hardau in Zürich (1976-1978 gebaut), 1978

Abbildung 20: Zeugen des Baubooms in Zürichs Stadtlandschaft, Lochergut (im Vordergrund) und Hardau, Juni 1978

2 Hochhaus am Waldrand: Unteraffoltern II, Zürich

2.1 EINE ORTSBEGEHUNG

Bereits vom Zugfenster aus sind sie sichtbar, die beiden langgezogenen Hochhäuser der städtischen Siedlung Unteraffoltern II, die mit ihrem kompakten Volumen wie zwei Dampfer aus der suburbanen Landschaft auftauchen. Vom Bahnhof Affoltern, der vom Zürcher Hauptbahnhof mit der S-Bahn in einer Viertelstunde zu erreichen ist, gelangt man in wenigen Minuten zum Isengrind, wie die Überbauung nach ihrer Umgebung oft einfach genannt wird. Der Weg führt entlang eines Sportplatzes, einer Bushaltestelle und vorbei an den Wohnbauten der ebenfalls städtischen Siedlung Unteraffoltern I. Es ist ruhig, kaum jemand ist unterwegs, wir bewegen uns am Rand der Stadt, hinter der Bebauung erstreckt sich das Waldgebiet des Hürstholzes. Die Adressen – Fronwaldstrasse 94 für das vordere, und Im Isengrind 35 für das hintere Hochhaus – verweisen auf die beiden Quartierstraßen, die die Siedlung erschließen.

Die Ähnlichkeit mit Corbusiers ›Wohnmaschine‹, von der die Architektur inspiriert worden ist, ist unverkennbar. Über dem hohen Erdgeschossbereich türmen sich zwölf Wohngeschosse. Die Balkonbrüstungen springen als erstes ins Auge, sie gliedern das Fassadenbild, durchbrochen von vier herauskragenden Erkerelementen und dem eingezogenen Treppenhaus mit den kleinen, viereckigen Fenstern. Gelbe Sonnenstoren lockern die weiß-grau-blaue Schlichtheit des massiven Betonbaus auf. Neben dem Eingang führt ein Durchgang auf die Rückseite des Gebäudes zu einer Rasenfläche. Ein starker Luftzug ist hier spürbar. In einem Schaukasten informiert der Siedlungsverein über Angebote für BewohnerInnen. Eine Gesprächsgruppe lädt fremdsprachige Frauen zur Deutschkonversation ein. Auf der Wiese, die die beiden versetzt zueinander angeordneten Hochhäuser verbindet, spielen Kinder Fußball. Am anderen Ende sitzt ein Paar an einem Picknicktisch, ein kleines Mädchen schaukelt daneben. Im Erdgeschoss des Hochhauses an der Fronwaldstrasse befindet sich der Gemeinschaftsraum. Weiße und hellblaue Vorhänge schirmen neugierige Blicke von außen ab. Der Raum ist funktional eingerichtet, die

Atmosphäre von Sichtbeton, Lüftungsrohren und Linoleumboden scheint etwas karg. Die Küche im hinteren Teil, die Bühne und die großen Musikboxen sowie die vielen Stühle und Tische, die gestapelt an der Wand warten, lassen aber darauf schließen, dass er von einer Festgesellschaft durchaus belebt werden kann. Über eine Treppe erreicht man den *Kinderhüeti-Ruum* (Kinderbetreuungsraum), der auf den ersten Blick viel heller und freundlicher wirkt. Atmosphärisch kühler fällt wiederum der *Cool-Ruum* aus, der im Erdgeschoss des hinteren Wohnblocks eingebaut, von allen Seiten einsichtig und mit einer Kletterstange sowie einem Pingpong- und einem Tischfußballtisch ausgestattet ist. Er steht tagsüber unter der Woche zum Spielen offen. Kinder sind an diesem sonnigen Tag hier keine zu sehen, beliebter scheint das im Boden eingelassene Trampolin hinter dem Haus zu sein. Daneben befindet sich auch die Werkstatt des Hauswarts.

Der Eingangsbereich des Hauses ist offen und hell, eine geschwungene Aufgangsrampe und eine Treppe führen, umfasst von einer Pflanzengruppe, zu der bunten Briefkastenanlage. Ein runder Steintisch und Bänke stehen daneben. Die raumhohe Fensterfront lässt den Blick frei auf die Umgebung. Mit dem Lift und über einige Treppenstufen gelangen wir zum obersten Geschoss, wo sich die Waschküche befindet. An der Tür mahnt ein Schild daran, dass der Ort mit Video überwacht werde und das Rauchen verboten sei. Der Raum wirkt relativ hell und ist aufgeteilt in vier Abteile, in denen sich insgesamt sieben Waschmaschinen und Wäschetrockner befinden. Von den Fenstern sieht man bis zum Hönggerberg. Zum Aufhängen der Wäsche steht den BewohnerInnen die Dachterrasse offen. Im Treppenhaus, in dem es nach Putzmittel riecht, steigen wir hinab in das oberste Wohngeschoss und durchqueren den inneren Korridor, der die Wohnungen erschließt. Die Türen sind in Komplementärfarben bunt bemalt, der Boden ist mit Teppich belegt und an der Decke hängen Neonlampen. Vor den Türen sind keine persönlichen Gegenstände angebracht. Von einer Nische fällt natürliches Tageslicht ein. Zwei Nachbarinnen unterhalten sich, während ihre Kinder hin und her hüpfen. Die Informationsblätter, die sie daran mahnen, dass sie im Verteilgang nicht laut sein dürfen, scheint sie nicht in ihrer Bewegungsfreiheit einzuschränken. Ein älterer gebückter Mann geht grußlos vorbei. Nach 16 Türen erreichen wir den Notausgang an der Nordseite, an dem eine Wendelaußentreppe angebracht ist. Von hier aus sieht man viel Grün: die Bäume des Hürstholzes und die Schrebergärten der Siedlung sowie landwirtschaftlich genutzte Felder, die sich hinter dem Schulhaus und den benachbarten Wohnüberbauungen im Stöckenacker abzeichnen. Gut sieht man von hier auch die, in den letzten Jahren neu gebauten, großen Wohnsiedlungen in der Nähe des Bahnhofs Affoltern, die davon zeugen, dass die Stadt Zürich wächst und sich verdichtet.

2.2 PLANUNGS- UND BAUGESCHICHTE

2.2.1 Entstehungskontext: Wohnbauaktion für soziale Wohnungen

Nicht nur heute, sondern bereits Mitte der 1960er-Jahre war der städtische Wohnungsmarkt in Zürich äußerst angespannt, der Leerwohnungsbestand lag bei 0.1%. Vor allem günstiger Wohnraum fehlte. Deshalb war die Rede nicht nur von einer Wohnungs- sondern auch von einer Mietzinsnot. Die Stadt Zürich reagierte auf diese Situation mit einer »Wohnbauaktion für soziale Wohnungen zu preisgünstigen Mietzinsen«. 1966 gab der Gemeinderat den Bau der fünf Zürcher Wohnsiedlungen Unteraffoltern I und II, Glaubten III, Salzweg und Döltschihof mit insgesamt 749 Wohnungen in Auftrag.[1] Mehr als ein Drittel davon – 264 Wohnungen – gehörten zu Unteraffoltern II. Die 1960er-Jahre waren in Zürich eine Zeit des experimentellen Aufbruchs im Wohnungsbau, die auch verbunden war mit einer Vision. In die Höhe zu bauen, bedeutete auch, ein anderes Modell des Wohnens auszuprobieren. Nach den städtischen Hochhaussiedlungen Lochergut und Hardau sollten mit Unteraffoltern II oder Glaubten III weitere paradigmatische Beispiele folgen. Das Programm des kommunalen Wohnungsbaus richtete sich in erster Linie an Personen, die aufgrund ihres geringen Einkommens auf dem freien Markt Schwierigkeiten hatten, eine Wohnung zu finden; explizit auch an Familien der unteren Mittelschicht, die für den Anteilsschein, den eine Wohnung bei einer Baugenossenschaft erforderlich machte, nicht aufkommen konnten.[2]

Unteraffoltern II wurde 1968/69 in knapp zwei Jahren gerüstlos im Allbeton-Verfahren, einer Kombination von Ortbeton und vorfabrizierten Schwerbetonelementen, gebaut. Die Verwendung von zimmergroßen Fensterelementen und Betonfertigteilen – etwa bei den Balkon- und Dachbrüstungen, aber auch bei diversen Trennwänden – ermöglichte es, den Bau in kurzer Zeit fertigzustellen und die Baukosten mit rund 18.4 Millionen Franken auch für damalige Verhältnisse niedrig zu halten (Brun/Rhyner 1997, 6/14; Hochbauinspektorat der Stadt Zürich 1996, 68).

Ein städtebaulicher Richtplan sah ursprünglich vor, in Unteraffoltern eine Großsiedlung zu bauen, die 1700 Wohnungen bereitstellen sollte. Die Pläne für eine solche ›Satelliten-Stadt‹, die Reaktion auf die damalige Wohnungsnot und das reale sowie prognostizierte Bevölkerungswachstum war, zeugte auch von der gesellschaftlichen Aufbruchsstimmung und dem Fortschrittsglauben der 1960er-Jahre.

---

1   Vgl. Archiv der Liegenschaftenverwaltung Zürich (LVZA), Bestand zu Unteraffoltern II (UAII), Stadt Zürich: Stadtratsprotokoll, 8.6.1966. Die Unterlagen im LVZA weisen keine Signaturen auf.

2   Vgl. LVZA UAII, Stadt Zürich (Finanzamt): Stellungnahme zum Raumprogramm für die Siedlung in Affoltern, 19.12.1962.

Sie wurden jedoch – abgesehen von Unteraffoltern I und II – nie realisiert (vgl. Hartmann 2000, 130).[3] Im Bebauungskonzept wurde das Raumprogramm der beiden Siedlungen aufeinander abgestimmt: Während in den Hochhäusern kleinere und mittlere 1- bis 4-Zimmerwohnungen integriert wurden, verfügen die benachbarten zwei- bis viergeschossigen Flachbauten von Unteraffoltern I über 72 größere Wohnungen mit 3½ bis 5½ Zimmern (Stadt Zürich 2005; Stadt Zürich 2002).

2.2.2 Bauliches Konzept

Die zwei identischen 13-geschossigen Scheibenhochhäuser wurden nach Plänen des Architekten Georges-Pierre Dubois gebaut, der 1946 im Atelier von Le Corbusier mitgearbeitet hatte und die Planung der *Unité d'habitation* in Marseille direkt miterleben konnte.[4] Der architektonische Einfluss Le Corbusiers ist bei Unteraffoltern II unverkennbar, ist doch die Architektur in verschiedener Hinsicht der Unité nachempfunden: sei es im konzeptionellen Aufbau mit freiem Erdgeschoss, den verschachtelten Maisonettewohnungen mit dazwischen liegenden Verteilgängen (*rue intérieures*) oder im architektonischen Ausdruck der Fassadengliederung mit den südlichen Kopfwohnungen und der Ausgestaltung der Balkonbrüstungen. Deutliche Unterschiede zeigen sich aber in der Größenordnung: Im Vergleich zur Unité in Marseille (138 m lang und 56 m hoch) fällt Unteraffoltern II deutlich kleiner aus (je 63 m lang und 40 m hoch). Im Unterschied zu den je 132 Wohnungen pro Hauseingang in Zürich – eine für Schweizer Verhältnisse außerordentliche Wohnungsdichte – umfasst die Unité mit 337 Wohnungen also deutlich mehr Wohnraum in einem Gebäude. Dies wirkte sich auch auf die Nutzungsplanung aus. Während in der Unité Einrichtungen und Infrastrukturen direkt in der Wohnüberbauung selbst integriert sind, orientiert sich das Raumprogramm bei Dubois einseitig auf die Funktion des Wohnens. Die von Le Corbusier projektierte innere Ladenstraße auf dem 7. und 8. Geschoss mit Einkaufs- und Verpflegungsmöglichkeiten sowie das Dachgeschoss mit einem Kindergarten, einem Schwimmbecken und einer Turnhalle fehlen in Unteraffoltern II (vgl. Hochbaudepartement der Stadt Zürich 2002, 24; Sbriglio 2004, 40). Mit der Wohnungsanordnung und der Ausgestaltung der Wohnungstypen hat Dubois in seiner Überbauung hingegen nicht einfach Le Corbusier kopiert, sondern

---

3   Vgl. auch LVZA UAII, LVZ (Hr. D.): Brief an den Finanzvorstand, z.Hd. des Vorstandes des Bauamtes II, 7.12.1962.

4   Die Unité d'habitation wurde nach Plänen von Le Corbusier von 1947 bis 1952 in Marseille gebaut. Die Unité war zur damaligen Zeit eine radikal neue architektonische Form, mit der Le Corbusier nicht nur sein Konzept der vertikalen Gartenstadt – in Gestalt einer im Grünen freistehenden Hochhausstruktur – sondern auch eine experimentelle Lösung für den Massenwohnungsbau der Nachkriegszeit entwickelte (Vgl. Sbriglio 2004).

ein eigenständiges, damals neuartiges Konzept entworfen (Hochbauinspektorat der Stadt Zürich 1996, 68). Die beiden mächtigen Gebäude sind in Sichtbeton ausgeführt und stehen teilweise auf freistehenden Stützen. So befinden sich in den Erdgeschossen offene Pfeilerhallen, in die die Hauseingänge eingeschoben sind. Die Eingangshallen sind großzügig gestaltet und neben der Briefkastenanlage mit Pflanzengruppen, einem Wasserspiel und emaillierten Tafelbildern der Künstlerin Hanny Fries dekoriert. Sie führen in das von Westen belichtete Treppenhaus mit zwei Liftanlagen. Abgesehen von den direkt daran angeschlossenen Etagenwohnungen auf der südlichen Kopfseite des Gebäudes (jeweils zwei pro Stockwerk), werden die Wohnungen im Längsbau über fünf innere Verteilgänge erschlossen. Diese laubengangähnlichen inneren Korridore sind um ein halbes Geschoss versetzt angeordnet und jeweils über das 2., 4., 7., 9. und 12. Geschoss zugänglich. Sie führen von dem an der Südseite situierten vertikalen Erschließungskern bis zur Nordfassade – an der eine Nottreppe angebracht ist – und werden durch einzelne Ausweitungen mit Tageslicht erhellt. Die variantenreichen Wohnungen entlang der Längsachse sind ineinander verschachtelt angeordnet. Die Maisonettewohnungen, die paarweise gestapelt zueinander liegen, steigen von dem Verteilgang, an den sie angebunden sind, entweder auf oder ab und über- oder unterqueren diesen so. Dieser Aufbau ermöglicht es, dass sich die Maisonettes (2½ bis 4 Zimmer) über die ganze Gebäudebreite erstrecken und auf beiden Seiten über Balkone verfügen. Daneben gibt es kleine Etagenwohnungen, deren Loggias als auskragende Band-Erker die Fassade gliedern. Neben diesen wird das Fassadenbild durch die perforierten Balkonbrüstungen und die dahinterliegenden, zimmergroßen Fensterelemente sowie in der Vertikalen von dem eingezogenen Treppenhaus strukturiert (Stadt Zürich 2005; Brun/Rhyner 1997, 6; Hartmann 2000, 132). Die beiden großen Baukörper sind versetzt zueinander angeordnet und über Wegnetze und fließende Grünräume, die mit dem Aushub leicht modelliert worden sind, miteinander verbunden (vgl. Durban et al. 2007; Stadt Zürich 2005).

Die Architektur der Überbauung Unteraffoltern II ist gerade aufgrund des Bezugs zu Le Corbusier für Zürich baugeschichtlich bedeutungsvoll. Bereits 1972 wurde die Siedlung von der Stadt Zürich mit der »Auszeichnung für gute Bauten« gewürdigt und gilt auch heute noch als wichtige architektonische Zeugin der damaligen Baukultur (vgl. Hartmann 2000, 132; Stadt Zürich 2005). Die Denkmalpflege setzt sich seit einigen Jahren mit dem gebauten Erbe dieser Zeitperiode auseinander. Dass die Architektur von Unteraffoltern II in Fachkreisen dabei gewürdigt wird, zeigt sich nicht zuletzt darin, dass die Überbauung im August 2013 – zusammen mit

81 anderen Gebäuden und 76 Gärten aus den 1960er- und 1970er-Jahren – vom Zürcher Stadtrat ins Inventar der Denkmalpflege aufgenommen worden ist.[5]

2.2.3 Am Stadtrand

Die beiden Scheibenhochhäuser ragen als imposante Baukörper von weither sichtbar aus ihrer Umgebung, der im Entstehungskontext noch freien Landschaft in Zürich Affoltern, hervor. Affoltern wurde 1934 in die Stadt Zürich eingemeindet und gehört seitdem zum damals neu geschaffenen Stadtkreis 11, zu dem neben Affoltern auch Oerlikon und Seebach gehören. Auch wenn sich die Gegend in den letzten Jahren stark verändert hat, ist Affoltern bis heute ein Außenquartier geblieben, eine von Grünräumen umgebene Wohngegend. Noch heute erinnert die ursprüngliche Bebauung der beiden Siedlungskerne Ober- und Unteraffoltern daran, dass diese bis vor nicht allzu langer Zeit kleine Bauernweiler waren.[6] Mit der Eingemeindung ab Mitte der 1930er-Jahre und insbesondere in den frühen 1950er-Jahren vergrößerte sich Affoltern, es entstanden durchgrünte Genossenschafts-Reihensiedlungen. In den 1960er- und 1970er-Jahren veränderte sich der ländlich-dörfliche Charakter der Besiedelung mit dem Bau von einzelnen Scheiben- und Punkthochhäusern, die an den Rändern des Quartiers (u.a. auch im Holzerhurd und an der Glaubtenstrasse) erstellt wurden (vgl. Durban et al. 2007, 418/428; Hochbaudepartement Zürich 2002, 11-19). Die Wohnüberbauung Unteraffoltern II entstand am Waldrand des Hürstholzes, umgeben von unbebautem Acker- und Weideland. In dieser Umgebung mag der Bau radikal erscheinen, er reflektiert aber auch die im Städtebau der Moderne verbreitete Vision der Schaffung von kompakten Gebäuden mit einer hohen Wohndichte im Grünen. Die Wohnüberbauung ist denn auch als Teil eines städtischen Bebauungsplanes konzipiert worden, der für die noch unbebaute Fläche zwischen Zehntenhausstrasse, Wald, Bahngleise und Katzenbach in einer räumlich konzentrierten Mischung von Flachbauten und Hochhäusern Wohnraum für etwa 5000 BewohnerInnen bereitstellen wollte (Stadt Zürich 2005). Neben den Wohnungen sollten auch ein Alterswohnheim, ein Primar- und Sekundarschulhaus, Kindergärten, eine Kirche mit einem Kirchgemeindehaus, eine Freizeitanlage, ein Ein-

---

5 Die Aufnahme ins »Inventar der kunst- und kulturhistorischen Schutzobjekte« bedeutet noch nicht, dass ein Objekt geschützt ist, sondern dass die Frage nach dem Denkmalschutz bei Umbau oder Abriss geprüft werden muss. Vgl. »Schützenswerter Beton«, in: Tagesanzeiger vom 27.08.2013.

6 In deren Mitte wurde 1683 eine Kirche gebaut. Mit der Zeit entstand um diese ein Gemeindezentrum mit einem Friedhof, einer Schule, einem »Spritzenhaus« und einem »Arrestlokal« (Hochbaudepartement der Stadt Zürich 2002, 11ff).

kaufszentrum, ein Restaurant sowie eine Sporthalle entstehen.[7] Nach der Ölkrise von 1973 wurden diese Stadterweiterungspläne – abgesehen vom Bau der Wohnsiedlungen Unteraffoltern I und II und den Spieleinrichtungen für Kinder auf dem Siedlungsareal – jedoch zurückgestellt. Damit fehlten zu Beginn auch sämtliche geplanten Infrastrukturen, sowohl was Einkaufs- und Verpflegungsmöglichkeiten als auch was soziale und kulturelle Einrichtungen betraf. ErstmieterInnen setzten sich gemeinsam mit der Liegenschaftenverwaltung bei den Verkehrsbetrieben Zürich für die Erschließung ihrer von der Stadt abgelegenen Siedlung mit öffentlichen Verkehrsmitteln ein.[8] Der Busbetrieb wurde optimiert und im Laufe der Jahre entstanden in der Wohnumgebung ein Primarschulhaus und ein Kindergarten, ein Altersheim, eine Sportanlage sowie weitere Wohnsiedlungen. Das Gemeinschaftszentrum und ein Einkaufszentrum sind in Gehdistanz erreichbar. Nach wie vor gibt es aber keine Restaurants, Cafés und Läden direkt nebenan. Auch wenn sich das Quartier in den letzten Jahren stark verändert hat, ist die Randlage der Siedlung bis heute geblieben.

2.3 KRISE: BAUSCHÄDEN UND SOZIALE SEGREGATION

2.3.1 Schnell gebaut, schnell beschädigt

Unteraffoltern II wurde in kurzer Zeit mit einem bis anhin relativ unerprobten Verfahren kostengünstig gebaut. Dies führte dazu, dass die ersten baulichen Schäden sich schon früh zeigten. Bereits 1984, 15 Jahre nach Fertigstellung des Baus, bröckelten die ersten Betonstücke von der Fassade. Die aus Eisen gefertigten Armierungsstäbe sind bei der Erstellung ungenügend eingebettet worden und wurden schon bald von Rost angegriffen. An der Sichtbetonfassade zeigten sich mehr und mehr Risse und Abplatzungen. Bis faustgroße lose Betonteile fielen herunter. Um die Sicherheit der Bewohnerschaft zu gewährleisten, mussten regelmäßig Betonreinigungsarbeiten mit Netzen und Absperrungen durchgeführt werden. Die Dehnungsrisse in den Fassaden reichten bis ins Gebäudeinnere und führten dort zu Wasserschäden. In den Wohnungen zeigten sich zudem zunehmend Schäden wie undichte Fenster, defekte Böden, Risse an den Zimmerdecken, veraltete Apparaturen sowie lose Wandplatten in den Badezimmern. Mängel und starke Abnutzungs-

---

7 Vgl. LVZA UAII, Stadt Zürich: Stadtratsprotokoll, 8.7.1966, S. 1.

8 Vgl. LVZA UAII, LVZ: Brief an die Zürcher Verkehrsbetriebe, 10.12.1970.

erscheinungen machten sich im Laufe der Jahre aber auch an den Flachdächern sowie in den Eingangshallen und Verteilgängen bemerkbar.[9]

Eine weitere Schwierigkeit stellte das gebaute Raumprogramm dar. Für die Verwaltung zeigte sich relativ schnell, dass die vielen Kleinwohnungen – insbesondere die 56 Einzimmerwohnungen, die mit $23m^2$ sehr knapp bemessen waren – schwierig zu vermieten waren. Im Rahmen der Subventionsbedingungen des sozialen Wohnungsbaus waren diese als Alterswohnungen bestimmt worden. Sie eigneten sich aber schlecht als solche, da der Bau selber nicht behindertengerecht geplant und gebaut worden war. Das halbe Treppengeschoss in der Eingangshalle und der Übergang vom Lift zu den meisten Verteilgängen, wo ein Zwischengeschoss überwunden werden muss, ermöglicht keinen rollstuhlgängigen Zugang zu den Wohnungen (vgl. Brun/Rhyner 1997, 6, 20).

2.3.2 Soziale Probleme und Segregation

Um der städtischen Wohnbauaktion für günstigen Wohnraum gerecht zu werden, wurde Unteraffoltern II vollständig im sozialen Wohnungsbau erstellt, d.h. alle Wohnungen waren subventioniert.[10] Bereits in der Projektierungsphase gab es Kritik an diesem Programm. So ist in einem internen Schreiben der Liegenschaftenverwaltung ans Bauamt der Stadt Zürich zu lesen:

»Es scheint uns ausserordentlich kritisch zu sein, dass eine derart grosse Siedlung nur im sozialen Wohnungsbau erstellt wird. Sowohl für die Mieter wie auch für die Verwaltung wäre es zu begrüssen, wenn ein Teil im allgemeinen Wohnungsbau vermietet werden könnte.«[11]

Aus dem Briefwechsel der städtischen Verwaltungsstellen geht hervor, dass gerade städtische Angestellte zu der Zielgruppe der Mieterschaft zählten.[12] Bei der anfäng-

---

9   Vgl. LVZA UAII, Stadt Zürich: Stadtratsprotokoll, 26.10.1994; LVZA UAII, LVZ (W.H.):»Die Wohnsiedlung Unteraffoltern II aus Sicht der Verwaltung«, Vortrag an der Schule für Soziale Arbeit Zürich, 30.8.1993 (Redemanuskript); LVZA UAII, Stadt Zürich (Amt für Hochbauten): Schreiben zur Medienkonferenz vom 19.6.1997. Vgl. auch Hartmann 2000, 132.

10 Die Wohnungen wurden der Subventionskategorie mit der stärksten Verbilligungswirkung zugeordnet, deren Bestimmungen ein sehr bescheidenes Einkommen und Vermögen der MieterInnen voraussetzten.

11 LVZ UAII, LVZ (Hr. D.): Brief an den Finanzvorstand, z.Hd. des Vorstandes des Bauamtes II, 7.12.1962.

12 Ebd.; vgl. auch LVZA UAII, Stadt Zürich (Finanzamt): Stellungnahme zum Raumprogramm für die Siedlung in Affoltern, 19.12.1962.

lichen Vermietungspraxis wurden zudem – in Absprache mit dem Amt für Fürsorge – alleinerziehende Mütter als Mieterinnen besonders berücksichtigt. So ist in einer internen Aktennotiz der Liegenschaftenverwaltung vom August 1969 zu lesen:

»Auf Grund der Korrespondenz von November 1967 bis März 1968 mit dem Wohlfahrtsamt wurde bestimmt, dass die 2-Zimmerwohnungen in der Kolonie Unteraffoltern für alleinstehende Mütter reserviert sind. [...] Die Begeisterung der für diese Unterkünfte in Frage kommenden Mütter [ist] wegen des weiten Weges nicht sehr gross. Trotzdem besuchten wir weitere ledige und geschiedene Mütter und unterbreiteten ihnen [...] unsere Vorschläge. Wahrlich eine etwas magere Auswahl, die aber im Hinblick auf die fehlenden Arbeitsmöglichkeiten in der Umgebung verständlich ist. Es darf nicht vergessen werden, dass ein weiter Arbeitsweg für alleinstehende Mütter eine bedeutend grössere Belastung darstellt, als für einen Mann, der beim Nachhausekommen alles bereit vorfindet.«[13]

In dieser administrativen Berichterstattung scheint nicht nur hervor, wie die Gruppe eheloser, alleinerziehender Mütter nicht in die vorherrschenden gesellschaftlichen Konventionen der Kleinfamilie nach dem Alleinernährer-Hausfrauen Modell passte, an der sich der Wohnungsmarkt und auch die Verwaltungsinstanzen sonst orientierten. Deutlich wird auch die Haltung der städtischen Wohnbau- und Verwaltungspolitik: Diese trägt im damaligen Kontext der 1960er-Jahre zum einen fortschrittlichunterstützende Züge, wurden doch ehelose, alleinstehende Mütter damals in der Schweiz teils noch immer mit Kindes- oder gar Freiheitsentzug sanktioniert. Zum anderen scheint mit der Zuweisung auf 2-Zimmerwohnungen auch eine normierende Haltung durch. Mit ihrem Auftrag zur Wohnraumversorgung benachteiligter Gruppen – und der damit einhergehenden sowohl unterstützenden als auch kontrollierenden Vermietungspraxis – hat die Verwaltung das Nutzungsprogramm der Siedlung seit den Anfängen bestimmt, was sich auf die Zusammensetzung der Bewohnerschaft ausgewirkt hat. Die vielen städtischen Angestellten, insbesondere Beamte der Verkehrsbetriebe, die zu Beginn im Isengrind wohnten, erfüllten die strengen Vermietungsrichtlinien für die subventionierten Wohnungen oft schon bald nicht mehr.[14] Dies führte dazu, dass an Stelle der ursprünglich intendierten Zielgruppen aus der unteren Mittelschicht zunehmend Personen in psycho-sozialen Belastungssituationen in die leer werdenden Wohnungen zogen. Die Subventionsbestimmungen sahen vor, dass die Wohnungen mittlerer Größe (164 3- und 14 4-Zimmerwohnungen) hauptsächlich von einkommensschwachen Familien mit Kin-

---

13 LVZA UAII, LVZ: Aktennotiz, 6.1.1969.

14 Vgl. LVZA UAII, LVZ (W.H.):»Die Wohnsiedlung Unteraffoltern II aus Sicht der Verwaltung«, Vortrag an der Schule für Soziale Arbeit Zürich, 30.8.1993 (Redemanuskript).

dern belegt würden[15] und die 74 1- und 1½-Zimmerwohnungen ausschließlich an RentnerInnen der Alters- oder Invalidenversicherung vermietet werden durften. Da sich die Wohnungen für Menschen mit einer Gehbehinderung nicht eigneten, wurden die Kleinwohnungen vermehrt an IV-RentnerInnen oder an vom Sozialamt in Beistand- oder Vormundschaft betreute Personen vergeben. Unter diesen gab es eine Häufung an Personen, die nicht mehr selbstständig, teilweise auch verwirrt und »verwahrlost« waren, die mit einer Alkohol- oder Drogensucht und/oder mit einer psychischen Erkrankung lebten.[16] Für das soziale Zusammenleben bedeutete dies eine außerordentliche Belastung. Aber auch das Image der Siedlung litt darunter.

Bereits 1983 wurde in der *Neuen Zürcher Zeitung* berichtet, dass es im Isengrind »die in derartigen, aus dem Boden gestampften Siedlungen oft beachteten Probleme« gebe. Die Zahl der betreuten Kinder – das wurde damals problematisiert und galt als ein Indiz für benachteiligte Familien –, liege deutlich über dem städtischen Durchschnitt, sozialarbeiterische Interventionen seien deshalb angezeigt.[17] Die Problemsituation spitzte sich immer mehr zu und die Überbauung wurde im Quartier und in der Öffentlichkeit zunehmend als »sozialer Brennpunkt« wahrgenommen. 1992 ließ die Liegenschaftsverwaltung der Stadt Zürich von lokalen sozialen Fachstellen einen Bericht zu der sozialen Situation in der Siedlung verfassen. Dieser informierte, dass von den 264 Haushalten (mit insgesamt 546 BewohnerInnen) fast die Hälfte (47.3%) am Existenzminimum lebte. Das hieß damals für Erwachsene ein jährliches Einkommen von weniger als 15'000 Franken pro Person bzw. 1250 Franken monatlich. Mehr als ein Viertel (26.1%) aller Haushalte lag sogar deutlich unter der Armutsgrenze (mit einem Pro-Kopf-Einkommen von weniger als 10'000 Franken pro Jahr).

Auch der Ausländeranteil wurde mit beinahe 30% und 22 verschiedenen Nationalitäten als überdurchschnittlich hoch gewertet. Der Bericht problematisierte, dass sich für die freiwerdenden Wohnungen meist nur noch Personen ausländischer Herkunft interessierten. Hervorgehoben wurde zudem der außergewöhnlich hohe Anteil an Alleinerziehenden (42.1% aller Haushalte mit Kindern) sowie Langzeitarbeitslosen oder Working-poor.[18] In der Siedlung kumulierten sich also Problemlagen, die

---

15 Die Belegungsvorschriften setzen neben Einkommensobergrenzen voraus, dass die Anzahl der BewohnerInnen mindestens der Zimmerzahl der Wohnung minus 1 entsprechen soll, d.h. eine 3-Zimmerwohnung muss von mindestens zwei Personen bewohnt werden.

16 LVZA UAII, J. Caflisch et al.: »Bericht zur sozialen Situation in der Wohnsiedlung Unteraffoltern II«, Oktober 1992, S. 7.

17 »Gemeinwesenarbeit im ›Isengrind‹«, in: NZZ vom 20.08.1983.

18 LVZA UAII, J. Caflisch et al.: »Bericht zur sozialen Situation in der Wohnsiedlung Unteraffoltern II«, Oktober 1992, S. 4-7.

gesamtgesellschaftliche Entwicklungen und neue Ausprägungen der oft versteckten Armut in der Schweiz widerspiegelten.

Von der Liegenschaftenverwaltung sowie von involvierten sozialarbeiterischen Fachpersonen wurde Anfang der 1990er-Jahre ein sich beschleunigender Abbauprozess konstatiert, der sich etwa in Sachbeschädigungen, Einbrüchen, Bedrohungen oder Belästigungen von Personen sowie einer zunehmenden Verwahrlosung der öffentlichen Räume bemerkbar mache.[19] Als weitere Problematiken in der Siedlung wurden Integrationsschwierigkeiten von und Fremdenfeindlichkeiten gegenüber MigrantInnen, aber auch die Unterbetreuung von Kindern sowie Verhaltensauffälligkeiten bei Jugendlichen genannt.[20] Neben Vandalismus und Aggressivität sei auch die Tendenz zum Rückzug in die eigenen Wände, in die Anonymität und Resignation festzustellen.[21]

Einhergehend mit dieser Krisensituation hatte die Siedlung mit einem immer schlechter werdenden Ruf zu kämpfen.[22] Die Rede war von einem »Trend zur Ghettobildung« bzw. »einer für Schweizer Verhältnisse krassen Verslumung« (Hartmann 2000, 133).[23] Der damalige zuständige Liegenschaftenverwalter von Unteraffoltern II bezeichnete die Überbauung gar als Sorgenkind Nr. 1, als »die problematischste und am schwierigsten zu verwaltende« unter den 54 Wohnsiedlungen der Stadt Zürich.[24] Neben den baulich und verwaltungspraktisch – bzw. subventionspolitisch – problematischen Voraussetzungen mag die Randlage (mit der zumindest in den Anfangsjahren mangelnden Infrastruktur) eine nicht zu unterschätzende Rolle für die Herausbildung einer Konzentration von gesellschaftlich marginalisierten Personengruppen in der Siedlung gespielt haben. Denn soziale Segregationsprozesse hängen immer auch mit dem weiteren urbanen Kontext zusammen, in dessen Rahmen sie sich abspielen (vgl. Häußermann/Siebel 2004). Im Laufe der

---

19 Ebd., S.6.

20 LVZA UAII, Verena de Baan: »Begleitende Gemeinwesenarbeit während der Renovation 1995-1997«, Schlussbericht, Zürich Juli 1997, S. 5.

21 LVZA UAII, LVZ (W.H.): »Die Wohnsiedlung Unteraffoltern II aus Sicht der Verwaltung«, Vortrag an der Schule für Soziale Arbeit Zürich, 30.8.1993 (Redemanuskript).

22 Vgl. LVZA UAII, Stadt Zürich: Stadtratsprotokoll, 26.10.1994, S.2.

23 Vgl. auch LVZA UAII, J. Caflisch et al.: »Bericht zur sozialen Situation in der Wohnsiedlung Unteraffoltern II«, Oktober 1992, S. 6; LVZA UAII, LVZ (W.H.): »Die Wohnsiedlung Unteraffoltern II aus Sicht der Verwaltung«, Vortrag an der Schule für Soziale Arbeit Zürich, 30.8.1993 (Redemanuskript); LVZA UAII, Verena de Baan: »Begleitende Gemeinwesenarbeit während der Renovation 1995-1997«, Schlussbericht, Zürich Juli 1997, S. 4f.

24 LVZA UAII, LVZ (W.H.): »Die Wohnsiedlung Unteraffoltern II aus Sicht der Verwaltung«, Vortrag an der Schule für Soziale Arbeit Zürich, 30.8.1993 (Redemanuskript).

1990er-Jahre wurde die Stadt Zürich – nach zwei Jahrzehnten des Bevölkerungs-
rückgangs – gerade für jüngere und gut gebildete Personen als Wohnort wieder zunehmend attraktiv. Dies führte zu einem verstärkten Druck im Wohnungsmarkt Zürichs, infolgedessen auch Gentrifizierungsprozesse beobachtet werden können.
Große Wohnüberbauungen am Stadtrand oder in der Agglomeration wie Unteraffoltern II sind dabei zunehmend zu ›Auffangbecken‹ von sozial und ökonomisch
benachteiligten BewohnerInnen geworden (Vgl. Stahel 2006). Seit den 1990er-
Jahren ist Zürich gerade in den Außenquartieren und besonders ausgeprägt in Affoltern weitergewachsen und günstiger Wohnraum ist nach wie vor insbesondere hier
zu finden. Es wäre aber falsch, Affoltern als mehrheitlich von unteren Bevölkerungsschichten bewohntes Gebiet zu bezeichnen.[25] In die vielen Neubauwohnungen
– etwa im benachbarten Quartier Ruggächern – sind im Laufe der letzten Jahre auch
viele gutverdienende Personen gezogen.[26]

2.4 ERNEUERUNG: SANIERUNG, SOZIALARBEIT UND BEVÖLKERUNGSSTRUKTUR

2.4.1 Ein Politikum

Unteraffoltern II wurde in den 1990ern in Zürich zu einem Sinnbild für die Krise, in
die der Großwohnungsbau aus den 1960ern und 1970ern geraten ist. Da die Siedlung im Besitz der Stadt Zürich war, wurde die Frage des Umgangs mit diesem baulichen Erbe auch in Politik und Öffentlichkeit ausgetragen. Der Erneuerungsfonds
des subventionierten Wohnungsbaus wies seit 1988 einen Negativsaldo auf, die
Einnahmen durch die niedrigen Mietzinsen konnten die laufend höher werdenden
Aufwendungen für baulichen Reparaturen und Unterhalt nicht decken. Aufgrund
der fehlenden Rückstellungen mussten deshalb die Erneuerungskosten durch öffentliche Gelder finanziert werden (Hartmann 2000, 132).[27] Als sich die baulichen
Mängel in der Siedlung häuften, wurde die Frage nach einem Ersatzneubau von einigen Politikern in die Diskussion eingebracht, aus ökonomischen Gründen aber

---

25 Die Arbeitslosenquote in Affoltern liegt beispielsweise mit 3.9% genau im gesamtstädti-
    schen Durchschnitt von Zürich. Unter den Beschäftigten sind einkommensstarke Bran-
    chen nicht untervertreten (Vgl. Statistik Stadt Zürich 2015, 28).

26 Vgl.»Die Agglo boomt«, in: Züritipp vom 2.12.2010.

27 Vgl. auch: LVZA UAII, Stadt Zürich (Finanzvorstand): Weisung an den Stadtrat,
    3.10.1994, S. 4f; LVZA UAII, Stadtratsprotokoll, 26.10.1994.

schnell wieder fallengelassen.[28] Nach detaillierten Zustandsanalysen entschied die Stadt im Jahr 1994 aufgrund der massiven Betonschäden eine umfassende Außensanierung einzuleiten. Die Kosten wurden auf 34.5 Millionen Franken veranschlagt.[29] Damit signalisierten die zuständigen städtischen Stellen auch, dass sie den desolaten Zustand der Siedlung ernst nahmen und bereit waren, hohe Investitionen für eine Verbesserung der Situation aufzubringen. Wie der damalige Liegenschaftenverwalter darlegte, sollte demonstriert werden: »Wir (die Stadt Zürich) lassen nichts verlottern und investieren!«[30]

Nicht zuletzt wegen der hohen Kosten war das Sanierungsvorhaben hingegen politisch umstritten, was auch in der städtischen Tagespresse diskutiert wurde. Die politische Debatte drehte sich weniger um die Relevanz der Sanierung, als vielmehr um Kompetenzregelungen: Drei Vertreter des Gemeinderats (des Parlaments der Stadt Zürich) hatten eine Aufsichtsbeschwerde gegen den Stadtrat (Exekutive) eingereicht und forderten ein Recht auf Mitsprache bei der Sanierung und deren Kosten. Sie störten sich an der Regelung, dass der Stadtrat das teure Sanierungsprojekt im Rahmen der sogenannt gebundenen Ausgaben, wie sie unter anderem für Unterhalt und Renovierung stadteigener Gebäude zu tragen kommen, in eigener Kompetenz bewilligen und initiieren konnte, ohne die Zustimmung des Stadtparlaments einzuholen, das sonst bei Ausgaben über einer Million Franken mitzureden hatte. Dass eine Sanierung dringend erforderlich war, wurde nicht in Frage gestellt und die dafür erforderlichen Maßnahmen durch die Beschwerde auch nicht verhindert. Sie bewirkte jedoch, dass die Siedlung, die schon einen schlechten Ruf hatte, im Zusammenhang mit ihrer Erneuerung zusätzlich negativ in die Schlagzeilen geriet.[31]

---

28 Die LVZ ließ berechnen, dass für einen Abbruch/Neubau 93 Mio. CHF aufzuwenden wären. Um dem Gebäude durch Sanierung eine ähnlich lange Lebensdauer wie ein Neubau zu verschaffen, wären nur 60 Mio. CHF zu investieren. LVZA UAAII, LVZ: Beantwortung von Fragen der FDP zur Weisung 67, 16.1.1995; Vgl. auch: »Auf 50 Jahre die günstigste Lösung«, in: Tagesanzeiger vom 2.3.1995.

29 70% dieser Kosten wurden vom Kanton Zürich als wertvermehrende Investitionen mittels eines zinslosen Darlehens gewährt, sofern die Stadt den werterhaltenden Anteil von 30% abdecken würde. Vgl. LVZA UAII, Stadt Zürich (Finanzvorstand): Weisung an den Stadtrat, 3.10.1994.

30 LVZA UAII, LVZ (W.H.): »Die Wohnsiedlung Unteraffoltern II aus Sicht der Verwaltung«, Vortrag an der Schule für Soziale Arbeit Zürich, 30.8.1993 (Redemanuskript).

31 Zur Diskussion in der Tagespresse vgl.: »Stadt ist wenig kostenbewusst« und »Der Stadtrat soll besser informieren«, in: Tagesanzeiger vom 7.2.1995; »Dieser Betrag musste erschrecken. Kommentar von Emil Hildebrand«, in: Tagesanzeiger vom 23.3.1995;

2.4.2 Bauliche Erneuerung

Aufgrund der sich schon bald zeigenden baulichen Schäden wurden bereits in den 1980er-Jahren erste Renovierungsarbeiten vorgenommen: 1984/85 wurden die Liftanlagen erneuert und die Flachdächer in Stand gesetzt und 1987 die Gasherde ausgewechselt. 1991/92 folgte die Modernisierung der veralteten Küchen und die Erneuerung der Heizung, die von einer reinen Ölfeuerung auf Öl-/Gasbetrieb umgestellt wurde.[32] Zugleich wurde eine umfassende Sanierung des Baus immer unumgänglicher. Dieses Vorhaben wurde von 1995-97 unter dem Architekten Matthias Eschenmoser umgesetzt.[33]

Ziel war es, das Gebäude für die nächsten 50 Jahre baulich zu sichern. Die Dach- und Terrassenflächen sollten thermisch besser isoliert und die Eingangshallen, Verteilgänge sowie Wohnumgebung verbessert werden. Die Außenfassade – die Ortbetonflächen, Balkone, Wohnungserker und Nottreppen – wurden tiefgreifend saniert, zuerst mit Sandstrahlen gereinigt und anschließend mit einer 20 Millimeter starken Spritzbetonschicht neu überzogen. Um den Sichtbetoncharakter zu bewahren, wurde die Oberfläche des Betonauftrages teils in Handarbeit abgerieben, teils mit zwölf Zentimeter breiten Schalungsbrettern strukturiert. Auf eine Außenisolation wurde verzichtet, da diese erheblich ins architektonische Erscheinungsbild der Bauten eingegriffen hätte. Mit dem Einbau neuer Holz-Metallfenster konnte der Heizenergieverbrauch aber um einen Drittel reduziert werden. Ebenso wurden die Rollladen und die Heizungsleitungen ausgewechselt.

Die Außenrenovierung wurde mit einer Verbesserung der Allgemeinräume erweitert. Ein Schwerpunkt wurde dabei auf die offenen Pfeilerhallen und Eingangsbereiche gelegt. Die Eingangshallen wurden mit einer rollstuhlgängigen Rampe erweitert[34] und mit einer Briefkastenanlage in kräftigen Farben, Handläufen in Chromstahl sowie einer hinter einer Glasverkleidung situierten Grünanlage mit Wasserlauf neugestaltet. Zudem wurden automatische Schiebetüren eingebaut, die das Entrée vom Treppenhaus mit der Liftanlage abtrennten. Auch bei den Erschließungsgängen wurden rauchdichte Abschlusstüren angebracht und diverse Erneuerungsmaßnahmen vorgenommen: Die Wände wurden frisch gestrichen, die Böden mit akustisch dämmenden Kugelgarnteppichen versehen und eine neue Beleuchtung installiert. Um die vielen gleichen Türen zu individuellen Wohnungseingängen zu

---

»Machtprobe um ein Sanierungsvorhaben«, in: NZZ vom 12.4.1995; »Streit um Renovation«, in: Tagesanzeiger vom 13.4.1995.

32 Vgl. LVZA UAII, Stadt Zürich: Stadtratsprotokoll, 15.5.1991.

33 Vgl. LVZA UAII, Stadt Zürich: Stadtratsprotokoll, 26.10.1994.

34 Diese Rampe ist jedoch sehr steil und eignet sich nach wie vor nicht für Rollstühle. Vgl. Gruppeninterview LVZ UAII, 00:34:50.

machen, wurden sie in Komplementärfarben unterschiedlich bemalt (vgl. Stadt Zürich 2005). Im bisher offenen Erdgeschoss des Wohnblocks Im Isengrind 35 wurde ein Spielraum und in dem an der Fronwaldstrasse ein Gemeinschaftsraum eingebaut. Darüber wurde ein Raum für Kinderspielgruppen mit separatem Büro- bzw. Aufenthaltsraum eingebaut (vgl. Brun/Rhyner 1997, 18f; Hartmann 2000, 134; Hochbauinspektorat der Stadt Zürich 1996, 68; Stadt Zürich 2005).[35]

Im Rahmen der Außensanierung wurde auch eine Renovierung des Wohnumfelds geplant. Ziel war es, die als langweilig empfundene Wohnumgebung aufzuwerten, die veralteten Einrichtungen zu erneuern und kinderfreundlich zu gestalten. Dabei sollten Erkenntnisse aus einer Studie zur kindgerechten Erneuerung von Außenräumen, an der die Stadt mit beteiligt war, umgesetzt werden.[36] Zudem wurde, entsprechend der Richtlinien der städtischen Vermietungsgrundsätze, vorausgesetzt, dass die BewohnerInnen bei der Umgestaltung ihrer Wohnumgebung einbezogen werden mussten. Der aus der Bewohnerschaft formulierte Wunsch nach kleinräumigen Nischen – mit einer für verschiedene Nutzergruppen differenzierten Gestaltung – kollidierte mit den behördlichen Anforderungen, den architektonischen und ästhetischen Ausdruck der freien durchfließenden Grünräume zu bewahren. Dies führte anfänglich zu Schwierigkeiten im Projekt.[37] Letztlich waren aber alle Beteiligten mit dem Resultat zufrieden, mit dem Gesamtbild wie auch mit den verschiedenen sanierten und neu erstellten Spielplätzen für Kinder unterschiedlichen Alters, der großen Spielwiese, dem Streetballplatz, den Kinderplanschbecken, den Sitzgelegenheiten, Schaukeln und dem Tiergehege für Bergziegen.[38] Da die tatsächlichen Kosten für die Außensanierung mit 26.4 Millionen geringer ausfielen als ursprünglich (mit 34 Millionen) veranschlagt, wurden die bei der Sanierung des Wohnum-

---

35 Vgl. auch: LVZA UAII, Stadt Zürich: Stadtratsprotokoll, 26.10.1994 und LVZA UAII, Stadt Zürich (Amt für Hochbauten): Informationsschreiben zur Medienkonferenz anlässlich des Abschlusses der Renovation, 19.6.1997.

36 Die Studie des Schweizerischen Nationalfonds Das Kind in der Stadt (1995) von Marco Hüttenmoser sollte u.a. bei den Wohnumfeldverbesserungen der städtischen Siedlungen Unteraffoltern II und Hardau zur Anwendung kommen. Vgl. LVZA UAII, Stadt Zürich (Finanzdepartement): Weisung an den Stadtrat, 10.12.1997.

37 Vgl. LVZA UAII, Felix Guhl (Bund Schweizer Landschaftsarchitekten): Bericht zum Gestaltungskonzept Umgebung Wohnsiedlung Unteraffoltern I/II, Zürich 6.2.1997 und LVZA UAII, LVZ (Sozialberatung): Internes Schreiben an die Direktion, 2.7.1997. Vgl. auch Kapitel II. 2.4.6.

38 Vgl. LVZA UAII, Roman Berchtold (Landschaftsarchitekt): Protokoll der Schlusssitzung zur Wohnumfeldverbesserung der Wohnsiedlung Unteraffoltern II, 5.11.1998.

felds anfallenden zusätzlichen Kosten von 570'000 Franken im Rahmen des bestehenden Kredits aufgefangen.[39]
    Um den Werterhalt des Gebäudes zu sichern, wurde in einem zweiten Schritt
für insgesamt 17 Millionen Franken in den Jahren 2003/04 eine Innenrenovierung
durchgeführt. In deren Rahmen wurden die sanitären Leitungsinstallationen und die
Badezimmer erneuert sowie die Gaskochherde durch Glaskeramikherde ersetzt. Die
Innenräume wurden teilweise mit einer Wärmedämmung versehen und Malerarbeiten vorgenommen. Ein besonderes Gewicht wurde auf die Zusammenlegung von
Wohnungen gelegt. Dieser durch die Batimo AG und Winkler Streit Steiner Architekten geplante strukturelle Umbau hatte zum Ziel, die Wohnqualität und den Wohnungsmix in den beiden Häusern zu verbessern. Beabsichtigt war explizit, die soziale Durchmischung der Siedlung mittels einer Verringerung der vielen kleinen
und schwierig zu vermietenden Einzimmerwohnungen positiv zu beeinflussen.[40] So
wurden 40 der 56 Einzimmerwohnungen zu 2 oder 2½-Zimmerwohnungen zusammengelegt. Zudem wurden 36 nebeneinanderliegende 3-Zimmermaisonettes – ohne
die Anordnung zueinander zu verändern – in je 18 4- und 2-Zimmerwohnungen
umgebaut. In den Kopfbauten entstanden durch Zusammenlegungen von je zwei 3-
Zimmerwohnungen sechs großzügige 5½-Zimmerwohnungen. Mit den neuen
Großwohnungen sollte mehr Wohnraum für Familien mit Kindern geschaffen werden, wobei besonderer Wert darauf gelegt wurde, dass Familien, die bereits in der
Siedlung wohnten, größere Wohnungen erhielten. Durch die Wohnungszusammenlegungen reduzierte sich die Anzahl der Wohnungen in der Überbauung von 264
auf 236.[41]

2.4.3 Soziale Erneuerung und Gemeinwesenarbeit

Mit der Außenrenovierung strebte die Stadt Zürich eine umfassende Erneuerung der
Wohnsiedlung Unteraffoltern II an, die »die bis anhin auf bauliche Maßnahmen be-
schränkten Sanierungskonzepte auch auf soziale Fragen und Aspekte ausweiten«
sollte.[42] Hierzu ergriffen die Verantwortlichen der Stadt gemäß Stadtratbeschluss
zwei Maßnahmen: Zum einen strebten sie mit einer neuen Subventions- und Ver-

---

39 LVZA UAII, Stadt Zürich (Finanzdepartement): Weisung an den Stadtrat, 10.12.1997.

40 Vgl. LVZA UAII, Stadt Zürich (Fachstelle für Stadtentwicklung): Stellungnahme zu den
    Wohnungszusammenlegungen in der Wohnsiedlung Unteraffoltern II, 27.10.1999.

41 Vgl. LVZA UAII, Stadt Zürich: Stadtratsprotokoll, 20.3.2002; LVZA UAII, LVZ: Medi-
    enmitteilung, 28.5.2004; LVZA UAII, LVZ: Mieterinformation zur Innenrenovation,
    13.9.2002.

42 LVZA UAII, Markus Brändle (Hochschule für Soziale Arbeit, Zürich): Sozialkonzept für
    eine ganzheitliche Erneuerung der Wohnsiedlung Unteraffoltern II, Zürich Januar 1994.

mietungspolitik eine größere Durchmischung der Bewohnerschaft in der Siedlung an. Zum anderen stellten sie eine Sozialarbeiterin an, die die BewohnerInnen während der zweijährigen Außenrenovierung im bewohnten Zustand unterstützen und das soziale Zusammenleben fördern sollte.[43] Bereits 1982 hatten drei Sozialarbeitsstudierende im Auftrag des Jugendamtes ein erstes Projekt zur siedlungsbezogenen Gemeinwesenarbeit für Unteraffoltern II ausgearbeitet.[44] Das Jugendsekretariat Glattal stellte daraufhin eine halbe Sozialarbeitsstelle für die Siedlung zur Verfügung und eröffnete Im Isengrind 35 eine niederschwellige Anlaufstelle für Gemeinwesensaktivitäten. In deren Rahmen wurden verschiedene Anlässe organisiert wie Siedlungsfeste, Bastel- und Spielnachmittage sowie von und mit BewohnerInnen betreute Spielgruppen für Kinder. 1990 wurde ein Siedlungsverein gegründet, wobei der damalige Liegenschaftenverwalter drei Jahre später festhielt, dass es nur wenige und immer dieselben BewohnerInnen seien, die bereit seien, etwas zu organisieren.[45] Der Arbeitsbereich des Jugendsekretariats Glattal konzentrierte sich auf Familien, Kinder und Jugendliche und konnte Problemsituationen anderer Gruppen, die sich in der Siedlung zunehmend manifestierten, nur begrenzt angehen.[46] Das Projekt der renovierungsbegleitenden Gemeinwesenarbeit mit einer Anlaufstelle vor Ort, das im Rahmen des Baukredits von April 1994 bis September 1997 finanziert wurde, konnte also bereits auf professioneller Vorarbeit aufbauen, aber auch gezieltere Maßnahmen hinsichtlich der sich während der Sanierung ergebenden Probleme in die Wege leiten. Hauptaufgaben des Büros KIK, wie sich die gemeinwesenorientierte Anlaufstelle nannte, waren die Kommunikation, Information und Koordination (KIK) zwischen den verschiedenen Beteiligten am Bau und der Bewohnerschaft, die während der beinahe zweijährigen Sanierungsphase erheblichen Belastungen ausgesetzt war. Weiter sollte die Gemeinwesenarbeit die Mieterpartizipation mittels Lobbyarbeit bei Verwaltung und Bauherrschaft sowie die Mitsprachemöglichkeiten der Bewohnerschaft bei der Gestaltung der Gemeinschaftsräume und Umgebung fördern. Sie unterstützte aber auch Siedlungsaktivitäten und die Bildung neuer soziokultureller Gruppen wie eine Betriebsgruppe für einen *Kafi-Treff*, ein Verwaltungsteam für die Gemeinschaftsräume oder eine Gruppe für Spielnachmittage. Zudem begleitete und stärkte sie den Siedlungsverein.[47]

---

43 Vgl. LVZA UAII, Stadt Zürich: Stadtratsprotokoll, 26.10.1994.

44 Vgl. »Gemeinwesenarbeit im ›Isengrind‹«, in: NZZ vom 20.8.1983.

45 LVZA UAII, LVZ (W.H.): »Die Wohnsiedlung Unteraffoltern II aus Sicht der Verwaltung«, Vortrag an der Schule für Soziale Arbeit Zürich, 30.8.1993 (Redemanuskript).

46 Vgl. LVZA UAII, Verena de Baan: Referat am 6. Basler Workshop »Zur Zukunft des Wohnens«, 18.10.1996 (Redemanuskript).

47 Vgl. LVZA UAII, Verena de Baan: »Begleitende Gemeinwesenarbeit während der Renovation 1995-1997«, Schlussbericht, Zürich Juli 1997.

Neben diesen direkten sozialarbeiterischen Interventionen wurden im Rahmen der sozialen Erneuerung der Siedlung auch Maßnahmen zu einer Veränderung der einseitigen Zusammensetzung der Mieterschaft ergriffen. Da sich die subventionierten Alterswohnungen für diese Zielgruppe schlecht eigneten, wurde für die Einzimmerwohnungen die Subventionskategorie für »einkommensschwache Alleinstehende« eingeführt, die sich explizit an Studierende und Erwerbstätige mit geringem Einkommen richtete. Zudem wurde mehr als die Hälfte der Wohnungen von subventionierten in freitragende abgelöst.[48] Konkret wurden alle zwölf 2-Zimmerwohnungen, 88 der 164 3-Zimmerwohnungen sowie vier der 14 4-Zimmerwohnungen nicht mehr subventioniert.[49] Diese Option, Wohnungen auch an Personen mit etwas höherem Einkommen zu vermieten, sollte den Segregationsprozessen Gegensteuer geben. Hierzu sah eine interne Richtlinie der Liegenschaftenverwaltung vor, bei der Neuvermietung möglichst wenig »problembehaftete«, das heißt, gesellschaftlichen Normvorstellungen nicht entsprechende Personen, zu gewinnen, sondern MieterInnen, die »voraussichtlich etwas zur Siedlungsgemeinschaft beitragen können und wollen«. Außerdem sollten »Randständige« bzw. »IV-RentnerInnen ohne Tagesstruktur« bei der Vermietung nicht mehr berücksichtigt und bei ausländischen Familien darauf geachtet werden, dass sie »integriert sind« und sich mindestens eine erwachsene Person pro Haushalt in Deutsch verständigen könne.[50] Bisherigen MieterInnen, die die neuen Subventions- und Mietbestimmungen nicht mehr erfüllten, sollte so weit möglich ein Wohnungstausch innerhalb der Überbauung oder in eine andere städtische Siedlung angeboten werden.[51] Mehreren Personen, die als »problematisch« galten, wurde – meist in Zusammenhang mit einem Übertritt in ein Alters- oder Pflegeheim bzw. in eine Klinik – gekündigt (Brun/Rhyner 1997, 20).

Mit der Innenrenovierung 2003/04 wurde die partielle Loslösung vom sozialen Wohnungsbau weitergeführt und die durch Wohnungszusammenlegungen entstehenden 32 2-Zimmerwohnungen, die vier 2½- sowie die sechs 5½-Zimmer-

---

48 Dieses neue Subventionsprogramm ist auch im Kontext einer generell restriktiveren Subventionspolitik des Kantons zu betrachten, entschied sich doch das kantonale Amt für Wohnbauförderung dafür, nach der Sanierung der Siedlung die Anzahl subventionierter Wohnungen auf die Hälfte, d.h. auf maximal 132 Wohnungen, zu beschränken. Vgl. LVZA UAII, Stadt Zürich: Stadtratsprotokoll, 25.6.1997 und LVZA UAII, Stadt Zürich (Finanzdepartement): Brief an das Amt für Wohnbauförderung, 10.2.1997.

49 Vgl. LVZA UAII, LVZ: Zusammenstellung der Subventionsarten in der Wohnsiedlung Unteraffoltern II, o.D.

50 LVZA UAII, LVZ: Besprechungsnotiz (intern), 11.11.1992.

51 Vgl. LVZA UAII, LVZ: Mieterliste Unteraffoltern II, 15.3.2002.

wohnungen in den freitragenden Wohnungsbau überführt.[52] Alle 16 noch verbleibenden Einzimmerwohnungen wurden weiterhin für »einkommensschwache Alleinstehende« subventioniert und auch die 18 neu geschaffenen 4-Zimmerfamilienwohnungen wurden in den sozialen Wohnungsbau aufgenommen.[53] In der ursprünglich vollkommen subventionierten Überbauung sind heute noch 40% der Wohnungen subventioniert und 60% freitragend.

2.4.4 Wandel in der sozio-demografischen Struktur (1993-2010)

Die diversen Interventionen zur sozialen Erneuerung der Siedlung lassen sich auch in den sozio-demografischen Daten zur Wohnbevölkerung ablesen. Die Statistikdienste der Stadt Zürich haben für die vorliegende Studie einen Siedlungsspiegel zur Wohnbevölkerung in Unteraffoltern II über die Jahre 1993 bis 2010 zusammengestellt.[54] Die Anzahl an BewohnerInnen der Siedlung Unteraffoltern II lag sowohl 1993 als auch 2010 bei 516 Personen. Die Anzahl an Wohnungen reduzierte sich aber in dieser Zeitperiode von 264 auf 236. So erhöhte sich mit der gestiegenen Attraktivität der Siedlung nach der Außenrenovierung die Anzahl der BewohnerInnen im Jahr 1997 auf 557 (im Jahr 2001 gar auf 569) und pendelte sich nach den Wohnungszusammenlegungen im Jahr 2005 bei ca. 520 BewohnerInnen ein.[55]

Sozio-ökonomische Situation

Eine der augenscheinlichsten Veränderungen zeichnete sich in den 1990er- und 2000er-Jahren im Hinblick auf die Einkommenssituation der Wohnbevölkerung des Isengrind ab. Die mittels einer Reduzierung der subventionierten Wohnungen angestrebte Förderung der Durchmischung wirkte sich auf ein kontinuierliches Wachstum der steuerbaren Einkommen aus.[56]

---

52 Die Vermietung der neuen – mit 132m² großzügigen – 5½-Zimmerwohnungen (Mietzins pro Monat um die 2500 CHF) scheint anfänglich schwierig gewesen zu sein. Vgl. LVZA UAII, LVZ: Aktennotiz »Bewerbungen für die 5.5-ZiWo«, 2.10.2003.

53 Vgl. LVZA UAII, Stadt Zürich: Stadtratsprotokoll, 20.2.2002.

54 Diese Statistik wurde von der LVZ zu Beginn der Datenerhebungsphase dieser Studie im März 2012 in Auftrag gegeben. Ausgewertet wurden Daten zu Haushaltsstrukturen, Einbürgerungen, Bewegungen und Einkommen. Der Zeitraum erklärt sich aus der Verfügbarkeit des Datenmaterials, da erst seit dem Jahr 1993 ein elektronisch erfasster Datensatz vorliegt.

55 Statistik Stadt Zürich, Siedlungsspiegel UAII, 1993-2011, S. 6-8.

56 Ebd., Glossar, 1/1. Das steuerbare Einkommen entspricht dem Reineinkommen vermindert um die Sozialabzüge.

Tabelle 1: Steuerbares Einkommen (in CHF) der Wohnbevölkerung in Unteraffoltern II, 1993-2010

	Kein Einkommen		1'000-30'000		30'000-50'000		50'000-70'000		Über 70'000	
	Einzel-Person	Paar	Einzel-person	Paar	Einzel-person	Paar	Einzel-person	Paar	Einzel-person	Paar
2010	24%	2%	41%	25%	25%	30%	7%	31%	3%	12%
2007	13%	4%	53%	21%	22%	33%	9%	23%	3%	18%
2005	13%	3%	56%	17%	20%	36%	6%	32%	3%	11%
2003	15%	3%	58%	14%	19%	39%	7%	36%	2%	8%
2001	14%	2%	54%	13%	21%	35%	8%	38%	3%	12%
1998	21%	12%	58%	40%	17%	34%	4%	9%	0	4%
1995	14%	8%	66%	48%	16%	28%	4%	13%	0	3%
1993	13%	8%	66%	46%	14%	30%	7%	14%	0	2%

Quelle: Statistik Stadt Zürich, Siedlungsspiegel UAII, 1993-2011, S.1/3

Während 1993 noch 66% der erwachsenen Einzelpersonen und 46% der Ehepaare in der Siedlung ein sehr geringes jährliches steuerbares Einkommen von unter 30'000 Franken aufwiesen, lag diese Zahl im Jahr 2010 bei 41% der Einzelpersonen und 25% der Ehepaare. Wenn man bedenkt, dass diese Einkommensklasse sowohl in den 1990ern als auch 2010 um die Armutsgrenze[57] lag, wird deutlich, dass die Anzahl armutsgefährdeter und -betroffener Menschen in der Bewohnerschaft zwar etwas zurückgegangen ist. Der Anteil von sozio-ökonomisch benachteiligten Menschen in der Siedlung ist jedoch noch immer relativ hoch. So hatten 2010 beinahe ein Viertel der erwachsenen Einzelpersonen kein Einkommen und waren auf volle Unterstützung der Sozialhilfe angewiesen – 1993 waren dies ›nur‹ 13%. Die beobachtbare Ausdifferenzierung des Einkommensspektrums in den 1990er und 2000ern ging demnach nicht mit einer Verdrängung von armutsbetroffenen Menschen einher. Stetig zugenommen hat hingegen der Anteil der BewohnerInnen mit einer – zwar immer noch sehr bescheidenen – aber seit 1993 doch etwas stabileren Einkommenssituation. Der Anteil an Ehepaaren, die über ein jährliches steuerbares Einkommen zwischen 50'000 und 70'000 Franken verfügen, stieg beispielsweise zwischen 1993 und 2010 von 14% auf 31%. Bei den Einzelpersonen erhöhte sich in

---

57   1993 wurde das Existenzminimum für Erwachsene auf ein jährliches Pro-Kopf-Einkommen von weniger als 15'000 CHF, die Armutsgrenze auf ein jährliches Pro-Kopf-Einkommen von weniger als 10'000 CHF angesetzt. Im Jahr 2010 wurde die Armutsgrenze auf ein Jahreseinkommen von 26'914 CHF für eine Einzelperson (2243 CHF pro Monat) und 47'881 CHF für einen Haushalt mit zwei Erwachsenen und zwei Kindern (3990 CHF pro Monat) angesetzt (Priester 2012, 4). Vgl. auch: LVZA UAII, J. Caflisch et al.: »Bericht zur sozialen Situation in der Wohnsiedlung Unteraffoltern II«, Oktober 1992, S. 4-7.

diesen Jahren der Anteil an Personen mit einem jährlichen steuerbaren Einkommen zwischen 30'000 und 50'000 Franken von 14% auf 25%.

Fluktuation

Deutlich erkennbar sind die Sanierungsperioden außerdem bei den Fluktuationsraten.[58] Während die Fluktuation 1993 und 1994 bei 9.3% der Wohnungen (bzw. jährlich um die 55 wegziehenden Personen) lag, erhöhte sich diese zu Beginn der Außenrenovierung im Jahre 1995 auf 13.8% (bzw. 43 wegziehende Personen) und erreichte vor der Innenrenovierung im Jahre 2002 einen Höhepunkt von 21% der Wohnungen (bzw. 122 wegziehenden Personen). Seit 2005 liegt der Mieterwechsel relativ konstant bei 12.5% bis 13% der Wohnungen (bzw. jährlich durchschnittlich um die 73 wegziehenden Personen). Außerdem kann beobachtet werden, dass vor den Renovierungsschüben insbesondere die langjährigen BewohnerInnen weggezogen sind:

Abbildung 21: Durchschnittliche Aufenthaltsdauer der Wegziehenden aus Unteraffoltern II in Jahren, 1993-2010

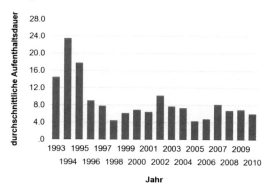

Quelle: Statistik Stadt Zürich, Siedlungsspiegel UAII, 1993-2011, S.4/4

So haben vor der Außenrenovierung 1994 57% und vor der Innenrenovierung 2002 32% der wegziehenden Personen mehr als 10 Jahre in der Siedlung gewohnt. Wie Abbildung 21 veranschaulicht, lag die durchschnittliche Aufenthaltsdauer der wegziehenden Personen vor der Außenrenovierung bei beinahe 24 Jahren und vor der Innenrenovierung bei zehn Jahren. Gerade zu Beginn der ersten Sanierungswelle

---

58 Die Fluktuationsrate zeigt den prozentualen Anteil der durch Weg- und Zuzug wiederbelegten Wohnungen innerhalb eines Jahres an und berechnet sich durch die Formel: Wegzüge / (Bestand und Zuzüge) x 100. Vgl. Statistik Stadt Zürich, Siedlungsspiegel UAII, 1993-2011, S.1/4.

zog demnach ein nicht unerheblicher Teil der ErstbewohnerInnen aus der Siedlung weg. Dies führte auch dazu, dass bis heute die Entwicklung einer Gemeinschaft von Alteingesessenen im Isengrind weniger ausgeprägt ist, als es teilweise in anderen Siedlungen der Bauboomjahre wie beispielsweise der Telli-Überbauung der Fall ist.[59]

Alters- und Haushaltsstruktur

Diese Bewegungen wirkten sich auch auf die Altersstruktur in der Siedlung aus: Während 1993 noch 17% der BewohnerInnen über 64 Jahre alt waren, ging dieser Anteil konstant zurück und hatte sich während der Innenrenovierung im Jahr 2004 gar auf 9% reduziert. Im Jahr 2010 waren 11% der Isengrind-Bevölkerung über 64 Jahre alt,[60] was unter dem städtischen Durchschnitt von 16% liegt (Statistik Stadt Zürich 2013, 46). Leicht erhöht hat sich demgegenüber der Anteil der erwachsenen Personen zwischen 20 und 64 Jahren, wobei dieser 2010 mit 64% ebenfalls etwas unter dem städtischen Durchschnitt von 68.1% lag. Relativ gleich geblieben ist der Anteil der Kinder und Jugendlichen unter 20 Jahren, der sowohl 1993 als auch 2010 bei 25% lag – ein Wert der im Jahr 2010 deutlich höher war als der gesamtstädtische Durchschnitt von 15.9%. Um die Jahrtausendwende gab es sogar noch deutlich mehr Kinder und Jugendliche im Isengrind, wobei dieser Anteil im Jahr 2003 gar 30% ausmachte.

Tabelle 2: Altersstruktur Unteraffoltern II, 1993-2010

	0-19 Jahre Anz. Pers.	0-19 Jahre in %	20-64 Jahre Anz. Pers.	20-64 Jahre in %	65 Jahre+ Anz. Pers.	65 Jahre+ in %	Gesamt Anz. Pers.
2010	131	25%	330	64%	55	11%	516
2007	143	27%	323	62%	56	11%	522
2005	146	28%	325	62%	55	10%	526
2003	148	30%	299	60%	48	10%	495
2001	162	28%	339	60%	68	12%	569
1998	160	29%	326	59%	68	12%	554
1995	140	28%	279	56%	76	15%	495
1993	130	25%	299	58%	87	17%	516

Quelle: Statistik Stadt Zürich, Siedlungsspiegel UAII, 1993-2010, S. 8/8

Generell können im Isengrind früher wie heute also ausgeprägte Familienstrukturen beobachtet werden mit einem im gesamtstädtischen Vergleich hohen Anteil an Kindern und Jugendlichen und einer in den letzten 20 Jahren zurückgehenden älteren Wohnbevölkerung.

---

59 Vgl. Kap. II. 3.5.3
60 Statistik Stadt Zürich, Siedlungsspiegel UAII, 1993-2011, S. 8/8.

Dies wird auch bei einer Betrachtung der Haushaltsstrukturen deutlich. So hat sich die Anzahl an Haushalten mit Kindern von 1993 bis 2010 von 37% auf 45% leicht erhöht, was sich mit den Wohnungszusammenlegungen erklären lässt. Der Anteil an Alleinerziehenden unter den Haushalten mit Kindern war dabei mit 44% im Jahr 1993 resp. 42% im Jahr 2010 konstant sehr hoch,[61] wobei jeweils deutliche Rückgänge nach den Sanierungsphasen 1998 und 2005 zu beobachten sind.

Tabelle 3: Haushalte mit Kind(ern), Alleinerziehende und Paare, 1993-2010

	Alleinerziehende		Paar mit Kind(ern)		Haushalte mit Kind(ern) generell	
	Haushalte	in %	Haushalte	in %	Haushalte	in %
2010	44	42%	62	58%	106	45%
2007	38	38%	63	62%	101	43%
2005	30	29%	73	71%	103	44%
2003	33	31%	74	69%	107	41%
2001	36	32%	78	68%	114	43%
1998	38	37%	66	63%	104	39%
1995	44	45%	54	55%	98	37%
1993	43	44%	55	56%	98	37%

Quelle: Statistik Stadt Zürich, Siedlungsspiegel UAII, 1993-2011, S.1/2[62]

Internationale Bewohnerschaft

Bereits in den 1990er-Jahren weist der Isengrind eine internationale Bewohnerschaft auf, was sich auch nach den Erneuerungen der Siedlung bis heute nicht geändert hat. Der Anteil an Menschen mit einer ausländischen Nationalität unter der Isengrind-Wohnbevölkerung unterscheidet sich im Jahr 2010 mit 35% nur gering von demjenigen aus dem Jahr 1993 mit 32%. In den Jahren dazwischen können hingegen deutliche Schwankungen beobachtet werden: So stieg der Ausländeranteil nach 1993 konstant an, bis er vor der Innenrenovierung im Jahr 2003 mit 51% einen Höhepunkt erreichte. Seitdem ist diese Zahl wieder konstant zurückgegangen und liegt 2010 nur wenig über dem gesamtstädtischen Durchschnitt von 30.5% (Statistik Stadt Zürich 2013, S. 50).

---

61 Im gesamtstädtischen Durchschnitt liegt der Anteil an Alleinerziehenden in der Stadt Zürich im Jahr 2010 bei 19% (Statistik Stadt Zürich 2013, 52).

62 Als Kinder gelten alle Personen, die unabhängig von ihrem Alter im Haushalt ihrer Eltern wohnen. Die Betrachtung im Gesamtverhältnis orientiert sich am Total der Wohnungen.

Tabelle 4: Verhältnis der BewohnerInnen mit ausländischer und schweizerischer Nationalität, 1993-2010

| | AusländerInnen | | SchweizerInnen | | Gesamt |
	Anzahl Pers.	in %	Anzahl Pers.	in %	Anzahl Pers.
2010	182	35%	334	65%	516
2007	210	40%	312	60%	522
2005	246	47%	280	53%	526
2003	251	51%	244	49%	495
2001	266	47%	303	53%	569
1998	237	43%	317	57%	554
1995	180	36%	315	64%	495
1993	165	32%	351	68%	516

Quelle: Statistik Stadt Zürich, Siedlungsspiegel UAII, 1993-2011, S. 1/8

Abbildung 22: Verlauf des Bevölkerungsbestandes Unteraffoltern II nach Herkunft, 1993-2010

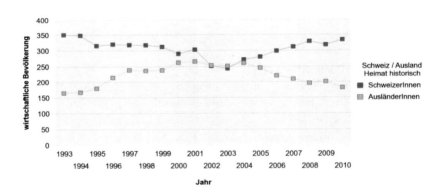

Quelle: Statistik Stadt Zürich, Siedlungsspiegel UAII, 1993-2011, S. 1/8

Der Rückgang des Ausländeranteils mag auch mit der Anzahl Einbürgerungen von Isengrind-BewohnerInnen zusammenhängen, die in den 2000er-Jahren zugenommen hat. Während der Anteil der pro Jahr eingebürgerten Personen in Unteraffoltern II in den 1990er-Jahren zwischen 1% und 2% pro Jahr schwankte, erhöhten sich die Einbürgerungen in den 2000ern auf einen Anteil von im Jahr durchschnittlich 3.8% der BewohnerInnen. Der Anteil an Einbürgerungen unter der Isengrind-Wohnbevölkerung lag dabei immer erheblich über demjenigen der Stadt Zürich.

Tabelle 5: Erwerb des Schweizer Bürgerrechts gemessen am Bevölkerungsbestand, Unteraffoltern II im Vergleich mit der Stadt Zürich, im Durchschnitt pro Jahr

	Unteraffoltern II		Stadt Zürich	
	Ø Pers. pro Jahr	Ø in %	Ø Pers. pro Jahr	Ø in %
2001-2010	20	3.8%	380	0.1%
1993-2000	9	1.5%	111	0.01%

Quelle: Statistik Stadt Zürich, Siedlungsspiegel UAII, 1993-2011, S. 1f

Hinsichtlich der Herkunftsländer sind in Unteraffoltern II die typischen Migrationsgruppen in der Schweiz vertreten: Eine relativ hohe Zahl ist seit den 1990er-Jahren aus südosteuropäischen Ländern (Serbien und Montenegro, Kosovo, Kroatien, Mazedonien und Bosnien-Herzogowina) eingewandert, wobei dieser Anteil 1995 mit 31.7% und 2003 mit 29.3% deutlich über dem heutigen Anteil von 22.5% lag. Zugenommen haben seit den 2000er-Jahren Einwanderer aus außereuropäischen Ländern. Während 1993 noch 20% der AusländerInnen im Isengrind aus einem außereuropäischen Land kam, liegt dieser Anteil seit 2001 bei über 30%. Darunter vertreten sind insbesondere Menschen aus Sri Lanka aber auch aus diversen afrikanischen und südostasiatischen Ländern. Relativ konstant bleibt der Anteil der BewohnerInnen aus südeuropäischen Ländern wie Italien, Spanien, Portugal und Griechenland, die zu den ›klassischen‹ EinwandererInnen des wirtschaftlichen Aufschwungs der Nachkriegszeit zählen. Sie machten sowohl 1993 als auch 2010 um die 23% aus, wobei dieser Anteil um die Jahrtausendwende deutlich zurückgegangen war.[63] Eine relativ große Einwanderungsgruppe in der Siedlung sind außerdem Personen aus der Türkei. 2010 wie auch Anfang der 1990er-Jahre hat deren Anteil um die 15% (Anfang der 2000er gar um die 20%) der ausländischen Bewohnerschaft ausgemacht. Ebenso kann seit dem Jahr 2007 ein Zuwachs an deutschen Staatsangehörigen beobachtet werden,[64] die allerdings nur einen kleinen Anteil der ausländischen Bewohnerschaft im Isengrind ausmachen.

---

63 Mehr als die Hälfte dieser Gruppe stammt aus Italien (durchschnittlich über die Jahre um die 60%), gefolgt von Spanien, woher über die Jahre ca. jeder Vierte dieser Gruppe herkommt. Statistik Stadt Zürich, Siedlungsspiegel UAII, 1993-2011.

64 2010 ist ein Viertel der ausländischen Wohnbevölkerung der Stadt Zürich aus Deutschland eingewandert. Im Vergleich dazu machen die Deutschen im Isengrind mit 6% nur einen kleinen Anteil der ausländischen Bevölkerung aus (vgl. Ebd sowie Statistik Stadt Zürich 2013, 549).

Tabelle 6: Ausländische Wohnbevölkerung Unteraffoltern II nach Herkunftsregionen, 1993-2010 (Anzahl Personen und in Prozent)

	2010	2007	2005	2003	2001	1998	1995	1993
Südeuropa	41	29	36	36	40	53	37	38
	22.5%	13.8%	14.6%	14.3%	15.1%	22.4%	20.6%	23.0%
Südost-europa	34	54	73	75	66	58	57	57
	18.7%	25.7%	29.7%	29.9%	24.8%	24.5%	31.7%	34.5%
Nordwest-europa	14	22	9	6	13	8	6	6
	7.7%	10.5%	3.7%	2.4%	4.9%	3.4%	3.3%	3.7%
Restl. Europa	4	1	-	1	3	5	4	6
	2.2%	0.5%		0.4%	1.1%	2.1%	2.2%	3.7%
Türkei	30	38	51	51	54	56	40	24
	16.5%	18.1%	20.7%	20.3%	20.3%	23.6%	22.2%	14.5%
Außereurop. Länder	59	66	77	82	90	57	36	34
	32.4%	31.4%	31.3%	32.7%	33.8%	24.0%	20.0%	20.6%
Gesamt	182	210	246	251	266	237	180	165

Quelle: Statistik Stadt Zürich, Siedlungsspiegel UAII, 1993-2011, S. 4/8

Einhergehend mit den Wohnungszusammenlegungen und den geänderten Subventionsbestimmungen lassen sich in der Bewohnerschaftsstruktur des Isengrind also einige Bewegungen erkennen, die dazu beigetragen haben, dass heute vermehrt die ursprünglich angestrebten Zielgruppen aus dem (unteren) Mittelstand, insbesondere Familien mit Kindern, aber auch Alleinstehende mit kleinerem Einkommen im Isengrind wohnen. Dies hängt auch mit den für die Stadt Zürich tiefen Mietzinsen zusammen.[65] Verändert hat sich – wie generell in der Stadt Zürich – der Anteil an Personen mit ausländischer Herkunft, wobei der relativ hohe Anteil an Einbürgerungen darauf schließen lässt, dass es sich in vielen Fällen um Personen handelt, die schon lange in der Schweiz wohnen.

---

65 Im Vergleich zum Wohnungsmarkt in der Stadt Zürich sind die Mietzinse auch heute noch tief angesetzt. Nach der Renovierung 2003/04 kostete die monatliche Miete für eine 3-Zimmerwohnung 1130 CHF (bzw. mit Subventionierung 804 CHF). 2015 betrug der durchschnittliche Mietzins für eine freitragende 3-Zimmerwohnung 1300 CHF (bzw. mit Subventionierung 1100 CHF). In der Stadt Zürich kostete 2015 laut einer Studie zu den Mietpreisen in Schweizer Städten eine 3-Zimmerwohnung durchschnittlich 2432 CHF (Comparis, Mietpreis-Vergleich: https://www.comparis.ch/immobilien/wohnungssuche-umzug/studie/mietpreise-staedte-schweiz-vergleich).

2.4.5 Öffentlichkeitsarbeit: Das Image ändern

Bei der Renovierung von Unteraffoltern II war die Verbesserung des Images der Siedlung prioritäres Ziel.[66] Neben den erwähnten baulichen, sozialen und vermietungspraktischen Maßnahmen sollte die Attraktivität der Überbauung auch mittels einer gezielten Öffentlichkeitsarbeit gefördert werden.[67] In den Zürcher Tageszeitungen wurden die Resultate der Erneuerung denn auch rundum positiv dargelegt. Die Fertigstellung der baulichen Sanierung wurde mit Überschriften kommentiert wie »Corbusier-Blöcke auferweckt«[68] oder »Jugendliche Zeitzeugen in leichtem Grau«.[69] Explizit gingen die Presseberichte – mit Titeln wie »Stadt renoviert mit einem Herz für Familien«[70] oder »Die Verslumung gestoppt«[71] – auch auf die vorgenommenen sozialen Interventionen ein. Die Berichte folgten demselben Muster. Sie beschrieben zuerst die Problematisierungen, die Anlass zur Sanierung gegeben hatten, um dann mit Aussagen von verschiedenen Beteiligten – von StadträtInnen über den Liegenschaftenverwalter bis zu BewohnerInnen – die positiven Neuerungen und Qualitäten der Siedlung hervorzuheben. So schrieb etwa der *Tagesanzeiger*:

>»Die beiden Hochhäuser in Unteraffoltern II [...] mit ihren langen, anonymen Verteilgängen machten der Stadt früher wegen der unübersehbaren Verslumung große Sorgen. Eine mögliche Ghettoisierung ist heute jedoch kein Thema mehr«.[72]

Oder in der *Vorstadt* war zu lesen: »Die Eingangshallen beider Häuser wurden hell und farbig gestaltet, um das düster-schmuddelige Ambiente des sozialen Wohnungsbaus zu durchbrechen«.[73] Dass sich die hohe Konzentration von »Randständigen« verringerte und »verschiedene ›schwierige‹ Leute gehen mussten«,[74] dass »der Ausländeranteil bei einem Drittel stabilisiert werden konnte«[75] oder dass »bei der Vermietung [...] seither neben Schweizern gut integrierte Ausländer mit Deutsch-

---

66 Vgl. LVZA UAII, Markus Brändle (Hochschule für Soziale Arbeit, Zürich): Sozialkonzept für eine ganzheitliche Erneuerung der Wohnsiedlung Unteraffoltern II, Zürich Januar 1994.

67 Vgl. LVZA UAII, LVZ: Protokoll der Sitzung mit der Sozialberatung vom 3.5.1995.

68 In: Die Vorstadt vom 6.7.1999.

69 In: NZZ vom 2.6.1997.

70 In: Tagesanzeiger vom 2.6.2004.

71 In: Tagesanzeiger vom 6.7.1999.

72 In: Tagesanzeiger vom 2.6.2004.

73 »Auch Beton kann schön sein«, in: Die Vorstadt vom 26.6.1997.

74 »Farben gegen die Tristesse«, in: Tagblatt vom 20.6.1997.

75 »Bauliche und soziale Aufwertung«, in: Die Vorstadt vom 22.7.1999.

kenntnissen bevorzugt und weniger Sozialfälle einquartiert« wurden, wurde rundum positiv dargelegt. Es gab keine kritischen Beiträge, die etwa nachfragten, was mit den »schwierigen Leuten« geschehen war oder die sich an der im öffentlichen Diskurs weit verbreiteten undifferenzierten Darlegung von »den Ausländern« als Problem störten.

Es ging vielmehr darum, darzulegen, dass die Stadt viel investiert hatte, um diese Siedlung nicht zu einem »Ghetto« werden zu lassen. Die Imagepflege war verbunden mit einer Darlegung der Vorteile, die die Siedlung bot, wie etwa die funktionierenden Gemeinschaftseinrichtungen,[76] die Lage im Grünen, die Stadtnähe, die kinderfreundliche Infrastruktur oder die Qualitäten der neu renovierten Wohnungen. Die Siedlung sei – so der allgemeine Tenor – viel besser als ihr Ruf.

2.4.6 Exkurs: Mieterpartizipation und die Debatte um die Gestaltung der Fassaden

Die in Unteraffoltern II während der Sanierung vorgenommene Verbindung von baulichen und sozialen Interventionen war ein Pilotprojekt:[77] Das Zusammenführen von verschiedenen AkteurInnen mit ganz unterschiedlichen professionellen Hintergründen und mit divergenten Aufträgen, Ansprüchen und Erwartungen barg dabei ein erhebliches Konfliktpotential, das vom Auftraggeber nur begrenzt aufgefangen werden konnte, da keine Rollenklärungen vorgenommen worden waren. Zum einen mussten ArchitektInnen die baulichen Renovierungsarbeiten nach ökonomischen, ästhetischen, baukulturellen und baupraktischen Kriterien entwerfen, planen, managen und zusammen mit verschiedenen Bauunternehmen möglichst reibungslos durchführen. Zum anderen hatte die Gemeinwesenarbeit den Auftrag, die Kommunikation zwischen Bauleitung und Mieterschaft zu erleichtern und sich gemeinsam mit den BewohnerInnen für eine Verbesserung der Situation und Wohnqualität im Haus einzusetzen.[78] Der Partizipationsansatz, das bewusste Einbeziehen der Bewohnerschaft zur Mitbestimmung an den Veränderungsprozessen im Haus, war zwar im Aufgabenprofil der Gemeinwesenarbeit formuliert.[79] Deren Implikationen,

---

76 Vgl. etwa »Was ist denn das für dumpfe Musik?«, in: Affoltemer News vom 3.1.2000; »Am ›Bring- und Holmarkt‹«, in: Die Vorstadt vom 15.6.2000; »Die Welt der Illusionen«, in: Die Vorstadt vom 30.11.1999; »Funktionierende Nachbarschaftshilfe«, in: Affoltemer News vom 4.7.2002.

77 LVZA UAII, Stadt Zürich (Hochbauinspektorat): Schreiben an das Büro KIK, 14.11.1996.

78 Vgl. LVZA UAII, Verena de Baan: »Begleitende Gemeinwesenarbeit während der Renovation 1995-1997«, Schlussbericht, Zürich Juli 1997, S. 14-25.

79 Ebd.

wie der Anspruch an eine Planung mit offenem Ausgang oder das Einbeziehen von Mieteranliegen bei den Renovierungsarbeiten, widersprachen aber den bisher gewohnten Logiken der Akteure von Bau- und Architekturseite. Die Stadtverwaltung als Auftraggeberin nahm in diesem Verhältnis eine ambivalente Rolle ein, in der sich wohl auch die Unsicherheiten der Umbruchsituation widerspiegelten, mit der sich die öffentliche Verwaltung in den 1990er-Jahren angesichts von Neustrukturierungsanforderungen generell konfrontiert sah.[80] Versuchte sie doch zum einen, wie es in traditionellen Verwaltungsverständnissen typisch ist, die beschlossenen Sanierungsmaßnahmen autoritär-fürsorglich durchzusetzen. Zum anderen wurde aber auch die für neue Verwaltungsverständnisse zentrale Wirkungs- und Kundenorientierung aufgenommen, indem die Nutzersicht und -partizipation in den Sanierungsprozess zu integrieren versucht wurden.[81]

Die Konfliktsituation entflammte während der Außenrenovierung Mitte der 1990er-Jahre in einer Debatte um die Gestaltung der Fassaden. Die Gemeinwesenarbeit stellte fest, dass in Gesprächen mit BewohnerInnen zu der geplanten Fassadenrenovierung »die Frage nach einer allfälligen farblichen Gestaltung der Außenhülle eine der am meisten gestellten überhaupt sei«, und der Sichtbeton für die meisten »unfreundlich und trostlos« wirke.[82] Sie regte deshalb an, grundsätzlich über das Erscheinungsbild der Überbauung nachzudenken und organisierte eine Umfrage, in der sie Le Corbusiers Farbgebung der Balkonseitenwände an der Unité in Marseille als Beispiel einer möglichen Umsetzung thematisierte. Daraus ging hervor, dass sich mehr als zwei Drittel der befragten BewohnerInnen mehr Farbe im Fassadenbild wünschten und sich eine an Le Corbusier orientierte Farbgebung vorstellen könnten.[83] In einer Sitzung im Bauamt wurde entschieden, die verschiedenen Beteiligten – Architekturbüro, Hochbauinspektorat, Liegenschaftenverwaltung und Bewohnerschaft – einzubeziehen und Vorschläge ausarbeiten zu lassen. Von BewohnerInnen gingen daraufhin verschiedene Vorschläge zu einer bunteren Gestaltung der Fassaden ein. Die mit der Renovierung befassten Architekten und das Hochbauinspektorat schlugen eine partielle Farbgebung der vorkragenden Fassadenelemente und Storen in Anlehnung an Le Corbusier als mögliche Option vor. Auch die Vertreter der Liegenschaftenverwaltung vertraten die Meinung, dass »zu

---

80 Wegweisend für diese Neustrukturierungen waren insbesondere die Leitlinien des New Public Management (Vgl. Ladner 2005 und Drechsler 2008).

81 So ist etwa in einer internen Aktennotiz zu lesen: »Wir wollten im Sinne der modernen Verwaltung durch Mitsprache und Zusammenarbeit zu einem Konsens kommen«. LVZA UAII, LVZ: Aktennotiz, 4.5.1995.

82 Vgl. LVZA UAII, E. Brigati: Diskussionsbeitrag in der Fachgruppensitzung Nr. 3 betreffend »Vorschlag zur farblichen Gestaltung der Gebäudefassaden«, 15.11.1994.

83 Vgl. LVZA UAII, Büro KIK: BewohnerInnen-Befragung, Auswertung, 7.2.1995.

einem besseren Erscheinungsbild [...] auch eine etwas buntere Gestaltung« gehört.[84]

Das im Hochbauamt integrierte Büro für Architektur und Stadtbild (BASta), eine Anlaufstelle und Kontrollinstanz in Fragen der Ortsbildpflege und des Schutzes architektonisch wertvoller Bauten, plädierte hingegen dafür, die Scheibenhochhäuser in rohem Beton zu belassen. Der als schützenswert eingestufte Bau von G.P. Dubois weise trotz Anlehnung an Le Corbusier eine eigene Qualität auf und es könne deshalb bezüglich Farbgebung kein Maßstab an der Unité genommen werden.[85] In der folgenden, während verschiedenen Bausitzungen heftig geführten, Debatte setzte sich trotz Mehrheitsmeinung der Farbbefürworter die Sicht des BASta durch. Der rohe Sichtbeton wurde während der Außenrenovierung belassen und neu aufbereitet. Als Entgegenkommen sollten die neuen gelben Sonnenstoren für mehr Farbe im Erscheinungsbild der Häuser beitragen. Unter der Bewohnerschaft, der somit auch die Möglichkeit zur Mitbestimmung wieder entzogen worden war, regte sich darauf Protest. Der Siedlungsverein lancierte eine Petition mit 139 Unterschriften und schrieb an die damals verantwortliche Vorsteherin des Bauamtes:

»Wir wünschen uns Farbe für unsere traurig grauen Häuser und das sollte unserer Meinung nach drin liegen – bei einer so teuren Renovation! Viele Bewohnerinnen und Bewohner haben die Aufforderung des Büros BASta, dem Baukollegium Farbvorschläge zu unterbreiten, ernst genommen: Sie haben ihre Farbideen und Vorstellungen zu Papier gebracht. Nun sieht es so aus, als würde nichts bewilligt! Wir würden es nicht verstehen und wären wirklich enttäuscht, frustriert und resigniert, wenn unsere Häuser nach dieser 35-Millionen-Renovation noch genau gleich grau und trist aussehen würden wie vorher!«[86]

Die Vorsteherin begründete in ihrem Antwortschreiben den Entscheid gegen die farbliche Gestaltung der Fassaden mit der architekturhistorischen Bedeutung der Überbauung und der Wichtigkeit, bei diesem außerordentlichen und mit der Auszeichnung für gute Bauten prämierten Gebäude das ursprüngliche Erscheinungsbild des Sichtbetons zu belassen:

---

84 Vgl. LVZA UAII, LVZ (W.H.): Notiz an die Geschäftsleitung, 4.5.1995.

85 Vgl. LVZA UAII, Stadt Zürich (Bauamt II, Baukollegium): Protokoll der 4. Sitzung der Amtsdauer 1994/98, 10.4.1995.

86 LVZA UAII, Siedlungsverein Fronwald/Isengrind: Brief an Ursula Koch (Vorsteherin Bauamt II), 1.6.1995.

»[...] Es [ist] die Praxis der Stadtverwaltung, die durch die Jury ausgezeichneten Bauten, als potentielle kunst- und kulturhistorische Schutzobjekte von kommunaler Bedeutung zu pflegen und in ihrem Erscheinungsbild [...] zu erhalten«.[87]

Die Debatte um die Fassadengestaltung drehte sich nicht einfach um die Sichtbarkeit des Betons oder etwas mehr oder weniger Farbe. Vielmehr stand die Frage im Raum, welches Bild für diese in die Krise geratene Hochhausüberbauung konstruiert und in Zukunft vermittelt werden sollte. In der Konfliktsituation ging es auch um das Zusammenprallen verschiedener Vorstellungen, die mit dem Material und dem Grau des Betons verknüpft wurden. Der Perspektive der Architektur und insbesondere des Kulturgüterschutzes ging es darum, die Authentizität des architektonischen Ausdrucks nicht zu zerstören und die Materialität des Betons in der Großform – auch als typischen Zeitzeugen der 1970er-Jahre – zu erhalten sowie dessen Besonderheit zu würdigen. Nicht alle teilten aber die Anerkennung des Betons als Baumaterial, wie Le Corbusier sie anlässlich der Errichtung der Unité in Marseille einforderte:

»La réalisation de l'Unité de Marseille aura apporté à l'architecture contemporaine la certitude d'une splendeur possible du béton armé mis en œuvre comme matériau brut au même titre que la pierre, le bois ou la terre cuite. L'expérience est d'importance. Il semble vraiment possible de considérer le béton comme une pierre reconstituée, digne d'être montrée dans son état brut. Il était admis que l'aspect du ciment était triste, que sa couleur était triste. Cette opinion est aussi fausse que de dire qu'une couleur est triste, en soi. Une couleur ne vaut que par son voisinage.«[88]

Die Vorstellung von Betongrau als langweilig und trist – auch wenn Le Corbusier dieser entgegenzuwirken versuchte –, ist nach wie vor weit verbreitet und spielte auch in die Argumentation derjenigen eine Rolle, die sich buntere Fassaden wünschten. Der Betonbau erschien in diesem Diskurs als Symbol für soziale Problemlagen. Im *Tagesanzeiger* von Zürich wurde dies folgendermaßen formuliert:

»Hinter dem Wunsch der heutigen Bewohner nach fröhlicheren Farben steht aber mehr als eine neue Mode. Die tristen Fassaden wirkten abschreckend, erklärt X [Name einer Bewohnerin, EA]. Fröhlichere Farben könnten dazu beitragen, dass die Bewohner stolz auf ihre Häuser

---

87 LVZA UAII, Ursula Koch (Vorsteherin Bauamt II): Brief an den Siedlungsverein Fronwald/Isengrind, 22.6.1995.

88 Aus der Rede Le Corbusiers anlässlich der Errichtung der Unité d'habitation vom 14.10.1952, Fondation Le Corbusier, Publikationen: http://www.fondationlecorbusier.fr/corbuweb/morpheus.aspx?sysName=home&sysLanguage=fr-fr&sysInfos=1

seien und ihnen mehr Sorge tragen würden. Die Wohnsiedlung Unteraffoltern II ist nämlich ein Problemfall, und nicht nur wegen des schlechten Zustands der Betonfassade.«[89]

So scheint es den BewohnerInnen mit ihrer Petition, für die sich in dieser Frage auch die Liegenschaftenverwaltung und Gemeinwesenarbeit stark einsetzten, darum gegangen zu sein, mit einer bunteren Neugestaltung der Fassaden auch ein neues, weniger problembehaftetes Bild ihrer Siedlung als ›Zu Hause‹ zu konstruieren. In ihrem Wunsch nach mehr Farbe kann auch der Wunsch nach der Anerkennung einer »normalen« Wohnlichkeit gesehen werden.

Die Entscheidung seitens der Behörden, den Sichtbeton zu belassen, brachte jedoch die Bemühungen zur Förderung der Mieterpartizipation zum Scheitern. Innerhalb der Liegenschaftenverwaltung wurde dies anschließend reflektiert und festgehalten, dass »der nächste Einbezug der Mieterinnen und Mieter vorher sorgfältig auf die tatsächliche Einflussmöglichkeit hin geprüft« werden solle.[90] In der siedlungsinternen *Bauzeitung*, die während der Sanierungszeit über die am Haus vorgenommenen Arbeiten informierte, schrieben die Architekten an die Bewohnerschaft, dass ihre Farbvorschläge nicht umsonst gewesen seien. Sie zeigten den für die bauliche Sanierung Verantwortlichen vielmehr auf, »dass wir uns mit größter Aufmerksamkeit dem Wunsch nach Farben überall dort, wo dies möglich ist, zu widmen haben«.[91] Möglichst viel Farbe sollte im Innern des Hauses mit der Briefkastenanlage in der Eingangshalle und mit der Bemalung der Wohnungstüren in den Verteilgängen integriert werden.[92] Außerdem sollten die BewohnerInnen bei der Renovierung des Wohnumfelds explizit einbezogen werden.[93] Doch auch hier eröffnete sich ein Konflikt zwischen Partizipationsanspruch und baulich-ästhetischen Anforderungen. Eine Planungsgruppe aus der Bewohnerschaft fasste in Zusammenarbeit mit der renovierungsbegleitenden Gemeinwesenarbeit verschiedene Bedürf-

---

89 »Zum Betongrau nur bunte Sonnenstoren«, in: Tagesanzeiger vom 14.7.1995.

90 LVZA UAII, LVZ: Interne Besprechungsnotiz, 18.7.1995.

91 LVZA UAII, M. Eschenmoser; H. Frank (Architekten): Schreiben an die Mieter der Wohnsiedlung Unter-Affoltern, in: Bauzeitung vom 6.9.1995.

92 Das Farbkonzept für die Türbemalung wurde von Beat Mäschi vom BASta ausgearbeitet. Es bezieht sich auf die Farbästhetik der Zürcher Schule der Konkreten und den Farbkreis von Johannes Itten. In zwölf verschiedenen Variationen werden die Farben rot/grün, blau/orange und gelb/violett miteinander kombiniert. Vgl. LVZA UAII, LVZ: Besprechungsprotokoll betreffend Farbgebung Verteilgänge, 6.10.1995.

93 LVZA UAII, Stadt Zürich (Finanzdepartement): Weisung an den Stadtrat, 10.12.1997.

nisse und Wünsche aus Nutzersicht zusammen.[94] Dazu gehörte unter anderem ein vielseitiger Spielbereich für Kinder, der nicht windexponiert und zentral im Siedlungsareal liegen, und von beiden Häusern gefahrlos und ohne Begleitung der Eltern erreichbar sein sollte. Das mit Bezug auf diese Wünsche vom Landschaftsarchitekten ausgearbeitete Projekt und insbesondere der zentrale Spielbereich wurde jedoch vom BASta verworfen, da er die Qualität der »durchfließenden Landschaft zwischen den Häusern« beeinträchtige.[95] Daraufhin setzten sich die Vertreter der Liegenschaftenverwaltung dafür ein, dass die Bedürfnisse der Bewohnerschaft ernst genommen wurden. Erst nach einigem Hin und Her, der Suche nach Konsenslösungen, einem Generationenwechsel in der Bauverwaltung und wohl auch dank des kommunikativ vermittelnden Vorgehens der Landschaftsarchitekten (Felix Guhl in der Anfangs- und Roman Berchtold in der Umsetzungsphase des Projekts) konnte ein Resultat erzielt werden, mit dem sowohl die VertreterInnen von Architektur- als auch von Bewohnerseite zufrieden waren.[96] Auch bei der Renovierung der Badezimmer hat eine Gruppe von Bewohnerinnen sich für eine Teilhabe der MieterInnen und eine benutzerfreundliche Gestaltung der neuen Badezimmer eingesetzt.[97]

2.5 VERWALTUNG UND UNTERHALT

2.5.1 Rolle der Verwaltung im Umgang mit Krise und Erneuerung

Die Krise und Erneuerung der Siedlung nimmt in den Archivunterlagen zu Unteraffoltern II viel Raum ein. Die Verantwortlichen der Liegenschaftenverwaltung schätzen auch heute – 15 Jahre nach der Sanierung – die vorgenommenen Maßnahmen positiv ein. Die Geschichte der Siedlung wird als Geschichte der Transformation zum Guten dargelegt. Nach »Phasen, in denen es nicht funktioniert hat und die Häuser beinahe auseinandergefallen sind«,[98] sei die Stimmung vor Ort heute sehr gut und »nichts mehr von Ghetto«[99] zu spüren. Im Vergleich zu anderen Siedlungen hat die Stadt beim Isengrind über all die Jahre sehr viel investiert, es sei heu-

---

94 Weiter formulierten BewohnerInnen Bedürfnisse bezüglich der Ausstattung der Gemeinschaftsräume sowie einer Verbesserung der Sicherheit in Tiefgarage, Velokeller und Lift. Vgl. LVZA UAII, Verena de Baan: Zwischenevaluation, Mai 1996.

95 LVZA UAII, LVZ (Sozialberatung): Internes Schreiben an die Direktion, 2.7.1997.

96 Vgl. LVZA UAII, Roman Berchtold: Protokoll der Schlusssitzung zur Wohnumfeldverbesserung der Wohnsiedlung Unteraffoltern II, 5.11.1998.

97 Vgl. LVZA UAII, Siedlungsvereins Fronwald/Isengrind: Brief an die LVZ, 5.6.2003.

98 Gruppeninterview LVZ UAII, 00:08:09.

99 Ebd., 00:16:01.

te die Siedlung mit dem für sie wohl größten Aufwand.[100] Im täglichen Unterhalt durch eine ganze Hauswartstelle für die Siedlung sowie der Anbindung an ein diversifiziertes soziales Dienstleistungsangebot der Stadt ist das Bestreben abzulesen, diesen Ort nicht (mehr) zu einem »sozialen Brennpunkt« werden zu lassen. Die Debatte um die farbliche Gestaltung der Fassaden ist heute beinahe vergessen.[101] Erinnert wird insbesondere an die Wohnungszusammenlegungen und die Änderung des Subventionsmixes, die zu einer besseren sozialen Durchmischung geführt habe. Heute wohnten mehr Familien und weniger »Problemfälle« – suchtbetroffene oder »verwahrloste« Menschen – im Isengrind.[102] Der Hauswart konstatiert im Interview auch einen starken Rückgang der Polizeipräsenz. Kriminalität sei in der Siedlung heute kaum mehr ein Thema und auch die Litteringproblematik habe sich etwas gebessert. Er fügt an: »Das hat natürlich auch mit uns zu tun, dass die Verwaltung und wir intensiv dran waren und auf die Leute zugegangen sind, auch mit dem Siedlungsverein, das hat alles viel gebracht«.[103]

Dass die Liegenschaftenverwaltung präsent ist und handelt, wird auch in verschiedenen Interviews mit BewohnerInnen formuliert. Neben dem Hauswart sind auch die Bewirtschafterin und die Sozialarbeiterin der Liegenschaftenverwaltung – die eng zusammenarbeiten – regelmäßig sichtbar vor Ort, sind direkt ansprechbar und reagieren prompt, wenn sie auf Probleme aufmerksam gemacht werden, halten sich aber ansonsten zurück. Die Kommunikation sei offen, freundlich und direkt, der Umgang menschlich und korrekt.[104] Ein befragter Bewohner empfindet die städtische Verwaltung im Unterschied etwa zu privaten Immobilienverwaltungen, mit denen er bisher zu tun hatte, als sehr aktiv, nicht nur in der Art und Weise wie sie über Neuerungen oder Problematiken informiere, sondern auch hinsichtlich der Organisation von Veranstaltungen, Gruppierungen und sozialen Aktivitäten für die Bewohnerschaft, insbesondere für Familien und Kinder.[105] Die Meinung scheint verbreitet zu sein, dass »die Stadt (-verwaltung) schaut und investiert«,[106] und dass »die Verwaltung viel macht«.[107]

---

100 Ebd., 00:47:53.

101 Im Archivmaterial der Liegenschaftenverwaltung wurde diese Konfliktsituation ausführlich dokumentiert. Heute wird nur noch von einer der vier interviewten Personen der Verwaltung vage erinnert, dass der ehemalige Bewirtschafter »für Farbe gekämpft [...] aber keine Chancen bezüglich Fassaden gehabt habe« (ebd., 00:30:41).

102 Ebd., 00:08:09; 00:11:04; 01:32.43.

103 Ebd., 00:09:35.

104 Vgl. etwa Interview III UAII, 01:45:36 oder Interview II UAII, 01:36:15.

105 Vgl. Interview I UAII, 02:07:32.

106 Interview II UAII, 01:36:15.

107 Interview V UAII, 00:53:34.

2.5.2 Werthaltungen und Strategien in der Verwaltungspraxis

Die Bewirtschafterin beschreibt ihren Zugang zu den BewohnerInnen folgendermaßen: »Ich gehe halt direkt auf die Leute zu. Mir ist es wichtig, dass mich die Leute kennen und ich will sie auch kennen«.[108] Aus der Erkenntnis heraus, dass offizielle Briefe oder formale Informationen oft nicht zur Kenntnis genommen werden, legt sie Wert auf den persönlichen Kontakt, ruft direkt an oder klingelt auch mal an einer Haustüre. So fügt sie an: »Schreiben bringt nicht viel, da schreibe ich mir die Finger wund und sie lesen es nicht oder wollen es nicht verstehen. Da ist meine Präsenz gefragt«. Der informelle Zugang ist in diesem Setting mit einem relativ hohen Anteil an bildungsfernen MieterInnen eine Verwaltungsstrategie, um Vertrauen zu schaffen und Interventionen um- bzw. Vorschriften durchzusetzen. Dies scheint für die meisten BewohnerInnen zu stimmen und zu einer oft unkomplizierten Problemlösung beizutragen. In die Siedlung zu gehen und an Veranstaltungen vor Ort teilzunehmen, ermögliche es ihr auch, »mal mit den Leuten ganz anders reden zu können«, und mehr über die Situation vor Ort, das Siedlungsleben und die Realitäten der MieterInnen in Erfahrung zu bringen.[109] Die Sozialarbeiterin der Liegenschaftenverwaltung erklärt sich das mittlerweile gute Funktionieren der Siedlung gerade mit diesem konstanten ›Dranbleiben‹. Es sei wichtig, immer wieder zu investieren, mit der Mieterschaft zusammenzuarbeiten und einen persönlichen Kontakt einzugehen. Um BewohnerInnen dazu zu motivieren, sich für ihre Siedlung zu engagieren, brauche es die Demonstration von Anerkennung und Wertschätzung. Die Verwaltung organisiert deshalb einmal jährlich ein »Helferessen«, anlässlich der sie sich bei den BewohnerInnen bedankt, die Freiwilligenarbeit für die Siedlung leisten.[110] Sie fördert und begleitet gemeinschaftliche Aktivitäten und Angebote in der Siedlung und unterstützt diese organisatorisch und finanziell. Jährlich organisiert die Verwaltung zwei Siedlungsforen zur Besprechung aktueller Themen mit den engagierten Personen aus dem Siedlungsverein sowie mit den Kontaktpersonen der verschiedenen gemeinschaftlichen Angebote, die in Unteraffoltern II bestehen. Die Unterstützung von sozialen Aktivitäten seitens der Verwaltung scheint mit einem gewissen Pragmatismus gepaart zu sein. Dies zeigt sich etwa beim sogenannten »Bring- und Holmarkt«, einem jährlichen Event, den die Verwaltung auch als Maßnahme zur Verminderung der illegalen Entsorgung auf dem Siedlungsgelände organisiert, und anlässlich dessen die BewohnerInnen nicht mehr benötigten Hausrat tauschen, und sich bei Kaffee und Kuchen treffen können. Die verbliebenen Möbelstücke und Gegenstände werden von der Stadt gratis entsorgt, für die Kinder wird

---

108   Gruppeninterview LVZ UAII, 00:50:02.

109   Ebd.

110   Ebd., 00:13:16 und 00:48:56.

ein Kinderflohmarkt organisiert und das Sozialzentrum finanziert einen Spielbus mit Hüpfburgen. Neben der unterstützenden Haltung nimmt die Verwaltung jedoch auch eine kontrollierende, regulierende und normierende Funktion ein. So sind sich die befragten Personen der Verwaltung einig, dass es grundlegender Bestandteil ihrer Arbeit sei, Vorschriften durchzusetzen, klare Regeln zu kommunizieren und deren Einhaltung auch hartnäckig einzufordern. Auch von den interviewten BewohnerInnen wird die Verwaltung teilweise als Autorität – wie ein ›Patron‹ – darstellt.[111] Eine ältere Bewohnerin meint, dass die Genauigkeit und teilweise auch Strenge, mit der die Verwaltung geltende Ordnungsprinzipien einfordere, sich in erster Linie am Anspruch eines angenehmen Zusammenlebens ausrichte und nicht vergleichbar sei mit dem viel rigideren System, mit dem sie als Kind in ihrem Wohnblock aufgewachsen sei.[112]

Zur Kontrolle und Gewährleistung von Ordnung in den halböffentlichen Räumen im Haus gehört in Unteraffoltern II auch der punktuelle Einsatz von Videokameras. Die Überwachung ist ein Arbeitsinstrument, wenn es darum geht, etwa im Falle von Vandalismus oder Diebstahl in den Häusern Beweise zu haben und TäterInnen zu finden. Die intervenierenden Personen der Verwaltung – insbesondere der Hauswart – nutzen diese auch, um sich in Situationen, in denen sich zwei Parteien gegenseitig beschuldigen, »aus der Schusslinie heraushalten zu können.«[113]

2.5.3 Unterhalt und die Bedeutung des Hauswarts

Das primäre ökonomische Ziel bei der Liegenschaftenverwaltung ist die Werterhaltung. Nach den intensiven Sanierungsphasen spielt aktuell vor allem der Unterhalt eine wichtige Rolle, um die bauliche Beständigkeit und Stabilität der Gebäude langfristig zu sichern. Eine von der Verwaltung im November 2010 in Auftrag gegebene Zustandsanalyse zur Siedlung stellte an den Flachdächern und vereinzelt an den Fassaden neuere Mängel fest. Die Fassadenstützen bei den Erkern wiesen Risse auf, die auf den Umbau mit den Wohnungszusammenlegungen in den Jahren 2003/04 zurückgeführt werden können, da dabei vorgenommenen Wanddurchbrüche zu einer massiven Kräfteumlagerung geführt haben. Im Nottreppenhaus an der Nordfassade waren an diversen Stellen unsaubere Abdichtungen erkennbar, die im In-

---

111 Vgl. Interview III UAII, 02:09:51.

112 Vgl. Interview II UAII, 1:36:15.

113 Aufgrund eines strengeren Datenschutzgesetzes der Stadt Zürich sei die Effizienz der Videoüberwachung eingeschränkt worden. Der Hauswart darf die Videoaufnahmen nicht mehr selbst sichten. Nur die Bewirtschafterin hat mit Begründung eines Verdachts Zugriff auf die Dateien. Vgl. Gruppeninterview LVZ UAII, 00:19:45 sowie 01:22:40.

nern des Hauses zu Feuchtigkeitsschäden geführt haben.[114] Die Dämmwerte der 1996 sanierten Dächer entsprachen nicht mehr den heutigen energetischen Anforderungen, ebenso waren die Dehnelemente der Abdichtungen stark abgenutzt.[115] Um diese Schäden zu beheben, wurden deshalb im Erkerbereich sowie bei den Nottreppenhäusern und den Flachdächern Instandstellungsmaßnahmen durchgeführt.[116] Die befragten VertreterInnen der Verwaltung schätzen den generellen Zustand der Liegenschaft heute positiv ein: »Wenn wir sie gut unterhalten, kann die noch lange leben.«[117] Bedeutsam hierzu sind die alltäglichen Unterhaltsarbeiten der Siedlung durch den Hauswart. Die Bewirtschafterin ist überzeugt, dass sich seine Arbeit nicht nur auf die Imagepflege, sondern auch auf das Verhalten der MieterInnen mehr Sorge zu tragen und die Vermietungschancen auswirkten.[118] Die Häuser in Schuss zu halten, sei ein täglicher Kampf, erzählt der Hauswart. Gerade der Umgang mit Littering und illegal entsorgtem Abfall mache einen erheblichen Teil seiner Arbeit aus. Seine Bemühungen scheinen aber Wirkung zu zeigen: »Man muss einfach die Mieter immer wieder ansprechen und sagen, dass man das nicht darf.«[119] Der vollamtlich arbeitende Hauswart ist jeden Wochentag in der Siedlung anzutreffen und jeweils frühmorgens so wie teils nachmittags in seiner Werkstatt zu erreichen. Die Verwaltung schätzt, dass der Hauswart vor Ort sicht- und ansprechbar ist, die Situation im Haus sehr gut kennt und den sozialen Austausch mit den MieterInnen pflegt. Seine Präsenz dient auch der Kontrolle, ist eine Möglichkeit, Probleme früh zu erkennen und allfälligen Krisensituationen vorzubeugen. So die Bewirtschafterin im Interview: »Vollamtliche Hauswarte braucht es. Es braucht Präsenz, das ist enorm wichtig, um den Kontakt nicht zu verlieren.«[120] Der Hauswart ist Anlaufstelle und erste Ansprechperson für die BewohnerInnen bei verschiedensten Problemen in der Siedlung und fungiert als Vermittlungsperson zur Verwaltung. Er wird teils auch mit sehr schwierigen und belastenden Themen konfrontiert und muss nicht selten als ›Blitzableiter‹ für den Ärger von BewohnerInnen hinhalten. Er redet mit den BewohnerInnen und kennt den Klatsch im Haus. Er meint: »Eigentlich kommt mehr oder weniger alles zu mir, ich filtere es dann zum

114 LVZA UAII, HKP Bauingenieure AG: Schadenanalysen mit Instandsetzungsempfehlungen Fassade Nord, 7.10.2011.

115 LVZA UAII, Urs Spuler: Gutachten Dächer Wohnsiedlung Unteraffoltern II, 1.7.2011.

116 Vgl. LVZA UAII, Stadt Zürich (Amt für Hochbauten): Spezielle Studie Wohnsiedlung Unteraffoltern II, 10.11.2011.

117 Ein Ersatzneubau sei auch politisch keine Option. Vgl. Gruppeninterview LVZ UAII, 00:39:09.

118 Ebd., 00:41:20.

119 Ebd., 00:42:23.

120 Ebd., 01:30:12.

Teil und leite es weiter, wenn es mir zu schwierig wird«[121]. Zum professionellen Verständnis der Verwaltung gehört es, dass der Hauswart Probleme, die über technische Belange hinausgehen, an die entsprechenden Fachpersonen delegieren kann. Er versucht sich bewusst nicht in Mieterkonflikte einzumischen, beobachtet aber immer wieder, dass Reklamationen schnell zu ihm gelangen. Die Hemmschwelle zur Verwaltung zu gehen, sei viel höher.[122] Der Bewirtschafterin ist es deshalb ein Anliegen, dass er in einem Team integriert ist und mit weiteren Personen zusammenarbeiten kann, auch um Frustrationen zu verarbeiten und sich die Freude an der Arbeit zu erhalten. Um als Hauswart einer Großüberbauung nicht überfordert zu werden, braucht es, so ist sie überzeugt, neben der regelmäßigen Präsenz auch eine räumliche und emotionale Distanz zur Siedlung. Zu diesem Verständnis von Professionalität gehört es denn auch, dass der Hauswart nicht selbst in der Siedlung wohnt, wie es früher üblich war und auch heute noch öfters von Immobilienverwaltungen gefordert wird.

2.6 PERSPEKTIVEN VON BEWOHNERINNEN UND BEWOHNERN

2.6.1 Divergenz zwischen Innen- und Außenzuschreibung

Auch wenn sich mit der Erneuerung vieles in der Siedlung verändert und die Lokalpresse von den Verbesserungen berichtet hat, scheint das Negativimage vom Isengrind nur sehr schwer aufzulösen zu sein. Eine Vertreterin der Liegenschaftenverwaltung meinte im Interview dazu: »Wenn der Ruf mal ruiniert ist, ist es schwierig, diesen wiederherzustellen.«[123] Die negativen Zuschreibungen halten sich – aller Bestrebungen zu deren Durchbrechung zum Trotz – beharrlich. Bilder der »zwei Betonklötze«, der »Kaserne« oder des »Sozialbunkers«, wie die Siedlung im Quartier teilweise genannt wird, sind auch heute noch wirkmächtig.[124] Ein kleiner Wandel zeichnet sich zwar ab, scheint es doch heute in der Stadt Zürich Siedlungen mit einem viel schlechteren Ruf zu geben.[125] Auch die Zeiten, in denen Unteraffoltern II

---

121 Ebd., 01:31:59.

122 Ebd., 01:18:55. Dass der Hauswart da sei, wenn man etwas brauche, sich aber sonst zurückhalte, wird auch in den Interviews mit den BewohnerInnen dargelegt. Vgl. etwa Interview III UAII, 02:06:00; Interview IV UAII, 00:46:32; Interview V UAII, 00:53:06.

123 Gruppeninterview LVZ UAII, 01:15:56.

124 Vgl. Ebd., 01:15:13.

125 Genannt werden etwa Überbauungen in Seebach und im CeCe-Areal. Vgl. Ebd., 01:16:09.

negativ in den Schlagzeilen stand, sind vorbei. Wenn die Hochhäuser in der Öffentlichkeit erwähnt werden, so meist im Zusammenhang mit ihrer besonderen Architektur oder den sozialen Angeboten vor Ort.[126] Seit einigen Jahren wird in Zürich wieder mehr in die Höhe gebaut, mit dem *Prime Tower* oder dem *Mobimo Tower* hat das Stadtbild neue Akzente erhalten. Die gegenwärtige Faszination für Hochhäuser wirkt sich jedoch nicht bis an den Stadtrand aus. Wie die Bewirtschafterin darlegt, hatte Unteraffoltern II – im Unterschied zum Lochergut oder der Hardau, beide zentraler gelegene städtische Hochhausüberbauungen der 1960er- Jahre – nie das Image »hip« zu sein. Der Isengrind sei da »anders«.[127] Das Anders-Sein taucht in den Darlegungen zur Überbauung immer wieder auf. In den Außenzuschreibungen spielt das Erscheinungsbild eine wichtige Rolle: Die Kombination von Beton und radikaler Wuchtigkeit wird oft negativ bewertet, der Bau sei für viele »abschreckend«, »bedrohlich« oder »befremdlich«.[128]

Einige der befragten BewohnerInnen erzählen, dass sie vor ihrem Einzug selbst nicht unbedingt positiv zu den »Riesenhäusern« eingestellt waren, vom Hörensagen die Probleme der Siedlung kannten oder gar Mitleid mit den BewohnerInnen hatten. Diese Einstellungen hätten sich mit ihrem Einzug aber schnell gelegt.[129] Heute seien sie – wenn sie erzählten, wo sie wohnten – teilweise persönlich mit Negativbildern von anderen konfrontiert: Die Häuser seien »viel zu groß zum Wohnen«, sähen »langweilig«, »tragisch« und »traurig« aus oder seien – »wie ein Spital« – zu klinisch und kühl. Dagegen stellen die BewohnerInnen ihre eigenen positiven Wohnerfahrungen dar, beschreiben die Qualitäten der Wohnungen oder laden dazu ein, das Haus von innen zu besichtigen. Die BesucherInnen seien dann meist erstaunt:[130] »Meine Kollegin hat das Gefühl, sie sei in New York, wenn sie in die Wohnung kommt, sie hat dort genauso gewohnt«, erzählt etwa eine Bewohnerin und fügt an, dass sich diese positive Wahrnehmung deutlich von einem anderen Bekannten unterscheide, der ihr Haus von außen als trist und grau wie ein Block aus der ehemaligen Sowjetunion empfunden habe.[131] Abgesehen von stereotypen Darstellungen wird hier deutlich, dass nicht nur die Innensicht der BewohnerInnen deutlich von den problematisierenden Außenzuschreibungen divergiert, sondern auch eine diametrale Unterscheidung in der Beurteilung des Inneren und des Äußeren der Bauten

---

126 Vgl. Interview III UAII, 01:43:29; »Die Agglo boomt«, in: Züritipp vom 2.12.2010; »Schützenswerter Beton«, in: Tagesanzeiger vom 27.08.2013.

127 Gruppeninterview LVZ UAII, 00:27:50.

128 Ebd., 00:33:10 oder Interview II UAII, 00:08:50.

129 Vgl. etwa Interview I UAII, 00:41:47 oder Interview III UAII, 00:53:39 und 01:31:50.

130 Vgl. Interview I UAII, 01:46:20, Interview II UAII, 00:07:04 und 01:02:32; Interview IV UAII, 1:15:34; Interview V UAII, 1:10:33.

131 Interview IV UAII, 01:17:11.

weit verbreitet ist. Das Außen – die Großform und Betonfassade – erscheint als das ›Hässliche‹ und wird den als schön wahrgenommenen Wohnungen entgegengesetzt, die gerade in ihrer Diskrepanz zum Außen auch Anlass zum Staunen geben.[132] Auffallend ist, dass sich dieser Diskurs oft grundsätzlich von den ästhetischen Beurteilungen unterscheidet, wie sie in Architektur-Fachkreisen vorgenommen werden, die bis heute neben dem Erscheinungsbild und der Materialisierung Beton auch das architektonische Gesamtkonzept und die Organisation der Räume würdigen.[133] Die alltäglichen Nutzungskriterien fallen demgegenüber viel pragmatischer aus:»Den Leuten sagt der Name Corbusier oder Dubois nichts, sie wollen einfach eine gute Wohnung«, meint etwa der Hauswart im Interview.[134] Vielen BewohnerInnen mag die Überbauung nicht unbedingt gefallen, in ihrem Wohnalltag spielt dies aber kaum eine Rolle. Eine befragte Familie, die schon seit über zwanzig Jahren im Isengrind wohnt, ist sich einig, dass es egal sei, wie ihr Haus aussehe oder ob es aus Beton sei oder nicht. Viel wichtiger sei, dass sie sich hier gut einrichten und in einer schönen Umgebung wohnen können.[135] Sie sind nicht die einzigen, die die Form des Hauses ausblenden und den Fokus vielmehr auf die eigene Wohnung und das Wohnumfeld richten.

2.6.2 Zufriedenheit mit den Wohnungen

Eine Wohnung im Isengrind gefunden zu haben, das wird von allen befragten BewohnerInnen betont, sei ein Glück gewesen. Sie habe ihnen von Anfang an gefallen und tue das bis heute.[136] Hauptwohnungstyp sind die über die fünf Verteilkorridore verteilten 2½ bis 4½- Zimmermaisonettes. Räumlich und funktional sind sie durch drei halbgeschossig versetzte Ebenen gegliedert: Vom – mit einer Garderobe und Schränken ausgestatteten Eingangsbereich – ist über eine hinauf- oder hinunterführende Treppe das Wohngeschoss erreichbar. Dieses ist nach Westen orientiert und besteht aus Wohnzimmer, Essplatz und offener Küche. Eine interne Treppe führt weiter zur Schlafebene, die über ein bis drei Zimmer und Bad verfügt. Auf der West- und auf der Ostseite sind hinter den raumgroßen Fenstern Balkone angebracht.[137] Bei der Materialisierung wurde in einen einfachen, aber angenehmen, be-

---

132 Vgl. auch Gruppeninterview LVZ UAII, 00:06:56 und 01:10:49.

133 Vgl. Ebd. 00:06:56 oder Interview I UAII, 01:21:21.

134 Gruppeninterview LVZ UAII, 00:33:10.

135 Vgl. Interview V UAII, 00:37:41.

136 Etwa Interview I UAII, 00:11:23; Interview II UAII, 00:56:06; Interview III UAII, 00:04:06; Interview IV UAII, 00:17:50; Interview V UAII, 00:45:33.

137 Die Balkone an der Ostseite sind über eine Verbindung mit der äußeren Feuertreppe an der Nordfassade verbunden und dienen so auch als Fluchtwege.

ständigen und unterhaltsarmen Wohnkomfort investiert. Nach der Innenrenovierung wurden die PVC-Böden durch Parkett ersetzt und Unterlageböden mit Schallschutzmaßnahmen eingebaut. Die Wände sind mit einem Gipsglattstrich – im Bad mit Platten – versehen. Die Küche erscheint in Metall, die Schränke und integrierten Einbauten bestehen aus durchgefärbten Holzfaserplatten.[138] Bei der materiellen Qualität wird kein Unterschied zwischen subventionierten und freitragenden Wohnungen gemacht. Ebenso gibt es keine vertikale Hierarchie bei der Aufteilung der Wohnungen im Haus. Bis zum obersten Stockwerk sind die subventionierten und freitragenden Wohnungen relativ gleich verteilt.[139] Dass die Wohnungen im sozialen Wohnungsbau entstanden sind, zeigt sich aber bei den relativ knapp bemessenen Raumflächen, die zwar bei den Maisonettes durch die internen Treppen optisch etwas vergrößert scheinen (vgl. Hartmann 2000, 131).[140] Die kleinen Raumgrößen wurden bereits während der Planungsphase in den 1960er-Jahren problematisiert und auch das architektonische Konzept der Wohnungen wurde nicht von allen mit Begeisterung aufgenommen. So ist in einer Stellungnahme der Liegenschaftenverwaltung an das Hochbauamt von 1964 zu lesen:

»Die Vorteile dieser Anordnung [der Wohnung] liegen darin, dass man einen großzügigen Eindruck von der Wohnfläche erhält [...]. Erfahrungsgemäß lieben es jedoch die Frauen (ganz besonders Mütter von kleinen Kindern) nicht sehr, auf 3 Etagen Reinigungsarbeiten auszuführen zu müssen. [...] Ganz allgemein möchten wir bemerken, dass die Raumgröße sämtlicher Zimmer an der untersten Grenze liegt. So umfassen die Wohnzimmer beispielsweise nicht ganz 19m^2, die Kinderzimmer nicht ganz 10m^2 und die Elternschlafzimmer weisen sogar nur eine Grundfläche von 14m^2 auf. Es scheint uns notwendig zu sein, dem Hochbauamt grundsätzlich mitzuteilen, dass diese Zimmergrößen unter der von uns angegebenen Norm liegen. Es wird jedoch im vorliegenden Fall nichts nützen, da die 2. Etappe mit vorfabrizierten Bauelementen erstellt werden soll.«[141]

Anders als hier ursprünglich befürchtet, scheint sich aber der Grundriss und die Raumorganisation der Maisonettes bis heute grundsätzlich zu bewähren. Die be-

---

138   Vgl. LVZA UAII, Gross AG; Batimo AG: Projektbeschreibung, o.D.

139   Vgl. LVZA UAII, LVZ: Wohnungsspiegel Fronwaldstrasse 94, 1.11.2005 sowie Gruppeninterview LVZ UAII, 01:00:03.

140   Die 1-Zimmerwohnungen verfügen über 23m^2; die 2-Zimmerwohnungen über 53-56 m^2, die 3-Zimmerwohnungen über 68m^2 und die 4-Zimmerwohnungen über 83-85m^2. Etwas größer fallen die nach der Innenrenovierung 2003/04 neu geschaffenen 2½-Zimmerwohnungen mit 69m^2 sowie die 5½-Zimmerwohnungen mit 132m^2 aus (Angaben der LVZ).

141   LVZA UAII, LVZ: Stellungnahme zum Projekt an das Hochbauamt, 3.11.1964.

fragten Personen, die eine solche bewohnen, schätzen die verschiedenen Ebenen der Wohnungen. Eine Bewohnerin meint, sie fühle sich dadurch in ihrer Wohnung mehr wie in einem kleinen Haus als in einem großen Wohnblock.[142] Andere betonen, dass durch die Verteilung in verschiedene Geschosse unterschiedliche Parallelnutzungen möglich seien, mehrere Personen in der Wohnung gut neben- und miteinander leben können und es auch genug Platz für Besuch gebe.[143] Geschätzt wird insbesondere das Konzept der aufsteigenden Privatsphäre in den Wohnungen mit der Schlafebene im obersten Geschoss.[144] Positiv hervorgehoben wird auch, dass sich die Wohnung über die ganze Hausbreite erstrecke und man Morgen- und Abendsonne habe. Die beiden Balkone stellen gerade in der wärmeren Jahreszeit einen wertvollen privaten Außenraum dar und gewährleisten sowohl Ausblicke in die Natur als auch auf besiedeltes Gebiet in der Umgebung.[145] Die Maisonettes eignen sich aufgrund der eingebauten Treppen hingegen weniger für Familien mit kleinen Kindern sowie für gehbehinderte oder ältere Personen, für die eine Etagenwohnung in der Überbauung geeigneter ist.[146] Die Verschachtelung der Maisonettewohnungen sei ein interessantes architektonisches Konzept,[147] sie führe aber auch dazu, dass die Wohnungen und auch allfällige Lärmquellen nicht einfach zugeordnet werden können und die Orientierung so erschwert sei.[148] Generell betonen die befragten BewohnerInnen aber die vielseitigen Qualitäten, wobei weniger das Gesamtkonzept, als vielmehr einzelne nutzungspraktische Details wie der Parkettboden, die großen Fenster oder die Möblierbarkeit hervorgehoben werden. Einen so guten Wohnstandard für eine so günstige – bzw. bezahlbare – Miete sei sonst in Zürich kaum zu finden.[149] Trotz den relativ kleinen Raumflächen eröffnen sich vielseitige Nutzungsmöglichkeiten. Neben einer klassischen Raumnutzung – mit Wohnen, Kochen, Schlafen – wie sie die architektonische Funktionsteilung vorsieht, werden in der Wohnpraxis der befragten BewohnerInnen auch persönliche, auf ihre Lebenssituation angepasste Aneignungen vorgenommen und eigene Nischen und Ecken in der vorgegebenen Raumstruktur geschaffen. Die Räume bieten die Möglichkeit, multifunktional genutzt zu werden. So wird das Wohnzimmer auch zum Home-Office oder Spielraum und das ehemalige Kinderzimmer zum Hobby- oder Fit-

---

142   Interview II UAII, 00:28:37.

143   Vgl. Interview V UAII, 00:04:16 und 00:15:17 oder Interview I UAII, 00:14:00.

144   Diese komme bei den absteigenden Wohnungen mit der Umkehrung von Wohn- und Schlafebene nicht zum Zug, vgl. Interview V UAII, 01:11:24.

145   Vgl. etwa Interview I UAII, 01:56:16 oder Interview II UAII, 00:16:09.

146   Interview III UAII, 01:41:40; Interview II UAII, 01:41:42.

147   Interview I UAII, 02:17:34.

148   Vgl. etwa Interview V UAII, 00:16:11 und 1:11:52 oder Interview IV UAII, 00:37:28.

149   Interview I UAII, 01:56:16; Interview II UAII, 01:49:59; Interview III UAII, 01:41:15.

nessraum. Als Anpassung an die relativ kleinen Raumflächen werden der Eingangsbereich sowie die Küche und Balkone teilweise auch als Ablage- und Stauraum verwendet. Daneben verfügt jede Wohnung über ein Keller- und ein Estrichabteil.

2.6.3 Eigenheiten des Wohnens im Hochhaus

Wer in einem der Isengrind-Blöcke wohnt, teilt sein Haus mit 118 – vor den Wohnungszusammenlegungen gar mit 132 – anderen Parteien. Die halböffentlichen Räume im Gebäude, die allen HausbewohnerInnen zugänglich sind, werden unterschiedlich wahrgenommen und genutzt. Von den meisten wird die großzügige Struktur des offenen und lichten Eingangsbereichs als besondere Qualität ihres Hauses beschrieben. Eine Bewohnerin meint, die Eingangshalle erinnere sie eher an die Lobby eines Hotels als an einen gewöhnlichen Wohnblock.[150] Während die meisten Erwachsenen hier nur durchgehen, treffen sich und verweilen die Kinder bei schlechtem Wetter – teils zum Ärgernis anderer BewohnerInnen – auch hier. Um die Wohnung zu erreichen, muss man vom Lift oder Treppenhaus oft erst entlang vieler anderer Wohnungstüren durch den Innengang gehen. Diese Korridore dienen ebenfalls als Spielorte, manchmal sieht man hier auch Jugendliche oder Erwachsene, die sich in den Sitznischen unterhalten.[151] Für die VertreterInnen der Verwaltung sind diese langen Gänge im Vergleich mit anderen Hochhäusern, die sie bewirtschaften, ein Spezifikum von Unteraffoltern II: »Das gibt eine sehr spezielle Atmosphäre, die aber auch beängstigend sein kann.«[152] Auf der Ebene eines Geschosses befinden sich zwischen 19 und 22 Wohnungen, so viele wie sonst in einem vier- oder fünfgeschossigen Wohnhaus. Dieses Konstrukt ist in der Perspektive der Verwaltung sowohl faszinierend als auch problematisch, da es zu Anonymität und Lärmkonflikten im nachbarschaftlichen Zusammenleben beitragen kann.[153]

Die hohe Anzahl der 118 Wohnungen pro Haus wirkt sich auch auf den praktischen Gebrauch der gemeinschaftlichen Einrichtungen und Räume aus. Eine Bewohnerin führt im Interview aus, wie sie zu Beginn zweifelte, ob das Waschen bei so vielen Parteien funktionieren könne.[154] Die Waschküche ist nicht wie in Schweizer Mehrfamilienhäusern üblich im Keller untergebracht, sondern befindet sich im Dachgeschoss und verfügt über Tageslicht. Den BewohnerInnen stehen sieben Waschmaschinen und Wäschetrockner zur Verfügung. Auf der Dachterrasse gibt es

---

150 Interview III UAII, 00:45:19.

151 Vgl. etwa Interview I UAII, 00:27:36.

152 Gruppeninterview LVZ UAII, 00:06:14.

153 Ebd.

154 Interview IV UAII, 00:17:32.

außerdem einen teils gedeckten Platz zum Wäsche aufhängen. Die Waschküche sei funktional und gut ausgerüstet, meinen einige der befragten BewohnerInnen.[155] Andere betonen, dass sie diese, wenn überhaupt, nur mit Vorsicht nutzen, da das Gerücht umgehe – bzw. einige es auch schon selbst erlebt haben – dass hier Kleider gestohlen würden. Um dies zu vermeiden, haben einige sich selbst eine Waschmaschine in der Wohnung installiert. Eine ältere Bewohnerin legt dar, dass sie als alleinstehende Person auch andere halböffentliche Räume wie den »düsteren« Keller oder den Veloraum, in dem immer ein Durcheinander herrsche, als unsichere Orte erlebe. So nimmt sie ihr Fahrrad jeweils mit in die Wohnung und nutzt nur den Estrich, da hier die privaten Abteile jeweils nur für sechs Parteien zugänglich sind.[156]

Mehrere der befragten BewohnerInnen betonen, dass sie das Hochhaus als Wohnform bewusst gewählt haben. Ein Ehepaar, das schon viele Jahre im Isengrind wohnt, erzählt, dass es für sie zu Beginn ungewohnt war, sie sich aber heute nicht mehr vorstellen könnten in »flachen Häusern« zu leben, da sie sich dort »wie in einem Gefängnis« fühlen würden.[157] Auch schätzen sie die Möglichkeit – je nach Lebenssituation – innerhalb der Hochhaussiedlung umziehen zu können. Ein Einfamilienhaus würde ihnen diese Flexibilität nicht geben und wäre viel zu groß, wenn die Kinder mal ausziehen.[158] Ein jüngerer Bewohner hat sich aus Interesse und Neugier an verschiedenen Wohn- und Bebauungsformen für das Hochhaus als Experiment entschieden. Durch die Vielzahl an Menschen ist das Hochhaus komplexer als andere Wohnhaustypen. Die Dichte der Bebauung und die vielen Lebensrealitäten, die hier mit- und nebeneinander existieren, entsprechen städtischen Qualitäten. Im Gebäude selbst sei viel Urbanität vorhanden, meint etwa dieser Bewohner.[159] Und eine andere Mieterin bemerkt, sie wohne in einem Haus mit so vielen Leuten wie in einem Dorf, erlebe die Stimmung der Überbauung aber nicht dörflich, sondern mehr wie ein städtisches Quartier.[160]

Die Besonderheit eines Hochhauses am Stadtrand liegt gerade darin, dass die Dichte von Weite umgeben ist. Die Großräumigkeit, der Freiraum und der Blick in die Weite gehört denn auch – das taucht in den Interviews immer wieder auf – zu den Qualitäten des Wohnens in Unteraffoltern II.[161] Die Stimmungen sind variabel,

155 Vgl. etwa Interview I UAII, 00:27:36.

156 Vgl. Interview II UAII, 00:41:44.

157 Interview V UAII, 00:29:52.

158 Ebd., 00:31:01.

159 Interview I UAII, 02:11:49.

160 Interview III UAII, 01:29:35.

161 Vgl. etwa Interview I UAII, 00:21:44; Interview II UAII, 00:19:27; Interview V UAII, 00:17:43.

der Sternenhimmel und die Wetterlagen sind wahrnehmbar, Flugzeuge ziehen vorbei und abends sieht man die Lichter des Quartiers. Auf der Schlafzimmerseite der oberen Stockwerke schweift der Blick über die Baumwipfel des Waldes, von den unteren Geschossen mag man den Fuchs erspähen, der manchmal unten beim Haus vorbeigeht. Eine Bewohnerin betont, dass gerade dieser Ausblick ins Grüne viel zu ihrer Lebens- und Wohnqualität beitrage und ihr das Gefühl gebe, in einem »Häuschen am Waldrand« zu wohnen.[162] Diese Wahrnehmung scheint viel zu ihrer Identifikation mit dem Wohnort beizutragen. In ihrer Erzählung wird die gebaute Großstruktur – als für sie eigentlich »hässlichem« und »unpassendem« Typus – mit der Wohnumgebung relativiert:»Ich finde die Häuser optisch, weil sie so nahe am Wald sind, eigentlich nicht schlimm«,[163] meint sie etwa und fügt an, dass sie es zugleich schätze, dass sich ihr »Häuschen« nicht an einem abgelegenen Ort, sondern in einem lebendigen Setting befinde. Nur wenige BewohnerInnen scheinen die gebaute Form, die Architektur in ihrer Größenordnung und Zeichenhaftigkeit zu schätzen.[164] Verbreiteter ist die Argumentation, dass vom Innern der Wohnung die Hochhausstruktur ja unsichtbar sei. Diese Relativierung oder Ausblendung als Umgangsstrategie mit der unkonventionellen Großform geht oft einher mit konventionellen Setzungen von Wohnlichkeit, wie kleinen Blumentöpfen oder Dekorationen, die nicht so recht zu der massiven Betonstruktur passen wollen.[165] Auch die Siedlungsgärten vor dem Haus oder im Quartier gehören als Ergänzung zum Hochhauswohnen für einige dazu. Der Garten ist nicht nur ein Ort, der dazu dient, ein ›eigenes‹ Stückchen Erde zu bepflanzen und im Sommer frisches Gemüse zu haben, sondern wird auch als wichtiger Erholungsort und Familientreffpunkt außerhalb der eigenen vier Wände erlebt.[166]

2.6.4 Außenräume: Eine Wohnumgebung für Familien

Die weitläufigen Außenräume werden in allen Interviews als besondere Qualität der Siedlung dargelegt.[167] Sie sind auf Familien und Kinder ausgerichtet. Es gibt einen Grillplatz und verschiedene Spielplätze für Kinder mit einem Trampolin, einer Hängematte oder einem Kletterturm, ein Planschbecken und zwischen den Häusern eine Spielwiese mit Fußballtoren. Bei schlechtem Wetter steht im Erdgeschoss des

---

162   Interview II UAII, 00:28:37.

163   Ebd., 00:59:19.

164   Wie etwa in Interview I UAII, 1:57:50 und 02:14:48.

165   Vgl. Ebd., 01:01:02.

166   Vgl. etwa Interview III UAII, 01:23:13; Interview V UAII, 00:17: 56.

167   Die Arealfläche der Siedlung ist 19'600m^2 groß, wovon die überbaute Fläche nur 10% oder ca. 2000m^2 ausmacht (Stadt Zürich 2005 sowie Berechnung Claudia Mühlebach).

Blocks Im Isengrind 35 der *Cool-Ruum* als offener Raum zum Spielen zur Verfügung. Die Kinder der Siedlung können sich hier frei bewegen. Die Spielangebote werden aber auch von auswärtigen BesucherInnen geschätzt und genutzt. Sie sind öffentlich zugänglich und ermöglichen Begegnungen mit anderen QuartierbewohnerInnen.

Eine Bewohnerin erinnert sich etwa daran, dass sie schon vor ihrem Einzug in den Isengrind, als Bewohnerin von Affoltern mit ihren Kindern den Spielplatz der Siedlung genutzt habe:»Wir sind viele Male hierhergekommen, um zu spielen [...], ich habe nie gedacht, dass ich selbst mal hier wohnen werde, aber ich habe immer gesagt, ›das ist ein schöner Platz‹«.[168] Auch heute noch sind die Außenräume Spielräume. Gerade der Fußballplatz wird in der wärmeren Jahreszeit rege genutzt, bis spät abends spielen hier Kinder und Jugendliche und organisieren»Siedlungsmatches«.[169] Dies wird von der Liegenschaftenverwaltung auch explizit erlaubt. Unteraffoltern II sei eine Familiensiedlung, Spielen gehöre dazu und werde von der Bewohnerschaft auch größtenteils akzeptiert:»Wo sonst gibt es ein Fußballfeld vor dem Haus und kaum Probleme deswegen?« fragt etwa die Sozialarbeiterin der Liegenschaftenverwaltung im Interview und verweist darauf, dass es andernorts deswegen viel schneller zu Reklamationen und Streitereien komme.[170] Verschiedene Angebote und Interessensgruppen von und für BewohnerInnen der Siedlung richten sich explizit an Familien aus. Der *Stjgj-Ruum*, der siedlungsinterne Jugendtreff, ist jeden Freitagabend – betreut von freiwilligen AnimatorInnen – offen für die Jugendlichen der Siedlung. Für Frauen und Mütter mit begrenzten Deutschkenntnissen gibt es die Möglichkeit, sich regelmäßig in der Siedlung zur Deutschkonversationsgruppe zu treffen. Der Gemeinschaftsraum, der im Rahmen der Renovierung neu eingebaut wurde, wird von BewohnerInnen für besondere Anlässe und Feiern, gerade auch im Rahmen von Familientreffen, regelmäßig genutzt. Die Angebote sind meist abhängig von den engagierten Personen, die sie organisieren und bestehen für eine gewisse Zeit. So hat sich beispielsweise die Gruppe, die zurzeit der Datenerhebung im Spielraum Kinderhütenachmittage angeboten hatte, mittlerweile aufgelöst.

Schulen, Kindergarten und Kindertagesstätten befinden sich in der unmittelbaren Umgebung der Siedlung, die Wege dorthin sind für Kinder sicher und selbstständig begehbar.[171] Weitere Freizeit- und Sporteinrichtungen sind in Gehdistanz erreichbar. Der Wohnort sei deshalb ideal, um mit Kindern hier zu leben, wird in den Interviews immer wieder betont. Passende Einrichtungen, wenig Verkehr sowie

---

168 Interview III UAII, 00:46:37.

169 Interview V UAII, 00:11:21.

170 Gruppeninterview LVZ UAII, 00:43:28.

171 Vgl. Interview IV UAII, 00:16:47.

viel Grün und Freiraum mache den Isengrind zu einem familienfreundlichen Umfeld.[172]

2.6.5 Lage zwischen Stadt und Land

»Wir sind nicht mitten in der Stadt, aber auch nicht weit weg von der Stadt«.[173] Das sei, so eine Bewohnerin im Interview, für sie die optimale Wohnlage. Der Standort am Stadtrand wird auch von anderen rundum positiv dargelegt: Alles sei von hier aus nahegelegen. In einer Viertelstunde ist man mit dem öffentlichen Verkehr im Zentrum der Stadt Zürich, mit dem Fahrrad oder zu Fuß aber auch schnell draußen in der Natur.[174] »Das habe ich immer schön gefunden, aus dem Bus zu steigen und gleich auf die Kuhweide zu schauen«,[175] meint eine Bewohnerin. Sie schätze »die Weite, die Luft, die Ruhe«,[176] etwas außerhalb des hektischen und lauten Stadttreibens zu sein. Der Reiz der peripher-urbanen Lage scheint gerade im ›Dazwischen-Sein‹ bzw. im ›Beides-Haben‹ zu liegen. Den befragten BewohnerInnen gefällt es zum einen im Grünen – im Naherholungsgebiet – zu wohnen, Spaziergänge und Joggingrunden im Wald oder Ausflüge zum Sumpfgebiet oder an den Katzensee machen zu können.[177] Zum anderen finden sie es gut, in einem Quartier zu leben, in dem es nicht nur öffentliche Verkehrsanbindungen, sondern auch Einkaufsmöglichkeiten und Freizeiteinrichtungen – wie eine Sportanlage oder ein Gemeinschaftszentrum – gibt.[178] Die Umgebung sei für viele langjährige BewohnerInnen auch in schwierigen Zeiten, wie etwa während der anstrengenden Renovierungszeit, einer der Hauptgründe gewesen, im Isengrind zu bleiben.[179] Nicht alle teilen aber diese Einschätzung. Ein jüngerer Bewohner legt dar, wie ihm im Wohnumfeld städtische Qualitäten fehlen. Es gibt zwar ein großes Einkaufszentrum, aber keine kleinen Läden. Es gibt Dorfkneipen, aber keine Cafés und keine gute Bar nebenan, es gibt Sport-, aber keine Kultureinrichtungen. Dies sei ein Problem von Affoltern generell, wo ein für ihn relativ ödes Vorortsambiente herrsche.[180] Die suburbane Atmo-

---

172 Vgl. etwa Interview II UAII, 00:59:19; Interview III UAII, 00:46:37; Interview IV UAII, 00:16:21; Interview V UAII, 00:38:48.

173 Interview III UAII, 00:46:37.

174 Interview V UAII, 00:35:05; Gruppeninterview LVZ UAII, 01:14:00.

175 Interview II UAII, 00:28:37.

176 Ebd., 01:04:35.

177 Vgl. Ebd., 00:31:55; Interview III UAII, 00:46:37; Interview IV UAII, 00:10:11.

178 Vgl. etwa Interview III UAII, 01:33:50; Interview IV UAII, 00:10:11; Interview V UAII, 00:13:45 und 00:35:14.

179 Interview II UAII, 01:40:43.

180 Interview I UAII, 00:57:51.

sphäre und Distanz zur Stadt scheint auch ausschlaggebend zu sein, dass der Isengrind nie wie andere städtische Wohnhochhäuser mit einer »Aura des Besonderen« in Verbindung gebracht wurde und es hier auch nie bekannte Mieter gab.[181] Nicht wenige BewohnerInnen scheinen auch in ihrem Alltag ein eher distanziertes Verhältnis zur Stadt zu haben. Für Shoppingtouren oder Arztbesuche orientieren sie sich eher nach Oerlikon, das nähergelegen ist als die Innenstadt.[182] Der Bezug zur Stadt oder zum Quartier hängt stark vom Arbeitsort und der Lebenssituation der jeweiligen Person ab. Generell kann beobachtet werden, dass Familien von einer größeren Verbundenheit mit dem Quartier erzählen.[183] Sie seien »im Quartier zu Hause« und möchten hier nicht wegziehen, meint etwa eine befragte Familie.[184] Ein älteres Ehepaar wohnt schon seit 40 Jahren in Affoltern und hat dadurch einen biografisch bedingten starken Bezug zum Ort, wo viele Plätze und Ecken sie auch an früher, an Familienausflüge und Spielnachmittage mit ihren mittlerweile erwachsenen Kinder erinnern.[185] Eine ältere, alleinstehende Bewohnerin meint hingegen, dass das Quartier für sie unwichtig sei und sie auch kein Quartierleben hier suche, ihre sozialen Kontakte seien vielmehr über die ganze Stadt verteilt.[186]

2.6.6 Wahrnehmungen zur Quartierveränderung

Seit Anfang des 21. Jahrhunderts befindet sich das Quartier in einem grundlegenden Wandel. Affoltern ist eines der größten Entwicklungsgebiete für den Wohnungsbau in der Stadt Zürich. Deshalb sind in den letzten Jahren verschiedene große Neubausiedlungen mit ca. 3000 Wohnungen entstanden, in die viele neue BewohnerInnen eingezogen sind. In Sichtweite von Unteraffoltern II entstand auf ehemaligen Industriearealen und letzten Baulandreserven das neue Quartier Ruggächern. Einhergehend mit dem Wachstum und dem großen Zuzug wurde auch das Zugangebot der S-Bahnlinie 6 ausgebaut (vgl. Durban et al. 2007, 418; Statistik Stadt Zürich 2009, 24). Der Bau von Infrastrukturen für die neue Wohnbevölkerung, ein dringend benötigtes weiteres Schulhaus etwa, oder eine Erweiterung der öffentlichen Verkehrslinien, die gerade in Stoßzeiten stark überlastet sind, hinkte dem Wohnungsbau hin-

---

181 Im Wohnhochhaus Lochergut wohnten etwa Max Frisch oder Pipilotti Rist. Vgl. Interview I UAII, 01:59:48.

182 Ebd., 02:01:31 oder Interview V UAII, 00:20:19.

183 In der langgezogenen Struktur Affolterns konzentriert sich das soziale Leben kleinräumlich auf verschiedene Quartierzentren. Unteraffoltern ist eines unter anderen (Neuaffoltern, Zehntenhausplatz oder Glaubtenstrasse).

184 Interview V UAII, 00:34:30.

185 Vgl. Interview III UAII, 00:02:17 und 00:42:44.

186 Vgl. Interview II UAII, 01:27:59.

gegen wieder – wie bereits damals beim Bau von Unteraffoltern II – hinterher.[187] Mit der neuen Bebauung und der Einführung des Halbstundentaktes der S-Bahn hat sich die Wohnumgebung von Unteraffoltern II allerdings stark verändert. Die Stadt ist näher an die Siedlung am Waldrand gerückt. So meint etwa die Bewirtschafterin im Interview: »Es ist nicht mehr so unsere Siedlung dort am Ende, sondern jetzt wird sie langsam eingebettet rundherum mit Geschäften, mit Leben, mit Kindern.«[188] Unteraffoltern sei heute eher ein »aufstrebendes Quartier«, was sich auch positiv auf die öffentliche Wahrnehmung der Überbauung auswirke.[189] Die VertreterInnen der Liegenschaftenverwaltung stellen auch fest, dass einige langjährige MieterInnen aus dem Isengrind nun in eine neue benachbarte Genossenschaftssiedlung umgezogen seien. Es seien Familien, die sich mit dem Quartier stark verbunden fühlten und über genügend Mittel für eine etwas teurere Miete verfügten.[190]

Die BewohnerInnen sind aber nicht alle glücklich mit den Veränderungen in ihrem Wohnumfeld. Das Neubauviertel mache sich vor allem darin bemerkbar, dass es mehr Leute und mehr Pendelverkehr gebe. Vor dem Bahnübergang bildeten sich nun oft lange Staus und im Bus oder Zug finde man häufig keinen Sitzplatz.[191] Bedauert wird auch der Rückgang der Grünräume, dass mit der Verdichtung und dem Wachstum der Stadt das vertraute Alte und auch die ländlich-bäuerlichen Realitäten im Quartier verschwinden würden. So eine Bewohnerin:

»Es gibt immer mehr neue Häuser und langsam gibt es kein Grün mehr. Das tut mir ein bisschen weh [...]. Jetzt gibt es nur noch Beton und früher war alles grün hier, es gab viele Bauernhöfe, wir sind Eier kaufen gegangen und Pflanzen für unseren Garten. Jetzt gibt es das fast nicht mehr. Das ist ein bisschen traurig [...], die Stadt wird immer größer, immer mehr.«[192]

Die neuen Siedlungen seien viel enger und dichter gebaut und verfügten nicht über die Qualität der Siedlungsgrünräume, die Unteraffoltern II habe.[193] Zugleich fehle aber trotz Dichte der urbane Charakter, entstanden sei mehrheitlich ein »Schlafstadtteil«.[194] Die Veränderungen im Quartier werden meist aus einer gewissen Distanz wahrgenommen. Wie mehrere BewohnerInnen im Interview betonen, betrifft

---

187 Vgl. Gruppeninterview LVZ UAII, 00:23:20 sowie »Die Agglo boomt«, in: Züritipp vom 2.12.2010.

188 Gruppeninterview LVZ UAII, 00:20:39.

189 Vgl. Ebd., 01:16:12.

190 Vgl. Ebd., 00:26:01.

191 Vgl. Interview II UAII, 00:30:31 oder Interview V UAII, 00:19:26.

192 Interview III UAII, 01:35:11.

193 Interview V UAII, 00:18:38.

194 Interview I UAII, 00:57:51.

der Wandel das alltägliche Leben und die Wohnsituation im Isengrind nicht direkt. Vieles sei hier konstant und laufe tagein, tagaus in seinen gewohnten Bahnen.[195]

2.7 ZUSAMMENSCHAU

Bei der Hausbiografie von Unteraffoltern II eröffnen sich zwei Perspektiven. Zum einen lässt sich – mit den Dokumenten aus dem Archiv – eine Geschichte des Wandels erzählen, von einer Großüberbauung, die in die Krise geriet und diverse auch konfliktbehaftete Prozesse der Erneuerung durchlief. Zum anderen lässt sich – ausgehend von den Gesprächen und Interviews mit teils langjährigen BewohnerInnen – ein Porträt zeichnen, das die Konstanz betont, die Eigenschaften und Besonderheiten der Siedlung, die seit langem ähnlich und gleich sind. »Es ist nicht ein hipper In-Ort. Aber viele Leute sehen einfach nicht, welche Qualitäten es hier gibt«,[196] meint etwa ein Bewohner. Beim Isengrind handelt es sich nicht um einen problembehafteten Ort, wie das Image suggeriert, das ihm von Außen zugeschrieben wird. Es gibt vieles, das das Leben hier angenehm und passend macht: die schönen Wohnungen, die trotz kleinem Grundriss vielseitig nutzbar sind, der Blick in die Weite, das viele Grün und die Freiräume in der Umgebung, die gemeinschaftlichen Angebote und die familienfreundliche Infrastruktur. Dass diese Qualitäten zum Ausdruck kommen, ist nicht zuletzt das Verdienst von engagierten BewohnerInnen, dem Hauswart und den verantwortlichen Personen der Verwaltung. Aus der Geschichte von Unteraffoltern II lässt sich lernen: Wenn eine Eigentümerin – in diesem Fall eine städtische Institution – in einer Situation, in der eine Überbauung ›auseinanderzubrechen‹ droht, viel investiert, und zwar nicht nur finanziell und baulichtechnisch, sondern auch mittels Gemeinwesenarbeit, Anpassungen der Vermietungsstrategien und im alltäglichen Unterhalt, können auch unter komplexen Voraussetzungen Dynamiken in Gang gebracht werden, die sowohl zum Werterhalt der Liegenschaft als auch zur Wohnzufriedenheit der NutzerInnen beitragen. Dass in Unteraffoltern II noch immer nicht alles rosig ist, zeigt sich etwa darin, dass gewisse halböffentliche Räume – wie die Waschküche oder der Keller – von einigen der befragten BewohnerInnen als unsicher erfahren werden. Auch Lärmkonflikte sind teilweise ein Thema sowie schwierige Verhältnisse von MieterInnen, die in sozialen oder gesundheitlichen Belastungssituationen leben. Die Stadt kommt hier auch der Verantwortung der Wohnraumversorgung von benachteiligten Personen nach. Damit die Situation nicht wieder ›kippt‹, braucht es das konstante ›Dransein‹ von Seiten aller Verantwortlichen. Und von denjenigen, die von außen auf die Betonhoch-

---

195 Vgl. Interview IV UAII, 00:22:24 oder Interview V UAII, 00:19:26.

196 Interview I UAII, 02:01:31.

häuser am Stadtrand blicken, erfordert es die Offenheit, Vorurteile zu hinterfragen und die Qualitäten, die die Überbauung bietet und die von ihren BewohnerInnen auch wertgeschätzt werden, anzuerkennen.

BILDANHANG II

Abbildung 23: Zürich-Affoltern, Unteraffoltern, Juli 1980

Abbildung 24: Situationsplan Unteraffoltern II

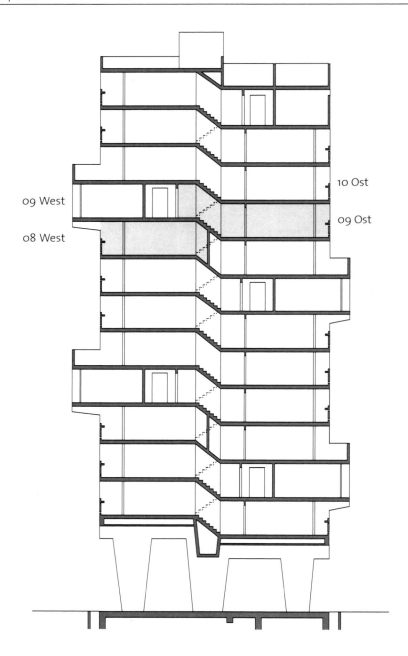

09 West

08 West

10 Ost

09 Ost

Abbildung 25: Querschnitt, Maßstab 1:200

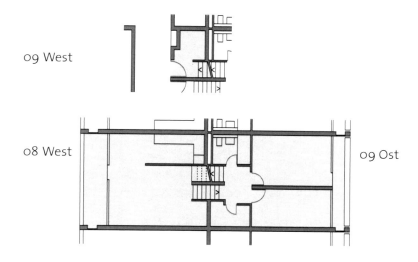

09 West

08 West   09 Ost

*Abbildung 26: Typengrundriss 3-Zimmermaisonette
Größe 71 m², Maßstab 1:200*

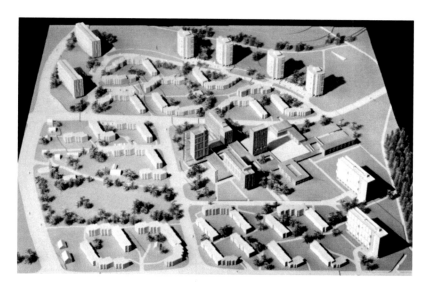

*Abbildung 27: Die Pläne für eine Satellitenstadt wurden mit Ausnahme von
Unteraffoltern I und II nie realisiert, Modell um 1965*

Abbildung 28: Unteraffoltern II im Bau, 1968

Abbildung 29: Die beiden neu erstellten Wohnhochhäuser, um 1969

Abbildung 30: Von Wald, Acker und Weiden umgeben, Unteraffoltern um 1972

Abbildung 31: Am Stadtrand, Unteraffoltern mit Sportanlage, um 1980

Abbildung 32: Unteraffoltern II mit Sportanlage heute

Abbildung 33: Blick vom Bahnhof Affoltern, 1999

Abbildung 34: Im Isengrind 35 heute mit Hürstholz

Abbildung 35: Aussicht auf Wald, Stadt (Zürich-Oerlikon) und Berge

Abbildungen 36 und 37: Hauseingang auf Stützen

Abbildungen 38 bis 42: Spiel-Räume draußen (heute und 1999 unten)

Abbildungen 43 und 44: Siedlungsgärten

Abbildungen 45 bis 48: Gemeinschaftsraum

Abbildung 49: Jugendtreff (Stjgj-Ruum)

Abbildungen 50 und 51: Eingangshalle

Abbildungen 52 und 53: Treppenhaus

Abbildung 54: Erschließung der 132 Wohnungen, Liftvorplatz EG

Abbildungen 55 und 56: Innere Verteilgänge (heute und 1999 rechts)

Abbildung 57: Dekoration an Wohnungstüren

Abbildung 58: Fußmatten

Abbildung 59: Treppenhaus, Etage mit Wohnungen Südseite

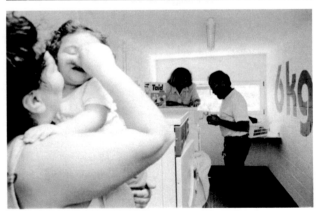

Abbildungen 60 bis 62: Waschküche im Dachgeschoß (heute und 1999 unten)

Abbildungen 63 bis 66: Maisonette-Wohnungen und Terrasse

3 Ein Stadtteil in der Vertikalen: Mittlere Telli, Aarau

3.1 EINE ORTSBEGEHUNG

Die Wohnüberbauung Telli liegt rund ein Kilometer nordöstlich des historischen Stadtzentrums von Aarau entfernt. Die Fahrt vom Bahnhof mit dem Bus dauert nur wenige Minuten. Wir entscheiden uns für den Weg zu Fuß. Die Tellistrasse führt hinunter ins gleichnamige Quartier in der Flussebene. Von hier aus sind sie unübersehbar, die langgezogenen großen Wohnblöcke, die hinter älteren Ein- und Mehrfamilienhäusern mit Giebeldächern in die Höhe ragen. Nach 15 Gehminuten stehen wir vor dem Punkthochhaus des Tellizentrums, das den Eingang zur Überbauung markiert. Hier ist ein Teil der aargauischen Kantonsverwaltung untergebracht. Im Sockelbereich des Hochhauses befindet sich eine Einkaufspassage, die große Ladenketten, einen Supermarkt für Lebensmittel, aber auch eine Apotheke, eine Bäckerei, ein Reisebüro sowie eine Bank- und Postfiliale beherbergt. Mit den in der Decke eingefassten großen runden Leuchtkörpern, dem gelb-grau gesprenkelten Bodenbelag und den runden Beton-Tragepfeilern ist hier noch immer der Geist der 1970er-Jahre zu spüren. Bei den Sitzgelegenheiten, die rund um die Pfeiler angeordnet sind, unterhalten sich Eltern, während ihre Kleinen auf den Bänken herumkraxeln. An den Tischen des *Royal Bistro* haben sich ältere Damen zum Kaffee getroffen. Die Passage durch das Tellizentrum führt zum Siedlungsareal. Linkerhand befindet sich das neu renovierte Gemeinschaftszentrum (GZ). Im Eingangsbereich zeigt eine Tafel die Wege zu den verschiedenen Gruppen- und Schulungsräumen, zur Kegelbahn und Disco sowie zu den hier angesiedelten Räumlichkeiten von Kulturvereinen. Die Tür zum Sekretariat der Betreibenden steht offen. Diverse Broschüren, Faltblätter und die *Telli-Post* informieren über aktuelle kulturelle Events sowie Angebote sozialer Fachstellen im Quartier. Aus der Küche des großen Saals dringen Geschirrklappern und Essensgerüche heraus. Das Restaurant *Telli-Egge* im Untergeschoss lädt dazu ein, die Gartenwirtschaft zu benutzen. Vom Platz vor dem Tellizentrum führt ein Fußweg über einen kleinen Bach zur ersten der insgesamt vier Wohnzeilen und mündet in den Verbindungsweg, der – von Täfelung gedeckt –

unter dem Block hindurchführt und die verschiedenfarbig bemalten Hauseingänge erschließt. An diesem heißen Sommertag ist es hier angenehm kühl. Die Briefkastenanlagen der Häuser sind an den länglichen Stützpfeilern auf der gegenüberliegenden Seite des Durchgangsweges angebracht; wer seine Post holen will, muss diesen von allen geteilten Raum betreten. In regelmäßigen Abständen sind Spiel- und Turngeräte für Kinder angebracht wie Pingpongtische, Schaukeln, Kletter- oder Reckstangen. Während wir an einem der kleinen runden Betontische unter der Wohnzeile sitzen, herrscht ein reges Kommen und Gehen. Viele grüßen einander, immer wieder bleiben Leute auch stehen und wechseln ein paar Worte mit anderen, die ihnen entgegenkommen. Ein älteres Paar schiebt ihre Einkäufe vom Supermarkt im Einkaufswagen nach Hause. Etwas weiter drüben üben zwei Mädchen eine Tanzchoreografie ein, während ihnen einige Jungs schüchtern zugucken. Überhaupt sind an diesem schulfreien Nachmittag viele Kinder unterwegs, spielen auf der Grünfläche oder rattern mit Trottinetten, Spielzeugtraktoren und Fahrrädern vorbei. Das Fahrradfahrverbot, das einem überall begegnet, scheint sie dabei nicht zu stören. Die Situation unter den Häusern ähnelt sich bei allen Wohnzeilen. Die Räume neben den Hauseingängen im Erdgeschossbereich dienen als Spiel- oder Gemeinschaftsräume. Sie werden an Kosmetik-, Massage- oder Coiffeursalons vermietet oder von Liegenschafts- und Hauswartsdiensten als Büros genutzt. Das ganze Areal wirkt gepflegt und sauber, obwohl es auf dem ganzen Verbindungsweg unter den Häusern keinen einzigen Abfalleimer gibt. Die Kehrichtabwurfschächte sind nur für gebührenpflichtige Abfallsäcke bestimmt. In Schaukästen mahnen verschiedene Informationsblätter daran, Littering zu vermeiden.

Die langen Hochhausblöcke stehen versetzt zueinander. Mit ihrer leicht angewinkelten und treppenförmigen Struktur wird die Massigkeit der Volumen etwas durchbrochen, die Erscheinung ist dennoch imposant. Die Fassade wird durch die Rasterung der Balkone und Trennwände gegliedert. Auf der Vorderseite markieren die Außenwände der Balkonreduits vertikale Farbbänder, die – je nach Block in roten oder gelben Tönen – die grauen Brüstungen und Rollläden auflockern. Auf der Rückseite kommt die bausteinförmige Struktur des Betonbaus aufgrund der hervorstehenden Treppenhäuser deutlicher zum Ausdruck. Wer sich auf dem Areal der Telli bewegt, kommt nicht umhin, die weitläufigen Grünräume zu bemerken, die sich zwischen den Wohnzeilen ausbreiten. Die Bauten verschwimmen hinter einem Band von Bäumen. Das Gras der Wiesen ist frisch geschnitten, ein Hauswart fährt auf einem Traktor vorbei, Vögel zwitschern. Durch die leicht hüglige Topografie verschwinden die geschwungenen Verbindungswege zwischen den Wohnzeilen aus dem Blickfeld und tauchen an anderer Stelle wieder auf. Wenn man durch die Siedlung geht, fallen außerdem die vielen Einrichtungen auf, die es hier für Kinder und Familien gibt: diverse Spiel- und Fußballplätze, Grill- und Picknickstellen, ein kleines Kinderplanschbecken, ein Kleintierzoo, eine Minigolfanlage, ein Judo-Club und verschiedene Einrichtungen zur Kinderbetreuung. Den Anlagen dieser Siedlungsinfrastruktur sieht man ihr Alter an, sie erinnern in Konzept und Gestaltung an die 1970er-Jahre, und wirken teilweise auch in ihrer Materialität abgenutzt und in die Jahre gekommen.

Der Zugangsweg mit dem Auto führt direkt in die Tiefgarage, durch die unterirdisch die Rüttmatt-, Delfter- und Neuenburgerstrasse führen. Hier herrscht eine ganz andere Atmosphäre. Es riecht nach Abgasen und ist kühl. Trotz ihrer Größe und den kahlen Betonwänden wirkt die Tiefgarage nicht unangenehm. Jedem Parkplatz ist eine orangene Box als privater Stauraum zugeordnet, den NutzerInnen stehen außerdem zwei Autowaschanlagen zur Verfügung. Mit dem Fahrstuhl gelangt man von der Tiefgarage direkt in die Häuser und zu den Wohnungen. Wir fahren bis zum obersten Stockwerk. Nach einigen Treppenstufen erreichen wir das Flachdach. Von hier aus sieht man weit über die Blöcke mit ihren grünen Dachgärten, die Altstadt Aaraus und die umliegenden Orte hinaus auf bewaldete Hügel und die Jurahöhen. In der Ferne dampft der Kühlturm des Atomkraftwerks Gösgen, im Quartier selbst deuten Kräne an, dass gebaut wird. Das nüchtern karge Treppenhaus, durch das wir hinuntergehen, scheint kaum benutzt zu werden. Pro Geschoss sind jeweils zwei Wohnungen angeordnet, die Waschküche befindet sich im ersten Obergeschoss.

Zu Fuß machen wir uns auf den Rückweg. Diesmal folgen wir dem Weg, der sich durch den Auenwald nördlich der Überbauung schlängelt und uns in wenigen Minuten zum Aare Uferweg führt. Hier scheint die Großüberbauung bereits weit weg zu sein.

3.2 PLANUNGS- UND BAUGESCHICHTE

3.2.1 Entstehungskontext: Ein neuer Stadtteil für Aarau

Mit dem wirtschaftlichen Aufschwung in den 1950er- und 1960er-Jahren wuchs die Bevölkerung der Stadt Aarau als Zentrum einer stark industrialisierten Region im Schweizer Mittelland rapide an. Die Industrie- und Dienstleistungsbetriebe prosperierten. Für die vielen ArbeiterInnen und Angestellten fehlten aber Wohnungen. Um 1970 strömten täglich um die 10'000 PendlerInnen in die 17'300 Einwohner zählende Kantonshauptstadt. Wachstumsprognosen schätzten auch den künftigen Wohnungsbedarf hoch ein. Man rechnete damit, dass die Bevölkerung der Region in den nächsten Jahrzehnten um einen Drittel bis die Hälfte ansteigen würde (vgl. Bauen und Wohnen 1973, 194; Fuchs/Hanak 1998, 133). Nachdem sich die Stadterweiterungen bis zur Mitte des 20. Jahrhunderts am Konzept der Gartenstadt orientierten und stark durchgrünte Vorstadtquartiere mit Wohn- und Gewerbebauten entstanden, zeichnete sich ab den 1950er-Jahren zunehmend eine Öffnung hin zu einer dichteren Bebauung ab.[1] Vorerst wurden mehrheitlich zweigeschossige Reihenhäuser und Mehrfamilienhäuser gebaut, in den 1960er-Jahren entstanden dann die ersten Wohnhochhäuser. Wie aus der Studie zur Bau- und Planungsgeschichte der Wohnsiedlung Telli des Aarauer Stadtbaumeisters Felix Fuchs und Michael Hanak hervorgeht, bildeten Planungsinstrumente, die in Aarau im schweizerischen Vergleich sehr früh zur Anwendung kamen, eine wichtige Voraussetzung für diese neue Art des dichten Bauens. Bereits 1948 wurde in Aarau eine Regionalplanung initiiert mit dem Ziel, in die um sich greifende Agglomerationsbildung regulierend einzugreifen (Fuchs/Hanak 1998, 133). Die 1959 eingeführte Aarauer Bauordnung war schweizweit, wo es erst wenige bau- und planungsgesetzliche Vorgaben gab, »ein früher Meilenstein in der Entwicklung der modernen Baurechts- und Planungsinstrumente« (Ruedin 2008, 104). Das erste Raumplanungsgesetz auf nationaler Ebene sollte erst zehn Jahre später in Kraft treten. Verfasst wurde die Aarauer Bauordnung von Erich Zimmerlin, Baujurist und Stadtammann von Aarau, und Hans Marti, dem beauftragten Stadtplaner, der später auch beim Bau der Telli federführend beteiligt sein sollte. Mit der Bauordnung führte Aarau erstmals einen Zonenplan ein, der Ausnutzung und Überbauungsformen festlegte. Um die Wohnungsnot in Aarau zu lindern und den Boden besser auszunützen, wurden explizit auch Hochhäuser und Großüberbauungen zugelassen (vgl. Fuchs/Hanak 1998, 133; Ruedin 2008, 104ff).

In der Telli befand sich eine der letzten Landreserven Aaraus, die sich für ein größeres Wohnüberbauungsprojekt eignete. Lange war das Auengebiet kaum bewohnt. Aufgrund der abgelegenen Lage zum Stadtkern und der Nähe zur Aare, die Wasserkraft bot, aber auch regelmäßig über die Ufer trat, siedelten sich in der ersten Hälfte des 20. Jahrhunderts vor allem Industriebetriebe dort an. Dazu gehörten etwa die Spinnerei und spätere Schokoladenfabrik Frey, eine Schwefelsäurefabrik, die Futterfabrik Kunath oder die Färberei Jenny. Das Land wurde auch landwirtschaftlich genutzt und beherbergte einen Sportplatz. Nachdem das Gebiet 1946 großflächig an das Kanalisations- und Trinkwassersystem angeschlossen worden war, wurde im westlichen Teil viel gebaut. Zuerst entstanden mehrheitlich Einfamilienhäuser; in den 1950er-Jahren folgten weitere drei- bis viergeschossige Wohnzeilen (Pestalozzi 1978a, 704). Der Zonenplan von 1959 teilte das Gebiet in eine Gewerbe- und eine Wohnzone ein. Die Betriebe im Gewerbegebiet wanderten über die Jahre ab. Als Letzte wurde 1966 die schweizweit bekannte *Chocolat Frey* nach

---

1   Seit Anfang des 20. Jahrhunderts verfolgte die Stadt Aarau eine aktive Bodenpolitik. Im Hinblick auf die Ansiedelung von Industrien sicherte sie sich große Areale. Außerdem förderte sie – indem sie Bauland kaufte und Parzellen zu günstigen Konditionen verkaufte –, die Bebauungsform mit Einfamilienhäusern. Eine städtisch dichte Bauweise sollte so vermieden werden (Fuchs/Hanak 1998, 132).

Buchs verlegt. Um die 20 Hektar große Landreserve im Nordosten der Telli für den Wohnungsbau zur Verfügung zu stellen, wurde im Jahr 1969 auf Beschluss der Gemeindeversammlung eine Spezialbauordnung beschlossen und die Bauverwaltung nahm eine dementsprechende Umzonung vor (vgl. Fuchs/Hanak 1998, 138 sowie Bauen und Wohnen 1973, 194). Verschiedene Grundeigentümer waren davon betroffen: Der durchs Gebiet fließende Sengelbach war im Besitz des Kantons Aargau, die Einwohner- und die Ortsbürgergemeinde von Aarau verfügten über Landparzellen. Drei Viertel des Landes gehörten der Färberei Jenny, die ihre Grundstücke – als die Bebauungspläne in der Telli konkreter wurden – mehrheitlich der Generalunternehmung Horta AG verkaufte (vgl. Pestalozzi 1978a, 704).[2]

Die Horta AG wurde von Josef Wernle gegründet. Wernle hatte als Zimmermann begonnen und sich dann auf die industrielle Fertigung von Küchen und Schränken sowie Türen und Fenstern spezialisiert. Mit der neuen Popularität der rationellen Systembauweise wuchs die Horta zu einem Großbetrieb an. Die Firma erweiterte mit der Gründung einer Generalunternehmung ihr Geschäft auf den Kauf von Land und den Bau von Wohnsiedlungen. Ziel war es, die eigenen Systemelemente verwenden zu können und die Bauten dann profitorientiert zu verkaufen oder zu vermieten (vgl. Fuchs/Hanak 1998, 140).

Auf Initiative des damaligen Stadtbaumeisters von Aarau, René Turrian, trafen sich die verschiedenen Landbesitzer, um über eine zusammenhängende Planung der Telli-Überbauung zu verhandeln. Die Stadt sicherte sich mit der Gewährleistung der Horta als Bauunternehmen die Möglichkeit, städtebauliche Gestaltungsabsichten und Bestimmungen durchzusetzen. Das 1970 erarbeitete städtebauliche Leitbild für Aarau orientierte sich an der Entwicklung hin zu einem Regionalzentrum mit gebündelten Zentren und dazwischen liegenden Grünzonen. Die städtische Planungskommission legte fest, dass »die wenigen noch verbleibenden Reservewohngebiete [...] möglichst rational und nach modernsten Gesichtspunkten zu besiedeln« seien.[3] Diese planerischen Leitbilder und die damalige Wohnungsnot vor Augen setzte sich die Stadt dafür ein, bei dem letzten großen Stück Bauland in Aarau eine Bebauung in der Größe und mit der Funktion eines neuen Stadtteils zu planen (Noseda/Schläppi 2001, 1955-2001; Pestalozzi 1978a, 704; Fuchs/Hanak 1998, 138; Hanak 2008, 109).

---

2   Vgl. gta Archiv 110-BIB 354, Villiger AG: Jurybericht zum Wettbewerb der Großüberbauung »Telli« in Aarau, Sins 1971.

3   Stadt Aarau (Gemeinderat): Bericht »Aarau morgen? Gesamtentwicklungsplanung«, 1970, S. 10, zit.n. Fuchs/Hanak 1998, 134.

3.2.2 Übergeordnete Planung

Bereits im Jahr 1955 hatte die Bauverwaltung von Aarau drei junge Architekten – Emil Aeschbach, Alfons Barth und Hans Zaugg – mit einer Planungsstudie zu einer möglichen Bebauung der Telli beauftragt. Diese schlugen eine großzügige Stadterweiterung vor, mit der Schaffung eines eigenen Zentrums nach dem Vorbild deutscher und englischer Satellitenstädte (Hanak 2008, 109; Fuchs/Hanak 1998, 138). Koordiniert von der Stadt, luden die zusammengeschlossenen Grundeigentümer im Juli 1970 sechs Architekturbüros zu einem Wettbewerb ein. Sie sollten die Grundlagen für den Bebauungsplan der Überbauung Mittlere Telli entwerfen.[4] Obwohl es sich mit der Horta AG als Bauherrin auch um ein Investorenprojekt handelte, legte das Wettbewerbsprogramm Bedingungen für diverse soziale Einrichtungen fest. So sollten neben Wohnbauten für 4500 EinwohnerInnen ein Schulhaus, Kindergärten, eine Kinderkrippe, eine Freizeitanlage mit Räumen für Versammlungen und Büros sowie eine Zentrums-Überbauung mit diversen Einkaufs- und Verpflegungsmöglichkeiten eingeplant werden. Zudem war vorgesehen, dass die Kinderspielplätze in Sichtbeziehung zu den Wohnungen angeordnet, der Fahrverkehr klar von den Fußgängerwegen getrennt und die Parkplätze in überdeckten Sammelgaragen konzipiert werden sollten. Um der Horta entgegenzukommen, war vorgeschrieben, dass das von dieser Firma entwickelte, rationell fabrizierte Bausystem zur Anwendung kommen musste und die Grundrisse dementsprechend typisiert sein sollten (Fuchs/Hanak 1998, 140f; Hanak 2008, 109).[5] Im Dezember 1970 beauftragte die elfköpfige Expertenkommission[6] die zwei am Wettbewerb beteiligten Büros Aeschbach, Felber und Kim sowie Marti und Kast damit, ihre Projekte innerhalb eines Monats zur endgültigen Beurteilung zu überarbeiten. Die definitive Entscheidung fiel dann – mit sechs gegen vier Stimmen und einer Enthaltung – zugunsten von Marti und Kast aus. In Anerkennung ihres Entwurfs wurde das Büro von Aeschbach, Felber und Kim aber mit der Weiterbearbeitung des Einkaufszentrums, Bürohochhauses und Gemeinschaftszentrums in der Telli beauftragt.[7]

---

4   Eingeladen waren die Architekturbüros Emil Aeschbach, Jul Bachmann sowie Geiser und Schmidlin aus Aarau, Funk und Fuhrimann aus Baden, Konrad Wolf aus Bern und Marti und Kast aus Zürich. Vgl. gta Archiv 110-BIB 354, Villiger AG: Jurybericht zum Wettbewerb der Großüberbauung »Telli« in Aarau, S. 6.

5   Ebd.

6   Die Expertenkommission bestand neben städtischen Baufachleuten aus den Vertretern der Grundeigentümer, nur zwei weitere Architekten hatten Einsitz darin (Fuchs/Hanak 1998, 140).

7   Vgl. auch gta Archiv 110-BIB 354, Villiger AG: Jurybericht zum Wettbewerb der Großüberbauung »Telli« in Aarau, Sins 1971, S. 16f und 23.

Der Architekt Hans Marti, dessen Entwurf für die Wohnüberbauung zur Ausführung bestimmt worden war, hatte sich vor allem als Planer einen Namen gemacht. Zeitlebens machte er sich auf nationaler Ebene für die Implementierung der
Raumplanung stark[8] und wirkte – neben der Bauordnung Aaraus – an zahlreichen
Orts- und Regionalplanungen mit. Deshalb mag es auch nicht erstaunen, dass es
sich bei der Gesamtplanung der Telli-Überbauung um einen Entwurf handelt, in
dem spätmoderne städtebauliche Postulate – wie Bauindustrialisierung, Verdichtung und Freiraumerhaltung sowie Separierung des Verkehrs – weitsichtig umgesetzt wurden (Zeller 1994, 94; Noseda/Schläppi 2001, 1955-2001). Der Jurybericht
der Wettbewerbskommission würdigte am Entwurf von Marti und Kast insbesondere, dass durch die Verdichtung des Wohnens in vier langgezogenen Hochhausstrukturen eine weiträumige Parklandschaft freigehalten werden konnte, die sich dadurch
auszeichne, dass sie den durch das Gelände fließenden Sengelbach wie auch den
nahegelegenen Wald einbeziehe. Auf dem Siedlungsgelände wurden neben Spielplätzen und Aufenthaltsräumen auch eine Minigolfanlage und ein Kleintierzoo eingeplant. Autoverkehr und Parkplätze sollten in die unterirdischen Durchfahrtsstra-
ßen und Tiefgaragen verlagert werden. Weiter attestierte die Jury allen Gebäuden
einen gleich hohen Wohnwert und betonte die gute Aussicht, die von den meisten
Wohnungen gewährleistet werden könne.[9]

In Kritik an der Monotonie und Einseitigkeit anderer, in den 1960er-Jahren gebauten, Großsiedlungen wurde also bereits bei den Wettbewerbsvorlagen wie auch
bei dem Entwurf an das Wohnumfeld gedacht. Explizit wollten die Beteiligten von
den »Fehlern« anderer Beispiele lernen und vermeiden, dass die Telli eine »Schlafstadt« würde. Vielmehr sollte ein »integriertes Quartier« mit einem eigenen Zentrum und vielseitigen Infrastrukturen entstehen, die Arbeitsplätze vor Ort schaffen
sollten. Von Anfang an wurde auch der Bau eines Gemeinschaftszentrums, als Ort
der Begegnung, geplant (Pestalozzi 1978b, 705; Fuchs/Hanak 1998, 156f; Bauen
und Wohnen 1973, 194).[10] Aufgrund der Nähe zum Stadtzentrum wurde die Telli-
Überbauung aber nicht als von Aarau abgesonderte Struktur konzipiert. Der Jurybe-

---

8 Marti, der sein Diplom in Architektur bei O.R. Salvisberg absolvierte, begann seine berufliche Karriere bei der Vereinigung für Landesplanung und publizierte viel zu Themen
   des Städtebaus (Ruedin/Hanak 2008; Fuchs/Hanak 1998, 131; 144; Kast 1983; Steiner
   1987; Zweifel 1994, 72).

9 Vgl. gta Archiv 110-BIB 354, Villiger AG: Jurybericht zum Wettbewerb der Großüberbauung »Telli« in Aarau, Sins 1971, S. 11.

10 Vgl. auch »›Boomstadt‹ Telli Aarau«, in: Aargauer Tagblatt vom 10.7.1985.

richt stellte fest, dass enge Verbindungen zu der Stadt bestehen und die Telli einen Garanten für das Weiterleben der Aarauer Innenstadt darstellen solle.[11]

Parallel zu den schnell fortschreitenden Realisierungsschritten arbeiteten die vier Grundeigentümer – die Färberei Jenny, die Horta AG sowie die Einwohner- und die Ortsbürgergemeinde Aarau – ein Vertragswerk aus. Ziel dieses Grundeigentümervertrags war es, die Gestaltung und Ausführung der Mittleren Telli gemäß Richtplan zu sichern und die nachbarrechtlichen Fragen sowie die Finanzierung, Verwaltung und den Betrieb der gemeinsamen Anlagen zu regeln.[12] So wurde etwa festgelegt, dass bei der Erstellung der verschiedenen Gebäude ein einheitlicher Gesamteindruck gewährleistet werden solle und die Fassaden in ihrer architektonischen Erscheinung aufeinander abzustimmen seien.[13] Geregelt wurde auch die Organisation der Erschließungswege und Straßenbeleuchtung, der Trinkwasserversorgung und Kanalisation, der elektrischen Energieversorgung, des Heizungssystems sowie der Telefon-, Radio- und Fernsehanschlüsse.[14] Die Umgebungsgestaltung unterlag ebenfalls gewissen gemeinsam vereinbarten Vorschriften. Abgrenzungen sind im Telli-Areal laut dem Grundeigentümervertrag nur an wenigen Stellen – etwa beim Schul- und Kindergartenareal – zulässig. Ansonsten sollen die Grünflächen weiträumig und topografisch ansprechend gestaltet und mit Bäumen und Sträuchern bepflanzt werden. Die Spiel- und Ruheplätze müssen allen BewohnerInnen der Überbauung zur freien Nutzung offen stehen, im Erdgeschoss der Wohnzeilen seien Spielräume bereitzustellen.[15] Die Grundeigentümer verpflichteten sich außerdem vertraglich »unter den Mietern einen politisch und konfessionell neutralen Quartierverein zur Pflege der zwischenmenschlichen Beziehungen und zur Förderung des Freizeitzentrums zu gründen.«[16] Ebenso wurde festgelegt, dass mit der ersten Bauetappe nördlich vom Einkaufszentrum ein Gemeinschaftszentrum für die Bewohnerschaft erstellt werden sollte.[17] Hinsichtlich der Finanzierung sowie auch für Betrieb und Unterhalt der gemeinsamen Anlagen auf dem Siedlungsgelände setzte der Grundeigentümervertrag ein pragmatisches Vorgehen voraus, um ein »rationelles und voneinander unabhängiges Bauen« zu ermöglichen. Jeder Grundeigentümer

---

11 Vgl. gta Archiv 110-BIB 354, Villiger AG: Jurybericht zum Wettbewerb der Großüberbauung »Telli« in Aarau, Sins 1971, S. 4.

12 Vgl. Ebd.; Archiv des Gemeinschaftszentrums Telli (GZA), Unterlagen zur Mittleren Telli (Telli), Hans Urech (Notar): Grundeigentümervertrag für die Überbauung Mittlere Telli, Aarau 2.11.1971, S. 3f. Die Unterlagen im GZA weisen keine Signaturen auf.

13 Ebd., S. 38f.

14 Ebd., S. 41-48.

15 Ebd., S. 49-51.

16 Ebd., S. 62.

17 Ebd., S. 52; vgl. auch Kap. II 3.3.3.

sollte die internen Straßen, Wege und Anlagen, die gemäß Richtplan auf sein Grundstück fielen, auf eigene Kosten erstellen und – mit Ausnahme der öffentlichen unterirdischen Fahrstraßen – auch für deren Betrieb und Unterhalt im Laufe der Jahre aufkommen.[18]

Die einheitliche, übergeordnete Gesamtplanung wurde schon in der Anfangszeit – im Vergleich zu anderen Großüberbauungen – als besondere Qualität der Telli dargelegt.[19] Die öffentliche Rezeption fokussierte auf das Zusammenspiel des Urbanen und Naturnahen, das mit der vielseitigen Infrastruktur und den großzügigen Grünräumen im Wohnumfeld geschaffen worden ist.[20] Aber auch von Eigentümerseite wurde explizit mit der gelungenen Planung argumentiert, die modernes städtisches Wohnen im Grünen ermögliche. So versuchte die Horta in ihrem Erstvermietungsinserat künftige MieterInnen mit folgendem Werbetext von einer Wohnung in der Telli zu überzeugen. Sie bediente sich dabei einer Sprache, die explizit den Fortschrittsglauben an eine »schöne Welt von morgen« aufgreift und in das Konzept der Wohnform Großüberbauung überträgt:

»Telli Aarau, die neue Stadt im Grünen gilt als Musterbeispiel für eine schöne Welt von morgen. Aber für alle, die sich eine Mietwohnung in dieser idealen Überbauung wünschen, geht es um etwas anderes als um Utopie [...]. Den Baumeistern, die in der Telli Aarau an der Zukunft arbeiteten, ging es nicht darum, das Leben mit allerlei Luxus immer teurer zu machen. Sondern darum, es mit grosszügiger Planung immer lebenswerter zu gestalten. Darum ist Ihre Miete in der Überbauung Telli mehr wert. Mehr als nur vier Wände. Inbegriffen ist die Infrastruktur, die einen Wohnraum erst zum Lebensraum macht. Inbegriffen ist die Qualität des Lebens. Und darum sollten Sie es sich gut überlegen, ob nicht auch Sie schon heute in der schönen Welt von morgen wohnen möchten. Als Mieter in der Überbauung Telli bekommen Sie für Ihre Miete nicht nur Wohnraum, sondern Lebensraum: einen grossen, grünen Park. Unterirdische Verkehrswege. Eine eigene Post. Ein eigenes Einkaufszentrum. Gedeckte Einkaufswege. Einen munteren Bach. Kindergarten. Kinderkrippe. Kinderhort. Spielplätze.

---

18 Ebd., S. 55.

19 Bei der Großüberbauung Le Lignon in Vernier bei Genf, die beim Entwurf der Telli eine Vorbildfunktion einnahm, wurde etwa die Abtrennung des Autoverkehrs nicht so konsequent gelöst wie in der Telli (Hanak 2008, 110; Noseda/Schläppi 2001, 10.6).

20 »Aaraus Telli – eine neue Kleinstadt an der Aare«, in: NZZ vom 18.8.1971 oder »Telli – Der Stadtteil im Park«, in: Bau Gazette Nr. 4/5 1973, S. 10f (beide zit.n. Fuchs/Hanak 1998, 156).

Sportanlagen. Gartenschach. Ping-Pong-Tische. Stadtnähe. Landnähe. Gemeinschaftszentrum mit Sauna, Hobbyräumen und Kegelbahnen. Frische Waldluft. Viel Sonne.«[21]

3.2.3 Bauliches Konzept

Die Großüberbauung Mittlere Telli besteht aus vier langgestreckten, jeweils leicht geknickten Wohnkomplexen, die etwas versetzt zueinander angeordnet in einer grünen Umgebung stehen. Mit der abgetreppten Form beabsichtigten die Architekten Marti und Kast die imposante Massigkeit der Bauten mit einer Gesamthöhe von bis zu 50 Metern oder 19 Geschossen etwas zu relativieren. Die Silhouette der Baukörper sollte die Linien des Juragebirges im Hintergrund aufnehmen und die obersten Wohnungen kamen mit den Abstufungen in den Genuss von großzügigen Dachgärten.[22]

Das Fassadenbild ist durch eine stark modulare Struktur geprägt. Diese ergibt sich aus der Schichtung der, den Wohnungen beidseitig vorgelagerten, Balkonbrüstungen, die in ihrer Schlichtheit die Horizontale betonen. Auf der Ostseite ragen die fensterlosen, vertikalen Treppenhausscheiben hervor, die auch die Erschließung der verschiedenen Hauseingänge markieren (Fuchs/Hanak 1998, 138; Hanak 2008, 109; Noseda/Schläppi 2001, 10.6). Der Innenausbau sollte sich am Bausystem *Rastel-Granit* der Horta mit einheitlich vorfabrizierten Schränken und Küchen ausrichten. Die Architekten waren deshalb gefordert für die Wohnungen Standardgrundrisse zu entwerfen. Alle Bemühungen, diese etwas zu verändern, wurden von der Horta verunmöglicht. Es konnten zum Beispiel keine großzügigeren Attikawohnungen gebaut werden, wie dies der ursprüngliche Entwurf vorsah und auch die Balkone hatten in kleineren Dimensionen zu bleiben als vorgesehen. Denn neben dem Innenausbau wurden auch bei den Fassadenelementen – wie bei den beidseitig durchgehenden Balkonen – vorgefertigte Elemente in Holz angewandt (Fuchs/Hanak 1998, 147f; Hanak 2008, 109f; Noseda/Schläppi 2001, 10.6). Wenn auch die Funktionalität der Wohnungsgrundrisse standardisiert bleiben sollte, konnte mit einem Wohnungsmix, der von 1- bis 5½-Zimmerwohnungen reicht, ein vielseitiges Wohnraumangebot gewährleistet werden. Die Wohnzeilen sind gegen Osten und Westen ausgerichtet, wodurch die Wohnungen, die sich über die ganze Gebäudebreite erstrecken, von Morgen- und Abendsonne beleuchtet werden.[23]

---

21 Archiv der Immobilienverwaltung Wincasa (Wincasa-Archiv), Bestand zur Telli (Telli), Horta AG und Barrier AG: Erstvermietungs-Inserat zur Wohnzeile A, 1973. Die Unterlagen im Wincasa-Archiv weisen keine Signaturen auf.

22 Vgl. auch »Behaglichkeit in der Betonwand«, in: NZZ vom 27.11.2010.

23 Vgl. Ebd.; gta Archiv 110-BIB 354, Villiger AG: Jurybericht zum Wettbewerb der Großüberbauung »Telli« in Aarau, Sins 1971, S. 20 und Zeller 1994, 94.

Im Erdgeschoss befinden sich mit Holz überdachte Laubengänge, die entlang der Hauseingänge an Atelier- und kleinen Ladenräumen sowie gemeinschaftlich nutzbaren Räumen vorbeiführen (Hanak 2008, 109; Noseda/Schläppi 2001, 10.6). Die Erschließung erfolgt in der Regel als Zweispänner mit zwei Wohnungen pro Geschoss. Eine Ausnahme bilden die Geschosse mit 3 Wohnungen, bei denen jeweils anstelle einer größeren Wohnung zwei kleine Wohnungen eingebaut worden sind.

Den gestalterischen Feinheiten waren nicht nur durch die Auflagen der Vorfabrikation, sondern auch in der Organisation Grenzen gesetzt. Aufgrund der hohen Landzinsen übte die Bauherrschaft zeitlichen Druck aus. Planungsverlauf und die beginnenden Bauarbeiten hatten im Eiltempo voranzuschreiten. Nachdem im Juli 1971 die Baueingabe eingereicht worden war, konnte nach kurzer Vorbereitungszeit bereits im Januar 1972 mit dem Bau der ersten Wohnzeile begonnen werden. Für die beteiligten Architekten bedeutete dies, wie Fuchs und Hanak ausführen, eine »kaum möglich scheinende Leistung« (Fuchs/Hanak 1998, 155). Der Rohbau erfolgte im Taktverfahren. Ganze Wohnungen wurden mittels raumhoher Schalungen vor Ort betoniert. Mit drei achtstündigen Arbeitsschichten pro Tag und teilweise bis zu 500 Arbeitern auf der Baustelle konnte eine »rekordmässige Geschwindigkeit« erreicht werden (ebd., 148). Beim 27-geschossigen Punkthochhaus, das als Verwaltungsgebäude der Horta AG dienen sollte, wurde der 85 Meter hohe Kern in nur 24 Tagen im Rohbau hochgeführt (ebd.). Im Jahr 1973 konnte bereits mit dem Bezug der ersten Wohnungen in der Wohnzeile A an der Rüttmattstrasse begonnen werden, zugleich begannen auch die Bauarbeiten der Wohnzeile B an der Delfterstrasse.

3.2.4 Krise, Konkurs und Kritik

Die Realisierung der Telli startete in der Hochkonjunktur und trägt die Handschrift des damaligen Glaubens an das sozio-ökonomische Wachstum. Ermöglicht durch die enge Zusammenarbeit zwischen den städtischen Behörden und einer Firma, die mit der Industrialisierung der Bauwirtschaft und dem Bauboom innerhalb von 15 Jahren von einem kleinen Schreinereibetrieb zu einer der größten Generalunternehmungen der Schweiz angewachsen war, nahm die Telli Form an. Die Großüberbauung stehe »beispielhaft für ein mutiges Unternehmertum«,[24] berichtete die *Schweizerische Handelszeitung* noch im Februar 1974 – zu einer Zeit, als die Horta AG hinter den Kulissen bereits ins Wanken geraten war. Unter der Rezession nach der Ölkrise von 1973 litt der Wohnungsmarkt. Die Horta, die mit ihrem Umzug ins

---

24 Schweizerische Handelszeitung vom 14.2.1974, Nr. 7, S. 25, zit.n. Fuchs/Hanak 1998, 156.

Telli-Hochhaus im September 1973 noch ihre Größe demonstriert hatte, bekam dies besonders zu spüren und musste im Februar 1976 Konkurs anmelden.[25] Mit der stark forcierten Expansion verfügte die Horta zwar über viel Landbesitz und baureife Projekte, aber über zu wenig eigene Liquidität, da alle erwirtschafteten Gewinne immer wieder in neue Bauvorhaben investiert worden waren.[26]

Mit dem Zusammenbruch der Horta folgte eine Zeit der Unsicherheit. Die Versicherungsgesellschaft Winterthur (heute: AXA Winterthur) sprang zwar als neue Eigentümerin der Wohnzeile B ein und sorgte dafür, dass die Fertigstellung der Bauarbeiten sichergestellt wurde, die von der Horta abgeschlossenen Werkverträge mit den Unternehmen und Lieferanten aufrecht erhalten blieben und die Bauarbeiter ihre Löhne erhielten.[27] In der Öffentlichkeit wurde insbesondere die Frage nach der Zukunft des Bürohochhauses der Horta diskutiert. Die Färberei Jenny AG war als Eigentümerin des Hochhauses mit der Horta eng verknüpft und mit deren Konkurs auch in Mitleidenschaft gezogen worden. Als Käufer sprang der Kanton Aargau ein, der seine Verwaltungsstellen bisher in zahlreichen kleinen Liegenschaften untergebracht hatte und nun hier ein Zentrum der kantonalen Verwaltung, vor allem für das Finanz- und Gesundheitsdepartement einrichten konnte. Am 28. April 1976 stimmte der Grosse Rat von Aargau (mit 84 zu 82 Stimmen) dem Kauf des Telli-Hochhauses für 15 Millionen Franken zu.[28]

Mit Verzug initiierte die Winterthur Versicherung 1979 den Bau der Wohnzeile C an der Delfterstrasse, und von 1987 bis 1991 wurde schließlich unter einer Eigentümergemeinschaft die vierte Wohnzeile D an der Neuenburgerstrasse gebaut. Beide wurden nach ursprünglichem Richtplan und in gleicher Bauweise wie die ersten zwei Wohnzeilen erstellt.[29] Die öffentliche und fachliche Einstellung zu Großüberbauungen hatten sich in den 20 Jahren zwischen Planung und Fertigstellung des letzten Blocks jedoch grundsätzlich verändert. Im Laufe der 1970er-Jahre nahm die

---

25 Mitteilung des Bezirksgericht Aarau, in: Schweizerisches Handelsamtsblatt Nr. 70-811 vom 4.2.1976.

26 »Die Horta-Story: Wie ein Baulöwe in die Krise segelte«, in: Züri Leu vom 10.1.1975. Vgl. auch Fuchs/Hanak 1998, 140.

27 Wincasa-Archiv Telli, Vereinbarung zwischen der Winterthur Lebensversicherungs-Gesellschaft und der Horta Generalunternehmung AG Aarau, 12.3.1976.

28 Weitere 3.5 Millionen sollten zum Innenausbau für die kantonale Verwaltung aufgewendet werden (Pestalozzi 1978a, 705). Vgl. auch »Was von der Horta-Pleite noch zu retten ist«, in: Tagesanzeiger vom 20.2.1976.

29 Die Auswirkungen der Ölkrise machten sich jedoch etwa beim Heizungssystem bemerkbar. Während in Block A noch eine Ölheizung eingebaut worden war, wurde in Block B und C eine Gasheizung mit zentraler Energiestation installiert. Vgl. Wincasa-Archiv Telli, Realit und Winterthur Leben: Vermietungsbroschüre, o.D., S. 12.

Kritik an Großsiedlungen und Wohnhochhäusern zu und die Erstellung von Wohnzeile C und D nach dem ganzheitlichen Überbauungsplan war deshalb umstritten.
Stimmen, die eine Neuplanung mit einer niedrigeren Bebauung forderten, konnten
sich aber nicht durchsetzen.[30] Die einsetzende Kritik an dieser Wohnform und die
negativen Schlagzeilen, in die die Telli mit dem Konkurs der Horta geraten war,
wirkten sich zu Beginn erschwerend auf die Vermietbarkeit der Wohnungen aus.
Dies wurde dadurch verstärkt, dass die Erstmietzinse hoch angesetzt waren, was
von der Horta insbesondere mit den Wohnqualitäten und dem Wohnungsmangel in
Aarau begründet worden war. Explizit war der in Zeiten der Hochkonjunktur wachsende Mittelstand als Zielgruppe der künftigen Mieterschaft avisiert worden. Die
Winterthur Versicherung schätzte beim Kauf der Liegenschaft B an der Delfterstrasse die von der Horta veranschlagten Mieten – vor allem für die größeren 4½- und
5½-Zimmerwohnungen – als sehr hoch ein und diskutierte Reduktionen und An-
gleichungen an die Mietzinsen im Block A, um die harzige Vermietung anzukur-
beln.[31] Anfang der 1970er-Jahre ging die Einwohnerzahl der Stadt Aarau zurück,
was auch mit der regen Bautätigkeit in den Agglomerationsgemeinden erklärt werden kann. Der Wohnungsmarkt in Aarau war jedoch weiterhin angespannt. So ist in
einer Aktennotiz der Winterthur Versicherung von Januar 1974 zu lesen: »Gemäß
Erhebungen, die wir bei den städtischen Behörden angestellt haben, waren in der
Stadt Aarau per 1. Dezember 1973 129 Wohnungen leer und zwar ausschließlich
solche in der Neuüberbauung ›Telli‹.«[32] Um der Skepsis und den kursierenden Negativbildern zu den neuen riesigen Häusern am Rande der Kleinstadt Gegensteuer
zu geben, bemühten sich die Eigentümer um eine positive Berichterstattung in der
Tagespresse.[33]

Mit dem Zusammenbruch der Horta AG bildete sich in der Telli eine heterogene
Eigentumsstruktur heraus. Während heute die beiden Gebäude B und C an der
Delfterstrasse ganz im Besitz der AXA Winterthur sind, teilen sich die Häuser in
Wohnzeile A und D in verschiedene private, genossenschaftliche und städtische Ei-
gentümer auf.

---

30 Eine Alternativstudie des Planungsbüros Metron dazu wurde nicht realisiert (vgl.
Fuchs/Hanak 1998, 147; Hanak 2008, 111 sowie »›Boomstadt‹ Telli Aarau«, in: Aargauer Tagblatt vom 10.7.1985).

31 Vgl. Wincasa-Archiv Telli, Winterthur (Abt. Liegenschaften): Protokoll der Besprechung
mit der Horta, o.D.; Wincasa-Archiv Telli, Winterthur (Verwaltungsrat): Sitzungsprotokoll, 23.2.1972; Wincasa-Archiv Telli, Winterthur (Abt. Liegenschaften), Aktennotizen
vom 22.1.1976, vom 15.4.1976 sowie vom 15.4.1978.

32 Wincasa-Archiv Telli, Winterthur (Abt. Liegenschaften): Aktennotiz, 8.1.1974.

33 Wincasa-Archiv Telli, Winterthur (Abt. Liegenschaften): Aktennotiz, 24.6.1977.

3.3 SOZIO-DEMOGRAFISCHE DISPARITÄTEN UND QUARTIERARBEIT

3.3.1 Veränderungen der Bevölkerungsstruktur (1990-2014)

Der Wohnungsmix und die diversifizierte Eigentümerstruktur der Liegenschaften widerspiegeln sich auch in der Zusammensetzung der Bewohnerschaft der Telli. Eine Bewirtschafterin sagte im Interview:»Der Mietermix geht eigentlich querbeet durch alle Schichten. Vom Rentner über Familien, vom Arzt und Anwalt bis zum Sozialhilfeempfänger sind alle vertreten.«[34] Von außen sei das Bild verbreitet, dass in Hochhausüberbauungen wie der Telli – so der Leiter des Gemeinschaftszentrums –»vor allem Leute wohnen, die nicht so hohe Einkommen oder Bildungsabschlüsse haben«, bei näherer Kenntnis der Siedlung und ihrer BewohnerInnen werde aber schnell deutlich, dass»es hier auch besser gestellte Leute gibt, die hier total zufrieden sind.«[35]

Analog zum gesellschaftlichen Wandel hat sich auch die Wohnbevölkerung in der Überbauung in den letzten Jahrzehnten verändert. Dies ist Ende der 1990er-Jahre zunehmend problematisiert worden. Auf Bedenken der städtischen Behörden, dass sich in der Telli ein»sozialer Brennpunkt« abzeichnen könnte, ließ der Stadtrat vom Stadtbauamt eine Analyse der Bevölkerungsentwicklung in der Telli anfertigen.[36] Mittels dieser Untersuchung lassen sich die sozio-demografischen Daten der Siedlung im Zeitraum von 1990 und 2000 nachzeichnen. Um die weitere sozio-demografische Entwicklung in der Telli nachvollziehen zu können, werden diese Daten im Folgenden mit neueren Angaben ergänzt. Hierzu haben das Stadtbüro sowie das Stadtbauamt Aarau für die vorliegende Studie Daten aus dem Einwohnerregister extrahiert (Stand: März 2014).[37]

---

34 Gruppeninterview Wincasa, 00:03:51.

35 Gruppeninterview GZ Telli, 00:36:41.

36 Archiv der Allgemeinen Wohnbaugenossenschaft Aarau (ABAUA), Bestand zur Mittleren Telli (Telli), Stadtbauamt Aarau: Grobanalyse Bevölkerungsstruktur Telli, Entwicklungstrends 1990-2000, Juli 2000, S. 1. Im Folgenden kurz: ABAUA Telli, Bevölkerungsstruktur Telli 1990-2000. Die Unterlagen des ABAUA liegen ohne Signatur vor.

37 Stadtbüro Aarau, Auszug aus dem Einwohnerregister der Stadt Aarau, März 2014 (unveröffentlicht). Im Folgenden kurz: Einwohnerregister Aarau, 2014. Der Datensatz umfasst folgende Variablen: Gebäude-ID, Wohnungs-ID, Familiencode, Zivilstand, Bürgercode (und Aufenthaltsgenehmigung), Nationalität, Religion, Geburtsjahr sowie Zuzugsdatum nach Aarau. Zur Einkommenssituation der BewohnerInnen sind keine Angaben vorhanden.

Seit den Anfängen gab es in der Telli auch Eigentumswohnungen.[38] Heute sind etwas mehr als ein Fünftel der insgesamt 1258 Wohnungen der Telli-Überbauung Stockwerkeigentum. Beinahe zwei Drittel der Wohnungen gehören zum Portfolio von institutionellen AnlegerInnen (Versicherungen), jede zehnte Wohnung ist im Besitz der Ortsbürgergemeinde Aarau und 42 werden von der Allgemeinen Wohnbaugenossenschaft Aarau (ABAU) als Alterswohnungen vermietet.

Tabelle 7: Wohnungen nach Eigentumstyp, März 2014

	Anzahl Wohnungen	in %
Stockwerkeigentum	271	21.5
Mietwohnungen im Besitz institutioneller Anleger (AXA Winterthur, Aarg. Gebäudeversicherung, Basler Lebensversicherung)	815	64.8
Mietwohnungen kommunal (Ortsbürgergemeinde)	130	10.3
Mietwohnungen genossenschaftlich (ABAU)	42	3.4
Gesamt	1258	100

Quelle: Einwohnerregister Aarau

Tabelle 8: Bewohnerzahl Telli-Überbauung im Verhältnis zur Aarauer Stadtbevölkerung, 1990-2014

	Anzahl Personen	Anteil an Aarauer Gesamtbevölkerung
2014	2360	12%
2000	2454	16%
1990	2634	16%

Quelle: Einwohnerregister Aarau, 2014 und ABAUA Telli, Bevölkerungsstruktur Telli, 1990-2000

2014 wohnten 2360 Menschen in der Telli-Überbauung. Dies entspricht beinahe einem Achtel oder 12% der gesamten Aarauer Stadtbevölkerung. Die Anzahl der Telli-BewohnerInnen ist in den letzten 30 Jahren jedoch um 300 Personen zurückgegangen und hat sich auch im Verhältnis zur Stadtbevölkerung etwas verkleinert.

---

38 Es wäre verfehlt, BewohnerInnen von Mietwohnungen als ›sozial schlechter gestellt‹ zu verstehen. Die Schweiz ist ein Land mit einem hohen Anteil an MieterInnen, die Wohneigentumsquote lag Ende 2010 bei 36.8%, wobei der Anteil in den Städten geringer ist, als in ländlichen Regionen (BfS, Gebäude- und Wohnungsstatistik 2010).

Sowohl 1990 als auch um die Jahrtausendwende machte der Anteil der Telli-BewohnerInnen an der gesamten Stadtbevölkerung etwa 16% aus.[39]

Aus aller Welt

Der Bericht des Stadtbauamts aus dem Jahr 2000 konstatiert, dass im Laufe der zehn Jahre zwischen 1990 und 2000 der Ausländeranteil zugenommen hat und sich infolgedessen eine Konzentration der ausländischen Bevölkerung Aaraus in der Überbauung abzuzeichnen beginne.[40] Während der Anteil an Personen ausländischer Nationalität 1990 mit 23% nur geringfügig über dem städtischen Durchschnitt von 20% lag, stieg er bis zum Jahr 2000 – im Unterschied zur Gesamtstadt, bei der dieser Wert konstant blieb – auf 33% an. Im neuen Jahrtausend ist der Ausländeranteil unter der Telli-Bewohnerschaft wieder zurückgegangen und lag 2014 bei 28.4%, ist jedoch weiterhin höher als der gesamtstädtische Durchschnitt von 19.8%.[41] Es kann angenommen werden, dass dieser Rückgang auch mit Einbürgerungen zusammenhängt. In den Daten aus dem Einwohnerregister liegen keine Informationen zur Anzahl der in den letzten Jahren eingebürgerten Telli-BewohnerInnen vor. Es können jedoch Angaben zu Bürgerstatus und Aufenthaltsgenehmigung gemacht werden. Diese lassen darauf schließen, dass es sich bei den BewohnerInnen der Telli ohne Schweizer Pass in erster Linie um AusländerInnen handelt, die schon viele Jahre in der Schweiz leben. Eine große Mehrheit der ausländischen Wohnbevölkerung in der Telli verfügt über eine unbefristete Niederlassungsgenehmigung (C), die in der Regel einen mindestens 10-jährigen Aufenthalt in der Schweiz voraussetzt. Die meisten anderen haben eine permanente Aufenthaltsgenehmigung (B). Personen mit einer Kurzaufenthaltsgenehmigung (L) bzw. Grenzgänger und Wochenaufenthalter aus dem nahen Ausland befinden sich in einer Minderzahl. Nur eine Person ist als anerkannter Flüchtling (F) vorläufig in der Schweiz aufgenommen. Laut Einwohnerregister wohnen keine Asylsuchenden in der Überbauung:

---

39 Durch den Zusammenschluss mit der Gemeinde Rohr im Jahre 2010 sowie durch Zuzüge ist Aaraus Wohnbevölkerung in den letzten Jahren um 4000 Personen gewachsen. 2014 lag die Einwohnerzahl bei 20'160 Personen (vgl. Kennzahlen zur Bevölkerungsbewegung auf http://www.aarau.ch).

40 ABAUA Telli, Bevölkerungsstruktur Telli 1990-2000, S. 8.

41 Ebd., S.4 und Einwohnerregister Aarau, 2014.

Tabelle 9: Aufenthaltsgenehmigung ausländische Telli-BewohnerInnen, März 2014

	in %	Anzahl Personen
Niederlassung (C)	81.2%	544
(Dauer-)Aufenthalt (B)	16.1%	108
(Kurz-)Aufenthalt (L)	1.8%	12
Grenzgänger/ Wochenaufenthalt Ausland	0.8%	5
Vorläufige Aufnahme (F)	0.1%	1
Gesamt	100	670

Quelle: Einwohnerregister Aarau

Das Spektrum der Nationalitäten ist breit und verteilt sich auf fast alle Kontinente (mit Ausnahme von Australien). Insgesamt wohnen Menschen aus 49 verschiedenen Herkunftsländern in der Telli. Im Laufe der 1990er-Jahre hat sich insbesondere der Anteil an Personen aus Ländern des ehemaligen Jugoslawiens erhöht, die von den dortigen Kriegswirren in die Schweiz flohen. Während 1990 noch 15% der ausländischen Wohnbevölkerung in der Telli aus der Balkanregion kamen, hat sich diese Zahl im Jahr 2000 auf 34% erhöht – und ist bis 2014 auf diesem Stand geblieben.[42] Auch die Anzahl der BewohnerInnen aus der Türkei erhöhte sich in den 1990ern von 9% auf 14% aller AusländerInnen[43] – und lag 2014 bei 12.7%. Allgemein lässt sich am Beispiel der Telli die sich wandelnde Immigration in die Schweiz im Kleinen zeichnen. Lösten doch die MigrantInnen aus dem Balkan und der Türkei frühere Einwanderergenerationen ab, die mehrheitlich aus südeuropäischen Ländern wie Italien, Spanien oder Portugal zuwanderten. So reduzierte sich etwa der Anteil an italienischen Staatsangehörigen unter der ausländischen Wohnbevölkerung der Telli im Laufe der 1990er-Jahre von 39% auf 22% – und von 2000 bis 2014 auf 10.9%.[44] Zugenommen hat hingegen in den letzten Jahren die Anzahl deutscher Staatsangehöriger, die 2014 beinahe einen Zehntel der ausländischen Telli-Bevölkerung ausmachte. Ebenfalls hat seit den 1990er-Jahren die Einwanderung aus außereuropäischen Ländern zugenommen. Wenn diese im Vergleich zu den genannten großen Einwanderergruppen unter der Telli-Bevölkerung nominell auch einen relativ kleinen Anteil ausmachen, so zeichnet sich in der Telli seit den 1990er-Jahren doch eine zunehmende Ausdifferenzierung der Herkunftsländer ab.

---

42 ABAUA Telli, Bevölkerungsstruktur Telli 1990-2000, S. 5f.

43 Ebd.

44 Aber auch der Anteil an Personen aus Spanien unter der ausländischen Bevölkerung nahm in den 1990ern von 9% auf 7% – und bis heute auf 5% ab (ebd., 6 sowie Einwohnerregister Aarau, 2014).

Tabelle 10: Ausländische Wohnbevölkerung in der Telli, März 2014

Länder nach Regionen	Nationalitäten	Anz. Pers. (Land)	In %	Anz. Pers. (Region)	In %
Südosteuropäische Länder					
Balkan	Kosovo	82	12.2%	239	35.7%
	Bosnien-Herzegowina	52	7.8%		
	Serbien	47	7.0%		
	Mazedonien	32	4.8%		
	Kroatien	24	3.6%		
	Slowenien	2	0.3%		
Türkei	Türkei	85	12.7%	85	12.7%
Süd- und westeuropäische Länder				206	30.7%
Südeuropa	Italien	73	10.9%		
	Spanien	35	5.2%		
	Portugal	18	2.7%		
Nord/Westeuropa	Deutschland	65	9.7%		
	Österreich	11	1.6%		
	Frankreich	2	0.3%		
	Holland	2	0.3%		
Mittel- und osteuropäische Länder				22	3.25%
	Tschechien	6	0.9%		
	Polen	5	0.7%		
	Ungarn	4	0.6%		
	Slowakei	4	0.6%		
	Rumänien	1	0.15%		
	Ukraine	1	0.15%		
	Lettland	1	0.15%		
Süd(ost)asien				67	10%
	Sri Lanka	33	4.9%		
	Indien	2	0.3%		
	Pakistan	1	0.15%		
	Nepal	1	0.15%		
	Vietnam	18	2.7%		
	China	8	1.2%		
	Thailand	1	0.15%		
	Laos	1	0.15%		
	Indonesien	1	0.15%		
	Japan	1	0.15%		
Naher Osten und Nord(ost)afrika				25	3.75%
	Iran	4	0.6%		
	Irak	2	0.3%		
	Ägypten	1	0.15%		
	Marokko	6	0.9%		
	Tunesien	3	0.45%		
	Sudan	6	0.9%		
	Eritrea	2	0.3%		
Westafrika	Nigeria	1	0.15%		
Nord-, Süd- und Zentralamerika				26	3.85%
	Kanada	1	0.15%		
	USA	4	0.6%		
	Mexiko	1	0.15%		
	Dominik. Republik	4	0.6%		
	Kolumbien	9	1.3%		
	Venezuela	1	0.15%		
	Ecuador	1	0.15%		
	Brasilien	2	0.3%		
	Chile	3	0.45%		
Rundungsdifferenz			0.05%		0.05%
Total		670	100%	670	100%

Quelle: Einwohnerregister Aarau

Die größten Gemeinschaften aus dem außereuropäischen Raum bildeten 2014 BewohnerInnen aus Sri Lanka und Vietnam. Personen aus afrikanischen Ländern stellen jedoch nach wie vor eine Minderheit in der Telli dar – trotz der seit einigen Jahren zunehmenden Migration vom afrikanischen Kontinent in die Schweiz.

Im Jahr 2000 wurden deutliche Unterschiede bei der Zusammensetzung der Bewohnerschaft in den verschiedenen Wohnblöcken festgestellt. Ein Vergleich mit den Daten von heute lässt erkennen, dass diese teilweise weiterbestehen, teilweise aber auch nivelliert worden sind. Die Unterschiede sind eng mit der Eigentümersituation der Liegenschaften verknüpft. Generell wurde in den Häusern der Stockwerkeigentümerschaften (Rüttmattstrasse 11-17 sowie Neuenburgerstrasse 1-6) ein deutlich geringerer Ausländeranteil konstatiert, was heute nicht mehr generell gilt.[45] Zwar liegt die Anzahl von Eigentumswohnungen, in denen ausländische BewohnerInnen – oder auch binationale Paare – wohnen unter dem Durchschnitt der Überbauung. Da diese jedoch tendenziell von mehr Personen bzw. Familien mit Kindern bewohnt werden, ergibt sich bei der Anzahl an ausländischen BewohnerInnen von Eigentumswohnungen eine Verschiebung dieses Anteils:

Tabelle 11: Eigentumswohnungen und ihre Bewohner, März 2014

	Anzahl Eigentumswohnungen	in %	Anzahl Bewohner von Eigentumswohnungen	in %
SchweizerInnen	212	78.2	377	67.6
AusländerInnen	42	15.5	122	32.4
Binationale Paare/Familien	17	6.3		
Gesamt	271	100	499	100

Quelle: Einwohnerregister Aarau[46]

Hinsichtlich der Strategie Wohnungseigentum zu erwerben, lassen sich auch Differenzierungen nach der Herkunft von Bewohnergruppen machen. Die größten ausländischen Bewohnergruppen in den Liegenschaften der Stockwerkeigentümerge-

---

45 Im Jahr 2000 war der Ausländeranteil am geringsten an der Rüttmattstr. 13 und 14 mit 13% (2014: 16.5%) sowie Neuenburgerstr. 5 und 6 mit 16% (2014: 32%) (ABAUA Telli, Bevölkerungsstruktur Telli 1990-2000, S. 5 sowie Einwohnerregister Aarau, 2014).

46 Es liegen keine quantitativen Daten vor wie viele Stockwerkeigentümer ihre Wohnungen weitervermieten und wie viele diese selbst bewohnen. Aus den Interviews lässt sich folgern, dass ein Großteil der Eigentumswohnungen von den Besitzern selbst bewohnt werden.

meinschaften machen Menschen mit deutscher, türkischer und italienischer Nationalität aus, gefolgt von Bosniern, Mazedoniern sowie Menschen aus Sri Lanka.[47]
In den Mietshäusern waren im Jahr 2000 teilweise mehr als die Hälfte der MieterInnen ausländischer Herkunft, doch auch hier ist in den letzten Jahren ein genereller Rückgang zu beobachten.[48] Die verschiedenen Einwanderergruppen sind dabei über die ganze Siedlung verteilt und es hat sich im Laufe der Jahre keine Konzentration bestimmter Nationalitäten in bestimmten Liegenschaften herausgebildet.[49] Wohnzeile A und C wiesen sowohl in den Jahren 1990 und 2000 als auch heute ein etwas geringerer Anteil an BewohnerInnen ohne Schweizer Staatsangehörigkeit auf als Wohnzeile B und D.[50]

Tabelle 12: Ausländeranteil nach Wohnzeile, 1990-2014

	Wohnzeile A	Wohnzeile B	Wohnzeile C	Wohnzeile D
1990	18%	32%	19%	30%
2000	30%	37%	27%	43%
2014	26%	30%	23%	37%

Quelle: Einwohnerregister Aarau, 2014 und ABAUA Telli, Bevölkerungsstruktur Telli, 1990-2000

In der Telli sind – mit Ausnahme des Judentums – alle Weltreligionen vertreten. Mehr als die Hälfte der BewohnerInnen gehört einer christlichen Kirche an, jede fünfte Person sieht sich dem Islam verbunden. Mehr als ein Fünftel weist außerdem keine Religionszugehörigkeit auf.

---

47 In Zahlen mit Bezug auf die von AusländerInnen (inkl. binationalen Paaren/Familien) bewohnten insgesamt 59 Eigentumswohnungen: Neun Eigentumswohnungen werden von Deutschen bewohnt, je acht von Türken und Italienern, je sechs von Bosniern und Mazedoniern und vier von Menschen aus Sri Lanka (Einwohnerregister Aarau, 2014).

48 Im Jahr 2000 lag beispielsweise der Ausländeranteil in den Häusern Rüttmattstr. 9 und 10 bei 72% (2014: 35.2%), in der Neuenburgerstr. 3 und 4 bei 53% (heute 44.1%) in der Delfterstr. 24 und 25 bei 50% (2014: 30.4%) (ABAUA Telli, Bevölkerungsstruktur Telli 1990-2000, S. 5 sowie Einwohnerregister Aarau, 2014).

49 ABAUA Telli, Bevölkerungsstruktur Telli 1990-2000, S. 6 sowie Einwohnerregister Aarau, 2014.

50 Diese Unterschiede scheinen nicht nur auf Vermietungs- bzw. Belegungspolitiken zurückzugehen, gehören doch Wohnzeile B und C beide derselben Eigentümerin.

Tabelle 13: Religionszugehörigkeit, März 2014

	in %
Keine	22.7
Evangelisch-reformiert	22.5
Römisch-katholisch	19.8
Christlich-orthodox	6.6
Evangelikal	2.7
Muslimisch	19.5
Hinduistisch	1.9
Buddhistisch	1.4
Jüdisch	0
Andere	2.9
Gesamt	100

Quelle: Einwohnerregister Aarau

Altersverteilung

Neben der Zunahme der BewohnerInnen in der Telli, die in die Schweiz eingewandert sind, zeichnete sich im Laufe der 1990er-Jahre auch ein anderer Trend ab: Im Unterschied zur Stadt Aarau wies die Wohnbevölkerung der Telli mehr Familien und eine zunehmend jüngere Bewohnerschaft auf, zugleich wurde ein Rückgang an älteren Personen verzeichnet. Im Jahr 2000 waren 23% der Personen in der Telli jünger als 20 Jahre alt. 1990 lebten mit 30% sogar noch erheblich mehr Kinder und Jugendliche in der Siedlung (gegenüber dem städtischen Durchschnitt von 18%). Zugleich gab es aber auch mehr ältere BewohnerInnen. Die Verjüngung der Telli-Bevölkerung im Laufe der 1990er-Jahre ging demnach auf einen Zuwachs an BewohnerInnen zwischen 20 und 64 sowie auf einen Rückgang der SeniorInnen zurück. So waren 1990 noch 30% der Wohnbevölkerung über 64 Jahre alt gewesen. Im Laufe der 1990er-Jahre reduzierte sich dieser Anteil – bedingt durch Wegzug und Todesfälle – auf 14% und lag demnach deutlich unter dem städtischen Durchschnitt von 20%.[51]

In den Jahren seit 2000 hat sich die Altersstruktur der Telli-Wohnbevölkerung vermehrt dem städtischen Durchschnitt angenähert und es konnte wieder eine zunehmende Alterung beobachtet werden. 2014 lag der Anteil der SeniorInnen in der Telli mit einem Anteil von 21.5% wieder über dem städtischen Durchschnitt von 18.3%. Parallel dazu reduzierte sich im letzten Jahrzehnt der Anteil der Kinder und

---

51 Zugenommen hat parallel dazu insbesondere der Anteil der Personen im erwerbsfähigen Alter zwischen 21 und 64 Jahren, der sich von 40% auf 63% erhöhte (ABAUA Telli, Bevölkerungsstruktur Telli 1990-2000, S. 2).

Jugendlichen unter 20 Jahren auf 17%, wohingegen der Anteil an Personen zwischen 20 und 64 Jahren relativ stabil blieb.

Tabelle 14: Altersverteilung der Telli-Bewohnerschaft im Vergleich zum städtischen Durchschnitt, 1990-2014

	0-19 Jahre Telli	0-19 Jahre Ø Stadt	20-64 Jahre Telli	20-64 Jahre Ø Stadt	65 Jahre+ Telli	65 Jahre+ Ø Stadt
1990	30%	18%	40%	65%	30%	17%
2000	23%	18%	63%	62%	14%	20%
2014	17%	16.5%	61.5%	65.2%	21.5%	18.3%

Quelle: Einwohnerregister Aarau, 2014; ABAUA Telli, Bevölkerungsstruktur Telli, 1990-2000 und BfS 2015, S. 3.

Auch bei der Altersstruktur lassen sich deutliche Divergenzen zwischen den verschiedenen Häusern erkennen. Dabei wird ersichtlich, dass in den Eigentumswohnungen tendenziell mehr ältere BewohnerInnen (31.8%) und weniger Kinder und Jugendliche (12.3%) wohnen.

Bei Wohnzeile B und C (Delfterstr. 21-44), die beide von derselben Immobilienbewirtschaftung (Wincasa) vermietet werden, entsprach der Anteil der jungen Bewohnerschaft 2014 dem Siedlungsdurchschnitt (17%). Menschen in der Altersgruppe 65+ waren leicht untervertreten (17.5%). Überdurchschnittlich hoch war hingegen der Anteil älterer Bewohnerschaft in der Wohnzeile A (Rüttmattstr. 1-17) mit 29.6%,[52] wohingegen der Jugendquotient hier (mit 14.4%) tief lag. Deutlich mehr Kinder und Jugendliche wohnten demgegenüber in den Mietwohnungen der Ortsbürgergemeinde der Stadt Aarau an der Neuenburgerstrasse 7-12 (20.8%) und im Verhältnis dazu auch weniger SeniorInnen (13.8%).

Dass die Verteilung der Altersstruktur einer Dynamik unterliegt, welche sich bedingt durch Generationenwechsel und Fluktuation innerhalb eines Jahrzehnts stark ändern kann, wird am deutlichsten, wenn man sich exemplarisch die Situation einzelner Hauseingänge anschaut.[53]

---

52 Dieser hohe Anteil lässt sich durch die Häuser der Stockwerkeigentümer sowie die Alterswohnungen in den zwei Liegenschaften der ABAU (Rüttmattstr. 1 und 2) erklären.

53 So wohnten beispielsweise im Jahr 2000 mit 4% die wenigsten Kinder und Jugendliche an der Neuenburgerstr. 5 und 6, während dieser Anteil zehn Jahre zuvor noch bei 27% gelegen war – 2014 hat er sich auf 6.2% leicht erhöht. Umgekehrt wohnten im Jahr 2000 die meisten Kinder und Jugendlichen in den benachbarten Häusern an der Neuenburgerstr. 7 und 8 mit 35% (1990: 30%), 2014 ist dieser Anteil auf 20% zurückgegangen. Die meisten SeniorInnen wohnten im Jahr 2000 an der Rüttmattstr. 15-17 (22%), 1990 lag diese Zahl gar bei 36% – 2014 waren es 25.5%. Der geringste Anteil an Menschen

Bereits im Bericht zur Bevölkerungsstruktur der Telli-Überbauung (2000) wurde betont, dass die ältere Wohnbevölkerung sowohl im Jahr 1990 als auch 2000 größtenteils schweizerischer Nationalität sei.[54] Auch heute sind 90.3% der älteren Telli-Wohnbevölkerung SchweizerInnen und nur jede zehnte Person im Alterssegment 65+ hat eine ausländische Staatsangehörigkeit. Bei genauerer Betrachtung ist jedoch ein Wandel sichtbar, sind doch gerade unter den ›jungen‹ RentnerInnen zunehmend auch EinwandererInnen anzutreffen. Unter den ausländischen SeniorInnen sind insbesondere Leute aus Italien (15 von 48 Personen oder 31.3%) sowie aus Serbien, dem Kosovo, Bosnien und Kroatien (insgesamt 18 Personen oder 37.5%), aber auch aus Österreich (vier Personen), Deutschland (drei Personen) und der Türkei (drei Personen) vertreten.[55]

3.3.2 »Allons-y Telli!« Maßnahmen zur Quartierentwicklung

Mit den sozio-demografischen Veränderungen in der Telli konnten im Laufe der 1990er-Jahre auch wachsende soziale Disparitäten insbesondere im Schulbereich beobachtet werden. Im Telli-Schulhaus haben 70% der Kinder – in manchen Klassen bis 90% – fremdsprachige Eltern. Im Vergleich zu anderen Aarauer Schulen schaffen weniger SchülerInnen den Übergang in Schulen mit höheren Schulabschlüssen (Daum/Schneeberger 2013, 144).[56] Um die Jahrtausendwende häuften sich deshalb bei sozialen und schulischen Fachstellen die Problematisierungen zur Telli. Auf dem Spiel stehe, »die soziale Integration, die Werterhaltung der Bauten, die Zufriedenheit der Bewohnerschaft – kurzum: das Image und die Zukunftsfähigkeit der Siedlung« (De Min 2004, 12). Der Quartierverein befragte die BewohnerInnen der Überbauung und stellte in verschiedenen Bereichen Handlungsbedarf fest. Der Zustand der Anlagen und Spielplätze auf dem Siedlungsareal wurde als veraltet und mangelhaft dargelegt und unter der Bewohnerschaft ein verbreitetes Gefühl der Unsicherheit und eine Abnahme des Wohlbefindens in ihrem Wohnumfeld konstatiert. Auch gab es teilweise Probleme mit Jugendlichen, Vandalismus war ein Thema (Stadt Aarau 2006, 4). Die Telli-Jugendlichen selbst, die von einer Gruppe Sozialarbeitsstudierender – im Rahmen einer partizipativen Zukunftswerkstatt – nach ihren Bedürfnissen befragt wurden, beklagten, dass es für sie in der Tel-

---

65+ wohnten 2000 an der Delfterstr. 43 und 44 (5%), im Jahr 1990 waren es noch 21% gewesen, heute sind es 14.4% (Einwohnerregister Aarau, 2014 sowie ABAUA Telli, Bevölkerungsstruktur Telli 1990-2000, S. 3).

54 Zahlen liegen keine vor (ABAUA Telli, Bevölkerungsstruktur Telli 1990-2000, S. 4).

55 Einwohnerregister Aarau, 2014.

56 Vgl. auch »Behaglichkeit in der Betonwand«, in: NZZ vom 17.11.2010; GZA Telli, GZ: Monitoringbericht Telli Nr. 1, April 2008.

li zu wenig Freiräume und ungestörte Treffpunkte gebe. »Die Jugendlichen vermissen Respekt und Toleranz [...]. Es frustriert sie, dass sie nirgends sein dürfen. Sie wehren sich dagegen als kriminell bezeichnet zu werden«,[57] stellten die angehenden SozialarbeiterInnen nach dem Gespräch mit ihnen fest.

Um einer Abwertung der Telli Gegensteuer zu geben, lancierte die Stadt Aarau im Jahr 2000 das Quartierentwicklungsprogramm *allons-y Telli!*, das von 2001 bis 2006 dauerte, und vom Bundesamt für Gesundheit (BAG) mitfinanziert worden ist.[58] Ziel war es, das Negativimage der Telli zu verbessern, die Wohn- und Lebensqualität zu sichern und die Integration sowie das Zusammenleben aller in der Siedlung zu fördern (Stadt Aarau 2006, 4; 37). Für die Ausrichtung von *allons-y Telli!* war die Partizipation verschiedener AkteurInnen – BewohnerInnen, EigentümerInnen, HauswartInnen, quartiereigene Institutionen – grundlegend wichtig (vgl. De Min 2004, 12f). Unter der Bewohnerschaft scheinen jedoch anfänglich Skepsis und Bedenken gegenüber dem Programm bestanden zu haben. Verbreitet war etwa die Einschätzung, dass die Problematisierungen aufgebauscht worden seien, um finanzielle Beiträge zu erhalten und Maßnahmen durchzusetzen, die von der Bevölkerung nicht wirklich gewollt seien.[59]

Im Rahmen des Programms wurden verschiedene Schwerpunkte gesetzt wie die Arbeit mit Kindern und Jugendlichen, die Zusammenarbeit mit MigrantInnen oder die Aufwertung des Außenraums. Im Zentrum stand die Kooperation mit dem Gemeinschaftszentrum (GZ), dem Quartierverein und der Schule. Als Querschnittaufgabe wurden vom BAG Maßnahmen im Bereich der Umwelt- und Gesundheitsförderung definiert.[60]

In den Anfängen des Programms wurde für die Jugendlichen der Siedlung ein Jugendbus auf dem Telliplatz installiert und ein Jugendarbeiter zu 20% angestellt. 2001 wurde der Telli-Rat gegründet, als Gremium zur Mitwirkung der BewohnerInnen bei Angeboten und Aktivitäten für die Bewohnerschaft. Explizit sollten dabei auch MigrantInnen angesprochen werden, die in traditionell bestehenden Strukturen

---

57 »Telli-Jugend sehnt sich nach Freiräumen«, in: Aargauer Zeitung vom 28.4.2001.

58 Das Kostendach für das fünfjährige Projekt wurde auf insgesamt 2 Millionen CHF festgelegt, 50% der Projektkosten, max. 200'000 CHF pro Jahr hat das BAG übernommen (Stadt Aarau 2006, 10; De Min 2004, 13).

59 Vgl. Interview I, Telli, 31:58:06; Interview II, Telli, 01:34:32; Zum Abschluss von *allons-y Telli!* vgl. »Fit für die Zukunft!«, in: Telli-Post, Juni 2006, Editorial, S. 5; Stadt Aarau 2006, 49 sowie ABAUA Telli, Protokoll des 1. Werkstattgesprächs »Baustein Siedlungsentwicklung«, Aarau 21.2.2001.

60 In diesem Rahmen sind etwa Aktionen zur gesunden Bewegung und Ernährung in der Schule, zur Rauchprävention oder Recyclingpraxis organisiert worden (De Min 2004, 12; Stadt Aarau 2006, 28).

wie dem Quartierverein kaum vertreten waren.[61] Zur Aufwertung der Außenräume wurde im Rahmen von Werkstattgesprächen – moderiert vom Stadtammann – mit den verschiedenen EigentümerInnen über ein Gesamtkonzept zur Erneuerung der Anlagen nachgedacht.

Ein zentrales Anliegen des Quartierentwicklungsprojekts war es, die Quartierarbeit in der Telli weiter auszubauen. Nach einem Wechsel in der GZ-Leitung gingen ab dem Jahr 2004 verschiedene Aufgabenfelder, die im Rahmen des Programms aufgebaut worden waren, in die Verantwortlichkeit des GZ über. Der Aufbau und die Begleitung von quartiereigenen Partizipationsstrukturen konnten so professionalisiert werden (vgl. Stadt Aarau 2006, 25; 29; De Min 2004, 12f). Auch in der Schule wurden über *allons-y Telli!* grundlegende Entwicklungen eingeleitet und insbesondere Entlastungsmaßnahmen im Umgang mit dem hohen Anteil an fremdsprachigen Kindern aufgebaut.[62] Mit den diversen aufgebauten Angeboten fungierte die Telli auch als Labor für die Entwicklung neuer sozialer Dienstleistungen in Aarau. Im Editorial der Quartiers-Zeitung *Telli-Post* war zum Abschluss des Projekts zu lesen:

»Natürlich wurde viel diskutiert, gestritten, Projekte geplant, verworfen und wieder neu geplant. Aber eigentlich hat mir das gefallen. So habe ich gemerkt, dass es den Leuten nicht gleichgültig ist, wo sie wohnen und leben [...]. *Allons-y Telli!* hat uns geholfen, Probleme zu lösen, aber vor allem auch zu merken, was wir wert sind und wie wir uns und unserer Umgebung Sorge tragen können.«[63]

Auch die Verantwortlichen des Programms zogen nach Projektende eine mehrheitlich positive Bilanz und konstatierten eine nachhaltig positive Wirkung, insbeson-

---

61 Entstanden sind daraus einmalige Aktionen wie ein Apéro in der Waschküche oder ein Zeltplatz an der Aare; andere Angebote wie der Herbstmarkt haben sich etabliert. Der Telli-Rat wurde 2003 aufgelöst und der Partizipations- und Integrationsauftrag dem GZ übergeben (Stadt Aarau 2006, 25; 29).

62 2002 wurde das Sprachförderangebot MuKi-Deutsch für Migrantinnen und ihre Kinder im Kindergartenalter eingeführt. Ein Jahr später folgte ein Pilotprojekt zur Einführung der Schulsozialarbeit in der Telli-Schule, wobei insbesondere die Zusammenarbeit mit fremdsprachigen Eltern hoch gewichtet wurde. Beide Projekte wurden 2004 ins ordentliche Budget der Stadt aufgenommen und institutionalisiert (vgl. Stadt Aarau 2006, 6; De Min 2004, 13).

63 »Fit für die Zukunft!«, in: Telli-Post, Juni 2006, Editorial, S. 5.

dere, da die Netzwerke und quartiereigenen Institutionen gestärkt wurden und gut funktionierten.[64]

3.3.3 Das Gemeinschaftszentrum als Drehscheibe im Quartier

Für das GZ hat *allons-y Telli!* grundlegende Änderungen eingeleitet und dessen heutige Organisation und Ausgestaltung geprägt. Durch zusätzliche Finanzierungsmöglichkeiten konnten neue Impulse aufgenommen und umgesetzt werden. Die Gemeinwesenarbeit wurde gestärkt und es entstanden zahlreiche neue Projekte (Besmer/Bischofberger 2012, 9).[65]

Das GZ gibt es seit den Anfängen der Telli-Überbauung. Bereits im Grundeigentümervertrag vom 2. November 1971 wurden die Grundbedingungen zu dessen Bau festgehalten. Federführend von der Einwohnergemeinde der Stadt Aarau in Zusammenarbeit mit den christlichen Landeskirchen erstellt, sollte das GZ »den Bewohnern dieser Überbauung, sowie öffentlichen und kirchlichen Institutionen zur Verfügung stehen.«[66] Getragen wird das GZ seit den Anfängen von einer Stiftung mit vier zahlenden Mitgliedern: der Orts- und der Einwohnergemeinde der Stadt Aarau sowie der reformierten und der katholischen Kirche.[67] Das GZ wurde zur selben Zeit wie die erste Wohnzeile gebaut und im Juni 1974 mit einem Telli-Fest eingeweiht. Es gehört in dieser Art zu den ersten in der Schweiz und ist bis heute das einzige Quartierzentrum Aaraus (Besmer/Bischofberger 2012, 9). Die Förderung des sozialen Lebens im Telli-Quartier war von Anfang an die Hauptaufgabe. Dazu wurde im September 1973 ein Sozialarbeiter angestellt, der den Betrieb des GZ aufbauen und führen sollte. Im April desselben Jahres starteten auch die Bauarbeiten, die nach Planungen der Architekten Aeschbach, Felber und Kim ausgeführt

---

64 Auf Beschluss des Stadtrates wurde nach *allons-y Telli!* ein Monitoring eingerichtet, um die aufgegleisten Maßnahmen in regelmäßigen Abständen zu evaluieren (vgl. Stadt Aarau 2006, 37; 49 sowie GZA Telli, GZ: Monitoringbericht Telli Nr. 5, März 2012.

65 Vgl. auch Gruppeninterview GZ Telli, 00:09:59.

66 Die Färberei Jenny AG und die Horta AG spendeten zusammen 250'000 CHF als Grundfonds. An die Betriebskosten sollte fortan pro Wohnung und Monat ein Betrag von anfänglich 1.50 CHF bezahlt werden. Vgl. GZA Telli, Hans Urech (Notar): Grundeigentümervertrag für die Überbauung Mittlere Telli, Aarau 2.11.1971, S. 52. Heute beläuft sich dieser Betrag auf 50 CHF pro Wohnung und Jahr und wird den MieterInnen der Telli-Überbauung direkt über die Nebenkosten im Mietzins abgerechnet (vgl. Gruppeninterview GZ Telli, 00:04:35).

67 Ausschlaggebende Mitinitiantin war die reformierte Kirche, die sich entschied, anstatt eine neue Kirche zu bauen, mit 1 Million CHF in das GZ als vielseitigen Begegnungsort zu investieren (vgl. Besmer/Bischofberger 2012, 12; 20f; 23).

wurden. Wie der Architekt Walter Felber rückblickend darlegt, soll für das Raumprogramm die Frage ausschlaggebend gewesen sein: »Was machen die Menschen
in ihrer Freizeit und wie kann der Anonymität in den Wohnsilos begegnet werden?«
(zit.n. Besmer/Bischofberger 2012, 15). Eingeplant wurde – nach dem Besuch von
bestehenden Freizeitzentren in ähnlichen Großsiedlungen in Genf oder Bern – ein
vielseitiges Angebot an Räumen für diverse Freizeitaktivitäten, Veranstaltungen,
private Feste und Versammlungen: mehrere Gruppenräume, ein Saal und ein Che-
minéeraum, eine Disco, eine Kegelbahn, Saunen, eine Hobbyküche, ein Fitnessraum und ein Fotolabor, in dem ursprünglich ein Studio für ein Quartierradio vorgesehen war. Der Fitnessraum, der nie richtig funktionierte, wurde 1985 in ein Restaurant umgebaut. Das wegen den noch bestehenden Sprossenwänden im Raum
Leiterli genannte Café (später in *Malibu* umgetauft), soll insbesondere dem Wunsch
von BewohnerInnen entsprochen haben, in der Telli eine Gastwirtschaft zu haben,
die am Wochenende geöffnet war (ebd. 25f; 29f).[68] 2011/12 wurde das mit seinen
37 Jahren ins Alter gekommene GZ durch das Aarauer Architekturbüro Eins zu
Eins umfassend umgebaut.[69] Mit der Materialisierung der Böden in Waschbeton in
den Eingangs- und Durchgangsbereichen und der Farbwahl Moosgrün und Beige
wurde auf den Entstehungskontext des Baus Bezug genommen, die Räume ansonsten mit einem zeitgemäß schlichten Design erneuert. Das Raumkonzept wurde
größtenteils beibehalten. Das Restaurant (heute *Telli-Egge*) wurde neu auf Ebene
des Girixweges eingebaut, wodurch sich mit den großen Fensterfronten und einer
Terrasse auch räumliche Öffnungen des GZ hin zu dem ›alten‹ Telli-Quartier ergaben.

Ein täglich offenes Haus und offene Türen zu haben und ansprechbar für die
Anliegen, Sorgen, Wünsche und Bedürfnisse der BewohnerInnen im Quartier zu
sein, gehört zum Grundkonzept (Besmer/Bischofberger 2012, 9).[70] Neben der Vermietung und Bereitstellung von Räumen spielt – je nach Ausrichtung und berufli-
chem Hintergrund der GZ-Leitung – auch die Gemeinwesenarbeit eine wichtige
Rolle. So erinnert sich der erste GZ-Leiter Hans Gebhard im Interview: »Mein Anliegen war es, partizipativ mit der Telli Bevölkerung zusammen zu arbeiten und zu
vernetzen« (zit.n. Besmer/Bischofberger 2012, 40). Er förderte aktiv die Bildung
von Gruppen unter den Telli-BewohnerInnen oder organisierte mit ihnen, oft auch
in einem informellen Rahmen, Anlässe und Aktivitäten. So entstanden neben dem

---

68 Vgl. auch »Modernes Wohnen in Aarau«, in: Aargauer Tagblatt vom 12.11.1977.

69 Das Aarauer Stimmvolk stimmte dem fünf Millionen teuren Umbau, der mit öffentlichen
    Geldern finanziert werden sollte, mit 82% der Stimmen zu und bestätigte somit auch die
    Relevanz des Quartierzentrums für die Stadt. Vgl. GZA Telli, GZ: Jahresbericht 2010.
    Online abrufbar unter: http://gztelli.ch/uber-uns/jahresberichte.

70 Vgl. auch Gruppeninterview GZ Telli, 01:14:46.

Quartierverein, dessen Gründung ja bereits im Gründeigentümervertrag festgelegt worden war, im Laufe der Jahre Interessens- und Arbeitsgruppen in den Bereichen Foto, Disco, Theater, Wald, Ökumene, Stricken, Werkstatt sowie Kochen. Von und für BewohnerInnen wurde auch ein Kinderhütedienst aufgebaut, ein Notfalldienst zur Nachbarschaftshilfe eingerichtet und ein Kontaktnachmittag als Treff- und Gesprächsrunde organisiert. Einige Gruppen und Angebote bestanden nur für kurze Zeit, andere sind noch heute aktiv oder haben sich weiterentwickelt (Besmer/Bischofberger 2012, 50).

Mit der Neupositionierung im Rahmen von *allons-y Telli!* und der Neubesetzung der GZ-Leitung mit dem Sozialarbeiter Hans Bischofberger hat sich das GZ bewusst dafür entschieden, »etwas in diesem Quartier zu entwickeln« (ebd., 44). Heute ist das GZ verstärkt bei der Initiierung, Organisation und Koordination von Projekten tätig. Die gemeinwesenorientierten Angebote, die in den letzten zehn Jahren aufgebaut worden sind, konzentrieren sich auf die Bereiche Integration, Kinder und Jugend sowie soziale Vernetzung.[71] Ein Grundprinzip des GZ-Leiters ist es, sich nur für den Aufbau eines Projekts einzusetzen, wenn wirklich ein Bedürfnis vorliegt, der Anstoß dazu aus der Bevölkerung selbst kommt und sich auch Freiwillige finden, die bereit sind mitzuarbeiten. Die professionellen Strukturen des GZ stehen zur Verfügung, damit die Projekte bei Bedarf auch über einen längeren Zeitraum funktionieren und die Beteiligten motiviert bleiben. Auf Initiative von Bewohnerinnen hat sich das GZ dafür eingesetzt, dass die Minigolfanlage auf dem Siedlungsareal im Jahr 2007 renoviert und wieder eröffnet wurde und übernimmt heute zusammen mit einer Gruppe aus der Wohnbevölkerung deren Betrieb (vgl. Besmer/Bischofberger 2012, 43).[72] Gestärkt wurde auch die Nachbarschaftshilfe, die von Telli-BewohnerInnen koordiniert wird und NachbarInnen für freiwillige Hilfseinsätze in Alltagssituationen miteinander in Verbindung bringt. Im Rahmen der Integrationsarbeit hat das GZ ein Projekt aufgebaut, um neue BewohnerInnen in der Telli zu begrüßen. Auf Initiative des GZ wurde im Jahr 2006 in einem Gemeinschaftsraum an der Delfterstrasse 35 das *Trefflokal* aufgebaut. Es dient den Kindern der Siedlung während vier Nachmittagen in der Woche als Freizeittreff. Mit einem breiten Angebot an Spielsachen, Malutensilien sowie einem Billard- und Tischfußballtisch sollen die Telli-Kinder ihre Freizeit selbst gestalten können. Das rege genutzte Trefflokal wird von einer Sozialpädagogin in Ausbildung geleitet, die auch bei Hausaufgaben oder Problemen präsent ist und hilft (Besmer/Bischofberger 2012, 49). Die Idee für Jugendliche ab 13 Jahren ebenfalls einen selbstorganisierten

---

71 Ebd., 00:09:59.
72 Vgl. Ebd., 01:56:12.

Treff aufzubauen hat nicht funktioniert, weil die Nutzungsordnung der Gemeinschaftsräume kaum mit den Bedürfnissen der Jugendlichen vereinbar ist.[73]

Seniorinnen haben im Jahr 2009 die Idee der Kontaktnachmittage wiederaufge-
nommen und im Gemeinschaftsraum der von der Wohngenossenschaft ABAU ver-
walteten Häuser in der Wohnzeile A das *Abau-Stübli* eröffnet. Zweimal wöchentlich, montags und donnerstags, treffen sich hier ältere Frauen aus der Siedlung zum
Kaffeetrinken und Plaudern; regelmäßig werden auch Lottonachmittage oder gesellige Anlässe organisiert (Besmer/Bischofberger 2012, 53f). Eine Regel gebe es
beim *Abau-Stübli*, meint eine Organisatorin, die im Quartier auch »Telli-Grosi« genannt wird: Es sei verboten, »über die anderen Leute zu lästern […], alle sollen
über ihre Themen reden können und nicht über andere Menschen.«[74] Ältere langjährige ›TellianerInnen‹ sind häufig auch bei Angeboten engagiert, die im Rhythmus des Jahresverlaufs zusammen mit Kindern und Familien des Quartiers anlässlich von traditionellen Festtagen organisiert werden: so etwa bei der Eierfärb-
Aktion vor Ostern, dem ›Räben-Schnitzen‹ für den herbstlichen ›Räbeliechtlium-
zug‹ oder dem seit 2010 bestehenden Kerzenziehen zum Advent auf dem Telliplatz.
Auch bei der Öffentlichkeitsarbeit leisten BewohnerInnen der Telli Freiwilligenarbeit. So verfügt die Siedlung etwa über eine eigene Webseite, die vom Quartierverein betrieben wird.[75] Seit 1974 gibt es mit der *Telli-Post* eine Quartierszeitung, die
heute mit einer Auflage von 2700 Exemplaren zehnmal jährlich erscheint und als
Mitteilungsblatt des GZ und des Quartiervereins über Aktualitäten und Veranstaltungen in der Telli informiert (vgl. Besmer/Bischofberger 2012, 56; 62). Zwischen
dem GZ und dem Quartierverein gibt es nicht nur diesbezüglich eine enge Zusammenarbeit. Da es sich bei dem Quartierverein um eine ehrenamtliche Struktur handelt, unterstützt der Leiter des GZ diesen strategisch und nimmt in beratender Funktion an dessen Sitzungen teil. Der Quartierverein setzt sich zum Ziel, die Kontakte
unter den BewohnerInnen im Quartier zu fördern und die gemeinsamen Interessen
der Telli-Bevölkerung gegenüber Behörden oder Verwaltungen zu vertreten (ebd,
66). Lange waren im Quartierverein mehrheitlich ältere SchweizerInnen vertreten.
Mit der Diversifizierung der Bewohnerschaft in der Telli hat sich das GZ, das auch
den Auftrag der Integrationsarbeit im Quartier wahrnimmt, dafür eingesetzt, dass
der Quartierverein breitere Bevölkerungsschichten repräsentiert. Mit der Organisation eines ›Kulturenfestes‹ in der Telli ging es nicht nur darum, die Ressourcen der

---

73 Ebd., 01:18:14.

74 So erzählt in den ›Telli-Geschichten‹, die 2010 vom Stadtmuseum Aarau unter Bewoh-
    nern und bekannten Personen aus dem Quartier zusammengestellt worden sind (Stadt Aa-
    rau 2010, 4).

75 Quartierverein Telli: http://www.aarau-telli.ch

MigrantInnen im Quartier sichtbar zu machen, sondern es sollten auch Öffnungen in der Geselligkeits- und Festkultur im Quartier angeregt werden.[76]

»Gemeinwesenarbeit ist für mich ein Balanceakt, der Versuch immer wieder verschiedenste Interessen unter einen Hut zu bringen [...] und dabei auch heiße Eisen anzufassen«, meint der GZ-Leiter im Interview.[77] Mit dem GZ verfügt die Telli über eine Anlaufstelle und einen Begegnungsort, in dem – in den Worten des GZ-Leiters – »gefestet, diskutiert, gelacht, getrauert, kurzum gelebt« werden kann (Besmer/Bischofberger 2012, 67). Es ist auch eine Drehscheibe im Quartier, die Menschen miteinander vernetzt und eine Kommunikationskultur pflegt, die bei Herausforderungen und Schwierigkeiten vermittelt. Bewusst nimmt der GZ-Leiter diese Funktion auch in der Repräsentation gegen außen wahr. Er versteht sich gewissermaßen als »Gewerkschafter der Telli«,[78] der sich bei Verwaltungen, Behörden und PolitikerInnen für das Wohl des Quartiers einsetzen will und immer wieder »gegen Vorurteile infolge Unwissenheit ankämpfen« muss (Besmer/Bischofberger 2012, 42). Ein beharrliches Dranbleiben gehört zu diesem Lobbying, gezielt werden auch bestehende Machtstrukturen genutzt, etwa die politische Unterstützung durch den Stadtrat, der auch im Stiftungsrat des GZ sitzt, oder der Kontakt mit dem Stadtammann, der bei den Grundeigentümergesprächen eine federführende Rolle übernimmt. Die Besonderheit und Größe der Überbauung, das Urbane des Umfelds hätten dabei auch ein gewisses Gewicht und wirkten ermöglichend.[79] Ebenso legt das GZ einen Schwerpunkt auf die Vernetzung im Quartier, auf den Austausch mit dem Einkaufszentrum, den Hauswarten, dem Aarauer Bachverein und den Schulen (Besmer/Bischofberger 2012, 42). Nicht zuletzt wird eng mit der Schulsozialarbeit kooperiert, wodurch in den letzten Jahren verschiedene gemeinsame Projekte – etwa zur Förderung fremdsprachiger Kinder – aufgebaut worden sind.

3.4 VERWALTUNG UND UNTERHALT

3.4.1 Komplexe Eigentümerstruktur und kollektive Räume

Die Vielzahl an EigentümerInnen ist kennzeichnend für die Telli. Diese hat nicht nur zu einer Heterogenität in der Wohnbevölkerung beigetragen, sondern stellt heute auch eine Herausforderung dar im Hinblick auf die Organisation und Erneuerung der kollektiven Räume.

---

76 Vgl. Gruppeninterview GZ Telli, 00:17:39.

77 Ebd., 00:16:55.

78 Ebd., 00:41:50.

79 Vgl. Ebd., 00:27:22 und 00:43:37.

Tabelle 15: Eigentumsverteilung der Wohnungen in der Telli-Überbauung nach Wohnzeile, 2014.

	Wohnzeile A Rüttmattstrasse	Wohnzeilen B und C Delfterstrasse	Wohnzeile D Neuenburgerstrasse
Eigentumswohnungen	Rüttmattstr. 11-17 Verwaltungen: Barrier und Realit Treuhand AG		Neuenburgerstr. 1-6 Verwaltungen: Esca; F.Weiss-Treuhand; Realit Treuhand AG
Mietwohnungen Institutionelle Anleger	Rüttmattstr. 3-10 > 3-4 / 9-10 AXA Winterthur, Verwaltung: Livit AG	Delfterstr. 21-30 / 31-44 AXA Winterthur, Verwaltung: Wincasa AG	
	>5-6 Aarg. Gebäudeversicher- ung, Verwaltung: Hamero AG		
	>7-8 Basler Lebensversicher- ung, Verwaltung: Intercity		
Mietwohnungen Kommunal			Neuenburgerstr. 7-12 Ortsbürgergemeinde Aarau, Ortsbürgergutsverwaltung
Genossenschaft, Alterswohnungen	Rüttmattstr. 1-2 Allgemeine Wohnbaugenossen- schaft Aarau ABAU		

Quelle: GZ Telli, eigene Zusammenstellung

Seit dem Bau der ersten zwei Wohnzeilen sind mittlerweile 40 Jahre vergangen und die Spuren der Zeit haben sich bemerkbar gemacht. Die Bausubstanz und Siedlungsinfrastruktur sind ins Alter gekommen. Dies zeigt sich auch im Außenraum der Siedlung sowie den verschiedenen Anlagen zur gemeinschaftlichen Nutzung. Im Grundeigentümervertrag für die Überbauung Mittlere Telli vom 2.11.1971 wurde zwar grob bestimmt, dass jeder Eigentümer für die Erstellung, den Betrieb und Unterhalt der Anlagen auf seinem Grundstück aufzukommen habe.[80] Mehr ist rechtlich nicht festgelegt und es ist auch unklar, wie der Grundeigentümervertrag heute juristisch und praktisch auszulegen ist, da mit dem Konkurs der Horta AG die ursprünglich vier Grundeigentümer mit zahlreichen weiteren Parteien erweitert wurden. Das Bewusstsein des ursprünglichen Konzepts, dass »ein gewisser Anteil der Räumlichkeiten der Allgemeinheit zur Verfügung stehen muss«,[81] ist zwar nach wie

---

80 Genauer wurde unter Art. 10, Abs.1 vereinbart, dass die »internen Straßen und Wege, Umgebungsarbeiten, Spiel- und Ruheplätze« von jedem Grundeigentümer auf eigene Kosten erstellt werden sollen, der »mit Ausnahme der öffentlichen unterirdischen Fahrstraßen, ebenfalls Betrieb und Unterhalt dieser Anlagen« zu übernehmen habe. Vgl. GZA Telli, Hans Urech (Notar): Grundeigentümervertrag für die Überbauung Mittlere Telli, Aarau 2.11.1971, S. 55.

81 Gruppeninterview Wincasa, 01:24:47.

vor da, aber wie dies konkret gehandhabt werden soll, ist nicht geklärt. Nicht genau geregelt – und demnach auch ungleich verteilt – sind etwa die Leistungen, die die EigentümerInnen für die gemeinschaftlichen Einrichtungen aufzubringen haben. Die AXA Winterthur als Eigentümerin der Wohnzeilen B und C investiert in den Betrieb eines Kleintierzoos auf dem Siedlungsareal, der auch von Familien und Schulklassen außerhalb des Quartiers besucht wird. Die EigentümerInnen der Wohnzeile D kommen für den Unterhalt der Minigolfanlage und diejenigen der Wohnzeile A für die Geräte des Spielplatzes auf. Je nach EigentümerIn unterschiedlich organisiert ist auch die Nutzung und Vermietung der 14 Räume und Lokale im Erdgeschossbereich der Wohngebäude: Einige stehen den BewohnerInnen zur gemeinschaftlichen Nutzung zur Verfügung, etwa das *Abau-Stübli* in der Rüttmattstrasse, das *Trefflokal* und ein Gemeinschaftsraum in der Delfterstrasse oder ein Spielraum in der Neuenburgerstrasse. Andere Räume sind sozial orientiert und werden von Spielgruppen oder Einrichtungen zur Kinderbetreuung genutzt wie etwa das ›Clubhaus‹ hinter Wohnzeile D. In einigen Räumen sind Büros der Hauswarte bzw. der Immobilienverwaltung untergebracht. Alle weiteren werden an Private vermietet, etwa zum Betrieb von Coiffeur-, Massage- oder Kosmetiksalons. Wie groß der Anteil der Räumlichkeiten zur gemeinschaftlichen Nutzung im Verhältnis zur Vermietung ist, hängt vom guten Willen der Eigentümer ab. Auch beim Außenraum gibt es Unklarheiten: Das Siedlungsgelände steht zwar laut Grundeigentümervertrag der Allgemeinheit der Bewohnerschaft zur Verfügung. Das Land ist aber parzelliert und gehört (laut Baurecht der Stadt Aarau) zum Privatgrund der jeweiligen Hausbesitzer (Daum/Schneeberger 2013, 143).

Von außen betrachtet, liegt im Interpretationsspielraum des Grundeigentümervertrags Handlungsbedarf. Laut GZ-VertreterInnen besteht aufgrund der Unklarheit das Risiko, hinsichtlich kollektiver Anliegen immer handlungsunfähiger zu werden. Eine Änderung der Situation – sprich eine juristische Überarbeitung und zukunftsorientierte Erneuerung des Vertrags – sei aber nicht in Sicht, da »alle partielle Interessen« hätten.[82] Der weitsichtige Blick für übergeordnete Interessen, der bei der Planung der Telli-Überbauung vieles ermöglicht hat, ist schwächer geworden.

3.4.2 Von der Schwierigkeit, Neuerungen zu initiieren: Die Geschichte mit dem Spielplatz

In den Wohnzeilen gab es von Anfang an regelmäßig stattfindende Miteigentümer-Versammlungen um Anliegen, die den ganzen Block betrafen – wie etwa Mietzinsanpassungen oder Unterhalts- und Instandstellungsmaßnahmen – miteinander abzusprechen. Das Quartierentwicklungsprojekt *allons-y Telli!* wollte über die Ebene

---

82 Gruppeninterview GZ Telli, 01:30:20 und 01:32:20.

der Gebäude hinaus auch einen Schwerpunkt auf das Wohnumfeld der Siedlung legen. Die Stadt Aarau nahm dabei eine aktive Rolle ein: Moderiert vom Stadtamman Marcel Guignard wurden Werkstattgespräche mit EigentümerInnen durchgeführt. Dabei wurde insbesondere über eine koordinierte Aufwertung der Außenräume diskutiert. Das Planungsbüro Metron AG wurde beauftragt, hierzu ein Konzept auszuarbeiten. Die Planer schlugen neben Erhalt und Aufwertung der Parkanlage sowie bestehender Spiel-, Sport- und Aufenthaltseinrichtungen auch die Integration neuer Elemente wie eine Spielarena, ein Kletterwald oder ein Hartplatz vor.[83] Die Außenräume sollten »für die Bedürfnisse der Bewohnerschaft aller Altersschichten und sozialen Gruppierungen« aufgewertet werden und die Betroffenen »aktiv an der Erarbeitung mitwirken können«.[84] Doch hinsichtlich Fragen der Mitbestimmung, der Kompetenzregelung und der Kostenübernahme für die Realisierung der vorgeschlagenen Maßnahmen eröffnete sich eine Konfliktsituation. Denn es blieb offen, was im Kompetenzbereich der EigentümerInnen der einzelnen Wohnzeilen liegt und was im Kollektiv organisiert werden sollte.[85] Zur Diskussion stand, welche Rolle die Stadt einnehmen sollte und inwiefern es sich bei dem Siedlungsareal und den darauf stehenden Einrichtungen um öffentlichen oder (halb-)privaten Grund handelte. Das Konzept Telli Park scheiterte letztlich am Widerstand von privaten WohnungseigentümerInnen, die in einer von zahlreichen BewohnerInnen unterstützten Petition an den Stadtrat forderten, »das Projekt Telli Park möge eingestellt werden, da es eine unzulässige Einmischung in die Eigentumsrechte der Wohnbesitzer darstelle« (Stadt Aarau 2006, 19). Anlass zur Diskussion gab insbesondere die geplante Erneuerung des Robinson-Spielplatzes hinter der Rüttmattstrasse 15-17, der seit 1987 aufgrund eines Brandes in desolatem Zustand war. Die dahinterliegenden Häuser sind mehrheitlich von älteren BewohnerInnen in Stockwerkeigentum bewohnt. Viele davon wehrten sich dagegen, dass auf den ihren Häusern zugeordneten Landparzellen nun eine Spielarena entstehen sollte, die publikumsoffen über die Siedlung hinaus der ganzen Stadtbevölkerung zur Verfügung stehen sollte. Zudem sei der Standort auf der Schlafzimmerseite falsch gewählt, wurden doch mit dem Projekt nicht nur der Lärm spielender Kinder, sondern auch nächtliche Partys von Jugendlichen befürchtet: »Es hat genug Wald, da kann man eine Waldhütte eröffnen, warum muss man es gerade hier hinten zwischen den Wohnzeilen machen?«, argumentiert etwa ein Bewohner im Interview.[86] Ein Grund für die blockierende

---

83 Vgl. ABAUA Telli, Metron AG: Konzept zur Aufwertung der Parkanlage in der Telli, Aarau, 20.1.2003. S. 1.

84 Ebd., 2.

85 Vgl. ABAUA Telli, Metron AG: Diskussionsgrundlage für Werkstattgespräch vom 3.7.2002.

86 Interview I, Telli, 01:36:01.

Haltung der StockwerkeigentümerInnen war auch, dass diese – im Unterschied etwa zu den großen Verwaltungen – nicht rechtzeitig informiert und in den Planungsprozess mit einbezogen worden sind. Vielmehr sahen sie sich mit dem Konzept Telli Park vor eine von außen aufoktroyierte Tatsache gestellt, bei der sie die Kosten mitzutragen hatten und nur noch kundtun konnten, dass sie damit nicht einverstanden waren (vgl. Stadt Aarau 2006, 57).[87] Nicht alle teilten aber diese ablehnende Haltung. Eine ältere Wohnungseigentümerin bedauert etwa im Interview, dass der Robinson-Spielplatz nicht wieder im alten Stil aufgebaut worden ist:

»Das war für uns natürlich ein großes Thema als die große Rutschbahn angezündet wurde. Und dann hat man jahrelang nichts gemacht, und jetzt haben wir da hinten eigentlich keinen Spielplatz mehr in dem Sinne, man hat zwar dieses Häuschen gebaut, aber zufrieden sind sie eigentlich nicht, weil da gehört ja eigentlich auch ein richtiger Spielplatz hin, wo die Kinder spielen können.«[88]

Sie erzählt von den positiven Erinnerungen, die sie mit diesem Ort verbindet. Ihre Kinder hätten sehr oft selbstständig da gespielt, wobei der Standort ideal gewesen sei, da sie sie vom hinteren Balkon gelegentlich beaufsichtigen oder rufend Kontakt mit ihnen aufnehmen konnte.[89]

Andere scheinen die Ruhe vor ihrem Haus über diese Qualität zu stellen, zumal sich viele in einer Lebensphase befinden, in der passende Einrichtungen für Kinder direkt vor dem Fenster nicht mehr so relevant sind. Mangels eines vertraglich vereinbarten Instruments zur Konsensbildung wurde das Projekt Telli Park abgebrochen und fortan auf gemeinsame Strategien zur Aufwertung des Außenraums verzichtet. Auf Initiative des Stadtrates wurde mit dem Abschluss des Quartierentwicklungsprojekts im Jahr 2006 jedoch das Grundeigentümerforum Mittlere Telli gegründet, das sich – im Sinne des ursprünglichen Grundeigentümervertrags – die koordinierte Aushandlung von Aufgaben zum Ziel setzt, die die Gesamtüberbauung und das Siedlungsgelände betreffen. Zweimal jährlich treffen sich die Eigentümer der Wohnzeilen zur Besprechung kollektiver Themen. Der Vorsitz des Forums liegt beim Stadtammann, der die Sitzungen leitet und über Partikularinteressen hinaus eine hoheitliche Aufgabe wahrnimmt.[90] Die Sitzungsprotokolle des Grundeigentü-

---

87 Vgl. auch Interview II, Telli, 00:52:16; ABAUA Telli, Protokoll des Werkstattgesprächs vom 07.5.2003 und ABAUA Telli, Protokoll der Miteigentümerversammlung der Wohnzeile A vom 21.5.2003.

88 Interview III, Telli, 01:14:19.

89 Vgl. Ebd.

90 Vgl. ABAUA Telli, Protokoll der ersten Sitzung des Grundeigentümerforums Telli, 24.5.2006.

merforums zeigen, welche Themenfelder in den letzten Jahren diskutiert worden sind. Dazu gehören: die Organisation der Wege auf dem Siedlungsareal und insbesondere Fragen zu einer einheitlichen Beleuchtung der Fußwege;[91] der Raumbedarf familien- und schulergänzender Tagesstrukturen;[92] erforderliche Unterhaltsarbeiten beim Sengelbach-Areal[93] sowie die Abfallsituation und Maßnahmen zur Bekämpfung von Littering in der Siedlung.[94]

Ein zentrales Thema ist der Unterhalt gemeinsamer Anlagen. 2007/08 wurde beispielsweise die Erneuerung des Robinsonspielplatzes bei der Wohnzeile A wieder aufgegriffen und diskutiert. Die Eigentümergemeinschaft der Wohnzeile A wurde angesichts ihrer im Grundeigentümervertrag festgelegten Verantwortlichkeit von der Stadt und anderen EigentümerInnen im Forum gemahnt, einen Vorschlag zur Neugestaltung des Spielplatzes ausarbeiten zu lassen.[95] Vor allem die privaten WohnungseigentümerInnen wehrten sich jedoch weiterhin gegen den Spielplatz am ursprünglichen Standort. Nach einigem Hin und Her wurde 2011 schließlich ein Spielturm zwischen den Wohnzeilen aufgebaut,[96] der jedoch bezüglich Mitteleinsatz und Ausgestaltung im Vergleich zu den Leistungen der EigentümerInnen der anderen Wohnzeilen eine Minimallösung darstellt.

Die Geschichte mit dem Spielplatz veranschaulicht, wie anspruchsvoll und schwerfällig die Verhandlungen zu gemeinsamen Unterhalts- und Erneuerungsstrategien in der Siedlung sind.

Exemplarisch zeigt sich an dieser Diskussion aber nicht nur die Schwierigkeit Neuerungen zu initiieren und die Instandhaltung gemeinsamer Anlagen und Räume in einer Großüberbauung mit vielen EigentümerInnen zu organisieren. Ebenso wird deutlich, wie wichtig gute Kommunikationsnetze in einer so komplexen Struktur

---

91 ABAUA Telli, Sitzungsprotokolle des Grundeigentümerforums Telli vom 29.11.2007; 22.5.2008; 18.11.2009; 24.6.2010; 26.11.2010; 22.6.2011; 23.11.2011.

92 Die Stadt erkundigte sich, ob für den steigenden Bedarf an Tagesstrukturen im Erdgeschossbereich der Häuserzeilen Standorte zur Verfügung gestellt werden könnten, was die Eigentümer ablehnten. Vgl. ABAUA Telli, Sitzungsprotokoll des Grundeigentümerforums Telli vom 22.5.2008.

93 ABAUA Telli, Sitzungsprotokolle des Grundeigentümerforums Telli vom 25.6.2008; 24.6.2010; 22.6.2011.

94 ABAUA Telli, Sitzungsprotokolle des Grundeigentümerforums Telli vom 25.6.2008, 13.5.2009, 18.11.2009.

95 GZA Telli, Hans Urech (Notar): Grundeigentümervertrag für die Überbauung Mittlere Telli, Aarau 2.11.1971, S. 55 sowie ABAUA Telli, Sitzungsprotokolle des Grundeigentümerforums Telli vom 29.11.2007, 22.5.2008, 25.6.2008.

96 ABAUA Telli, Sitzungsprotokolle des Grundeigentümerforums Telli vom 18.3.2009; 13.5.2009 und 18.11.2009.

sind. Da die EigentümerInnen – ob groß oder klein – alle in erster Linie für ihre eigene Liegenschaft schauen und übergeordnete Interessen nicht aus Eigeninitiative angehen, braucht es eine Koordination von einer außenstehenden Partei. Wenn eine mit genügend Macht ausgestattete öffentliche Institution – in dem Falle die Stadt Aarau – die Koordination übernimmt, bei der Konsensfindung Fingerspitzengefühl zeigt, aber auch klare Forderungen stellt, können – wenn auch sehr mühselig – Themen, die alle betreffen, diskutiert und im besten Fall gemeinsame Projekte in Angriff genommen werden.

3.4.3 Unterschiedliche Verwaltungs- und Sanierungsstrategien

In der Regel nehmen die jeweiligen EigentümerInnen die Bewirtschaftung der verschiedenen Wohnblöcke und auch anstehende Sanierungsmaßnahmen unabhängig voneinander wahr. Problemlos ist dies insbesondere für die beiden Wohnzeilen B und C möglich, die im Besitz einer institutionellen Immobilienanlegerin sind (der Versicherungsgesellschaft AXA Winterthur) und die von einer großen und schweizweit agierenden Immobilienverwaltung (Wincasa) verwaltet werden. Nachdem sich nach dreißigjährigem Bestehen der Liegenschaft die ersten Anzeichen der Alterung der Bausubstanz zeigten, leitete die Eigentümerin in Zusammenarbeit mit der Verwaltung umfassende Sanierungsmaßnahmen ein. Nach einer Außensanierung 2002/03, anlässlich der das Flachdach, die Dachterrassen, die Betonfassaden und Fugen renoviert und die Briefkästen sowie Gegensprechanlage erneuert worden sind, wurde 2005/06 eine intensive Innensanierung vorgenommen. Dabei wurden – in den 588 Wohnungen von Block B und C – neue Küchen und Bäder eingebaut, Malerarbeiten vorgenommen, die Fensterdichtungen, Wohnungstüren und Leitungssysteme ersetzt sowie die Elektroinstallationen, Lifte und die Schließanlage erneuert.[97] Ebenso wurden 14 Kleinwohnungen in sieben neue 3½-Zimmerwohnungen zusammengelegt.[98] Für die MieterInnen bedeutete die Renovierung, die in bewohntem Zustand erfolgte, eine Belastung, die sich auch in einer teilweise erheb-

---

97 Die Investitionskosten für die Gesamtsanierung der beiden Wohnzeilen beliefen sich auf 40 Millionen CHF. Vgl. Wincasa-Archiv Telli, Wincasa: Antrag Baukredit an Winterthur Leben vom 7.5.2004, S. 2 und 5f; Wincasa-Archiv Telli, Wincasa: Internes Dokument zur Gesamtsanierung der Wohnzeilen B und C vom 18.7.2005; Wincasa-Archiv Telli, Anliker Generalunternehmung: Mieterorientierung zur Innenerneuerung Block B und C vom 14.9.2004.

98 Wincasa-Archiv Telli, Gähler und Partner: Sanierungskonzept Telli Aarau, Block B und C, August 1999.

lichen Erhöhung der Mietzinsen zeigte.[99] Nicht wenige auch langjährige MieterInnen zogen deswegen aus oder wechselten in eine andere Wohnung innerhalb der Siedlung. Ziel der Sanierung war es, die Attraktivität der Wohnungen zu steigern und die Liegenschaft auch für die Zukunft rentabler zu machen. Dennoch handle es sich bei der Telli – so eine Vertreterin der Immobilienverwaltung im Interview – nicht um ein reines Renditeobjekt, zumal die Kosten für den Unterhalt hoch seien. Punktuelle Instandhaltungsmaßnahmen zum Werterhalt bilden denn auch den Schwerpunkt des Umgangs mit den Wohnungen, die sich insbesondere auf individuelle Zimmererneuerungen – wie dem Ersetzen der Bodenbeläge oder Malerarbeiten – bei Mieterwechseln konzentrieren.[100] Für die nächsten Jahre plant die AXA Winterthur eine energetische Sanierung der Gebäudehülle und Haustechnik von Block B und C. Diese soll mittels industrieller Vorfertigung im bewohnten Zustand erfolgen und strebt eine Zertifizierung mit einem Nachhaltigkeitslabel an. Für diese Sanierung hat die Eigentümerin das Architekturbüro Meili, Peter und Partner Architekten AG beauftragt.[101]

Obwohl die AXA Winterthur mit dem Betrieb des Kleintierzoos und der Bereitstellung von Gemeinschaftsräumen Kosten für die Allgemeinheit übernimmt, orientiert sie sich zugleich am Prinzip, renditeorientiert zu wirtschaften, was sich auch in der Verwaltungsstrategie manifestiert. Die Wincasa ist ein großes Immobilienunternehmen, das mit seinem Sitz in Olten nur schon räumlich etwas distanziert zur Siedlung steht. Auch in seiner professionellen Verwaltungsarbeit pflegt die Wincasa einen distanziert sachlichen Stil mit dem Ziel einer effizienten und am Markt orientierten Bewirtschaftung der Liegenschaften. Zugleich nimmt sie eine aktiv regulierende Rolle bei der Durchsetzung von Ordnung in den Häusern ein, etwa indem sie die Mieterschaft mit Briefen oder Anschlägen in den Fahrstühlen dazu auffordert, die geltenden Regeln einzuhalten. Die Kommunikation ist dabei formaltrocken gehalten und konzentriert sich mehrheitlich auf Aufforderungen und Verbote, teilweise auch auf mehr oder weniger subtile Sanktionsdrohungen bei Nichteinhalten der Vorschriften. Nicht zuletzt aufgrund der hohen Anzahl an MieterInnen

---

99 Die Mietzinsanpassung nach der Sanierung orientierte sich an marktüblichen Preisen. Die Eigentümerin hat 60% des Werts der Mehrinvestitionen auf den Mietzins überwälzt. Eine 3½-Zimmerwohnung von 84m² wurde etwa von einer Miete von 1170 CHF auf 1370 CHF erhöht, eine 2½-Zimmerwohnung von 50m² von 658 CHF auf 830 CHF (jeweils Nettomiete ohne Heiz- und Nebenkosten). Vgl. Wincasa-Archiv Telli, Wincasa: Internes Dokument zur Mietzinsanpasssung vom 31.10.2005 sowie Wincasa-Archiv Telli, Wincasa: Brief an die MieterInnen von Block B und C vom 8.11.2005.

100 Gruppeninterview Wincasa, 00:25:12 und 00:34:01.

101 Meili, Peter und Partner Architekten AG, Sanierung Telli B: http://www.meili-peter.ch/portfolio/energetische-sanierung-telli-b/

und dem damit einhergehenden hohen Arbeitsaufwand, der mehrheitlich von einer Bewirtschafterin und einer Sachbearbeiterin bewältigt wird, scheint die Bewirtschaftung eine pragmatische Handschrift zu tragen. Die befragten BewohnerInnen aus den betreffenden Häusern meinen, dass sie kaum Kontakt und ein distanziertes Verhältnis zu ihrer Liegenschaftenverwaltung haben. Die Wincasa sei für sie – so etwa jüngere BewohnerInnen im Interview –»irgend so eine Riesenfirma, die einfach sehr unpersönlich ist«.[102] Sie schätzten es aber, dass sie die Wohnung erhalten haben, ohne über ein geregeltes Einkommen zu verfügen und von der Verwaltung in Ruhe gelassen werden. Da die Mietenden kleinere Unterhaltskosten selbst bezahlen müssen, würden sie kleinere Schäden gar nicht melden, sondern sich irgendwie damit arrangieren.[103] Dass der Aufwand an Unterhaltsarbeiten bei bestehenden Mietverhältnissen möglichst klein gehalten werde, wird auch in anderen Interviews erwähnt: Bei allfälligen kleineren Änderungs- oder Erneuerungswünschen würden sich viele BewohnerInnen selbst organisieren. Und wenn sie ein Problem nicht selbst lösen könnten, wendeten sie sich an den Hauswart.[104]

Für Unterhalt und Erneuerung der eigenen Wohnungen aufzukommen, gehört auch zum Format des Stockwerkeigentums. Da die Eigentumswohnungen in jeweils eigenen Häusern der Überbauung situiert sind, treffen sich deren BesitzerInnen in regelmäßigen Abständen, um über die Organisation der gemeinsam geteilten Räume zu verhandeln. Definiert werden dabei auch allgemein geltende Ordnungsprinzipien und Regeln des nachbarschaftlichen Zusammenlebens. Diese Möglichkeit der Mitsprache und des Aushandelns einer »dynamischen Hausordnung«[105] wird – im Vergleich zu den Mietwohnungen, bei denen die Hausordnung meist ›von oben‹ bestimmt wird – geschätzt und die Einhaltung der Regeln scheint aufgrund der kollektiv getragenen Akzeptanz gut zu funktionieren.[106] In den Stockwerkeigentümerversammlungen wird demokratisch über anstehende Unterhaltsarbeiten und Ausgaben für Erneuerungen entschieden. Dabei ist zu beobachten, dass größere Investitionen oft nur schwer zu realisieren sind, da sie die von den StockwerkeigentümerInnen vorgenommenen Rückstellungen für Unterhalts- und Erneuerungsarbeiten im Haus übersteigen. So ein Wohnungseigentümer im Interview:

»Wir müssen Rückstellungen machen, das ist gesetzlich geregelt. Das Minimum an Rückstellungen ist, glaube ich, ein Prozent vom Versicherungswert des Hauses und angestrebt werden

---

102 Interview V, Telli, 01:24:11.

103 Ebd.

104 Vgl. Interview VI, Telli, 00:11:57; 00:16:10 und 00:37:58 oder Interview IV, Telli, 01:11:48. Vgl. auch Kap. II 3.4.4.

105 Interview II, Telli, 01:22:20.

106 Vgl. etwa Interview I, Telli, 01:02:48 und Interview II, Telli, 01:23:18.

zehn Prozent [...], aber wir haben meistens um ein Prozent herum, so 100'000 bis 300'000 Franken, damit kann man schon etwas machen und sonst muss man halt einfach sofort zahlen, aber das ist am schwierigsten, da wird intern gestritten. Das ist wie in der Politik, wenn es um eine Abstimmung geht [...] und die Mehrheit wird dann gemacht.«[107]

Außerordentliche Zahlungen werden deshalb oft – nicht zuletzt wegen fehlender liquider Mittel – abgelehnt und über längere Zeit hinaus verzögert. In Wohnzeile A bilden jeweils zwei bis drei Hauseingänge eine Hausgemeinschaft, in deren Rahmen die Versammlungen der StockwerkeigentümerInnen organisiert werden. Wie in der obigen Interviewaussage dargelegt, werden bei diesen Sitzungen – wie bei jedem demokratischen Prozess – durchaus auch Streitereien ausgetragen. Die häufig zähen Aushandlungen hätten aber generell einen konsensorientierten Charakter.[108]

Um Angelegenheiten auszuhandeln, die in der Wohnzeile A über die einzelnen Häuser hinausgehen, werden außerdem – koordiniert von der Barrier Immobilien AG – Miteigentümerversammlungen organisiert, an denen neben den StockwerkeigentümerInnen auch die Besitzenden der weiteren Häuser teilnehmen. Die Sitzungsprotokolle dieser Versammlungen geben Auskunft über die besprochenen Themen, insbesondere auch über Unterhalts- und Erneuerungsarbeiten, die – teils nach langen Diskussionen und mehreren Anläufen – initiiert worden sind: Diskutiert und in Angriff genommen wurden etwa Fragen zur Instandstellung oder Sanierung der Flachdächer,[109] der Stirnseite der Fassade in Haus 1,[110] der Heizung,[111] der Lifte,[112] der Autoeinstellhalle[113] oder der Briefkastenanlage.[114] Die Protokolle der Miteigentümerversammlungen geben neben dem Hinweis auf kollektive Handlungen auch einen Einblick in die langen und teilweise mühseligen Aushandlungsprozesse, die von Verzögerungstaktiken begleitet werden, kurz: Sie verweisen auch auf

---

107 Interview I, Telli, 01:42:44.

108 Vgl. Interview II, Telli, 01:40:50; Interview III, Telli, 01:08:59.

109 ABAUA Telli, Sitzungsprotokolle der Miteigentümerversammlung der Wohnzeile A vom 27.10.1976; 19.4.1989; 25.4.1990 und 13.5.1998.

110 ABAUA Telli, Sitzungsprotokoll der Miteigentümerversammlung der Wohnzeile A vom 24.4.1991.

111 ABAUA Telli, Sitzungsprotokolle der Miteigentümerversammlung der Wohnzeile A vom 8.5.1996; 25.9.1996; 24.3.2011 und 30.6.2011.

112 ABAUA Telli, Sitzungsprotokolle der Miteigentümerversammlung der Wohnzeile A vom 12.5.1999, 22.4.2004, 21.4.2005.

113 ABAUA Telli, Sitzungsprotokolle der Miteigentümerversammlung der Wohnzeile A vom 19.3.2008 und 18.3.2009.

114 ABAUA Telli, Sitzungsprotokoll der Miteigentümerversammlung der Wohnzeile A vom 12.5.1999.

Probleme, die zwar konstatiert, aber nicht angegangen werden. So wurde etwa festgestellt, dass die Gebäudehülle aus energetischer Sicht in einem bedenklichen Zustand sei und renoviert werden müsste,[115] dennoch wurden – im Unterschied zur Wohnzeile B und C – keine konkreten Schritte zu einer umfassenden Sanierung der mittlerweile über 40-jährigen Fassade eingeleitet. Da bei einer Außensanierung zwingend alle Parteien gleichzeitig handeln müssen und keine partiellen Renovierungsarbeiten zugelassen sind, stellt dies eine erhebliche Herausforderung für die Zukunft dar. Die Vertagung von dringend erforderlichen Sanierungsmaßnahmen im kollektiven Rahmen führte teils auch dazu, dass die einzelnen EigentümerInnen Renovierungen unabhängig voneinander durchführen. Während dies bei der Erneuerung der Innenräume wie etwa der Steigleitungen oder Lifte problemlos möglich ist, schränkt die im Grundeigentümervertrag festgelegte Pflicht ein einheitliches Erscheinungsbild zu bewahren die Handlungsfähigkeit des Einzelnen beim Umgang mit den von außen sichtbaren Räumen und Flächen ein. Individuelle Fenstererneuerungen machen deutlich, dass sich die einzelnen EigentümerInnen diesbezüglich das Recht auf einen gewissen Auslegungsspielraum nehmen.

Einen Ersatz der ursprünglichen Tropenholz- durch Kunststofffenster hat etwa die ABAU Wohnbaugenossenschaft vorgenommen, die an der Rüttmattstrasse 1 und 2 zwei Häuser mit insgesamt 42 Alterswohnungen bewirtschaftet. Neben einer 2003 vorgenommenen Erneuerung der Wohnungs- und Haustüren sowie Briefkästen konzentriert sich die Sanierungsstrategie der ABAU in der Telli mehrheitlich auf individuelle Erneuerungen von Küchen, Bädern und Bodenbelägen nach Mieterwechseln oder bei Bedarf. Da es sich bei der ABAU um eine Wohnbaugenossenschaft handelt, bei der die BewohnerInnen zugleich auch GenossenschafterInnen sind, die mit einem Anteilsschein auch Mitbestimmungsrechte haben, müssen größere Unterhalts- und Renovierungsarbeiten von der Generalversammlung – als oberstem Organ der Genossenschaft – gutgeheißen werden. Ziel der Wohnbaugenossenschaft ist es, nicht gewinnorientiert zu wirtschaften, sondern vielmehr »preisgünstigen Wohnraum von guter Qualität zur Verfügung zu stellen.«[116] Es liegt deshalb systeminhärent im Interesse der GenossenschafterInnen, möglichst haushälterisch mit dem Geld umzugehen, was sich auch in einer Skepsis oder Ablehnung von größeren Änderungs- oder Sanierungsabsichten auswirken kann. Die genossenschaftliche Liegenschaftenverwaltung leistet demnach immer wieder

115 ABAUA Telli, Sitzungsprotokoll der Miteigentümerversammlung der Wohnzeile A vom 27.7.2007.

116 ABAUA Telli, Informationsbroschüre »ABAU – Die lebendige Wohnbaugenossenschaft«, Aarau 2008.

Überzeugungsarbeit zur Relevanz der für den Werterhalt einer Liegenschaft erforderlichen Erneuerungsmaßnahmen.[117]

In diesem groben Überblick werden Tendenzen deutlich, wie sich Eigentumsformen – privatwirtschaftlich-institutionell, privat und genossenschaftlich[118] – auf die Strategien der Verwaltung und Instandhaltung der Liegenschaften in der Siedlung auswirken können: WohnungseigentümerInnen und BewohnerInnen von Genossenschaftswohungen verfügen zwar über mehr Partizipationsmöglichkeiten hinsichtlich der Ausgestaltung der Hausordnung oder bei anstehenden Renovierungsvorhaben. Erneuerungen sind jedoch oft erschwert, da es meist lange Aushandlungsprozesse braucht, bis ein Konsens gefunden, Maßnahmen umgesetzt bzw. die erforderlichen Mittel hierzu gesprochen werden. Im Gegensatz dazu wurden bei der institutionellen Eigentümerin erforderliche Sanierungen relativ zügig umgesetzt. Die Entscheidungen, die über zwei Blöcke von einer einzigen Stelle bestimmt werden können, haben hingegen einen Top-down-Charakter und den MieterInnen werden kaum Mitsprachemöglichkeiten gewährt.

3.4.4 Hauswartung

Das Prinzip, dass EigentümerInnen für ihre eigene Liegenschaft aufkommen, gilt auch für die täglichen Unterhaltsarbeiten. Pro Wohnzeile ist zwar ein professioneller hauptamtlicher Hauswart angestellt, der für Unterhalt, Wartung und Reparatur in den Häusern und den dazu gehörigen Außenräumen bis zu den parzellierten Grundstücksgrenzen verantwortlich ist. Daneben sorgen verschiedene nebenamtliche HauswartInnen für die Reinigung der Eingangsbereiche und Treppenhäuser. Die Anforderungsprofile unterscheiden sich hingegen. So hat sich die Eigentümergemeinschaft der Wohnzeile A – nach der Pensionierung ihres langjährigen Hauswarts – entschieden, nur noch einen Hauswart für die Außenräume und die Tiefgarage einzustellen, anfallende Unterhaltsarbeiten im Innern der Häuser und Woh-

---

117 Vgl. Interview ABAU (Gesprächsprotokoll).

118 Unter den EigentümerInnen der Telli ist außerdem die Ortsbürgergemeinde Aarau vertreten. Das ist eine historisch-städtische Institution, die die ehemaligen Bürgergüter verwaltet und der Personen mit dem Bürgerrecht Aaraus (Ortsbürger) angehören. Im Rahmen dieser Forschung wurde auf eine vertiefte Recherche ihrer Bewirtschaftungspraxis verzichtet, zumal bei der Hausbiografie zu Unteraffoltern II explizit eine städtische Verwaltung im Zentrum der Analyse stand. Da die Wohnzeile D erst 1991 fertig gestellt worden ist, sind außerdem Fragen nach Sanierungsmaßnahmen in ihrer Liegenschaft noch nicht so virulent.

nungen aber an mobile Reinigungs- und Hauswartdienste zu delegieren, die von den Verwaltungen direkt beauftragt werden.[119]

Der Hauswart der Wohnzeile B meint im Interview: »Wir arbeiten im Grunde genommen alleine, für uns selbstständig.«[120] Er hat wie auch sein Kollege der Wohnzeile C ein eigenes Büro im Erdgeschossbereich des Blocks. Hier ist er täglich frühmorgens und nachmittags anwesend, um Anliegen der Bewohnerschaft aufzunehmen. Zu seinem professionellen Selbstverständnis gehört es, nicht nur für technische Belange, Ordnung und Raumpflege da zu sein, sondern auch mit Menschen zu tun zu haben und zu wissen, wie mit konfliktiven Situationen umzugehen sei. Zugleich betont er aber auch die Wichtigkeiten – durchaus auch im Sinne der Verwaltung – Verantwortung abgeben und sich abgrenzen zu können. Er versuche zwar in schwierigen Situationen den MieterInnen zuzuhören und sie zu besänftigen, fordere sie aber auch dazu auf Probleme wie etwa Streitigkeiten in der Waschküche selbst miteinander zu regeln.[121] Diese Haltung orientiert sich an den breiten Arbeitsanforderungen, die zwischen alltäglichen Routinen und der Bereitschaft auf Unerwartetes schnell reagieren zu können changiert. Als wir den Hauswart bei seiner Arbeit begleiteten, wurde schnell deutlich, wie viel Bewegung in seinem Tun liegt. Für die langen Wege benutzt er oft das Fahrrad. Täglich macht er diverse Rundgänge zur Kontrolle, ob alles funktioniert und in Ordnung ist, wartet die Installation im Heizungs- und Boilerraum, ersetzt Glühbirnen, prüft die Sicherungen. Je nach Jahreszeit fallen unterschiedliche Arbeiten in den Außenräumen an, wie Rasenmähen, Sträucher und Bäume beschneiden oder Laub rechen. Ein großes Thema ist das Aufräumen und Entsorgen von Müll auf dem Siedlungsgelände, der von BewohnerInnen oft achtlos liegen gelassen wird. Auf seiner täglichen ›Fötzelitour‹ sammelt er entlang der Gehwege und bei den Sitzplätzen teils eimerweise Abfall zusammen. Auch Sperrgüter in der Tiefgarage, Aludosen bei den Altglascontainern oder Plastiksäcke im Kompost sind für ihn ein tägliches Ärgernis, das er in Ordnung zu bringen, wegzuräumen und richtig zu entsorgen hat. Außerdem ist er auf Abruf präsent, um baulich-technische Defekte und Probleme im Haus und den Wohnungen zu lösen. Er repariert Steckdosen und Armaturen, entstopft Abläufe oder bringt Waschmaschinen wieder in Gang. Wenn etwas kaputtgeht, muss er schnell reagieren und entscheiden, ob er das Problem selbst lösen kann oder die Reparatur einer externen Stelle in Auftrag geben muss. Wenn vollamtliche Hauswarte über Spezialkenntnisse verfügen, etwa komplexere Reparaturen im Sanitär-, Elektro- oder Schreinerbereich selbst erledigen können, zahlt sich das für die Verwal-

---

119 Vgl. Interview ABAU (Gesprächsprotokoll) sowie Gruppeninterview GZ Telli, 00:53:09.

120 Vgl. Gruppeninterview Wincasa, 00:27:11.

121 Ebd., 00:51:32.

tungen aus. Nicht alle Hauswarte scheinen sich aber in ihren Kompetenzen aner-kannt zu sehen. Die Thematik, relativ wenig Wertschätzung zu erfahren, scheint auch mit der Erfahrung einherzugehen, mit einer hohen Arbeitsbelastung auf sich allein gestellt zu sein und zugleich von allen Seiten beobachtet zu werden.

Die Initiative zu Kooperation und Austausch der Hauswarte in der Telli kam denn auch nicht von Eigentümerseite, sondern von *allons-y Telli!* und dem Leiter des GZ, der – ohne formalen Auftrag – dreimal jährlich im GZ Sitzungen für die Hauswarte der Siedlung organisiert. Sie diskutieren dabei, so der GZ-Leiter im In-terview, konkrete alltägliche Themen ihrer Arbeit, etwa zur Bekämpfung nicht standortgerechter Pflanzen, zur Überwachungspraxis mit Videokameras, zu Litte-ring, Vandalismus und Sprayereien auf dem Siedlungsareal, zum Umgang mit Be-wohnerInnen, der Kommunikation mit fremdsprachigen Personen oder zum Verhal-ten bei Konflikten.[122] Auch unter den Hauswarten selbst gebe es teilweise Spannun-gen, was angesichts der relativ hohen Fluktuation sowie der unterschiedlichen Pflichtenhefte und Kompetenzen, aber auch der ungleichen Entlohnungen nicht er-staunen mag.[123]

BewohnerInnen betonen in den Interviews insbesondere Unterschiede bei den Persönlichkeiten und Arbeitsweisen der Hauswarte, die mehr oder weniger strikt reglementierend, entgegenkommend, zuverlässig oder professionell sein können. Es komme immer auf die Person an, meinen etwa Jugendliche. Aus ihrer Kindheit er-innerten sie sich noch an einen sehr strengen Hauswart, der sie auch eingeschüch-tert habe. Heute kennen sie über Eltern und Bekannte, die als nebenamtliche Haus-warte tätig sind, auch die Mühen, die mit der Arbeit einhergehen.[124] Auch andere BewohnerInnen erzählen, dass sie schon ›schwierige‹ Hauswarte hatten, die etwa ihre Probleme nicht ernst genommen, nicht sauber geputzt oder während der Ar-beitszeit nur Pause gemacht hätten. Mit der aktuellen Situation seien sie aber – so der Grundtenor – zufrieden.[125] »Von den Hauswarten wird sehr geschaut, ich schät-ze es sehr, ich denke manchmal der ganze Müll, der wird auch von ihnen aufgeho-ben und entsorgt und das ja immer wieder, immer wieder«,[126] meinen etwa jüngere BewohnerInnen. Mit ihren Wartungs-, Reparatur- und Reinigungsarbeiten tragen die Hauswarte wesentlich zur Wohnqualität und dem guten Funktionieren der Sied-lung bei. Sie sorgen dafür, dass »alles sauber und in Ordnung ist.«[127] Ohne sie wür-de die Telli wohl anders aussehen.

---

122 Vgl. Gruppeninterview GZ Telli, 00:51:58.

123 Vgl. Ebd., 02:10:41.

124 Vgl. Interview IV, Telli, 01:12:02.

125 Vgl. etwa Interview III, Telli, 01:17:30 oder Interview VI, Telli, 01:25:23.

126 Interview V, Telli, 01:26:08.

127 Interview III, Telli, 01:17:30, vgl. auch Interview I, Telli, 01:18:39.

3.5 PERSPEKTIVEN VON BEWOHNERINNEN UND BEWOHNERN

3.5.1 Wohnen in einer prominenten Hochhaussiedlung

Die großen Wohnblöcke im Osten der Kleinstadt sind kaum zu übersehen, sie gehören zum erweiterten Stadtbild Aaraus und haben es auch schweizweit zu einiger Berühmtheit gebracht. Im Schweizer Architekturführer wird die Telli etwa als eines der wenigen Deutschschweizer Beispiele für Stadterweiterungen in der Art der französischen *grands ensembles* aufgenommen (Zeller 1994, 94). Und in einer 2013 vom Schweizer Heimatschutz zusammengestellten Publikation wird sie gar zu den schönsten Bauten aus den Jahren 1960-1975 gezählt (Schweizer Heimatschutz 2013b, 23). 2014 erhielt die Stadt Aarau den jährlich vom Heimatschutz verliehenen Wakkerpreis mit der Begründung, dass die Stadt sich seit Jahren für ein vorbildliches verdichtetes Bauen einsetze und somit exemplarisch Wege aufzeige, »wie sich Wachstum und der Erhalt und die Pflege von Stadtquartieren und Grünräumen vereinbaren lassen.«[128] Als Beispiel eines umsichtig geplanten und differenziert verdichteten Quartiers wurde unter anderen die Großsiedlung Telli aufgeführt.[129] Auch in den Medien ist die Telli immer wieder präsent, neben Presseberichten wurde die Überbauung in den letzten Jahren auch im Deutschschweizer Radio und Fernsehen porträtiert.[130] Dass die Telli »schon etwas Besonderes ist, das es nicht überall gibt«,[131] taucht auch in den Interviews mit BewohnerInnen immer wieder auf. Jüngere Personen erzählen etwa, dass sie über Internetrecherchen mehr über die Hintergründe ihrer Siedlung erfahren haben,[132] andere weisen nicht ohne Stolz darauf hin, dass die Telli weit über Aarau hinaus bekannt sei. Der GZ-Leiter meint gar:

---

128 Schweizer Heimatschutz: http://www.heimatschutz.ch/index.php?id=1038.

129 Vgl. »Nun ist es klar: Die Stadt Aarau erhält den Wakkerpreis 2014«, in: Aargauer Zeitung vom 21.1.2014.

130 Vgl. etwa »Behaglichkeit in der Betonwand«, in: NZZ vom 27.11.2010, S. 17; »Regionaljournal: Telli-Quartier Aarau. Paradies oder Hölle?« (CH, SRF: 7.9.2012) oder »Kulturplatz: Mit Eva Wannenmacher aus der Überbauung Telli in Aarau« (CH, SRF: 28.11.2012).

131 Interview IV, Telli, 00:32:47.

132 Vgl. Ebd., 00:36:00 oder Interview V, Telli, 01:21:30. Zur Telli gibt es einen Wikipedia-Eintrag: http://de.wikipedia.org/wiki/Telli sowie ein Internetportal, das von Freiwilligen des Quartiervereins betrieben wird: http://www.aarau-telli.ch

»Wenn auf nationaler Ebene der Name Aarau fällt, dann gibt es vermutlich zwei Sachen, die man von Aarau kennt, den FC Aarau und die Telli als Aushängeschild, sonst kennt man Aarau kaum.«[133]

Diese etwas provokative Aussage mag auch im Zusammenhang mit der in Aarau weit verbreiteten negativen Wahrnehmung der Überbauung verstanden werden. Bereits 1985 wurde diese im *Aargauer Tagblatt* in Zusammenhang mit der Beschreibung einer imaginären Stadtführung anschaulich dargelegt:

»Immer aber wird auf unserer Sightseeingtour eine neugierige Frage unserer Gäste auftauchen, die Frage, was denn das dort drüben sei, die hohen grossen Häuser im Osten. ›Die Telli‹, sagen wir dann, ungehalten über die Ablenkung, ›so ein modernes Wohnquartier‹. Und wir spüren, dass unser Stolz nicht so gross ist wie die Häuser hoch. Es ist, als ob wir uns ein wenig für die Telli schämten, denn Kultur – Kultur ist das doch nicht. Nötig, aber schrötig. Doch Kultur? [...] Die Telli ist das Symbol einer Zeit, die an ›Entwicklung‹ glaubt und meint, sie im Griff zu haben. Sie ist das Investitionsventil einer Stadt, die damit die Reservate ihres bürgerlichen Wohntraums – Zelgli, Goldern, Hungerberg – entlastet. Die Telli ist der Ort, wo der Durchschnittsaarauer meint, Hässlichkeit sei erlaubt.«[134]

Die Telli-Überbauung ist zwar in der Stadt allen ein Begriff. Von den meisten AarauerInnen, die keinen Bezug dazu haben, wird die Siedlung aber mit Negativbildern konnotiert[135] und erscheint etwa wie im Zitat oben als etwas Hässliches, Schrötiges oder gar Beschämendes.

3.5.2 Divergenz zwischen Innen- und Außenzuschreibung

Wie in anderen Studien zu Hochhaussiedlungen ist auch bei der Telli eine grundlegende Divergenz zwischen Außenzuschreibungen und Innenwahrnehmungen auszumachen.[136] Dass die Telli ein negatives Image hat, wird in allen Interviews beschrieben als eine Tatsache, die halt ›einfach so ist‹. So meint etwa der Leiter des GZ:

»Das Image das ist ganz klar negativ nach wie vor. Ich weiß nicht, wie du das wegbringst. Mittlerweile denke ich oft, du musst dir gar keine Mühe geben, um das wegzubringen. Es ist

---

133 Gruppeninterview GZ Telli, 01:37:51.

134 »›Boomstadt‹ Telli Aarau«, in: Aargauer Tagblatt vom 10.7.1985.

135 Vgl. etwa Gruppeninterview Wincasa, 00:11:28 oder Gruppeninterview GZ Telli, 00:29:33.

136 Vgl. Kap. II 2 (Hausbiografie UAII) sowie Glaser 2013a, 203f; Bäschlin 2004.

so. Wie das Amen in der Kirche, wie der Erste August. Es ist so ein Branding, ›Zack‹. Mehr oder weniger hinter vorgehaltener Hand.«[137]

Ein Bewohner, der die Lokalgeschichte gut kennt, führt aus, dass die Negativbilder Tradition haben und die Gegend schon vor langer Zeit in Verruf geraten sei. Stand doch hier mal der Galgen, und wer sich den staatlichen und kirchlichen Autoritäten widersetzte, wurde – wie etwa bei der Verfolgung der Wiedertäufer – nicht auf dem Friedhof beerdigt, sondern in der ›Telchi‹ vergraben.[138] Auch wenn diese Geschichten nicht mehr kollektiv erinnerten Vergangenheitsschichten angehörten, würden sie sich doch bis heute auswirken: »Das sind so Sachen, die unbewusst weiterleben.«[139] Auch, dass die Telli eigentlich ein Schwemmgebiet ist und im 19. Jahrhundert zu einem Industriegebiet mit rauchenden Kaminen und verschmutzten Gewässern wurde, habe zu der weit verbreiteten Meinung beigetragen: »Da wohnt man nicht, da unten.«[140] Aktuell werden die Negativzuschreibungen zur Telli hingegen weniger historisch begründet, sondern beziehen sich mehr auf das massive – einige sagen auch wuchtige – Erscheinungsbild der »riesengroßen grauen Blöcke.«[141] In Aarau wird die Überbauung gemeinhin auch einfach die »Staumauer« genannt. Die Außenzuschreibungen beziehen sich in erster Linie auf die Konzentration von Menschen, die man in diesem Wohnbautypus vermutet:

»Also Hochhaus ist ja nicht partout etwas, wo man findet, ja das ist toll [...] und so denke ich, alle, die hier seit jeher gewohnt haben, sind immer unter dem speziellen Verdacht gewesen ›Du bist irgendwie [...] nicht der Norm entsprechend‹.«[142]

Diese Stigmatisierungen scheinen schon seit Erstellung der Überbauung wirksam zu sein. So erinnert sich ein Bewohner: »Da hatte man ja auch immer gesagt: Können Sie in die Telli gehen [...], da verelendet man, da wird man krank, da hat es Sozialfälle.«[143] Noch heute gelten die drei Straßenzüge – Rüttmatt-, Delfter-, und Neuenburgerstrasse – für viele in Aarau als Wohnadresse von Menschen mit geringem Einkommen, als Ort, wo insbesondere viele AusländerInnen leben: »Ja, wer

---

137 Gruppeninterview GZ Telli, 01:38:34.

138 Werner Laubi: »TelliVisionen. Blutbalken und ungeweihte Erde in der Telli«, in: Telli-Post vom Mai 2015, S. 9.

139 Interview I, Telli, 02:04:40.

140 Ebd., 02:10:10.

141 Interview IV, Telli, 00:36:20; Interview V, Telli, 00:05:11; Gruppeninterview GZ Telli, 00:30:49.

142 Ebd., 01:41:16.

143 Interview I, Telli, 00:02:17.

wohnt denn dort, eben, viele Ausländer und einfach anonym und Plattenbau«, fasst ein Bewohner das Außenbild der Siedlung zusammen.[144] Meist ohne genaue Kenntnis des Ortes kursiert – wenn auch teilweise mit ironischem Unterton – gerade unter jüngeren Personen der Begriff »Ghetto« oder gar »Gomorrha« Aaraus.[145] Eine Studentin, die in der Telli wohnt, legt dar, dass das Negativbild implizit auch in der Schule vermittelt worden sei. Ein Lehrer habe die Telli im Unterricht als Satellitensiedlung im Stil französischer *Banlieues* beschrieben, die räumlich zwar nah, aber doch getrennt von der Stadt liege und deshalb ganz anders sei.[146] Aber auch mediale Bilder reproduzieren teilweise das Klischee des problembehafteten grauen Hochhausblocks. Die Tiefgarage der Telli wurde schon in verschiedenen Krimis als Kulisse verwendet.[147] Im Jahr 2003 hat das Schweizer Fernsehen eine Reportage-Sendung zum Leben in den Telli-Hochhäusern mit mehrheitlich problematisierenden Darstellungen ausgestrahlt.[148] Mit teilweise negativen Suggestivfragen wurden insbesondere die vielen ausländischen BewohnerInnen als Problem dargestellt. Das Dealen von Drogen, Auto-Einbrüche in der Tiefgarage oder die Präsenz von Obdachlosen im Kellerbereich wurden publikumswirksam als Themen gesetzt. Es sind Bilder, die zwar zum Mythos der problembehafteten Großüberbauung gehören, mit der ›Realität‹ der Siedlung aus Sicht der Telli-BewohnerInnen aber wenig zu tun haben. Dementsprechend heftig fielen auch die Reaktionen aus. Eine Mieterin schrieb etwa in einem Brief an das Schweizer Fernsehen:

»Ich bin masslos enttäuscht von den gezeigten Aufnahmen mit meist negativem Charakter. Der Eindruck, den Aussenstehende bekommen haben, entspricht überhaupt nicht dem Leben in den Telli-Hochhäusern. Wir Telli-Bewohner hätten es verdient, dass Positiveres von unserer Wohnsituation und Wohnlage gezeigt worden wäre [...]. Eine angebrannte, demolierte Rutschbahn wurde gezeigt. Von unserem Balkon aus, sieht man u.a. einen gut frequentierten Spielplatz mit intakter Rutschbahn. Verschmierten Wänden wurde viel Beachtung geschenkt im Film. Wände mit bunten Zeichnungen, von Kindern unter Anleitung liebevoll bemalt wurden hingegen nicht gezeigt. Vom hinter den Telliblöcken liegenden Kleintierzoo sah man keine Aufnahmen, von den nahen Auenwäldern nur eine kurze Luftaufnahme [...]. Im Film erwähnte eine Bewohnerin, dass man nicht mal den Abfallsack heruntertragen könne, ohne angepöbelt zu werden. Seit sieben Jahren wohne ich in einem der Telliblöcke und machte diesbezüglich noch nie negative Erfahrungen, weder im Lift noch tagsüber im etwas düsteren

144 Interview II, Telli, 00:36:01; vgl. auch Gruppeninterview Wincasa, 00:12:07.
145 Vgl. Interview IV, Telli, 00:36:27; Interview V, Telli, 00:02:27.
146 Interview V, Telli, 01:13:57.
147 Vgl. Interview I, Telli, 00:27:19.
148 »Himmelreich Schweiz: Leben im Hochhaus« (CH, SRF: 18.9.2003). Online abrufbar unter: https://www.aarau-telli.ch/index.php/filme.

Untergeschoss. Ein von fünf Frauen geführtes Trefflokal wurde nicht gezeigt [...]. Ein hinter dem Telliblock C bestehendes Spielfeld wurde nicht gezeigt. [...] Nicht erwähnt wurde: die ruhige Wohnlage [...], die wunderbare Aussicht in den Jura, ebenso nicht die sonnige Lage der Wohnungen [...]. Positives wurde verschwindend wenig gezeigt. Ein Affront für alle, die hier wohnen.«[149]

Aus Protest am in der TV-Sendung (re-)produzierten Negativimage und mit dem Ziel »das reale Leben der Telli-Hochhäuser« darzustellen, realisierte ein langjähriger Telli-Bewohner gar einen eigenen Film,[150] der sich bewusst als Gegendarstellung versteht: Während die TV-Reporterin im Taxi zur Siedlung fährt, steigt er in den Bus, der in einigen Minuten vom Stadtzentrum in die Siedlung führt. Die Qualitäten des Hochhaus-Wohnens werden nicht als Privileg von den wenigen Bewohnenden der großzügigen Dachwohnungen dargestellt, sondern die Wohnzufriedenheit von langjährigen ›TellianerInnen‹, die auch in tieferen Etagen und teilweise kleinen Wohnungen zu Hause sind, porträtiert. Besonders hervorgehoben wird außerdem das soziale Leben, die vielseitigen Einrichtungen und Angebote und die Menschen, die sich für das Quartier und die Überbauung engagieren.

Auch in den Interviews mit BewohnerInnen wird schnell deutlich, dass die Innensichten zur Telli weitaus positiver ausfallen. Einige blenden in ihrer Argumentation die Großform des Gebauten aus und fokussieren vielmehr auf die Qualitäten der Wohnungen und des Wohnumfelds: Von innen merke man gar nicht, dass man in so einer »Riesenüberbauung« lebe. Zu der gebauten »Wand« gehörten eben auch die grünen Zwischenräume, die viel zur Lebensqualität beitrügen.[151] BesucherInnen, die zum ersten Mal in der Telli seien, reagierten meist überrascht: »Immer stehen sie staunend auf dem Balkon und können es nicht glauben, dass man die anderen Blöcke nicht sieht von da [...], dass es so ruhig ist.«[152] Eine andere Argumentationsstrategie hebt die Besonderheit der gebauten Großform explizit hervor. Die Telli ist aus der Distanz von weither sichtbar, bei Wanderungen in den umliegenden Bergen etwa, gehöre sie als unverkennbares Wahrzeichen zum Bild Aaraus dazu, wobei sie je nach Wetterlage und Beleuchtung entweder als markante Formation hervorsteche oder wie ein Stück Jura in der Landschaft verschwimme.[153] Einige

---

149 Wincasa-Archiv Telli, V.B. (Telli-Bewohnerin, anonymisiert): Brief an das Schweizer Fernsehen, 8.10.2003.

150 Fredy Rohner: »Das reale Leben der Telli-Hochhäuser« (CH, 2004). Online abrufbar unter: https://www.aarau-telli.ch/index.php/filme.

151 Vgl. Interview I, Telli, 01:52:59; Interview II, Telli, 00:33:24, Interview III, Telli, 00:38:10; Interview V, Telli, 01:00:52.

152 Interview V, Telli, 00:08:42; vgl. auch Interview III, Telli, 00:52:54.

153 Interview I, Telli, 01:52:40.

BewohnerInnen deuten auch das Negativbild ›Staumauer‹ um und setzen ihm andere Assoziationen entgegen:

»Jemand hat es mal so schön formuliert, dass diese Blöcke gerade nachts aussehen wie so ein
riesiges Kreuzfahrtschiff [...]. Wenn all diese Lichter brennen, hat man wirklich das Gefühl,
ja, das ist so ein riesiges Schiff, das da schwimmt.«[154]

Entgegen des verbreiteten Bilds der grauen Betonblöcke besteht die Überbauung
mehrheitlich aus großen Glasfenstern, was gerade bei Dämmerung und Dunkelheit
zu einer gemütlich-warmen Lichterstimmung beitrage:»Das ist wie ein beleuchteter
Adventskalender, vor allem im Winter. Es gibt sehr wenig Neonlicht, es sind vor allem die warmen Töne, die vorherrschen«,[155] meint ein Bewohner.

Neben diesen symbolischen Umdeutungen werden aber auch sachlich-nüchterne
Begründungen zu den Vorteilen von Hochhäusern angeführt. Dazu gehört insbesondere die – aktuell auch den schweizerischen Planungs- und Städtebaudiskurs be-
stimmende – Argumentation der dichten Bebauung als Beitrag gegen die voran-
schreitende Zersiedelung der Landschaft:

»Gefallen tun mir Hochhäuser nicht unbedingt, aber [...] ich habe halt gemerkt, dass es schon
recht schlimm ist, wie schnell der Boden der Schweiz verbaut wird [...] und deshalb finde ich
solche Überbauungen als Wohnform eben schon eine bessere Lösung.«[156]

Im Sinne dieser Aussage einer Bewohnerin wurde in den letzten Jahren in der Öffentlichkeit vermehrt auch positiv über Großüberbauungen berichtet. So schreibt die
Neue Zürcher Zeitung 2010 in einem Artikel über die Telli:

»In der Kleinstadt Aarau schimpft man sie ›Ghetto‹. Doch ihren schlechten Ruf trägt die
grosse Siedlung Telli zu unrecht. Wer dort wohnt, merkt bald: Auch grosse Wohnbauten bieten Geborgenheit [...]. Nun gerät man ins Grübeln. Sind Grosssiedlungen am Ende doch ein
geeignetes Mittel gegen die Zersiedelung der Schweiz? Haben Raumplaner, Architekten,
Immobilieninvestoren und Politiker das ›grand ensemble‹ voreilig auf dem Müllhaufen der
Städtebaugeschichte entsorgt?«[157]

Auch wenn sich die Negativdiskurse in der Öffentlichkeit mit solchen Darlegungen
zu wandeln beginnen, und auch wenn BewohnerInnen hierzu teilweise aktiv Über-

---

154 Gruppeninterview GZ Telli, 00:31:44.
155 Interview II, Telli, 00:33:24.
156 Interview V, Telli, 01:02:40.
157 »Behaglichkeit in der Betonwand«, in: NZZ vom 27.11.2010, S. 17.

zeugungsarbeit leisten, scheinen die Negativbilder von Großsiedlungen dennoch hartnäckig weiterzubestehen.

3.5.3 Identifikation: »Wir Tellianer«

Der beharrliche Charakter des Negativimages zeigt sich etwa darin, dass auch BewohnerInnen selbst oft erzählen, dass sie zuerst negative Vorstellungen von der Telli hatten. Ihre Haltung habe sich dann aber grundlegend verändert, seit sie da wohnten und die Qualitäten der Siedlung kennen gelernt hätten. Im Standardnarrativ wurde aus einer Übergangslösung ein Zuhause, in dem sie sich nun wohl fühlen; für nicht wenige langjährige BewohnerInnen gar eine Wahlheimat, von der sie sich nicht mehr trennen wollen: »Der erste Eindruck war gar nicht gut, ich dachte ›Mein Gott, wohin kommen wir denn da?‹ [...] Aber ich musste diese Meinung sehr schnell revidieren«,[158] erzählt etwa eine Bewohnerin, die bereits in den 1970er-Jahren als Erstbezügerin mit ihrer damals jungen Familie in die Telli gezogen ist. Nach vierzig Jahren – in denen sie auch innerhalb der Siedlung umgezogen ist –, meint sie: »Hier habe ich Wurzeln geschlagen, hier bin ich glücklich und ich möchte nur noch mit den Füssen voraus aus dieser Wohnung gehen.«[159] Ähnlich erläutert eine Bewohnerin, die mit ihrem Partner und drei Kindern in der Telli lebt:

»Für mich ist es ein Ort der Ent-Täuschung im positiven Sinne. Es ist der Ort, wo wir nie hinwollten [...]. Und da sind wir gelandet und haben alles eigentlich ganz anders vorgefunden, als wir gedacht haben.«[160]

Jetzt sind es insbesondere ihre Kinder, die unter keinen Umständen aus der Telli wegziehen wollen, so dass sie sich einrichten, längerfristig hier zu bleiben. Auch im Gruppeninterview mit Jugendlichen, die in der Telli aufgewachsen sind, wird diese starke Verbundenheit mit ihrer Siedlung deutlich. Sie schildern ein Zugehörigkeitsgefühl, das aufgrund von Erlebnissen mit anderen gewachsen ist. Ein Jugendlicher erzählt von der anfänglichen Orientierungslosigkeit, die er verspürt habe, als er als kleiner Junge mit seinen Eltern hier eingezogen sei: »Für mich hat alles gleich ausgesehen am Anfang, ich bin immer nur bei mir unten spielen gegangen, weil ich Angst hatte, ich verirre mich.«[161] Jetzt sei er mit jeder Ecke der Siedlung vertraut und kenne sehr viele Leute, die dazu gehören. Wenn er die Blöcke von weitem se-

---

158 Interview III, Telli, 00:31:53.

159 Ebd., 00:02:06.

160 Interview II, Telli, 00:04:22.

161 Interview IV, Telli, 00:32:16.

he, sage er manchmal für sich wie zu einem Freund »Hoi Telli!«[162] Auch die ältere Bewohnerin erzählt, dass sie sich zu Hause fühle, sobald sie die Häuser sehe und fügt an, »wir sind richtig stolze Tellianer geworden.«[163]

Die Bezeichnung »Wir Tellianer« verweist auf die Verbundenheit mit der Siedlung und den Menschen, die hier leben. Sie äußert sich gerade in der Selbstdefinition gegenüber Außenstehenden, bezieht sich aber nicht auf eine einheitliche Gruppe. So der Leiter des GZ: »Es ist immer schwierig zu sagen, der oder die TellianerIn, weil es eben so viele sind.«[164] Wie aus den Interviews hervorgeht, sind es insbesondere zwei Bewohnergruppen, die sich selbst als überzeugte TellianerInnen definieren: einerseits ältere BewohnerInnen, die hier schon viele Jahre leben und andererseits Jugendliche und junge Erwachsene – oft mit ausländischen Eltern –, die in der Telli aufgewachsen sind. Ein älteres Schweizer Ehepaar, das zu den Erstbezügern einer Wohnung in der Telli gehört, betont, dass man sich »unter Tellianern« kenne, grüße und miteinander rede, wenn man sich sehe. Sie verstehen damit insbesondere andere Personen ihrer Generation, die schon viele Jahre mit der Siedlung verbunden sind.[165] Für junge Erwachsene, die wir interviewt haben, heißt »Tellianer Sein« hingegen, in der Telli aufgewachsen zu sein.[166] Sie haben hier zusammen ihre Kindheit verbracht, das verbinde. Wer zur Telli gehöre, sei auch über sprachliche Eigenkreationen erkennbar: »Wir reden viel so mit Slangwörtern, die andere halt nicht kennen«, meinen sie. Diese ›Insider‹ sind nicht fix, sondern verändern sich laufend und werden auch über soziale Medien transportiert: »Dann fangen die Kleinen auch an, irgendwie hören sie das und dann siehst du, in den Kommentaren auf *Facebook* reden sie auch so, mit unseren Wörtern.«[167] Mit dem Rapper *Derderic* hat dieses Zugehörigkeitsgefühl einen Sound.[168] Der Musiker vermittelt mit seinen Aufnahmen, die er *Telli Productions* nennt und mit selbstbedruckten *I love Telli*-T-Shirts, die er bei Auftritten trägt, ein positiv umgedeutetes Distinktionsmittel: »Ja, wenn man schon hier wohnt, dann muss man es auch mit Stolz representen«, meint er dazu.[169]

Im Kontakt mit Außenstehenden scheint sich das ›Tellianer-Sein‹ generell in einer Verteidigung der Vorteile der Siedlung gegenüber Vorurteilen zu äußern. So eine junge Bewohnerin einer WG:

---

162 Ebd., 00:45:19.

163 Interview III, Telli, 00:39:09.

164 Gruppeninterview GZ Telli, 00:59:21.

165 Vgl. Interview I, Telli, 01:07:38.

166 Interview IV, Telli, 00:11:56.

167 Ebd., 00:17:49.

168 Derderic: »Telli« (CH, 2011). Online abrufbar unter: http://www.youtube.com/watch?v=xXvc_0rYo3I.

169 Interview IV, Telli, 00:19:23.

»Wenn man neue Leute trifft und sie fragen: ›Wo wohnst du?‹ Und du sagst ›im Telli‹ sagen
sie, ›ah im Telli... megaschlimm!‹ Und dann fangen wir immer an, das Telli voll zu verteidigen und sagen: ›Nein, es ist megacool.«[170]

Bei dieser Argumentation sind es insbesondere vier Qualitäten, die hervorgehoben
werden: die vielseitige Infrastruktur, das grüne Wohnumfeld, die passenden Wohnungen und das soziale Leben im Quartier.

3.5.4 Lage: Alles in der Nähe

»Ich habe mal gesagt, die Telli könnte, glaube ich, gut ohne Aarau leben. Ob Aarau ohne Telli leben könnte, bin ich nicht so sicher. Und zwar einfach, wenn ich schaue, welche Infrastrukturen es hier unten gibt und was die Stadt ohne Telli hat. Sie hätte keinen Werkhof, keine Kläranlage, kein Busdepot und kein Schwimmbad. Und das sind schon mal vier Sachen,
die eine Stadt einfach haben muss.«[171]

Mit dieser Aussage verweist der Leiter des GZ auf etwas Charakteristisches des
Quartiers: Die Telli funktioniert autonom, wie eine kleine Stadt in der Stadt. Sie
verfügt über ein eigenes Zentrum und über vielseitige Infrastrukturen. »Wir haben
alles« – so die Kurzformel, die in den Interviews mit BewohnerInnen immer wieder
auftauchte. Eine Primar- und heilpädagogische Schule, ein Kindergarten und verschiedene Angebote zur Kleinkinderbetreuung befinden sich gleich nebenan. Eingangs der Überbauung liegt das Einkaufszentrum, »wo Sie alles kriegen, was Sie
zum Leben brauchen«,[172] ein großer Supermarkt, eine Bäckerei, eine Apotheke und
Drogerie, eine Bankfiliale, ein Reisebüro sowie Kleider-, Schuh-, Bücher- und
Elektrogeschäfte. Aber auch Arzt- und Kleintierpraxen, Coiffeur- und Kosmetiksalons sowie diverse Restaurants und Imbisse gibt es im Quartier. Als die Post vor einigen Jahren ihre Filiale in der Telli schließen wollte, regte sich unter der Bewohnerschaft massiver Protest. Sie blieb daraufhin bestehen. Nicht unweit der Überbauung befinden sich außerdem ein Polizeiposten, die Berufsschule und das Zentrum für Körperbehinderte. Mit Anlagen wie dem Hallenbad, einer Turnhalle, einem Judo- und Karateclub, Tennisplätzen sowie mehreren Fußballplätzen gibt es
verschiedene Möglichkeiten für Sport und Bewegung. Die Minigolfanlage und der
Kleintierzoo auf dem Siedlungsareal sind Freizeiteinrichtungen, die auch von weiteren Bevölkerungskreisen genutzt werden. Das GZ bietet gerade Familien, Kindern
und älteren Menschen vielseitige kulturelle Angebote. Mit dem KIFF ist der über-

---

170 Interview V, Telli, 00:03:34.
171 Gruppeninterview GZ Telli, 01:49:29.
172 Interview I, Telli, 00:03:18.

regional bekannte, größte Kultur- und Konzertclub Aaraus gleich neben der Telli-Überbauung angesiedelt. Alle befragten BewohnerInnen betonen, dass sie die kurzen Wege schätzen, dass alles schnell erreichbar sei.[173] Da der Bahnhof Aarau mit dem Bus fünf Minuten und zu Fuß 15 Minuten entfernt liegt, nutzen nicht wenige Telli-BewohnerInnen den Wohnort auch als Ausgangslage, um dank guter Zugverbindungen in größere Städte wie Zürich, Basel oder Bern zu pendeln.[174] Andere haben ihren Lebensmittelpunkt vollkommen in die Telli verlegt: »Es gibt Leute, die gehen nie in die Stadt, die wohnen seit Jahren da und sind wirklich nur in der Telli, weil es halt einfach alles hat.«[175] Als Sinnbild für dieses Sich-Einrichten mit den Möglichkeiten, die das Quartier bietet, können die Einkaufswagen gesehen werden, die in der Telli omnipräsent sind. Da die ganze Siedlung rollstuhlgängig geplant und gebaut worden ist, kann der Einkaufswagen vom Supermarkt bis in die Wohnung gefahren werden. So eine Bewohnerin: »Das ist praktisch, weil mit dem Einkaufswagen kann man zu Hause vor den Kühlschrank fahren und ausladen.«[176] Mitarbeitende des Supermarkts holen die Einkaufswagen von eigens markierten Standorten bei den Hauseingängen wieder ab und bringen sie zurück. Obwohl verschiedene Affichen in und vor den Häusern dazu mahnen, diese Wagenstationen zu benutzen, stehen die ›Wägeli‹ nicht selten auch vor den Wohnungstüren und werden je nach Bedarf zweckentfremdet: »Ich brauche es auch zum Waschen, weil wenn ich viel Wäsche habe, trage ich die nicht mit einem Waschkorb rauf.«[177] Eine andere Bewohnerin führt aus, wie sie bei ihrem Wechsel in eine andere Wohnung innerhalb der Siedlung ein Großteil des Hausrats in dieser ›rollenden Umzugskiste‹ transportiert habe.[178] Und auch zum Spielen oder sogar als Rollator werden die Einkaufswagen in der Telli gelegentlich verwendet.

3.5.5 Außenräume: Im Grünen wohnen

Die dicht gebauten Telli-Hochhäuser sind von weitläufigen Außenräumen umgeben. Die Umgebungsfläche der Wohnblöcke fällt mit 136'700m^2 – im Vergleich zu der überbauten Fläche von 13'300m^2 – sehr großzügig aus. Etwa 91% des unmittelbaren Siedlungsareals besteht also aus unbebauten Grünflächen.[179] In dieser leicht

---

173 Vgl. Interview II, Telli, 00:23:29; Interview III, Telli, 00:05:19, Interview IV, Telli, 00:11:00; Interview V, Telli, 00:02:23; Interview VI, Telli, 00:01:33.

174 Vgl. etwa Gruppeninterview Wincasa, 00:42:03; Interview V, Telli, 00:04:36.

175 Gruppeninterview GZ Telli, 00:33:31.

176 Interview II, Telli, 01:46:07.

177 Ebd., 01:46:34.

178 Interview VI, Telli, 00:55:54.

179 Berechnungen von Claudia Mühlebach nach Planmaterial.

hügeligen, durchfließenden Parklandschaft sind diverse Spiel- und Aufenthaltsräume sowie ein teils alter Baumbestand integriert.[180] Von allen befragten BewohnerInnen wird dies als besondere Qualität ihrer Wohnsituation dargelegt: Vom Fenster oder Balkon sieht man ins Grüne und auf die vielen umliegenden Bäume, die von den unteren Stockwerken im Sommer oft auch die anderen Wohnzeilen verdecken. Diese Präsenz der »leeren« grünen Flächen sei wichtig, auch wenn nicht jede Ecke der Parklandschaft aktiv gebraucht werde, werde sie »eben doch sehr genutzt, einfach als Augenweide«,[181] wie ein junger Familienvater darlegt. Insbesondere Personen, die biografisch bedingt dichtere Überbauungen kennen, heben die Qualität der ausgedehnten Grünräume hervor. Eine Bewohnerin, die als Kind mit ihren Eltern aus einem südosteuropäischen Land in die Schweiz eingewandert ist, meint:»Meine Verwandten kommen manchmal zu Besuch und die lieben das draußen, weil die kennen das nicht, bei ihnen sind solche Häuser ganz eng, die haben kaum einen Baum und wenn sie hier herkommen in diese Natur, sind sie jeweils ganz begeistert.«[182] Sie habe sich als werdende Mutter bewusst dafür entschieden, in die Telli zu ziehen, da es für sie der ideale Wohnort für eine Familie mit Kindern ist. Dank dem verkehrsfreien Wohnumfeld kann ihre Tochter frei und selbstständig draußen spielen.

Wer sich in der Siedlung aufhält, erkennt schnell: Genutzt werden die Außenräume vor allem von Kindern, hier wird sobald es das Wetter zulässt geturnt, Fußball gespielt, Trottinett oder Velo gefahren. Bei den Spielplätzen, beim Sandkasten und dem Kinderplanschbecken unterhalten sich Eltern miteinander, während ihre Kleinkinder nebenan spielen. Hundehalter spazieren vorbei. Jugendliche treffen sich abends bei den diversen Sitz- und Aufenthaltsgelegenheiten. Teilweise treten auch Nutzungskonflikte im Außenraum auf. Littering ist ebenfalls ein Thema, das in den Interviews immer wieder problematisiert wird. Generell werden die Außenräume mit ihren vielseitigen Spiel- und Begegnungsmöglichkeiten aber geschätzt. Eine ältere Bewohnerin, die in den 1970er-Jahren eingezogen ist, erinnert sich:»Die Kinder haben da ein wunderbares Paradies gehabt, das sagen sie heute noch, sie haben spielen können [...], die hatten wirklich alles, was man will.«[183]

Erwachsene hingegen verweilen selten einfach so auf den Grünflächen unter den Blöcken. Schnell scheint man sich hier »vor zu vielen Augenpaaren ausgestellt« zu fühlen.[184] Wichtiger ist da der Wald Sommergrien, der sich hinter der

---

180 Eine differenzierte Analyse zu den Außenräumen der Telli findet sich in der Diplomwahlfacharbeit »Vom Balkon bis zur Aare« von Regula Kaiser (vgl. Kaiser 1992).

181 Interview II, Telli, 01:47:49.

182 Interview VI, Telli, 01:21:24.

183 Interview III, Telli, 00:03:56.

184 Vgl. Gruppeninterview GZ Telli, 01:25:59 oder Interview V, Telli, 00:18:37.

Siedlung erstreckt und an einem kleinen Bach vorbei in einigen Minuten zum Aare-Ufer führt. Verschiedene Wege laden hier zum Spazieren, Wandern, Joggen oder Fahrradfahren ein. Ein älteres Ehepaar meint, dass dieses Naherholungsgebiet wie ein weiteres Zimmer ihrer Wohnung sei.[185] Und ein Vater kleiner Kinder betont dessen regenerative Bedeutung: »Wenn es in der Wohnung zu viel wird, zu eng, zu dicht, dann ist man in ein paar Schritten am Bächlein, das mäandriert und man findet so das Gleichgewicht sehr schnell.«[186] Gerade auch die Nähe zur Aare, in der man im Sommer baden kann, und wo es verschiedene Feuerstellen gibt, wird von vielen geschätzt. Auch bei den Familiengärten hinter der Siedlung verwirklichen viele Telli-BewohnerInnen ihre Vorstellungen von einem Leben im Grünen.

3.5.6 Zufriedenheit mit den Wohnungen

Als ein weiteres Argument gegen das verbreitete Negativimage der Großüberbauung führen Telli-BewohnerInnen die Qualität ihrer Wohnungen an. So ein jüngerer Bewohner, der mit seinem Vater eine Wohnung teilt: »Wenn man es nicht kennt, kann man es nicht beurteilen. Die Wohnungen hier sind alles andere als Ghetto, also viel schöner als viele Wohnungen, die ich schon an anderen Orten gesehen habe.«[187] Die Wohnungsgrundrisse folgen einem relativ einfachen und konventionellen Konzept. Vom Eingang aus erreicht man über einen Gang die Zimmer, bei den mittleren und größeren Wohnungen sind im Osten die Schlafzimmer angebracht, im Westen befindet sich der großzügige Wohn- und Küchenbereich. In vielen Wohnungen wurde die Wand zwischen Küche und Wohnzimmer im Laufe von Renovierungsarbeiten entfernt oder verkleinert, der Wohnraum so geöffnet. Ein älteres Paar, das zu den Erstbeziehenden der Überbauung gehört, erinnert sich, dass die Wohnungen damals sehr modern gewesen seien, gut eingerichtet und mit einem – für ihre bisherigen Wohnerfahrungen – gehobenen Standard.[188] In den Erstvermietungsbroschüren wurde ein »großzügiger Komfort für alle« und eine moderne Materialisierung angepriesen: die Bodenbeläge aus PVC und Teppich, die mit Kunststoffplatten belegten Einbauschränke, die Fenster mit »Exotenholz«, die Küche mit neuen Elektroherden und Chromstahlabdeckung.[189] Während der Innensanierung in Wohnzeile B und C wurde das Materialkonzept der Wohnungen aktuellen Ansprüchen angepasst: Die Teppichböden im Wohn- und Eingangsbereich wurden mit Ei-

---

185 Interview I, Telli, 00:23:16.

186 Interview II, Telli, 00:05:06.

187 Interview IV, Telli, 00:37:12.

188 Vgl. Interview I, Telli, 00:48:53.

189 Vgl. Wincasa-Archiv Telli, Winterthur Leben und Realit Verwaltung AG: Vgl. Erstvermietungsbroschüre für Wohnzeile B, S.12. Vgl. auch Fuchs/Hanak 1998, 148.

chenparkett, die PVC-Böden in Küche und Bad mit Bodenplatten ersetzt, die Bade-zimmerwände mit weißen Steinzeugplatten belegt und die Küchen mit weißen Fronten, einem dunklen Sockel, einer Rückwand aus Glas und neuen Apparaturen ausgestaltet.[190]

Da die Wohnungen ursprünglich um die von der Horta AG vorfabrizierten Kü-chen und Schränke organisiert werden mussten, waren dem architektonischen Ent-wurf gestalterische Grenzen gesetzt. Die Standardisierung zeigt sich auch in den Raumflächen: In einer 3½-Zimmerwohnung von insgesamt 65m² etwa sind die Schlafzimmer mit 13.5m² beziehungsweise 9.5m² für heutige Standards sehr klein. Dies mag den Architekturkritiker Benedikt Loderer dazu bewogen haben, die Telli-Überbauung mit einem Maßanzug zu vergleichen, der nicht mehr ganz sitze (vgl. De Min 2004, 12). Eine Liegenschaftsverwalterin meint hingegen:

»Vielmals ist es ja so, dass 70er-, 80er-Jahre-Bauten absolut nicht mehr den heutigen Bedürf-nissen entsprechen. Beim Telli haben sie das gut gewählt. Obwohl die Gebäude schon so alt sind, sind die Grundrisse immer noch interessant. Man hat doch ein ansprechendes Wohn-zimmer, die Kinderzimmer sind wie sie sind, aber es ist gut angeordnet und das ist etwas, was die Leute heute immer noch anspricht.«[191]

Eine besondere Qualität der Wohnung sei die Ausrichtung, betonen die befragten BewohnerInnen, und dass die Räume bei schönem Wetter »von beiden Seiten mit Licht durchflutet« würden.[192] Hervorgehoben wird auch der großzügige helle Wohnbereich, der es ermögliche, offen zusammenzuleben und auch Gäste einzula-den. Als wichtiger privater Außenraum dienen die Balkone, die auf der Ost- und Westseite entlang der ganzen Wohnungslänge situiert, und mit einem kleinen Redu-it ausgestattet sind. Von den oberen Stockwerken sieht man hier in die Weite, über die Stadt bis zu den Jurahöhen. Weiter unten könne man manchmal beobachten wie Amseln im Baum vor dem Haus ein Nest bauen.[193] Da die Wohnungen barrierefrei zugänglich und ausgestaltet sind, eignen sie sich auch als Alterswohnungen. Teil-weise würden MieterInnen sich im Alter bewusst für die Telli als Wohnort ent-scheiden oder wieder hierher zurückkehren.[194] Auch die relativ günstigen Mieten werden immer wieder als Plus der Überbauung betont.

---

190 Vgl. Wincasa-Archiv Telli, Gähler und Partner: Bauplanung, Materialkonzept, Sanie-rung Block B und C vom 11.9.2003.

191 Gruppeninterview Wincasa, 00:15:14.

192 Interview V, Telli, 00:16:58.

193 Interview I, Telli, 01:55:12.

194 Ebd., 01:06:49 oder Gruppeninterview Wincasa, 00:37:05.

Der Beton ihrer Häuser wird von den befragten BewohnerInnen nur im Zusammenhang mit dem Bohrlärm problematisiert, der, aufgrund der Unmöglichkeit Nägel in die Wände zu schlagen, typisch sei und relativ häufig vorkomme.[195] Entgegen der negativen Außenzuschreibungen der kalten grauen Betonblöcke, stören sich die befragten BewohnerInnen aber nicht an diesem Material. Befragte Jugendliche, für die ein Haus aus Beton das normalste der Welt ist, meinen etwa: »An der Wand ist Gips […], am Boden ist Laminat, Parkett, wir haben Teppich, also man spürt ja nichts vom Beton in dem Sinne, man sieht ihn ja nicht.«[196]

Trotz der stark standardisierten Wohnungsgrundrisse eignet sich die Telli als Wohnort für Menschen in verschiedenen Lebensphasen. Grund hierzu ist gerade der vielseitige Wohnungsmix, der von der 1- bis zur 5½-Zimmerwohnung reicht. Mehrere InterviewpartnerInnen sind bereits innerhalb der Siedlung umgezogen. Unter Beibehaltung des vertrauten Umfelds bot sich die Möglichkeit an, meist einhergehend mit biografisch bedingten Veränderungen wie bei Kinderzuwachs, mit Auszug der Kinder oder bei Trennungen, in eine größere oder kleinere Wohnung innerhalb der Überbauung zu wechseln. Die Wohnungstypen derselben Größe sind dabei in einem Haus übereinander angeordnet. Pro Stockwerk befinden sich jeweils zwei (bei Kleinwohnungen auch drei) Wohnungen.[197] Die Anzahl der NachbarInnen direkt nebenan ist dadurch begrenzt. In den Interviews die bei den BewohnerInnen zu Hause stattfanden, wurde deutlich, dass die Räume in der Wohnpraxis der Leute vielseitig genutzt werden: Neben der im Konzept vorgesehenen klassischen Aufteilung – Kinderzimmer, Schlafzimmer, Wohnraum – werden die Räume je nach Lebensphase und -stil vielseitig und auch situativ flexibel zu Spiel-, Gäste-, Musik-, Abstell-, Bügel- oder Fitnesszimmern umfunktioniert. Auch verschiedene Wohngemeinschaften gibt es, wobei sich die Wohnungen insbesondere dann bewähren, wenn sich die BewohnerInnen mit den relativ kleinen Zimmern arrangieren und den relativ großzügigen Wohnraum gemeinsam nutzen.[198] Einige der InterviewpartnerInnen arbeiten selbstständig von zu Hause aus und haben sich in ihrer Wohnung ein Büro oder eine Arbeitsecke eingerichtet. Vereinzelt findet auch *Homeschooling* statt und auch von Hausgeburten wird erzählt.

---

195 Vgl. etwa Interview II, Telli, 00:32:21 oder Interview I, Telli, 00:55:16.

196 Interview IV, Telli, 00:42:52.

197 Während sich in einem Haus ausschließlich 3½- und 4½-Zimmerwohnungen befinden, bestehen andere nur aus 5½- und 1½- bzw. 2½-Zimmerwohnungen. Die Kleinwohnungen sind dabei jeweils nebeneinander angeordnet und verfügen nicht über die Ost-West-Ausrichtung wie alle anderen.

198 Vgl. Interview V, Telli, 00:35:18.

3.5.7 Zur Bedeutung des Quartierlebens

Das Verständnis des Miteinander-Verbunden-Seins von Menschen und Geschichten im Sozialraum Telli prägt den Ansatz des GZ, das als Haus der ganzen Quartierbevölkerung – nicht nur der Telli-Blöcke – offen steht, damit Wege sich kreuzen, Menschen miteinander in Kontakt kommen oder gemeinsam etwas unternehmen oder aufbauen können.[199] Das GZ übernimmt damit eine wichtige Integrationsfunktion, die den sozialräumlichen Grenzen, die teilweise zwischen dem alten Telli-Quartier und der Telli-Überbauung bestehen, entgegenwirkt. »Ohne GZ würde es hier nicht so gut funktionieren«,[200] meint etwa ein älterer Bewohner. Und auch andere betonen in den Interviews, dass sie die Möglichkeit des GZ schätzen. Insbesondere Familien und ältere Menschen nutzen die Angebote aktiv. Wer Austausch oder Partizipationsmöglichkeiten sucht, der findet sie in der Telli: »Kontakt zu kriegen, wenn man ihn will, ist hier sicher leicht, bei den verschiedenen Angeboten, die es gibt, kleine und größere Gruppen und für alle Altersstufen.«[201] Das Quartier lebt und neben den organisierten Strukturen sind es die informellen Sozialnetze, die dazu beitragen. Die Telli – das scheint aus den Interviews immer wieder hervor – das sind insbesondere die Bekannten und NachbarInnen, die Familie und Freundschaften, kurz: die sozialen Beziehungen, die hier oft über viele Jahre gewachsen sind.

3.6 ZUSAMMENSCHAU

Bei der Hausbiografie zur Mittleren Telli erscheinen die Größe und die Vielfalt der Überbauung als zwei zentrale Dimensionen. Mit ihren über 1250 Wohnungen gehört die Telli zu den größten Wohnsiedlungen, die während des Baubooms der 1960er- und 1970er-Jahre in der Schweiz entstanden sind. In den Blöcken wohnen – mit um die 2400 Menschen – mehr Leute als in vielen Dörfern. Aufgrund der vielseitigen Infrastrukturen, die in unmittelbarer Nähe angesiedelt sind, hat die Telli von Anfang an, wie eine eigene kleine Stadt funktioniert; im Unterschied zu vielen anderen Schweizer Großüberbauungen derselben Zeitperiode – etwa der kleineren Siedlung Unteraffoltern II –, bei denen wichtige Quartiereinrichtungen oft erst viel später dazugekommen sind. Die dichte Bebauungsstruktur der Telli-Wohnblöcke ist in eine weitläufige Parklandschaft eingebettet. Die Qualität eines sowohl stadt- als auch naturnahen Wohnumfelds geht auf eine übergeordnete Planung zurück, die ge-

---

199 Vgl. Gruppeninterview GZ Telli, 00:33:03.

200 Interview I, Telli, 01:50:16.

201 Ebd., 01:30:33.

rade aufgrund der Größe des Bauvorhabens bereits im Bebauungswettbewerb einbezogen und vom Büro der Architekten und Stadtplaner Hans Marti und Hans Kast entworfen worden ist. Sie prägt die Ausgestaltung der Überbauung bis heute.

Anhand der Telli kann aber auch veranschaulicht werden, wie der Bau von großen Wohnsiedlungen in der Schweiz damals mehrheitlich von großen Generalunternehmungen vorangetrieben worden ist. Als Mieter-Zielgruppe wurde dabei explizit die Mittelschicht avisiert – anders als etwa bei Unteraffoltern II, die im Rahmen des stadtzürcherischen Sozialwohnungsbaus entstand. Ausgelöst durch den Konkurs des Generalunternehmens Horta AG nach der Ölkrise in den 1970er-Jahren hat sich in der Telli im Laufe der Jahre eine komplexe Eigentümerstruktur herausgebildet. Die Mischung von Miet- und Eigentumswohnungen unterschiedlicher Größe hat dazu geführt, dass das Spektrum der Bewohnerschaft – hinsichtlich Einkommen, Herkunft, Altersgruppen sowie Haushaltsformen – heute sehr heterogen ist. Es lässt sich aber erkennen, dass der Eigentümermix heute auch eine Herausforderung darstellt. Obwohl Bausubstanz, Außenräume und Siedlungsinfrastruktur mittlerweile ins Alter gekommen sind, sind die Instandhaltung und Erneuerung von kollektiven Räumen und Anlagen erschwert und wurden auch schon abgeblockt oder verzögert. Es wäre daher sinnvoll, den Grundeigentümervertrag als juristisches Regelwerk gemeinsamer Interessen aus der Anfangsphase auf heutige und künftige Anliegen anzupassen und Unklarheiten aus dem Weg zu räumen. Der Blick auf übergeordnete Themen, der in der Planungs- und Bauphase vieles ermöglicht hat, hat heute angesichts der vielen Eigeninteressen einen schweren Stand. Von der Telli-Überbauung lässt sich lernen, dass es bei so vielen verschiedenen Parteien der Koordination, Vermittlung und Steuerung durch eine unabhängige Instanz bedarf, die genügend Einfluss hat, um konstruktive Verhandlungen zu führen und kollektive Handlungen in Bewegung zu setzen. Aufgrund der Größe der Überbauung ist es sinnvoll, dass die Stadt Aarau hier Verantwortung übernimmt.

Während die Sichtweise auf die – historisch gewachsenen – Herausforderungen der Telli-Überbauung insbesondere aus Archivdokumenten und Gesprächen mit VertreterInnen quartiereigener Organisationen und Verwaltungen hervorgeht, lässt sich aus den Interviewdaten mit BewohnerInnen vielmehr eine Geschichte der über viele Jahre wertgeschätzten und vielseitigen Qualitäten des Wohnorts erzählen. Die Betonung der Vorteile und die Identifikation vieler ›TellianerInnen‹ mit ihrer Siedlung mag gerade in dem, von außen zugeschriebenen, nach wie vor virulenten Negativimage begründet sein, das sich oft auch ohne genauere Ortskenntnis stereotyper Bilder der ›großen grauen Blöcke da unten‹ bedient. Aber auch aus dem verschwindend geringen Leerstand an Wohnungen und dem hohen Anteil an langjährigen BewohnerInnen,[202] lässt sich auf die Zufriedenheit der Menschen mit ihrer

---

202 Vgl. etwa Gruppeninterview Wincasa, 00:23:01

Wohnsituation schließen. Die Telli ist für sie ein Ort, wo es sich gut zu Hause sein lässt, weil es hier alles in der Nähe gibt, weil das Wohnumfeld ruhig und grün, kinderfreundlich und barrierefrei ist, und weil das Quartier doch über urbane Qualitäten verfügt und lebt.

BILDANHANG III

Abbildung 67: Aarau, Bahnhof, Telli und Aare, Mai 2000

Abbildung 68: Situationsplan Mittlere Telli

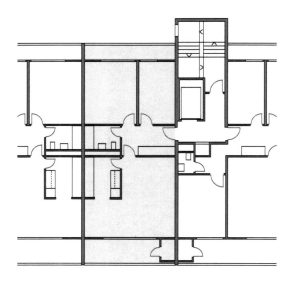

*Abbildung 69: Typengrundriss 3-Zimmerwohnung
Größe 67 m², Maßstab 1:200*

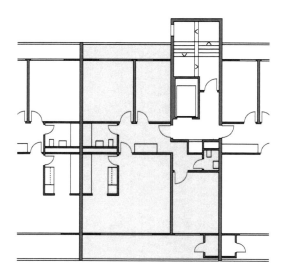

*Abbildung 70: Typengrundriss 4-Zimmerwohnung
Größe 84 m², Maßstab 1:200*

Abbildungen 71 und 72: Landreserve und Fabriken in Telli (Kunath Futter), 1960er Jahre

Abbildungen 73 und 74: Planmaterial und Modellansicht, 1970

Abbildung 75: Wohnzeile A im Bau, 1972

Abbildung 76: Telli 1974 mit Wohnzeile A

Abbildung 77: Eine Großsiedlung in kleinstädtischer Umgebung
Aarau von Westen, Juli 1992

Abbildung 78: Blick auf die heutige Telli-Überbauung

*Abbildungen 79 bis 81: Abgetreppte Hochhauszeilen,
Fassadenbild mit modularer Struktur*

*Abbildungen 82 und 83: Punkthochhaus, Sitz der
kantonalen Verwaltung und Einkaufszentrum Telli*

Abbildungen 84 und 85: Gemeinschaftszentrum Telli und Restaurant

Abbildungen 86 bis 88: Kleintierzoo, Minigolfanlage, Fußballplatz

Abbildungen 89 bis 91: Tiefgarage und unterirdische
Durchgangsstraße für Autoverkehr

Abbildungen 92 und 93: Im Grünen wohnen, Parklandschaft und Spielwiese zwischen den Hochhauszeilen

Abbildungen 94 und 95: Überdachte Laubengänge

Abbildungen 96 bis 98: Begegnungsräume

Abbildung 99: Abau-Stübli, Gemeinschaftsraum für Ältere

Abbildung 100: Trefflokal für Kinder

Abbildungen 101 und 102: Mit dem Einkaufswagen bis zur Wohnung

Abbildung 103: Treppenhaus

Abbildung 104: Waschküche

*Abbildungen 105 und 106: Balkon als
privater Regenerationsraum*

III NACHBARSCHAFTEN IN HOCHHAUSSIEDLUNGEN

1 Gebaute Räume

Nachbarschaften in Wohnsiedlungen gehen von einem Ort aus, bedingen eine räumlich-gebaute Struktur, die nahe beieinander wohnende Menschen verbindet; eine Formation von Baukörpern und Einrichtungen über die NachbarInnen miteinander Kontakt aufnehmen oder Distanz wahren können. Wohnsiedlungen als physische Überbauungen bestehen, aus raumsoziologischer Perspektive betrachtet, [1] nicht einfach als starre unveränderliche Komplexe, sondern sind immer in einem bestimmten zeitlichen Kontext unter bestimmten Voraussetzungen geschaffen worden. Und sie wandeln sich, indem sie genutzt werden, indem ihre materielle Substanz altert und indem sie über Instandhaltungs- oder Sanierungsarbeiten erneuert werden. Dabei spielen auch die sich teils wandelnden Bilder und gesellschaftlichen Bedeutungszuschreibungen in der Betrachtung der Bauten eine wichtige Rolle. Denn jede Raumproduktion bedarf nicht nur des Zusammenfügens oder Umstellens von baulichen Elementen zu einer Konfiguration, sondern – mit Martina Löw gesprochen – auch menschlicher Syntheseleistungen mittels Wahrnehmungs-, Vorstellungs- und Erinnerungsprozessen (Löw 2001).

In diesem Kapitel geht es darum, mehr darüber zu erfahren, wie die – über die Jahre teils konstant bleibenden, teils sich wandelnden – gebauten Räume zweier unterschiedlicher Wohnhochhausstrukturen mit Nachbarschaften zusammenhängen. Von Interesse ist einerseits, wie und wo die gebauten Räume Berührungspunkte, Kontaktmöglichkeiten oder gemeinschaftliche Nutzungen eröffnen, aber auch wie Nutzung und (Zusammen-)Leben verschiedene Siedlungsräume mitformen. Andererseits geht es darum, wie und wo gebaute – und durch menschliche Wahrnehmungen und Zuschreibungen konstruierte – Abtrennungen, Nachbarschaften strukturieren und begrenzen. Das Kapitel nähert sich den gebauten Räumen dabei von verschiedenen Betrachtungsebenen: Der Fokus richtet sich zuerst auf die bauliche Anordnung und Erschließung der Häuser, beleuchtet dann die diversen Schwellenräume inner- und außerhalb der Gebäude sowie die in den Siedlungen explizit für

---

1 Vgl. Kap. I 2.1.1.

kollektive Nutzungen gebauten Räume, um sich abschließend den Abgrenzungen und Durchlässigkeiten der Wohnungen in der Gesamtstruktur zuzuwenden.

1.1 RAUMANORDNUNGEN UND NACHBARSCHAFTLICHE ZUGEHÖRIGKEIT

Hochhausüberbauungen lassen sich nicht im Singular erfassen, da es neben unterschiedlichen Sozialformationen auch ganz unterschiedliche gebaute Raumanordnungen gibt, die diese prägen. Wie sich aus einer vergleichenden Betrachtung der untersuchten zwei Siedlungen feststellen lässt, wirkt sich die Art und Weise, wie die Häuser baulich organisiert und erschlossen werden, maßgeblich auf die Definition von nachbarschaftlicher Zugehörigkeit aus. In der vergleichenden Betrachtung der beiden Überbauungen eröffnen sich diesbezüglich Unterschiede.

Die Wohnzeilen der Telli sind in aneinandergereihten Hauseingängen organisiert. Die Erschließung der Wohnungen in jedem Haus erfolgt vertikal über einen Lift, der auf jedem Geschoss hält. Horizontal verbindet vom Liftausgang aus nur ein kurzer Flur die zwei (bei Kleinwohnungen auch drei) Wohnungen, die sich eine Etage teilen. Die Erschließung der Wohnungen von Unteraffoltern II erfolgt horizontal über die langen inneren Verteilgänge, die pro Hochhausblock über eine Eingangshalle sowie Fahrstuhl- und Treppenhausanlage zugänglich sind. Dabei teilen sich jeweils zwischen 19 und 22 Wohnungen einen Korridor. Das sind mehr Wohnungen, als sich in vielen vier- bis fünfgeschossigen Mietshäusern befinden.

Aus verschiedenen Nachbarschaftsstudien ist bekannt, dass die nachbarschaftliche Zugehörigkeitsbestimmung von der räumlichen Dichte und Nähe der Bebauung abhängt. Während sich diese Definition in ländlichen bzw. weniger dicht gebauten Gebieten auf die umliegenden, teilweise auch entfernter liegenden Häuser erstreckt, wird der Kreis bekannter NachbarInnen in Hochhäusern in der Regel enger gefasst (vgl. Klös 1997, 14ff; Hamm 1973, 14ff; Vierecke 1972, 25ff). Auf die Frage, wen sie zu ihren NachbarInnen zählen würden, bzw. zu den Personen in der Nachbarschaft, die sie kennen und mit denen sie regelmäßig oder sporadisch in Kontakt treten, nannten die befragten BewohnerInnen aus der Telli meist als erstes die anderen Personen aus ihrem Haus, teilweise auch aus dem unmittelbar nebenan gelegenen Hauseingang. Dies lässt sich dadurch erklären, dass sich meist zwei Hauseingänge eine Waschküche teilen. Im Isengrind hingegen wurden meist zuerst Personen desselben Verteilgangs auf der Etage genannt und insbesondere diejenigen Parteien, deren Wohnungen mit der eigenen verwoben sind. Engere nachbarschaftliche Zugehörigkeiten scheinen in Unteraffoltern II demnach tendenziell *horizontal* über die Etagen der Verteilgänge, in der Telli tendenziell *vertikal* über die Hauseingänge definiert zu werden. In beiden Siedlungen wurden an erster Stelle oft die NachbarInnen unmittelbar nebenan auf der Etage genannt, da diese meist am präsentesten wahrgenommen bzw. als erstes angesprochen werden.

Der Soziologe Ulfert Herlyn hat in seiner mittlerweile klassischen Studie zum *Wohnen im Hochhaus* (1970) auf die Bedeutung der Etagenkontakte bei Hochhausnachbarschaften hingewiesen. Er sah dies insbesondere in der trennenden Wirkung des Fahrstuhls begründet, welcher eine unkomplizierte Kontaktaufnahme an der Wohnungstür erschwere (Herlyn 1970, 150ff). Nach Herlyn besteht bei Punkthochhäusern mit zwei Wohnungen pro Geschoss (wie der Telli) das Risikopotential von Zwangskontakten, da die BewohnerInnen nicht frei auswählen könnten, mit wem auf der Etage sie Kontakt aufnehmen, und wen sie lieber meiden wollen. Bei den Laubenganghäusern (ähnlich Unteraffoltern II) besteht nach Herlyn im Gegensatz dazu die Problematik, dass aufgrund der Vielzahl an Wohnungen auf einer Etage die Auswahl unüberschaubar sei und potentielle KontaktpartnerInnen demnach auch schwieriger ansprechbar seien (ebd., 156).[2] Mit den Forschungsdaten der vorliegenden Studie kann diese Beobachtung relativiert werden. So wird in den Interviews mit BewohnerInnen der Telli die Zweispänner-Struktur nicht als einengende Konstruktion per se dargelegt und trotz Lift teilweise von regen Kontakten über die Stockwerke hinweg erzählt. In den Interviews mit BewohnerInnen des Isengrind wurde außerdem deutlich, dass neben den Etagenkontakten, die sich über die Nutzung desselben Verteilgangs ergeben, auch die Art und Weise wichtig ist, wie die Wohnungen im Haus organisiert sind. Ein zentrales Thema im Isengrind ist die Verschachtelung der unterschiedlichen hinauf- und hinabsteigenden Maisonettes, die die Zuordnung der NachbarInnen von oben-, neben- oder untenan erschwert und die teilweise auch etagenübergreifende Kontakte mit Personen, mit denen man gemeinsame Wände teilt, aktivieren kann.

Eine Rolle scheint diesbezüglich auch die Aufteilung von Groß- und Kleinwohnungen in einem Gebäude zu spielen. Wenn beispielsweise wie in der Telli die Wohnungen gleicher Zimmergröße strangweise übereinander organisiert sind, besteht die Chance, dass diese von ähnlichen Haushaltsstrukturen bewohnt werden. Dies führt dazu, dass Alleinstehende oder kinderlose Paare in Kleinwohnungen ober- und unterhalb häufig von Personen in ähnlichen Lebenssituationen und mit ähnlichen Bedürfnissen umgeben sind. Dieser wohl auch in der Planung bewusst überlegte Effekt, stellt sich jedoch bei den etwas größeren 3½- bis 5½-Zimmerwohnungen weniger ein, da diese Wohnungen oft von ganz unterschiedlichen Haushaltsformen – unterschiedlichen Familienmodellen, Alleinstehenden, Paaren sowie Wohngemeinschaften – bewohnt werden. Dasselbe gilt auch für die im Isengrind besonders verbreiteten 3½-Zimmermaisonettes.

---

2   Vgl. ausführlicher Kap. 1 1.4

Die Telli-Überbauung ist mit insgesamt 1258 Wohnungen um ein Vielfaches größer als die Siedlung Unteraffoltern II, die nach den durchgeführten Wohnungszusammenlegungen heute noch aus 236 Wohnungen besteht. Die Unterteilung in einzelne, aneinandergereihte Hauseingänge relativiert die Größenordnung der Telli hingegen wieder etwas. Dies kommt auch im Verständnis der befragten Verwaltungen und deren Bewirtschaftungspraxis zum Ausdruck. Für die Ausgestaltung von nachbarschaftlichen Konträumen in den Zugangs- und Zwischenräumen spielt demnach nicht nur die Anzahl Wohnungen einer Siedlung und deren Größe, sondern insbesondere auch die Art und Weise, wie diese über Schwellen- und Übergangsräume zugänglich sind, eine nicht zu unterschätzende Rolle.

1.2 IM ÜBERGANG ZWISCHEN INNEN UND AUSSEN

»Schwellen sind Spuren-Bewahrer menschlicher Bewegung zwischen der Welt des Außen und der Welt des Innen«, schreibt der Kulturwissenschaftler Gert Selle (Selle 1996, 42). Aus anthropologischer Perspektive zeichnen sich Zwischenwelten durch Unstrukturiertheit und Vieldeutigkeit aus, da sie sowohl verbindende Elemente als auch Zonen des »weder hier noch dort« darstellen (Rolshoven 2003a, 8ff; Turner 1967, 93ff). Für Nachbarschaften in Wohnsiedlungen spielen die differenzierten Schwellenbereiche im Übergang vom Innern der privaten Wohnung zum Außen eines öffentlichen Raums eine wichtige Rolle. Denn nachbarschaftliche Kontakte ergeben sich gerade hier: an den Türschwellen, in den Gängen, Fahrstühlen, Treppenhäusern, bei den Briefkästen, Hauseingangsbereichen und Zugangswegen (vgl. auch Engelhard 1986, 58; Hengartner 1999, 285). Es sind Räume, die von allen BewohnerInnen einer Überbauung bzw. eines Hauses geteilt werden und in denen NachbarInnen beim Vorübergehen zwischen der eigenen Wohnwelt und der weiteren Umgebung aufeinandertreffen; Räume, in denen teils auch die Spuren der Nutzung und persönlichen Aneignung anderer BewohnerInnen wahrnehmbar sind. Diese Nutzungs- und Aneignungsformen wirken auf das (Zusammen-)Leben in den Häusern ein und werden zugleich auch davon geprägt. Die Gestaltung der Zwischenräume können Kontaktmöglichkeiten und Kommunikation fördern oder auch erschweren (vgl. Capol 2000, 41). Bei beiden untersuchten Hochhausüberbauungen gibt es – neben pragmatischen erschließungstechnischen Lösungen – auch Nischen und Installationen, die nicht nur zum Durchgehen, sondern auch zu anderen Nutzungen, wie zur Lagerung persönlicher Gegenstände, zum Verweilen oder zum Kinderspiel, einladen. Die baulich gestalteten Begegnungsmöglichkeiten werden dabei unterschiedlich gedeutet und besetzt und können als solche durchaus auch konfliktbehaftet sein. Diese Beobachtung soll im Folgenden über die Annäherung an zwei unterschiedliche Schwellenbereiche präzisiert werden: erstens den Räumen im Inneren der Häuser zwischen der Wohnungstür und dem Hauseingang und zweitens den Außenräumen zwischen Hauseingang und Straße.

1.2.1 Schwellenräume im Innern der Häuser

Die unterschiedliche bauliche Erschließung führt dazu, dass sich der Raum zwischen den Wohnungstüren und dem weiteren Gebäude in den beiden untersuchten Überbauungen grundsätzlich voneinander unterscheidet. In der Telli-Überbauung, bei der sich jeweils nur zwei bis drei Wohnungen eine Etage teilen, lassen sich verschiedene Aneignungsformen finden, mittels denen die BewohnerInnen die Schwellenbereiche vor ihren Wohnungstüren persönlich gestalten. Dazu gehören Dekorationsgegenstände, Bilder, Schuhgestelle, Schirmständer und immer wieder die in der Siedlung omnipräsenten, zweckentfremdeten Einkaufswagen. Die persönliche Besetzung dieses halböffentlichen Raums, der in den Liftvorplatz einer Etage hineinfließt, wird von den Verwaltungen (bei den Stockwerkeigentümern von der Eigentümergemeinschaft) unter Bezugnahme auf feuerpolizeiliche Vorschriften klar geregelt, ist aber immer wieder auch Gegenstand von Auseinandersetzungen. Während kleinere, schmalere Gegenstände zugelassen sind, ist die Lagerung von Sperrigem wie Einkaufs- oder Kinderwagen vor den Haustüren grundsätzlich untersagt, stehen doch hierzu Räumlichkeiten im Keller- und Erdgeschossbereich der Häuser zur Verfügung.[3] Gegen ein generelles Lagerungsverbot von persönlichen Gegenständen in Wohneingängen haben sich MieterInnen der Delfterstrasse mit einer Petition erfolgreich gewehrt.[4] Im nachbarschaftlichen Nebeneinander ist die Platzierung größerer Gegenstände an nicht dafür zugelassenen Stellen im Haus ein immer wiederkehrendes Thema mit Konfliktpotential, wobei Personen, die sich nicht an das Verbot halten, von Verwaltungen, Hauswarten und teils auch NachbarInnen im Haus kontrolliert und an die Einhaltung der Ordnung gemahnt werden.

Während die Wohnungseingänge in der Telli oft Zeichen persönlicher Aneignungen tragen, finden sich in Unteraffoltern II kaum materielle Spuren vor den Wohnungstüren, die etwas über ihre BewohnerInnen verraten würden. Da eine Lagerung persönlicher Gegenstände in den Verteilgängen im Isengrind aus Brand-

---

3   Vgl. etwa Wincasa-Archiv Telli, Wincasa: Brief an die Mieter der Delfterstr. 21-44, 2.9.2010.

4   Vgl. Wincasa-Archiv Telli, Brief der Mieter von Haus 39 an die Wincasa mit 51 Unterschriften, 12.8.2002. Bereits 1993 haben MieterInnen mit einem »kleineren Aufruhr« gegen ein Lagerungsverbot reagiert, wodurch die Verwaltung dieses wieder zurücknahm. Vgl. Jürg Bergmann: »Liftvorplatz: Ende gut – alles gut?«, in: Telli-Post vom Mai 1993 sowie Wincasa-Archiv Telli, Realit AG: Brief an die Mieter der Liegenschaften Delfterstr. 21-44, Juni 1993.

schutzgründen strikte untersagt ist und vom Hauswart regelmäßig kontrolliert wird,[5] bilden kleine Dekorationen an den Wohnungstüren und Fußmatten, deren Funktion sich angesichts der Teppichbeläge in den inneren Korridoren eigentlich erübrigt, eine Ausnahme. Vor diesem Hintergrund können die Fußmatten auch als minimale Möglichkeit verstanden werden, vor der Wohnungstür gegen außen ein individuelles Zeichen zu setzen. Alle weiteren persönlichen Setzungen werden gegen Innen verlagert. Bei den Maisonettewohnungen bildet das Entrée eine eigene Etage, in der BewohnerInnen teils auch größere Gegenstände wie Kinderwagen oder Fahrräder abstellen, die sie – nicht zuletzt aus Gründen des Misstrauens gegenüber anderen BewohnerInnen – nicht in den dafür bestimmten Allgemeinräumen im Haus abstellen wollen. Der relativ anonymen Situation des Tür-an-Tür in den langen Verteilgängen wurde mit verschiedenen Gestaltungselementen versucht entgegenzuwirken: Die in unterschiedlichen Komplementärfarben bemalten Wohnungstüren sollen differenzierte, freundlich-bunte Marker setzen und die Sitznischen, Pflanzengruppen sowie Fensterausweitungen mit Tageslicht sollen ein Gegengewicht zu der potentiell beklemmenden Atmosphäre dieses Zwischenraums schaffen.[6] Diese Bestrebungen finden im Wohnalltag durchaus Niederschlag. Seit Bestehen der Häuser nutzen gerade Kinder die Verteilgänge aktiv als Treffpunkt und Spielbereich, so dass es im Laufe der Jahre wegen Kinderlärm auch immer wieder zu Konfliktsituationen kam. Verschärft wurden diese Konflikte dadurch, dass sich die Gänge in der Gebäudestruktur zwischen den verschachtelten Wohnungen entlang ziehen und meist über den Schlafzimmern liegen. Zur Nutzung der Verteilgänge arbeitete die Verwaltung deshalb in den späten 1990er-Jahren mit BewohnerInnen Regeln aus. Der Bereich zwischen Wohnungstür und Lifteingang wurde dabei explizit als Durchgangs- *und* Kontaktzone definiert und eine Hausordnung geschaffen, die ruhigere Spiele zu bestimmten Tages- und Jahreszeiten explizit zulässt.

Ein weiterer neuralgischer Zwischenraum innerhalb eines Isengrind-Hochhauses stellt die Eingangshalle dar. Die großzügige Gestaltung dieses Raums wird in den Interviews immer wieder positiv dargelegt. Die nachträglich integrierte Glastür zwischen der Klingelinstallation und dem Innenbereich, der zum Liftvorplatz und Treppenhaus führt, steht zwar gestalterisch in einem Kontrast zur offenen Struktur der in Sichtbeton belassenen Pfeilerhalle,[7] die dadurch geschaffene weitere Stufe im Zwischenraum von Außen und Innen, scheint in der Nutzung jedoch breit angenommen zu werden. Während der Eingangsbereich für alle Passanten zugänglich ist, markiert die Glaswand eine Schwelle, die das Innere des Hauses nur für BewohnerInnen zugänglich macht. Dies trägt zu einem größeren Sicherheitsgefühl

---

5   Vgl. Gruppeninterview LVZ, UAII, 00:53:40.

6   Ebd., 00:06:14.

7   Vgl. etwa Interview I, UAII, 01:31:07.

bei. Die Eingangshalle ist ein Ort des Ankommens und Weggehens, ein Ort auch, an dem BewohnerInnen beim Warten auf den Lift oder beim Postholen aufeinandertreffen. Gelegentlich sieht man Personen, die auf den verschiedenen Bänken sitzen, etwa um Gäste bereits im Entrée und nicht erst in den Wohnungen willkommen zu heißen oder weil sie sich hier verabredet haben. Die Eingangshalle ist also mehr als ein Durchgangsraum, sondern wird – wie anlässlich der Sanierung der Siedlung auch explizit intendiert – als Begegnungszone genutzt. So veranlassen die Wärme und Trockenheit dieses Raums gerade Kinder und Jugendliche in kühleren Jahreszeiten, bei schlechtem Wetter sowie abends dazu, sich den öffentlich zugänglichen Teil der Eingangshalle als Treffpunkt anzueignen. Die Sitzgelegenheiten, Geländer und Briefkastenanlage werden dabei teils als Spiel-, Aufenthalts- und Klettermöglichkeit umdefiniert, was – wie im Falle der Verteilgänge – immer wieder zu Reklamationen oder Problemen im nachbarschaftlichen Nebeneinander geführt hat bzw. bis heute führt. Deutlich wird dabei, dass die Installation von Elementen wie Nischen, Sitzecken, Tischen und Bänken, die Begegnungen ermöglichen ohne klare Nutzungsbestimmungen vorauszusetzen, in den Übergangsbereichen eines Hochhauses Konfliktpotential in sich bergen kann. Der Grund hierzu liegt weniger in der Gestaltung dieser Räume als solche, als vielmehr in der divergierenden Nutzung durch unterschiedliche Bewohnergruppen.

Im Unterschied zu Unteraffoltern II gestaltet sich in den Häusern der Telli der Raum zwischen Wohnungstür und Hauseingang als rein funktionaler Durchgangsbereich, der keine Elemente umfasst, die zum Verweilen oder zum Kinderspiel einladen. Der Lift steht im Zentrum des gemeinsam geteilten Hausinneren. Der Eingangsbereich im Haus und der Zwischenbereich auf den Etagen fungieren vor allem als zum Lift hin orientierte Vorplätze. So erzählen die meisten der befragten Telli-BewohnerInnen, dass sich zufällige Begegnungen im Haus in erster Linie im Fahrstuhl oder beim Warten darauf ergeben. Im Lift sind (wie im Isengrind auch) neben einem Spiegel, die Hausordnung und aktuelle Mitteilungen der Verwaltungen angebracht, die diesen zentralen Übergangsraum im Haus zur Vermittlung ihrer Anliegen nutzen. Das Treppenhaus fristet, als abgetrennte schnörkellose Notstiege gestaltet, ein Nischendasein auf der hinteren Seite des Erschließungskerns. Aber auch die Liftvorplätze sind – neben den individuellen Aneignungen vor den Wohnungstüren – mit Linoleumböden und weißem Wandanstrich schlicht und unpersönlich gehalten. Die Gestaltung von Begegnungselementen wurde demnach – anders als in Unteraffoltern II – in erster Linie in die Bereiche vor den Hauseingängen vorgelagert.

1.2.2 Schwellenräume zwischen Hauseingang und Straße

Gerade im Erdgeschossbereich, der fließend in die laubengangähnlichen Verbindungswege mündet, die alle Hauseingänge einer Wohnzeile in der Telli erschließen, ergeben sich Gelegenheiten für nachbarschaftlichen Austausch. Dieser Raum entspricht einem Schwellenbereich, der zwischen dem Innern der Häuser und den weiteren Außenräumen der Siedlung vermittelt. Die Haustüren sind verschlossen und nur für Personen mit dem passenden Schlüssel oder über den Öffnungsmechanismus der Gegensprechanlage zugänglich. Die Briefkästen eines Hauses sind an einem Stützpfeiler auf der Außenseite des Laubengangs angebracht, was als Nebeneffekt zur Kommunikation mit anderen vorbeigehenden Telli-BewohnerInnen animieren mag. Die mit Täfelung gedeckte Überdachung schützt vor Regen oder Hitze. In Abständen sind Sitzgelegenheiten, Spiel- und Turngeräte wie Kletter- und Reckstangen, Schaukeln oder Pingpongtische angebracht. Die Wände der Hauseingänge sind je nach Hausnummer in jeweils unterschiedlichen Farben gestaltet und markieren so Orientierungspunkte in der Großstruktur. Baulich wurde dieser Bereich zum einen als Transitionsraum gestaltet. Zum anderen wurden mit den verschiedenen Sitz- und Spielgelegenheiten aber auch bewusst gestaltete Begegnungs- und Aufenthaltsnischen geschaffen, die hier im Gegensatz zum Isengrind nach Außen verlagert wurden. Während den schulfreien Zeiten und bei wärmeren Temperaturen ist dieser Raum ein beliebter Treffpunkt von Kindern, die an den Klettergeräten herumturnen oder mit verschiedenen Fahrgeräten vorbeidüsen. Erwachsene, die etwa mit gefüllten Einkaufswägen vom Einkaufszentrum zurückkommen oder sich mit Hunden oder in Joggingausrüstung in Richtung Wald aufmachen, gehen vorbei, treffen aufeinander, bleiben teils stehen und unterhalten sich miteinander. Aus den Interviews mit Telli-BewohnerInnen geht hervor, dass die Doppeldeutigkeit dieses gebauten Schwellenbereichs als Übergangs- und Verweilraum unterschiedlich gewichtet wird. Dabei fällt auf, dass BewohnerInnen, die in der Überbauung nicht so viele Menschen kennen mehr die Durchgangsfunktion hervorheben als diejenigen, die intensivere Nachbarschaftsbeziehungen pflegen. Die Übergangsräume zwischen Hauseingang und Straße unterscheiden sich je nach Verkehrsmittel, mittels dem man sich einer Überbauung nähert: Der Autoverkehr wird in beiden Siedlungen in eine Tiefgarage gelenkt. In der Telli führen drei unterirdische Straßen unter den Wohnzeilen durch. Auf der einen Seite dieser Durchgangsstraßen befinden sich die verschiedenen Lift- und Hauseingänge und die dazu gehörigen Fahrradkeller. Auf der anderen Seite sind die Autoparkplätze situiert.[8] Es riecht nach Abgasen, Licht-

---

8 Da die Parkplätze in der Telli für heutige Verkehrskonsummuster zu zahlreich projektiert worden sind (ein Parkplatz pro Wohnung), werden sie auch an Außenstehende, insbesondere an Mitarbeitende des Verwaltungszentrums nebenan vermietet.

schächte und Neonröhren erhellen den relativ dunklen Raum, oft ist ein kühler Luftzug zu spüren. Die Tiefgarage der Telli-Blöcke wurde in Schweizer Kriminalfilmen bereits als Hintergrundkulisse verwendet. Die dabei vermittelten Bilder eines unsicheren, angstbehafteten Ortes divergieren aber deutlich von den Einschätzungen aus der Nutzerperspektive, die insbesondere die Vorteile der Tiefgarage betonen: »Es hat tagsüber immer Leute und es ist sehr hell«,[9] sagt eine ältere Bewohnerin und andere weisen darauf hin, dass sie es schätzen mit dem Auto vor jeder Witterung geschützt nach Hause zu kommen. Immer wieder würden sie dabei auch auf bekannte Gesichter treffen.[10]

Während es bei der Telli-Überbauung in den unmittelbaren Außenbereichen zwischen Haustür und der weiteren Umgebung verschiedene Möglichkeiten zu nachbarschaftlichem Austausch gibt, verteilen sich im Isengrind die genutzten Kontaktzonen eher auf das Innere der Häuser einerseits, und die gestalteten Nischen in den weiteren Außenräumen der Siedlung andererseits. Die offenen Pfeilerhallen im Eingangsbereich unter den Isengrind-Hochhäusern bilden zwar ein Dach, das vor Witterung schützt. Unter den Blocks ist aufgrund der Luftverdrängung der massiven Gebäudevolumen konstant ein Durchzug zu spüren, der das Verweilen an diesem Ort – gerade bei kühleren Temperaturen – unangenehm macht. Vor dem Hauseingang wurden verschiedene Sitzbänke installiert und zwischen den großen Betonpfeilern ein Pingpongtisch angebracht. Im Unterschied zu den Spiel- und Sitzplätzen in den Außen- und Gemeinschaftsräumen des weiteren Siedlungsareals werden diese aber kaum genutzt. Der große Maßstab des von Sichtbetonpfeilern gestützten Eingangsbereichs steht im Kontrast zu konventionellen Vorstellungen von Hauseingängen, was auch die wenigen sichtbaren Versuche der Aneignung dieses Raums beeinflusst: Der kleine Blumentopf neben der Haustür oder die Weihnachtsdekoration zum Gemeinschaftsraum erscheinen dabei sinnbildlich für die Diskrepanz der konventionellen Dekorationsmittel zu den Setzungen der Architekturmoderne.[11]

1.3 FÜRS KOLLEKTIV GEBAUT

Bei Planung und Bau der Siedlungen wurden verschiedene Einrichtungen integriert, die der Bewohnerschaft der jeweiligen Hochhausüberbauungen zur gemeinsamen Nutzung zur Verfügung gestellt werden. Dazu gehören erstens die in Schweizer Miethäusern üblichen, gemeinschaftlich genutzten Waschküchen und Trocken-

---

9   Interview I, Telli, 00:27:19.

10 Vgl. etwa Interview VI, Telli, 00:55:14.

11 Vgl. Bildanhang II

räume. Zweitens sind die diversen Spiel- und Freizeiteinrichtungen für Familien und Kinder in den Außenräumen der Siedlungen zu nennen. Teil der gemeinschaftlich orientierten Installationen sind drittens die, meist im Erdgeschoss der Häuser angesiedelten, Gemeinschaftsräume, die der Bewohnerschaft für Treffen und gesellige Anlässe zur Verfügung gestellt werden. Diese drei verschiedenen Arten von Räumen und Einrichtungen, die allen frei zugänglich sind, sind für die Ausgestaltung von Nachbarschaften von grundlegender Bedeutung, ermöglicht deren Nutzung doch immer auch die Aktivierung von Nachbarschaftsbeziehungen. Es sind Räume für die Allgemeinheit, in denen NachbarInnen sich gegenseitig sehen oder wahrnehmen können und in denen sich Möglichkeiten zu Austausch und Begegnung eröffnen, deren Nutzung aber auch zu Differenzen und Streit führen kann.

1.3.1 Die Waschküche im Hochhaus

In den untersuchten Hochhaussiedlungen wurden die Waschküchen nicht im Kellergeschoss eingebaut, wie es in vielen Mietshäusern üblich ist. In Unteraffoltern II liegen die Waschküchen, von Tageslicht erhellt, im Dachgeschoss. Auf der Dachterrasse und in separaten Räumen sind Leinen zum Trocknen der Wäsche aufgespannt. Bei der Telli-Überbauung befinden sich die Waschküchen – für die BewohnerInnen zweier Häuser zugänglich – im ersten Stock. Nebenräume stehen zum Aufhängen und Zusammenlegen der Wäsche zur Verfügung.

In beiden Siedlungen legen die befragten BewohnerInnen die Ausstattung und Organisation der Waschküche als passend dar. Geschätzt wird aus Nutzersicht konkret, dass genügend Maschinen vorhanden sind, wie auch, dass die MieterInnen die Möglichkeit zur freien Einteilung ihrer Waschzeiten haben. Die Nutzung wird nicht durch starre Waschküchenordnungen erschwert, wie etwa die in Mietshäusern üblichen zugeschriebenen, fixen Waschzeiten pro Haushalt oder die Übergabe eines Waschküchenschlüssels. Außerdem werden die Räume regelmäßig durch die Hauswarts- und Reinigungsdienste gereinigt, die auch für die Wartung der Maschinen zuständig sind. Berichtet wird aber dennoch verschiedentlich von Problemen und Konflikten, die jedoch nicht mit der Ausstattung oder Organisation der Waschküche begründet wird. Vielmehr lassen sich diese mit den möglichen Implikationen begründen, die sich aus der Nutzung durch eine Vielzahl anderer Personen im Haus ergeben können.[12]

---

12 Ausführlicher zu den Waschküchenkonflikten, vgl. Kap. III 3.2.2.

1.3.2 Grüne Außenräume: Spiel, Begegnung und Distanzierung

Die Außenräume mit den installierten Spielgeräten, Sportplätzen sowie den Sitz- und Aufenthaltsarrangements werden in den Bewohnerinterviews beider Siedlungen als besondere Qualität ihrer Wohnumgebung skizziert. Bei den Begehungen vor Ort, stellte sich die Atmosphäre dieser Räume in der Regel als sehr ruhig, und für die Anzahl an Personen, die in den Häusern wohnen, oft als erstaunlich leer dar. Es konnte aber auch beobachtet werden, dass die Art und Weise, wie die Außenräume von Menschen belebt werden je nach Temperatur, Tages- und Jahreszeit stark variiert. Die Schulzeiten wirken dabei stark strukturierend: Wenn es kalt ist sowie morgens oder abends nach dem Einnachten liegen die Spiel- und Treffpunkte meist in einem ›Dornröschenschlaf‹. Bei Schnee im Winter wird auf den kleinen Hügeln Schlitten gefahren. An schulfreien, schönen Nachmittagen und Abenden in der wärmeren Jahreszeit nutzen Kinder und Jugendliche die Außenräume der Siedlungen meist intensiv. Bei den Spielplätzen treffen sich Eltern, um kleinere Kinder zu beaufsichtigen und sich miteinander zu unterhalten. An warmen Sommernachmittagen, -abenden und -wochenenden sieht man in beiden Siedlungen auch Familien und/oder Gruppen von erwachsenen Personen draußen zusammensitzen. Insgesamt werden die Räume besetzt, deren Nutzung durch Installationen vordefiniert sind: wie die Sitzbänke und Picknicktische, Spiel- und Fußballplätze, Kinderplanschbecken, Schaukeln, Feuerstellen usw. Die grünen Zwischenräume ohne klare Nutzungsbestimmung bleiben meist unbelebt. So legt etwa eine jüngere Telli-Bewohnerin dar: »Es gibt ja recht viele Familien hier […], aber so richtig auf der Wiese liegen, das macht außer uns sonst niemand.«[13] Grund für die mangelnde Inanspruchnahme der grünen Freiflächen mag in der Kontrolle liegen, die hier erfahrbar ist. Es braucht – wie es die oben zitierte Studentin in ihrer Lebenseinstellung praktiziert – eine bewusste Einstellung des ›Sich-nicht-um-die-Blicke-anderer-Kümmerns‹, um auf den freien Grünflächen oder unter den Bäumen zu verweilen. Zu sehr mag man sich sonst ausgestellt fühlen vor den vielen Augenpaaren, die einen möglicherweise aus den zahlreichen Fenstern der Hochhäuser beobachten könnten.

Doch gerade in der Anschauungsqualität und bloßen Präsenz dieser Grünraume scheint deren Bedeutung zu liegen. Die Freiflächen ermöglichen es, dass die Dichte der Häuser von einer Weite umgeben ist. Wenn der Blick aus dem Inneren der eigenen Wohnung ins Grüne schweift und niemand auf den Grünflächen zu sehen ist, dann bleiben in der Wahrnehmung des oder der Einzelnen die vielen anderen Leute, die hier zu Hause sind, absent und unsichtbar. Der vielgelobte Blick ins Grüne bedeutet dabei in erster Linie auch die Ermöglichung der Distanz zu anderen Men-

---

13 Interview V, Telli, 00:19:28.

schen. Diese Distanzierung aus der Innenbetrachtung wird aber im Wohnalltag immer wieder durchbrochen bzw. gestört mit ›Lebenszeichen‹ aus der Nachbarschaft, unter anderem auch den Geräuschemissionen, die aus einer regen Nutzung der Spiel- oder Freizeiteinrichtungen hervorgehen. Diese Störpotentiale werden in den Interviews aber oft mit Bezug auf die besondere Qualität der verkehrsfreien Außenräume relativiert. Gerade die befragten Kinder antworten auf die Frage, welche Orte für sie wichtig sind, meist als erstes mit den spezifischen Spiel- oder Fußballplätzen ihrer Siedlungen. Es sind Orte, die für ihre Sozialisation grundlegend wichtig sind.[14]

Die Einrichtungen in den Außenräumen, die mit den Häusern in den 1970er-Jahren gebaut worden sind, sind im Laufe der Jahre ins Alter gekommen. Wie in den Hausbiografien dargelegt wurde, hängt die Art und Weise, wie Unterhalt und Erneuerungen dieser Anlagen gehandhabt werden, stark von der Eigentümerstruktur ab. In der städtischen Siedlung Unteraffoltern II wurde die Landschaftsarchitektur im Rahmen der Sanierung der Siedlung umfassend erneuert und auf Wunsch von BewohnerInnen kleinräumiger und mit diversen Sitzgelegenheiten sowie Spieleinrichtungen für Kinder unterschiedlichen Alters differenziert gestaltet.[15] Auch in der Telli-Überbauung, deren Umgebung um ein Vielfaches größer ist, sind die Außenräume nach unterschiedlichen Anlagen und Freizeiteinrichtungen strukturiert. Anders als im Isengrind wurden die Einrichtungen und die Landschaftsarchitektur in der Telli bis anhin aber nur an einzelnen Stellen erneuert. Der Kleintierzoo etwa, präsentiert sich heute in derselben Form wie zur Entstehungszeit. Der Hauswart, der diesen seit Jahren betreibt, ist in der ganzen Siedlung bekannt, und die kleine Schenke, die er führt, fungiert als Treffpunkt für ältere Telli-BewohnerInnen, die in der wärmeren Jahreszeit hier zusammensitzen. Die Minigolfanlage hinter der letzten Wohnzeile wurde jedoch, nachdem sie in den 1990er-Jahren zunehmend brachlag, auf Initiative von BewohnerInnen renoviert und deren Betrieb neu organisiert. Natürliche Alterungsprozesse haben dazu geführt, dass die Spielinstallationen, Wege und Sitzplätze von den Verwaltungen im Laufe der Jahre punktuell repariert werden mussten. Bestrebungen zu einer gesamthaften Renovierung des Wohnumfelds, wie im Rahmen des Quartierentwicklungsprojekts *allons-y Telli!* geplant, scheiterten an Koordinationsschwierigkeiten und am Protest vieler privater WohnungseigentümerInnen.[16] Die Eigentümerstruktur begünstigt hier, dass vieles im alten und alternden Zustand belassen wird.

---

14 Vgl. ausführlicher Kap. III 3.1.1.

15 Vgl. ausführlicher Kap. II 2.4.2.

16 Vgl. ausführlicher Kap. II 3.3.2 und 3.4.2.

1.3.3 Gemeinschaftsräume in der Krise?

Bei Planung und Bau der Telli-Überbauung wurde auch der Installation von Gemeinschaftsräumen einen wichtigen Stellenwert beigemessen. Im Erdgeschossbereich der vier Wohnzeilen wurden insgesamt 14 Lokale eingebaut, die nicht als Wohnraum vermietet, sondern der Siedlungsgemeinschaft zur Verfügung gestellt werden sollten. Diese Räume verdanken ihre Existenz der in der Entstehungszeit – auch unter der Bauherrschaft eines privatwirtschaftlichen Generalunternehmens – verbreiteten Norm, dass eine so große Überbauung, um der Vereinzelung und Konzentration sozialer Probleme entgegenzuwirken, Gemeinschaftsräume bereitstellen müsse. Die Aufgabe der Förderung des gemeinschaftlichen Lebens wurde beim Bau der Telli an das gleichzeitig erstellte GZ delegiert.[17] Wie die für die Allgemeinheit gebauten Räume im Erdgeschossbereich der Wohnzeilen genau genutzt werden sollten, wurde den EigentümerInnen überlassen – und demnach nicht einheitlich geregelt. Heute werden die Räume unterschiedlich genutzt: Einige werden zur kleingewerblichen Nutzung (etwa an Coiffeur-, Massage- oder Kosmetiksalons) oder zum Zweck der externen Kinderbetreuung (Kita, Spielgruppe) vermietet. Andere werden von den Immobilienverwaltungen als Büros verwendet – unter anderen von den Hauswarten. Teils stehen die Räume aber auch leer. Nur vier Räume stehen der Bewohnerschaft der Häuser – bzw. spezifischen Gruppierungen – zur gemeinschaftlichen Nutzung frei zur Verfügung. Zwei davon werden von der Quartierarbeit des GZ Telli organisiert bzw. begleitet: Es ist zum einen das *Abau-Stübli* im Gemeinschaftsraum der Liegenschaft der ABAU-Genossenschaft an der Rüttmattstrasse, in dem Treffnachmittage von und für SeniorInnen stattfinden. Zum anderen handelt es sich um das *Trefflokal* an der Delfterstrasse, das das GZ als betreuten Spielraum für Kinder der Telli betreibt.[18] Die Ortsbürgergemeinde hat als Eigentümerin von sechs Hauseingängen an der Neuenburgerstrasse ihren MieterInnen einen Gemeinschaftsraum zur freien Nutzung eingerichtet. Und auch die Immobilienverwaltung Wincasa stellt ihren MieterInnen der Wohnzeile B und C den Gemeinschaftsraum an der Delfterstrasse 43-44 zur Organisation geselliger Anlässe gratis (gegen eine Kaution) zur Verfügung. Die Schlüsselübergabe wird über den Hauswart organisiert. Es ist ein Raum, der mit Festbänken und -tischen, einem Waschbecken sowie WC ausgestattet ist. Die Meinungen der befragten MieterInnen zu diesem Raum unterscheiden sich: Eine jüngere Mutter, die verschiedene Bekannte und Familienangehörige in der Telli-Überbauung hat, hebt die Vorteile dieses Raums hervor: »Wir machen Geburtstagsfeste dort drin, oder wir haben auch schon die silberne oder

---

17 Vgl. GZA Telli, Hans Urech (Notar): Grundeigentümervertrag für die Überbauung Mittlere Telli, Aarau 2.11.1971, S. 52 sowie Kap. II 3.2.2 und Kap. III 4.1.3.

18 Vgl. Kap. II 3.4.1.

goldene Hochzeit von jemandem da gefeiert. Jeder bereitet zu Hause etwas zu Essen vor und bringt es dann mit.«[19] Auch jüngere Bewohner einer WG betonen, dass sie das Angebot schätzen, sind aber gegenüber der Raumgestaltung kritischer eingestellt. Durch die rein funktionale Ausstattung sei die Atmosphäre des Gemeinschaftsraums unpersönlich und wenig behaglich, die Einsichtigkeit vom und zum Laubengangweg fördere außerdem, dass sie sich hier beobachtet und kontrolliert fühlten. Sie erklären sich damit auch, wieso dieser Raum doch häufig einfach leer stehe.[20]

Anders stellt sich die Situation beim Gemeinschaftsraum im Eingangsbereich des Hochhauses in Unteraffoltern II dar. Die für die Nutzungsorganisation und Schlüsselübergabe zuständige Bewohnerin führt aus:

»Der Gemeinschaftsraum ist fast immer besetzt, heute, morgen, übermorgen ist er besetzt, da gibt es Geburtstagsfeste und Zusammentreffen verschiedener Leute [...]. Wir organisieren manchmal auch ein Fest dort mit drei, vier Familien zusammen, wo wir kochen und dort zusammen essen [...] und es gibt zum Beispiel auch eine Gruppe, die da drin Tanzproben macht, oder Taufen oder Erstkommunion oder Firmung oder Hochzeiten gibt es sogar. Und es gibt einige, die diesen Raum regelmäßig und immer mit denselben Leuten mieten. Wenn er frei ist, vermieten wir ihn auch an Außenstehende, aber natürlich haben immer diejenigen den Vorrang, die hier wohnen.«[21]

Dieser Gemeinschaftsraum wurde erst mit der Sanierung Mitte der 1990er-Jahre eingebaut. Seine rege Nutzung verdankt er wohl weniger seiner kühl und zugleich räumlich etwas beengend wirkenden Grundstruktur mit der relativ tiefen Sichtbetondecke und den hoch liegenden Fenstern, als mehr der für gesellige Anlässe passenden Ausstattung. Dazu gehören eine separate kleine Küche und ein Bad, eine Musikanlage und Bühne und zahlreiche stapelbare Festtische und Stühle. Im Unterschied zum beschriebenen Telli-Gemeinschaftsraum wurden an den Fenstern weiße Tages- und blau-graue Nachtvorhänge angebracht. Das ermöglicht den Nutzenden, sich vor neugierigen Blicken zu schützen und etwas Privatheit schaffen zu können. Oberhalb des Gemeinschaftsraums liegt ein Spielraum für Kinder, der ebenfalls mitgemietet werden kann.[22] Der im anderen Hochhausblock an derselben Stelle eingebaute Gemeinschaftsraum (Cool-Ruum) ist tagsüber während der Arbeitszei-

---

19 Interview VI, Telli, 00:46:40.

20 Vgl. Interview V, Telli, 00:31:34.

21 Interview III, Telli, 01:01:47.

22 Die Vermietung wird durch eine dafür zuständige Vertreterin des Siedlungsvereins organisiert. Die Miete kostet pro Abend 70 CHF und für Mitglieder des Siedlungsvereins 30 CHF. Vgl. zur Nutzung auch Kap. III 4.2.

ten des Hauswartes für die Kinder der Siedlung zum Spielen geöffnet und u.a. mit einem Pingpong- und Tischfußballtisch, einer Hängematte und einem Klettergerüst ausgestattet. In den Wintermonaten steht dieser Raum den Jugendlichen der Siedlung abends zur freien Nutzung zur Verfügung.[23] Ein Ort, der explizit für Jugendliche der Siedlung eingerichtet worden ist, ist der sogenannte *Stjgj-Ruum*, ein Jugendtreff im Kellergeschoss desselben Blocks, der – betreut von freiwilligen jungen Erwachsenen – jeden Freitagabend bis 23 Uhr geöffnet ist und meist gut besucht wird. Möbliert ist der Raum mit verschiedenen – im Kreis angeordneten – Sofas, einem Tischfußball- und einem Billardtisch, einer Bar mit einer Hotdog-Maschine sowie einer Playstation mit Beamer. Im Fronwald-Block befindet sich an derselben Stelle ein Raum des Siedlungsvereins, der jedoch seit dem Einbau des Gemeinschaftsraums im Erdgeschoss nur noch sehr sporadisch genutzt wird. Eine kleine Küche, Sofas, Tische und Stühle laden aber auch hier zum Zusammensein ein. Die schwere, zusammengestückelte Möblierung erinnert an vergangene Zeiten und scheint in erster Linie ältere BewohnerInnen mit traditionelleren Geselligkeitsvorstellungen anzusprechen.

In der Gesamtschau wird deutlich, dass gerade diejenigen Gemeinschaftsräume gut funktionieren bzw. rege genutzt werden, bei denen die Nutzung klar definiert ist und die sich an spezifischen Kontaktbedürfnissen von BewohnerInnen ausrichten. Wichtig scheint außerdem, dass die Räume ansprechend ausgestattet sind, sei es mittels funktionaler, aber praktischer Möblierungen für breite Nutzergruppen, sei es mittels Inneneinrichtungen, die spezifische Alters- oder Interessensgruppen ansprechen. Insbesondere braucht es Verantwortliche und Ansprechpersonen, die sich um den Betrieb – sowohl der Organisation von Geselligkeit als auch der Durchsetzung von Ordnungsreglementarien – kümmern. Das erfordert Interessierte, die bereit sind, Freiwilligenarbeit zu leisten.

Aus historischer Perspektive ging der Bau der Gemeinschaftsräume mit spezifischen Vorstellungen der Gemeinschaftsbildung einher. Dazu gehört, das in den 1970er-Jahren – oft gerade von (Haus-)Frauen erwartete und tatsächlich auch geleistete – freiwillige Engagement für ein nachbarschaftlich organisiertes Kollektiv bzw. gewisser Interessensgruppierungen. Dieses Konzept entsprach schon im Entstehungskontext eher einem normativen Idealbild. Angesichts heutiger gesellschaftlicher Realitäten sieht es sich vor neue Herausforderungen gestellt. Mit der zunehmenden Einwanderung und Ausdifferenzierung der Lebensstile hat sich die Bewohnerschaft pluralisiert, mehr Frauen sind heute arbeitstätig und verfügen über weniger Zeitressourcen für Freiwilligenarbeit. Freiwillige zu finden, die bereit sind, sich im Sinne des ursprünglichen Konzepts für die Bespielung eines Gemein-

---

23 Vgl. Kap. III 3.1.2.

schaftsraums in einer Siedlung einzusetzen, wird deshalb immer schwieriger. Eine Sozialarbeiterin erläutert im Interview:

»Das Problem ist, wenn es niemand mehr macht, dann können wir all diese Gemeinschaftsräume schließen, weil wir können die nicht betreuen [...], zum Beispiel dieser Jugendraum, wenn dort niemand mehr mit den Kids etwas macht, dann können wir den schließen, und all diese Räume, die auch gut eingerichtet sind [...]. Ich verstehe, dass die Leute wenig Kapazitäten haben mit den Belastungen, die sie im Beruflichen und anderweitig haben, aber wenn man von etwas profitieren will, muss man doch auch irgendwo ein bisschen etwas beitragen und mitmachen. Sonst gibt es halt nichts mehr.«[24]

Diese Konstatierung einer Krise der Gemeinschaftsräume taucht in den Interviews beider Siedlungen immer wieder auf. Die Belebung der Räume steht und fällt in der Tat mit den Menschen, die sich um sie kümmern. Mit einer etwas distanzierten Perspektive lässt sich zugleich beobachten, dass Gemeinschaftsräume durchaus funktionieren können und von verschiedenen Gruppen auch heute noch rege genutzt werden. Dies bedingt jedoch eine Verabschiedung von der normativen Vorstellung von Nachbarschaft als einer im Singular gefassten Siedlungsgemeinschaft.[25] Hierzu ist ein Nutzungskonzept erforderlich, das nicht voraussetzt, dass sich hier NachbarInnen, die sich in ihrem Alltag vielleicht nicht viel zu sagen, bzw. kaum ein ›Wir‹-Gefühl‹ füreinander entwickelt haben, treffen sollten. So zeigt sich bei den untersuchten Siedlungen, dass eine lebendige Nutzung dann stattfindet, wenn die BewohnerInnen gut ausgestattete Räume auch unkompliziert für privat organisierte Feste oder Veranstaltungen nutzen können. Diese finden meist im Familien-, Freundes- oder Bekanntenkreis statt; mit Gruppierungen also, die – außerhalb oder neben nachbarschaftlichen Verbindungen – weitere Interessen und Gemeinsamkeiten miteinander teilen. Wenn der Anspruch an Nachbarschaft nicht mit Gemeinschaft gleichgesetzt wird, kann auch die Feststellung einer Krise der Gemeinschaftsräume in den Siedlungen relativiert werden. Die Organisation von gemeinschaftlichen Aktivitäten bedingt die Bezugnahme auf gemeinsam geteilte Erfahrungen und Erwartungen – auch in Abgrenzung zum anderen. Am Beispiel der Gemeinschaftsräume zeigt sich dies darin, dass diejenigen Räume, die mit Abgrenzungselementen wie Vorhängen ausgestattet sind, beliebter sind bzw. intensiver genutzt werden als solche, die vollkommen einsichtig sind.

---

24 Vgl. Interview mit LVZ, UAII, 01:42:30.

25 In der theoretischen Auseinandersetzung ist das Idealbild von Nachbarschaft als Gemeinschaft seit den Anfängen eng mit dem Nachbarschaftsbegriff verknüpft und wurde von diversen Forschungsansätzen immer wieder aufgenommen, vgl. etwa Tönnies 1912 (1903) oder Rieger 2010, aber auch widerlegt Plessner 1972 (1924) oder Hamm 1973.

1.4 DIE EIGENEN VIER WÄNDE: ABTRENNUNG UND DURCHLÄSSIGKEIT

Ein Charakteristikum der Wohnhochhäuser aus den 1960er- und 1970er-Jahren ist die bloße Menge an Wohnungen, die in einem Komplex modular aufeinandergestapelt worden sind. Die Tatsache, dass die eigenen vier Wände neben-, oben- und untenan von einer Vielzahl von anderen Wohnungen umgeben sind, fungiert in der Außenbetrachtung oft als Schreckfigur.[26] Die meisten der befragten BewohnerInnen erzählen, dass sie bei ihrem Einzug selbst Bedenken vor dieser konstruierten Nähe hatten. Und von Außenstehenden bekämen sie immer wieder zu hören, dass sie in einem Gebäude mit so vielen anderen Personen nie wohnen könnten. Es gehört aber zum Standardnarrativ vieler BewohnerInnen, dass sie ihre Anfangsbedenken schnell abgelegt haben, gerade auch, da sie vom Inneren ihrer Wohnung nicht wahrnehmen, mit wie vielen anderen Wohnungen sie ihr Haus teilen. Hierbei spielen die Wände eine wichtige Rolle: Wände markieren eine Grenze zwischen dem Eigenen und dem Anderen und ermöglichen die Trennung zwischen Innen- und Außenraum (vgl. Selle 1996, 31f). Die Türe hinter sich schließen zu können, einen eigenen – und von anderen abgetrennten – Raum zu haben, ist grundlegend wichtig, um sich geschützt zu fühlen, um Privatsphäre, Regeneration und Intimität zu erfahren. Doch so starr, fest, ein- und ausschließend Wände, Böden und Decken auch sind, hermetisch abschotten tun sie nicht. Vielmehr weisen sie auch einen gewissen Grad an Durchlässigkeit auf. Schall wird übertragen, Türen und Fenster stellen Öffnungen dar, durch die Geräusche und Gerüche aus der Umgebung unmittelbar in die eigene Wohnung dringen.

In diesem Kontext hat Nachbarschaft viel mit gegenseitiger Wahrnehmung zu tun. Und diese Wahrnehmung, die durch gebaute – in ihrer Beschaffenheit abtrennende wie auch durchlässige – Elemente mitstrukturiert wird, macht sich nicht nur visuell, sondern vielmehr akustisch und olfaktorisch bemerkbar. Vom Inneren der Wohnungen sind diejenigen NachbarInnen direkt wahrnehmbar, mit denen man dieselben Wände, Böden oder Decken teilt. Die Geräusche und Gewohnheiten der Menschen von neben- oben- oder untenan werden einem vertraut. Auch ohne direkten kommunikativen Austausch entsteht so ein Wissen über deren Eigenheiten. Geräuschübertragungen zwischen direkt benachbarten Wohnungen sind in den Interviews denn auch immer wieder ein Thema. In den meisten Darlegungen erscheinen diese als nicht störend und unproblematisch, teils wird aber auch auf nachbarschaftliche Lärmkonflikte hingewiesen. Ebenso kommen bauliche Spezifika zur Sprache. Gerade das Material Beton der beiden Siedlungen überführt die Wahrnehmung von den unmittelbar benachbarten Wohnungen, partiell wieder in die Großform des

---

26 Vgl. Kap. II 1.3 und 1.4.

Baus. So fällt auf, dass der Beton in der Nutzerperspektive kaum unter ästhetischen Gesichtspunkten, sondern insbesondere hinsichtlich dessen akustischer Wirkung zur Sprache kommt: Auf den Beton ihrer Häuser angesprochen, verweisen BewohnerInnen aus beiden Siedlungen meist als erstes darauf, dass der Betonbau Geräusche weiterleite, die oft nicht klar definierbar sind (wie beispielsweise ein unbestimmtes Rollen oder Klopfen) und die auch nur schwer einer Wohnung zugeordnet werden können. So berichtet etwa eine Bewirtschafterin: »Es ist schwierig zu orten, woher der Lärm kommt. Wenn sich Mieter melden […] kann man nicht einfach sagen, es ist der direkte Nachbar, sondern es kann auch jemand weiter entfernt sein.«[27] Dies wird gerade bei lauten Schallemissionen wie dem Bohren von Löchern in die Betonwände, was über das ganze Gebäude hörbar ist, als unangenehm und störend empfunden.

In der durch Wände abgetrennten Struktur einer Wohnung sind auch die Balkone als private Außenräume durchlässig für ›Eindringendes‹ aus der Nachbarschaft. Eine Eigenart des Wohnens in einer Hochhausüberbauung sind, so erzählen insbesondere BewohnerInnen unterer Stockwerke, die gelegentlich auf den Balkon herunterfallenden – bzw. willentlich oder unwillentlich heruntergeworfenen – Gegenstände aus oberen Wohnungen. Dies kann teils (etwa im Fall von schwereren Objekten oder brennenden Zigaretten) auch ein Sicherheitsproblem darstellen und zu Streit führen. Ein weiteres, häufig konfliktbehaftetes Thema sind die Küchen- und Grillgerüche, die gerade im Sommer von den Balkonen anderer Wohnungen in die eigene Wohnung eindringen.

Der Rückzug in die eigenen vier Wände geht demnach immer auch mit der partiellen Durchlässigkeit von ›Lebenszeichen‹ anderer HausbewohnerInnen und potentiellen Störungen aus dem Außen einher. Dabei treffen zwei Erzählversionen aufeinander. Das erste Narrativ gewichtet den trennenden, schützenden Charakter der eigenen vier Wände besonders hoch. Damit einhergehend erscheint die Großstruktur des Baus als im Wohnalltag eigentlich unbedeutende Dimension, da – wenn überhaupt – vor allem die unmittelbaren NachbarInnen wahrnehmbar sind. Die andere Erzählung wiederum fokussiert eher auf die Öffnungen des Baus. Dadurch geht dieses Narrativ auch auf Eigenheiten der Großform ein. Dazu zählen insbesondere die durch die schalltransportierenden Eigenschaften der Betonwände begründete Schwierigkeit, Geräusch- und Lärmquellen zuzuordnen, aber auch die Unvorhersehbarkeit und Unkontrollierbarkeit potentieller Störungen, die aus einer Vielzahl anderer Wohnungen in die eigene eindringen können.

---

27 Gruppeninterview Wincasa, 00:16:28.

2 Kontakte und Verbindungen

Gebaute Strukturen schaffen räumliche Trennungen und Abgrenzungen, haben aber auch das Potential, benachbarte Menschen miteinander in Verbindung zu bringen. Für die Art und Weise, wie Nachbarschaften im Alltag hergestellt und gelebt werden, sollte die Rolle der Bebauung jedoch nicht überschätzt werden, da hierzu immer auch menschliche Beziehungen zum Tragen kommen (vgl. Hamm 1973, 173f). Wie sich nachbarschaftliche Kontakte und Verbindungen in den beiden untersuchten Großüberbauungen konkret ausgestalten, ist Gegenstand des folgenden Kapitels. Hierzu werden die grundlegenden Prinzipien wie auch die Bandbreite nachbarschaftlicher Relationen – und der fließende Übergang zu anderen Beziehungsformen – erörtert. Die Analyse zeigt auf, dass hinsichtlich der Ausgestaltung von Alltagskontakten unter NachbarInnen die Unterschiede zwischen den Überbauungen in den Hintergrund rücken und vielmehr allgemeine Mechanismen der menschlichen Vernetzung im Wohnumfeld zum Tragen kommen. Zugleich lassen sich aber auch einige Besonderheiten eruieren, die sich spezifisch mit Hochhausstrukturen konnotieren lassen.

2.1 DISTANZ WAHREN UND NÄHE ZULASSEN

»Ich bin in einem Mietshaus aufgewachsen mit sechs anderen Parteien im Haus und da gab es ständig irgendwelche Klagen. Das hat mir schon als Kind zu denken gegeben und ich fragte mich: ›Ja, muss man sich denn so übereinander nerven? Geht es nicht anders beim Zusammenwohnen?‹ Und von solchen Ärgernissen merke ich hier eigentlich nichts.«[1]

Im Vergleich zu der erinnerten Wohnerfahrung als Kind in einem kleineren Mehrfamilienhaus in der Stadt Zürich erlebt die befragte Bewohnerin weniger Nachbarschaftsstreitigkeiten und -probleme im Hochhaus am Stadtrand, in dem sie nun seit

---

1   Interview II, UAII, 01:02:32.

mehr als zehn Jahren lebt. Diese Argumentation taucht in den Bewohnerinterviews immer wieder auf. Es ist gerade die Größe der Siedlung, die dazu beiträgt, dass man einander »mehr in Ruhe lässt und sich weniger das Leben schwermacht«.[2] Viele nachbarschaftliche Kontakte seien von einer gewissen Lockerheit, gegenseitiger Rücksicht und einem unkomplizierten Nebeneinanderleben geprägt. In diesem Sinn legt etwa der Leiter des GZ Telli dar: »Es ist ein ›Leben und Leben lassen‹ im städtischen Rahmen könnte man sagen, bei dem vieles einfach so zur Kenntnis genommen wird und man gut lebt.«[3]

Aufgrund der Vielzahl der Personen, die in den Überbauungen wohnen, ist eine persönliche Kenntnis aller schier unmöglich. Das Bild des anonymen Hochhauslebens ist im öffentlichen Diskurs weit verbreitet und wird meist als Ursache für soziale Probleme dargelegt. Diese historisch gewachsene Problematisierung divergiert jedoch meist mit den Darlegungen aus Bewohnersicht (vgl. etwa Bäschlin 2004; Haumann/Wanger 2013). Bereits in den 1960er- und 1970er-Jahren haben Studien festgestellt, dass eine gewisse Anonymität, die das Wohnen im Hochhaus ermöglichen kann, im Sinne einer freien und unabhängigen Gestaltung seiner Sozialkontakte im Wohnumfeld von den BewohnerInnen durchaus geschätzt wird (vgl. Zahner 1963, 284f; Herlyn 1970, 117). Auch in der vorliegenden Studie fällt bei den Bewohnerinterviews auf, dass Anonymität im Wohnumfeld zwar thematisiert, entgegen der Außenzuschreibungen aber nicht absolut gesetzt wird. Aus der Innenperspektive äußert sich die relativ anonyme Situation in den Häusern weniger in einer kompletten gegenseitigen Unkenntnis, sondern vielmehr in einer Distanziertheit, die interaktiv hergestellt wird. Die Schaffung von Distanz führt dazu, dass Rückzug bzw. ein Nebeneinander- oder Aneinander-vorbei-Leben möglich ist, ohne dass man sich zu nahekommt. Die Erfahrung, dass man sich zwar gegenseitig wahrnimmt, sich zugleich aber auch in Ruhe lässt, wird geschätzt. Ein jüngerer Bewohner, der seit zwei Jahren in der Telli wohnt, erzählt etwa:

»Ich genieße es sehr, dass ich so ein bisschen für mich sein kann, und dass ich nicht alle Leute kenne – ich kann einfach am Abend nach Hause kommen und über die Wiese spazieren und für mich sein.«[4]

Verschiedene theoretische Ansätze erklären die Bedeutsamkeit unter NachbarInnen Distanz zu schaffen in Zusammenhang mit der räumlichen Nähe des Wohnens (vgl. etwa Weber 1972 (1921/22); Flade 2006 (1987), 81; Schilling 1997, 11; Zizek 2012, 48). Mit der meist nicht selbst gewählten Nachbarschaft zu anderen Men-

---

2   Ebd.

3   Gruppeninterview GZ Telli, 01:02:25.

4   Interview V, 00:41:08.

schen in einem Wohnhaus, wächst das Bedürfnis nicht zu viel Nähe zuzulassen, um seinen eigenen Rückzugs- und Regenerationsraum zu bewahren und zu schützen. Die Bedeutung von Zurückhaltung begründet eine alleinstehende, berufstätige Bewohnerin folgendermaßen:»Also, ich scheue mich ein wenig, näher Kontakt zu nehmen, weil ich denke, dass ich damit auch gewisse Freiheiten verlieren würde oder auch einen gewissen Ruheraum, den ich brauche.«[5]

Grundmotiv des Rückzugs ist häufig auch die Beschränkung der unangenehm empfundenen sozialen Kontrolle. Eine wichtige Strategie hierzu ist es, sich vor NachbarInnen persönlich nicht allzu sehr zu offenbaren, und so auch das Wissen, das über seine Person weitergegeben werden kann, im Rahmen der eigenen Möglichkeiten bewusst zu begrenzen. Rückzug bedeutet auch Befreiung von ungewollten Verpflichtungen. Die Schaffung und Respektierung von Distanz ist nach dem Soziologen Walter Siebel »die wichtigste Norm gutnachbarlichen Verhaltens« (Siebel 1997, 51). Nicht in die Privatsphäre des anderen eindringen, sich sein lassen und Distanz wahren scheint eine der grundlegenden Voraussetzungen für ein gutes nachbarschaftliches Verhältnis zu sein. In den Interviews wird diese Bedeutung meist im Zusammenhang mit potentiellen oder manifesten Erfahrungen des nachbarschaftlichen Gestört-Werdens bzw. Störens dargelegt, die zu vermeiden versucht bzw. auf die mit Rücksichtnahme reagiert wird – oder eben nicht. ›Gute‹ Nachbarn sind in dieser Logik solche, die nicht stören, sich zugleich aber auch nicht stören lassen; und die es einem ermöglichen, »sein eigenes Ding«[6] machen zu können. Rücksichtnahme bedeutet dabei nicht Isolation, sondern will – um der normativen Setzung von ›Gutnachbarlichkeit‹ zu entsprechen – bewusst gestaltet werden und setzt auch Kommunikationsbereitschaft voraus.[7]

Der Kulturanthropologe Heinz Schilling skizziert die Vorstellung einer Idealnachbarschaft in der austarierenden Wertekombination zwischen der Möglichkeit von Begegnung und Rückzug, zwischen einem »füreinander da Sein, wenn es die Situation erfordert« und einem »sich in Ruhe Lassen« (vgl. Schilling 1997, 10f). In den Bewohnerinterviews wird die Kontaktbereitschaft oft mit individuell unterschiedlichen Präferenzen erklärt. Während einige Menschen möglichst viel Distanz schätzen, suchen andere etwas mehr Nähe mit ihren NachbarInnen. Die Kontaktaufnahme sei möglich, die Initiative hierzu aber letztlich dem Einzelnen überlassen.

---

5   Interview II, UAII, 01:09:49.

6   Vgl. Interview IV, Telli, 00:48:11.

7   »Die Leute sind unterschiedlich, einige reden gerne, andere sind Distanzmenschen [...] aber ein guter Kontakt zu haben ist wichtig [...] du störst mich nicht, ich störe dich nicht; und wenn ich eine Frage oder ein Problem habe, dann können wir ohne Tabu miteinander reden.« (Interview III, UAII, 01:21:20)

Ein langjähriger Bewohner, der zu den Erstbeziehenden der Telli-Überbauung gehört, beschreibt dies folgendermaßen:

»Das ist der große Vorteil hier, Sie können Kontakte haben mit ihren Nachbarn, aber Sie brauchen keine zu haben. Es gibt viele Möglichkeiten, wo man sich treffen kann, wenn man will. Und da muss man halt auch selbst auf die Leute zugehen. Es gibt aber auch viele Leute, die sagen, ich fühle mich glücklich da, weil ich keine Verpflichtungen eingehen muss.«[8]

Bedingt durch die organisierten Aktivitäten und Angebote in der Siedlung und im Quartier gibt es verschiedene Begegnungsmöglichkeiten, aber – und dies wird auch im Unterschied zu kleineren Strukturen dargelegt –, keinen Begegnungszwang. Im Allgemeinen werden die individuelle Freiheit und der Wille des Einzelnen beim Austarieren zwischen Nähe und Distanz in den nachbarschaftlichen Kontakten hoch gewichtet. Bei genauerer Betrachtung wird deutlich, dass die Art und Weise des Kontaktverhaltens auch eng mit sozialen Dimensionen wie der Lebenssituation und -phase einer Person zusammenhängt.[9]

2.2 DAS VIELSEITIGE SPEKTRUM NACHBARSCHAFTLICHER KONTAKTE

Kontakte und Verbindungen zwischen Menschen, die sich aus der Tatsache ergeben denselben Wohnort zu teilen – bzw. die sich auf die soziale Position Nachbar bzw. Nachbarin beziehen (vgl. Hamm 1973, 74) –, können ganz unterschiedliche Praktiken umfassen. Aus den erhobenen Interviewdaten lassen sich unterschiedliche Intensitätsgrade nachbarschaftlicher Praktiken herauskristallisieren. Diese reichen von unterschiedlichen Graden des Sich-(nicht-)Kennens, über Gruß- und kurze Gesprächskontakte, gegenseitige Hilfeleistungen bis zu bekanntschaftlichen Besuchen oder Treffen.

2.2.1 Sich-(nicht-)Kennen

Die meisten Kontakte unter NachbarInnen sind nicht gesteuert, werden nicht organisiert oder durch eine Institution strukturiert. Bedeutender hierzu ist vielmehr, immer wieder zur selben Zeit am selben Ort unterwegs zu sein. Die grundlegende Form des nachbarschaftlichen Sich-Kennens resultiert aus einem wiederholten Sich-Wahrnehmen. Die Kenntnis des anderen kann dabei implizite Formen anneh-

---

8   Interview I, Telli, 00:14:30.
9   Vgl. ausführlicher Kap. III 2.3 und 3.1.

men: Man hört die NachbarInnen auf den Balkonen oder wenn sie an der Wohnungstüre vorbeigehen, die Geräusche und Gewohnheiten von neben-, oben- oder untenan werden einem vertraut ohne die Personen persönlich zu kennen. Eine direkte gegenseitige Kenntnis resultiert im Unterschied dazu meist aus dem Sich-Sehen und Wiedererkennen. Viele Begegnungen erfolgen dabei spontan und zufällig. Ob man sich vom Sehen kennt oder nicht, hängt stark davon ab, ob man ähnliche Tagesrhythmen, räumliche Bewegungsmuster oder Nutzungspraktiken der Siedlungsräume hat. So legt etwa ein Bewohner dar:

»Ich kenne nicht sehr viele Leute hier im Haus. Und das kommt einfach daher, dass ich zu anderen Zeiten lebe als die meisten, und dass ich mich anders bewege, ich nehme zum Beispiel nie den Lift, sondern gehe zu Fuß über das Treppenhaus.«[10]

Die Erfahrung, in derselben Überbauung – bzw. im selben Haus – teilweise auch mit Unbekannten zu wohnen, gehört zum Hochhaus-Leben. Dieses Nicht-Kennen kann durchaus auch mit einem Unsicherheitsgefühl einhergehen, wie etwa ein jüngerer Bewohner, der noch nicht so lange in der Telli-Überbauung wohnt, angesichts des nächtlichen Begehens des langen Zugangsweges im Eingangsbereich der Häuser schildert:

»Also ich habe nachts in diesem sehr dunklen Gang auch schon gruselige Situationen erlebt. Plötzlich habe ich Schritte hinter mir gehört, die mir gefolgt, und immer ein bisschen schneller geworden sind, bis sie direkt hinter mir waren. Da habe ich mich schon sehr unwohl gefühlt. Es war natürlich nichts, aber weil einfach etwa 1990 Leute hier wohnen, die ich nicht kenne.«[11]

Wie aus dieser Interviewaussage hervorgeht, entspringt diese Angst der Ungewissheit, ob unter den vielen unbekannten Bewohnenden der Großüberbauung nicht auch jemand sein könnte, der einem Schaden zufügen möchte. Die Situation des nächtlichen Heimkehrens in Verbindung mit der Unkenntnis vieler anderer BewohnerInnen wird aber auch anders dargelegt. Eine langjährige Isengrind-Bewohnerin betont etwa, dass sie es schätzt, dass ihr Haus auch nachts belebt ist:

»Es gibt sicher auch Leute, die ich nie gesehen habe, gerade auch, weil die Leute unterschiedliche Arbeitszeiten haben [...]. Und das finde ich eigentlich schön. Weil wenn ich mal nachts heimkomme, dann habe ich nicht das Gefühl so in die Einsamkeit zu kommen. Sondern irgendwo brennt immer noch Licht und ist immer noch jemand wach. Es ist immer belebt. Ich

---

10 Interview I, UAII, 00:42:44.
11 Interview V, Telli, 00:34:40.

kenne nicht alle Leute, aber [...] da muss man auch etwas Vertrauen haben, weil es geht doch für alle um das Gleiche, man schaut zum Beispiel, dass nicht mutwillig etwas passiert.«[12]

Die Lichter aus den Wohnungen signalisieren nicht nur, dass jemand präsent ist, sondern vermitteln auch ein Gefühl von Sicherheit. Vertrauen spielt für das Sicherheitsempfinden eine grundlegende Rolle. Wie im obigen Zitat dargelegt, ist hierzu gerade die Besinnung auf das Verbindende, das gemeinsame Interesse aller an einer sicheren Wohnsituation grundlegend wichtig. Die Wohndauer einer Person gekoppelt mit der Erfahrung, dass über viele Jahre nie etwas passiert ist, was die eigene Integrität verletzt hätte, mag zu einer solch positiven Einschätzung beitragen. Vertrauen bedingt im Nachbarschaftskontext demnach auch die Menschen, die einen umgeben, einschätzen zu können. Entscheidend hierzu ist auch der Faktor Zeit, ohne den Vertrauen schwierig aufzubauen ist (vgl. Schilling 1997, 11). Einige legen diesbezüglich schon nur die Präsenz von vielen Menschen in einem Haus als bedeutenden Sicherheitsfaktor dar – im folgenden Interviewausschnitt gerade auch im Unterschied zu kleineren Wohnhäusern:

»Im Haus, in dem ich früher gelebt habe, habe ich tagsüber als ich arbeiten gegangen bin einen großen Einbruch erlebt [...], aber hier passiert nichts. Wieso? Weil es immer viele Menschen gibt, die hin- und hergehen [...] und das ist für mich eine Sicherheit.«[13]

Das hier formulierte Sicherheitsgefühl hängt auch mit der Einschätzung zusammen, dass die BewohnerInnen gegenüber potentiellen Bedrohungen von außen wachsam sind. Andere Menschen in der Nachbarschaft vom Sehen her zu kennen, erleichtert diese Möglichkeit der subtilen Kontrollausübung: Denn sich zu kennen, bedeutet vorerst auch, sich zuordnen zu können und demnach zu wissen, wer zur Nachbarschaft gehört – und wer nicht. Die gegenseitige Kenntnis – und wenn sie auch sehr oberflächlich sein mag – ermöglicht es, Zugehörigkeitslinien zeichnen zu können, um sich so der Ordnung und Sicherheit in seinem eigenen Raum zu vergewissern.

2.2.2 Grüßen

Der Gruß als symbolische und kommunikative Geste nimmt hinsichtlich der Demonstration von gegenseitiger Kenntnis eine wichtige Bedeutung ein. Grüßen ist keine absolute Pflicht, aber eine verbreitete Norm nachbarschaftlicher Begegnung in den beiden untersuchten Siedlungen: »Grüezi, guten Tag, auf Wiedersehen, das

---

12 Interview II, UAII, 01:01:04.
13 Interview III, UAII, 01:30:25.

sagt man schon bei uns«[14] – oder: »Hier grüßen sich eigentlich alle, auch die, die sich nicht namentlich kennen, wenn man sich sieht im Haus oder draußen und dann fühlt man sich schon verbunden.«[15] Diese oder ähnliche Aussagen tauchen in den Interviews mit Bewohnenden beider Siedlungen immer wieder auf. »Es gibt aber auch einige, die nie grüßen, die gehen mit dem Kopf nach unten gerichtet. Die lässt man halt sein«,[16] meint eine langjährige Telli-Bewohnerin. Sie legt das Grüßen als Ausdruck der individuellen Initiative dar, deren Nicht-Beachtung als Eigenart bzw. Defizit des Anderen wahrgenommen, aber im Sinne des eingangs beschriebenen Leben-und-Leben-Lassens akzeptiert wird.

Generell wird mit einem Gruß eine gegenseitige Wiedererkennung und Verbundenheit unter NachbarInnen und eine Zugehörigkeit zum selben Wohnort demonstriert. Grüßen bedeutet, ein Zeichen der Anerkennung und des Respekts zu vermitteln. Dies wird gerade in Situationen erfahrbar, in denen diese Norm gebrochen wird. Ein nicht erwiderter Gruß kann auch als bewusste Zurückweisung bzw. als Demonstration von Ablehnung eingesetzt werden, wie etwa ein junger Mann, der in der Telli aufgewachsen ist, erklärt: »Wenn man es gut hat, grüßt man sich, sonst nicht.«[17] Mit dem Soziologen Bernd Hamm gesprochen, wird mit einer Grußverweigerung auch symbolisiert, dass man nicht bereit ist, »gegenüber dem Gegrüßten eine oder mehrere Nachbarrollen zu spielen« (Hamm 1973, 93). Wenn die Grußverweigerung in Krisen- oder Konfliktsituationen bewusst eingesetzt wird, um das Gegenüber herabzusetzen oder zu sanktionieren, wird dies von den Betroffenen als starke Belastung erzählt.[18] Umgekehrt ist der Gruß der erste Schritt beim Kennenlernen von NachbarInnen, der weitere Kontaktaufnahmen erleichtert (ebd.). Der Gruß kann – mit Bezug auf den Soziologen Harold Garfinkel – als ein in alltagsweltlichen kommunikativen Prozessen angewandter »Gelegenheitsausdruck« verstanden werden, der es ermöglicht, eine »wechselseitig aufeinander abgestimmte Interaktion in Gang« zu bringen bzw. »erhalten zu können« (Garfinkel 1980, 203). Der Übergang nachbarschaftlichen Kommunikationsverhaltens vom Grüßen, über den Wortwechsel bis hin zu kleineren Alltagsgesprächen ist dabei oft fließend.

---

14 Interview V, UAII, 00:27:21.

15 Interview III, Telli, 00:55:33.

16 Ebd., 00:56:53.

17 Interview IV, Telli, 00:50:44.

18 Vgl. Interview IV, UAII, 01:00:30.

2.2.3 Weitere kommunikative Praktiken

»Ich kenne die Nachbarin vom Sehen her, ich weiß nicht mal wirklich ihren Namen, aber wir sprechen oft kurz miteinander und ich weiß ihre familiäre Zusammensetzung, und dass sie schon lange hier wohnt.«[19]

Diese Aussage eines Isengrind-Bewohners verdeutlicht, dass viele Nachbarschaftsgespräche bewusst auf einer oberflächlichen Ebene gehalten werden. Der kommunikative Austausch wird dazu genutzt, Grundlegendes voneinander zu erfahren. Dieses Wissen trägt dazu bei, dass der oder die Fremde nebenan fassbarer und vertrauter wird. Nachbarschaftliche Kommunikation hat also viel mit Wissensgewinn zu tun, um sich der Integrität des eigenen Raums zu vergewissern und Vertrauen zu schaffen. Zum Wissen über NachbarInnen gehört dabei auch die Einschätzung, wie sich andere im Kommunikationszusammenhang präsentieren. Eine langjährige Isengrind-Bewohnerin meint diesbezüglich:»Ich rede mit vielen Leuten hier [...] und ich weiß, wer nett und wer weniger nett ist.«[20] Die Demonstration von Freundlichkeit (»nett oder weniger nett«) bzw. die Einhaltung grundlegender kommunikativer Konventionen scheint für die Einschätzung der NachbarInnen eine wichtige Rolle zu spielen. Zugleich decken nachbarschaftliche Gespräche aber meist – bedingt durch die Distanznorm – nur spezifische Bereiche ab, die direkt beobachtet werden können bzw., die man auch bereit ist, den NachbarInnen mitzuteilen. Um die Distanz zu wahren, werden Floskeln verwendet, wie »schönen Tag und guten Appetit«[21] oder »Hoi wie geht's, alles klar und tschüss.«[22] Mit diesen und ähnlichen Phrasen wird demonstriert, dass man dem Nachbarn gegenüber freundlich gesinnt ist; längere oder persönlichere Unterhaltungen werden damit zugleich aber zu umgehen versucht.

Der Bezug auf Konventionen dient, wie bereits Hans-Paul Bahrdt darlegte, der Vermeidung von Intimitäten (Bahrdt 1969, 104). Nicht alle nachbarschaftlichen Gesprächskontakte beruhen allein auf Mechanismen der Distanzierung. Generell wird in den Bewohnerinterviews beider Siedlungen immer wieder auf die Bedeutung der Optionalität in der Ausgestaltung von näheren Nachbarschaftsbeziehungen und so auch der Möglichkeit mit Nachbarn Unterhaltungen aufzunehmen oder sie zu meiden hingewiesen. Gesprächskontakte werden im Nachbarschaftskontext der untersuchten Großüberbauungen von den Bewohnenden situativ flexibel und selektiv gestaltet und – gerade auch im Vergleich mit kleineren, engeren Wohnumfeldern

---

19 Interview I, UAII, 00:49:02.
20 Interview III, UAII, 00:56:19.
21 Interview V, Telli, 00:52:37.
22 Interview IV, Telli, 00:54:01.

– als freiwillig und ungezwungen dargelegt. In einer Hochhausüberbauung ist es dem Willen und der Motivation des Einzelnen überlassen, so der Grundtenor, ob und mit wem man sich in der Nachbarschaft näher abgeben will – und mit wem nicht; mit wem man über die Grundnorm des Grußes hinaus etwa Austausch pflegt und wie persönlich man sich in der Kommunikation dann offenbart bzw. wie unpersönlich man bleibt. »Diese Leute sind unsympathisch, aber ich muss ja nichts mit ihnen zu tun haben«, so eine Interviewaussage, die diese Haltung gut veranschaulicht.[23] Deutlich wird hier auch: Für die Bereitschaft nachbarschaftliche Gesprächskontakte einzugehen, spielt nicht nur die Offenheit der Gesprächspartner, sondern auch die Sympathie eine wichtige Rolle. Sympathie speist sich gerade aus dem Teilen von ähnlichen Interessen, Erfahrungen oder Lebenseinstellungen – und hat dadurch eine grundlegend soziale Basis.

Die Art und Weise nachbarschaftlicher Gespräche wird aber auch von räumlichen Gegebenheiten beeinflusst. Im Lift etwa kann die Begegnung nicht umgangen werden, zugleich ist die Zeit für Gespräche zeitlich beschränkt. Aus diesem Grund hat der Soziologe Ulfert Herlyn den Lift als hemmend für die Kommunikation und die Kontakte unter NachbarInnen im Hochhaus beschrieben (vgl. etwa Herlyn 1970, 150f). In einer Studie zum Fahrstuhl beschreibt der Soziologe Stefan Hirschauer, dass die Begegnung im Lift aber auch zu einer »Hauptinitiative für Wortwechsel« werden kann, wobei die gewisse Zwangssituation der Fahrstuhl-Fahrt wie ein »Katalysator einer Beziehungsklärung« wirke (Hirschauer 1999, 237). Für NachbarInnen, die sich nicht gut kennen, sei es erforderlich, zwischen einem unangenehmen Schweigen und der Anforderung, eine Beziehung nicht ungewollt zu vertiefen, auszutarieren (vgl. ebd.). In diesem Sinn erzählt etwa eine jüngere Bewohnerin: »Wir treffen uns im Lift und das sind dann so zwei, drei Sekunden, in denen man sich irgendwie austauscht, wie alt ist ihr Hund oder wie heißt er oder so, aber mehr nicht.«[24] Mehr Ausweichmöglichkeiten, aber auch eine freiere Zeitgestaltung für nachbarschaftlichen Austausch gibt es in anderen Übergangsräumen wie beispielsweise auf den Wegen im Siedlungsareal. Wenn sich NachbarInnen besser kennen, können sich hier durchaus auch längere Gespräche ergeben. In der Telli etwa sind der Weg zum Einkaufszentrum sowie das Einkaufszentrum selbst wichtige Orte für spontane Begegnungen und Unterhaltungen mit anderen ›TellianerInnen‹. Eine Bewohnerin weist darauf hin, dass der nachbarschaftliche Austausch, gerade zu langjährigen Bekannten eine Gepflogenheit ist, die durchaus auch einen normativverpflichtenden Charakter haben kann und Zeit erfordert: »Das ist das Problem, wenn man einkaufen gehen muss und man hat wenig Zeit – wir treffen immer je-

---

23 Interview IV, UAII, 00:53:44.
24 Interview V, Telli, 00:52:03.

manden und immer fragt man: ›Wie geht's? Was machst du?‹ Und dementsprechend verliert man Zeit.«[25]

Neben dem direkten physischen Austausch spielen auch digitale Kommunikationsmittel eine zunehmend wichtige Bedeutung. Gerade Personen und Gruppen, die
über die Nachbarschaftsbeziehung hinaus weitere gemeinsame Interessen teilen und
sich in ihrer Freizeit in den Siedlungen treffen (Eltern, Jugendliche, Freiwillige spezifischer Gruppen), organisieren sich häufig über SMS oder Chats auf digitalen
Netzwerken. Der digitale Kontakt dient meist dazu, zu vereinbaren, wo man sich
(physisch) trifft oder sich gegenseitig zu informieren, was gerade aktuell ist (vgl.
hierzu auch Hugger 2010, Schmidt 2010, 163ff).

2.2.4 Gabe und Unterstützung

Eine Bandbreite an Ausgestaltungsmöglichkeiten ist auch bei der Art und Weise zu
beobachten, ob bzw. wie nachbarschaftliche Solidaritätshandlungen zum Tragen
kommen. Gegenseitige Unterstützung als normatives Prinzip ist eng mit dem Verständnis von ›guten‹ Nachbarschaften verknüpft – eine Qualität, die Großstrukturen
verschiedentlich abgesprochen worden ist.[26] In den beiden untersuchten Hochhausüberbauungen zeigt sich, dass nachbarschaftliche Unterstützungsleistungen durchaus erbracht werden, ganz unterschiedliche Formen annehmen können und einen
optionalen, flexiblen Charakter haben.[27] So berichten einige BewohnerInnen, dass
sie die – bei traditionellen Nachbarschaftsverhältnissen gängige – Ausleihe von
Nahrungsmitteln oder Haushaltsgegenständen gelegentlich praktizieren:»Das gibt
es ab und zu, dass wir uns was ausleihen oder jemand klingeln kommt, denn das
kann ja immer passieren, dass die Eier ausgehen und man ist grad am Backen oder
sonst was.«[28] Andere betonen, dass sie sich nie etwas bei ihren NachbarInnen borgen würden. In den untersuchten Siedlungen ist durch die bestehende Quartierinfrastruktur und die Nähe zu diversen Einkaufsmöglichkeiten der Bedarf auch relativ
gering, da es sonst genügend Optionen gibt, sich Fehlendes zu besorgen. Hinzu
kommen die Hemmungen sich etwas zu borgen. Lieber verzichten manche BewohnerInnen deshalb darauf und kaufen zu einem späteren Zeitpunkt ein.[29]

Der Nachbarschaftsforscher Bernd Hamm erklärt diese unterschiedlichen Haltungen zum nachbarschaftlichen Leihverhalten folgendermaßen:

---

25 Interview III, Telli, 00:22:46.

26 Vgl. ausführlicher Kap. I 1.1.3 und 1.4.

27 Dies wurde auch in verschiedenen anderen empirischen Studien nachgewiesen, so etwa
    Herlyn 1970, 153f; Gollnick 1997, 288f und 307; Bäschlin 2004, 59ff.

28 Interview III, Telli, 01:00:01.

29 Vgl. etwa Interview IV, Telli, 00:52:53 oder Interview II, UAII, 01:19:53.

»Die Bitte enthält immer auch ein Eingeständnis des Mangels und wird daher im Allgemeinen nur an solche Nachbarn gerichtet, bei denen man damit rechnen kann, dass eine ähnliche Mangelsituation auch bei ihnen auftreten kann [...]. Damit kann die Gegenseitigkeit der Hilfe gewährleistet werden und man verpflichtet sich zu nichts« (Hamm 1973, 80).

Die Norm, dass nachbarschaftliche Hilfeleistungen einen möglichst wenig verpflichtenden Charakter haben sollten, ist weit verbreitet. Die befragten BewohnerInnen erwähnen denn auch verschiedentlich, dass es gerade die kleinen, spontanen Aufmerksamkeiten oder Geschenke sind, die ein gutes Nachbarschaftsverhältnis kennzeichnen. Spontane Geschenke – wie Gemüse oder Blumen aus dem eigenen Garten, Selbstgebackenes oder kulinarische Spezialitäten vorbeizubringen – werden insbesondere von Menschen praktiziert, die mit Bezug auf ihr kulturelles Wertsystem darum bemüht sind, Großzügigkeit und Gastfreundschaft zu pflegen. Diese Werte kommen auch in ritualisierten Gesten oder Gaben beim Einzug von neuen NachbarInnen zum Tragen wie teilweise berichtet wird:

»Als wir eingezogen sind, ist eine Nachbarin zu uns gekommen und hat uns und unseren Helfern Bratwürste und Brot vorbeigebracht [...] und wir haben sofort einen guten Kontakt zueinander gefunden.«[30]

Der Anthropologe Marcel Mauss beschreibt in der grundlegenden Studie zur *Gabe*, dass Schenken immer auch mit einer (wenn auch impliziten) Erwartung auf Erwiderung einhergeht. Mauss stellt fest, dass – nicht nur in archaischen, sondern auch in unserer heutigen Gesellschaft – die »sozusagen freiwilligen, anscheinend selbstlosen und spontanen« Leistungen zugleich auch einen »zwanghaften und eigennützigen Charakter« tragen (vgl. Mauss 1990 (1950), 18). Im Nachbarschaftskontext kann beobachtet werden, dass die Reziprozität der Gabe- oder Hilfeleistungen meist nicht unmittelbar erwartet wird, sondern sich eher als Option versteht, die auch mit zeitlicher Verschiebung bei einer passenden Gelegenheit erwidert werden kann. Die Gegenleistung oder -zuwendung muss dabei nicht manifest werden, sondern kann auch als latente Bereitschaft bzw. Erwartung, dem Gegenüber bei Bedarf oder in einer Notsituation ebenfalls zu helfen, in die Zukunft verlagert werden. Daneben gibt es aber unter NachbarInnen auch Praktiken des Schenkens, die im Interesse des Gebenden nicht auf Reziprozität beruhen:

»Ich wollte mein altes Sofa weggeben, da habe ich eine Notiz gemacht im Haus und eine Frau hat sich gemeldet [...] und über dieses Sofa, das ich ihr geschenkt habe, habe ich sie kennengelernt.«[31]

---

30 Interview III, UAII, 00:50:58.

Das Verschenken von alten Möbeln oder Haushaltsgeräten bietet dabei nicht nur die Gelegenheit eine bislang unbekannte Nachbarin kennenzulernen, sondern hat auch eine eigennützige Komponente, ermöglicht doch die Weitergabe die Kosten und Organisation einer Entsorgung, wie auch die Gewissheit, dass das Möbelstück bei der Nachbarin ›weiterlebt‹.

Die kleinen alltäglichen Hilfsdienste unter NachbarInnen können ganz unterschiedliche Formen annehmen. Erzählt wird von Unterstützungsleistungen an Menschen mit gesundheitlichen Beeinträchtigungen, Altersbeschwerden oder in Notsituationen.

Das zehnjährige Mädchen einer interviewten Familie geht beispielsweise regelmäßig mit dem Hund ihrer Nachbarin, die aufgrund einer Krankheit geschwächt ist, spazieren.[32] Ein pensioniertes Ehepaar übernimmt für eine langjährige und betagte Nachbarin, die kaum mehr gehen kann, den Einkauf.[33] Ein anderes Ehepaar erzählt, dass sie einer Nachbarin mit Behinderungen in Notsituationen schon verschiedentlich – auch um zwei Uhr nachts – geholfen haben.[34] Oder ein jüngerer Bewohner beschreibt, wie er eine weinende Frau im Treppenhaus angesprochen und getröstet habe.[35] Oft sind es nur kleine Gesten, bei denen es darum geht, in Not- oder Ausnahmesituationen aufmerksam und präsent zu sein. Die grundlegende Unterstützungsleistung liegt darin, Bereitschaft zu demonstrieren, sich bei Bedarf um andere zu kümmern, ohne sich sonst in ihr Leben einzumischen. Denn wie dargelegt, ist auch die Tatsache, gegenseitig aufeinander Rücksicht zu nehmen und sich ›sein zu lassen‹, eine Form von Unterstützung. Die Motivation zur Nachbarschaftshilfe wird meist mit der Relevanz begründet, am Leben in seinem Umfeld – gerade auch in Krisenzeiten – Anteil zu nehmen. Implizit wohl auch aus der interessengeleiteten Überlegung heraus, dass andere dann gegebenenfalls auch für einen da wären und es wichtig ist, im Wohnumfeld über ein Netz zu verfügen, das bei Bedarf aktiviert werden kann. Diese aktivierbare Präsenz umfasst auch Handlungen gegen die Grundangst, in der eigenen Wohnung unbemerkt zu sterben:

»Neben uns hat eine alte Frau gewohnt, alleine – und sie hat uns ihren Schlüssel gegeben und die Telefonnummern von ihren Kindern, dass wir reagieren können, falls wir nichts von ihr sehen oder hören [...] und wenn ich in die Ferien gegangen bin, habe ich ihr meinen Schlüssel gegeben, und sie kam zum Lüften und hat zu den Blumen geschaut.«[36]

---

31 Interview I, UAII, 00:53:33.

32 Interview II, Telli, 00:42:06.

33 Interview III, UAII, 00:57:44.

34 Interview I, Telli, 00:38:44.

35 Interview I, UAII, 01:28:20.

36 Interview III, UAII, 00:52:34.

In dieser Aussage wird die Logik der Reziprozität von nachbarschaftlichen Unterstützungsleistungen deutlich. Unterstützung hängt dabei eng mit Kontrolle zusammen. Sei es begründet durch das hohe Alter oder temporäre Abwesenheiten, das Zum-anderen-Schauen ist eng verbunden mit der Kontrolle, ob alles in Ordnung ist. Dies geht im Fall der obigen Aussage mit einem im Nachbarschaftskontext ultimativen Vertrauensbeweis einher: der Übergabe des Schlüssels für die eigene Wohnung. Die Praxis der Schlüsselübergabe fällt höchst selektiv aus. Eine Partei wird hierzu ausgewählt, gegenüber der man bereit ist, auch Privates oder Intimes von sich preiszugeben oder sich bis zu einem gewissen Maße kontrollieren zu lassen. Um Hilfe zu beanspruchen, wird die Zurückhaltung, die im nachbarschaftlichen Zusammenleben sonst wichtig ist, punktuell aufgehoben. Die Bereitschaft sich zu öffnen und sich möglicherweise dabei hilflos oder verwundbar zu zeigen, erfordert Vertrauen. Und Vertrauen lässt sich auf der Basis von Gegenseitigkeit einfacher verwirklichen. Die reziproke Vertrauensgrundlage kommt insbesondere gegenüber Personen zum Tragen, mit welchen weitere soziale Bezugspunkte oder ähnliche Interessen geteilt werden. Wenn eine solche Basis nicht gegeben ist, scheint eher auf Nachbarschaftshilfe verzichtet zu werden.

Zwischen dem Wert der Solidarität und demjenigen der Zurückhaltung eröffnet sich ein Spannungsfeld. Es ist eine Ambivalenz, die in jeder nachbarschaftlichen Beziehungskonstellation wieder neu ausgehandelt und austariert werden will. Wer auf Hilfe angewiesen ist und von NachbarInnen Unterstützung beansprucht, begibt sich in ein Abhängigkeitsverhältnis und muss aufpassen, die nachbarschaftliche Hilfsbereitschaft nicht überzustrapazieren.[37] Deshalb ist die Norm, dass Nachbarschaftshilfe einen freiwilligen und nicht verpflichtenden Charakter tragen muss so wichtig.

2.2.5 Sich treffen und besuchen

Mit den Bewohnerinterviews lässt sich bestätigen, was auch der Soziologe Helmut Klages beschrieben hat: Die Gestaltung von bekanntschaftlichen Nachbarschaftskontakten, die gegenseitige Treffen oder Besuche umfasst, kommt nur vereinzelt vor und wird ganz unterschiedlich praktiziert (vgl. Klages 1958, 127ff). Während einige der befragten BewohnerInnen betonen, dass sie andere aus ihrem Haus nicht zu Hause besuchen würden und auch keine Besuche von anderen wünschten, weisen gerade langjährige, ältere Bewohnerinnen, Eltern sowie Kinder und Jugendliche darauf hin, dass sie sich in ihrer Freizeit gelegentlich oder des Öfteren mit anderen

---

37 Beispielsweise, wenn geforderte Hilfeleistungen als unverschämt verstanden werden, wie im Fall einer Interviewpartnerin, deren Nachbarin sie gebeten habe, unentgeltlich ihre Wohnung zu putzen. Vgl. Interview IV, UAII, 00:29:49.

BewohnerInnen aus der Nachbarschaft treffen oder verabreden würden. Wie in Nachbarschaftsforschungen verschiedentlich dargelegt worden ist, werden bekanntschaftliche Kontakte gerade von Menschen gelebt, die bedingt durch ihr Alter, ihre Lebensphase oder Einkommenssituation relativ viel Zeit in ihrer Wohnung und Wohnumgebung verbringen (vgl. etwa Hamm 1973, 77; Reutlinger et al. 2010, 228ff). Dabei kann in den Interviews die Tendenz beobachtet werden, dass unter diesen Gruppen das Interesse an intensiveren Kontakten nicht verallgemeinert werden kann, sondern gerade von Personen formuliert wird, die ›sozial‹ eingestellt sind, bzw. die sich für alltägliche Begegnungen Zeit nehmen wollen oder können. Dies sind nicht selten Menschen, die von einem großen Bekanntenkreis auch außerhalb der Siedlung erzählen. In anderen Worten: Menschen, die sich in Nachbarschaften vernetzen, verfügen nicht nur über die Zeit, diese Kontakte zu pflegen, sondern auch häufig über ein hohes Sozialkapital.[38] So beschreibt eine ältere, pensionierte Bewohnerin in Unteraffoltern II, die im Siedlungsverein ist und sich für soziale Aktivitäten in der Siedlung einsetzt, die Wichtigkeit intensiver und guter sozialer Kontakte als Teil ihres Selbstverständnisses:

»Das wäre für mich kein Leben, wenn ich immer in der Wohnung bleiben müsste, wenn ich nicht hinaus sitzen und mit anderen Menschen ein bisschen lachen und reden und spielen könnte [...]. Das ist wie wenn man im Garten nicht mit den Nachbarn redet, ich habe kein Interesse an dem, ich will mit Nachbarn einen guten Kontakt pflegen und Kaffee trinken oder so.«[39]

Gegenseitige Besuche oder gemeinsame Unternehmungen unter NachbarInnen werden hingegen nur punktuell und selektiv wahrgenommen. Sie ergeben sich meist unter Menschen, die gemeinsame Bedürfnisse und Interessen teilen – und sei es wie im Zitat dargelegt – einfach das Interesse an einem unbeschwerten Austausch. Der genannte Garten taucht in den Interviews als Treffpunkt des Öfteren auf. Es ist für diejenigen, die eine der Schrebergartenparzellen neben den Siedlungen gemietet haben, nicht nur ein Ort, wo man einem ähnlichen Hobby nachgeht, sondern auch ein Ort, wo man sich – außerhalb des doch sehr persönlichen Rahmens der eigenen Wohnung – unkompliziert gegenseitig besuchen kann.

Für Menschen, deren Aktionsradius weit gezogen ist, die beruflich und zeitlich stark beansprucht sind und ihre sozialen Kontakte insbesondere außerhalb ihrer Wohnumgebung leben, ist Nachbarschaft hingegen meist nicht so wichtig. In diesem Sinn argumentiert etwa ein befragter Hauswart aus der Telli:

---

38 Diese Beobachtung wurde in verschiedenen Nachbarschaftsforschungen beschrieben (vgl. Herlyn 1970, 158; Pfeil 1972, 198; Menzl 2011, 101f).

39 Interview III, UAII, 01:22:28.

»Du bist so mit deinem eigenen beschäftigt, von morgens bis abends hast du deinen Job, hast in deiner Freizeit dies und jenes und dann setzt du dich gar nicht so mit deiner Umgebung auseinander – außer, wenn du schon jemanden kennst, dann ist es etwas anderes.«[40]

Dennoch gibt es in den Interviews auch Stimmen, die sich – trotz einer starken Außenorientierung in ihrer Lebensgestaltung – wünschten, die Menschen in ihrem unmittelbaren Wohnumfeld besser kennenzulernen. So etwa die Bewohnerin einer WG:

»Es wäre schön, einige etwas besser zu kennen. Es ginge nicht darum stundenlang Zeit zusammen zu verbringen, aber so, dass wenn man sich sieht, man sich etwas kennt und vielleicht kurz miteinander reden kann [...] und mehr muss ja nicht sein«[41]

Dieser Wunsch mag mit der vorher dargelegten Bedeutung des Voneinander-Wissens, um bei Bedarf jemand ansprechen zu können, begründet werden – gerade auch zur Reduzierung der Unsicherheit gegenüber dem Unbekannten im eigenen Wohnumfeld. Doch sich kennenzulernen, bedarf immer auch eines Anstoßes. So meint ein Student, der in der Telli wohnt:

»Ich glaube auf 2000 Leute gäbe es viele coole Menschen, also ich sehe jeweils in die Balkone rein und denke: Das sieht supertoll aus dort, die möchte ich eigentlich etwas kennenlernen, aber das geschieht nicht einfach so.«[42]

Gerade für Menschen, die kaum weitere Bezugspunkte mit ihren NachbarInnen haben als den gemeinsamen Wohnort, fehlt es in der Regel an Auslösern, andere besser kennenzulernen. Trotz des hohen Werts an Optionalität und Flexibilität bei der Ausgestaltung von Nachbarschaftskontakten ist es nicht nur den Einzelnen überlassen, inwiefern sie sich auf das Nebenan oder Gegenüber einlassen wollen – oder auch nicht. Verbindungen oder Differenzen sind im Nachbarschaftskontext immer auch sozial produziert.

---

40 Gruppeninterview Wincasa, 01:13:30.
41 Interview V, Telli, 00:41:36.
42 Interview V, Telli, 00:42:07.

2.3 MEHR ALS NACHBARN: WEITERE BEZUGSPUNKTE

Entgegen dem Außenbild des anonymen Hochhausblocks wird in den Bewohnerinterviews verschiedentlich von engeren Beziehungen und Vernetzungen in den Siedlungen erzählt, die über eigentliche Nachbarschaftsbeziehungen hinausgehen und fließend in weitere soziale Relationen übergehen. Generell kann festgestellt werden: Engere Nachbarschaftskontakte werden gerade durch den Bezug auf Ähnlichkeiten gefördert (vgl. Reutlinger et al. 2010, 230). Solche Ähnlichkeiten ergeben sich dort, wo im Beziehungsgefüge einer Person Überlagerungen zu anderen sozialen Arenen stattfinden (vgl. Schnur 2012, 450).

Unter NachbarInnen intensivere Kontakte zu leben, braucht demnach verschiedene weitere Bezugspunkte als nur die Gemeinsamkeit nebeneinander zu wohnen. Dazu gehören nicht nur ähnliche (gegebenenfalls auch sich ergänzende) Lebensphasen, sondern auch ähnliche Lebenseinstellungen oder Freizeitbeschäftigungen. Insbesondere verbindend wirkt die Familienphase bzw. die Tatsache Kinder im selben Alter zu haben. Oft sind es auch Bekanntschaften von Menschen, die neben dem Nachbarschaftsverhältnis über weitere soziale Netzwerke (Interessensgruppen, Vereine, berufliche oder schulische Verbindungen) miteinander verbunden sind oder im Laufe der Jahre verbunden waren. »Eine Freundin zieht jetzt in eine WG nebenan im Block und Klassenkollegen haben dort oben eine WG gegründet,«[43] berichten etwa Studierende, die die Zunahme an weiteren Wohngemeinschaften in der Telli und das Benachbart-Sein mit FreundInnen und Gleichgesinnten begrüßen. Andere InterviewpartnerInnen weisen darauf hin, dass sie freiwerdende Wohnungen in ihren Häusern auch schon an Bekannte, Freunde oder Familienangehörige vermittelt hätten.[44]

Der Bezug auf verschiedene gemeinsame Referenzpunkte, kann dazu beitragen, dass das nachbarschaftliche Zusammenleben als angenehm dargelegt wird. Neben der gemeinsamen Sprache, Herkunft, Generationenzugehörigkeit sowie beruflichen Relationen werden in den Interviews als verbindende Dimensionen teils auch die Zugehörigkeit zu selben Sportklubs oder religiösen Gruppierungen genannt. Thematisiert werden dabei insbesondere auch Glaubensformen, die im Alltag rege praktiziert werden wie beispielsweise evangelikale Freikirchen.[45] Dass solche Gruppierungen zwar mit anderen Mitgliedern engere Verbindungen leben, sich von Andersgläubigen aber tendenziell abgrenzen, wird von niemandem problematisiert.

---

43 Interview V, Telli, 00:12:47.

44 Vgl. etwa Interview III, UAII, 00:54:45.

45 »In diesem und im anderen Gebäude gibt es Leute, die in dieselbe christliche Kirche gehen wie ich. Wir treffen uns regelmäßig, gehen zueinander Kaffee trinken oder im Sommer machen wir mit den Kindern zusammen Ausflüge« (Interview IV, UAII, 00:51:08).

Scheinen doch solche Distanzierungen in der Nachbarschaft angesichts des sonst geltenden hohen Werts des Leben-und-Leben-Lassens nicht als Exklusion ausgelebt oder erfahren zu werden.

Mit Bernd Hamm lässt sich zusammenfassen, dass mit der Anzahl gemeinsamer Bezugsgruppen auch die nachbarschaftliche Interaktionsdichte steigt (Hamm 1998, 173). Wo sich kaum Bezugspunkte ergeben, sinkt das Bedürfnis in Kontakt mit anderen zu treten. Mit Gleichgesinnten lässt sich hingegen dieselbe vertraute Welt teilen und der Austausch fällt leichter.

Im Folgenden werden zwei Beziehungsformen genauer betrachtet, bei denen die BewohnerInnen ›mehr als Nachbarn‹ sind, und weitere – zum einen familiäre und zum anderen freundschaftliche – Bezugspunkte miteinander teilen. Letztere ergeben sich oft gerade durch die Präsenz von und den Austausch über Kinder, wie im abschließenden Teil dieses Kapitels diskutiert wird.

2.3.1 Erweiterte Familien

Eine besondere Form der sozialen Nähe stellen familiäre Beziehungen in den Nachbarschaften dar. Da in den Überbauungen immer wieder Wohnungen frei werden, bieten sich Möglichkeiten, bei einer Veränderung der Haushaltsform – bei Familienzuwachs, aber auch nach Auszug der Kinder oder bei Trennungen – innerhalb der Siedlung umzuziehen. Immer wieder wird in den Interviews auf Situationen verwiesen, in denen Eltern, deren erwachsene Kinder oder Geschwister etc. in jeweils separaten Wohnungen zu Hause sind. Ein Bewohner aus dem Isengrind interpretiert dies als Zeichen der Zufriedenheit mit der Wohnsituation.[46] Verschiedentlich wird auch davon erzählt, dass Kinder, die in den Siedlungen aufgewachsen sind – gerade bei der Gründung einer eigenen Familie – wieder zurück in die Siedlungen und ihr ehemals vertrautes Umfeld ziehen: »Mein Sohn hat jetzt eine eigene Wohnung hier, weil er hat eben gesagt […], das sei ideal hier für Kinder und er hat auch einen Hund und für die ist es auch wirklich schön da.«[47]

Eine andere Interviewpartnerin aus der Telli, deren Eltern, als sie klein war, aus einem südosteuropäischen Land in die Schweiz eingewandert sind, führt aus, dass mittlerweile ein Großteil ihrer Familie – zwei Tanten, ein Onkel, fünf Cousins bzw. Cousinen, ihre Eltern sowie ihr Bruder – in jeweils eigenen Wohnungen in der Überbauung wohnen. Diese erweiterte Familie ist im Wohnalltag der Interviewpartnerin sehr präsent. Ihre Mutter, die im Haus nebenan wohnt, ist für die berufstätige Frau eine wichtige Bezugsperson und entlastet sie bei der Betreuung ihrer kleinen Kinder. Auch der Bruder schaut regelmäßig zu ihren Kindern, was sie sehr

---

46 Interview I, UAII, 00:45:45.
47 Interview III, Telli, 00:12:37.

schätzt. Die Familienangehörigen treffen sich an Wochenenden – in verschiedenen Konstellationen –, was von der Gastgeberin manchmal auch als anstrengend empfunden wird:

»Spontan rufen sie uns an: ›Seid ihr zu Hause? Wir laden uns ein‹ – ›Ja, kommt!‹ [...] Und dann hören die anderen von ihnen: ›Hey, die sind dort, komm wir gehen auch‹. Und für mich ist es nachher nicht mehr so lustig, wenn ich so viele Leute bewirten muss, aber dann mache ich einfach was Kleines, Kaffee und sonst irgendwas und fertig.«[48]

Während diese spontanen Besuchskontakte in den Wohnungen stattfinden, nutzt die Familie für organisierte Familientreffen und -feiern im größeren Kreis die Gemeinschaftsräume, die ihnen in der Telli zur Verfügung stehen: Für kleinere Anlässe den Gemeinschaftsraum im Erdgeschoss ihres Blockes, für größere Feiern mieten sie sich auch mal einen Raum im GZ.[49]

Die Hochhausüberbauungen bieten demnach auch Wohnraum für Haushaltsformen, in denen die Mitglieder einer erweiterten Familie zwar teils unter demselben Dach wohnen, ihre eigene Wohnungstür hingegen hinter sich zu machen und dadurch auch in Autonomie leben können. Dies ermöglicht es, dass sich familiäre oder verwandtschaftliche Solidaritätsnetzwerke herausbilden können, die – wohl gerade aufgrund der Anzahl anderer Parteien im Haus und der Größe der Siedlungen – als mehrheitlich unkompliziert und nicht einengend beschrieben werden. Die oben genannte Interviewpartnerin weist etwa darauf hin, dass sie nicht allen von ihrer Familie gleich nahe stehe, dies aber auch steuern könne, indem sie mit einigen mehr und mit anderen weniger Kontakt habe. Außerdem geht sie darauf ein, dass sie in Notsituationen nur ihre Familienangehörigen in der Siedlung und nicht ihre NachbarInnen anspreche.[50] Wenn sich familiäre und nachbarschaftliche Relationen überlagern, kann generell beobachtet werden, dass intensivere Kontakte in der Nachbarschaft vorerst mehrheitlich mit anderen Familienangehörigen gelebt werden. So führt auch eine andere Bewohnerin aus: »Wenn ich Hilfe brauche, dann sind meine Schwester, meine Kinder und mein Mann für mich da, wir sind eine Familie, die zueinander schaut«[51] – der Schritt zu den NachbarInnen erfolgt demgegenüber meist erst, wenn ein Bedürfnis durch die familiäre Hilfe nicht abgedeckt werden kann.

---

48 Interview VI, Telli, 00:53:36.
49 Ebd., 00:46:49 und 01:23:27.
50 Ebd., 01:12:14.
51 Interview III, UAII, 00:16:34.

2.3.2 Freundschaften

Neben familiären gibt es auch freundschaftliche Kontakte in den Nachbarschaften. Die Größe der Überbauungen ermögliche es, so wird in den Bewohnerinterviews immer wieder erwähnt, sich sein Beziehungsnetz selbst auswählen zu können: »Für uns bringt es am meisten mit denjenigen Familien, mit denen wir Gemeinsamkeiten haben, abzumachen und Verbindungen zu leben«,[52] äußert etwa ein Vater von drei kleinen Kindern. Eine andere Interviewpartnerin, ebenfalls Mutter zweier Kinder, führt aus, dass sie sich regelmäßig mit anderen Müttern treffe.[53] Mit einigen verbindet sie ein freundschaftliches Verhältnis, die Kinder gehen in den jeweiligen Wohnungen wie selbstverständlich ein und aus und übernachten teils auch beieinander. Vertrauen ist hier ein Thema: Sie würde ihre Tochter nicht zu allen Familien nach Hause gehen lassen, sondern einfach zu denen, die sie besser kenne und denen sie auch vertraue.[54]

Bei den nachbarschaftlichen Freundschaften handelt es sich in der Regel um Verbindungen unter Gleich- oder Ähnlichgesinnten, die über viele Jahre gewachsen sind. Dieses Gewachsen-Sein von Relationen mit freundschaftlichem Charakter bedingt nicht nur Erinnerungen an gemeinsame Erlebnisse im Wohnumfeld, sondern erfordert auch die Erfahrung von Konstanz und Verlässlichkeit eines Gegenübers, das bei Bedarf präsent ist. Dabei können vor allem drei Gruppen von langjährigen BewohnerInnen unterschieden werden, die untereinander teils auch Kontakte mit freundschaftlichem Charakter leben: erstens – wie bereits thematisiert – Familien mit Kindern, zweitens ältere Menschen im Pensionsalter, die schon seit vielen Jahren in den Siedlungen leben und hier oft Kinder großgezogen haben. Und drittens Jugendliche oder junge Erwachsene, die in den Siedlungen aufgewachsen sind und nach wie vor dort – meist bei ihren Eltern – wohnen.

Eine Frau, die als Erstbeziehende in den 1970er-Jahren mit ihrer Familie in die Telli gezogen ist, erzählt von Treffen mit Frauen der Siedlung, bei denen die Grenzen zwischen Nachbarschaft und Freundschaft verschwimmen:

»Ich treffe mich einmal in der Woche im Telli-Egge mit anderen Frauen zu einem Kaffee und wir haben immer etwas zu berichten und zu tun [...]. Die anderen wohnen alle in der Überbauung, sind von jeder Wohnzeile vertreten. Wir sind eine ziemlich eingeschweißte Gruppe. Früher waren wir größer, viele sind weggezogen und jetzt sind wir einfach ein schönes

---

52 Interview II, Telli, 01:14:59.

53 »Wir sehen uns oft draußen und während die Kinder spielen, sitzen wir einfach zusammen und manchmal nehmen wir eine Decke und picknicken oder so.« (Interview VI, Telli, 00:32:48)

54 Ebd.

Grüppchen. Und wenn sich jeweils jemand Neues dazusetzen will, ist sie immer herzlich willkommen [...]. Einige haben auch Hunde und je nachdem bei schönem Wetter und wenn man Zeit hat, dann begleitet man sie auf einen Spaziergang oder die meisten haben auch einen eigenen Garten unten, dann trifft man sich auch dort wieder.«[55]

In diesem Zitat geht die Erzählung der »eingeschweißten Gruppe« mit dem Narrativ von Offenheit und Inklusionsbereitschaft für neue Gesichter einher. Diese Betonung offen und nicht ausschließend sein zu wollen, taucht auch in anderen Gesprächen auf. Nichtsdestotrotz ist man doch »eingeschweißt« und bleibt unter sich.

Auch im Interview mit jungen Erwachsenen wird von einem Freundeskreis erzählt, der stark auf Kontakte mit Gleichaltrigen in der Nachbarschaft bezogen ist. Die Möglichkeit als Kinder und Jugendliche im unmittelbaren Wohnumfeld Freunde zu haben und sich in der Siedlung zu treffen und viel Zeit miteinander zu verbringen, kann – wenn auch unbeabsichtigt – auf andere ausgrenzend wirken:

»Ein Kollege von uns hat außerhalb von Aarau gewohnt und ist immer zu uns gekommen. Aber mit der Zeit wurde das immer weniger, weil es ihn halt genervt hat. Das ist verständlich, weil das war ein Nachteil für ihn, dass wir alle von der Telli sind und er nicht.«[56]

Auf die Frage, was die Überbauung für sie bedeute, weisen die jungen Bewohner primär auf die Freundschaften hin, die hier im Laufe ihrer Kindheit entstanden und gewachsen sind. Dabei werden insbesondere auch die räumliche Nähe und die kurzen Wege hervorgehoben, die freundschaftliche Begegnungen in der Freizeit erleichtern.[57] Kindergarten und Schule, die gleich nebenan liegen, und die mehrheitlich Kinder aus der Überbauung besuchen, fungieren dabei als wichtige Generatoren für Verbindungen, die dann in der schulfreien Zeit »je nach Situation«[58] weitergelebt werden. Es wäre aber verfehlt, die Jugendlichen der Siedlung als abgeschottete Gruppe zu bezeichnen. Über weiterführende Schulen der Oberstufe, die außerhalb des Quartiers liegen, oder in der Lehre »kommt man automatisch mit Leuten aus ganz Aarau in Kontakt«,[59] betonen die jungen Erwachsenen im Interview. Die freundschaftlichen Verbindungen aus dem Wohnumfeld, die in früher Kindheit geknüpft worden sind, haben aber für sie bis heute einen stark tragenden Charakter.

In Unteraffoltern II wird eine ähnliche Situation dargelegt. So erzählt ein Jugendlicher im Interview, dass er die gleichaltrigen Kinder, die in der Wohnung ne-

---

55 Interview III, Telli, 00:50:00.

56 Interview IV, Telli, 00:54:23.

57 Vgl. Ebd. 00:02:39.

58 Ebd., 00:20:30

59 Ebd., 01:10:40

benan aufgewachsen sind, kenne, seitdem er denken könne. Sie sind bis heute eng miteinander befreundet und gehen in den jeweiligen Wohnungen wie selbstverständlich ein und aus.[60] Die Nähe der Kinder bindet auch die Eltern und die jeweiligen Haushalte enger aneinander. Weitere erwachsene Personen können ebenfalls Teil dieses Netzwerks sein, das durch die Kinder etabliert worden ist. So erzählt etwa eine ältere Nachbarin, die nebenan wohnt, dass sie die Jugendlichen seit ihrer Geburt kenne. Durch die langjährige Verbindung habe sie ein sehr gutes Verhältnis mit ihnen – und könne wenn es mal Schwierigkeiten gebe, diese ohne Probleme direkt mit ihnen klären.[61]

2.3.3 Vernetzung der Kinder

Die Nachbarschaft und das unmittelbare Wohnumfeld ist für Kinder oft die räumliche und soziale Umwelt schlechthin (Bahrdt 1969, 110), in der sie viel Zeit verbringen. Kinder bringen dabei auch erwachsene BewohnerInnen näher in Kontakt zueinander (vgl. etwa Hamm 1973, 77; 83; Engelhard 1986, 58; Pfeil 1972, 166; Vierecke 1972, 35; Reutlinger et al. 2010, 229). Was verschiedene Nachbarschaftsstudien bereits vor vierzig Jahren beschrieben haben, kann auch heute noch in den untersuchten Siedlungen beobachtet werden. Für Familien mit Kindern ist ein anonymes Leben in den Siedlungen kaum möglich und in der Regel werden intensivere Nachbarschaftskontakte gelebt. Eine langjährige Telli-Bewohnerin erinnert sich etwa an die vielen »schönen Tage«, die sie mit ihrer und anderen Familien der Siedlung draußen verbracht hat.[62] Sie habe es sehr geschätzt, dass ihre Kinder aufgrund der verkehrsfreien Außenräume und der Nähe zum Wald schon im Vorschulalter selbstständig, ohne Kontrolle und Begleitung, draußen spielen konnten:

»Die haben alles Mögliche angestellt, die haben im Wald gespielt, Hütten gebaut, sind ab und zu rauf gekommen von Kopf bis Fuß komplett nass, weil sie in den Bach gefallen sind [...], aber das war wichtig, weil ich habe immer gesagt, ein Kind muss selbstständig werden und wenn ich es überallhin begleite, dann ist es nie mit beiden Füßen am Boden.«[63]

Die Möglichkeit des freien Kinderspiels wird auch von heutigen Familien sehr geschätzt. Eine besondere Bedeutung spielen die Spielwiesen und Fußballplätze auf

---

60 Interview V, UAII, 00:10:32.

61 Vgl. Interview II, UAII, 00:37:00.

62 »Die Kinder haben Fußball gespielt, wir haben gegrillt, zwischendurch holten sie sich
    was zu essen, und auch viele andere Familien von der Telli sind vorbeigekommen, das
    waren sehr schöne Tage« (Interview III, Telli, 00:15:05).

63 Ebd., 00:34:56.

den Siedlungsarealen. Sobald es das Wetter zulässt, werden diese rege genutzt. Sie haben tagelang zusammen Fußball gespielt, erinnern sich etwa junge Männer im Interview:»Das verbindet schon.«[64] Nach wie vor sind es mehrheitlich Jungs für die der Fußballplatz ein wichtiger Sozialisationsort mit Gleichaltrigen außerhalb von Schule und Elternhaus darstellt. Dabei spielen immer mehr Mädchen Fußball, ihre Spielaktivitäten richten sich jedoch meist breiter aus. Weitere Spielräume ermöglichen es den Kindern, sich auch bei schlechtem Wetter oder kühleren Temperaturen selbstständig organisieren und treffen zu können.[65] Aufgrund der Vielzahl an Kindern, finden Kinder in der schulfreien Zeit immer jemanden zum Spielen.[66] Über die Nutzung derselben Spielräume wachsen Verbindungen mit Gleichaltrigen, die teils über die ganze Kindheit und Jugend bis ins Erwachsenenalter halten. Für viele Familien sind gerade diese – meist als Unterstützung erfahrenen – Verbindungen ein Hauptgrund für die lange Wohndauer in den Siedlungen. Diesem Umstand geschuldet ist auch das verbreitete Narrativ von der Übergangslösung, die zu einem Zuhause geworden ist, das gerade von langjährigen BewohnerInnen artikuliert wird.[67] Ein Wegzug einer Familie, deren Kinder eng miteinander befreundet waren, wird von den Zurückbleibenden denn oft auch als herber Verlust erfahren:

»Die beste Freundin unserer Tochter hat obenan gewohnt, sie ist leider weggezogen vor zwei Jahren. Sie waren immer zusammen und das war genial. Schnell am Abend noch eine Treppe rauf [...], sie war manchmal von morgens um sieben bis abends um acht bei uns.«[68]

Die Kinder der Siedlungen können zwar selbstständig nach draußen gehen und sich dort frei bewegen. Um wieder Zugang zu ihren Wohnungen zu haben, benötigen sie jedoch einen Schlüssel. Gerade Kinder im Vorschul- und frühen Schulalter, die keinen eigenen Schlüssel haben, sind darauf angewiesen, dass ihnen jemand die Türe öffnet:»Wenn unsere drei Kinder draußen sind und noch mit Freunden, dann klingelt es sicher alle drei Minuten, ja, sie müssen aufs WC oder sonst was und dann ist man eigentlich dauernd am hin- und herrennen.«[69] Dies bringt Eltern auch dazu, sich bezüglich der Kinderbetreuung untereinander zu organisieren. Kinder sind demnach wichtige Akteure, die verbindend auf die nachbarschaftlichen Interaktionen wirken. So bringt die Vernetzung der Kinder untereinander Erwachsene mitein-

---

64 Interview IV, Telli, 00:33:47

65 Vgl. ausführlicher Kap. III 1.3.2

66 »Es genügt halt aufzustehen und zum Fenster rauszuschauen und dann sieht man, dass einige andere draußen sind« (Interview II, Telli, 01:44:40).

67 Vgl. Kap. II 3.5.3.

68 Interview III, Telli, 00:17:16.

69 Interview II, Telli, 00:28:46.

ander in Kontakt. Im Falle von Kleinkindern treffen sich die sie betreuenden Elternteile – nach wie vor mehr Mütter – auf den Spielplätzen oder es finden private Treffen statt. Wenn die Kinder älter werden, verändert sich auch das nachbarschaftliche Kontaktverhalten. »Als die Kinder klein waren hatten wir mehr Kontakt«, stellt etwa eine langjährige Bewohnerin fest und führt weiter aus: »Wir haben uns gegenseitig unterstützt, wenn ein Kind krank war oder wir haben den Nachbarskindern mit den Aufgaben geholfen. Seit die Kinder groß geworden und weggezogen sind, gibt es das praktisch nicht mehr.«[70] Aber auch für kinderlose Personen eröffnen sich über Kinder Begegnungspotentiale. So berichtet etwa eine junge WG-Bewohnerin von der Kontaktbereitschaft der Kinder der Siedlung[71] oder eine ältere, alleinstehende Bewohnerin legt dar, dass die vielen Kinder für sie gewissermaßen auch ›Leben‹ im Haus und kleine Kontaktmöglichkeiten bedeuten:

»Ich habe eigentlich fast mehr lockere Kontakte mit Kindern als mit Erwachsenen hier [...]. Die vielen Kinder finde ich das Schöne hier, das ist das ganze Leben. Und das hat die Verwaltung auch gleich begrüßt und gesagt man müsse gerne Kinder haben, wenn man hier wohnt, weil man sich sonst zu sehr nervt.«[72]

---

70 Interview III, Telli, 00:24:23.

71 Interview V, Telli, 00:20:08.

72 Interview II, UA II, 00:33:42.

3 Spannungen und Konflikte

Kontakte unter NachbarInnen nehmen in den beiden untersuchten Hochhaussiedlungen vielseitige Formen an. Es wäre verfehlt, die Nachbarschaftsbeziehungen per se in ein harmonisches Licht zu tauchen, vielmehr zeichnen sich diese oft durch Disharmonien aus. Denn in den Begegnungs- und Unterstützungspotentialen von Nachbarschaften liegen auch Konfliktpotentiale. Dass Spannungen und Konflikte zur nachbarschaftlichen Beziehung gehören, hat bereits Max Weber beschrieben. Die Chance für Konflikte ist nach Weber insbesondere dann gegeben, wenn Beziehungen auf Nähe und Solidarität und somit auch auf Abhängigkeit beruhen (vgl. Weber 1972 (1921/22), 215f). Problemfelder und Spannungen, die zu Konflikten auswachsen können, tauchen in den untersuchten Hochhausüberbauungen in erster Linie in Zwischenräumen und kollektiv geteilten Orten auf. Wenn bei deren Nutzung und Aneignung konträr zueinanderstehende Lebensstile und -rhythmen miteinander konfrontiert werden und unterschiedliche Wertvorstellungen und Normen zusammenprallen, dann sind Beschwerden und Streit oft vorprogrammiert. Bernd Hamm hat festgestellt, dass Nachbarschaftskonflikte gerade aus konträr zueinanderstehenden Interessen und Verhaltenserwartungen, die jeweils eine gewisse Verbindlichkeit beanspruchen, resultieren (vgl. Hamm 1973, 97). Das folgende Kapitel setzt sich mit der Frage auseinander, in welchen Situationen welche Spannungen oder Konflikte in den Nachbarschaften zu beobachten sind. Zunächst wird der Fokus auf die Konfliktpotentiale in Generationenbeziehungen gelegt, dann verschiebt sich der Betrachtungswinkel auf typische Spannungsfelder und Auslöser von Nachbarschaftsstreitereien in den Hochhaussiedlungen. Da die Art und Weise, wie Spannungen und Konflikte ausgetragen werden maßgeblich von der Kommunikation der Konfliktparteien beeinflusst wird, schließt das Kapitel mit Überlegungen zu dieser Thematik ab.

3.1 KONFLIKTPOTENTIALE IM GENERATIONENGEFÜGE

Bedürfnisse nach Spiel und Begegnung von Kindern und Jugendlichen können mit dem Anspruch älterer BewohnerInnen nach Ruhe und Ordnung kollidieren. In den untersuchten Hochhausüberbauungen zeigt sich jedoch, dass dies nicht zu verfestigten Generationenkonflikten führen muss. Dabei wird auch deutlich, dass gegenüber Kindern (im Vorschul- und Primarschulalter zwischen drei und zwölf Jahren) sowie Jugendlichen (im Teenageralter zwischen 13 und 19 Jahren) unterschiedliche Konfliktdynamiken bestehen.

3.1.1 Spielende Kinder

Tagsüber sind viele Kinder heute extern betreut, sei es in Kindertagesstätten, Kindergärten oder Tagesschulen. Die Siedlungen beginnen deshalb oft erst in den schulfreien Zeiten und abends ›lebendig‹ zu werden:»Da ist so viel Rambazamba, das ist manchmal unglaublich, bis zehn Uhr abends, vor allem wenn Schulferien sind.«[1] Dies kann auch zu Spannungen unter Eltern führen, etwa wenn die einen Kinder schon ins Bett müssen, während andere noch draußen herumtoben dürfen.[2] Das Zusammenprallen bzw. der Umgang mit unterschiedlichen Erziehungsvorstellungen – seien sie protektiver oder freier, selbstbestimmter oder autoritärer ausgerichtet – ist, wie von interviewten Eltern verschiedentlich ausgeführt, ein Thema das nachbarschaftliche Aushandlungen erfordert.

Ein erhebliches Konfliktpotential birgt insbesondere der Lärm spielender Kinder in sich. Ausgangslage sind Beschwerden von älteren BewohnerInnen, die sich mehr Ruhe wünschen. So stellt der Isengrind-Hauswart fest:

»Es ist mir aufgefallen, dass die älteren Leute, die haben ein großes Problem mit den Kindern, mit dem Lärm. Die hatten aber selber oft auch Familien und zwei, drei Kinder, und nun im Alter sind sie irgendwie sensibilisierter [...], aber wir reden da von maximal zehn Personen, die sich regelmäßig zu diesem Thema äußern. Das sind immer mehr oder weniger die Gleichen. Und ja, wir nehmen das zur Kenntnis, aber machen können wir nichts.«[3]

Umgekehrt berichten Eltern beider Siedlungen in den Interviews von teilweise schwierigen Erfahrungen mit einzelnen, älteren NachbarInnen, die sich über ihre Kinder beschwert oder diese beschimpft hätten. Dies kann auch zu ausgeprägten

---

1   Interview IV, UA II, 00:49:49.

2   Vgl. etwa Interview I, UAII, 01:29:16.

3   Gruppeninterview LVZ UAII, 01:28:03.

nachbarschaftlichen Belastungs- und Streitsituationen führen, wie aus dem folgenden Interviewzitat einer alleinerziehenden Mutter deutlich wird:

»Unsere Nachbarin, das ist eine alte Frau, sie hat immer sofort reklamiert, das darf mein Sohn nicht machen und das nicht, wir dürfen absolut keinen Lärm machen [...], das hat mich traurig, ja depressiv gemacht, weil ich verstehe nicht, was ich falsch gemacht habe? Und wenn mein Sohn spielt und etwas auf den Boden fällt, bin ich schnell nervös, ich habe so Angst, dass sie wieder kommt und reklamiert und so. Aber nachher habe ich mit der Verwaltung geredet und sie haben mir erklärt, dass ich nicht die Einzige bin, die mit dieser Frau Probleme hat, und sie hat auch psychische Probleme und ist allein.«[4]

Um die Konfliktsituation nicht komplett eskalieren zu lassen, führte dies für die Interviewpartnerin zu einer Beeinträchtigung ihres Wohlbefindens und der Bewegungsfreiheit innerhalb der eigenen Privatsphäre. Da die vielen Beschwerden auch eine Möglichkeit zur Kontaktaufnahme sind, sieht sie diese in der Einsamkeit und den psychischen Problemen der Nachbarin begründet. Für das Kind führten die vielen Zurechtweisungen zu starken Einschränkungen im Ausleben seiner entwicklungsbedingt notwendigen Handlungsspielräume und Ausdrucksmöglichkeiten.

Die hier angesprochene, nachbarschaftliche Konstellation von älteren, einsamen oder gesundheitlich angeschlagenen Menschen und Familien mit kleinen Kindern ist anspruchsvoll, da beide Parteien ihre Wohnungen tendenziell intensiv nutzen, hingegen meist unterschiedliche Bedürfnisse ans Wohnen und ihre NachbarInnen haben. Nicht in allen Situationen muss es zur Konflikteskalation oder Einschränkungen kommen. Verschiedentlich wurde in den Interviews auch auf gut funktionierende Arrangements hingewiesen, in denen Familien sich mit ihren NachbarInnen absprechen, zu welchen Tageszeiten sie Rücksicht nehmen und wann die Kinder laut sein dürfen.

Auch wäre es falsch, eine generelle Konfliktlinie zwischen älteren BewohnerInnen und Kindern der Siedlungen zu zeichnen. Vielmehr handelt es sich bei den ›Ruhepolizisten‹, wie in den Interviews immer wieder betont, um Einzelpersonen, von denen sich auch andere ältere BewohnerInnen klar distanzieren. Die Personen, die für Ruhe und Ordnung sorgen wollen, werden zu ›schwierigen‹, ›pingeligen‹ oder ›untoleranten Nörglern‹ umdefiniert, welche die Norm der Kinderfreundlichkeit stören. Die Stimmen sind klar und eindeutig verurteilend. So ein älterer Bewohner: »Wer Kinderlärm nicht mehr erträgt, soll allein im Wald wohnen gehen.«[5] Oder ein Familienvater meint: »Da habe ich kein Verständnis, den Lärm müssen sie

---

4   Interview IV, Unteraffoltern II, 00:36:27.
5   Interview III, 00:34:21.

aushalten, sonst müssen sie in ein Einfamilienhaus oder in eine Alterssiedlung.«[6] Kinder gehören dazu und sie sollen – als Bedingung für ein gutes Aufwachsen – spielen, sich frei bewegen und dabei auch mal Lärm machen oder sich austoben dürfen.

Diese Haltung wird nicht nur von den interviewten BewohnerInnen, sondern auch den VertreterInnen der Verwaltungen geteilt: »Wir sind ja eine Familiensiedlung und das ist ja für Kinder und wir machen auch alles dafür«,[7] betont eine Vertreterin der Liegenschaftenverwaltung Zürich. Darin widerspiegelt sich auch ein Wandel im Verwaltungsverständnis: Es geht nicht nur um die Durchsetzung von Ruhe, Recht und Ordnung, sondern die Kinderfreundlichkeit und die spezifischen Bedürfnisse von Familien werden genauso ernst genommen. Eine ältere Bewohnerin weist im Interview darauf hin, dass sie diesen Gesinnungswandel sehr zu schätzen wisse. Sie erinnert sich, dass sie als Kind in einem Stadtzürcher Mietshaus aufgrund von älteren NachbarInnen immer still und rücksichtsvoll sein musste.[8] Dabei wird auch deutlich, dass Konflikte um Kinderlärm – unabhängig der Bebauung – kein neues Thema sind. Ein anderer älterer Bewohner erklärt:

»Ich habe als Junge auch immer Fußball gespielt auf der Straße im Dorf, in dem ich aufgewachsen bin, das ist in den Kriegsjahren gewesen, als kaum je ein Auto gekommen ist. Und dann hat der Nachbar von gegenüber auch jeweils rausgeschaut und hat gesagt: ›Macht, dass ihr davonkommt mit eurem Lärm‹ [...]. Wenn Sie älter werden, merken Sie, es gibt nichts, was es nicht schon gegeben hat. Das ist immer so gewesen.«[9]

Diese unterschiedlichen Haltungen von älteren Menschen gegenüber Kinderlärm kann auch im Zusammenhang mit der starken Ausdifferenzierung der Generation, die heute im Rentenalter ist, gesehen werden (vgl. hierzu etwa Höpflinger 2008, 33ff). Die Werte der 1968er-Generation, zu denen etwa die Offenheit und Toleranz gegenüber anderen Lebensentwürfen und unbeschwertem Kinderspiel gehören, machen sich heute auch in den Haltungen eines Teils der älteren BewohnerInnen bemerkbar. Das wirkt auf das nachbarschaftliche Zusammenleben und die betroffenen Familien und Kinder stark entlastend. Mit Bezug auf Menzl et al. kann dieser Wertewandel auch im Zusammenhang mit dem Übergang von ›traditionalen‹ zu ›posttraditionalen‹ Nachbarschaftsmustern erklärt werden, angesichts dessen Nachbar-

---

6   Interview V, UAII, 01:00:39.
7   Gruppeninterview LVZ UAII, 01:28:49.
8   »Wir durften nicht leben eigentlich [...]. ›Bitte Rasen nicht betreten‹ und solche Sachen, alles in dem Stil. Und ich finde das so schön hier, hier dürfen die Kinder leben.« (Interview II, UAII, 00:36:30)
9   Interview I, Telli, 01:32:25.

schaftsbeziehungen flexibler, unverbindlicher und toleranter gegenüber verschiedenen Lebensstilen werden (Menzl et al. 2011, 62f/101).

3.1.2 Informelle Jugendtreffpunkte

Jugendliche haben es im Unterschied zu Kindern im Allgemeinen schwerer auf Verständnis von älteren bzw. erwachsenen BewohnerInnen zu hoffen.[10] Im Interview erzählen Jugendliche, dass sie häufig mit dem Misstrauen von älteren BewohnerInnen konfrontiert werden. Dies erleben sie als Einschränkung in ihrem Handeln, wie folgendes Beispiel veranschaulicht:

»Wir waren auf einem Flachdach und haben ein Musikvideo gedreht und jemand hat uns gesehen: ›Was machen die dort? Da muss ich die Polizei anrufen!‹ [...] und die Polizei ist gekommen und sogar der Polizist hat sich entschuldigt. Aber von diesen Leuten gibt es viele, die nichts Besseres zu tun haben als den Jugendlichen irgendwie die Türen zuzumachen.«[11]

Seit sie keine Kinder mehr sind, so die Jugendlichen, würde schneller gleich die Polizei eingeschaltet und die Beschwerden richteten sich seltener direkt an sie.

Auch im Isengrind ist die Präsenz von Jugendlichen in den (halb-)öffentlichen Räumen ein Thema, was in den Interviews von älteren und langjährigen BewohnerInnen auch problematisiert wird. Eine Bewohnerin erzählt beispielsweise, dass im Laufe der Jahre schon Pakete aus ihrem Briefkasten entwendet worden seien und vermutet, dass es sich dabei um Jugendstreiche handle. Privates würde allgemein in den halböffentlichen Räumen der Siedlung immer weniger respektiert.[12] Eine andere Bewohnerin verweist auf die Aneignung des Eingangsbereichs durch Jugendliche. Zum einen bringt sie deren Bedürfnis sich zu treffen Verständnis entgegen. Zum anderen fühlt sie sich »vom Lärm« und der »Sauerei« gestört und fordert von den »Unruhestiftern« Ruhe und Ordnung ein.[13] Für den Hauswart und die Liegenschaftenverwaltung sind »die Jungen, die sich im Gebäude und der Eingangshalle aufhalten und da auch Blödsinn machen oder Unrat herumliegen lassen«[14] ebenfalls ein Thema. Seit dem Winter 2013 nahm dies eine Eigendynamik an: Die öffentlich zugängliche Eingangshalle des Blocks an der Fronwaldstrasse 94 wurde zuerst von einigen Jungs der Siedlung und schließlich von Jugendlichen aus dem ganzen Quartier als Treffpunkt angeeignet. Dies führte unweigerlich zu Problemen, es kam zu

---

10 Gruppeninterview GZ Telli, 01:00:30.

11 Interview IV, Telli, 00:56:38.

12 Vgl. Interview II, UAII, 00:46:24.

13 Interview III, UAII, 01:18:10.

14 Gruppeninterview LVZ UAII, 01:19:45.

Beschwerden von BewohnerInnen wegen Nachtruhestörungen, Littering und teilweise auch Vandalismus. Die Liegenschaftenverwaltung sah sich letztlich dazu veranlasst, den Jugendlichen den Aufenthalt in der Eingangshalle ganz zu verbieten. Für die Jugendlichen liegt das Problem darin, dass es sonst im Quartier nur wenige Freiräume gibt, in denen sie vor Witterung geschützt unter sich sein können.

Dass Räume für Teenager fehlen, ist auch in der Telli ein großes Thema, wo es – im Unterschied zum Isengrind – auch keinen wöchentlich animierten Jugendtreff gibt. Bestrebungen zur Bespielung eines Gemeinschaftsraums für Jugendliche scheiterten hier an der geltenden Hausordnung, die unter anderem beinhaltet, dass dieser Raum um 22 Uhr gereinigt verlassen werden muss. Aus Sicht der Jugendlichen fehlen vor allem unreglementierte, freie Räume, in denen sie ohne kontrolliert zu werden unter sich sein können: »Die Frage ist, wie der Platz bewacht wird und was man dort machen darf. Wenn es zu viele einschränkende Regeln gibt, lohnt sich auch der Raum nicht.«[15] Zu starke Reglementierungen wirken kontraproduktiv, was letztlich dazu führt, dass Jugendliche die für sie vorgesehenen Räume erst gar nicht nutzen oder aber als Gruppe diskreditiert werden. Die Jugendlichen treffen sich heute deshalb meist draußen. Bei schönem und wärmerem Wetter sei das kein Problem, da treffen sie sich bei den Bänken und Stühlen unter den Blöcken oder beim Fußballplatz, im Hofareal der benachbarten Schulhäuser, öfters auch im Wald oder an der Aare. »Im Trockenen gibt es aber nicht viele Plätze, wo man sein kann, ohne dass irgendjemand irgendwie auf eine Art stört.«[16] Über viele Jahre haben sich die Jugendlichen im Winter oder bei schlechtem Wetter abends nach Ladenschluss im Durchgangsbereich des Einkaufscenters getroffen und nutzten die dort installierten Bänke sowie die Sitzgelegenheiten eines Bistros. Heute werden sie von Angestellten einer Sicherheitsfirma weggeschickt:

»Ich glaube sie haben eine andere Securitas-Firma angestellt und seither kommen sie jeden Tag und schmeißen uns raus. Darum versuchen wir es meistens gar nicht mehr [...], aber früher war das noch nicht so. Lange war das wie unser Räumchen, da war es hier abends nach Ladenschluss fast immer voll, an dem Tisch saßen die etwas Älteren und hier die etwas Jüngeren.«[17]

Dieser informelle Treffpunkt, der nicht exklusiv war, sondern von verschiedenen (Alters-)Gruppen angeeignet worden ist, fehlt den Jugendlichen heute. Gibt es doch

---

15 Interview IV, Telli, 01:14:59.

16 Ebd., 01:15:15.

17 Ebd., 00:07:41. Den Rauswurf aus dem Einkaufszentrum haben wir während des Interviews selbst miterlebt, als wir uns mit den jungen Männern dort – als einem ihrer Treffpunkte – verabredet haben.

keinen vergleichbaren öffentlichen Platz im Siedlungsareal, der ähnlich gut vor Kälte und Witterung, aber auch vor Blicken aus den Häusern und Wohnungsfenstern schützt: »Wir treffen uns bei Kollegen zu Hause oder sonst friert man halt irgendwo mal oder geht weniger raus.«[18] Die Treffpunkte bzw. die Orte um zu »hängen« – wie es die Jugendlichen ausdrücken – sind nicht fix, sondern wechseln immer wieder, wobei es eine Bewegung im Aneignungsprozess gibt. So war die Heizung vor dem GZ vor dessen Sanierung etwa ein beliebter Ort, wo Jugendliche oft zusammensaßen, heute sind die Bänke im gedeckten Eingangsbereich der heilpädagogischen Schule ein beliebter Treff. Der GZ-Leiter hält fest: »Es gibt so Punkte, wo man quasi im Giro rundherum geht und dann sind sie je nach Alter dann hier oder dort.«[19] Dabei fällt auf, dass es sich bei dieser Praxis um ein männliches Phänomen handelt. Mädchen in ihrem Alter »hängen eh nicht mehr rum, die sind alle ihren Weg gegangen«,[20] meinen die befragten jungen Männer. Während sich die Jungs in den öffentlichen Räumen im großen Freundeskreis treffen und sich die Außenräume so auch aneignen, machen Mädchen und junge Frauen tendenziell gezielter mit einzelnen Freundinnen ab, wozu sie mehr auch klar vordefinierte öffentliche oder private Räume nutzen. Ebenso sieht man weniger junge Frauen und Mädchen, die draußen sitzen, um da einfach zu verweilen.

Im vielseitigen Angebot des GZ Telli gibt es für Teenager ab 13 Jahren eine Lücke. Die städtische Jugendarbeit außerhalb der Siedlung springt hier teilweise ein. Der Aufbau eines offiziellen, siedlungsinternen Jugendtreffs wird jedoch nicht angestrebt. Nicht nur aufgrund des Mangels an hierzu passenden Räumlichkeiten, sondern auch aus der Erfahrung heraus, dass die Nutzung eines solchen Angebots durch verschiedene Gruppierungen sehr schwierig umzusetzen ist.[21] Dass es im Siedlungsareal an genügend Freiräumen mangelt, ist kein neues Thema. Bereits im Jahr 2001 berichtete die *Aargauer Zeitung* unter dem Titel »Telli-Jugend sehnt sich nach Freiräumen« davon.[22]

Hauswarte, BewirtschafterInnen und erwachsene BewohnerInnen stören sich in den Interviews teilweise daran, dass Jugendliche bei ihren Zusammenkünften und Partys im Außenraum der Siedlungen Abfall hinterlassen und Lärm machen. Ebenso ist Vandalismus gelegentlich ein Thema. Erzählt wird etwa von eingeschlagenen Fensterscheiben, die schon eingeschlagen worden sind, von Sprayereien, von Zerstörungen an Spieleinrichtungen oder Briefkästen sowie vereinzelt von Bränden. In Unteraffoltern II haben beispielsweise rauchende Jugendliche Kellerabteile in

---

18 Ebd., 01:15:49.

19 Gruppeninterview GZ Telli, 01:25:08.

20 Interview IV, Telli, 00:23:07.

21 Vgl. Gruppeninterview GZ Telli, 01:26:30.

22 »Telli-Jugend sehnt sich nach Freiräumen«, in: Aargauer Zeitung vom 28.4.2001.

Brand gesetzt.[23] In der Telli zündete ein Jugendlicher eine Rutschbahn an, wodurch der halbe Robinsonspielplatz abgebrannt ist. Ebenso brannte ein Teil des mit Täfelung gedeckten Verbindungsweges der Wohnzeile D, nachdem zwei Jugendliche hier mitten in der Nacht einen Briefkasten anzünden wollten. In den Interviews werden diese Vorkommnisse meist mit einem relativierenden Nebenton erzählt: »Also so großer Vandalismus ist es meist auch nicht, es sind einfach Jugendliche, die machen Streiche [...], klar muss man ihnen sagen, dass das nicht in Ordnung ist.«[24] Oder: »Er hat das unabsichtlich gemacht, er wollte nicht die ganze Rutschbahn anzünden oder großen Schaden anrichten, aber irgendwie hat nachher alles gebrannt.«[25] Außerdem wird in den Interviews – auch von den Hauswarten – betont, dass es sich bei Vandalismus und Sprayereien um einige wenige Ausnahmen handle, die kein akutes Problem oder tägliches Ärgernis darstellen. Verschiedentlich wird auch erwähnt, dass es ein Phänomen sei, das in Wellen auftauche und dann wieder verschwinde.[26]

Auch die Gruppenbildungen Jugendlicher, die als »schwierig« gelten oder »Probleme machen« erfolgt in zeitlichen Wellen. So aus dem Interview mit dem GZ Telli: »Es hat hier Anfang der 2000er eine Generation von Jugendlichen gegeben [...], die sind ›gangmäßig‹ unterwegs gewesen [...] mit denen haben wir viel zu tun gehabt.«[27] Dem Leiter des GZ ist es jedoch gelungen ihr Vertrauen zu gewinnen, sodass sich die Situation beruhigte. Er steht teilweise bis heute im Kontakt mit ihnen und wird bei Problemen von ihnen gelegentlich noch immer um Unterstützung angefragt. Heute sei die Situation viel ruhiger, das bestätigen auch interviewte Junge: »Früher gab es noch Gangs, die sind zu dreißigst rumgegangen, prügeln und so [...], aber jetzt ist es von Generation zu Generation immer ruhiger.«[28] Dies mag auch mit Veränderungen in der Begegnungskultur zusammenhängen: »Jetzt ist die

---

23 Vgl. Interview V, UAII, 00:25:37.

24 Ebd., 01:03:50.

25 Interview IV, Telli, 00:38:24.

26 In den Archivunterlagen der Verwaltungen findet man insbesondere um die Jahrtausendwende Unterlagen zu Vandalismus durch einzelne Jugendliche. Es handelt sich aber nicht um ein neues Thema. In einem Brief der Jugendstrafanwaltschaft des Kantons Aarau aus dem Jahr 1978 ist etwa zu lesen, dass am 2.9.1977 »in der Autoeinstellhalle der Liegenschaft Delfterstr. 28 beim Parkfeld Nr. 129 den Materialkasten mittels einer selbstgebastelten Sprengladung beschädigt« hätten. Vgl. Wincasa-Archiv Telli, Kanton Aargau (Jugendstrafanwaltschaft): Brief an die Winterthur-Lebens-Versicherungsgesellschaft, Olten 28.2.1978.

27 Gruppeninterview GZ Telli, 01:42:02.

28 Interview IV, Telli, 00:37:34.

Smartphone-Generation,«[29] meint einer der jungen Männer. Konflikte mit Jugendlichen sind in der Telli gegenwärtig also kaum ein Thema, was sich aber wie folgendes Interviewzitat des GZ-Leiters verdeutlicht, wieder ändern kann: »Im Moment ist es mit den Jugendlichen ruhig [...], aber je nachdem, wenn da zwei drei ›Quergestrickte‹ kommen, dann kann eine ganze Dynamik kippen.«[30]

3.2 AUSLÖSER FÜR NACHBARSCHAFTSKONFLIKTE

Nachbarschaftskonflikte sind Wellenbewegungen unterworfen, die sich um ein bestimmtes Thema aufbauen und auch wieder abebben können. Das nachbarschaftliche Mit- bzw. Nebeneinander entspricht Dynamiken, die im Gleichgewicht sind oder »ins Kippen« geraten können. Dabei sind es meist Kleinigkeiten, welche die Balance stören und Konflikte auslösen. Es gibt gewisse Themen, die besonderes Konfliktpotential in sich bergen: »Lärm, die Waschküchenordnung und Abfall, das sind die drei klassischen Sorgenkinder«,[31] legt etwa eine befragte Bewirtschafterin dar und betont, dass es sich dabei nicht um spezifische Probleme einer Großüberbauung handle, sondern auch in anderen Liegenschaften vorkomme.[32] Die Einschätzung dieser drei typischen Konfliktthemen im Nachbarschaftskontext, deckt sich mit den Ergebnissen der Interviewanalyse. Darin zeigte sich außerdem deutlich, dass Einstellungen und Wertvorstellungen in Nachbarschaftskonstellationen das Auslösen von Konflikten fördern oder hemmen können.

3.2.1 Lärm

Lärm und Ruhestörung, das wird von den interviewten BewirtschafterInnen und Hauswarten beider Siedlungen betont, sei der häufigste Grund für Beschwerden und Streit unter NachbarInnen. Und auch in den Bewohnerinterviews wird meist zuerst die Lärmthematik angesprochen, wenn es um die Frage geht, welche Regelungen in einer Hausordnung festgelegt werden sollten. Nicht alle MieterInnen hielten sich etwa an die Verpflichtung Musik auf Zimmerlautstärke zu hören und ab 22 Uhr die Nachtruhe einzuhalten. Lärm kann dabei sowohl Belästigung als auch Berührungspunkt sein, indem gemeinsam nach der Lokalisierung der Lärmquelle gesucht wird: »Die Musik, das haben wir also schon oft gehabt, jetzt zwar schon eine Weile nicht

---

29 Ebd., 00:50:28.
30 Gruppeninterview GZ Telli, 01:01:06.
31 Gruppeninterview Wincasa, 01:31:12. Die Bewirtschafterin der LVZ teilt auf Nachfrage dieselbe Einschätzung.
32 Ebd., 01:32:16.

mehr, dass man wirklich in einer Disco gewesen ist. Das kam von irgendwo weit oben und die ganze Front hat hinausgeschaut und gefragt: ›Ja, wer ist das‹?«[33]

Als störende Geräusche genannt werden neben lauter Musik auch laute Gespräche, Kindergeschrei, das Üben von Musikinstrumenten, Streit, knallende Türen sowie Trittschall (etwa aufgrund von Holzschuhen oder hohen Absätzen). Ein Thema sind verschiedentlich auch die undefinierbaren Lärmquellen, die zum Hochhaus gehören. Erzählt wird von Geräuschen wie einem Kugelrollen, Möbelrücken oder Staubsaugen, die insbesondere nachts hörbar seien, aber weder erklärt noch lokalisiert werden können. Diese Geräusche sind störend, weil sie sich akustisch zwar immer wieder aufdrängen, aber nirgendwo und nichts Spezifischem zugeordnet werden können.[34] Klar definierbar ist hingegen der Lärm von Festen und laut redenden Partygästen auf Balkonen, in Treppenhäusern oder den Außenräumen: »Wenn sie Partys machen, die dann die ganze Nacht dauern, ich finde, das müssten sie eigentlich auch etwas vorwarnen«,[35] sagt etwa eine ältere Frau. Jüngere BewohnerInnen einer WG, die gerne Freunde einladen oder Feste organisieren, avisieren zwar vorher die NachbarInnen ihres Hauses und laden sie ein, nehmen Lärmbeschwerden aber auch bewusst in Kauf – nach dem Motto »wenn die Polizei klingeln kommt, war's eine gute Party.«[36]

Lärm in der Nachbarschaft kann für diejenigen, die sich daran stören sehr belastend sein. Gerade auch da die Definition, was als Lärm gilt und was nicht, subjektiv unterschiedlich erfahren wird. Wenn die Verursacher bei Beschwerden etwa abstreiten, dass sie laut seien, können sich Streitsituationen entfachen. Diejenigen, die sich an Lärm stören, arrangieren sich aber oft auch irgendwie damit. Wie laut oder ruhig es ist, ist immer auch vom Zufall abhängig: Denn, »dass eine lärmende Familie oder solche, die immer miteinander Streit haben nebenan ziehen, kann einem in jedem Mehrfamilienhaus passieren.«[37]

Die Toleranz gegenüber Lärm hängt auch vom Gesundheitszustand und der Mobilität einer Person bzw. deren Präsenz vor Ort ab: »Gerade für ältere Leute, die vielleicht gesundheitliche Probleme haben und viel zu Hause sind, kann Lärm

---

33 Interview II, UAII, 01:23:03.

34 »Wir haben einen Lärm hier wie von einer Bowlingbahn, du hörst einen Ball runterrollen […] das hört wirklich jeder, der hier wohnt und jeder fragt den anderen: ›Hast du das auch gehört?‹ Aber niemand weiß, woher dass es kommt. Die Hauswarte wissen es auch nicht. Ich habe mich daran gewöhnt, ich höre es gar nicht mehr« (Interview VI, Telli, 01:05:35).

35 Interview II, UAII, 01:23:18.

36 Interview V, Telli, 00:10:32.

37 Interview I, Telli, 01:33:26.

schon eine rechte Belastung sein.«[38] Was als Lärm empfunden wird und wann es deswegen Streit oder Beschwerden gibt bzw. wie hoch die Toleranzgrenze ist, wird in jeder nachbarschaftlichen Konstellation individuell unterschiedlich erfahren und ausgehandelt.

Probleme oder Konflikte wegen Lärm werden in den meisten Bewohnerinterviews als Ausnahmen dargestellt. Gerade Personen, die laute Geräusche aus der Nachbarschaft bis zu einem gewissen Grad akzeptieren, schätzen Lärm in der Regel kaum als Problem ein. »Die Jungen hören schon oft laute Musik, aber das stört mich nicht [...], oft ist es auch interessante Musik«,[39] meint etwa eine ältere Frau. Oder eine Bewohnerin, die in einer südostasiatischen Großstadt aufgewachsen ist, sagt, dass sie aus ihrer Kindheit an ganz andere Lärmpegel gewohnt sei und sich deshalb noch nie wegen Lärm gestört gefühlt habe.[40] Es finden auch implizite Arrangements eines reziproken sich Gewährenlassens statt: »Wir reden auch laut«,[41] sagt etwa eine Frau im Interview zu ihrem Mann, als dieser von der Lautstärke der Gespräche ihrer tamilischen Nachbarn erzählt. Oder BewohnerInnen einer WG legen dar, dass sie sich nie bei ihren oftmals lauten Nachbarn beschweren würden, da sie sich dadurch auch berechtigt dazu sehen, zwischendurch etwas lauter zu sein.[42]

3.2.2 Wäsche

Wohl keiner der gemeinsam genutzten Räume in einem Mehrfamilienhaus bietet so viel Stör- und Konfliktpotential wie die Nutzung der Waschküche. Die eigene Wäsche und die Art und Weise, wie gewaschen werden soll, ist etwas sehr Persönliches. Wenn die Einrichtungen und Räumlichkeiten zum Waschen in einem Haus von einer Vielzahl von Personen geteilt werden, dann prallen oft ganz unterschiedliche Vorstellungen von Sauberkeit und Ordnung aufeinander. Während die einen für mehr Lockerheit und gegenseitiges Entgegenkommen plädieren, betonen andere die Wichtigkeit der genauen Einhaltung von Regeln für einen verantwortungsvollen Umgang mit den Gemeinschaftseinrichtungen. Die Geister scheiden sich etwa hinsichtlich der Frage, wie eine Waschmaschine gereinigt zu sein habe bzw. was als sauber und was als dreckig gilt. Ein weiterer öfters genannter Streitpunkt ist die Dauer der Belegung der Wasch- und Trocknungseinrichtungen. Dass gewisse Parteien ihre Wäsche regelmäßig zu lange hängen lassen, gibt immer wieder Anlass zu Beschwerden.

---

38 Interview II, Telli, 00:32:21.
39 Interview III, Telli, 01:03:38.
40 Vgl. Interview IV, UAII, 01:11:35.
41 Interview III, Telli, 00:26:57.
42 Interview V, Telli, 00:28:45.

In der Telli, wo sich weniger Parteien eine Waschküche teilen, wird von weniger Schwierigkeiten berichtet als in Unteraffoltern II, wo pro Block eine Waschküche für alle eingerichtet worden ist. Einige Telli-BewohnerInnen meinen, dass sie höchstens »normale Reklamationen, aber keinen Streit«[43] kennen. Andere, dass sie selbst in 40 Jahren, in denen sie in der Siedlung wohnen, noch nie einen Waschküchenkonflikt erlebt hätten.[44] Gerade die Möglichkeit, dass sich die BewohnerInnen bei der Nutzung der Waschküche selbst organisieren, sehen auch andere befragte BewohnerInnen der Telli als Grund für das problemfreie Nebeneinander.

Das System der Selbst-Organisation der BewohnerInnen beim Waschplan gibt es auch im Isengrind. Im Unterschied zur Telli berichten die BewohnerInnen von Unteraffoltern II aber von mehr Schwierigkeiten. Auffallend ist, dass in allen Interviews der Hinweis auftaucht, dass in der Waschküche schon Kleider gestohlen worden seien.[45] Bei einigen erscheint dies eher als Gerücht, das man vom Hörensagen kennt.[46] Andere waren schon selbst betroffen davon.[47] Die Angst vor Diebstahl hat einige der interviewten Personen dazu veranlasst, sich eine eigene Waschmaschine zu kaufen. Andere achten – auch auf Anraten des Hauswarts – darauf, dass sie keine neuen oder teuren Kleider in den gemeinschaftlich genutzten Räumen im Haus aufhängen. Und wieder andere organisieren sich so, dass sie ihre Wäsche nicht unbeaufsichtigt in der Waschküche liegen lassen.[48] Allen diesen Strategien geht voraus, dass die Waschküche als unsicherer Ort erlebt wird, an dem Misstrauen gegenüber mitnutzenden NachbarInnen geboten scheint. Mit der zunehmenden Zahl an – auch unbekannten – NutzerInnen schwinden die Kontrollmöglichkeiten, was andere mit den persönlichen Gegenständen in den Allgemeinräumen tun (könnten). Dieser Kontrollverlust beeinflusst auch das Sicherheitsempfinden.

---

43 Interview IV, Telli, 01:04:37.

44 Vgl. Interview I, Telli, 01:02:25.

45 Ähnliche Erzählungen kursieren auch zu den Kellern und Fahrradkellern, was einige der befragten Personen dazu veranlasst, ihr Fahrrad in den Wohnungen bzw. auf den Balkonen abzustellen oder wertvolle Gegenstände wie Wein oder Elektrogeräte in privat organisierten Estrichabteilen zu lagern.

46 Interview III, UAII, 01:31:38.

47 Interview V, UAII, 00:24:49.

48 »Ich kalkuliere genau, ja die Wäsche dauert eine Stunde und dann nehme ich sie gleich raus [...]. Ich lasse meine Wäsche nicht alleine« (Interview III, UAII, 01:32:57).

3.2.3 Abfall

Ein weiteres Ärgernis, das zu Nachbarschaftskonflikten führen kann, ist Littering bzw. das Wegwerfen von Abfall in den gemeinsam genutzten Räumen inner- und außerhalb der Häuser. So ein Bewohner:

»Mich regt einfach der viele Abfall auf. Die Leute wohnen an so einem schönen Ort und in günstigen, schönen Wohnungen und dann werfen sie einfach den Abfall auf den Boden [...]. Das regt mich auf [...]. Wir sollten das doch ein bisschen sauber halten und schauen, dass alles in Ordnung ist.«[49]

Einige der befragten Personen weisen darauf hin, dass es sich dabei um kein spezifisches Thema der Großüberbauungen, sondern um ein gesamtgesellschaftliches Problem handle, das überall dort, wo viele Menschen zusammentreffen, z.B. in den Innenstädten und auf öffentlichen Plätzen, zu beobachten sei. Das Plädoyer für Sauberkeit zu sorgen bzw. dazu beizutragen die Ordnung aufrechtzuhalten, ist in Bewohnerinterviews beider Siedlungen zu finden. Es sind häufig Statements, die fordern, dass jeder Einzelne Verantwortung für die Gesamtstruktur übernehmen solle.[50] Die Hauswarte tun einiges, um die BewohnerInnen zur Mitarbeit bei der richtigen Entsorgung von Abfall und Sperrmüll sowie der Litteringprävention zu überzeugen. Im Isengrind organisiert der Hauswart regelmäßig sogenannte ›Fötzel-Nachmittage‹, an denen Kinder ihm beim Beseitigen von Abfall helfen und als Dank dafür zu einer Süßigkeit eingeladen werden. In der Telli wurde zu Sensibilisierungszwecken das ›Tellimännchen‹ geschaffen, ein Heinzelmännchen-Maskottchen, das an öffentlichen Anschlägen die BewohnerInnen dazu animiert, den Abfall selbst wegzuräumen. Als Problem empfunden wird insbesondere die fehlende Sensibilität, die Achtlosigkeit des Wegwerfens, die dazu führt, dass nicht an die Konsequenzen bzw. an die Personen, die den Abfall wegräumen müssen, gedacht wird. Nach warmen Wochenenden würden die Spuren von nächtlichen Treffen bei den Holztischen unter den Blöcken jeweils aussehen, »als hätte die Bombe eingeschlagen, kaputte Flaschen, Erbrochenes, Chipspackungen«,[51] empören sich etwa junge Telli-BewohnerInnen. Oder ein Isengrind-Bewohner ärgert sich darüber, dass einige Raucher Zigarettenstummel von den Balkonen werfen und somit den Sonnenschutzrollos Brandlöcher zufügen.[52] Nur selten aber werden die Verursacher ›erwischt‹. Vielmehr handelt es sich um ein Ärgernis, das sich in der Regel gegen

---

49 Interview V, UAII, 00:22:40.

50 Interview VI, Telli, 01:14:44.

51 Interview V, Telli, 01:17:35.

52 Vgl. Interview I, UAII, 01:40:24.

Unbekannt richtet und so auch selten zu direkten, interaktiv ausgelebten Nachbarschaftsstreitigkeiten führt.

3.2.4 Die Bedeutung von Einstellungen

Bei allen Auseinandersetzungen kann die Einstellung der involvierten Menschen Konflikte zusätzlich verstärken oder aber zu einer Entspannung der Situation beitragen. Das Hauptproblem seien, so eine Interviewaussage, »die Leute, die sich nicht verantwortlich fühlen [...], denen alles egal ist.«[53] Die Haltung der Gleichgültigkeit und Verantwortungslosigkeit birgt besonderen Zündstoff und kann Nachbarschaftsstreitigkeiten entfachen. Hauptursache von eskalierenden Konflikten seien meist weniger die direkten Auslöser wie Lärm, Waschküchenordnungen oder Abfall, sondern NachbarInnen, die sich »um nichts kümmern«[54] und »nicht kooperativ sind«;[55] Menschen, die nicht einsehen, dass sie in ein Problem involviert sind, und keine Bereitschaft zur Rücksicht demonstrieren. Dies verunmögliche es, gemeinsame Regeln oder Arrangements, die zu einer Verbesserung der Situation führen könnten, auszuhandeln. Verschiedentlich wird in den Interviews erwähnt, dass es in den Häusern immer dieselben Familien oder Personen seien, die sich nicht an die Regeln hielten bzw. an die sich die Beschwerden richteten. Diesbezüglich kommen teilweise auch Stigmatisierungen gegenüber Menschen, die nicht der Norm entsprechen zum Tragen. So können je nach Wertsetzung, was als Norm gilt, Menschen von ihren NachbarInnen auch in eine Sündenbock-Rolle gedrängt und für Regelverletzungen verdächtigt werden, die sie vielleicht gar nicht begangen haben.[56]

Das Ausmaß eines Konfliktpotentials hängt immer von der spezifischen Konstellation Einzelner ab: »Ob etwas stört [...], kommt darauf an, was man für Nachbarn hat«,[57] betont etwa ein junger Bewohner im Interview. Die nachbarschaftlichen Konstellationen können sich dabei auf Einstellungen und Werte beziehen, die in Harmonie oder aber auch in Disharmonie zueinanderstehen. Aus disharmonischen Verbindungen wie auch aus Harmoniebestrebungen, die Differenzen verschleiern, gehen Spannungen hervor. Nicht alle Spannungen resultieren in der Eskalation von Konflikten. Hinsichtlich der Frage ob und wie sich Nachbarschaftskonflikte ausgestalten, spielt die Art und Weise der Kommunikation eine wesentliche Rolle.

---

53 Interview V, UAII, 00:24:06.
54 Interview I, Telli, 01:20:05.
55 Interview II, Telli, 00:48:45.
56 Vgl. hierzu ausführlicher Kap. III 3.3.5.
57 Interview IV, Telli, 00:28:08.

3.3 KOMMUNIKATION IN KONFLIKTSITUATIONEN

»Dort, wo man miteinander reden kann, muss es nicht zu einem Konflikt kommen, der dann bleibt.«[58] In dieser Interviewaussage erscheint Kommunikation als grundlegender Faktor zur Prävention von Konflikten. BewohnerInnen gehen unterschiedlich mit nachbarschaftlichen Konflikt- und Problemsituationen um. In der Analyse lassen sich drei grundlegend verschiedene Kommunikationsstrategien herauskristallisieren: die unmittelbare direkte Kommunikation, der indirekte Weg über eine Beschwerde bei Verwaltung, Hauswart oder der Polizei oder die Vermeidungstaktik.

3.3.1 Direkte Kommunikation

Bei der ersten Kommunikationsstrategie richtet sich die Person, die sich durch ihre NachbarInnen gestört fühlt, direkt an die betreffenden Personen. Dies reicht von nonverbalen Zeichen, »wenn es zu laut ist, klopfe ich immer mit dem Besen an die Decke«,[59] über schriftliche Mitteilungen, z.B. in Form von Zettelbeschwerden, bis hin zu verbalen Reklamationen im direkten Gespräch. Nonverbale und schriftliche Zeichen werden in der Regel eher im Affekt bzw. relativ unreflektiert vorgenommen, um dem Unmut ein Ventil zu geben. Direkt an der Wohnungstür der Konfliktpartei zu klingeln oder eine betreffende Person im Haus auf ein Problem hin anzusprechen, braucht mehr Überwindung. Die Möglichkeit zum Gespräch ermöglicht dem Gegenüber unmittelbar zu antworten und so interaktiv eine Situation zu klären. Nonverbale oder schriftliche Zeichen bergen mehr Potential für Missverständnisse, die gegenseitige Schuldzuschreibungen und einen Konflikt dann zusätzlich verstärken können. Wenn Kommunikation im direkten Gespräch gelingt, können Spannungen und Konflikte reduziert oder beigelegt werden. Miteinander reden, das wird in den Interviews immer wieder betont, sei grundlegend wichtig für ein friedliches nachbarschaftliches Verhältnis. Dabei kommt es aber nicht nur darauf an, dass, sondern insbesondere auch *wie* miteinander geredet wird: »Wenn ich es sachlich sage und begründe [...], dann kann das für alle eine Wohltat sein«,[60] meint eine Isengrind-Bewohnerin. Sie spricht etwa Kinder und Jugendliche direkt an und weist sie zurecht, wenn sie eine Regelüberschreitung beobachtet. Wichtig ist ihr dies respektvoll und höflich zu tun: »Und dadurch sind sie auch sehr freundlich mir gegenüber und halten mir die Türe auf und grüßen, wenn sie mich sehen.«[61] Von Seite der Rezipienten einer Beschwerde wird ebenfalls von deeskalierenden Strategien

---

58 Interview II, Telli, 00:48:45.

59 Interview IV, Telli, 00:52:38.

60 Interview II, UAII, 01:26:23.

61 Ebd., 00:48:14.

erzählt. Dazu gehört zuzuhören, sich zu entschuldigen, Besserung zu versprechen oder den Grund für sein Verhalten zu erklären – und insbesondere sich im Nachhinein nicht beleidigt oder nachtragend zu zeigen. Um Streitigkeiten zu vermeiden, erscheint eine Beschwerde manchmal auch in sehr subtiler Form, so ein Telli-Bewohner:»Mein Nachbar hat gesagt, er hätte es lieber, wenn ich am Sonntagmorgen leisere Stücke auf dem Klavier spielen würde [...], ich glaube er wollte nicht, dass es so klingt, als ob er sich beschweren würde.«[62] Dies entspricht einer Strategie, in der zwar kommuniziert wird, was stört, zugleich aber auch Akzeptanz gegenüber dem Handeln des Nachbarn demonstriert wird.

Im direkten kommunikativen Austausch lassen sich Absprachen vornehmen, in denen beide Seiten ihre Bedürfnisse artikulieren können und es im Idealfall zu einer gemeinsam erarbeiteten Lösung kommt. Folgender Interviewausschnitt veranschaulicht, wie es in einer nachbarschaftlichen Konstellation, die sehr konfliktbehaftet sein könnte – eine Familie mit drei kleineren Kindern wohnt über einer alleinstehenden älteren Frau, die an chronischen Schmerzen leidet –, dank solcher Abmachungen möglich ist, dass keine Streitereien aufflammen:

»Die Nachbarin untenan ist Schmerzpatientin und sie hat sich auch schon beschwert, wenn es zu laut war für sie, aber da haben wir jetzt offenbar einen Weg gefunden. Und es war auch nie ein wirklicher Konflikt, sondern sie hat einfach gesagt wie es für sie unten ist [...], wenn unsere Kinder oben runterspringen aus der Höhe dann zittert offenbar ihre Lampe, das haben wir am Anfang auch nicht gewusst [...]. Sie hat aber sehr gerne Kinder und hat uns auch verstanden. Aber wir haben versucht, den Lärm ein bisschen einzudämmen und haben mit ihr abgemacht, dass wir versuchen über den Mittag zwei Stunden ruhiger zu sein und abends ab acht ruhiger zu sein. Weil sie braucht manchmal ein bisschen Ruhe. Und seit dann ist es eigentlich gut. Wir haben sie auch ermuntert, es uns zu sagen, wenn es wieder zu laut wäre. Und wenn wir mal viele Kinder zu Besuch haben oder so, dann gehen wir schnell runter, um es ihr zu sagen. Und das schätzt sie jeweils, wenn sie es im Voraus weiß.«[63]

Verschiedene Faktoren, die für ein friedliches nachbarschaftliches Zusammenleben förderlich sind, werden hier angesprochen: Beide Parteien verfügen über Kommunikationskompetenz. Die ältere Frau macht keine generellen Anschuldigungen, sondern erklärt die Situation aus ihrer Perspektive. Die Eltern wiederum sind offen, diese Kritik anzunehmen und auf die Ruhebedürfnisse der Frau einzugehen. Die Abmachungen werden getragen von gegenseitiger Rücksicht und einem Verständnis für die Situation der anderen Partei. Es ist auch ein Beispiel, wie sich ein Aufeinander-Zugehen konstruktiv auf ein Nachbarschaftsverhältnis auswirkt. Lärm und

---

62 Interview V, Telli, 00:32:19.
63 Interview II, Telli, 00:48:02.

andere Einwirkungen aus Nachbarswohnungen sind deshalb so störend, weil sie unkontrolliert eindringen und passiv ertragen werden müssen. Indem die Verursacher selbst aktiv werden und nicht alltägliche Lärmsituationen avisieren, können sich die NachbarInnen damit arrangieren und Beschwerden somit reduzieren.[64] Ein langjähriger Bewohner meint zur Relevanz solcher nachbarschaftlich ausgehandelter Arrangements: »Ich habe die Erfahrung gemacht, die Leute kommen miteinander aus, wenn man sie lässt, man darf nur nicht alles zu fest regeln.«[65] Dieser Einschätzung geht die Beobachtung voraus, dass Regeln eher eingehalten werden, wenn sie je nach Situation untereinander abgesprochen werden. Ausnahmesituationen oder Interventionen von außen können dabei gegenseitige Absprachen fördern und somit auch verbindend wirken: »Als renoviert worden ist, sind wir ein wenig näher zusammengerückt im Haus, weil gewisse Dinge musste man einfach miteinander absprechen«,[66] erinnert sich etwa eine Bewohnerin an die Zeit der Sanierung ihrer Siedlung.

3.3.2 Indirekte Beschwerden

Nicht immer wenden sich die BewohnerInnen direkt an ihre NachbarInnen. So stellt etwa ein befragter Hauswart fest: »Also die Tendenz ist schon so, dass die Mieter nicht mehr so oft miteinander reden [...], sie kommen meist direkt zu mir, wenn es zum Beispiel irgendeine Ruhestörung gibt.«[67] Auch Bewirtschafterinnen stellen in der Mieterschaft eine abnehmende Bereitschaft fest, selbst Verantwortung zu übernehmen und einen Beitrag zur Lösung eines Nachbarschaftskonfliktes zu leisten. Eine Tendenz, die sie im Zusammenhang mit einem gesamtgesellschaftlichen Mentalitätswandel vermuten,[68] der auch in anderen Liegenschaften beobachtbar sei: »Die Leute sind fordernder geworden auch durch ihren Lebenswandel sind viele gestresst und mehr unter Druck.«[69] Nichtsdestotrotz versuchen die Verwaltungen im Umgang mit Nachbarschaftskonflikten immer zuerst die Mieter dazu zu animieren, die Streitpunkte untereinander zu klären:

---

64 »Früher als wir noch große Silvesterpartys organisiert haben, hat man den Nachbarn eine Flasche Sekt gebracht und gesagt, dass es etwas lauter wird und dass unsere Türe auch für sie offen ist, das hat wunderbar funktioniert«, erinnert sich etwa eine Bewohnerin (Interview III, Telli, 01:05:54).

65 Interview I, Telli, 01:02:35.

66 Interview II, UAII, 01:12:04.

67 Gruppeninterview LVZ UAII, 00:19:30.

68 Gruppeninterview Wincasa, 00:55:09.

69 Ebd., 01:14:22.

»Weil so kommt man weiter. Und wenn es halt dann nicht geht, gibt es entweder eine Aussprache bei uns vor Ort oder wenn einer gar nicht gewillt ist, machen wir ein Reklamationsschreiben und hoffen, dass es klappt.«[70]

In seltenen Fällen, wenn etwa MieterInnen mit ›schwierigem‹ Verhalten alle NachbarInnen auf unhaltbare Art und Weise verärgern und keine Bereitschaft zur Kooperation zeigen, kommt es auch zu Kündigungen. Wenn es um Nachbarschaftskonflikte geht, nehmen Verwaltungen in der Regel nur schriftliche Beschwerden entgegen. Dies kann für Fremdsprachige auch eine zu große Hürde darstellen, so dass sie lieber darauf verzichten und entweder versuchen, die Angelegenheit im direkten Gespräch zu regeln oder aber sich irgendwie mit einer störenden Situation zu arrangieren.

Bei Beschwerden sind nicht nur die Art und Weise der Kommunikation, sondern auch das Ausmaß ein Kriterium. Wer zuviel bzw. bei jeder kleinsten Gelegenheit reklamiert, wird bald nicht mehr ernst genommen:

»Es gibt eine Frau, sie ist eigentlich sehr lieb, aber sie meint die Kinder dürfen nicht auf dem Fußballplatz spielen und sie mag es nicht, wenn die Leute vor dem Gemeinschaftsraum sind. Sie hat immer überall etwas zu reklamieren, ich kann das nicht verstehen.«[71]

Da diese Person ihre Beschwerden respektvoll kommuniziert, werden ihre Anliegen einfach freundlich, aber verständnislos ignoriert und es kommt nicht zu expliziten Stigmatisierungen oder Sanktionen ihr gegenüber. Anders sieht es bei Personen aus, die mit ihrer Kontrolltätigkeit und ihren Beschwerden Grenzen überschreiten und alle anderen in ihrer Umgebung in ihren Handlungsspielräumen einschränken. Hier kann sich das Blatt auch wenden und die Person, die überall zum Rechten sieht, wird in der Nachbarschaft als ›Hausdrachen‹ stigmatisiert.

3.3.3 Vermeidungstaktiken

Die Strategie sich bewusst nicht zu beschweren, wird auch angewandt, um nicht als mühsam oder intolerant abgestempelt zu werden. Einige BewohnerInnen würden, so eine Bewirtschafterin im Interview, aus Angst als »ewiger Stänker« dazustehen, lieber die »Faust im Sack« machen.[72] Die Rücksichtnahme speist sich dabei nicht aus Verständnis und Toleranz, sondern aus Resignation und Kalkül, teils auch aus

---

70 Ebd., 00:52:08.
71 Interview III, UAII, 01:19:28.
72 Gruppeninterview LVZ UAII, 01:18:41.

Angst vor den Konsequenzen oder möglichen Racheakten der NachbarInnen, wie die Bewirtschafterin ausführt:

»Es gibt schon auch Hemmungen, soll ich da jetzt wirklich etwas Schriftliches schicken? Und hält die Verwaltung dicht oder gibt die meinen Namen doch raus? [...] Und dann ist sicher nachher das Auto verkratzt [...], also wenn ich nach dem Namen frage, wollen die Leute den oft nicht sagen.«[73]

Eine Konfrontation zu vermeiden, führt dazu, dass die Betroffenen sich zurückziehen und irgendwie mit der Situation abfinden: »Einige sagen nichts oder sagen auch nach all den Jahren nichts mehr [...], weil sie haben es schon häufig gesagt und es ist nichts passiert, dann lässt man es halt, man arrangiert sich sozusagen.«[74]

Sich bis zu einem gewissen Grad arrangieren zu müssen, entspricht auch einer verbreiteten nachbarschaftlichen Norm, die eng mit der Anforderung zusammenhängt, sich nicht einzumischen: »Es müsste sehr schlimm sein, dass ich etwas sage«[75], sagt etwa eine Bewohnerin und fügt an, dass man sich auch mit störenden Situationen abfinden könne und bei Lärm beispielsweise Fenster und Türen schließen, sich mit Musik ablenken oder einen Gehörschutz verwenden könne. Die Ursache der Störung wird damit nicht angegangen, sondern Lösungen gesucht, welche die Situation für einen selbst irgendwie erträglich machen.

---

73 Ebd., 00:16:34.

74 Ebd., 00:20:39.

75 Interview V, Telli, 00:31:06.

4 Steuerung und Organisation

Bislang standen die Relationen und Praktiken im Vordergrund, die sich im alltäglichen Kontakt von nahe wohnenden Menschen scheinbar zufällig oder ungeplant ergeben, und die zu (mehr oder weniger distanziertem) Austausch und Begegnung, aber auch zu Spannungen und Konflikten führen können. Zu kurz kam dabei, dass Nachbarschaftsbeziehungen in den untersuchten Überbauungen nicht einfach nur so bestehen, sondern auch in Organisationsstrukturen eingebettet sind. Dieses Kapitel beschäftigt sich deshalb mit der Frage, welche AkteurInnen nachbarschaftliche Dynamiken (mit)organisieren und steuern und wie sie dies tun. Denn die Interventionen und Steuerungsmechanismen durch externe Instanzen gehören zum Spezifischen der Nachbarschaften der untersuchten Hochhausüberbauungen. Je nach Art und Weise der Steuerung eröffnen sich dabei auch – historisch gewachsene – Differenzen zwischen den beiden Überbauungen. Neben den Interventionen von außenstehenden Instanzen kommen dabei auch die nachbarschaftlichen Veranstaltungen, Aktivitäten und Geselligkeitsmomente zum Tragen, deren Organisation auf die Initiative oder Mitwirkung von BewohnerInnen zurückgeht.

4.1 ADMINISTRATIVE UND SOZIALE STEUERUNG

Es gibt insbesondere zwei Organisationsinstanzen, die Nachbarschaften von außen steuern. Erstens die EigentümerInnen und Verwaltungen, die mit der Festlegung von Hausordnungen und ihrer administrativen Praxis nicht nur ein reibungsloses Management der Siedlungen anstreben, sondern nachbarschaftliche Dynamiken auch mehr oder weniger gezielt mitprägen. Und zweitens die vor Ort tätige Sozial- und Gemeinwesenarbeit, die mit diversen Interventionen soziale Aktivitäten und Vernetzungsmöglichkeiten unterstützt, und so ein gutes Zusammenleben fördern will.

4.1.1 Haus-Ordnungen: das Zusammenleben regeln

Kollektive Regeln dienen im Nachbarschaftskontext als ein »Übereinkunftsrahmen« (Klös 1997, 25), der dazu beitragen soll, Konfliktpotentiale zu reduzieren. Die Hausordnungen, die von EigentümerInnen oder Verwaltungen verfasst werden, liegen jedem Mietvertrag bei und sind als Anschläge bei den Hauseingängen, in den Fahrstühlen oder an anderen neuralgischen Standorten angebracht. Sie decken die typischen Themen ab, die zu Störungen und Nachbarschaftskonflikten führen können.

Geregelt wird etwa – meist mit Bezug auf die lokalen Lärmschutzreglemente – die Zeiten der einzuhaltenden Nacht- und Mittagsruhe. Die Verwaltungen bestimmen teilweise sehr präzise, welche Lärmquellen zu welchen Zeiten zu vermeiden sind.[1] Der Regelungsbedarf konzentriert sich auf gemeinsam genutzte Räume inner- und außerhalb der Häuser sowie insbesondere auf die Übergangsräume. Es gehört zur Eigenheit eines jeden Übergangsraums uneindeutig zu sein, zwischen zwei Strukturen (innen/außen; privat/öffentlich) zu oszillieren und dabei weder den Regeln der einen noch der anderen Struktur zuzugehören (vgl. etwa Rolshoven 2003a, 8ff; Turner 1967, 93ff). In diesem Sinn geht es bei den, in den Hausordnungen festgehaltenen, normativen Setzungen zu den Eingangs- und Zwischenräumen um das Vermeiden von Störpotentialen angesichts von Mehrdeutigkeiten. Die individuelle Aneignung und Lagerung von persönlichen Gegenständen vor den Wohnungstüren oder in den Treppenhäusern wird je nach Verwaltung unterschiedlich geregelt.[2] In den Treppenhäusern und halböffentlichen Räumen der Häuser gilt außerdem ein generelles Rauchverbot. Ebenso gibt es Regeln für die Nutzung der privaten Außenräume. So ist beispielsweise das Herunterwerfen von Gegenständen, das Ausschütteln von Tischdecken, Teppichen oder Besen von den Balkonen verboten und Blumenkisten dürfen nur an der Innenseite der Balkongeländer angebracht werden. Außerdem werden die BewohnerInnen gemahnt, keine Vögel zu füttern und beim Grillen auf die NachbarInnen Rücksicht zu nehmen. Auch bei den Verbindungswegen in den Siedlungsaußenräumen bestehen Ordnungsprinzipien. Anschläge bitten darum, den Abfall an der richtigen Stelle zu entsorgen. In der Telli leuchten einen Fahrradverbote entgegen, für Kinderräder gibt es eine Ausnahme. Hunde dürfen auf den Siedlungsarealen nur an der Leine geführt werden. Die Spielorte sind ebenfalls vordefiniert, beispielsweise darf nicht in den Autogaragen Fahrrad gefahren oder direkt unter den Häusern Fußball gespielt werden. Auch sind die Treppenhäuser,

---

1 Ab 21 Uhr darf beispielsweise in der Telli nicht mehr musiziert und ab 22 Uhr kein Geschirrspüler mehr benutzt werden. Vgl. Wincasa: Hausordnung vom Januar 2005 (Aushang im Fahrstuhl).

2 Vgl. Kap. III 1.2.1

Eingangsbereiche und Korridore nicht als Spielorte vorgesehen, werden von den Kindern – gerade in Unteraffoltern II – aber dennoch als solche genutzt.[3]

Zum nachbarschaftlichen Zusammenleben gehört immer auch die Organisation von Ordnungsprinzipien. In einer Großüberbauung sind die Reglementierungen relativ engmaschig definiert. Die Anschläge und Schilder sind omnipräsent. Einige der befragten BewohnerInnen stören sich daran:

»Die Hausordnung [...] ist zum Teil schon fast aufdringlich. Im Lift sind drei Anschläge und zwei Zeichen, dass man nicht rauchen darf – wie wenn einmal nicht genügen würde. Das ist etwas, was dazugehört, aber das müsste nicht sein [...] diese Dinge, die einem wirklich penetrant ins Auge stechen. Eigentlich sollte dies doch bis zu einem gewissen Grad selbstverständlich sein.«[4]

Der Wunsch nach einer freieren, selbstverantwortlich orientierten Ordnungsstruktur zeigt sich bei anderen BewohnerInnen in der Strategie, die offiziellen Informationstafeln zu ignorieren: »Ich kenne diese Hausordnung nicht«[5], meint etwa ein älterer, langjähriger Bewohner und fügt an, dass er es besser finde, ein anfallendes Problem direkt untereinander zu regeln. Die normative Setzung und die alltägliche Praxis stehen in einer Diskrepanz zueinander. Zwischen der schriftlich festgehaltenen Hausordnung und deren alltäglichen Anwendung liegt ein Interpretations- und Handlungsspielraum, der unterschiedlich ausgelegt und praktiziert werden kann. Auch wenn es relativ viele Regeln gebe, so der Konsens bei allen Bewohnerinterviews, fühlten sie sich dadurch in ihrem Alltag nicht eingeschränkt. Junge BewohnerInnen einer WG erklären sich dies mit einer gewissen Toleranzgrenze, die sie bei Regelüberschreitungen beobachten.[6] Der in den Hausordnungen festgehaltenen Reglementierung wird im alltäglichen Zusammenleben meist mit einer lockeren und unkomplizierten Grundhaltung begegnet.

Eine grundlegende Ablehnung gegen die Hausordnung wird von niemandem artikuliert. Vielmehr erscheinen die Regeln als logische Selbstverständlichkeiten, die nicht hinterfragt werden und über die man sich erst bei Störungen Gedanken macht. »Eine Regel des Alltags ist es offensichtlich, Regeln nicht zu reflektieren« (Abels 2009, 99). Nach Garfinkel ist die Herstellung von Ordnung ein grundmenschliches Bedürfnis, das Sicherheit im Alltag schafft. Hierzu sind neben den zwingenden –

---

3 Vgl. Kap. III 3.1.

4 Interview I, UAII, 01:44:25.

5 Interview I, Telli, 01:38:04.

6 »Es ist schon stark reglementiert hier, aber wenn man sich nicht daran hält, dann hat das erst mal keine Konsequenzen [...] und ich habe das Gefühl, es halten sich lange nicht alle an die Regeln.« (Interview V, Telli, 00:24:13)

beispielsweise in einer Hausordnung festgehaltenen – Regeln, insbesondere auch die unausgesprochenen und unreflektierten Erwartungen und Konventionen – alles, was als üblich oder normal gilt – bedeutsam (vgl. ebd.). Im Nachbarschaftskontext können diesbezüglich auch informelle Regeln ausgemacht werden, die ohne dass sie von einer Verwaltung bestimmt oder schriftlich festgehalten worden wären, implizit als kollektives Wissen geteilt werden und sich im Laufe der Zeit bzw. mit neuen Mieter-Konstellationen auch ändern können. Ein Beispiel:

»Wenn die Waschmaschine 15 Minuten nach Beginn der Reservationszeit noch nicht benutzt worden ist, kann sie jemand anderes nutzen, das ist so ein Punkt, den gewisse Mieter einfach eingeführt haben, ohne, dass er jetzt in der Hausordnung vermerkt ist.«[7]

Dass Regeln und Normen im Nachbarschaftsverhalten einen unterschiedlich verpflichtenden Charakter haben, hat der Soziologe Bernd Hamm beschrieben. In seiner Terminologie entsprechen informelle Regeln einer Kann-Erwartung, die einen weniger bindenden und verpflichtenden Charakter hat als Muss- oder Soll-Erwartungen, die sich auf grundlegende Anforderungen, wie die Einhaltung der Hausordnung beziehen (Hamm 1998, 174). Die Unterscheidung zwischen einer formellen und einer informellen Ebene lässt sich auch bezüglich der Einhaltung von Regeln beobachten. So können die nachbarschaftlichen Ordnungsprinzipien sowohl über formelle Regulationen, wie Beschwerden und gegebenenfalls Sanktionsandrohungen seitens der Verwaltungen eingefordert werden. Sie können aber auch über informelle Normierungsmechanismen wie nachbarschaftlichen Klatsch und Tratsch im Treppenhaus oder der Grußverweigerung zum Ausdruck kommen.

Eine besondere Situation stellt sich in den Häusern der WohnungseigentümerInnen in der Telli dar. Hier bestimmt keine Verwaltung die Hausordnung, sondern die Regeln werden von den EigentümerInnen selbst ausgehandelt. Die befragten EigentümerInnen schätzen, dass ihnen Regeln nicht einfach aufoktroyiert werden:
»Wenn es irgendein Problem gibt, dann sucht man zusammen eine Lösung und dann hat es auch eine größere Akzeptanz. Denn überall wo man mitwirken kann, dort fühlt man sich auch mehr verbunden damit.«[8]

Die Erkenntnis, dass partizipative Aushandlungsprozesse mehr bringen als von oben bestimmte Anordnungen, prägt auch das Verwaltungsverständnis beim Isengrind. In den zweimal jährlich stattfindenden Siedlungsforen diskutieren die Bewirtschafterin, Sozialarbeiterin und der Hauswart der Liegenschaftenverwaltung mit den in den Siedlungsgremien aktiven BewohnerInnen über aktuelle Probleme und

---

7   Interview I, UAII, 01:44:25.
8   Interview II, Telli, 01:23:38.

Themen, hinsichtlich denen es Regelungsbedarf gibt.[9] Diese Praxis ermöglicht es auch, Regeln auszuarbeiten, die auf die Bedürfnisse der Bewohnerschaft Bezug nehmen und die zugleich je nach aktueller Situation in einem Haus anpassbar und veränderbar sind.

4.1.2 Administrative Praxis: Nachbarschaften verwalten

Die Hausbiografien verdeutlichen, dass sich die Art und Weise wie eine Siedlung verwaltet wird je nach Eigentümerstruktur unterscheidet.[10] Während Unteraffoltern II einer Eigentümerin gehört, haben sich die EigentümerInnen in der Telli – die ihre Liegenschaften alle von einem anderen Immobilienbewirtschaftungsunternehmen verwalten lassen –, im Laufe der Jahre immer mehr ausdifferenziert. Mit ihrer spezifischen Praxis gestalten die Verwaltungen das Zusammenleben in den Häusern mit. Sie verwalten gewissermaßen Nachbarschaften. Eine wichtige Rolle spielen zum einen die angewandten Belegungsrichtlinien bzw. die Praxis der Vergabe von Wohnungen, die sich auf die Zusammensetzung der Bewohnerschaft in den Siedlungen auswirken.[11] Zum anderen kann beobachtet werden, wie sich die Verwaltungen auch auf mehr oder weniger aktive Weise in das Gefüge und die Dynamik nachbarschaftlicher Verbindungen einbringen. Dabei sind nicht nur unterschiedliche Zugänge hinsichtlich der Aufstellung von Hausordnungen und der Intervention bei Konfliktsituationen, sondern auch hinsichtlich der Förderung gemeinschaftlicher Aktivitäten festzustellen. Genossenschaftliche und private (Stockwerk-)Eigentumsformen gewährleisten den BewohnerInnen in der Regel mehr Mitbestimmungsmöglichkeiten, als es professionelle Liegenschaftenverwaltungen (im Auftrag von institutionellen Anlegern oder Kommunen) tun. Umgekehrt sind je mehr AkteurInnen mitentscheiden können, Neuerungen – und so auch die Schaffung oder Erneuerung gemeinschaftlicher Einrichtungen – schwieriger umzusetzen, als bei Strukturen, bei denen eine Verwaltung in Absprache mit dem Eigentümer im Topdown-Verfahren bestimmt, welche Maßnahmen ergriffen und welche unterlassen werden sollen.

Im Vergleich der städtischen Liegenschaftenverwaltung im Isengrind und des privaten Immobilienbewirtschaftungsunternehmens, das zwei Wohnzeilen in der Telli verwaltet, lassen sich sowohl Unterschiede in der administrativen Praxis und Mieterbetreuung als auch in der Gewichtung des nachbarschaftlichen Zusammenlebens ausmachen. Die private Verwaltung ist im Vergleich zur städtischen distan-

---

9   Vgl. auch Kap. III 4.1.3.

10 Vgl. Kap. II 2.5 und 3.4.

11 Vgl. ausführlicher Kap. II 2.4.4 und 3.3.1.

zierter im Umgang mit den MieterInnen.[12] Bei Beschwerden oder Konfliktsituationen unter NachbarInnen erfolgt die Kommunikation der privaten Verwaltung in der Regel schriftlich über Briefe und Anschläge in den Häusern, in denen auf die Hausordnung verwiesen und teils auch Sanktionsandrohungen formuliert werden. Ansprechpersonen vor Ort sind die hauptamtlich arbeitenden Hauswarte. Die Förderung guter Nachbarschaften wird anderen Akteuren überlassen:»Das GZ und der Quartierverein [...] schauen eigentlich gut für das Soziale.«[13] Im Unterschied dazu ist die städtische Liegenschaftenverwaltung in Unteraffoltern II sehr präsent und geht direkt auf die BewohnerInnen zu. Falls sich Probleme oder Konflikte in der Nachbarschaft anbahnen, interveniert die Bewirtschafterin. Sie geht auch mal vor Ort, um mit den involvierten Personen zu reden, oder bezieht die verwaltungsinterne Sozialarbeiterin mit ein, die seit Jahren in der Siedlung tätig ist. Als Pulsmesser vor Ort spielt der vollamtlich angestellte Hauswart eine wichtige Rolle. Diese Praxis liegt auch in der Geschichte der Siedlung begründet.[14]

Die Organisationsformen und Verwaltungspraktiken unterscheiden sich demnach hinsichtlich ihrer Gewichtung, aber auch der Art sozialer Interventionen deutlich. Während die private Verwaltung in der Telli auf einen Zugang setzt, der sich sozialen Fragen in der Siedlung größtenteils enthält, nimmt die städtische Verwaltung in Unteraffoltern II eine viel aktivere Rolle ein, die in nachbarschaftliche Dynamiken eingreift und diese somit auch mitgestaltet.

Neben diesen Unterschieden sind auch Ähnlichkeiten bei den Verwaltungen auszumachen. Diese zeigen sich hinsichtlich ihrer regulierenden bzw. normierenden Praktiken. Dazu gehören etwa die konsequente Nutzung und das Einfordern der deutschen Sprache in der Kommunikation auch mit fremdsprachigen BewohnerInnen. Die Mitteilungen an die Mieterschaft werden in einer Amtssprache vermittelt, die für einen Teil der Fremdsprachigen schwer verständlich ist. Während das GZ deshalb bewusst mit ÜbersetzerInnen bzw. KulturvermittlerInnen – d.h. BewohnerInnen derselben Herkunftsregion, die schon lange der Schweiz leben –, arbeitet, um ihre Anliegen und ihr Angebot für alle verständlich zu machen, gilt für die Verwaltungen das Credo, dass sich alle BewohnerInnen an die deutsche Sprache anzupassen haben.

Ebenso verwenden beide Verwaltungen an neuralgischen Standorten zu Kontrollzwecken Videokameras. Für die Hauswarte ist die Videoüberwachung als Instrument zur Kontrolle nur begrenzt wirkungsvoll, weil unter der Bewohnerschaft bekannt ist, wo die Kameras angebracht sind und die Regelüberschreitungen des-

---

12 Vgl. ausführlicher Kap. II 3.4.3 und 3.4.4
13 Gruppeninterview Wincasa, 01:28:01.
14 Vgl. Ausführlicher Kap. II 2.5.

halb meist in den »blinden« Ecken geschehen würden.[15] Dies mag auch ein Grund dafür sein, warum in den Bewohnerinterviews die Kontrollpraxis über die Videoüberwachung kaum in Frage gestellt wird, wobei ebenfalls auf deren begrenzte Wirksamkeit hingewiesen wird.[16]

4.1.3 Sozial- und Gemeinwesenarbeit in den Siedlungen

In beiden untersuchten Überbauungen gibt es eine sozialräumlich orientierte Sozialarbeit bzw. Gemeinwesenarbeit, deren Angebote unter anderem auch gezielt auf nachbarschaftliche Vernetzungen und Aktivitäten abzielen. In der Telli stellt das GZ seit den Anfängen ein vielseitiges Freizeit- und Unterstützungsangebot für die Bewohnerschaft bereit, um das soziale Leben und Begegnungen im Quartier zu fördern. Im Isengrind ist seit den 1990er-Jahren eine verwaltungsinterne Sozial- und Gemeinwesenarbeit tätig. Ihre Aufgaben verteilen sich auf zwei Pfeiler: Zum einen interveniert die Sozialarbeiterin bei Hinweisen auf Nachbarschaftskonflikte, soziale Probleme oder familiäre Belastungs- oder Gewaltsituationen. Zum anderen koordiniert sie diverse Siedlungsaktivitäten und unterstützt das Engagement von Bewohnergruppen. Die Intervention der Verwaltung in der Nachbarschaft wird auch mit der Geschichte der Siedlung begründet und legitimiert. So ist in einer Medienmitteilung aus dem Jahr 2004 zu lesen:

»Unteraffoltern II ist inzwischen ein Ort für soziale Innovationen geworden. Das Gemeinschaftsleben ist deutlich gestärkt worden. In keiner anderen Siedlung drohte das soziale Leben so stark auseinanderzufallen wie in Unteraffoltern II vor der großen Außen-Renovation 1995/96. In keiner anderen Siedlung der Stadt wird heute in so hohem Maß Gemeinschaft gepflegt wie gerade hier.«[17]

Ausgehend von Impulsen der Verwaltung, haben sich im Isengrind im Laufe der Jahre verschiedene institutionalisierte Gruppierungen in der Nachbarschaft herausgebildet. Diese Gruppen sind nicht statisch, sondern haben einen teils beständigen, teils aber auch sehr flüchtigen Charakter – und verändern sich je nach Nachfrage und je nach Praxis der involvierten BewohnerInnen.

---

15 Vgl. Gruppeninterview Wincasa, 01:19:25 oder Gruppeninterview LVZ UAII, 01:22:40.

16 Vgl. Interview II, UAII, 01:34:42 oder Interview IV, Telli, 00:41:14.

17 LVZA UAII, LVZ: »Wie das Gemeinschaftsleben gestärkt wird«, Medienmappe zu Unteraffoltern II, 28.5.2004.

Sie orientieren sich entweder an bestimmten Bewohnergruppen (wie Kinder oder Senioren) oder zielen auf die Verwaltung von gemeinsam genutzten Räumen ab.[18]

Es ist anzunehmen, dass sich die Gruppen ohne die Intervention der Verwaltung erst gar nicht gebildet, und/oder viel weniger lange bestanden hätten. Ein wichtiges Gremium zur Stärkung des Siedlungsvereins und der Koordination der aktiven Gruppen ist das seit den 1990er-Jahren zweimal jährlich von der Verwaltung organisierte Siedlungsforum. Anlässlich dessen treffen sich BewohnerInnen, die in Freiwilligenarbeit etwas für die Nachbarschaft tun, mit dem Verwaltungs-Team, um sich über aktuelle Themen oder Probleme auszutauschen. Wie ich bei der Teilnahme an einem Siedlungsforum beobachten konnte, geht die Leitung dieser Veranstaltung von der Verwaltung aus. Sie setzt die Diskussionspunkte, nimmt die Anliegen aus der Bewohnerschaft auf, sucht pragmatisch nach Ideen und Umsetzungslösungen, heißt Anträge gut (bzw. begründet deren Ablehnung), verweist auf die geltenden Regeln, aber entschuldigt sich auch für Fehler oder Versäumtes. Durch diese verschiedenen Tätigkeiten nimmt sie eine Rolle ein, die sich zwischen dem Bestimmen von Regeln und der Steuerung von Partizipationsprozessen bewegt. Dabei greifen die Mitarbeitenden der Verwaltung auch auf Organisationsformen (wie Arbeitsgruppen, Kommissionen, Foren) und auf Instrumente (Sitzungen, Besprechungen, Vereinbarungen) zurück, die sie aus ihrem administrativen Arbeitsalltag gewohnt sind. Einmal pro Jahr lädt die Verwaltung alle Freiwilligen der Siedlung zu einem Helferessen ein. Ebenso entlohnt sie Freiwillige, die unliebsame Arbeiten für die Nachbarschaft wie die Reinigung der Gemeinschaftsräume übernehmen, auch mit finanziellen Beiträgen. Mit diesen verschiedenen Maßnahmen geht es darum, Wertschätzung zu demonstrieren, was, wie die Sozialarbeiterin im Interview ausführt, zu einem über die Jahre gewachsenen Vertrauen beigetragen und von anfänglichen Konflikten hin zu einem »guten Miteinander« geführt hat.[19]

Bei der Förderung der verschiedenen Siedlungsaktivitäten und -gruppierungen geht es der Gemeinwesenarbeit letztlich immer auch darum, die BewohnerInnen miteinander in Kontakt zu bringen. Hierzu initiierte die Verwaltung im Rahmen der Erneuerung der Siedlung das sogenannte ›Kontaktpersonen-Projekt‹. Die Idee dahinter ist, dass neuzuziehende BewohnerInnen von einer Nachbarin oder einem

---

18 Aktiv sind etwa Gruppen für die Siedlungsgärten, den Gemeinschaftsraum, Jugendraum, zur Kinderbetreuung sowie Deutschkonversation von Frauen. Im Laufe der Jahre gebildet und wieder aufgelöst haben sich u.a. ein Seniorentreff oder eine Holzwerkstatt. Vgl. Gruppeninterview LVZ UAII, 00:13:06.

19 »Am Anfang war der Siedlungsverein so etwas gegen die Verwaltung. Es war immer eher ein Kampf und ein Gegeneinander und da mussten wir ziemlich daran arbeiten. Und über die Jahre hat sich das nun entwickelt zu einem wirklich guten Miteinander« (Gruppeninterview LVZ UAII, 00:15:45).

Nachbarn, die schon länger da wohnen, über bestehende soziale Netze und Angebote sowie über geltende Regeln im Haus informiert werden. Die Kontaktpersonen fungieren – im Auftrag der Verwaltung – demnach sowohl als PartnerInnen für alltägliche Begegnungs- und Unterstützungsmöglichkeiten als auch als VermittlerInnen von Regeln und Normen im Haus. Daraus lässt sich schließen: Wenn die Gemeinwesenarbeit durch eine Instanz organisiert wird, die zugleich auch den administrativen Auftrag der Durchsetzung von Ordnung in den Häusern innehat, geht die Organisation und Koordination von solidarischen Nachbarschaftsnetzen auch mit Normierung und Kontrolle einher.

Das GZ hat in der Telli-Überbauung ebenfalls ein Projekt lanciert, in dem Neuzuziehende von anderen BewohnerInnen willkommen geheißen und über die Angebote im Quartier informiert werden. Durch den Erstkontakt über Personen derselben Muttersprache ging es dem GZ in erster Linie darum, die Partizipation von Menschen aus anderen Herkunftsländern an den Aktivitäten und Projekten im Quartier zu fördern. Eines der zentralen Anliegen der Gemeinwesenarbeit in der Telli ist es, bestehende und sich neu bildende nachbarschaftliche Netze zu nutzen, um Verbindungen zwischen verschiedenen Menschen bzw. *communities* im Quartier zu schaffen.[20] So bietet z.B. der tamilische Verein nun einen Yogakurs an, der allen offen steht.[21]

Wenn es in den Interviews mit BewohnerInnen um das Wohnen in der Telli geht, wird immer wieder auf das GZ verwiesen. Im Allgemeinen besteht Konsens darüber, dass das GZ viel für ein lebendiges Zusammenleben mache. Das Angebot wird dabei meist auch personenbezogen in Zusammenhang mit der Arbeit des GZ-Leiters und dessen Team dargelegt. So meinen etwa junge Erwachsene, die in der Telli aufgewachsen sind: »Man kann immer zu ihm gehen mit einem Anliegen und er kümmert sich darum.«[22] Die vom GZ-Team organisierten Initiativen und Projekte schaffen quartierübergreifende Berührungspunkte. Aktiviert werden müssen die Verbindungen jedoch von den BewohnerInnen selbst. Als treibende Kraft für das soziale Leben im Quartier geht es dem GZ immer auch darum, in und mit den bestehenden Strukturen und Menschen im Quartier neue Initiativen aufzugreifen und umzusetzen. Dies macht eine Auseinandersetzung mit unterschiedlichen, teils auch kontrovers zueinanderstehenden, Interessen erforderlich und bedingt auch, über den Tellerrand von Siedlung und Quartier hinaus zu schauen. So vernetzt sich der GZ-Leiter bewusst mit Verwaltungen und städtischen Behörden und versucht bei Bedarf Einfluss auf deren Protokoll zu nehmen oder eckt auch mal an, um für ein Anliegen der Telli zu kämpfen. Im Unterschied zu Unteraffoltern II steht die Gemein-

---

20 Vgl. ausführlicher Kap. 3.3.3
21 Vgl. Gruppeninterview GZ Telli, 01:12:42.
22 Interview IV, Telli, 01:14:25.

wesenarbeit in der Telli außerhalb einer administrativen oder behördlichen Organisation und kann dadurch auch eine anwaltschaftliche Rolle für das Quartier einnehmen, ohne der Wohnbevölkerung gegenüber zugleich eine kontrollierende oder normierende Funktion auszuüben, wie dies der Fall ist, wenn die Verwaltung selbst sozialarbeiterisch tätig ist.

Die Angebote der Gemeinwesenarbeit sehen sich generell vor die Herausforderung gestellt, immer wieder mit Sparmaßnahmen, Unsicherheiten oder einer wenig visionären Politik konfrontiert zu sein. Der GZ-Leiter legt etwa dar, dass durch die bestehenden finanzpolitischen Optimierungszwänge die Gefahr besteht, dass alle Angebote, die mit *hard facts* nur schwer messbar sind, wie sie von Kulturbereich oder Gemeinwesenarbeit generiert werden, weggespart werden.[23] Für Sozial- und GemeinwesenarbeiterInnen, die in Siedlungen und Quartieren tätig, und von öffentlichen Geldern abhängig sind, gilt es, ihre Tätigkeiten immer wieder legitimieren zu müssen. Ihre Initiativen und Projekte gehen von dem Ziel eines solidarischen und friedlichen Zusammenlebens aus. Es geht darum, Voraussetzungen zu schaffen, die es den BewohnerInnen ermöglichen im Nachbarschaftskontext Freizeitaktivitäten und Begegnungen mit anderen leben zu können, um so auch gesellschaftliche Teilhabe zu fördern. Im sozialarbeiterischen Fachdiskurs hat sich die Erkenntnis durchgesetzt, dass Partizipation immer eines Bedarfs bzw. Auslösers, aber auch einer koordinierenden Instanz bedarf, die zwischen verschiedenen und auch divergierenden Interessen moderiert und Menschen miteinander vernetzt (vgl. etwa Hinte 2004; Lüttringhaus 2004). Um das Risiko zu vermeiden in Interessenskonflikte verstrickt zu werden und die Spannungen als produktive Kräfte nutzen zu können, bedarf es einer integrativen Instanz. Die sozialen Interventionen der Gemeinwesenarbeit sind dabei immer auch abhängig von den zuständigen Fachpersonen, aber auch von deren institutionellem Auftrag und Handlungsspielräumen. So macht es einen Unterschied, ob die Gemeinwesenarbeit in einer Siedlung nur eine projektorientierte Basis hat oder längerfristig planen kann. Die Stadtforscherin Jane Jacobs schreibt den AkteurInnen, die Beziehungen zwischen verschiedenen Menschen und Gruppierungen über bestehende sozialräumliche Grenzen hinaus schaffen, eine besondere Bedeutung bei der Entstehung lebendiger Stadtbezirke und *neighborhoods* zu. Sie hebt hierzu die Relevanz der Zeit hervor, die notwendig ist, um diese Beziehungen aufbauen und pflegen zu können (Jacobs 2011 (1961), 175). Diese Beobachtung, wel-

---

23 So der GZ-Leiter: »Ich will zuerst über Inhalte diskutieren und da fehlt für mich die Bereitschaft von der Politik, zu sagen [...] zuerst schauen wir, was wir wollen. Da weigert man sich und gibt Aufträge raus [...] zum Sparen und zum Indikatoren aufstellen und messen, messen, messen. Ich kann messen, aber die Frage ist doch, was ich für eine Aussage machen kann, wenn ich messe. Komme ich dann der Wirklichkeit irgendwie näher oder nicht?« (Gruppeninterview GZ Telli, 01:54:47).

che Jacobs mit Bezug auf US-amerikanische Großstädte der 1960er-Jahre festhielt, lässt sich auch auf die untersuchte Thematik übertragen. GemeinwesenarbeiterInnen können vernetzende Schlüsselfiguren sein, die in der Vermittlung zwischen Mikroebene einer Nachbarschaft und einem breiteren städtischen Kontext festgefahrene Strukturen erneuern und in die Zukunft weitertragen können.

4.2 GESELLIGKEIT ORGANISIEREN

Die Angebote der Gemeinwesenarbeit funktionieren nur, wenn sie von der Wohnbevölkerung mitgetragen werden. Ob es selbstorganisierte Angebote gibt und wie lange diese bestehen, geht ebenfalls auf die Bereitschaft zurück, sich für kollektive Anliegen zu engagieren. Die Angebote sind abhängig von BewohnerInnen, die sie nutzen und daran teilnehmen oder die eigens nachbarschaftliche Aktivitäten aufbauen und organisieren – und bereit sind, Zeit und Freiwilligenarbeit dafür einzusetzen. Kurz: Sie sind sowohl auf »konsumierende« (vgl. Menzl et al. 2011, 62f; 101) als auch auf initiative Menschen angewiesen.

4.2.1 Engagement für die Nachbarschaft

In beiden Siedlungen gibt es BewohnerInnen, die zu bestimmten Themen oder Anlässen aktiv werden. Die Formen des selbstorganisierten nachbarschaftlichen Engagements können dabei unterschiedlichen Vernetzungszielen folgen. Menzl et al. unterscheiden – mit Bezug auf netzwerktheoretische Ansätze (u.a. Diller 2002) – zwischen nachbarschaftlichen Vernetzungen, die »als Zweckgemeinschaften zur Erreichung bestimmter Ziele gegründet wurden« und anderen, für die »die Vernetzung selbst das Ziel ist« (Menzl et al. 2011, 102). Bei den von den BewohnerInnen der zwei Hochhausüberbauungen organisierten ›Treffs‹ oder Siedlungs- bzw. Quartierfesten geht es um ungezwungene Möglichkeiten für Austausch und Vernetzung, während die verschiedenen Nachbarschaftsgruppen jeweils einen klar definierten, spezifischen Zweck verfolgen. Letzteres gilt auch für die Siedlungs- und Quartiervereine, die sich zum Ziel setzen, die Interessen der Wohnbevölkerung zu vertreten sowie mit diversen Aktivitäten Sozialkontakte zu fördern und zu Geselligkeit beizutragen.[24] Da eine Mitgliedschaft Vorteile wie Vergünstigungen bei der Miete von Gemeinschaftsräumen bietet, verfügen sowohl der Siedlungsverein im Isengrind als auch der Quartierverein Telli über viele Passiv- und nur wenige Aktivmitglieder.

---

24 Vgl. LVZA UAII, Siedlungsverein Fronwald/Isengrind: Statuten, Zürich, 4.4.1997 sowie Quartierverein Telli: Statuten vom 25.2.2009, online abrufbar unter: https://www.qv-telli.ch/pdf/statuten.pdf

Die Aktionen von BewohnerInnen, die sich für die Nachbarschaft einsetzen, haben ohne die Stärkung der Gemeinwesenarbeit meist einen losen und flüchtigen Charakter. Das Engagement für nachbarschaftliche Treffen oder gesellige Anlässe ist, wie aus der folgenden Aussage einer Bewohnerin hervorgeht, meist an die Position einer Person in einer Gruppe gebunden:[25] »Es gibt verschiedene Sachen wie den Bazar oder die Deutschkonversation [...], aber wenn man keine Funktion in der Gruppe hat, ist man weniger drin.«[26] Nicht alle haben Interesse sich am organisierten Quartierleben zu beteiligen oder fühlen sich von den Einladungen und Angeboten angesprochen. Dies kann sich auch je nach Lebenssituation ändern. So erzählt etwa ein älteres Ehepaar, dass sie sich früher in der Familien- und Berufsphase mehr für nachbarschaftliche Aktivitäten engagiert hätten. Heute schätzten sie die Möglichkeit freier über die Gestaltung sozialer Kontakte zu entscheiden und auch die Freiheit, sich mehr zurückziehen zu können.[27] Und ein junger Erwachsener meint:»Wenn man die Tellizeitung anschaut, dann gibt es Veranstaltungen wie Altersturnen oder ein Jassclub oder Kindertreff [...], nichts was mich jetzt gleich begeistert halt.«[28]

Für diejenigen, die sich für gesellige Begegnungen mit ihren NachbarInnen einsetzen, ist die geringe Resonanz, auf die ihre teilweise Arbeit stößt, frustrierend, wie eine Aktivistin des Siedlungsvereins ausführt:

»Wir haben so viele Ideen, aber das Problem ist, dass wir oft viel Zeit zum Organisieren investieren und dann kommen ganz wenige Leute. Und das ist schade. Wir haben zum Beispiel einen Apéro gemacht, damit die Leute sich kennenlernen können und ich habe Kuchen gebacken und wir haben alles schön vorbereitet [...] und Flyer gemacht und in den Eingängen und im Quartier aufgehängt und in jedem Briefkasten verteilt, und das gibt so viel Arbeit [...] aber viele werfen die Einladungen gleich weg und schauen diese nicht einmal genau an.«[29]

Zugleich beschreiben die befragten Personen, die sich aktiv in Siedlungsgremien einbringen, ihre Freiwilligenarbeit aber auch als sinnstiftende Tätigkeit. Die Freiwilligenarbeit bringt ihnen nicht nur Anerkennung, sondern auch Steuerungs- und

---

25 Vgl. Kap. III 4.1.3.

26 Interview II, UAII, 01:15:39. Der hier angesprochene Bazar ist ein Kunsthandwerk- und Delikatessenmarkt, der auf die Initiative einer Bewohnerin zurückgeht und von ihr organisiert wird. Der Bazar findet jeweils vor Ostern und Weihnachten im Gemeinschaftsraum des Isengrind statt. BewohnerInnen haben die Möglichkeit, selbstgemachte Produkte zu verkaufen.

27 Interview I, Telli, 01:36:39.

28 Interview V, Telli, 00:43:30.

29 Interview III, UAII 01:17:01.

Einflussmöglichkeiten. Beispielsweise ist die Bewohnerin, die im Isengrind die Verwaltung und Schlüsselübergabe des Gemeinschaftsraums managt, eine unabdingbar zu passierende Schaltstelle für alle Veranstaltungen, die hier stattfinden. Das freiwillige Engagement und der Austausch mit NachbarInnen, die sich durch ihre Tätigkeit ergeben, erweitern ihr soziales Netz und bringen ihr dadurch auch eine gewisse Machtposition innerhalb der Bewohnerschaft. Das Engagement für organisierte Nachbarschaftsaktivitäten erfordert von den Beteiligten zeitliche, organisatorische und soziale Ressourcen und ist insbesondere für Personen bedeutungsvoll, die im Alltag eng mit dem lokalen Nahraum verbunden sind (vgl. Hamm 1973, 77; Bauman 2012, 81). Durch die Pflege von Face-to-Face-Kontakten im unmittelbaren Wohnumfeld ist diese Art des Engagements auch für Menschen attraktiv, die – neben oder außerhalb neuer Kommunikationsmittel – traditionelle Vernetzungsformen pflegen wollen. So meint etwa die oben zitierte Bewohnerin: »Ich habe keinen Computer und kenne das Internet nicht und oft habe ich das Gefühl, ich bin nichts mehr [...], aber hier ist das anders.«[30]

4.2.2 Desinteresse und Gemeinschaftsideale

Generell wird in den Interviews auf ein schwindendes Interesse an Partizipation und Freiwilligenarbeit für Siedlungsaktivitäten und Feste hingewiesen. Die hohen Belastungen im Arbeits- und Familienleben werden verschiedentlich als Begründung für das Desinteresse genannt.[31] Wer beruflich stark eingebunden ist und wer eventuell zugleich Kinder großzieht, hat kaum Zeit und Kapazitäten, sich auch noch für organisierte Nachbarschaftsgruppen oder -vereine einzusetzen. Auch wer keiner Erwerbstätigkeit nachgeht, sich aber im Alltag mit gesundheitlichen oder psychosozialen Belastungen auseinanderzusetzen hat, »hat gar nicht die Kraft, sich zu engagieren.«[32]

Das konstatierte zunehmende Desinteresse lässt sich aber auch mit gesellschaftlichen Entwicklungen wie der Pluralisierung und Individualisierung der Lebensstile erklären (vgl. etwa Schnur 2012, 449f). Denn die Organisation von Geselligkeit und Zusammensein sieht sich bei einer zunehmend heterogener werdenden Bevölkerung vor neue Herausforderungen gestellt. Mit dem Wandel der Bewohnerstruktur – und der damit einhergehenden Ausdifferenzierung der kulturellen Erfahrungsbestände – gerät auch die Siedlungskultur, wie sie über Jahre von den nunmehr Alteingesessenen für die Nachbarschaft imaginiert und organisiert worden ist in Bedrängnis.[33] In

---

30 Interview III, UAII, 01:54:22.
31 So z.B. Gruppeninterview LVZ UAII, 01:42:30.
32 Ebd., 01:08:04.
33 Vgl. Kap. III 5.1.

ihrem Reden über das abnehmende Interesse an Siedlungsaktivitäten eröffnet sich
ein Graben in der Zuschreibung zwischen einem ›Wir, die am Siedlungsleben interessiert sind‹ und ›den Anderen, die nicht mitmachen‹. Dieser Graben wird durch
den Anspruch nach Partizipation paradoxerweise verstärkt, indem diejenigen, die
nicht partizipieren, zum Problem deklariert werden. Nicht berücksichtigt wird dabei
häufig, wie die Wohnbevölkerung in den organisierten Nachbarschaftsgruppen repräsentiert wird. So waren in den Vorständen der Siedlungs- bzw. Quartiervereine
lange in erster Linie etablierte BewohnerInnen vertreten. Ein jüngerer Telli-
Bewohner, der eine Weile im Quartierverein aktiv war, sich dann aber ernüchtert
zurückgezogen hat, führt aus:

»Im Quartierverein waren primär ältere Schweizer, die sich sehr gut kennen [...] und einfach
von der Mentalität her gerne alles so machen und lassen, wie es immer schon gewesen ist, die
nichts Neues haben wollen und nicht offen sind.«[34]

Diese konservative Mentalität wirkte einschränkend auf den Bewohner, der neue
Initiativen aufgreifen wollte, aber von den bestehenden, als träg, spießig und unbe-
weglich wahrgenommenen, Strukturen ausgebremst wurde. Er erinnert sich an eine
Situation Mitte der 2000er-Jahre:

»Ich bin da mit sehr vielen Vorstellungen und Ideen in den Quartierverein hineingegangen,
die ich aber nicht umsetzen konnte und es war auch ein bisschen konfliktgeladen. Und dann
bin ich gegangen [...] und der Hauptdämpfer war für mich, dass das Tellifest immer nur die
Schweizer angesprochen hat. Meine Vorstellung, und da bin ich nicht alleine gewesen, wäre
gewesen, dass man dies eben ausweitet für die ganze hiesige Bevölkerung und auch mit den
verschiedenen Kulturen hier etwas macht und nicht nur [...] Würste und Brot und Bier anbie-
tet.«[35]

Nachdem die Versuche des Bewohners, die Gesellligkeits- und Festkultur im Quartierverein zu erneuern, gescheitert waren, nahm sich das GZ dieser Idee an und organisierte im Jahr 2010 erstmals ein ›Kulturenfest‹. Damit beabsichtigte das GZ
auch dem Tellifest etwas frischen Wind einzuhauchen, die traditionellen Strukturen
aufzubrechen und die über die Jahre gewachsene kulturelle Vielfalt in der Siedlung
über kulinarische Spezialitäten und Tanzdarbietungen zu thematisieren und zu feiern. Der Quartierverein blieb bei der Organisation des nächsten Tellifests, das seit
den 1970er-Jahren alljährlich zum Quartierleben gehört, bei seiner gewohnten Ausrichtung. Über die Jahre haben sich auch weitere vom Quartierverein organisierte

---

34 Interview II, Telli, 01:12:14.
35 Ebd., 01:01:09.

Veranstaltungen wie das jährliche Neujahrsapéro, der Osterbrunch oder Herbst-markt zu Telli-Traditionen entwickelt, die gerade von den langjährigen Bewohne-rInnen mitgetragen und geschätzt werden. Zugleich ist aber auch einiges in Bewe-gung gekommen. So hat sich etwa im Frühjahr 2014 mit Unterstützung des GZ der Vorstand des Quartiervereins neuformiert. Dieses zehnköpfige Komitee mit Be-wohnerInnen unterschiedlichen Alters, Geschlechts sowie aus verschiedenen Her-kunftsländern repräsentiert nun die Interessen breiterer Bevölkerungsgruppen.[36] Auch im Isengrind ist der Siedlungsverein mehrheitlich von langjährigen, älteren BewohnerInnen besetzt. Jüngere Bewohnergruppen und MigrantInnen sind nur marginal vertreten. Die Jassgruppen, Grillfeste und Neujahrsapéros, die von der er-sten Generation in der Bewohnerschaft initiiert worden sind, sind mittlerweile ver-schwunden. Eine langjährige Bewohnerin stellt fest:

»Früher haben wir viel organisiert, wir haben zum Beispiel einmal im Jahr zum Bräteln [Grillfest] eingeladen und jeder konnte etwas mitnehmen und man konnte sich treffen und miteinander reden [...], aber da sind immer weniger gekommen [...]. Oder wir haben eine Jassspielgruppe gehabt, und das ist halt ein Spiel, das nur die Schweizer spielen können und das hat sich auch aufgelöst, genauso wie die Kegelspielgruppe [...] und manchmal haben wir an Neujahr den Gemeinschaftsraum offen gelassen und jeder konnte etwas mitnehmen, aber das wurde immer leerer.«[37]

Nur punktuell sind neue Initiativen wie der genannte Oster- und Weihnachtsbazar in diese Lücke getreten. Der Diskurs zur abnehmenden Partizipation und dem zu-nehmenden Desinteresse an organisierter Geselligkeit geht insbesondere von Sozi-alarbeitenden sowie von BewohnerInnen aus, die sich selbst engagieren. In den meisten Bewohnerinterviews wurde dies hingegen nicht problematisiert. Wenn es auch kaum Initiativen für eine siedlungs- oder häuserübergreifend organisierte Festkultur gebe, so gebe es doch viele Menschen, die offen seien für alltägliche nachbarschaftliche Begegnungen: »Also die Leute hier reißen nicht so viel an. Aber wenn man jetzt hier im Haus etwas veranstaltet, sind die allermeisten sehr offen und freuen sich darüber«, sagt etwa ein Bewohner.[38] Dies deckt sich mit der Erkenntnis Ulfert Herlyns, der beschrieben hat, dass HochhausbewohnerInnen es als besondere Qualität ihrer Wohnsituation erfahren, kein normatives Zusammengehörigkeitsge-fühl entwickeln zu müssen (Herlyn 1970, 167).

---

36 Vgl. »Telli wird erstmals auch im Vorstand multikulti«, in: Aargauer Zeitung vom 03.05.2014.

37 Interview III, UAII, 01:07:46.

38 Interview II, Telli, 00:37:55.

Die Divergenz in den Einschätzungen zum Desinteresse lässt sich mit dem normativen Kern erklären, welcher der Idee des Engagements für die Siedlungsgemeinschaft zugrunde liegt. Die Konzeption von Nachbarschaft als Gemeinschaft entspricht einem romantisierend-verklärenden Ideal, da es Nachbarschaften einseitig als Solidarzusammenhang denkt und sowohl die Vielseitigkeit nachbarschaftlicher Verbindungen als auch die Relevanz von Distanz und Zurückgezogenheit im nachbarschaftlichen Nebeneinander zu wenig berücksichtigt.[39] Wer das Nachbarschaftskonzept in seiner Ambiguität zwischen Nähe und Distanz, Öffnung und Abgrenzung, Kontrolle und Unterstützung versteht, schätzt die Situation weniger pessimistisch ein.

---

39 Vgl. Kap. I 1.1.2; 1.3.2 und 1.3.6.

5 Vielfalt und Differenzen

»Unsere Häuser sind wie ein großes Quartier, hier wohnen viele verschiedene Menschen, das ist der Unterschied zu den niederen Häusern, wo wenig Leute sind [...], und da ist es natürlich so, dass es von allem mehr gibt.«[1] In dieser Aussage bringt eine langjährige Isengrind-Bewohnerin ein Spezifikum von Nachbarschaften in Wohnhochhäusern zum Ausdruck. Die Wohnbauten unterscheiden sich von anderen Häusern vor allem durch ihre Größendimension. Viele Menschen, unterschiedliche Generationen und Haushaltsformen leben in einem Gebäude auf relativ engem Raum beieinander und dadurch gibt es »von allem mehr«: »Es gibt mehr Leute, mehr Leben, mehr Lärm und auch mehr mögliche Probleme.«[2] Diese »möglichen Probleme« werden in den Bewohnerinterviews generell als grundmenschliche Phänomene dargelegt, die überall vorkommen können und auch vor ihrer Siedlung nicht haltmachen.[3] Die dabei vorgenommene Universalisierung menschlicher Erfahrungen kann auch als Argumentationsstrategie gegen die problematisierenden Außenzuschreibungen von Großwohnbauten verstanden werden.[4] Es sind nicht die Häuser und Siedlungen als solche, sondern vielmehr das Zusammenkommen einer Vielzahl an Menschen, die als Unterscheidungsmerkmal herangezogen werden. In diesem Zusammenhang wird das Wohnen im Hochhaus immer wieder mit Vielfalt und Dichte assoziiert. Ein Isengrind-Bewohner sagt etwa: »Ich meine, das ist ein Riesenhaus und es hat alle möglichen Leute hier drin und das finde ich auch schön [...] der ganze Reichtum hier.«[5] Im Gegensatz zu den Wohnumgebungen in der Agglomeration Zürich – die von diesem Bewohner an anderer Stelle als »öd« und

---

1   Interview III UAII, 01:29:35.

2   Ebd.

3   »Es gibt so viele Leute hier und da gibt es halt alle Sorten [...] Alte, Junge, Familien, Alkoholiker, die gibt es auch, wie überall«, sagt etwa ein anderer Bewohner (Interview V, UAII, 00:25:14).

4   Vgl. Kap. II 2.6.1 und 3.5.2.

5   Interview I UAII, 00:27:36.

»langweilig« bezeichnet wird –, treffen sich in der Hochhaussiedlung auf dichtem Raum ein »Reichtum« an Menschen und Lebensmustern, die über den lokalen Bezug miteinander verbunden sind. Diese lebendigen Verknüpfungen im Wohnalltag, die immer wieder neu gepflegt und initiiert werden, sind, wie etwa der Leiter des GZ ausführt, denn auch das Faszinierende des Orts:

»Die Telli ist für mich ein Sammelsurium von vielen verschiedenen Leuten und damit verbunden mit unglaublich vielen Geschichten, die täglich, wöchentlich, monatlich neu miteinander in irgendwelchen Interaktionen stehen und miteinander verknüpft sind.«[6]

Verschiedentlich wird betont, dass die Hochhausüberbauung von der Größe her zwar eher einem Dorf entspreche, aber das Lebensgefühl – und in der Telli auch die vielen Einrichtungen – stimmten mehr mit städtischen Quartieren überein.[7] Es haben hier Menschen mit verschiedenen Lebensweisen und Eigenarten Platz. So meint eine junge Bewohnerin:»Es gibt hier viele spezielle Leute und einige sind auch etwas schräg, so richtige Originale, das finde ich super.«[8]

Wie die Heterogenität der Bewohnerschaft und die damit einhergehenden Differenzen thematisiert und diskursiv hergestellt werden und wie sich dies auf nachbarschaftliche Relationen auswirkt, wird im Folgenden genauer erörtert. In der Interviewanalyse lassen sich insbesondere zwei Erzählstränge herausfiltern: einerseits Narrative zu den Dynamiken zwischen alteingesessenen und neu(er) zugezogenen Personengruppen und andererseits zu der Vielzahl an HochhausbewohnerInnen mit einer Migrationsbiografie.

5.1 ALTEINGESESSENE UND NEUZUGEZOGENE

»Die Nachbarschaft ist für mich eben auch etwas Gewachsenes, also diese Blöcke stehen nicht erst ganz neu da und alle Bewohner sind miteinander gekommen, sondern wir reden mittlerweile von einer Geschichte von knapp vierzig Jahren, und das hat sich so entwickelt.«[9]

In den mittlerweile über 40-jährigen Überbauungen kennen sich BewohnerInnen teilweise schon lange und es gibt über viele Jahre gewachsene Verbundenheiten.

---

6   Gruppeninterview GZ Telli, 00:33:03.

7   »Es gibt Dörfer, die nur einen Lebensmittelladen haben […], die drei Bauernhöfe haben, ja, und der Bus fährt einmal in der Stunde« – damit könne die Vielseitigkeit der Telli nicht verglichen werden (Interview IV Telli, 00:50:55).

8   Interview V, Telli, 00:58:22.

9   Gruppeninterview GZ Telli, 01:03:36.

Zugleich sind aber immer wieder neue Personen zugezogen. Die Nachbarschaft und das Zusammenleben in einer Siedlung sind Bewegungen unterworfen, die stark mit dem Kommen und Gehen ihrer Bewohnerschaft zu tun haben. Für diese spielt die Fluktuation von Zu- und Wegzug eine grundlegend wichtige Rolle. Dabei werden in beiden Siedlungen Umzüge innerhalb der Siedlungen thematisiert. Auch von Personen, die nach Wohnstationen außerhalb wieder in die Siedlungen zurückziehen, wird verschiedentlich berichtet.

Wie aus den Hausbiografien hervorgeht, hängen Fluktuationen auch eng mit den baulichen Sanierungen einer Siedlung zusammen. Gerade in Unteraffoltern II, kam es vor und während der Sanierung in den 1990er-Jahren zu vielen Zu- und Wegzügen und die Bewohnerschaftsstruktur hat sich stark verändert. Nichtsdestotrotz gibt es nach wie vor einen nicht unbedeutenden Anteil an langjährigen MieterInnen und auch noch einige Erstbeziehende, die seit 1970 im Isengrind wohnen.[10] In der Telli-Überbauung, in der keine Gesamtsanierung stattfand, ist auch keine so grundlegende Erneuerung von großen Teilen der Bewohnerschaft zu verzeichnen. Hinsichtlich renovierungsbedingter Weg- und Zuzüge können Unterschiede zwischen den Wohnzeilen verzeichnet werden. In den Blöcken, die bislang noch nicht renoviert wurden und/oder die mehrheitlich Eigentumswohnungen beinhalten, ist die Bewohnerschaft konstanter geblieben.

Angesichts der generell weniger systematischen Fluktuation in der Überbauung, ist es nicht weiter verwunderlich, dass in den Interviews mit langjährigen Telli-BewohnerInnen das Selbst-Verständnis als ›Alteingesessene‹ stärker zum Ausdruck gebracht wird, als in Unteraffoltern II. Wie in der Hausbiografie zur Telli dargelegt, wird dabei die Identifikation als ›TellianerIn‹ nicht nur von älteren, langjährigen BewohnerInnen, sondern auch von Jugendlichen oder jüngeren Erwachsenen artikuliert, die hier aufgewachsen sind.[11] Der Stolz auf ihren Wohnort, der dem verbreiteten Negativimage entgegengehalten wird, schwingt in der Selbst-Repräsentation mit. Die Aussage »ich bin von der Telli«, wird positiv besetzt und mit einem besonderen »Groove« und einer bestimmten »Art zu sein« verbunden.[12] Als wichtiges Erkennungszeichen und Distinktionsmerkmal gegen außen fungieren dabei sprachliche Finessen oder Slangwörter – wie etwa ein langgezogenes »Säääli« als Gruß –, die insbesondere über soziale Kommunikationsnetze und Chats vermittelt und an Jüngere weitergetragen werden, sich aber auch laufend verändern.[13]

Ältere BewohnerInnen betonen insbesondere die Anzahl der Leute, die sie im Laufe der Jahre kennengelernt haben: »Man kennt eben alle [...], wenn man so 30

---

10 Gruppeninterview LVZ UAII, 01:25:17, vgl. auch Kap. II 2.4.4

11 Vgl. Gruppeninterview GZ Telli, 00:59:07.

12 Vgl. Interview IV, Telli, 00:11:33.

13 Vgl. Ebd., 00:17:49 sowie Kap. 3.5.3.

Jahre in einem Quartier wohnt, dann hat man automatisch mehr Kontakt mit den Leuten«,[14] sagt etwa ein älteres Ehepaar und führt weiter aus, dass sich die Kontakte dabei über alle vier Wohnzeilen, aber auch über die Siedlungsgrenzen hinaus ins Quartier und die Stadt erstrecken. Wichtige Motoren, die dieses breite Sozialnetz angetrieben haben, seien neben ihren Kindern insbesondere »das Gemeinschaftszentrum, durch das sehr viel entstanden ist, und der Schrebergarten.«[15] Die Kontakte und das Gefühl in einer seit Jahren vertrauten, unkomplizierten und zuvorkommenden Nachbarschaft eingebunden zu sein, macht für sie denn auch die besondere Wohn- und Lebensqualität in der Siedlung aus: »Das Zusammenleben ist immer noch gut, ja, darum möchten wir auch nie mehr weg von da.«[16] Ein wichtiger Grund für diese positive Einschätzung sind für sie die alltäglichen Unterstützungsleistungen, die sie in ihrem Haus seit ihrem Einzug bis heute – gerade auch dank der Konstanz von Nachbarschaftsbeziehungen – pflegen.[17]

An anderer Stelle im Interview kommen sie aber auch auf Veränderungen des nachbarschaftlichen Zusammenlebens im Laufe der Jahre zu sprechen. In den 1970er- und 1980er-Jahren hätten sie als damals junge Familie intensivere Nachbarschaftskontakte gelebt.[18] In der Anfangszeit, in der alle – meist junge Familien mit gleichaltrigen Kindern – gleichzeitig eingezogen sind, wurde Gemeinschaftlichkeit und gegenseitige Unterstützung von vielen selbstverständlich gelebt. So erinnert sich die Frau: »Ich bin damals hochschwanger gewesen und die sind alle so hilfsbereit gewesen und meinten gleich, wenn es nicht geht, genügt ein Anruf oder klopft an die Tür.«[19] Diese Hilfsbereitschaft und dieses Entgegenkommen gehört für sie auch heute noch zu der »besonderen Atmosphäre« in der Telli.[20] Wichtig seien aber auch die im Jahreslauf stattfindenden geselligen Anlässe und Feierlichkeiten, die bis heute vom Quartierverein im GZ organisiert und mittlerweile mehrheitlich von den älteren BewohnerInnen der Pioniergeneration besucht werden. Der ansonsten konstatierte Rückgang an Gemeinschaftlichkeit bzw. ›Zusammensein‹ wird aber nicht problematisiert, sondern als Prozess im altersbedingten Wandel von Generationen thematisiert:

»Früher waren wir mehr zusammen, ja, aber das ist altersbedingt [...], wir waren noch jung und als die Kinder klein waren, hatten wir mehr Kontakt [...], das ist ein Generationenpro-

---

14 Interview III, Telli, 00:30:44.

15 Ebd., 00:47:16.

16 Ebd., 00:50:23.

17 Vgl. Ebd., 00:05:19.

18 Vgl. auch Kap. III 2.3.3.

19 Interview III, Telli, 00:31:55.

20 Ebd., 00:39:46.

blem, viele von unserer Generation sind eben weg, die einen sind weggezogen [...] oder einige sind auch gestorben [...], es gibt schon noch viele die geblieben sind, aber eben, sie sind älter und oft auch nicht mehr so fit, und viele haben auch schon einen Partner verloren. Und ich habe einfach bemerkt, dass sich viele Leute im Alter zurückziehen.«[21]

Andere InterviewpartnerInnen legen dieses »Zurückziehen« im Alter auch als Chance dar, nur noch selbst gewählte Kontakte zu leben – und sich so auch von Verpflichtungen zu lösen, die früher wichtig waren.[22] Gemeinschaftlich orientierte Gesten im Nachbarschaftskontext hängen stark von der Eigeninitiative und Freiwilligkeit jedes Einzelnen ab und die Entledigung von deren Pflichtcharakter wird geschätzt. Hier lässt sich – mit den Begrifflichkeiten von Marcus Menzl – auch der Übergang von einem »traditionalen« zu einem »post-traditionalen« Nachbarschaftsmuster erkennen, in dessen Zug gegenseitige Unterstützung und Austausch einen zunehmend flexiblen, unverbindlichen, toleranten Charakter annehmen und die Befreiung von sozialen Erwartungen und Zwängen eine wichtige Rolle spielt (vgl. Menzl et al. 2011, 101). In den untersuchten Hochhausüberbauungen zeigt sich, dass Zuordnungen zu Nachbarschaftsmustern wie sie Menzl et al. vornehmen, in Siedlungen, die bereits einige Jahrzehnte bestehen, einer differenzierten Betrachtung bedürfen. Auch wenn langjährige BewohnerInnen in der Anfangszeit relativ traditionale Nachbarschaftsmuster gelebt haben mögen, heißt das nicht, dass sie dies auch heute noch tun. Vielmehr wird deutlich, dass sich die Begegnungsmuster im Laufe des Lebens verändern. Eine nicht zu unterschätzende Rolle scheint hierzu auch der Wandel in der Bewohnerschaftsstruktur einer Siedlung zu spielen. Mit dem Wegzug oder Tod der Erstbewohnenden und dem Zuzug neuer Personengruppen haben sich über die Jahre auch die Nachbarschaften verändert. Dabei sind Diskurse auszumachen, die Zuschreibungen von »Neuzugezogenen« oder »Alteingesessenen« vornehmen – um auf das Begriffspaar von Elias und Scotson (1965) Bezug zu nehmen.[23] Ein Ehepaar, das zu den Erstbeziehenden in der Telli gehört, konstatiert etwa, dass sich die meisten Langjährigen bzw. Alteingesessenen untereinander kennen. Zu Neuzugezogenen oder Personen, die nur für eine relativ kurze Dauer da wohnen, bestehe aber ein teils anonymes Verhältnis:

»Heute Morgen ist einer mit mir im Lift runtergefahren. Ich habe gedacht: ›Das ist irgendein Neuer, der wieder kommt.‹ Ein unmöglicher Mann für meinen Begriff [...]. Wissen Sie, als wir hier eingezogen sind, haben wir uns noch vorgestellt, aber mit der Zeit habe ich gemerkt, dass das nicht mehr unbedingt gemacht wird [...]. Auch hier oben sind Neue eingezogen, die

---

21 Ebd., 00:24:53.

22 Vgl. etwa Interview I, Telli, 01:30:33.

23 Vgl. genauer Kap. I 1.2.5.

kenne ich auch nicht. Hat mal einer mit mir geredet, aber er hat den Namen nicht gesagt, also man begegnet sich nicht unfreundlich, aber...«[24]

In dieser Aussage scheint eine Skepsis gegenüber den unbekannten neuen Personen, die im selben Haus wohnen durch. Die Einhaltung kommunikativer Konventionen ermöglicht es, diese Fremdheit in Bekanntheit umzuwandeln, wodurch das Gegenüber auch ansprechbar und fassbar wird.[25] Wenn Neuzugezogene diese Normen nicht einhalten, wächst seitens der Alteingesessenen schnell eine negative Einschätzung ihnen gegenüber.

Umgekehrt sind auch unter den befragten Personen, die noch nicht so lange in den Siedlungen leben, teils kritische Stimmen gegenüber alteingesessenen BewohnerInnen zu festzustellen. Eine Studentin, die in einer WG lebt, beobachtet etwa, wie ihr Lebensstil auf ältere NachbarInnen teilweise befremdend wirkt. Sie veranschaulicht dies anhand folgender Anekdote:

»Einige Ältere sind mir schon negativ aufgefallen [...], die sind so ein bisschen dem Klischee entsprechend spießig. Und eben als ich da am Wegrand *guerilla-gardening*-mäßig etwas umgetopft habe... Das ist den älteren Herrn überhaupt nichts angegangen, aber er hat das Gefühl gehabt, er müsse Polizist spielen und möglichst zeigen, dass er gesehen hat, was ich mache [...]. Das gibt es öfters, dass sie so ein bisschen wie aufpassen.«[26]

Die Tendenz von alteingesessenen BewohnerInnen im öffentlichen Raum der Siedlung zum Rechten zu schauen, wird in dieser Aussage als unangenehm empfundene Einmischung dargelegt. Es geht dabei um ein Zusammenprallen unterschiedlicher Legitimationsansprüche, die sich letztlich beide auf ein normatives Bild beziehen, was in den Außenräumen der Siedlung wie zu geschehen habe. Während sich der ältere Mann im Recht sieht, in seinem Wohnumfeld – mit Blicken und ohne Worte – kontrollierend wirken zu dürfen, und sich darum zu kümmern, dass nach seinem Wertesystem nichts Unrechtmäßiges geschieht, sieht sich die jüngere Frau ausgehend von ökologischen und urbanistischen Überlegungen legitimiert dazu, sich den öffentlichen Raum in freiheitlicher Selbstbestimmung aneignen bzw. diesen nach ihrem Geschmack auch verschönern zu dürfen.

Dass der Kontakt mit Alteingesessenen, teilweise nicht einfach sei, beobachtet auch ein jüngerer Bewohner in Unteraffoltern II:

---

24 Interview I, Telli, 01:06:49.

25 Vgl. auch Kap. III 2.2.2.

26 Interview V, Telli, 00:48:07.

»Was vielleicht noch speziell ist, es hat sehr viele Alteingesessene, die den Neuen gegenüber ziemlich misstrauisch sind. Also das kann auch sein, dass sie mich viel jünger einschätzen, als ich wirklich bin [...]. Das sind eher so Personen sechzig plus, die sehr mürrisch versuchen nicht zu grüßen [...] und die einen ignorieren. Aber man muss auch sagen, es gibt 200 Personen, die hier wohnen, und nur ein paar mürrische Käuze.[27].

Das Misstrauen von Alteingesessenen, das hier beschrieben wird, manifestiert sich in einer Ablehnung, die über eine »mürrische« Grußverweigerung demonstriert wird. Es handelt sich dabei um kleine Zeichen der Unfreundlichkeit, die sich weniger in Worten, denn in Haltungen kenntlich machen. In der Interviewaussage wird dabei neben dem Spannungsfeld zwischen Alteingesessenen und Neuzugezogenen auch ein generationenbedingtes Konfliktpotential zwischen älteren und jungen BewohnerInnen angesprochen.[28] Misstrauen heißt hier auch, die unbekannte neue Person als Eindringling wahrzunehmen, der die vertraute Welt durcheinanderbringen kann, und dem man auch nicht zugesteht, einen Platz in dieser eigenen Welt einzunehmen. Mit der Relativierung, dass es sich nur um »ein paar mürrische Käuze« handelt, werden Alteingesessene, die sich gegenüber Neuzugezogenen so verhalten als schwierige, mühsame, störrische oder intolerante Einzelfälle taxiert. Die Machtdynamik, die sich über ihre demonstrative Ablehnung artikuliert, kann sich, wenn eine solche Zuschreibung von einer Mehrheit der BewohnerInnen geteilt wird, auch umdrehen. Der Alteingesessene, der sich im Recht sieht und andere übermäßig zurechtweist, kann so selbst stigmatisiert werden.[29] In den Abgrenzungen kommen immer auch Positionierungen zum Tragen. Beispielsweise positionieren sich InterviewpartnerInnen, die Alteingesessene als Spießer definieren selbst als weltoffen, hip, urban etc. In den Interviews werden immer wieder solche Differenzierungen hinsichtlich der langjährigen Wohnbevölkerung vorgenommen. So skizziert etwa eine Bewohnerin, die in einem südostasiatischen Land aufgewachsen ist, mittlerweile aber schon viele Jahre in der Schweiz lebt, zwei Typen von Alteingesessenen: Zum einen einige sehr schwierige Persönlichkeiten, die ihr gegenüber eine abweisende und herabsetzende, auch fremdenfeindliche Haltung an den Tag legen. Sie charakterisiert diese als selbstgerecht und »sehr strenge Leute«,[30] die aus der Zurechtweisung gegenüber anderen, Genugtuung gewinnen, aber oft selbst mit Einsamkeit und/oder psychischen Problemen zu kämpfen hätten.[31] Zum anderen betont sie: »Aber es gibt so viele liebe alte Schweizer [...], das sind ganz liebe und die er-

---

27 Interview I, UAII, 00:51:55.
28 Vgl. hierzu ausführlicher Kap. III 3.1.2.
29 Vgl. auch Kap. III 3.1.1.
30 Interview IV, UAII, 00:59:48.
31 Ebd., 00:26:38.

zählen mir auch viel.«[32] In einer für sie sehr belastenden Konfliktsituation, die sie mit einer älteren Nachbarin erlebt hat, wurde sie denn auch von einer anderen älteren Nachbarin unterstützt und bestärkt. Eine Familie mit kleinen Kindern betont im Interview, dass Negativerfahrungen mit älteren NachbarInnen eine Ausnahme darstellen und ihnen die meisten sehr wohlwollend begegnen.[33] Auch in den Interviews mit langjährigen, älteren BewohnerInnen gibt es verschiedentlich Stimmen, die kein Verständnis für andere Alteingesessene haben, die sich gegenüber Jüngeren und insbesondere gegenüber Familien mit Kindern nicht tolerant zeigen.[34]

Wie aus diesen Beispielen hervorgeht, braucht es eine differenzierte Betrachtung der Dynamiken zwischen Alteingesessenen und Neuzugezogenen. Die Beobachtungen zu diesem Verhältnis, die Norbert Elias und John S. Scotson in ihrem soziologischen Klassiker *The established and the outsiders* (1965) erkannt, und somit als Begriffspaar für die Forschung fruchtbar gemacht haben, sind im Kontext der kleinen englischen Gemeinde zu verstehen, in der die Studie durchgeführt wurde, und lassen sich nicht auf die Nachbarschaften in den untersuchten Großüberbauungen übertragen. Spannungsgeladene Dynamiken werden zwar durchaus thematisiert. Wie aus den Interviews hervorgeht, handelt es sich aber nicht um eine kollektiv verfestigte Konfliktlinie. Der Grund hierzu liegt auch darin, dass die ›Alteingesessenen‹ keine homogene Gruppe bilden – und wohl nie eine waren. Viele der heutigen ›Alteingesessenen‹ sind zwar Schweizer SeniorInnen, die in den 1970er-Jahren – oft als damals junge Familien – in die Siedlungen eingezogen sind. Unter ihnen gibt es aber auch Menschen mit ganz unterschiedlichen Lebensentwürfen. Es kommt auf die Haltungen Einzelner sowie auf individuell unterschiedlich erlebte Interaktionen an. Bei den Abgrenzungsmechanismen von ›Alteingesessenen‹ handelt es sich demnach nicht – wie bei Elias und Scotson beschrieben – um die Verteidigung der sozialen Kohäsion ihrer Gruppe, sondern eher um die Verteidigung ihrer eigenen, vertrauten Welt.

5.2 POSTMIGRANTISCHE NACHBARSCHAFTEN

Großwohnbauten der 1960er- und 1970er-Jahre werden mit Bezug auf ihre Wohnbevölkerung in der Alltagssprache oft als ›Ausländer-Siedlungen‹ bezeichnet. Auch in den Bewohnerinterviews gibt es immer wieder Aussagen zu den »vielen Ausländern« in den Überbauungen. Eine Bewohnerin, die seit 15 Jahren in der Siedlung

---

32 Ebd., 00:45:00.

33 »Es gibt sehr viele offene Leute hier und einige sind sogar ein bisschen Ersatzgroßeltern für unsere Kinder, das ist sehr schön« (Interview II, Telli, 00:37:22).

34 Vgl. hierzu ausführlicher Kap. III 3.1.1.

Unteraffoltern II lebt, meint beispielsweise: »Es gibt schon noch Deutschsprechende auf diesem Gang, aber seit ich hier wohne, werden es immer weniger, ja, so dass wir eigentlich nun die Ausländer sind.«[35]

Ein Blick in die Bewohnerstatistik zeigt, dass die subjektive Wahrnehmung deutlich von den statistischen Angaben divergiert. So liegt der Ausländeranteil gemäß den sozio-demografischen Zahlen in Unteraffoltern II heute bei 35% und in der Telli-Überbauung bei 28%.[36] Diese Zahlen liegen zwar über dem städtischen Durchschnitt von 32% in der Stadt Zürich und 20% in Aarau (BfS 2015), sie entsprechen aber nicht den subjektiven Einschätzungen, dass Schweizer Staatsangehörige nur noch eine Minderheit in den Überbauungen ausmachen würden. Ein Grund für diese Kluft mag teilweise darin liegen, dass die eingebürgerten Schweizer Staatsangehörigen in den Statistiken nicht auftauchen. Von Unteraffoltern II liegen – im Unterschied zur Telli – Zahlen zu der jährlichen Anzahl an Einbürgerungen unter der Wohnbevölkerung vor. Sie lassen darauf schließen, dass der Anteil an Personen mit einer Migrationsbiografie um das Doppelte höher als der Ausländeranteil von 35% liegen dürfte.[37] Die Einbürgerungen sind zugleich ein Hinweis auf eine lange Wohndauer in der Schweiz, was sich auch in der Bevölkerungsstatistik der Telli erkennen lässt.[38]

Der Begriff Ausländer erfolgt im öffentlichen und häufig auch im sozialwissenschaftlichen Diskurs problemorientiert und geht oft mit pauschalisierend negativen Zuschreibungen einher. Um die Komplexität der Migrationserfahrungen, die damit einhergehenden Inklusions- und Exklusionsprozesse sowie die sich verändernden, hybriden Zugehörigkeiten von Menschen anzuerkennen, bedarf es einer differenzierten Betrachtungsweise (vgl. hierzu auch Caglar 1997, 169ff; Hall 1996, 4f; Bhabha 1994, 159ff). Der Begriff des Postmigrantischen wie er in der jüngeren Migrationsforschung verwendet wird, verweist nicht einfach auf individuelle Erfahrungen nach der Phase der Migration, sondern auch auf gesamtgesellschaftliche Aushandlungsprozesse. Dies bedingt auch eine (An-)Erkennung der vielseitigen Migrationsrealitäten in der Gesellschaft (vgl. Foroutan 2015, Yildiz/Hill 2015). Mit Bezug auf die untersuchten Hochhausüberbauungen zeigt sich diesbezüglich etwa,

---

35 Interview II, UAII, 01:11:39.

36 Vgl. Kap. II 2.4.4 und 3.3.1.

37 Da unbekannt ist, wie viele der Eingebürgerten wieder weggezogen sind, können keine genauen Angaben hierzu gemacht werden. Es kann davon ausgegangen werden, dass der Anteil an AusländerInnen und eingebürgerten SchweizerInnen zwischen 50% und höchstens 80% der heutigen Isengrind-BewohnerInnen liegt (vgl. Kap. II 2.4.4.)

38 Verfügen doch vier Fünftel aller ausländischen Telli-BewohnerInnen über eine Niederlassungsbewilligung, die in der Regel einen 10-jährigen Aufenthalt in der Schweiz voraussetzt (vgl. Kap. II 3.3.1).

dass binationale Paare, junge Erwachsene der zweiten Einwanderergeneration und BewohnerInnen mit multilokalen Lebensformen die postmigrantischen Nachbarschaften maßgeblich mitgestalten.

5.2.1 Binationale Familien, ›Secondos/as‹ und multilokale Lebensformen

Es gibt keine statistischen Daten zu der Anzahl binationaler Paare und Familien in den untersuchten Siedlungen. Ein Blick auf die gesamtschweizerischen Zahlen verdeutlicht, dass es sich dabei um eine nicht unerhebliche Größe handelt.[39] So wird in den Interviews denn auch verschiedentlich erwähnt, dass es in den Überbauungen viele familiäre Verbindungen gebe, bei denen die PartnerInnen unterschiedliche Nationalitäten haben. Die Präsenz vieler binationaler Paare veranschaulicht, dass die Vorstellung von ›Ausländern‹ als geschlossenen Gruppen nicht zutreffend ist und die Kontakte von Menschen aus unterschiedlichen Herkunftsländern bis in die familiären Strukturen hinein gemischt sind. Aus den Interviews und Gesprächen mit binationalen Paaren geht hervor, dass diese in der Nachbarschaft oft eine Vermittlungsfunktion im Umgang mit kulturellen Differenzen – bzw. mit Imaginationen von ›anderen Kulturen‹ – einnehmen. Sind sie es doch oft, die in ihrem direkten Umfeld Leute unterschiedlicher Herkunft miteinander verbinden und so im Kleinen Verständnis fördern (vgl. auch Gutekunst 2013, 16f; Rodriguez-Garcia 2008, 245ff).

Eine differenzierte Betrachtung ist auch bezüglich der Jugendlichen und jungen Erwachsenen der zweiten Einwanderergeneration, den sogenannten ›Secondos‹ erforderlich. Diese werden oft pauschalisierend als ›Ausländer‹ bezeichnet, obwohl sie in der Schweiz die Schule und Ausbildung absolviert haben, perfekt Schweizerdeutsch sprechen – und häufig auch über den Schweizer Pass verfügen. Dies werde im Alltag von außen oft nicht anerkannt, wie ein junger Mann der Zweitgeneration, der in der Schweiz eingebürgert ist, ausführt:

»Hier sind wir Ausländer und dort sind wir auch Ausländer, dort sind wir Schweizer, ja [...]. Das ist, glaube ich, allgemein so in der Generation, die hier aufwächst [...], man wird hier nicht als Schweizer angesehen, auch wenn das jetzt nicht rassistisch ist. Aber man weiß, du

---

39 Laut »Statistik der natürlichen Bevölkerungsbewegung« wurden 2013 36.1% aller Ehen in der Schweiz zwischen einer Person schweizerischer und einer Person ausländischer Staatsangehörigkeit geschlossen. Im Kanton Zürich belief sich diese Zahl auf 40%, im Kanton Aargau auf 34% (BfS, 2014). Bezüglich der bestehenden Ehen lebte im Jahr 2011 beinahe jede zehnte verheiratete Person (9.4%) in der Schweiz in einer gemischtnationalen Ehe (BfS, 2011a).

bist kein Schweizer. Und wenn man unten [im Herkunftsland der Eltern] ist, ist man aber der Schweizer [...], also wir sind überall Ausländer.«[40]

Diese Einschätzung als ›Secondo‹ »überall als Ausländer« zu gelten, wird von den anderen, die ebenfalls über eine Doppelbürgerschaft verfügen, bestätigt. Auch wenn dies von den Jugendlichen nicht als »Rassismus« empfunden wird, sind doch mit der Zuschreibung als ›Ausländer‹ Ausgrenzungsmechanismen von Seiten der Mitglieder der Mehrheitsgesellschaft im Gang, die den Jungen der zweiten Generation informell nicht zugestehen, voll und ganz dazu zu gehören. In ihrem Narrativ gehen sie verschiedentlich auf erlebte oder beobachtete soziale Ungleichheiten ein. Die Erfahrung – gerade über die Zuschreibung mehrfacher Zugehörigkeiten – nirgendwo ganz Teil zu sein, wird nicht nur mit Bezug auf die mangelnde Akzeptanz erzählt, sondern auch damit, immer dazwischen zu stehen (vgl. hierzu auch Anthias 2003, 20ff; Alba 2005, 20f). Dies manifestiert sich auch im Sprachgebrauch. Wie in verschiedenen Interviews erwähnt, wendet die zweite Generation eine Art Mischsprache an.[41] Das Wechseln-Können von einer Sprache zur anderen, das vielseitige linguistische Kenntnisse voraussetzt, kann mit Bezug auf die Nachbarschaften auch als Ressource betrachtet werden. Ermöglicht dies doch, sich in verschiedenen Sprachwelten zu bewegen und erleichtert so auch das Verständnis gegenüber Fremdsprachigen im eigenen Wohnumfeld.

Migration ist ein komplexes System, aus dem vielseitige transnationale bzw. translokale Netzwerke hervorgehen. Diese werden durch multilokale Lebensformen gestärkt, die heute zunehmend verbreitet sind (vgl. etwa Hilti 2013; Weichhart 2010). Wie in den Interviews mit BewohnerInnen deutlich wird, macht sich Multilokalität heute im lokalen Kontext der Nachbarschaften durchaus bemerkbar. Erzählt wird etwa von Veränderungen in den Mobilitätsmustern im Zusammenhang mit günstiger werdenden Flugpreisen. So erzählt ein Isengrind-Bewohner, dass sich mit den Billigflügen auch die Häufigkeiten, Rhythmen und Gewohnheiten seiner Besuche ins Herkunftsland verändert haben. Vieles sei heute – je nach Lebensphase und Arbeitssituation – flexibler und freier organisierbar:

---

40 Interview V, Telli, 00:58:04.

41 »Mit meinen Verwandten, die auch hier aufgewachsen sind, rede ich so Mischmasch. Also ich bilde einen Satz mit drei deutschen Wörtern und zwei mazedonischen Wörtern, und meine Mutter sagt immer ›oh mein Gott!‹ [...], aber wir hören es gar nicht mehr, weil zu Hause mit den Eltern redet man mazedonisch, dann geht man raus, mit den Kollegen Schweizerdeutsch und irgendwann entwickelt sich eine Sprache, die einfach gemischt ist und mit meinem Mann rede ich jetzt auch alles gemischt« (Interview VI, Telli, 00:34:43).

»Die heutige Zeit ist verrückt, überhaupt nicht mehr teuer. Wir waren im Winter jetzt zwei Wochen in der Türkei. Also nicht wie früher nur ein Mal im Sommer. Und die meisten anderen, machen das jetzt auch so [...]. Also die meisten gehen heute vier, fünf Mal im Jahr für ein, zwei Wochen schnell runter [...], weil die Flüge sind auch nicht mehr so teuer wie früher. [...]. Ich könnte mir in Zukunft vorstellen, wenn ich nicht mehr arbeiten muss, manchmal auch etwas länger zu bleiben, gerade wenn es warm ist [...], weil mir fehlt hier nur Sonne und Meer, nur das fehlt. Und sonst bin ich zufrieden hier und bin auch gerne hier [...], aber dort bin auch gerne, es ist ein schönes Dorf und wir haben auch ein Haus dort.«[42]

Der Verweis im Herkunftsdorf ein Haus zu besitzen, das sie und andere Familienangehörige mehrmals jährlich für einige Wochen als Ferienort bewohnen, taucht auch in anderen Interviews auf. Als MieterInnen einfacher Hochhauswohnungen in der Schweiz sind sie in ihren Herkunftsländern zugleich Haus- oder WohnungseigentümerInnen. Mit diesem Besitz gehen auch Verpflichtungen einher, die es erforderlich machen, regelmäßig hinzufahren. Die Häuser oder Wohnungen werden, wie im Zitat oben, als Option betrachtet, im Pensionsalter auch längere Aufenthalte dort verbringen zu können. Die Zukunftsvorstellung vieler MigrantInnen richtet sich heute weniger auf eine Rückwanderung ins Herkunftsland, als vielmehr auf eine geschickte Organisation einer multilokalen Lebensweise, mittels der sich die Vorteile beider Länder – bspw. den Lebensstandard und die langjährigen Kontakte hier und das gute Klima und Essen dort – verbinden lassen (vgl. Pries 1997). Wie aus Gesprächen mit zwei älteren InterviewpartnerInnen hervorgeht, die einen solchen Lebenswandel pflegen und als RentnerInnen pro Jahr während mehrerer Wochen oder gar Monaten in ihren Wohnungen im Herkunftsland verweilen, muss dies nicht zwingend zu einem Rückzug nachbarschaftlicher Kontakte in der Schweiz führen. Im Gegenteil: Beide Parteien engagieren sich sehr aktiv in den Siedlungs- bzw. Quartiersvereinen und betonen, dass es ihnen wichtig sei, sich für gesellige Anlässe und Aktivitäten sowie für gute Nachbarschaftskontakte einzusetzen.[43] Diese werden auch als Ergänzung zu den Erfahrungen, die sie am Zweitwohnsitz machen können, dargelegt: »Ich war soeben zwei Monate in Italien, und das war schön, weil ich habe mein Haus dort, aber was mir fehlt, ist der Kontakt mit Menschen, den ich hier habe.«[44]

Wie bereits Menzl et al. in ihren Forschungsergebnissen zu Nachbarschaftsmustern in multilokalen Haushalten thematisiert haben, können »aktive Nachbarschaftsbeziehungen auch bei sehr ausgeprägter Multilokalität entstehen« (Menzl et al. 2011, 64), gerade wenn BewohnerInnen sich mit ihrem Wohnort emotional und

---

42 Interview V, UAII, 00:42:15.

43 Vgl. Interview III, UAII sowie Interview III, Telli.

44 Interview III, UAII, 00:44:05.

sozial verbunden fühlen. Eine multilokale Lebensweise kann die Nachbarschafts-kontakte aber auch ganz direkt beeinflussen. Die längere Abwesenheit einer Person wird im Wohnumfeld meist wahrgenommen, gehört es doch auch zum Wissen über NachbarInnen, ob diese oft weg sind oder nicht. Teils unterstützen zurückbleibende NachbarInnen multilokal lebende Personen mit kleinen Hilfsdiensten – wie etwa beim Postholen, Blumengießen oder Wohnung lüften, wie etwa aus folgender Aussage hervorgeht:

»Diese Frau nebenan ist fast nie hier im Sommer. Sie ist jetzt drei Monate hier, vier Monate in Bosnien, dann kommt sie wieder zurück und so [...], aber ich schaue zu ihrer Wohnung, gehe die Post holen oder so, das habe ich schon für einige gemacht.«[45]

In der multilokalen Situation des Hier und Dort sind solche unterstützenden, kon-stanten und zuverlässigen Personen in der Nachbarschaft wichtig, die sich darum kümmern, dass während der Absenz alles in Ordnung ist und bleibt.

5.2.2 Etablierte und neuere Einwanderergenerationen

Die Wohnbevölkerung – und insbesondere auch die Zusammensetzung der Bewoh-nerInnen aus anderen Herkunftsländern – hat sich seit dem Erstbezug der Siedlun-gen verändert. Der Zuzug neuer Herkunftsgruppen spiegelt dabei gewissermaßen auch die Schweizer Einwanderungsgeschichte der letzten 40 bis 50 Jahre wieder. Dabei können – zusammenhängend mit der Schweizer Migrationspolitik und welt-politischen Krisensituationen – verschiedene Einwanderungswellen nachgezeichnet werden (vgl. hierzu ausführlicher Piguet 2006; Fischer/Straubhaar 1996; Wanner 2004). In den 1960er- und 1970er-Jahren kamen die meisten BewohnerInnen mit ausländischem Pass aus benachbarten europäischen Ländern. Zunehmend zogen ab Mitte der 1990er-Jahre Menschen aus der Türkei und Sri Lanka sowie aus weiteren außereuropäischen Kriegs- oder Krisengebieten in die Siedlungen. Die Wohnbevöl-kerung differenzierte sich dadurch stark aus. Heute wohnen in der Telli Menschen aus 49 verschiedenen Herkunftsländern, in Unteraffoltern II sind es über 30.[46]

Mit dieser Pluralisierung gingen auch Spannungen einher. Die erste Generation ImmigrantInnen sind heute etabliert und pflegen mit anderen langjährigen Bewoh-nerInnen Nachbarschaftskontakte, bei denen ihre Herkunft kaum noch eine Rolle spielt. Eine italienische Bewohnerin aus dem Isengrind erklärt sich dies gerade auch

---

45 Ebd., 01:00:05.

46 Vgl. ausführlicher Kap. II. 2.4.4 und 3.3.1. Der Siedlungsspiegel von Unteraffoltern dif-ferenziert nicht alle Herkunftsländer, sondern einfach die ›größeren‹ Einwanderungslän-der und -regionen aus.

mit den ähnlichen kulturellen Interessen. Mit den neuen Einwanderergenerationen tauchten jedoch neue Differenzen auf, welche die Durchführung nachbarschaftlicher Aktivitäten zunehmend erschwerten:

»Am Anfang waren es vor allem italienische, spanische, portugiesische Leute, das waren die Ausländer von früher. Und die haben fast die gleiche Kultur und das hat eben funktioniert mit den Schweizern, da gab es in der Siedlung viel mehr Gruppen, die sich zum Beispiel zum Jassspielen oder Kegeln oder Bräteln [Grillen] getroffen haben [...], aber nachher sind andere Leute, andere Kulturen gekommen, zuerst die Jugoslawen.. und das war schwierig und dann auch von der Türkei und so, und das ist eine ganz andere Kultur und da ist es immer schwieriger geworden.«[47]

Mit den Wellen von Neuzuziehenden in den Siedlungen tauchten Differenzen auf, die in diesem Interviewzitat insbesondere in Zusammenhang mit kultureller Diversität erzählt wird.[48] Im Laufe der 1990er-Jahre wurden die Großüberbauungen, bedingt durch den zunehmenden Sanierungsbedarf der Bausubstanz sowie das sich zuspitzende Negativimage, mehr und mehr zum Auffangbecken benachteiligter Gruppen auf dem Wohnungsmarkt, insbesondere von Flüchtlingen aus dem ehemaligen Jugoslawien. Im folgenden Dialog spricht ein Ehepaar, das seit vielen Jahren in der Telli wohnt, unterschiedliche Dimensionen der damaligen Problemwahrnehmung gegenüber den Neuzuziehenden an. Während die eine Person den Bruch von Normen im nachbarschaftlichen Zusammenleben hervorhebt, äußert die andere Verständnis für die schwierige Situation der Betroffenen:

»B1: Vor 20 Jahren haben wir etwas mehr Probleme gehabt. Als die Jugos frisch hierher gekommen sind.

B2: Du musst unterscheiden und schauen, woher sie kommen, du kannst nicht einfach Jugo sagen, das ist vorbei. Ja, damals hat es mehr Probleme gegeben [...], aber das hat sich jetzt auch gelegt.

B1: Die haben eine Sauerei gemacht da und Sachen kaputt gemacht. Aber das ist jetzt kein Problem mehr.

B2: Du, sie haben sich alle akklimatisieren müssen. Und man darf nicht vergessen, die sind teilweise aus Kriegsregionen gekommen, die ganz schlimm gewesen sind [...]. Wir sind eigentlich über unsere Kinder in Kontakt gekommen. Und wir haben auch teilweise das Schicksal von ihnen erfahren. Sie haben es sauschwer gehabt. Und die meisten Kinder dort haben

---

47 Interview III, UAII, 01:52:09.
48 Vgl. ausführlicher Kap. III 5.3.

einfach rebelliert. Das ist ein klares Zeichen, wenn sie Sprayereien oder so Zeug machen. Aber das hat sich jetzt alles beruhigt.«[49]

In der Darlegung der beiden Befragten haben sich die Probleme längst gelegt und sie haben heute sehr gute Kontakte zu NachbarInnen aus dem ehemaligen Jugoslawien.[50] Menschen aus Bosnien, Kroatien, Serbien, Mazedonien, Albanien oder dem Kosovo, wovon viele bereits seit 15 oder gar 20 Jahren in den Überbauungen wohnen, gehören mittlerweile zu den etablierten Zugewanderten. Ein Indikator dafür ist der Anteil an WohnungseigentümerInnen in der Telli.[51]

5.3 DIVERSITÄT UND HYBRIDE IDENTITÄTEN

»Im Sommer ist hier viel los, da musst du nicht weit reisen, kannst auch auf den Balkon gehen, um andere Sprachen zu hören.«[52] Das akustische Wahrnehmen verschiedener Sprachen im privaten Außenraum erinnert daran, dass neben-, oben- oder untenan Menschen aus unterschiedlichen Gegenden dieser Welt leben. Diese Diversität nimmt in den Erzählungen der befragten BewohnerInnen oft viel Raum ein. Auffallend ist in diesen Narrativen, dass Diversität im lokalen Wohnumfeld kulturell konnotiert wird, wobei implizit auf ein essentialistisches Verständnis von Kultur – im Sinne der Imagination eines ›natürlichen‹, geschlossenen und von anderen unterscheidbaren homogenen Ganzen – zurückgegriffen wird. Diese Vorstellung von unterschiedlichen bzw. anderen Kulturen wird meist mit nationalen bzw. ethnischen Zugehörigkeiten gleichgesetzt. Wie die Sozialanthropologin Ayse S. Caglar feststellt, entspricht eine solche Lesart geltenden populären und öffentlichen Diskursen in Europa (Caglar 1997, 175). Die Narrative zur lokalen kulturellen Diversität, die im Folgenden genauer beleuchtet werden sollen, gehen mit ganz unterschiedlichen Wertungen einher. Während einige Argumentationen insbesondere die Vorteile einer ›multikulturellen‹ Nachbarschaft hervorheben, äußern andere eher ihr Befremden gegenüber dieser Pluralität. Beiden Diskursen ist es gemein, dass sie Differenzen zwischen verschiedenen Gruppierungen in der Wohnbevölkerung zum Thema machen und diese somit auch mitkonstruieren.

---

49 Interview III, Telli, 00:28:59.

50 Ebd., 00:43:02.

51 Insgesamt wird mehr als jede fünfte Eigentumswohnung (21.8%) in der Telli von einer Person oder einem Paar mit ausländischer oder binationaler Nationalität, und um die 8% von Menschen aus Bosnien, dem Kosovo, Mazedonien oder Serbien bewohnt, vgl. Kap. II 3.3.1.

52 Interview IV, UAII, 00:50:24.

5.3.1 ›Multikulti‹ als Bereicherung

»Mir gefällt, dass wir hier so viele verschiedene Nationen sind. Denn das ist auch einfach eine Tatsache in Zürich, man kann sich hier nicht abkapseln«,[53] sagt eine ältere Bewohnerin in Unteraffoltern II. Sie skizziert Diversität als integraler Bestandteil der urbanen Schweiz, die auch eine Offenheit seitens der Mehrheitsgesellschaft erfordert. Nachbarn aus der ganzen Welt zu haben, ist kein Alleinstellungsmerkmal einer Großüberbauung, sondern eine weit verbreitete gesellschaftliche Realität. Mit der Anerkennung der Internationalität der Bewohnerschaft geht in diesem Diskurs oft auch eine positive Rezeption der kulturellen Vielfalt einher. So führt eine Mutter in der Telli aus:

»Was ich auch sehr schön finde da, sind die unterschiedlichen Kulturen. Früher als unsere Tochter noch kleiner gewesen ist und ich noch mehr auf den Spielplätzen gewesen bin, habe ich manchmal sudanesische Spezialitäten auf dem Spielplatz serviert bekommen. Also ich musste nicht irgend in ein Restaurant und ich musste keine Weltreise machen, um etwas von anderen Kulturen mitzubekommen. Das finde ich speziell, das gehört auch in die Telli.«[54]

Die »anderen Kulturen«, erfahrbar über alltägliche Begegnungen und Gastfreundschaft, werden in dieser Aussage rundum positiv bewertet, aber auch verkürzt mit kulinarischen Spezialitäten gleichgesetzt. ›Multikulti‹ – verstanden als das Nebeneinander verschiedener Kulturen – erscheint als Bereicherung, wird aber zugleich auch auf stereotype Merkmale reduziert. Der Diskurs bezieht sich letztlich auf naive folkloristische oder touristische Vorstellungsbilder dieser ›Anderen‹, die gerade in der Konsumption oder Anschauung davon geschaffen werden. Zur Veranschaulichung dieser Überlegung eine weitere Aussage aus einem Interview mit BewohnerInnen einer WG:

»Ich finde es jeweils total spannend, wenn ich alle möglichen Arten von Gesichtern und Hautfarben sehe. Wie zum Beispiel heute morgen haben da Kinder gespielt und ich habe das Gefühl gehabt, das müssten Mongolen sein [...] und das finde ich einfach schön zu sehen. Aber ich habe jetzt nie selber Multikultisachen mitgemacht oder so.«[55]

Diversität wird rein über das Sehen – hier unterschiedlicher Phänotypen – wahrgenommen und positiv konnotiert. Der unmittelbare Austausch wird nicht gesucht, für die Einschätzung genügt allein das Wissen, in einem ›multikulturellen‹ Umfeld zu

---

53 Interview II, UAII, 00:35:00.
54 Interview II, Telli, 00:06:07.
55 Interview V, Telli, 00:46:28.

wohnen: »Also wenn ich sehe, dass Perserteppiche draußen zum Trocknen hängen, bin ich einfach mega begeistert das zu sehen.«[56] Mit den trocknenden Teppichen weht dem jungen Bewohner auch etwas Luft aus der großen, weiten Welt zu, die plötzlich nicht mehr nur auf Reisen erfahrbar ist, sondern direkt vor der eigenen Wohnungstüre liegt. Der oder die ›Andere‹ wird mit solchen Bildern auch bis zu einem gewissen Grad romantisiert oder verklärt. Und es werden somit – wohl ungewollt – auch Differenzen geschaffen, in denen sich die Betreffenden möglicherweise nicht wiedererkennen oder die für sie keine oder kaum eine Rolle spielen mögen. Zugleich schwingt aber in der passiven Wertschätzung, die zu keiner direkten Kontaktaufnahme führt, auch eine tolerante Grundhaltung mit, die die ›Anderen‹ in Ruhe leben lässt. Ermöglicht doch eine solche Haltung ein wohlwollendes Nebeneinander, ohne dem Gegenüber zu nahe zu treten. Und dies ist für die Ausgestaltung ›guter‹ Nachbarschaftskontakte nicht zu unterschätzen.[57]

5.3.2 Befremden und Distanzierung

Neben dieser positiven Bestimmung des ›Anderen‹, sind verschiedentlich auch Stimmen zu vernehmen, die deutlichere Distanzierungen vornehmen. So ein älteres Schweizer Ehepaar, das zu den Erstbeziehenden der Telli gehört:

»Es hat schon einige... so Araber oder irgendwas mit Kopftuch, gestern Mittag haben wir gesehen wie sie da unten auf der Wiese schön gepicknickt haben, das ist lustig, da sehen wir sie mit den langen Röcken und mit dem Kopftuch und wie sie mit den Kindern Federball spielen und so. Ja, aber eben diese Leute kennen wir nicht.«[58]

Die Nicht-Kenntnis ›dieser Leute‹, die hier angesprochen wird, verweist auch auf eine Grenze, die nicht unbedingt zu überwinden gesucht wird (vgl. auch Dahinden 2014, 49ff). Das ›Anders-Sein‹ der Frauengruppe – hier über rein äußerliche und zugleich auch symbolisch aufgeladene Attribute wie dem ›Kopftuch‹ und ›langen Röcken‹ dargelegt – wird aus der Distanz beobachtet, es gibt keine Berührungs- aber auch keine Reibungsflächen zu ihnen. Die Nicht-Kenntnis wird dabei nicht problematisiert, sondern einfach als Tatsache dargelegt. In der Nachbarschaft besser kennen, würden sie vor allem andere langjährige BewohnerInnen, mit denen sie auch gewisse Gemeinsamkeiten teilten. So fügen sie an: »Das ist schon früher so gewesen, also als Flüchtlinge gekommen sind. Die bleiben unter sich. Also es ist ganz schwierig mit solchen Leuten zusammenzukommen, wenn man nicht einen

---

56 Ebd., 00:49:50.

57 Vgl. Kap. III 2.1.

58 Interview I, Telli, 01:08:27.

gemeinsamen Punkt hat.«[59] Ähnlichkeiten fördern Nachbarschaftskontakte, umgekehrt trägt die Wahrnehmung oder Setzung von Differenzen zu Distanzierungen bei. Der Fokus auf die Unterschiede und die Distanz zum ›Fremden‹ nebenan ist auch unter anderen befragten Schweizer BewohnerInnen verbreitet. So meint etwa eine Frau, die seit vielen Jahren im Isengrind wohnt:

»Es ist ein großer Schritt, da gibt's halt schon Unterschiede, einfach auch von den Nationen und von den Sprachen [...] und einfach schon nur von der anderen Mentalität her. Ja, das wäre für mich schon ein Schritt jetzt da so Kontakt aufzunehmen, und... auch vom Glauben her denke ich, also Moslems und ja, ich als Frau, ich weiß nicht so ganz.«[60]

Distanzierte Nachbarschaftsverhältnisse werden in dieser Aussage mit der Zugehörigkeit zu unterschiedlichen Herkunftsländern, Sprachen, Mentalitäten, Religionen sowie Geschlechtern erklärt. Der Schritt auf NachbarInnen zuzugehen, Kontakt aufzunehmen ist dadurch anstrengender und komplizierter – und wird vermieden. Nicht dieselbe Sprache zu sprechen und sich möglicherweise auf andere Wert- und Referenzsysteme zu beziehen, erschwert die Nähe unter NachbarInnen. Deutlich wird in dieser Aussage aber auch eine Ungewissheit. Durch den Fokus auf kulturelle Differenzen scheinen zwar Vorbehalte gegenüber den Fremden nebenan hervor, auf was sich diese Unterschiede aber genau beziehen, bleibt vage. Angesprochen wird vielmehr ein diffuses Gefühl des Befremdens, das nicht genau benannt werden kann. Dies wird gerade bei dem Verweis auf muslimische NachbarInnen deutlich, die in dem Zusammenhang auch in anderen Interviews immer wieder thematisiert werden.[61] Gerade muslimische Frauen mit Kopftuch scheinen heute als Inbegriff des ›Anderen‹ oder ›sichtbar Fremden‹ zu fungieren. Die Migration von Menschen aus islamischen Ländern in die Schweiz hat in den letzten 20 Jahren stark zugenommen. Zugleich werden im öffentlichen Diskurs oft stereotype und vereinfachende Bilder zum Islam verbreitet, die praktizierende Muslime – mehr oder weniger subtil – diskreditieren.[62] Im Wohnumfeld sind es oft die Frauen, die diese Exklusion besonders zu spüren bekommen. So beobachtet ein jüngerer Bewohner aus dem Isengrind:

---

59 Ebd. 01:08:51.

60 Interview II, UAII, 01:13:31.

61 In der Telli sind beinahe 20% der Wohnbevölkerung Muslime (Einwohnerregister Aarau, 2014), in Unteraffoltern II liegen keine Daten zur Religionszugehörigkeit vor.

62 Besonders augenscheinlich wurde dies im Vorfeld der Initiative »Gegen den Bau von Minaretten«, die im November 2009 von 57.5% der Schweizer Stimmbevölkerung angenommen worden ist (vgl. Tanner et al. 2009).

»Es hat viele, die sehr auf Distanz sind [...] wegen ihres Migrationshintergrunds oder ihrer Religion [...]. Es gibt muslimische Frauen, die wie versuchen einen nicht zu sehen. Wenn man in sie reinläuft, dann grüßen sie und sonst sehen sie gerne weg, dass sie nicht grüßen müssen. Und ich denke, das hängt halt mit ihrem religiösen Hintergrund zusammen, dass man einfach Männer nicht grüßen soll.«[63]

Die Demonstration von Respekt über das Grüßen kollidiert, so die Argumentation des Interviewpartners, mit einem kulturell anderen Verständnis von Respekt gegenüber andersgeschlechtlichen Personen. Es gibt in den Siedlungen wie in den Interviews verschiedentlich thematisiert, Migrantinnen, die nicht erwerbstätig sind und sehr zurückgezogen in ihren Wohnungen leben. Der Rückzug in die eigenen vier Wände wird bei diesem Thema – jenseits von nachbarschaftlichen Verhaltensmechanismen – zu einer gesellschaftlichen Integrationsfrage. So gibt es in beiden untersuchten Siedlungen Angebote der Sozial- oder Quartierarbeit, die sich explizit an diese Zielgruppe richten und die letztlich immer auch beabsichtigen, die Abgrenzungen zu reduzieren und Begegnungen zu fördern.[64]

5.3.3 Die Produktion von Differenzen

Ob kulturelle Diversität nun als Bereicherung dargelegt oder mit Befremden thematisiert wird, beide Diskurse ähneln sich darin, dass sie auf Differenzen fokussieren. Diese beziehen sich meist auf die Herkunft bzw. Nationalität einer Person und werden oft vereinfacht auf das vermeintliche Gegensatzpaar ›Schweizer – Ausländer‹ reduziert. Dabei werden insbesondere äußerlich sichtbare Unterscheidungsmerkmale wie Phänotypen (vor allem die Hautfarbe) oder Bekleidungen (vor allem das Kopftuch als religiöses Symbol) hervorgehoben. Sobald es aber um inhaltliche Vertiefungen geht, was denn diese Unterschiede genau ausmachen, bleiben die Ausführungen vage und unbestimmt. Im Alltag machen sich Differenzen vielmehr mit Bezug auf konkrete (Wohn-)Vorstellungen oder -Praktiken bemerkbar, die neben der Herkunft von sozialen Dimensionen wie Lebensphase und -stil, Geschlecht, Bildung und Erwerbs- sowie Einkommenssituation einer Person beeinflusst werden. Diese Differenzierungen sind komplex und oft schwierig zu benennen, so dass die Beschreibungen in den Interviews, was NachbarInnen zu ›Anderen‹ macht, sich meist auf kulturelle Zugehörigkeiten einer Person beziehen. Es sind dabei einzelne wahrnehmbare Aspekte, die herausgegriffen und in reduzierter oder auch stereotyper Weise als ›andere Kultur‹ vermittelt werden. Immer wieder genannt werden etwa die fremden Küchengerüche, die teils aus anderen Wohnungen in die eigene

---

63 Interview I, UAII, 00:51:55.
64 Vgl. auch Kap. III 4.1.3.

dringen: »Neben uns wohnen Tamilen, leider kochen die ganz anders, die haben einfach andere Gewürze und das riecht manchmal schon sehr stark [...], aber die haben halt eine andere Kultur, die essen halt so, da kannst du nicht viel machen«,[65] erzählt etwa ein Italiener, der seit vielen Jahren in der Telli wohnt.

Eine Isengrind-Bewohnerin, die ursprünglich von den Philippinen kommt, verweist auf unterschiedliche Begegnungskulturen unter Philippinas und Schweizerinnen:

»In der Schweiz musst du immer vorher abmachen. Das ist bei uns nicht so, wenn ich zu meiner Kollegin im anderen Haus gehe, muss ich das nicht [...], ich gehe einfach vorbei und wenn sie zu Hause ist, macht sie die Türe auf. Aber hier musst du immer einen Termin machen. Das ist manchmal auch gut. Du kannst nicht einfach sagen: ›Hey, ich bin da, gehen wir einen Kaffee trinken‹.«[66]

Solche unterschiedlichen Praktiken wahrzunehmen und sich darauf einzustellen, macht einen nicht unerheblichen Teil des nachbarschaftlichen Zusammen- bzw. Nebeneinanderlebens in einem Haus mit einer heterogenen Bewohnerschaft aus. Die Wahrnehmung von Unterschieden und dementsprechende Ausrichtung des Handelns danach, tragen dabei auch zur Produktion von Differenzen bei. Die Diversität verfestigt sich über die Alltagspraxis der Unterscheidung (vgl. etwa Bauman 2000, 176f; Hall 2010, 15f). Diese Unterscheidung bezieht sich meist auf Feinheiten wie unausgesprochene oder unreflektierte Gewohnheiten; Phänomene, die weniger direkt sprachlich-logisch zum Ausdruck gebracht, sondern über atmosphärische, olfaktorische oder habituelle Eigenarten wahrgenommen werden. Es handelt sich um kleine alltägliche Details, die zugleich aber komplexe Zusammenhänge eröffnen, da sie auf unterschiedliche Lebensstile oder Vorstellungswelten verweisen. Wo diese »feinen Unterschieden« – um einen Begriff von Pierre Bourdieu aufzunehmen (Bourdieu 1982) –, wahrgenommen und geschaffen werden, bleiben die Kontakte oft sehr oberflächlich. Dies ist nach Bourdieu ein Grund, warum räumliche Nähe nicht automatisch zu sozialer Nähe führt (Bourdieu 1997 (1993), 165). Folgendes Zitat aus einem Interview mit einer jüngeren Schweizer Familie beschreibt anschaulich, wie dieser Mechanismus erfahren wird:

»Wir haben schon Kontakt, aber es bleibt meistens ein bisschen oberflächlich. Zum Teil auch weil man mit der Sprache halt nicht mehr weiterkommt. Und es ist zum Teil einfach auch eine andere Welt, die spannend ist zum dran schnuppern. Aber manchmal bin ich froh, wenn

---

65 Interview III, Telli, 00:27:17.
66 Interview IV, UAII, 01:05:35.

ich wieder nach Hause kann und wieder mein Bekanntes habe. Also dort, wo die Kontakte tiefer gehen, sind es schon meist Schweizer. Aber ich denke, es müsste nicht sein.«[67]

Auch wenn ein gegenseitiges Interesse besteht oder man sich freundlich zugeneigt ist, ergeben sich keine tieferen Gespräche oder engeren Kontakte wie mit Gleichgesinnten. Diese werden hier mit Bezug auf das Herkunftsland als »schon meist Schweizer« beschrieben, soziale Ungleichheiten – die in Bourdieus Theorie bestimmend sind – werden nicht thematisiert. Die Bewohnerin, die im Laufe des Interviews immer wieder für Offenheit und Verständnis für andere Lebensweisen plädiert, verweist hier auf eine Distanz, die im Nachbarschaftskontext durchaus auch geschätzt wird. Der Alltag ist angesichts der vielen Anforderungen, die sich durch Erwerbsarbeit und Familienleben stellen, meist schon ausgelastet. Das Fremde kann zwar für ein ›Beschnuppern‹ spannend sein, strengt aber auch an und zurück in die »vertraute eigene Welt« zurückkehren zu können, wird als Erleichterung erlebt.

5.3.4 ›Andere Kulturen‹: Imagination und Widerspruch

Der Umgang mit (wahrgenommenen und geschaffenen) Differenzen in der Nachbarschaft kann anspruchsvoll und anstrengend sein. Eine interviewte Liegenschaftsverwalterin beobachtet, dass die Tendenz seine Freizeit am liebsten mit Menschen zu verbringen, mit denen man dieselbe Herkunft teilt, auch mit Bezug auf kleinräumliche Lokalisierungen greifen kann:

»Die türkische Bevölkerung, die hat ihre Treffpunkte und ihre Bezugsfeste und bei den Jugoslawen ist es auch so, oder dann gibt es muslimische Veranstaltungen [...], jedenfalls machen die Leute meist nicht was für die Siedlung, sondern mit ihren Leuten, mit denen sie kulturell schon gut auskommen. Weil Freizeit heißt, sich nicht anstrengen, und nicht anstrengen tut man sich eigentlich am meisten mit den Leuten, mit denen man einen natürlichen Bezug hat. Das beginnt schon im Kleinen. Ich bin immer wieder erstaunt darüber, dass sich die Bündner in der Stadt Zürich kennen [...] oder plötzlich schaust du dir die Freundschaften etwas genauer an und dann merkst du, das sind ja alles St. Galler.«[68]

Dass es in den Überbauungen verschiedene Gruppierungen gibt, die sich aufgrund gemeinsamer Bezugspunkte besser kennen und treffen, wird auch in verschiedenen Bewohnerinterviews thematisiert. Diese werden wie im Zitat oben oft als »natürliche Bezüge« von unterschiedlichen Kulturen imaginiert, wobei gemäß der, mit der kulturellen Differenzierung einhergehenden, Gleichsetzung von ›Kultur‹ mit natio-

---

67 Interview II, Telli, 01:02:18.
68 Gruppeninterview LVZ UAII, 01:08:35.

nalen oder ethnischen Zugehörigkeiten insbesondere die großen Einwanderergruppen in den Siedlungen angesprochen werden. Jugendliche, die seit ihrer frühen Kindheit in der Telli wohnen, deren Eltern aber aus verschiedenen Ländern in die Schweiz eingewandert sind, erzählen im Interview von Veranstaltungen und Feiern von Einwanderergruppen:

»Es gibt oft Verlobungsfeiern oder Geburtstagsfeiern von Bosniern oder so im GZ [...], dann versammeln sich schon recht viele. Da können auch andere kommen, aber weil die Jugoslawen halt so vernetzt sind, wenn ich so sagen darf, kommen halt schon viele.«[69]

Auch in Unteraffoltern II wird der Gemeinschaftsraum insbesondere von Gruppen genutzt, die gemeinsame familiäre oder translokale Bezugspunkte teilen. Der Gemeinschaftsraum wird dabei auch zum Treffpunkt für Feierlichkeiten und Veranstaltungen von sozialen Netzwerken, die sich über die Siedlungen hinaus erstrecken. So stellt etwa eine ältere Isengrind-Bewohnerin fest:

»Eigentlich brauche ich den Gemeinschaftsraum nicht. Ich habe den Eindruck, das sind mehr Familien, oder ja, ganze Sippschaften oder wie man sagen soll von... ja, von asiatischen Leuten oder Moslemleuten oder so [...]. Das sieht man oft, dass sie am Sonntag oder so da zusammen kochen und Sachen machen. Und da kommen natürlich auch Besucher von auswärts, die sich dann alle hier treffen.«[70]

Während einige Gruppierungen der Bewohnerschaft im Gemeinschaftsraum zusammen kochen, essen und feiern, nutzen andere den Raum kaum. Über Begriffe wie »Sippschaften« oder »Moslemleute«, die einen vereinfachenden und pejorativen Beigeschmack haben, lässt sich in der obigen Interviewaussage auch eine Distanzierung gegenüber diesen Gruppierungen herauslesen. Eine Thematik, die an anderer Stelle auch mit einem Gefühl des Ausgeschlossen-Seins begründet wird. Angesprochen wird dabei eine Exklusion, die weniger in der Interaktion mit Einzelnen, als mehr in der Begegnung von einer Einzelperson mit einer Gruppe erfahren wird. So erzählt die Bewohnerin weiter:

»Ich stelle auch fest, das soll jetzt nicht negativ sein, aber wenn ich mit einer Moslemfrau alleine bin, dann redet sie mit mir und grüßt, aber sobald sie innerhalb von einer Gruppe dort unten sitzt und ich vorbeigehe und Grüezi sage dann wendet sich niemand. Also ich fasse es nicht persönlich auf, aber wie wenn sie einfach zusammengehören und keine der anderen verrät, dass sie [...]. Also eine Nachbarin hat mir neulich Zucchetti aus ihrem Garten geschenkt,

---

69 Ebd., 01:03:23.
70 Interview II, UAII, 01:26:07.

aber das geschieht irgendwie wie ein wenig im Geheimen [...]. Ich denke es wäre komisch wenn ich mich auch hinuntersetzen würde, weil, es sind sonst einfach alles andere Nationen, die Schweizer sitzen kaum unten zusammen.«[71]

Es sind komplexe Abgrenzungsdynamiken, die hier angesprochen werden. Sie äußern sich aus Sicht der älteren, alleinstehenden Schweizerin nicht nur in einem nicht erwiderten Gruß, sondern auch darin, dass sie sich in den gemeinsamen Siedlungsräumen, die durch die Gruppe der für sie fremden Bewohnerinnen genutzt oder angeeignet werden, fehl am Platz fühlt. Die Gruppe erscheint in dieser Aussage als homogen und nur schwer zugänglich. Eine unkomplizierte Begegnung würde zu viel Überwindung kosten und ist auch nicht gewollt. Mit der Kontrastierung ›andere Nationen‹ vs. ›Schweizer‹ wird ein Gegensatzpaar angesprochen, das für die befragte Bewohnerin Wirkmacht hat. Es verweist aber auch auf eine mentale Barriere, die den Austausch und ein unvoreingenommenes Zugehen auf ›Andere‹ erschwert. Die von Verwaltungen, Sozialarbeitenden oder Siedlungs- und Quartiervereinen organisierten Siedlungsaktivitäten zielen darauf ab, solche Barrieren etwas abzubauen und Veranstaltungen für die ganze Bewohnerschaft anzubieten. Dies ist aber ein anspruchsvolles Unterfangen, das unter der Bewohnerschaft nicht unbedingt auf Resonanz stößt.[72] Es gibt zwar außerhalb der offiziellen Organisation ein reges Sozialleben in der Siedlung, das aber weniger die Interessen der Gesamtnachbarschaft als mehr diejenigen einzelner Gruppierungen anspricht. Die organisierten ›traditionellen‹ Siedlungsfeste werden von zugewanderten BewohnerInnen oft nicht besucht.[73]

Das in dem Zusammenhang auftauchende Narrativ zu den sich teils abschottenden Gruppen von Menschen ›anderer Kulturen‹ in den Siedlungen, geht von der Annahme aus, dass MigrantInnen mit derselben Nationalität oder Herkunft eine ethnische (mit Bezug auf ›den Islam‹ auch religiöse) Gemeinschaft bilden. Damit einhergehend wird der heterogene, veränderbare und fluide Charakter von menschlichen Identitäten, Praktiken und sozialen Verbindungen ausgeblendet bzw. nicht erkannt (Glick Schiller/Caglar 2011, 65). So erstaunt es nicht, dass die befragten MigrantInnen diesem Narrativ teils auch widersprechen. Ein türkisches Ehepaar,

---

71 Interview II, UAII, 01:13:59.

72 So etwa der Isengrind-Hauswart: »Wir müssen mit Leuten, die aus anderen Kulturen kommen zusammenarbeiten. Die Türken zum Beispiel haben schon miteinander ein Grüppchen oder die Jugoslawen teilweise [...], aber wenn wir ein Fest organisieren, dann kommen die Türken so gesagt nie, oder auch Leute aus dem asiatischen Raum. Und das ist etwas schade, oder, weil wir bemühen uns wirklich.« (Gruppeninterview LVZ UAII, 01:02:34)

73 Vgl. Kap. III 4.1.3 und 4.2.

das schon seit 20 Jahren im Isengrind wohnt, differenziert im Interview das Bild einer sich abschließenden türkischen Gruppe unter der Siedlungsbewohnerschaft aus. Sie bestätigen zwar, dass sie sich gelegentlich mit anderen TürkInnen treffen. Viele davon seien ihnen vertraut, weil sie aus derselben Region der Türkei kommen. Die Frau trifft sich regelmäßig mit anderen zum Kaffeetrinken oder setzt sich bei wärmerem Wetter auch mal zu ihnen nach draußen. Der Mann nutzt gemeinsam mit anderen den Sportplatz. Beide weisen aber auch darauf hin, dass sie dies nur tun, wenn sie gerade Zeit und Lust haben und wehren sich gegen reduzierende Zuschreibungen. Sie verstehen diese Kontakte keineswegs als ausschließlich, da sie genauso gute Kontakte mit NachbarInnen anderer Herkunft haben. Ebenso betonen sie, dass innerhalb von Personengruppen mit derselben Nationalität unterschiedliche Kulturen gelebt werden. Ihre Wertvorstellungen, etwa bezüglich Geschlechterbildern oder Erziehungsvorstellungen, unterschieden sich von »strenggläubigeren« TürkInnen, die im Isengrind wohnen. In ihren Darlegungen gewichten sie Werte wie Selbstbestimmung, Arbeitsmoral, Freundlichkeit und Respekt gegenüber anderen hoch. Wichtig ist ihnen, dass sich ihre Kinder ganz in der Schweiz integrieren können und es hier zu »etwas bringen«:

»Wir sind mehr schweizerisch. Wir sind auch Moslem, aber wir sind offener. Die sind verschlossener, weißt du, die haben halt nicht mit jedem Kontakt [...] die haben ein anderes Bild und wir haben andere Bilder. Sie sind einfach strenger, strenggläubiger, ja [...] ich würde meiner Frau nie sagen, rede nicht mit Männern, oder rede nicht mit meiner Frau oder so. Der Kontakt ist offen oder. Die Kinder werden bei denen strenger erzogen, meine Kinder haben alles gemacht, was Schweizer Kinder auch machen und mein Sohn hat eine Lehre gemacht und hat jetzt eine gute Stelle.«[74]

Es ist in ihrem Verständnis bedeutsam, dass sie »mit allen gut auskommen«. Dazu gehören auch gute Nachbarschaftskontakte, die sie – unabhängig von der Herkunft einer Person – vor allem aufgrund von gegenseitiger Sympathie pflegen wollen. Die Aussage nun »in der Schweiz zu Hause zu sein« und sich demnach als Person auch nicht mit einem Herkunftsland gleichsetzen zu lassen, findet sich auch in anderen Interviews. Besonders anschaulich wird diese Distanzierung etwa in einem Interviewdialog eines italienisch-schweizerischen Ehepaars dargelegt, das seit beinahe vierzig Jahren in der Telli wohnt. Für den älteren Mann, der sein ganzes Erwachsenenleben in der Schweiz verbracht hat, gibt es nicht mehr viel, das ihn an seinen Herkunftsort bindet, es gibt kaum noch Angehörige. Im Gegensatz zu seiner Schweizer Frau, die die klimatischen und kulinarischen Qualitäten unvoreingenommen genießen kann, sind für ihn die Ferien in Italien angesichts von Missstän-

---

74 Interview V, UAII, 00:49:12.

den, die ihm auffallen, nur bedingt erholsam. In der Schweiz besuche er zwar gelegentlich die organisierten Veranstaltungen des *circolo italiano*, rege sich dort aber relativ schnell auf. Er distanziert sich von Landsleuten, die zu sehr in herkömmlichen Mustern verhaftet geblieben seien, von denen er sich emanzipiert und verändert habe.[75]

Diese Beispiele verdeutlichen, dass es in den Überbauungen zwar ethnische Gruppenbildungen gibt, sich aber nicht alle MigrantInnen derselben Herkunft ihnen gleich zugeneigt sehen. Praktiziert werden oft – wie etwa aus dem zitierten Interview mit dem türkischen Paar hervorgeht – eine pragmatische und partielle Teilhabe an Gruppenaktivitäten mit anderen Menschen derselben Herkunft, die insbesondere dazu genutzt werden, sich in seiner Muttersprache unterhalten zu können, ansonsten aber auch einen flüchtigen oder distanzierten Charakter tragen. Für die Betrachtung der Nachbarschaften ist es demnach wichtig, nicht voreilig vereinfachende Bilder von homogenen Gemeinschaften von MigrantInnen aufzugreifen, sondern die vielschichtigen und biografisch unterschiedlichen Migrations- und Integrationserfahrungen zu berücksichtigen. Diese Erfahrungen werden von vielen Faktoren beeinflusst, wobei die Bildung (und Anerkennung der Bildungsabschlüsse im Einwanderungsland), Sprachkenntnisse, Einkommen und soziale Schicht, Geschlecht, Phänotyp und Hautfarbe sowie Alter, Lebensphase und familiäre Situation wichtige Dimensionen darstellen.

Diese Differenzierung fehlt oft in der alltäglichen Betrachtung gegenüber BewohnerInnen mit ausländischer Herkunft. Ob das Selbstverständnis ›in der Schweiz zu Hause zu sein‹, in der Nachbarschaft auch respektiert und geschätzt wird, ist eine andere Frage. Mit den problemorientierten Diskursen von »den vielen Ausländern« in den Überbauungen werden implizit oder explizit auch Feindlichkeiten transportiert.

5.3.5 Fremdenfeindlichkeit

Die Angst vor dem Fremden ist in der Schweiz ein gesamtgesellschaftliches Thema, das von rechtspopulistischen Kreisen gezielt gefördert und instrumentalisiert wird. Wie der Soziologe Kurt Imhof feststellt, gehört »die erfolgreiche Problematisierung des Fremden seit der zweiten Hälfte der 1960er-Jahre zum wichtigsten politischen Thema überhaupt« (Imhof 2011, 1f).[76] Die Vorbehalte und Vorurteile, die in frem-

---

75 Interview III, Telli, 00:20:59.

76 Identitätspolitische Referenden und Initiativen, die mit ressourcenstark finanzierten, fremdenfeindlichen Kampagnen einhergehen und die Angst vor dem Fremden bedienen, waren und sind im direktdemokratischen System der Schweiz immer wieder erfolgreich (Buomberger 2004).

denfeindlichen Diskursen transportiert werden, machen sich auch in den Siedlungen mit sehr heterogener Bewohnerschaft bemerkbar, wie in der Gleichsetzung von ›Ausländersiedlungen‹ mit ›Problemorten‹. Diese Problematisierung ist nicht nur in der Außenzuschreibung, sondern auch in den Siedlungen selbst eine Realität.[77] In den Interviews mit BewohnerInnen ausländischer Herkunft wird verschiedentlich von Erfahrungen mit Fremdenfeindlichkeit berichtet. So meint etwa ein Bewohner, der ursprünglich aus Sizilien kommt:

»Ich muss sagen, es gibt Leute, die schon etwas rassistisch sind [...], ein Teil der Schweizer, die sagen, ›ja, die blöden Ausländer‹. Und zu mir sagen sie ›aber du bist kein Ausländer, du bist Schweizer‹, dann sage ich: ›Nein ich bin auch Ausländer‹.«[78]

Fremdenfeindlichkeit wird gemäß dieser Aussage weniger am eigenen Leib erfahren als in Alltagsgesprächen beobachtet. Deutlich wird dabei, dass mit der Setzung einer Ausnahme im persönlichen Kontakt (›du bist kein Ausländer‹) die generalisierende Diskreditierung auf unbekannte Andere ausgelagert wird. Mit der Betonung selbst Ausländer zu sein, verweist der Interviewpartner nicht nur auf seinen bürgerrechtlichen Status, sondern legt mit seinem Widerspruch den hypokritischen Kern einer solch unüberlegt xenophoben Haltung offen und solidarisiert sich mit den Diskreditierten. Andere InterviewpartnerInnen erzählen von direkt und persönlich erfahrenen Feindlichkeiten im Nachbarschaftskontext. Verschiedentlich wird von der Erfahrung erzählt, aufgrund des Status als ›AusländerIn‹ unter Generalverdacht zu stehen oder bei anstehenden Störungen oder Problemen zu Unrecht belastet zu werden. So folgendes Zitat:

»Es gibt eine Frau hier, die bekannt dafür ist, schwierig zu sein. Sie redet einfach nie mit Ausländern. Ich wohne zwar schon seit acht Jahren hier, aber sie hat nie, nie mit mir geredet. Und sie grüßt auch nicht zurück. Und wenn sie etwas sieht, das ihr nicht passt, ärgert sie sich: ›Das glaube ich einfach nicht, diese Ausländer machen eine Sauerei und so [...], aber einmal ist sie zu mir gekommen wegen der Waschküche: ›Kommen Sie!‹ und ich habe mich wie ein kleines Kind gefühlt, ›mein Gott, was ist denn das für eine Person?‹, ›Gehen Sie hinauf. Nehmen Sie Ihre Wäsche raus und putzen Sie!‹ [...] Nur das war gar nicht meine Wäsche, aber das hat sie mir nicht geglaubt [...]. Eine andere Frau, eine Schweizerin, hat mir dann geholfen. Und da habe ich für mich gedacht: ›Ich gehe weg von diesem Gebäude.‹ Du probierst

---

77 »Klar, hörst du immer wieder gerade von Schweizern: ›Oh, die Ausländer und so‹. Und politisch wird hier tendenziell rechts abgestimmt [...] Aber man muss sich und tut sich arrangieren mit dem, was eben ist, weil eigentlich ist es einem wohl hier.« (Gruppeninterview GZ Telli, 01:03:36)

78 Interview III, Telli, 00:40:25.

immer nett und lieb zu sein, aber bei diesen Leuten funktioniert das einfach nicht [...], das sind strenge Leute. Aber das musst du akzeptieren.«[79]

Dieser Interviewausschnitt legt verschiedene Aspekte dar, wie Fremdenfeindlichkeit in nachbarschaftlichen Alltagssituationen erlebt wird. Die Situationen laden sich meist an kleinen Regelverstößen oder Abweichungen von den geltenden Normen in den halböffentlichen Räumen auf – wie bspw. einer zu lange liegen gelassenen Wäsche –, für die als erstes ›die Ausländer‹ verdächtigt werden. In die Sündenbock-Rolle gedrängt, gilt es für die Betroffenen, sich immer wieder erklären zu müssen. Auf diese Erläuterungen wird aber oft gar nicht eingegangen, vielmehr geht es für die Anklagenden darum, im Recht zu sein und die anderen zurechtzuweisen. Dies erfolgt über eine unfreundliche, herrische Kommunikation, die mit einer Herabsetzung einhergeht – hier als Erfahrung erzählt, »wie ein kleines Kind« heruntergekanzelt worden zu sein. Als weitere Strategien der fremdenfeindlichen Ablehnung werden die Nicht-Erwiderung eines Grußes oder das Nicht-Eingehen auf Kommunikationsinitiativen eingesetzt. Die feindliche Haltung erscheint der Betroffenen wie eine unüberwindbare Mauer. Sie könne noch so freundlich sein, das seien einfach »strenge Leute«. Diese Art der Feindlichkeit stellt eine große emotionale Belastung im Alltag dar. Es ist ein Gefühl des Unwohl- und Unwillkommen-Seins das auch an Umzug denken lässt. Angesichts der anderen Qualitäten, die sie sonst in ihrer Wohnsituation sieht, wie auch der aktuellen Wohnungsnot in Zürich arrangiert sich die Interviewpartnerin aber mit der Situation. So erzählt sie von Strategien, die es ihr ermöglichten, mit solchen Schikanen umzugehen. Sie versuche »zu akzeptieren«, solche Angriffe nicht zu nahe an sich herankommen, andere einfach sein zu lassen und ihre Energie auf Wichtigeres zu lenken. Die Schwierigkeit dabei ist, dass die Konfrontation mit fremdenfeindlichen Äußerungen nicht planbar und so auch nicht umgehbar ist. Vielmehr tauchten diese »plötzlich aus heiterhellem Himmel« auf, wie etwa junge ›Secondos‹, die in der Telli aufgewachsen sind, in einem Gruppeninterview darlegen:

»B3: Vor zwei, drei Monaten hat so ein kleiner Junge, ein Albaner, sein Velo kurz mitten auf dem Weg abgestellt, weil er meinen Hund gesehen hat und den streicheln wollte. Und dann kommt ein alter Mann. Und der hat mich früher als ich klein gewesen bin, auch oft weggejagt, so: ›Was machst du da für Scheiß, du Scheißausländer‹. Und ich hasse das, wenn einer so ist. Und vor allem ein 60-Jähriger gegen einen Sechsjährigen [...]. Das sieht man aber schon noch ab und zu

B1: Aber das sind einfach eingeschränkte Leute, oder, die nur so durchs Leben gehen, die gibt es überall, glaube ich, nicht nur in der Telli. [...]

---

79 Interview IV, UAII, 00:59:04.

B2: Man ist auch viel am Arbeiten und kommt nach Hause und hat eigentlich anderes zu tun als für solche Leute ein Problem darzustellen. Wenn wir da sind, stören wir ja niemanden.«[80]

Sich in seinem Wohnumfeld, am Ort, wo man zu Hause ist, mit fremdenfeindlichen Aggressionen auseinandersetzen zu müssen, ist nicht einfach. Das Schwierige für die Betroffenen ist, als ›Ausländer‹ schubladisiert und mit Stereotypen und Animositäten konfrontiert zu werden. Über fremdenfeindliche Äußerungen wird ein Problem auf sie abgewälzt, das eigentlich nur in den Köpfen der anderen besteht. In den Interviews wird aber verschiedentlich betont, dass es sich bei den NachbarInnen, die sich offen fremdenfeindlich zeigen, um einige wenige Personen handle. Sie seien in den Überbauungen als schwierige Persönlichkeiten bekannt und hätten meist selbst mit verschiedenen Problemen oder Frustrationen zu kämpfen.

Fremdenfeindlichkeit nimmt aber lange nicht immer so einen offensiv-aggressiven Charakter an, wie im Dialog oben dargelegt, sondern erscheint oft auch in impliziteren Formen, etwa in einer latenten Ablehnung. Dies wird dann weniger als Gewissheit, denn als schwer fassbare Empfindung wahrgenommen:»Ich habe bei einigen einfach das Gefühl, sie haben etwas gegen Ausländer, auch wenn sie nichts sagen, aber die meisten sind nicht so zum Glück.«[81]

Die Feststellung, dass es sich bei Fremdenfeindlichkeiten um Ausnahmen handle, geht in den Interviews meist einher mit der Argumentation, dass die Pluralität der Bewohnerschaft in der Regel zu mehr Offenheit und Toleranz führe. So meint etwa ein türkischer Mann, der seit vielen Jahren im Isengrind wohnt, dass das Leben in einer großen Stadt dazu beitrage, dass Menschen an Vielfalt und Differenz »gewöhnt« und dementsprechend weniger fremdenfeindlich bzw. weltoffener seien als in homogeneren Siedlungsstrukturen.[82] Eine Bewohnerin der Telli skizziert die Weltoffenheit gar als besondere Qualität ihrer Nachbarschaft.[83]

Verschiedentlich wird erwähnt, dass es sich bei den Einstellungen gegenüber dem Fremden auch um eine Generationenfrage handle. So sagt ein jüngerer Bewohner:

---

80 Interview IV, Telli, 00:59:37.

81 Interview VI, Telli, 00:05:06.

82 »Also Zürich ist eine Großstadt und ich habe hier noch nie Probleme gehabt wegen Rassismus [...] Ich habe mal in einem kleinen Ort in Obwalden gearbeitet. Die Leute dort, die schauen misstrauisch und grüßen einen nicht [...] Aber hier ist man sich gewohnt, dass Leute aus vielen verschiedenen Ländern kommen. Die Welt gehört allen [...] und das ist auch gut so« (Interview V, UAII, 01:08:22).

83 Interview III, Telli, 00:39:57.

»Das Abstempeln von Ausländern ist eigentlich vor allem ein Problem von älteren Leuten [...]. Das ist auch, weil die noch in einer anderen Generation gelebt haben, mit noch anderen Weltansichten und so. Mittlerweilen sieht es ja anders aus.«[84]

Eine Italienerin, die Ende der 1960er-Jahre in die Schweiz eingewandert ist, veranschaulicht diesen Wandel der Weltbilder folgendermaßen:

»Als ich das erste Mal in die Schweiz gekommen bin, das war ganz anders. Wenn ich heute meinen Kindern erzähle, wie das in der Schweiz war, dann glauben die mir nicht. Ich selber glaube es nicht [...]. Heute bist du freier. Und die Menschen sind freundlicher mit Ausländern, früher gab es schon auch ein bisschen Rassismus. Ich muss nicht viel dazu sagen, aber das war schon so. Und warum ist es heute offener? Weil es auch viele Ausländer gibt hier. Die Kinder sind zusammengewachsen.«[85]

Die wahrgenommene Öffnung der Gesellschaft in den letzten 40 Jahren hängt auch mit den sich ausdifferenzierenden Lebensstilen und der Migration in die Schweiz zusammen. Die Präsenz von »vielen Ausländern« in der Nachbarschaft kann zu Ablehnung und Fremdenfeindlichkeiten führen, hat aber auch das Potential vorurteilsbehaftete Denkmuster aufzubrechen. Eine wichtige integrierende Kraft können dabei Kinder spielen, die hier zusammen aufwachsen. Eine jüngere Telli-Bewohnerin stellt diesbezüglich etwa fest, dass Kinder die Zuschreibungen des ›Fremden‹ oder ›Anderen‹ im gemeinsamen Spiel aufnehmen und so teils auch ins Scherzhafte übertragen:

»Die Kinder spielen jeweils zusammen Weltreise. Dann fahren sie mit den Velos rum und rufen: ›Komm, wir gehen in die Türkei!‹ Und alle: ›Yeah, Türkei!‹ Und dann fahren sie hinter ein Hügelchen [...]. Ich habe nie Bandenkriege beobachtet zwischen verschiedenen Nationen. Also wenn, dann gemischt. Ich habe schon erlebt, wie ein Kind zum anderen gesagt hat: ›Hey Christ!‹ Und der andere sagt zu ihm: ›Hey Muslim!‹ Und dann haben sie gelacht, sie nehmen das einfach so auf und meinen das lustig, ja.«[86]

Durch den täglichen Austausch der Kinder in Schule und Freizeit verlieren die Differenzen an Bedeutung: »Unter uns (Jungen) haben wir einfach Kontakt miteinander, da spielt es keine Rolle, welche Nationalität jemand hat«,[87] sagt etwa ein junger

84 Interview IV, Telli, 01:02:39.
85 Interview III, UAII, 02:02:00.
86 Interview V, Telli, 00:46:08.
87 Interview IV, Telli, 01:02:19.

Mann. Diese Einschätzung kann auch als Indikator für eine gelungene Integration im nachbarschaftlichen Gefüge gedeutet werden.

5.4 DISKURSE ÜBER INTEGRATION

Im Diskurs zur Heterogenität der Siedlungsstrukturen lassen sich zwei divergierende Argumentationsmuster erkennen. Das eine fokussiert – wie im vorigen Kapitel ausgeführt – auf Differenzen, das andere nivelliert oder relativiert diese über den Blick auf universale anthropologische Gemeinsamkeiten. Im ersten Argumentationsmuster wird kulturelle Differenz als Wirklichkeit wahrgenommen, respektiert und auch als Bereicherung und Chance betrachtet. So ein jüngerer Bewohner: »Die Schweiz wäre auch irgendwie langweilig ohne Ausländer, jeder hat irgendwas Interessantes, du kannst von allen etwas lernen und kannst ganz Verschiedenes kennenlernen.«[88] Oder eine Interviewaussage einer älteren Bewohnerin: »›Multikulti‹ ist manchmal besser als wenn alle gleich sind […], es gibt Austausch und man lernt auch immer etwas dazu. Man darf einfach nicht negativ sein, man muss auf diese Leute auch zugehen.«[89] Integration heißt in diesem Verständnis, dem Gegenüber unvoreingenommen zu begegnen und bereit sein voneinander zu lernen, aber auch andere Normen oder Konventionen zu erkennen und zu respektieren. So erzählt beispielsweise eine Bewohnerin des Isengrind, dass sie sich immer zu erkennen gebe, wenn sie bei einer kopftuchtragenden muslimischen Nachbarin klingle, damit diese nicht extra das Kopftuch anziehen müsse.[90] Zugleich meint sie: »Viele sagen ja, hier hat es viele Ausländer. Aber ich muss sagen, ich habe keine Probleme deswegen, ich bin neutral. Ich bin selber Ausländer, für mich sind alle Leute gleich. Überall gibt es gute Menschen und schlechte Menschen.«[91]

Mit dieser Aussage fokussiert die Bewohnerin, die als junge Frau aus Süditalien in die Schweiz ausgewandert ist, auf das Verbindende: Wir sind alle Menschen und als solche letztlich »alle gleich«. Es ist eine Begründung, die sie gezielt den Problematisierungen der »vielen Ausländer« in ihrer Überbauung entgegenhält. Diese Argumentation wird insbesondere von Personen aufgegriffen, die biografisch selbst eine Migrationsgeschichte haben und die genug davon haben, sich in stereotypen oder negativen Repräsentationen wiederzufinden. Gemäß einem humanistisch-universalistischen Weltbild betrachten sie die Menschen als über gleiche Rechte und Bedürfnisse miteinander verbundene individuelle Persönlichkeiten. So meint

---

88 Interview V, Telli, 01:00:47.
89 Interview III, Telli, 00:53:37.
90 Interview III, UAII, 01:00:08.
91 Ebd., 00:44:05.

etwa eine jüngere Frau, die als Kind mit ihrer Familie in die Schweiz eingewandert ist:

»Ich habe mich daran gewöhnt, dass es hier ganz viele verschiedene Nationalitäten gibt. Ich sehe nicht mehr, ob der jetzt das oder jenes ist. Ich sehe einfach, wie jemand charaktermäßig ist. Und wenn es passt, dann passt es. Und wenn nicht, dann eben nicht.«[92]

Dies entspricht einer Haltung, gemäß der Unterscheidungen und kulturelle Zuschreibungen in den Hintergrund rücken und die Bereitschaft sich auf die Gemeinsamkeiten, aber auch die individuellen Eigenarten einer Person einzulassen, wichtiger wird.

5.4.1 Vom Umgang mit Vielsprachigkeit im Wohnumfeld

Eine besondere Bedeutung für den Austausch und die Verständigung in einer heterogenen Nachbarschaft kommt der Sprache zu. Fehlende Sprachkenntnisse erschweren die Kommunikation unter NachbarInnen, wie in den Interviews immer wieder betont wird:

»Der Herr X ist schon lange in der Schweiz und redet Deutsch wie wir und mit dem redet man natürlich auch [...] und die Frau Y ist eine, die sich überhaupt nicht akklimatisiert hat, die kann nach all den Jahren noch nicht Deutsch [...] und dann sagt man ›Guten Tag‹ und das Nötige und nur nicht mehr, weil sie es einfach nicht versteht [...], aber das ist in Ordnung, wenn sie nicht will. Ich finde, man muss doch diese Freiheit dem Einzelnen lassen.«[93]

Eine ältere Schweizer Bewohnerin thematisiert das Erlernen der deutschen Sprache in dieser Aussage als individuelle Wahl, die zu respektieren sei. Bewusst wendet sie mit fremdsprachigen NachbarInnen eine kommunikative Strategie an, die ein gegenseitiges Verständnis ohne große Anstrengungen ermöglicht. Ein solch pragmatischer Umgang mit der Sprache scheint im nachbarschaftlichen Austausch verbreitet zu sein. Wenn sich NachbarInnen aus verschiedenen Herkunftsländern miteinander unterhalten, ist die gemeinsame Sprache Hochdeutsch. Die Relevanz des Erlernens der deutschen Sprache wird zwar verschiedentlich betont, zugleich stellt man sich in nachbarschaftlichen Alltagsgesprächen aber auch auf die unterschiedlichen, teils auch mangelnden Sprachkenntnisse anderer ein, denen nach Möglichkeit mit kleinen Übersetzungsdiensten entgegengekommen wird. So erzählt etwa eine türkische Frau:

---

92 Interview VI, Telli, 00:05:46.
93 Interview I, Telli, 01:11:04.

»Wir haben Kontakt mit Leuten von ganz verschiedenen Ländern und wir sprechen Deutsch miteinander [...] wenn ich mit einer Nachbarin Deutsch spreche und eine andere Türkin ist dabei und versteht es nicht, dann übersetze ich es ihr nachher«.[94]

Oft übernehmen auch Kinder Übersetzungsaufgaben, was nicht unproblematisch ist, wenn diese selbst Teil eines Konfliktes sind.

Die offizielle Haltung der Verwaltungen – und dies deckt sich mit der Integrationspolitik des Bundes[95] – plädiert für die gemeinsame Sprache Deutsch (bzw. des jeweiligen Landesteils), an die sich Fremdsprachige anzupassen, sprich diese zu lernen hätten. So eine Bewirtschafterin auf die Frage, ob sie wichtige Informationen auch in Fremdsprachen kommunizieren würden:

»Ich bin immer noch der Meinung, man lebt in der Schweiz, in der Deutschschweiz, ja. Und da muss sich der andere anpassen, also ich bin da strikt. Wenn überhaupt eine andere Sprache, dann wäre es eine andere Landessprache. Überall bieten sie Deutschkurse an, dann kann es doch nicht sein, dass wir dem entgegenwirken.«[96]

Im alltäglichen Kontakt stehen jedoch häufig weniger solche assimilatorischen Grundsatzprinzipien als pragmatische Verständigungsstrategien im Vordergrund. So meint etwa der Hauswart von Unteraffoltern II: »Wenn Mieter zu mir kommen, ich kann mit allen sprechen. Irgendwie verstehen wir uns immer, oder irgendwer spricht sonst immer Deutsch.«[97] Eine solche Haltung erfordert Flexibilität und Offenheit, trägt aber letztlich auch zu mehr gegenseitigem Verständnis bei.

---

94   Interview V, UAII, 00:59:00.

95   So aus dem Bundesgesetz über die Ausländerinnen und Ausländer: »Es ist erforderlich, dass sich Ausländerinnen und Ausländer mit den gesellschaftlichen Verhältnissen und Lebensbedingungen in der Schweiz auseinandersetzen und insbesondere eine Landessprache erlernen.« (AuG vom 16.12.2005, Art. 4, Abs. 4 [Integration]).

96   Gruppeninterview Wincasa, 01:29:54.

97   Gruppeninterview LVZ UAII, 01:08:21.

6 Stadträumliche Einbettung

Die Diskussion um die integrativen Potentiale nachbarschaftlicher Kontakte gewinnt mit einem Blick über die Siedlungsgrenzen hinaus an Bedeutung. Diese Öffnung der Perspektive ist bei der Betrachtung von Nachbarschaften grundlegend wichtig. Denn die vielseitigen Ausgestaltungen von Nachbarschaften sind immer auch in spezifischen stadträumlichen Umgebungen verortet. Die Frage nach den relationalen Zusammenhängen bzw. dem Verwoben-Sein von Nachbarschaften mit breiteren städtischen Kontexten steht deshalb im Zentrum dieses Kapitels. In der Analyse stellen sich diesbezüglich drei Dynamiken als bedeutsam heraus: Erstens die divergierenden Innen- und Außenzuschreibungen und damit einhergehend die Bilder, die mit den Hochhausstrukturen verknüpft werden. Zweitens die sich hier abzeichnenden städtischen Segregationsprozesse, deren Ausprägungen sich je nach ›Biografie‹ einer Überbauung voneinander unterscheiden lassen. Beiden Siedlungen gemeinsam ist drittens, dass das Konzept der ›Durchmischung‹ von Bewirtschaftung und Sozialarbeit diesbezüglich als Lösungsansatz verstanden und angewandt wird.

6.1 INNEN- UND AUSSENZUSCHREIBUNGEN

Der Soziologe Gerald D. Suttles stellt – in Kritik an der Vorstellung einer quantitativen Bestimm- und Planbarkeit nachbarschaftlich geprägter städtischer Einheiten – fest, dass Nachbarschaften in erster Linie durch Zuschreibungen von ihren BewohnerInnen wie auch von Außenstehenden bestimmt werden (Suttles 1972, 35). Dass solche Innen- und Außenzuschreibungen Nachbarschaften definieren, kann auch in den beiden untersuchten Siedlungen beobachtet werden. In den Interviews mit BewohnerInnen der Telli ist das Bewusstsein weit verbreitet als ›Tellianer‹ oder ›Tellianerin‹ zur Hochhausüberbauung zu gehören. Im Isengrind äußern BewohnerInnen ebenfalls ein Selbstverständnis der Zugehörigkeit zu ihrer Siedlung. Wie in den Hausbiografien dargelegt, kann die Eingrenzung aus der Innenperspektive im Zusammenhang mit den Ausgrenzungsmechanismen verstanden werden, mit denen sich die BewohnerInnen beider Siedlungen über die Negativimages von außen konfrontiert sehen.[1] Die spannungsvolle Dynamik zwischen Innen- und Außenzuschreibungen liegt dabei insbesondere im Image oder genauer den Wahrnehmungen und Bewertungen des Erscheinungsbildes der Bauten im Verhältnis zu ihrer städtischen Umgebung begründet (vgl. etwa Bäschlin 2004; Harnack 2012; Haumann/Wanger 2013).

Die beiden untersuchten Hochhausüberbauungen der 1960er- und 1970er-Jahre fallen im Vergleich zu den übrigen städtebaulichen Strukturen in ihrem Umfeld auf. Sie sind in ihrem Erscheinungsbild von weither deutlich erkennbar und entsprechen nicht der Norm.[2] Die Hochhausstruktur ist etwas ›Anderes‹; eine Bau- und Wohnform, die viele Außenstehende nicht aus eigener Erfahrung kennen. Merkmale wie die Vielzahl der Wohnungen in einem Komplex, die modular aufgestapelte Struktur und die Fassaden mit Sichtbetonelementen werden bei der Imageproduktion aus der Außenbetrachtung in der Regel mit Negativbildern besetzt. Die Krise, in die der Großwohnungsbau und das Wohnen im Hochhaus im Laufe der 1970er-Jahre geraten ist sowie die damit einhergehende Kritik, wirken sich bis heute aus.[3] Dabei kursieren im Falle der untersuchten Siedlungen zum einen Bezeichnungen wie ›Staumauer‹ ›Betonklötze‹, oder ›Kaserne‹, die das Bauliche diskreditieren. Zum anderen wird mit Begriffen wie ›Ghetto‹ oder ›Sozialbunker‹ auch die Bewohnerschaft, die in dieser baulichen Struktur wohnt bzw. die darin vermutet wird, stigmatisiert.

Die Innensichten der BewohnerInnen unterscheiden und distanzieren sich deutlich davon. In ihrem Diskurs sind im Umgang mit dem Erscheinungsbild einer Großüberbauung insbesondere zwei Argumentationsstrategien ersichtlich: Die eine Strategie hebt die Bebauung hervor, die andere blendet sie aus. Zu ersterer gehört die Umdeutung des Images mit positiv besetzten Assoziationen (wie beispielsweise ›Kreuzfahrtschiff‹ oder ›Adventskalender‹). Betont werden – gerade von Personen mit höheren Bildungsabschlüssen – teilweise auch die bauhistorische Bedeutsamkeit der Bauten oder die Relevanz des verdichteten Wohnens, die mit einer Hochhausstruktur assoziiert werden. Diese Argumentationsstrategie kann als aktives, teilweise auch spielerisches Distinktions- und Widerstandsmoment gegen die negativen Außenzuschreibungen verstanden werden. Verbreiteter ist in den Bewohnerinterviews beider Siedlungen die Argumentationsstrategie des Ausblendens des Erscheinungsbildes. Dazu gehören Feststellungen, dass man vom Innern der Wohnungen von der Großform ja nichts merke. Ebenso wird die Hochhausstruktur als vernachlässigbare Kategorie im Vergleich zur Bedeutung des Wohnumfelds sowie

---

1   Vgl. Kap. II 2.6.1 und 3.5.2.

2   Vgl. ausführlicher Kap. II 1.4.

3   Vgl. ausführlicher Kap. II 1.3.

der Wohnung dargelegt. Die weit verbreitete negative Bewertung der Gebäude wird in dieser Argumentation nicht in Frage gestellt; teilweise wird das ästhetische Urteil von deren ›Hässlichkeit‹ auch geteilt und mit anderen Qualitäten relativiert, die im Wohnalltag eine wichtigere Rolle spielen.[4]

Die Analyse von Ein- und Ausgrenzungsmechanismen einer Nachbarschaft über diskursive Bewertungen ihres Erscheinungsbildes muss immer in einem breiteren Kontext betrachtet werden. Eine Siedlung existiert nie als isolierte Insel, sondern steht immer in Bezug zu ihrem sozialräumlichen Umfeld. Auch in den untersuchten Großwohnbauten sind zahlreiche Verbindungslinien mit dem umliegenden Wohnumfeld erkennbar: Diese manifestieren sich in sozialen Relationen, wie siedlungs- oder quartierübergreifend gemeinsamen Anlässen und Aktionen sowie in persönlichen Kontakten. So bestehen etwa Verbindungen zwischen den Hochhäusern von Unteraffoltern II und den gleichzeitig erstellten, benachbarten Flachbauten von Unteraffoltern I, die sich auch durch die Verwaltungspraxis ergeben, die beide Siedlungen als Verwaltungseinheit behandelt. Auch in der Telli schaffen Quartierorganisationen zahlreiche Verbindungen zwischen den Hochhausblöcken und dem umliegenden ›alten‹ Telliquartier. Diese Verbindungen scheinen im Zusammenhang mit der Ein- und Ausgrenzung einer Nachbarschaft von doppelseitiger Bedeutung zu sein. Einerseits werden dadurch – und das ist auch das Anliegen der involvierten Institutionen – die Grenzen zwischen den unterschiedlichen baustrukturell bedingten Kollektivzusammenhängen relativiert und das Quartier als Ganzes gestärkt. Zuschreibungen wie ›die vom Hochhaus‹ vs. ›die von den Flachbauten‹ machen teilweise einem Verständnis des ›Wir vom Quartier‹ Platz. Andererseits lösen sich die Grenzen aber nicht vollkommen auf, wie die Aussage eines Bewohners aus Unteraffoltern II verdeutlicht, der das Trennende hervorhebt:

»Also mir gefällt es dort [bei den Flachbauten] nicht, wir sind hier schon gewohnt hoch oben zu wohnen und dort unten... das ist wie ein Gefängnis, also ich möchte dort keine Wohnung haben, weil hier haben wir wirklich freie Aussicht und es ist wunderschön.«[5]

Wenn man die den sozialräumlichen Grenzsetzungen inhärenten Logiken berücksichtigt, wird jedoch deutlich, dass Grenzen nur in den seltensten Fällen als unüberwindbare Trennlinien bestehen. Grenzen werden vielmehr, wie etwa der Kulturanthropologe Heinz Schilling darlegt, durch Öffnungen und Kontakte im »relationalen Hin- und Her« sowie durch Erfahrungen des Unterscheidens und Unterschiedenwerdens konstruiert (Schilling 2000, 16; 18f). Für diese Prozesse spielen im Kontext von Hochhausüberbauungen die Images sowie die sicht- und wahr-

---

4   Vgl. Kap. II 2.6.1 und 3.5.2.

5   Interview IV, UAII, 00:17:43.

nehmbaren Unterschiede der Erscheinungsbilder (wie etwa ›die da unten, wir hier oben‹) eine nicht zu unterschätzende Rolle. Sie tragen über Innen- und Außenzuschreibungen zur Schaffung von Nachbarschaften bei.

6.2 SEGREGATIONSPROZESSE

In beiden untersuchten Überbauungen wurde im Laufe der 1990er-Jahre eine zunehmende Konzentration von auf dem Wohnungsmarkt benachteiligten sozialen Gruppen und damit einhergehende Probleme konstatiert. Die Ausprägungen und der Umgang damit haben sich jedoch, wie die Hausbiografien aufzeigen, unterschiedlich bemerkbar gemacht.

6.2.1 Krisen und Aufwertungen

Bei einer genauen Betrachtung der Narrative zu den Krisenzeiten in den Überbauungen wird deutlich, dass diese entweder auf eine Problematisierung von ›schwierigen‹ Mietergruppen (wie Suchtbetroffene, psychisch Kranke etc.) fokussieren oder den hohen Ausländeranteil hervorheben. Die strukturellen sozialen Ungleichheiten, die die Konzentration dieser Mietergruppen an einem Wohnort voraussetzen, werden jedoch in den Diskursen wie auch in den Bestrebungen zu den Imageverbesserungen kaum thematisiert.

Im Isengrind leitete die Stadt Zürich in den 1990ern eine umfassende Erneuerung mit baulichen und sozialen Maßnahmen ein.[6] Hier spitzte sich die Krise ab Mitte der 1980er-Jahre besonders zu. Noch heute erinnern sich einige der befragten BewohnerInnen an diese schwierige Zeit:

»Die Drogensüchtigen zum Beispiel in den Wohnungen oder so, das haben wir auch einmal gehabt, aber die Verwaltung hat geschaut und heute gibt es sicher noch irgendwo Drogen hier, aber das stört nicht mehr [...] Also schlimme Zeiten haben wir auch gehabt. Aber jetzt im Moment ist es nicht so. Heute haben wir keine großen Probleme und Streitereien mehr«.[7]

Neuer zugezogene BewohnerInnen distanzieren sich jedoch klar von dieser Zeit:

---

6   Vgl. ausführlicher Kap. II 2.4.

7   Interview III, UAII, 01:26:21.

»Also die Probleme von Kriminalität oder was auch immer, die es früher mal bis zu einem gewissen Grad in diesem Haus gegeben haben mag, kenne ich nur vom Hören-Sagen [...] und es hätte noch nie jemand zu mir gesagt: Was du wohnst dort, wo es so viele Probleme gibt.«[8]

Die Hausbiografie von Unteraffoltern II veranschaulicht, wie sich Krisen in die Geschichte einer Hochhaussiedlung einschreiben, bis zu einem gewissen Grad aber auch überwunden werden können. Mit der Erkenntnis, dass das Pendel wieder umschlagen kann, investiert die städtische Verwaltung im Vergleich zu anderen Liegenschaften bis heute sehr viel in Bewirtschaftung, Unterhalt und soziale Begleitung der Siedlung.

Ausgangslage für das in der Telli im Jahr 2000 lancierte Quartierentwicklungsprojekt *allons-y Telli!*[9] war die zunehmende Konzentration fremdsprachiger Kinder in der Quartiersschule. Kinder ausländischer Eltern sind in der Tellischule auch heute noch in der Mehrheit, was immer wieder Anlass zu Problematisierungen gibt. Eine Paar mit Kindern im schulpflichtigen Alter schätzt zwar, dass ihre Kinder in der Telli schon von klein auf »mit ganz verschiedenen Kulturen in Kontakt kommen.«[10] Zugleich weisen die Eltern aber auch auf Schwierigkeiten hin.[11] Die Tellischule selbst betont in ihrer Selbstpräsentation »die enorme Integrationsleistung, die wir hier täglich vollbringen«[12].

In der unmittelbaren Umgebung der Telli-Überbauung entstehen neue, baulich dicht gebaute Wohnsiedlungen. Dies dürfte sich künftig nicht nur auf die Quartiersschule, sondern auch die Überbauung und deren Außenwahrnehmung auswirken. So ein Bewohner: »Sie wollen da nebenan Blöcke bauen und es wird alles noch dichter [...] und wahrscheinlich werden sie in zehn Jahren nochmals bauen. Und dann nochmals und irgendwann gehört die Telli dann einfach zu Aarau.«[13] Diese Zukunftsperspektive wird auch von anderen geteilt: »Es gibt ganz viele Wohnungen und es ziehen viele Firmen hin [...] und wie überall, wo die Industriequartiere aufgewertet werden, wird auch die Telli im Ansehen gewinnen.«[14] Das Bild der zwei Strukturen – hier die Telli, dort die Stadt – verschwimmt, die beiden Teile wachsen

---

8   Interview I, UAII, 01:46:20.

9   Vgl. ausführlicher Kap. II 3.3.2.

10 Interview II, Telli, 01:02:59.

11 Die Lehrpersonen seien angesichts der relativ großen Klassen und den vielen fremdsprachigen SchülerInnen belastet und auch der teils »raue Umgang der Kinder untereinander«, der sich auf das Klassenklima auswirke, sei nicht einfach. (Ebd., 01:04:38).

12 Schule Aarau, Primarschule Telli: http://www.schule-aarau.ch/primarschule/primarschule-telli/organisation.

13 Interview IV, Telli, 01:19:04.

14 Interview II, Telli, 01:28:37.

zunehmend zusammen, die Grenzen verschieben sich, wobei die Stadtentwicklungsprozesse durch konkrete Bauprojekte eingeleitet werden. Dies gilt auch in Zürich, wo Unteraffoltern II seit einigen Jahren mit der Neubebauung des benachbarten Quartiers von der absoluten Randlage näher an die Stadt gerückt ist.[15]

6.2.2 ›Biografie‹ der Marginalisierung oder der Identifikation

Städtebauliche Verdichtungen haben das Potential Segregationsprozessen entgegenzuwirken. Wenn die ›Biografie‹ einer Siedlung und die Mikrostrukturen der
städtischen Lage und die Einbettung im Quartier in den Blick gerückt werden, lassen sich diesbezüglich jedoch auch Unterschiede zwischen den beiden Hochhaussiedlungen erkennen. Im Unterschied zum Isengrind, der in die offene Landschaft
gebaut worden ist und noch heute am Stadtrand der größten Schweizer Stadt liegt,
wurde die Telli als eigener Stadtteil einer Kleinstadt geplant. Während im Isengrind
sich erst nach und nach eine Quartierinfrastruktur entwickelte, bestanden in der Telli von Anfang an diverse Quartiereinrichtungen mit Zentrumsfunktion, die teils
auch gezielt die sozialräumlichen Grenzen zwischen dem ›alten‹ Telliquartier und
der Überbauung überwinden wollen.

Wie etwa Häußermann und Siebel ausführen, spielen zur Herausbildung von
Segregationsprozessen neben der städtebaulichen und sozialen Lage insbesondere
auch immobilienwirtschaftliche und wohnbaupolitische Faktoren eine wesentliche
Rolle (vgl. Häußermann/Siebel 2004, 159). Im Isengrind, der bis in die 1990er-
Jahre ausschließlich im sozialen Wohnungsbau verwaltet wurde, waren die Segre-
gationsdynamiken viel ausgeprägter als in der Telli, in der es von Anfang an eine
diversifizierte Eigentümerstruktur und zum Teil auch WohnungseigentümerInnen
gab. Die Negativimages von außen – und gerade auch deren frappanter Unterschied
zu den Innenwahrnehmungen – sind in beiden Siedlungen beobachtbar. Die Hausbiografien lassen erkennen, dass die, mit den Segregationsprozessen einhergehenden, Stigmatisierungen Nachbarschaften sowohl atomisieren – wie in der Krisensituation in Unteraffoltern geschehen –,[16] als auch zusammenschweißen können – wie
dies in der Telli seit Jahren zu sehen ist.[17] Der starke Zusammenhalt der ›Tellianer‹
festigt dabei gewissermaßen eine Tradition der Identifikation. Die symbolischen
Benachteiligungen und Negativbilder verstärken den Widerspruch und auch den
Stolz von langjährigen BewohnerInnen auf ihren Wohnort. Demgegenüber erzählt
die Geschichte von Unteraffoltern II von einer Tradition der Marginalisierung, gegen die sich einzelne BewohnerInnen zur Wehr setzen, aufgrund von Krise, Bruch

---

15 Vgl. Kap. II 2.6.6.
16 Vgl. Kap. II 2.3.2.
17 Vgl. Kap. II 3.5.3.

und Neuorientierung jedoch nicht auf eine von der Wohnbevölkerung so breit getragene Basis zurückgreifen können.

6.3 ›DURCHMISCHUNG‹ IN DER NACHBARSCHAFT

Vor dem Hintergrund der Segregationsprozesse ist auch der Diskurs zur ›sozialen Mischung‹ zu verstehen, der in beiden Siedlungen insbesondere von BewirtschafterInnen und Sozialarbeitenden aufgegriffen wird. Gilt es doch aus Sicht der Sozialen Arbeit eine räumliche Konzentration von Menschen mit Benachteiligungen zu vermeiden, um so Ungleichheiten und soziale Probleme in einem überschaubaren Rahmen zu halten respektive ›bearbeiten‹ und ›kontrollieren‹ zu können. Aus Perspektive der Bewirtschaftung bedeuten Negativbilder wie diejenige der ›Problemsiedlung‹ in erster Linie Schwierigkeiten bei der Vermietung von Wohnungen und Herausforderungen bei der Mieterbetreuung sowie beim Unterhalt. Die verbreitete Argumentation der ›guten Durchmischung‹ erscheint im Diskurs beider Verwaltungen sowohl als Feststellung des aktuellen Zustands als auch als anzustrebendes Leitbild.[18] Der Mietermix wird von den Verwaltungen bewusst gesteuert, um eine (erneute) Krisensituation möglichst vermeiden zu können.[19] Ebenso wird in den Interviews in beiden Siedlungen darauf hingewiesen, dass es keine Differenz zwischen den Blöcken (und so auch keinen ›Problemblock‹) und keine vertikale Hierarchie in den Hochhäusern gebe. In Unteraffoltern II sind die subventionierten und freitragenden Wohnungen gleichmäßig über alle Stockwerke aufgeteilt.[20] In der Telli lassen sich Differenzen weniger nach Wohnzeilen als vielmehr nach Hauseingängen feststellen, wobei sich darin auch die Eigentumsverhältnisse widerspiegeln.[21]

Für die Steuerung der ›guten Durchmischung‹ gelten aus Sicht der Bewirtschaftung zwei Faktoren als ausschlaggebend: Erstens der Wohnungsmix und zweitens die Vermietungspraxis. In der Telli besteht von Anfang an ein sehr vielseitiger Mix von Klein- bis Großwohnungen, was die Entwicklung der heutigen Bevölkerungszusammensetzung maßgeblich beeinflusst hat.[22] In Unteraffoltern II haben die Wohnungszusammenlegungen in erster Linie darauf abgezielt, die als problematisch wahrgenommenen Kleinwohnungen zu reduzieren und dadurch eine ›bessere

---

18 Vgl. Gruppeninterview GZ Telli, 00:36:41; Gruppeninterview Wincasa, 00:03:57; Gruppeninterview LVZ UAII, 01:01:39

19 Vgl. Kap. II 2.4.3.

20 Vgl. Gruppeninterview LVZ UAII, 01:00:27

21 Vgl. Gruppeninterview GZ Telli, 00:56:10 sowie Kap. II 3.4.1.

22 Vgl. Gruppeninterview Wincasa, 00:13:31.

Durchmischung‹ zu erreichen. Eine Bewirtschafterin einer großen Immobilienverwaltung in der Telli beschreibt die Kriterien bei der Auswahl neuer MieterInnen:

»Also neue Mieter müssen sicher zahlungsfähig sein und sich die Wohnung leisten können
und wir schauen schon auch, dass sie etwas zum Haus passen und so ein bisschen ein Mix da
ist [...], dass es eben nicht überwiegend dann zu viele Ausländer oder Sozialfälle hat. Und
eben, dass man im mittleren Stand bleiben kann [...] und ein weiteres Kriterium ist die Anzahl Personen, also wenn sich sechs Personen auf eine 3½-Zimmerwohnung bewerben, geht
das nicht.«[23]

Auf Durchmischung zu achten, heißt in diesem Verständnis demnach in erster Linie
zu schauen, dass »nicht zu viele Ausländer oder Sozialfälle« in ihren Liegenschaften wohnen, wobei eine Mittelstands-Mieterschaft angestrebt wird.

Im Isengrind verfolgt die Verwaltung eine etwas andere Strategie, geht es doch
im städtischen Auftrag – gerade auch angesichts des sonst sehr hohen Mietzinsni-
veaus in Zürich – darum, günstigen Wohnraum auch für Menschen mit kleinen
Einkommen zur Verfügung zu stellen. Um »den Ausländeranteil in der Siedlung
nicht noch mehr anwachsen zu lassen«, bemühten sie sich insbesondere darum,
»wenn eine Schweizer Familie auszieht, diese wieder an eine Schweizer Familie zu
vermieten«.[24] Dies gelinge jedoch nicht immer, da unter den Wohnungsbewerbun-
gen oft nur Familien ausländischer Staatsangehörigkeit vertreten seien und die
Möglichkeit zur Auswahl aus einer Vielzahl von Bewerbungen im Isengrind weniger ausgeprägt sei als in anderen städtischen Liegenschaften.[25]

Die Förderung einer ›guten Durchmischung‹ gilt unter Fachpersonen von Stadtentwicklung, Immobilienbewirtschaftung oder Sozialer Arbeit in der Regel als un-
bestrittener Lösungsansatz, ja erscheint im Fachdiskurs manchmal gar als Zauber-
wort für das gute Funktionieren und Zusammenleben in einem Quartier oder einer
Siedlung. Die Implikationen, die mit dieser Norm einhergehen, werden jedoch nicht
hinterfragt. Problematisch ist an diesem Diskurs meiner Ansicht nach die unklare
Bestimmung, was denn genau ›gemischt‹ werden soll und die impliziten Wertungen, die damit einhergehen (vgl. auch Zychlinski et al. 2015, 3). In den untersuchten Hochhausstrukturen wird in der Regel ein vereinfachender Bezug auf das vermeintliche Gegensatzpaar ›Ausländer‹ (bzw. ›Migranten‹) vs. ›Schweizer‹ vorgenommen. Menschen mit nicht-schweizerischer Herkunft werden dabei undifferenziert in einen Topf geworfen und potentiell als Problem definiert. Die Durchmischung mit möglichst vielen SchweizerInnen, die im Vergleich dazu implizit als

---

23 Ebd., 01:06:22.
24 Gruppeninterview LVZ UAII, 00:27:27.
25 Ebd.

>unproblematisch< erscheinen, soll zur Problemlösung beitragen und der Entwicklung eines >Ghettos< entgegenwirken. Demgegenüber nur sporadisch thematisiert wird die Durchmischung von BewohnerInnen unterschiedlicher sozialer Herkunft in den Überbauungen. Menschen aus unteren sozialen Schichten als »Sozialfälle« zu bezeichnen – wie im obigen Interviewzitat – impliziert eine stigmatisierende Wertung. Im Gegensatz zu Personen mit höheren Bildungsabschlüssen und/oder Einkommen, die zur Entschärfung von Problemen beitragen sollen, werden sie problematisiert. Meist werden soziale Unterschiede und Ungleichheiten jedoch im Mischungs-Diskurs gar nicht thematisiert und bleiben so ausgeblendet. Dies mag auch damit zusammenhängen, dass Armut in der Schweiz nach wie vor mehrheitlich tabuisiert wird (vgl. etwa Däpp 2011).

Die Logik, dass die Förderung der sozialen Mischung positive Effekte auf Benachteiligte habe, ist nicht neu, sondern findet sich bereits in der Settlement-Bewegung Ende des 19. Jahrhunderts (Wietschorke 2012, 98). Gegenwärtig taucht dieselbe Denkweise in sozialen Programmen zur Aufwertung von als problematisch wahrgenommenen Quartieren auf.[26] So ist der heutige Mischungsdiskurs auch vor dem Hintergrund der Negativimages zu verstehen, die mit den Großwohnbauten assoziiert werden. Die Maßnahmen zur Förderung der Durchmischung (bzw. die Feststellung, »dass es gut durchmischt ist«) zielen in erster Linie darauf ab, diese problematisierenden Außenbilder zu entkräften, wirken sich aber auch auf die heterogene Zusammensetzung der Wohnbevölkerung und den Umgang damit aus.[27]

---

26 Vgl. Kap. I 1.3.4.
27 Vgl. Kap. III 2.5.5 und 5.3.3.

Schlussbetrachtungen

Die vielseitige(n) Geschichte(n) von Großwohnbauten der 1960er- und 1970er-Jahre in der Schweiz waren Gegenstand dieser Arbeit. Im Mittelpunkt stand die Auseinandersetzung mit den Nachbarschaften – im Sinne ortsgebundener, historisch gewachsener Vernetzungszusammenhänge – zweier Hochhaussiedlungen: Unteraffoltern II in Zürich und Telli in Aarau. Beide wurden mit dem, in diesem Beitrag weiterentwickelten, Forschungsansatz der Hausbiografien untersucht. Eine Hausbiografie zeichnet ein narrativ-analytisches Porträt eines Gebäudes bzw. Gebäudekomplexes im Wandel der Zeit und legt dabei den Fokus insbesondere auf drei Dimensionen: erstens auf die baulich-räumliche Organisation (Planungs- und Baugeschichte, Architektur und räumliche Anordnung, Alterungsprozesse, Gebäudeunterhalt und Sanierungen), zweitens auf soziale Kontinuitäten und Veränderungen (alltägliche Nutzung, sozio-demografisches Gefüge, Eigentumsverhältnisse und Verwaltungspraxis, Sozial- und Quartierarbeit) sowie drittens auf die sich wandelnden oder konstant bleibenden Wahrnehmungen und diskursiven Zuschreibungen.

Die wesentlichen Ergebnisse der Studie sollen im Folgenden auf zwei Reflexionsebenen zusammengeführt und diskutiert werden. Erstens lege ich meine Erkenntnisse aus der Nachbarschaftsanalyse mit Bezug auf das spezifische Setting der Großwohnbauten aus den Bauboomjahren dar. Zweitens erörtere ich den Beitrag des angewandten hausbiografischen Forschungsansatzes für die Erforschung von Nachbarschaften.

Zur Spezifik von Hochhaus-Nachbarschaften

Durch die vergleichende Betrachtung zweier Hochhaussiedlungen aus den Bauboomjahren lassen sich verschiedene Dimensionen erkennen, die auf spezifische Herstellungs- und Ausgestaltungsformen von Nachbarschaften in diesem Setting verweisen.

In der Studie zeigte sich, dass gebaute Räume sowohl Öffnungen als auch Trennlinien schaffen, was einen konstituierenden Charakter auf Nachbarschaften hat. Wirkmächtig hierzu sind Momente der Ein- und Ausgrenzung. Grundlegend für die Ausgestaltung von Nachbarschaften in Hochhausüberbauungen ist die Diskrepanz zwischen einer mehrheitlich negativen Außen- und einer überwiegend positiven Innenwahrnehmung, die sich bei beiden untersuchten Siedlungen konstatieren lässt. Diese divergierenden Bilder und Zuschreibungen der Überbauungen wirken sich maßgeblich auf die Definition des nachbarschaftlichen Selbstverständnisses und die spezifischen Ausprägungen der Nachbarschaften aus. In der Zusammenschau lassen sich insbesondere vier Punkte herauskristallisieren, die als typisch für Nachbarschaften in Bauboom-Großwohnbauten erachtet werden können.

Erstens spielen für die Außenwahrnehmung der Überbauungen die Größendimension, die gebaute Form und das Erscheinungsbild im weiteren stadträumlichen Umfeld eine wesentliche Rolle. Denn eine Siedlung ist immer auch Teil eines spezifischen städtischen Kontexts und es bestehen, sowohl über persönliche Kontakte als auch quartier- bzw. stadtübergreifende Vernetzungen, zahlreiche Verbindungen. Quartierbezüge sind demnach für das Verständnis von Nachbarschaften grundlegend wichtig. Im Unterschied zur Quartiersforschung, die von der Stadtteilebene aus denkt, wird in der vorliegenden Arbeit mit dem Haus (bzw. Hochhaus) die kleinste urbane Einheit ins Zentrum der Forschungsperspektive gestellt. Ausgehend von den detaillierten Kenntnissen der dortigen Wirklichkeiten wird der Blick dann auf weitere, individuell unterschiedlich hergestellte, Zusammenhänge ausgeweitet. Im gegenseitigen Bezug von Überbauung und weiterem Umfeld lösen sich sozialräumliche Grenzen nicht auf, sondern werden teilweise auch gefestigt. Grundlegende Voraussetzung hierzu ist, dass die Bebauung der untersuchten Hochhaussiedlungen in ihren Umgebungen auffallen. In der Außenzuschreibung kursieren Bezeichnungen wie ›Betonbunker‹ oder ›Staumauer‹, die oft mit Negativattributen wie ›hässlich‹, ›monoton‹ oder ›gesichtslos‹ einhergehen. Allen Vorstellungen gemein ist, dass sie die Bauboom-Großwohnbauten als ›anders‹ im Vergleich zu gängigen Normvorstellungen von Wohnhäusern skizzieren. Diese diskursive Produktion von Differenz als ›andere‹ und ›problematische‹ Strukturen wirkt sich auf das nachbarschaftliche Selbstverständnis aus. Im Umgang von BewohnerInnen mit den Negativbildern und den Mechanismen des *Othering* sind verschiedene Strategien zu beobachten. Wie die Geschichte des Isengrind aufzeigt, können im Laufe der Zeit Momente der Resignation und Dissoziation Überhand nehmen. Heute sind in den Interviews mit BewohnerInnen beider Siedlungen insbesondere Momente der Resilienz, der Infragestellung und des Widerstandes gegenüber den Negativzuschreibungen zu erkennen. In der Argumentation wird die gebaute Struktur entweder als für die Alltagserfahrung des Wohnens und Zusammenlebens vernachlässigbarer Aspekt relativiert. Oder aber die Hochhausstruktur wird als etwas Besonderes dargelegt. Dazu gehört nicht nur die Umdeutung der Negativzuschreibungen mit positiven Assoziationen (beispielsweise mit Begriffen wie ›Kreuzfahrtschiff‹ oder ›Adventskalender‹), sondern auch die Betonung der Qualitäten des sozialen Zusammen- bzw. Nebeneinanderlebens in dieser Struktur. In diesem Zusammenhang wird beispielsweise die Eigenheit von Hochhausüberbauungen verschiedentlich damit kon-notiert, sowohl urbanes ›Sein-Lassen‹ von Vielfalt und Differenz als auch dörfli-ches ›Sich-Kennen‹ zu ermöglichen, in einer Struktur, die weder Dorf noch Stadt ist. Über die Abgrenzung von den negativen Diskursen mit positiven Gegendarstel-lungen werden auch die nachbarschaftlichen Wir-Bezüge im Innern der Überbau-ungen gestärkt.

Spezifisch für Nachbarschaften in den untersuchten Überbauungen ist zweitens, dass dem Außenbild des anonymen Hochhausblocks in beiden Überbauungen mit der Steuerung von ›Gemeinschaft‹ begegnet wird. Anders als beispielsweise in städtischen Altbauten oder Reihenhaussiedlungen stellen in den untersuchten Großwohnbauten Verwaltungen und Bauträger Gemeinschaftsräume und -ein-richtungen zur Verfügung. GemeinwesenarbeiterInnen organisieren – unter Mitwir-kung von Freiwilligen aus der Bewohnerschaft – soziale Aktivitäten oder gesellige Anlässe. Die Steuerung von Gemeinschaft lässt sich historisch begründen. Die Aus-einandersetzung mit der Nachbarschaftsforschung verdeutlicht, dass das Nachbar-schaftskonzept in verschiedenen Konjunkturphasen immer wieder mit Gemein-schaft und Solidarität gleichgesetzt und meist implizit und idealisierend als vorin-dustriell dörflicher Kollektivzusammenhang imaginiert worden ist. Gebaute Groß-strukturen wurden demgegenüber normativ mit städtischer Anonymität und Verein-zelung gleichgesetzt und somit als Bedrohung oder gar Gegensatz zum Nachbar-schaftskonzept erachtet, der es mit angemessenen Interventionen (Stadt- und Nach-barschaftsplanung, Sozialarbeit) zu begegnen gelte. Die in den untersuchten Hoch-hausüberbauungen meist von externen Instanzen initiierten Bestrebungen für mehr Gemeinschaftlichkeit lassen sich in diesem Sinn auch vom Grundsatz leiten, der ›anonymen Masse‹ Momente der Begegnung entgegen zu setzen. Aus den Inter-views geht hervor, dass die Darlegungen aus der Innenperspektive von Bewohne-rInnen weniger normativ sind. Das Prinzip der Optionalität nachbarschaftlicher Be-gegnung und zugleich Absenz von sozialen Zwängen wird vielfach als besondere Qualität des Zusammen- bzw. Nebeneinanderlebens in einer Hochhausüberbauung hervorgehoben. Das Wohnen im Hochhaus ermögliche es, sowohl zurückgezogen zu leben und Distanz zu wahren, biete zugleich aber auch die Möglichkeit, bei Be-darf Austausch zu pflegen und die organisierten sozialen Angebote zu nutzen bzw. diese auch aktiv mitzugestalten. Im Allgemeinen steigt die Partizipation am Sied-lungsleben wie auch der Intensitätsgrad von Kontakten und Verbindungen im Wohnumfeld, wenn neben dem Nachbarschaftsverhältnis weitere soziale Bezugs-punkte geteilt werden und gegenseitiges Vertrauen besteht. In diesem spezifischen Wohnumfeld begünstigt das Alter der Überbauungen (bzw. das zeitliche Gewach-sen-Sein) und die Größe (und somit auch die Verfügbarkeit an immer wieder frei-werdenden Wohnungen), dass nachbarschaftliche Relationen teils mit familiären und/oder freundschaftlichen Verbindungen verschwimmen. So konnte in der Studie die Herausbildung von Familiennetzen im Wohnumfeld (etwa erweiterte Großfamilien deren Mitglieder in jeweils eigenen Haushalten wohnen oder erwachsene Kinder, die bei der eigenen Familiengründung wieder in die Siedlungen zurückziehen) ebenso beobachtet werden wie die Präsenz von freundschaftlichen Verbindungen, die oft über Kinder geknüpft und gefestigt worden sind (etwa von langjährigen BewohnerInnen nach der Familienphase oder Jugendlichen, die in den Siedlungen aufgewachsen sind).

Im Alltag ergeben sich die meisten nachbarschaftlichen Kontakte und Verbindungen in den Schwellen- und Übergangsräumen zwischen der Wohnungstür und dem weiteren Quartier. Es sind Räume, die durch ihren offenen und vorerst undefinierten Charakter zwischen dem Hier und dem Dort, dem Eigenen und dem Kollektiven unterschiedlich angeeignet und reglementiert werden können, wodurch sich auch Konfliktpotentiale eröffnen. Die organisierten sozialen Angebote und insbesondere auch das vorhandene Raumangebot für gemeinschaftliche Aktivitäten bieten den unterschiedlichen Gruppierungen außerdem eine Möglichkeit, sich außerhalb ihrer Wohnungen gezielt zu treffen. Eine genauere Betrachtung der bestehenden Gemeinschaftsräume lässt etwa erkennen, dass diese gerade dann rege genutzt werden, wenn sie keine im Singular gefasste Siedlungsgemeinschaft voraussetzen, sondern sich an unterschiedlichen Kollektivitäten ausrichten (etwa mit einem funktional offenen Raumprogramm), und wenn sie neben der Möglichkeit zur Begegnung auch die Möglichkeit zur Schaffung von Privatheit und Abgrenzung gewährleisten.

Drittens lässt sich eine über die Jahre gewachsene Heterogenität der Nachbarschaften feststellen. In diskursiven Zuschreibungen werden die Großwohnbauten meist in negativem Sinn als ›Ausländersiedlungen‹ bezeichnet. Die soziodemografischen Daten bestätigen, dass der Anteil der Wohnbevölkerung ohne Schweizer Staatsangehörigkeit in beiden Siedlungen über dem städtischen Durchschnitt liegt (35% in Unteraffoltern II bei einem städtischen Durchschnitt von 32%; sowie 28% in der Telli bei einem städtischen Durchschnitt von 20%). Die Narrative über ›die vielen Ausländer‹ erfolgen im öffentlichen Diskurs meist in verkürzter und problematisierender Weise, was sich auch in Benachteiligungen auf dem Wohnungsmarkt manifestiert. Die erhöhte Konzentration von MigrantInnen in den Überbauungen lässt sich demnach auch als Ausdruck der sich im Laufe der Jahre abzeichnenden Segregationsprozesse in diesem Setting verstehen. Um diesen entgegenzuwirken, fokussieren die verwaltungspraktischen und politischen Bestrebungen um ›Durchmischung‹ denn auch meist einseitig auf den Ausländeranteil. Damit gehen jedoch implizite Wertungen einher. Mit einer ›guten Durchmischung‹ wird in der administrativen Logik auf ein Haus verwiesen, in dem nicht zu viele AusländerInnen (implizit als Problem wahrgenommen) und genügend SchweizerInnen (implizit als unproblematisch geltend) wohnen. Die Vielseitigkeit (post-)migrantischer Erfahrungen und deren Verwobenheit als integraler Teil der Gesellschaft wird dabei nicht (an-)erkannt. Auch bleiben weitere soziale Differenzen – wie Unterschiede

aufgrund von Einkommen, Bildung, sozialer Schicht/Milieu etc. – häufig ausgeblendet. Dies lässt sich mit der, in der Schweiz verbreiteten Tabuisierung von Armut erklären (vgl. etwa Däpp 2011), aber auch dem Einfluss rechtspopulistischer
Polemiken, welche die ausländische Bevölkerung in der Schweiz undifferenziert
problematisiert und zur Zielscheibe politischer Instrumentalisierungen macht (vgl.
Imhof 2011).

Auch in den Darlegungen von BewohnerInnen sowie den nachbarschaftlichen
Handlungsmustern und Relationen selbst spielt die Frage von kultureller und/oder
ethnischer Diversität eine wesentliche Rolle. In der Analyse lässt sich erkennen,
wie das ›Fremde‹ bzw. ›Andere‹ in alltäglichen Nachbarschaftskontakten wahrgenommen, erlebt und so auch hergestellt wird. Die Narrative zur kulturellen Diversität gehen im Allgemeinen von einem essentialistischen Kulturverständnis aus – im
Sinne der Imagination ›einer Kultur‹ als eines natürlichen, geschlossenen und von
anderen unterscheidbaren homogenen Ganzen. Zugleich wird Kultur meist mit ethnischen Attributen, insbesondere mit Bezug auf Herkunftsländer bzw. nationale
oder religiöse Zugehörigkeiten, gleichgesetzt. Die Rede ist dann beispielsweise von
›der‹ anderen Kultur von Türken, Schweizern, Jugoslawen, Muslimen etc. Betrof-
fene widersprechen solch reduzierenden Zuschreibungen teils vehement. Denn eine
solche Perspektive wird weder der Vielfalt innerhalb der so bezeichneten Gruppierungen gerecht noch den veränderbaren, fluiden bzw. hybriden Identitäten, die zum
Menschsein gehören. Die Diskurse sind aber wirkmächtig, da damit immer auch
Differenzen produziert werden – seien sie nun positiv vermittelt (indem ›Multikulti‹
als Bereicherung erscheint) oder negativ (indem Befremden gegenüber ›den anderen Kulturen‹ formuliert wird). Diese Produktion von Differenz, die in der Alltagspraxis der Unterscheidung verfestigt wird, dient dabei immer auch der Abgrenzung
und damit einhergehend der Vergewisserung des eigenen Selbstverständnisses. Angesichts gegenwärtiger gesellschaftlicher Krisen- und Unsicherheitserfahrungen
sind solche Verankerungsmomente von grundlegender Bedeutung (vgl. etwa
Bauman 2000). Der einseitige Bezug auf den Aspekt der Ethnizität unter gleichzei-
tigem Ignorieren sozialer Ungleichheiten kann in diesem Zusammenhang implizit
auch dem Interesse dienen, sozio-ökonomische Machtverhältnisse zu verschleiern.
Damit spiegeln sich auf der Mikroebene der Nachbarschaften gesamtgesellschaftliche Entwicklungen wieder.

Die Wahrnehmung von Differenzen führt zu tendenziell distanzierten Nachbarschaftskontakten. Die Distanzierungsmechanismen können unterschiedliche Formen annehmen, von einem wohlwollenden sich zur Kenntnis nehmen und Sein-
Lassen bis zu offener Fremdenfeindlichkeit. Misstrauen und Ablehnung schüren
konfliktive Nachbarschaftsbeziehungen und vergrößern das Risiko, dass die Konflikte eskalieren, insbesondere wenn sich die Parteien gut kennen und so auch eine
gewisse Nähe und Abhängigkeit besteht (vgl. etwa auch Weber 1972 (1921/22),
215f). Das Einhalten von Distanz macht demnach in Nachbarschaftsbeziehungen

durchaus Sinn. Für Politiken, die mit einer Steuerung von ›Durchmischung‹ Segregationsproblemen entgegenwirken wollen, könnte es gewinnbringend sein, solche Distanzierungsmechanismen in heterogenen Nachbarschaften ernst zu nehmen. Denn Bestrebungen Mischungsziele mit der Förderung von mehr Gemeinsinn in Wohnsiedlungen zu verknüpfen, sind meist zum Scheitern verurteilt, da räumliche Nähe nicht zu sozialer Nähe führt (vgl. Bourdieu 1997 (1993), 165).

Als bezeichnend für die untersuchten Nachbarschaften sind viertens die spezifischen intra- und intergenerationellen Dynamiken, die sich hier manifestieren. Diese hängen eng mit dem Verständnis als Wohnort für Familien zusammen, die in beiden Überbauungen durch das Raumprogramm (Verfügbarkeit von größeren, günstigen Wohnungen; verkehrsfreie grüne Außenräume und Einrichtungen für Kinder) wie auch durch die Belegungspraxis von Verwaltungen explizit gefördert werden. Bedingt durch das Alter und ›Gewachsen-Sein‹ der Überbauungen wohnen – im Unterschied etwa zu Neubausiedlungen – neu zugezogene Familien neben alteingesessenen älteren BewohnerInnen, wodurch sich nachbarschaftliche Spannungsverhältnisse und Konfliktpotentiale eröffnen können. Die Außen- und Schwellenräume der Siedlungen werden von Kindern zum Spielen und von Jugendlichen als informelle Treffpunkte rege genutzt und angeeignet. Das Spielbedürfnis von Kindern oder das Begegnungsbedürfnis von Jugendlichen kann dabei mit dem Bedürfnis von SeniorInnen nach Ruhe und Ordnung kollidieren. Die Studie zeigt aber auf, dass es entgegen verbreiteter Annahmen keine verallgemeinerbaren Konfliktlinien zwischen den Generationen gibt. Dies hängt damit zusammen, dass die Unterschiede innerhalb der Generationen in der Bewohnerschaft ausgeprägt sind: Ältere BewohnerInnen, die sich beispielsweise über Kinderlärm beschweren, werden auch von Gleichaltrigen zurechtgewiesen und als ›intolerante Nörgler‹ betitelt. Weniger Verständnis als den Kindern wird jedoch im Allgemeinen den Jugendlichen entgegengebracht. In beiden Überbauungen fehlen Freiräume, wo Teenager unter sich sein können.

In den Siedlungen hat sich die Ausdifferenzierung der älteren Wohnbevölkerung – die Generation der heute über 65-Jährigen ist sehr heterogen –, mit den Fluktuationsbewegungen in den Nachbarschaften zusätzlich verstärkt. Die untersuchten Großwohnbauten können mittlerweile auf eine über vierzigjährige Geschichte zurückblicken. Einige BewohnerInnen wohnen seit vielen Jahren (teilweise seit den Anfängen) in den Siedlungen, andere sind erst vor kürzerer Zeit zugezogen. In diesem Zusammenhang kommen auch spezifische nachbarschaftliche Dynamiken zwischen Alteingesessenen und Neuzugezogenen zum Tragen – um auf ein klassisches Begriffspaar zurückzugreifen, das in einer soziologischen Studie von Norbert Elias und John Scotson geprägt worden ist (Elias/Scotson 1994 (1965)). Die Erkenntnisse von Elias und Scotson lassen sich jedoch nicht auf die untersuchten Überbauungen übertragen. In den gegenseitigen diskursiven Zuschreibungen wird zwar teilweise Ablehnung formuliert: Alteingesessene ärgern sich beispielsweise darüber, dass

Neuzugezogene sich nicht mehr persönlich vorstellen und Neuzugezogene kritisieren etwa die Tendenz von Alteingesessenen kontrollierend ›zum Rechten zu schauen‹. Zwischen den beiden Gruppierungen können aber keine kollektiv verfestigten Konfliktlinien beobachtet werden. Dies hängt auch damit zusammen, dass Alteingesessene und Neuzugezogene keine homogenen Gruppen darstellen, deren soziale Kohäsion es nach Elias und Scotson zu verteidigen gilt, sondern selbst heterogene und dynamische Zusammenhänge bilden. Unter den Alteingesessenen gibt es beispielsweise Personen mit und ohne Migrationshintergrund. Ebenso sind unter den langjährigen BewohnerInnen unterschiedliche Einkommensschichten vertreten (in der Telli bedingt durch die Eigentümerstruktur, im Isengrind bedingt durch die Übertragung von mehr als der Hälfte der Wohnungen in den freitragenden Wohnungsbau). Durch diese Heterogenität verlieren homogenisierende Kollektivnormierungen an Bedeutung und Diversität wird nicht als Bedrohung von sozialer Kohäsion erachtet, sondern erscheint als Bestandteil des nachbarschaftlichen Selbstverständnisses.

Die Analyse der Nachbarschaften beleuchtet eine wesentliche soziale und kulturelle Dimension der untersuchten Großwohnbauten. Im Unterschied zu technisch-energetischen oder betriebswissenschaftlich-ökonomischen Analysen zu diesem Baubestand steht ein sogenannt ›weicher‹ Faktor im Zentrum des Interesses, der ein entscheidendes Qualitätsmerkmal des Wohnens darstellt. So wurde deutlich, dass Krisen dazu beitragen können, dass die Dynamik in einer Überbauung ›auseinanderfällt‹. Wie die hohen Investitionen in die Erneuerung von Unteraffoltern II aufzeigen, kann dieses Auseinanderfallen erhebliche Folgekosten haben. Zugleich zeigt sich aber auch, dass Nachbarschaften Krisen und Negativzuschreibungen mit Resilienz und einem kollektiven Selbstverständnis begegnen können, die eine Siedlung stärken. Aus der Auseinandersetzung mit dem Nachbarschaftskonzept geht hervor, dass Nachbarschaften nicht als ›Rettungsanker‹ oder ›Allheilmittel‹ von Wohnüberbauungen verstanden werden sollten: Eine idealisierend-normative Betrachtung, die Nachbarschaft mit Gemeinschaft oder mit Solidaritätsnetzen gleichsetzt, verkennt die andere Seite des Konzepts, die Distanzierungsmechanismen und Spannungsfelder, die auch immer zu nachbarschaftlichen Dynamiken gehören. In der Studie hat sich verdeutlicht, dass die Ausprägungen von Nachbarschaften sich nicht unabhängig von ihrem historischen und lokalen Kontext denken lassen. Außerdem ist das soziale Leben nicht einfach so planbar, auch wenn Nachbarschaften in Großwohnbauten in bestimmten Organisationsstrukturen eingebettet sind und von verschiedenen AkteurInnen (mit)gesteuert werden.

Mit der Betrachtung von Nachbarschaften lassen sich die Innen- und Außenräume, kollektiven Einrichtungen sowie Verwaltungs- und Unterhaltsstrategien mit Wohnbauten aus der Perspektive der Nutzung und lebensweltlichen Alltagspraxis bzw. der spezifischen – sozial hergestellten – lokalen Erfahrung und Verbindung diskutieren. Die Mikroebene kann dabei Prozesse reflektieren, die weit über die

Siedlungsgrenzen hinaus von Relevanz sind. So lassen sich in den untersuchten Überbauungen Dynamiken erkennen, die auch Ausdruck der zunehmenden soziokulturellen Differenzierung unserer Gesellschaft sind. Eine genauere Betrachtung der Nachbarschaften gibt dabei Hinweise, wie Differenz im Wohnumfeld konkret gelebt und (re-)produziert wird.

Zugleich kann festgestellt werden, dass Vernetzungen im unmittelbaren Wohnumfeld auch im Internetzeitalter für viele nach wie vor bedeutsam sind. Die individuellen Vernetzungsmöglichkeiten auf globaler Ebene schließen nicht aus, dass auch heute noch mehr oder weniger lose oder enge Nachbarschaftskontakte gelebt werden, gerade auch in Hochhausstrukturen, die in der Außenbetrachtung als ›anonym‹ gelten. Neue Kommunikationstechnologien werden zur Stärkung von Verbindungen im Nahraum genutzt. Vor allem bei intensiveren Nachbarschaftskontakten läuft die Kommunikation häufig digital (etwa zur Organisation und Vereinbarung von Treffen oder dem Austausch über aktuelle Themen in Gruppen-Chats). Beispielsweise vermitteln und teilen Jugendliche ihr jeweils aktuelles Insider-Wissen auf sozialen Netzwerken mit Gleichaltrigen aus ihrem Wohnumfeld.

Nachbarschaften haben und schaffen Geschichte(n)

Mit dem Hausbiografien-Ansatz lässt sich ein fundiertes Wissen zu Wohnbauten in ihrem historischen Gewachsen-Sein zusammentragen: zu der Geschichte der gebauten und gelebten Räume, der sozialen Prozesse wie auch der Werthaltungen bzw. unterschiedlichen Wahrnehmungen zum Baubestand. Dadurch gewinnt auch die Erforschung von Nachbarschaften an Tiefe. Indem wir die Vergangenheit kennen und die gemachten Erfahrungen ernst nehmen, so die dahinterliegende Prämisse, können wir auch die Gegenwart besser verstehen und uns in die Zukunft orientieren. Oder anders gesagt: Mit der Kenntnis von Prozessen und Entwicklungen im Laufe der Zeit (Diachronien) wird die Betrachtung der aktuellen Situation (Synchronien) besser verständlich. Der hausbiografische Zugang ermöglicht es, nachbarschaftliche Dynamiken mit dem Blick auf die spezifische Geschichte einer Überbauung einordnen und erklären zu können. Dabei lassen sich – in Anlehnung an relationale Raumtheorien – wechselseitig strukturierende Bezüge erkennen: Nachbarschaften formieren und verändern sich mit den im Laufe der Zeit gemachten Erfahrungen, Wahrnehmungen und Handlungen von AkteurInnen in einem spezifischen Wohnumfeld und schreiben sich zugleich auch in dieses ein. Lokal verortete Vernetzungszusammenhänge bestehen demnach nicht einfach so, sondern werden in spezifischen sozialräumlichen Strukturen (re-)produziert und wirken sich so auch auf die Geschichte(n) der Strukturen aus. Die Kenntnisse einer Hausbiografie beleuchten dabei die jeweils ›individuellen‹ Entwicklungen einer (Hoch-)Hausstruktur. Mit der vergleichenden Analyse von zwei Hochhaussiedlungen, die kontrastierende Merkmale aufweisen (hinsichtlich Standort, Größe, baulicher Anordnung oder Eigentümerstruktur), lassen sich neben den vorher genannten Ähnlichkeiten auch Unterschiede in der Ausgestaltung von Nachbarschaften herausarbeiten. Diese Unterschiede haben sich im Laufe der Jahre entwickelt. Dabei sind es insbesondere Konzepte und Handlungsansätze ›externer‹ AkteurInnen – aus Planung, Architektur, Verwaltung/Vermietung oder Gemeinwesenarbeit –, die Hochhausnachbarschaften (mit)steuern.

Im Vergleich zeigt sich, dass Unteraffoltern II seit den Anfängen stärker geprägt ist von Marginalisierungsprozessen und Widerstandsbestrebungen dagegen. Bei den, im sozialen Wohnungsbau am Stadtrand gebauten, Hochhäusern manifestierten sich bereits wenige Jahre nach der Erstellung erste bauliche Schäden. Dazu kamen negative Auswirkungen der anfänglich mangelnden Quartierinfrastruktur und der zunehmend einseitigen Belegung mit sozial und gesundheitlich stark belasteten BewohnerInnen. Demgegenüber liegen die historisch gewachsenen Herausforderungen der Telli stärker in Tendenzen der Fragmentierung und des Konservatismus, die das Umsetzen von Neuerungen erschweren. Der Bau der Telli-Hochhäuser, die im Unterschied zum Isengrind bereits mit zahlreichen Quartiereinrichtungen geplant worden sind, verzögerte sich nach dem Konkurs der Bauherrschaft Mitte der 1970er-Jahre. Dies führte nicht nur zu Verunsicherungen, sondern auch zu einer starken Diversifizierung der Eigentümerstruktur. Im Laufe der Jahre zeigten sich bei beiden untersuchten Großwohnbauten zunehmend Probleme. Die Alterungsprozesse und baulichen Mängel bzw. die zunehmende Renovierungsbedürftigkeit der Bauten gingen mit Segregationstendenzen einher. Auch hat sich bei beiden Siedlungen in der Außenwahrnehmung ein Negativimage verfestigt. Im Umgang damit lassen sich für jede Überbauung unterschiedliche – historisch gewachsene – Eigenheiten erkennen, die sich auch in der Ausgestaltung der Nachbarschaften bemerkbar machen. Im Isengrind spitzte sich Anfang der 1990er-Jahre die Krise so zu, dass die Stadt Zürich umfassende bauliche und soziale Erneuerungsmaßnahmen beschloss. Die nachbarschaftlichen Bezüge wurden durch die Krise und die damit einhergehenden Stigmatisierungen gewissermaßen gespalten und mit der umfassenden Sanierung der Siedlung konnte eine ausgeprägte Fluktuation beobachtet werden. Zugleich wurde – mit finanzieller Unterstützung und sozialarbeiterischer Begleitung der Verwaltung – auch die Herausbildung neuer nachbarschaftlicher Initiativen gestärkt. In der Telli gibt es mit dem GZ seit den Anfängen eine Einrichtung, die nachbarschaftliche Aktivitäten in Siedlung und Quartier fördert und moderiert. Im Vergleich zum Isengrind gab es in der Geschichte dieser Hochhaussiedlung keine so tiefgreifenden Krisen und Brüche. Dadurch lässt sich hier auch eine stärkere Tradition der Identifikation erkennen. Negativen Außenzuschreibungen wird ein überzeugtes Selbstverständnis entgegengehalten, gerne ›Tellianer‹ bzw. ›Tellianerin‹ zu sein, wodurch auch die nachbarschaftlichen Bezüge zusammengeschweißt werden. Die sich in der Siedlung über die Jahre herausbildende Vielzahl an mitspracheberechtigten EigentümerInnen führte im Unterschied zu Unteraffoltern II jedoch dazu, dass Bestrebungen zu einer koordinierten, umfassenden Erneuerung kollektiver Siedlungsräume bislang immer wieder blockiert wurden oder äußerst schwierig umzusetzen sind. Im Umgang damit, dürfte der nachbarschaftliche Zusammenhalt dadurch künftig auch einige Belastungsproben erfahren.

Mit der Arbeit an einer Hausbiografie werden verschiedene Narrative zur Geschichte und den Geschichten der Überbauungen zusammengeführt und in einen breiteren Erzählzusammenhang gebracht. Zur Kontrastierung und Bereicherung der vorliegenden Erkenntnisse wären weitere Vergleiche mit Hausbiografien anderer Hochhausstrukturen (etwa aus der Romandie wie auch international) spannend. Im Sinne einer praktischen Verwertbarkeit der Erkenntnisse bietet sich eine hausbiografische Analyse vor allem bei Wohnbauten an, bei denen Entscheidungsprozesse zum künftigen Umgang (Sanierung, Bewirtschaftung, Aufbau von Partizipationsstrukturen etc.) anstehen. Der Hausbiografien-Ansatz eignet sich für vielseitige Betrachtungsschwerpunkte. So könnte die theoretisch angedachte Analyse eines Hauses in seiner Lebendigkeit und Wirkmacht als Aktant, die hier nur in der relationalen Betrachtung der gebauten Räume mit nachbarschaftlichen Dynamiken diskutiert wurde, im Sinne der ANT gezielter ins Zentrum der Untersuchung gestellt werden. Dadurch ließen sich etwa die Wirkmacht von Atmosphären sowie die Bedeutung(en) von Materialitäten und sozio-technischen Prozessen der Häuser gezielter erfassen. Allerdings wäre dafür eine Anpassung des Forschungsdesigns – etwa über eine stärkere Gewichtung der ethnografischen Methode – erforderlich. Dies wäre jedoch gut möglich, liegt doch das Potential der Hausbiografien letztlich darin, dass der Forschungsansatz weiterentwickelt werden kann und je nach Erkenntnisinteresse diverse Möglichkeitsräume eröffnet.

Da es sich bei Nachbarschaften von Bauboom-Großwohnbauten um ein alltagspraktisches Thema handelt, bei dem sich vielseitige Facetten öffnen, könnte noch einiges vertieft untersucht werden. So etwa die Frage nach der sozio-ökonomischen Rolle dieses Baubestands auf dem Wohnungsmarkt, genauer die Frage nach der Wohnversorgung von benachteiligten Bevölkerungsgruppen im Zusammenhang mit der zunehmenden Verknappung von günstigem Wohnraum in urbanen und wirtschaftlich prosperierenden Gegenden der Schweiz. Interessant wäre auch eine vertiefte Analyse der postmigrantischen Nachbarschaften, die die Zusammenhänge von translokalen Migrationsnetzen mit lokalen Dynamiken auf Nachbarschafts- und Quartierebene in den Blick rückt. Zudem wäre es lohnend, mittels einer Langzeitbeobachtung zu untersuchen, wie sich aktuelle Raum- und Stadtentwicklungsprozesse, die sich am Postulat der inneren Verdichtung orientieren, auf marginalisierte Wohnumfelder an den Stadträndern auswirken. Das Wissen zu den historisch gewachsenen Nachbarschaften in Bauboom-Großwohnbauten eröffnet demnach vielseitige und spannende Fragen zur Erforschung künftiger Herausforderungen und Potentiale des Wohnens im 21. Jahrhundert.

Abkürzungsverzeichnis

ABAU	Allgemeine Wohnbaugenossenschaft Aarau
ABAUA	Archiv der ABAU
ANT	Akteur-Netzwerk-Theorie
AUG	Bundesgesetz über die Ausländerinnen und Ausländer
BAG	Bundesamt für Gesundheit
BASta	Büro für Architektur und Stadtbild (Hochbauaumt)
BfS	Bundesamt für Statistik
BfM	Bundesamt für Migration
BWO	Bundesamt für Wohnungswesen
CH	Schweiz
CHF	Schweizer Franken
CIAM	Congrès International d'Architecture Moderne
ETH	Eidgenössische Technische Hochschule
FDP	Freisinnig-Demokratische Partei der Schweiz
gta	Institut für Geschichte und Theorie der Architektur
GT	Grounded Theory
GZ	Gemeinschaftszentrum Telli
IGECO	Industrie générale pour la construction
KIK	Büro für Kommunikation, Information und Koordination
LVZ	Liegenschaftenverwaltung der Stadt Zürich
LVZA	Archiv der Liegenschaftenverwaltung Zürich
NZZ	Neue Zürcher Zeitung
SNF	Schweizerischer Nationalfonds
SRF	Schweizer Radio und Fernsehen
RTS	Radio Télévision Suisse
UAII	Unteraffoltern II

Abbildungsverzeichnis

HISTORISCHER KONTEXT

Abbildung 1: Tscharnergut in Bern; ETH-Bibliothek Zürich, Bildarchiv, Stiftung Luftbild Schweiz, Swissair Photo AG, LBS_L1-694506 / CC BY-SA 4.0.

Abbildung 2: Wandel der Siedlungslandschaft, Bern West; ETH-Bibliothek Zürich, Bildarchiv, Comet Photo AG (Zürich), Com_FC05-3000-103 / CC BY-SA 4.0.

Abbildung 3: Bauen auf der ›grünen Wiese‹, Cité du Lignon, Genève; ETH-Bibliothek Zürich, Bildarchiv, Comet Photo AG (Zürich), Com_L15-0748-0001-0009 / CC BY-SA 4.0.

Abbildung 4: Bauen auf der ›grünen Wiese‹, Cité du Lignon, Genève; ETH-Bibliothek Zürich, Bildarchiv, Comet Photo AG (Zürich), Com_L15-0748-0003-0002 / CC BY-SA 4.0.

Abbildung 5: Die Wohnzeile Le Lignon entsteht; ETH-Bibliothek Zürich, Bildarchiv, Stiftung Luftbild Schweiz, Werner Friedli, LBS_H1-028438 / CC BY-SA 4.0.

Abbildung 6: Vorfabrizierter Wohnungsbau Göhner AG; ETH-Bibliothek Zürich, Bildarchiv, Comet Photo AG (Zürich), Com_C15-171-002 / CC BY-SA 4.0.

Abbildung 7: Vorfabrizierter Wohnungsbau Göhner AG; ETH-Bibliothek Zürich, Bildarchiv, Comet Photo AG (Zürich), Com_C15-171-003 / CC BY-SA 4.0.

Abbildung 8: System Göhner, vorgefertigter Bodenbelag; ETH-Bibliothek Zürich, Bildarchiv, Comet Photo AG (Zürich), Com_C15-171-006 / CC BY-SA 4.0.

Abbildung 9: Göhner-Siedlung Avanchet Parc, Genève; ETH-Bibliothek Zürich, Bildarchiv, Comet Photo AG (Zürich), Com_FC07-1200-077 / CC BY-SA 4.0.

Abbildung 10: 1960er Bauboom, Neubauquartier in Volketswil, 1969; Wolfensberger, Andreas (Fotograf), in: Wolfensberger, Andreas; Frei, Beat. 2007. Zürcher Alltag in den sechziger Jahren. Zürich: NZZ Libro, S. 109.

Abbildung 11: 1960er Bauboom, Wohnblock-Überbauung in Rümlang, 1965; Wolfensberger, Andreas (Fotograf); in: Wolfensberger, Andreas; Frei, Beat. 2007. Zürcher Alltag in den sechziger Jahren. Zürich: NZZ Libro, S. 96.

Abbildung 12: Kinderspielplätze im Sunnebüel; Werbefoto aus Vermietungsbroschüre der Göhner AG, 1966-1970; Archiv der Helvetia Versicherungen, Generalagentur Zürich-Altstetten, Bestand zur Wohnüberbauung Sunnebüel.

Abbildungen 13 und 14: Werbefotos aus Vermietungsbroschüre der Göhner AG, 1966-1970; Archiv der Helvetia Versicherungen, Generalagentur Zürich-Altstetten, Bestand zur Wohnüberbauung Sunnebüel.

Abbildung 15: Plan für das Überbauungsprojekt Jolieville, B. Schnitter, B. Huber, H. Litz (Architekten); in: Werk, Bauen und Wohnen, Band 82 (1995), Heft 10, S. 9.

Abbildung 16: Kritik am Großwohnungsbau; in: Keller, Rolf. 1973. Bauen als Umweltzerstörung. Zürich: Artemis, S. 20.

Abbildung 17: Überbauung Grünau in Zürich-Altstetten; ETH-Bibliothek Zürich, Bildarchiv, Jules Vogt, Com_FC24-8000-0335 / CC BY-SA 4.0.

Abbildung 18: Überbauung Wittigkofen/Murifeld in Bern; ETH-Bibliothek Zürich, Bildarchiv, Comet Photo AG (Zürich), Com_FC05-3000-174 / CC BY-SA 4.0.

Abbildung 19: Wohnhochhäuser Hardau in Zürich; Baugeschichtliches Archiv Zürich, Fotografische Sammlung, FotografIn unbekannt, u0000094_18_49 / CC BY-SA 4.0.

Abbildung 20: Lochergut und Hardau, Zürich Aussersihl 1978; ETH-Bibliothek Zürich, Bildarchiv, Comet Photo AG (Zürich), Com_FC24-8000-0390 / CC BY-SA 4.0.

UNTERAFFOLTERN II

Abbildung 21: Aufenthaltsdauer der Wegziehenden aus Unteraffoltern II in Jahren; in: Statistik Stadt Zürich, Siedlungsspiegel UAII, 1993-2011, S.4/4.

Abbildung 22: Verlauf des Bevölkerungsbestandes nach Herkunft; in: Statistik Stadt Zürich, Siedlungsspiegel UAII, 1993-2011, S. 1/8.

Abbildung 23: Zürich-Affoltern, Unteraffoltern; ETH-Bibliothek Zürich, Bildarchiv, Stiftung Luftbild Schweiz, Swissair Photo AG, LBS_L1-807336 / CC BY-SA 4.0.

Abbildung 24: Situationsplan Unteraffoltern II, Darstellung Claudia Mühlebach.

Abbildung 25: Querschnitt, Mst. 1:200, Darstellung Claudia Mühlebach.

Abbildung 26: Typengrundriss 3-Zimmermaisonette, Mst. 1:200, Darstellung Claudia Mühlebach.

Abbildung 27: Pläne für eine Satellitenstadt, Modell um 1965; Baugeschichtliches Archiv Zürich, Fotografische Sammlung, FotografIn unbekannt, u0000073_8-3_27 / CC BY-SA 4.0.

Abbildung 28: Unteraffoltern II im Bau; Baugeschichtliches Archiv Zürich, Fotografische Sammlung, FotografIn unbekannt, u0000077_83_27 / CC BY-SA 4.0.

Abbildung 29: Neu erstellte Wohnhochhäuser, Im Isengrind 35 und Fronwaldstraße 94; Baugeschichtliches Archiv Zürich, Fotografische Sammlung, FotografIn unbekannt, u0000079_83_28 / CC BY-SA 4.0.

Abbildung 30: Von Wald, Acker und Weiden umgeben; Baugeschichtliches Archiv Zürich, Fotografische Sammlung, Peter Grünert, u0000007_82_32 / CC BY-SA 4.0.

Abbildung 31: Am Stadtrand; Baugeschichtliches Archiv Zürich, Fotografische Sammlung, Comet Photo AG (Zürich), BAZ_027990 / CC BY-SA 4.0.

Abbildung 32: Unteraffoltern II mit Sportanlage, Foto Matteo de Mattia.

Abbildung 33: Blick vom Bahnhof Affoltern; Liegenschaftenverwaltung der Stadt Zürich, Foto Nadja Athanasiou (LVZ aus dem Jahr 1999).

Abbildung 34: Im Isengrind 35 heute, mit Hürstholz, Foto Matteo de Mattia.

Abbildung 35: Aussicht auf Wald, Stadt und Berge, Foto Eveline Althaus.

Abbildungen 36 und 37: Hauseingang auf Stützen und Außentreppe an Nordseite, Foto Matteo de Mattia.

Abbildungen 38 bis 42: Spiel-Räume draußen, Fotos Matteo de Mattia (38, 40), Eveline Althaus (39, 41) und Nadja Athanasiou (42, LVZ aus dem Jahr 1999).

Abbildungen 43 und 44: Siedlungsgärten, Foto Matteo de Mattia.

Abbildungen 45 bis 48: Gemeinschaftsraum, Fotos Maria Salamone (45), Eveline Althaus (46), Matteo de Mattia (47, 48).

Abbildung 49: Jugendtreff (Stjgj-Ruum), Foto Matteo de Mattia.

Abbildungen 50 und 51: Eingangshalle, Foto Matteo de Mattia.

Abbildungen 52 und 53: Treppenhaus, Foto Matteo de Mattia.

Abbildung 54: Erschließung der 132 Wohnungen, Foto Eveline Althaus.

Abbildungen 55 und 56: Innere Verteilgänge, Fotos Eveline Althaus (55) und Nadja Athanasiou (56, LVZ, aus dem Jahr 1999).

Abbildung 57: Dekoration an den Wohnungstüren, Foto-Collage Matteo de Mattia.

Abbildung 58: Fußmatten, Foto-Collage Matteo de Mattia.

Abbildung 59: Treppenhaus Etage, Foto Matteo de Mattia.

Abbildungen 60 bis 62: Waschküche, Fotos Eveline Althaus (60), Matteo de Mattia (61) und Nadja Athanasiou (62, LVZ, aus dem Jahr 1999).

Abbildungen 63 bis 66: Maisonette-Wohnungen und Terrasse, Fotos Claudia Mühlebach (63, 65, 66) und Nadja Athanasiou (64, LVZ, aus dem Jahr 1999).

MITTLERE TELLI

Abbildung 67: Aarau, Bahnhof, Telli; ETH-Bibliothek Zürich, Bildarchiv, Stiftung Luftbild Schweiz, Swissair Photo AG, LBS_R2-000152 / CC BY-SA 4.0.

Abbildung 68: Situationsplan Mittlere Telli, Darstellung Claudia Mühlebach.

Abbildungen 69 und 70: Typengrundrisse, Darstellung Claudia Mühlebach.

Abbildung 71: Landreserve Aarau, Telli; in: Alfred Lüthi et al. (Hg.). 1978. Geschichte der Stadt Aarau, Aarau: Sauerländer, S. 704.

Abbildung 72: Kunath Futterfabrik, Telli, Aarau, April 1964; ETH-Bibliothek Zürich, Bildarchiv, Comet Photo AG (Zürich), Com_F64-01931 / CC BY-SA 4.0.

Abbildung 73: Planmaterial, Dachgarten, Perspektive von Westen (Marti und Kast Architekten, Zürich); in: Bauen und Wohnen. Band 27 (1973), Heft 5, S. 195.

Abbildung 74: Modellansicht 1970; in: Bauen und Wohnen. Band 27 (1973), Heft 5, S. 193.

Abbildung 75: Wohnzeile A im Bau, 1972; in: Bauen und Wohnen. Band 27 (1973), Heft 5, S. 193.

Abbildung 76: Telli im Juli 1974; ETH-Bibliothek Zürich, Bildarchiv, Stiftung Luftbild Schweiz, Swissair Photo AG, LBS_L1-747626 / CC BY-SA 4.0.

Abbildung 77: Aarau von Westen; ETH-Bibliothek Zürich, Bildarchiv, Comet Photo AG (Zürich), Com_FC01-5000-030 / CC BY-SA 4.0.

Abbildung 78: Heutige Telli-Überbauung, Foto Matteo de Mattia.

Abbildungen 79 bis 81: Abgetreppte Hochhauszeilen, Foto Matteo de Mattia.

Abbildungen 82: Punkthochhaus Telli, Foto Matteo de Mattia.

Abbildung 83: Einkaufszentrum, Foto Eveline Althaus.

Abbildungen 84 und 85: Gemeinschaftszentrum und Restaurant Telli-Egge, Fotos Claudia Mühlebach (84) und Eveline Althaus (85).

Abbildungen 86 und 87: Kleintierzoo und Minigolfanlage, Foto Eveline Althaus.

Abbildung 88: Fußballplatz zwischen den Wohnzeilen, Foto Matteo de Mattia.

Abbildungen 89 bis 91: Tiefgarage und Durchgangsstraße unterirdisch, Fotos: Eveline Althaus (89, 91) und Matteo de Mattia (90).

Abbildungen 92 und 93: Im Grünen wohnen, Parklandschaft, Foto Eveline Althaus.

Abbildungen 94 und 95: Überdachte Laubengänge, Foto Matteo de Mattia.

Abbildungen 96 bis 98: Begegnungsräume, Foto Eveline Althaus.

Abbildungen 99 und 100: Abau-Stübli und Trefflokal, Foto Matteo de Mattia.

Abbildungen 101 und 102: Mit dem Einkaufswagen bis zur Wohnung, Fotos Eveline Althaus (101) und Matteo de Mattia (102).

Abbildung 103: Treppenhaus, Foto Matteo de Mattia.

Abbildung 104: Waschküche, Foto Eveline Althaus.

Abbildungen 105 und 106: Balkon, Fotos Eveline Althaus (105) und Matteo de Mattia (106).

Literatur- und Quellenverzeichnis

SEKUNDÄRLITERATUR

Abels, Heinz. 2009. Ethnomethodologie, in: Handbuch soziologische Theorien, hrsg. von Georg Kneer; Markus Schroer. Wiesbaden: Springer VS, S. 87-110. https://doi.org/10.1007/978-3-531-91600-2_5

Aellig, Jörg; Müller, Peter; Düby, Hans; Wandeler, Hugo. 1974. Problem Hochhaus. Niederteufen: Niggli.

Alba, Richard. 2005. Bright vs. blurred boundaries: Second-generation assimilation and exclusion in France, Germany, and the United States, in: Ethnic and Racial Studies 28(1), pp. 20-49. https://doi.org/10.1080/0141987042000280003

Alisch, Monika (Hg.). 2001. Stadtteilmanagement. Voraussetzungen und Chancen für die soziale Stadt. Opladen: Leske und Budrich.

Althaus, Eveline. 2007. Geschichte im Widerspruch. Die Kontroverse um die Zukunft der »historischen Mitte Berlins«, Fribourg: Seminar für Sozialanthropologie (Lizentiatsarbeit): http://schlossdebatte.de/?p=63.

—. 2010. Konfliktprävention in der Siedlung Brunnenhof, Zürich. Studie im Auftrag des Bundesamtes für Wohnungswesen. Bern: Berner Fachhochschule, Soziale Arbeit.

—. 2013a. Das Innovative konventionell umgesetzt – Die Hochhäuser Heiligfeld (1950-1952), in: Vom guten Wohnen. Vier Zürcher Hausbiografien von 1915 bis zur Gegenwart, hrsg. von Marie Antoinette Glaser; ETH Wohnforum – ETH CASE. Zürich: Niggli, S. 138-169.

—. 2013b. Nah und fremd: Nachbarschaften zwischen Öffnung und Abgrenzung, in: trans 23 (Grenzen), S. 148-151.

—. 2015. Hauswart-Wissen. Von der Vielseitigkeit eines Ordnungsschaffenden, in: Hauswartung. Für Bauten und Bewohnerschaft, hrsg. von Ignaz Strebel. Basel: Birkhäuser, S. 96-104. https://doi.org/10.1515/9783035603606

Althaus, Eveline; Glaser, Marie Antoinette. 2013. House Biographies: Housing Studies on the Smallest Urban Scale, in: Cities for Smart Environmental and

Energy Futures. Impacts on Architecture and Technology, edited by Stamatina Th. Rassia; Panos M. Pardalos. Berlin: Springer, pp. 283-290.

Ambroschütz, Julia. 2008. Hardau: claro que sí, c'est comme ça, c'est la vie. Zürich: Salis.

Andreotti, Alberta; Le Galès, Patrick. 2008. Middle Class Neighborhood Attachment in Paris and Milan: Partial Exit and Profound Rootedness, in: Networked Urbanism. Social Capital in the City, edited by Talja Blokland; Mike Savage. Aldershot: Ashgate, pp. 127-143.

Anthias, Floya. 2003. Erzählungen über Zugehörigkeit, in: Migration, Biographie und Geschlechterverhältnisse, hrsg. von Ursula Apitzsch; Mechthild M. Jansen. Münster: Verlag Westfälisches Dampfboot, S. 20-37.

Arch+ (ohne Autorenangabe). 2011a. Großsiedlungen ab 1945 in Ost und West – Karte, in: Arch+ (Planung und Realität Strategien im Umgang mit den Großsiedlungen), S. 54.

—. 2011b. Planung und Realität. Strategien im Umgang mit den Großsiedlungen (Juni).

Archithese (Redaktion). 2003. Editorial, in: archithese 2 (Vorfabrikation), S. 4.

—. 2010. Editorial, in: archithese 2 (Grosser Massstab), S. 2.

—. 2011. Editorial, in: archithese 3 (Dichte), S. 4.

Assmann, Aleida. 1999. Erinnerungsräume. Formen und Wandlungen des kulturellen Gedächtnisses. München: C.H. Beck.

Autorenkollektiv an der Architekturabteilung der ETH Zürich. 1972. Göhnerswil Wohnungsbau im Kapitalismus. Eine Untersuchung über die Bedinungen und Auswirkungen der privatwirtschaftlichen Wohnungsproduktion am Beispiel der Vorstadtsiedlung Sunnebüel in Volketswil bei Zürich und der Generalunternehmung Ernst Göhner AG. Zürich: Verlagsgenossenschaft.

Ayass, Ruth. 2001. Halbwachs, Maurice. Das Gedächtnis und seine sozialen Bedingungen, in: Schlüsselwerke der Soziologie, hrsg. von Georg W. Oesterdieckhoff; Sven Packe. Wiesbaden: Westdeutscher Verlag, S. 203-204.

Bahrdt, Hans Paul. 1969. Humaner Städtebau. Überlegungen zur Wohnungspolitik und Stadtplanung für eine nahe Zukunft. Hamburg: Christian Wegner Verlag.

Barandun, Katharina (Hg.). 2012. Partizipation in interkulturellen Siedlungen. Erfolg durch Väterbeteiligung. Zürich: Seismo.

Barthes, Roland. 2007. Wie zusammen leben. Simulationen einiger alltäglicher Räume im Roman. Frankfurt am Main: Suhrkamp.

Bartmann, Christoph; Dürr, Carola. 2011. Nachbarschaft verpflichtet. Eine Einführung, in: Illusion der Nähe? Ausblicke auf die europäische Nachbarschaft von morgen, hrsg. von Christoph Bartmann et al. Göttingen: Steidl Verlag, S. 13-22.

Bäschlin, Elisabeth. 1998. Im Tscharnergut zuhause. Die erste Berner Gesamtüberbauung im Wandel der Zeit, in: Bern – eine Stadt bricht auf. Schauplätze und Geschichten der Berner Stadtentwicklung zwischen 1798 und 1990, hrsg. von Christian Lüthi; Bernhard Meier. Bern: Haupt.

—. 2004. Wohnort Grossüberbauung. Das Tscharnergut in Bern, hrsg. von Elisabeth Bäschlin. Bern: Benteli Verlag.

Bassand, Michel; Henz, Alexander (Hg.). 1988. Habitat Horizon 2000 – Wohnen 2000. Zur Zukunft des Wohnens. Lausanne/Zürich: EPFL – ETHZ.

Bauen und Wohnen (ohne Autorenangabe). 1973. Wohnbebauung für 4500 Einwohner, in: Bauen und Wohnen 5, S. 193-196.

Baugenossenschaft Sonnengarten (Hg.). 2012. Ein neues Zuhause. Siedlung Triemli 1944-2012. Zürich: Verlag Neue Zürcher Zeitung.

Bauman, Zygmunt. 2000. Liquid Modernity. Cambridge: Polity Press.

—. 2001. Community. Seeking Safety in an insecure World. Cambridge: Polity Press.

—. 2012. Von der Schwierigkeit seinen Nächsten zu lieben, in: Nachbarschaft, Räume, Emotionen. Interdisziplinäre Beiträge zu einer sozialen Lebensform, hrsg. von Sandra Evans; Schamma Schahadat. Bielefeld: transcript, S. 63-91.

Baumann, Rolf; Zinn, Hermann. 1973. Kindergerechte Wohnungen für Familien, in: Schriftenreihe zum Wohnungswesen, hrsg. von Bundesamt für Wohnungswesen. Bern: Eidgenössische Drucksachen- und Materialzentrale.

Beck, Ulrich. 1986. Risikogesellschaft. Auf dem Weg in eine andere Moderne. Frankfurt am Main: Suhrkamp.

Beer, Bettina. 2003. Einleitung: Feldforschungsmethoden, in: Methoden und Techniken der Feldforschung, hrsg. von Bettina Beer. Berlin: Reimer, S. 9-31.

Behnisch, Martin. 2009. Raum-zeitliche Strukturmuster im Schweizer Baubestand, in: Bauten der Boomjahre. Paradoxien der Erhaltung, hrsg. von Uta Hassler; Catherine Dumont d'Ayot. Zürich: Infolio éditions.

Behrens, Heiko. 1986. Kinder im Hochhaus. Ökologische Aspekte und Verwirklichungen in der Sonderpädagogik. Berlin: Marhold.

Berg, Charles; Milmeister, Marianne. 2011. Im Dialog mit den Daten das eigene Erzählen der Geschichte finden, in: Grounded Theory Reader, hrsg. von Günter Mey; Katja Mruck. Wiesbaden: VS Verlag für Sozialwissenschaften, S. 303-332.

Bergier, Jean-François et al. 2002. Die Schweiz, der Nationalsozialismus und der Zweite Weltkrieg. Schlussbericht der Unabhängigen Expertenkommission der Schweiz – Zweiter Weltkrieg. Zürich: Pendo.

Berking, Helmuth; Löw, Martina (Hg.). 2008. Die Eigenlogik der Städte: neue Wege für die Stadtforschung. Frankfurt am Main: Campus.

Besmer, Fabienne; Bischofberger, Hans (Hg.). 2012. 37 Jahre Gemeinschaftszentrum Telli. Vom Neubau zum Umbau 2011. Aarau: GZ Telli.

BfM (Hg.). 2006. Probleme der Integration von Ausländerinnen und Ausländern in der Schweiz. Besatandesaufnahme der Fakten, Ursachen, Risikogruppen,

Massnahmen und des integrationspolitischen Handlungsbedarfs. Bern: Bundesamt für Migration.

BfS (Hg.). 2004. Neue Raum- und Mobilitätsstrukturen. Übersichtsanalysen Volkszählung 2000. Neuchâtel: Bundesamt für Statistik.

—. (Hg.). 2010. Szenarien zur Bevölkerungsentwicklung der Schweiz 2010-2060. Neuchâtel: Bundesamt für Statistik.

—. (Hg.). 2011a. Bau- und Wohnungswesen. Panorama. Neuchâtel: Bundesamt für Statistik.

—. (Hg.). 2011b. Gebäude- und Wohnungsstatistik 2009. Strukturdaten zu den Gebäuden und Wohnungen. Neuchâtel: Bundesamt für Statistik.

—. (Hg.). 2014. Bevölkerung. Panorama. Neuchâtel: Bundesamt für Statistik.

—. (Hg.). 2015. Regionalporträts: Gemeinden. Neuchâtel: Bundesamt für Statistik.

Bhabha, Homi. 1994. The Location of Culture. London: Routledge.

Bielka, Frank; Beck, Christoph (Hg.). 2012. Heimat Grosssiedlung – 50 Jahre Gropiusstadt. Berlin: nicolai.

Binder, Beate. 2001. Capital under Construction. History and the production of Locality in Contemporary Berlin, in: Ethnologia Europea. Journal of European Ethnology 31(2), pp. 19-40.

—. 2003. Raum – Erinnerung – Identität. Zur Konstruktion von Gedächtnis- und Handlungsräumen im Prozess der Hauptstadtwerdung Berlins, in: Komplexe Welt. Kulturelle Ordnungssysteme als Orientierung, hrsg. von Silke Göttsch; Christel Köhle-Hezinger. Münster: Waxmann Verlag, S. 257-266.

Binder, Beate; Ege, Moritz; Schwanhäußer, Anja; Wietschorke, Jens. 2010. Orte – Situationen – Atmosphären: Eine Einleitung, in: Orte – Situationen – Atmosphären: kulturanalytische Skizzen, hrsg. von Beate Binder et al. Frankfurt am Main: Campus, S. 9-18.

Blok, Anton. 1992. Reflections on »making history«, in: Other histories, edited by Kirsten Hastrup. London and New York: Routledge, pp. 121-127.

Blokland, Talja; Savage, Mike. 2008. Social Capital and Networked Urbanism, in: Networked Urbanism. Social Capital in the City, edited by Talja Blokland; Mike Savage. Aldershot: Ashgate, pp. 1-20.

Blunt, Alison. 2008. The »skyscraper settlement«: Home and residence at Christadora House, in: Environment and Planning 40, S. 550-71. https://doi.org/10.1068/a3976

Bogensberger, Markus. 2011. Enger zusammenleben, in: archithese 3 (Dichte), S.38-43.

Bogusch, Norbert; Brandhorst, Jörg. 2013. Sanieren oder Abreißen? Stuttgart: Fraunhofer IRB Verlag.

Bohnsack, Ralf. 2003. Rekonstruktive Sozialforschung: Einführung in qualitative Methoden. Opladen: Leske und Budrich. https://doi.org/10.1007/978-3-322-89614-8

Bott, Helmut; Haas, Volker von. 1996. Verdichteter Wohnungsbau. Stuttgart: Verlag W. Kohlhammer. https://doi.org/10.1007/978-3-322-97857-8

Bourdieu, Pierre. 1982. Die feinen Unterschiede. Kritik der gesellschaftlichen Urteilskraft. Frankfurt am Main: Suhrkamp.

—. 1991. Physischer, sozialer und angeeigneter physischer Raum, in: Stadt-Räume, hrsg. von Martin Wentz. Frankfurt: Campus, S. 25-34.

—. 1993. Sozialer Sinn: Kritik der theoretischen Vernunft. Frankfurt am Main: Suhrkamp.

—. 1997. Verstehen, in: Das Elend der Welt. Zeugnisse und Diagnosen alltäglichen Leidens in der Gesellschaft, hrsg. von Pierre Bourdieu. Konstanz: UVK Universitätsverlag, S. 779-822.

—. 1997 (1993). Ortseffekte, in: Das Elend der Welt. Zeugnisse und Diagnosen alltäglichen Leidens an der Gesellschaft, hrsg. von Pierre Bourdieu et al. Konstanz: UVK, S. 159-167.

Bourdieu, Pierre; Wacquant, Loïc. 2006. Reflexive Anthropologie. Frankfurt am Main: Suhrkamp.

Bräm, Matthias. 2001. Editorial, in: archithese Sonderheft (Alltagsarchitektur erneuern – Anspruch und Wirklichkeit), S. 2-3.

—. 2003. Tektonik des Betonelementbaus. Zum Potenzial schwerer Vorfabrikation, in: archithese 2, S. 28-31.

Brändle, Silvia. 2011. Grossüberbauungen in der Stadt Bern und ihre Bewohnerinnen und Bewohner. Entwicklungen seit 1990 und aktueller Stand. Bern: Abteilung Stadtentwicklung Stadt Bern.

Brower, Sidney. 2011. Neighbors and Neighborhoods. Elements of Successful Community Design. Chicago: The American Planning Association.

Brun, A.; Rhyner, A. 1997. Fallstudie am Beispiel der realisierten Sanierung von Unteraffoltern II, Zürich: ETH Wohnforum (unveröffentlichte Diplomwahlfacharbeit).

Buomberger, Thomas. 2004. Kampf gegen unerwünschte Fremde: von James Schwarzenbach bis Christoph Blocher. Zürich: Orell Füssli.

Burckhardt, Luzius; Frisch, Max; Kutter, Markus. 1955. Achtung: die Schweiz: ein Gespräch über unsere Lage und ein Vorschlag zur Tat. Basel: Handschin.

Burgess, Ernest W. 1970 (1925). The Growth of the City. An Introduction to a Research Project, in: The City, edited by Robert E. Park et al. Chicago: The University of Chicago Press, pp. 47-62.

Bürgi, Hanspeter; Raaflaub, Peter. 2000. Wohnbauten planen, beurteilen und vergleichen: Wohnungs-Bewertungs-System WBS. Bern: Eidgenössische Drucksachen- und Materialzentrale.

BWO (Hg.). 2006. Siedlungswesen Schweiz. Raumentwicklung und Wohnungswesen. Bern: Bundespublikationen.

Caglar, Ayse S. 1997. Hyphenated Identities and the Limits of »Culture«, in: The Politics of Multiculturalism in New Europe: Racism, Identity and Community, edited by Tariq Modood; Pnina Werbner. London: Zed Books Ltd, pp. 169-185.

Candide. 2013. Zur Krise des Grosswohnungsbaus in den 1970er Jahren, in: Candide. Journal for Architectural Knowledge 7 (October).

Capol, Jan. 2009. Denkmalpflege für die Bauten der Boomjahre?, in: Bauten der Boomjahre. Paradoxien der Erhaltung, hrsg. von Uta Hassler; Catherine Dumont d'Ayot. Zürich: Infolio éditions, S. 210-213.

—. 2000. Nachbarschaft bauen. Kommunale und genossenschaftliche Siedlungen als Trendsetter der Architektur, in: Wegweisend wohnen. Gemeinnütziger Wohnungsbau im Kanton Zürich an der Schwelle zum 21. Jahrhundert, hrsg. von Christian Caduff; Jean Pierre Kuster. Zürich: Scheidegger/Spiess, S. 40-45.

Castells, Manuel. 1977. The Urban Question: A Marxist Approach. Cambridge: MIT Press.

—. 1989. The informational city: information technology, economic restructuring and the urban-regional process. Oxford: Basil Blackwell.

Charmaz, Kathy. 2006. Constructing Grounded Theory: A Practical Guide Through Qualitative Analysis. London: Sage.

Dahinden, Janine. 2014. Wer gehört dazu? Grenzziehungsprozesse mittels »Kultur« im Kontext von Migration in der Schweiz, in: Wachstumsschmerzen. Gesellschaftliche Herausforderungen der Stadtentwicklung und ihre Bedeutung für Zürich, hrsg. von Thomas Hengartner; Anna Schindler. Zürich: Seismo, S. 49-63.

Dangschat, Jens S. 1994. Segregation – Lebensstile im Konflikt, soziale Ungleichheiten und räumliche Disparitäten, in: Dangschat, Jens S.; Blasius, Jörg (Hrsg.): Lebensstile in den Städten. Konzepte und Methoden. Opladen: Leske und Budrich, S. 13-23. https://doi.org/10.1007/978-3-663-10618-0_27

Dangschat, Jens S. 1998. Segregation, in: Häußermann, Hartmut (Hg.) Großstadt. Soziologische Stichworte. Opladen: Leske und Budrich, S. 207-220. https://doi.org/10.1007/978-3-663-10202-1_20

Däpp, Walter. 2011. Vom Traum, reich zu sein: Armutszeugnisse aus der Schweiz. Bern: Stämpfli.

Daum, Matthias; Schneeberger, Paul. 2013. Daheim. Eine Reise durch die Agglomeration. Zürich: NZZ Libro.

De Min, Daniele. 2004. Wenn ein Massanzug nicht mehr sitzt, in: Wohnen (12), S. 12-13.

De Pieri, Filippo. 2013. Storie di case: le ragioni di una ricerca, in: Storie di case. Abitare l'Italia del boom, a cura di Filippo de Pieri et al. Roma: Donzelli, pp. XI-XXX.

—. 2014. Storie e biografie di case, in: L'architetto (aprile), http://magazine.larchitetto.it/aprile-2014/gli-argomenti/attualita/storie-e-biografie-di-case.html.

Delemontey, Yvan. 2010. Construire mieux, plus vite et meilleur marché. Honegger frères et la production rationelle du logement moderne, in: Honegger frères. Architectes et constructeurs 1930-1962. De la production au patrimoine, sous la direction de Franz Graf. Gollion: Infolio, pp. 148-169.

Deplazes, Andrea. 2005. Architektur konstruieren: vom Rohmaterial zum Bauwerk: Ein Handbuch. Basel: Birkhäuser.

Diener, Roger; Herzog Jacques; Meili, Marcel; de Meuron, Pierre; Schmid, Christian. 2006. Die Schweiz – ein städtebauliches Portrait. Basel: Birkhäuser.

Diller, Christian. 2002. Zwischen Netzwerk und Institution – eine Bilanz regionaler Kooperation in Deutschland. Opladen: Leske und Budrich. https://doi.org/1-0.1007/978-3-663-11929-6

Döring, Jörg; Thielmann, Tristan. 2008. Einleitung: Was lesen wir im Raume? Der »Spatial Turn« und das geheime Wissen der Geographen, in: Spatial Turn: Das Raumparadigma in den Kultur- und Sozialwissenschaften, hrsg. von Jörg Döring; Tristan Thielmann. Bielefeld: transcript, S. 7-48.

Drechsler, Wolfgang. 2008. Aufstieg und Untergang des New Public Management. Kurswechsel 2, S. 7-26.

Dresing, Thorsten; Pehl; Thorsten. 2011. Praxisbuch Transkription. Regelsysteme, Software und praktische Anleitungen für qualitative ForscherInnen. Marburg: audiotranskription.de.

Drilling, Matthias; Schnur, Olaf; Käser, Nadine; Oehler, Patrick. 2016. Postmoderne Nachbarschaften – ein stadtentwicklungspolitisches Handlungsfeld, in: Forum Wohnen und Stadtentwicklung vhw FWS 6, Dezember 2016, S. 317-321.

Duden (ohne Autorenangabe). 2001. Biografie, in: Herkunftswörterbuch. Etymologie der deutschen Sprache, hrsg. von Dudenredaktion. Mannheim: Dudenverlag, S. 97.

—. 2007. Das Herkunftswörterbuch, Etymologie der deutschen Sprache. Mannheim: Duden Verlag.

Dufaux, Frédéric; Fourcaut, Annie (Ed.). 2004. Le monde des grands ensembles. Paris: éditions Creaphis.

Durban, Christoph et al. 2007. Mehr als Wohnen: Gemeinnütziger Wohnungsbau in Zürich 1907-2007: Bauten und Siedlungen. Zürich: gta Verlag.

Eberhard, Katrin. 2011. Maschinen zuhause. Die Technisierung des Wohnens in der Moderne. Zürich: gta Verlag.

Eberle, Dietmar. 2005. Tagung Forum Wohnungsbau. Erneuerungsstrategien im internationalen Vergleich. Begrüssung. Zürich: ETH Wohnforum.

——. 2009. Die Sehnsucht nach dem Wohnen, in: Wohnen – Im Wechselspiel zwischen öffentlich und privat, hrsg. von Dietmar Eberle; Marie Antoinette Glaser. Zürich: Niggli, S. 50-57.

——. 2010. Von der Stadt zum Haus: eine Entwurfslehre. Zürich: gta Verlag.

Eberle, Uta. 2012. Mein Freund, mein Feind: Der Nachbar. Die Psychologie einer besonderen Nähe, in: GEO 8(12), S.106-126.

Eibach, Joachim. 2011. Das offene Haus. Kommunikative Praxis im sozialen Nahraum der europäischen Frühen Neuzeit, in: Zeitschrift für Historische Forschung 38(4), S. 621-664. https://doi.org/10.3790/zhf.38.4.621

Eisinger, Angelus. 2003. Göhnerswil revisited, in: archithese 2 (Vorfabrikation), S. 38-41.

——. 2004. Städte bauen: Städtebau und Stadtentwicklung in der Schweiz 1940-1970. Zürich: gta Verlag.

Elden, Stuart. 2002. Es gibt eine Politik des Raumes, weil Raum politisch ist. Henri Lefebvre und die Produktion des Raumes, in: An Architektur 1 (Juni), S. 27-35.

Elias, Norbert. 1997. Über die Zeit. Frankfurt am Main: Suhrkamp.

Elias, Norbert; Scotson, John L. 1994 (1965). The established and the outsiders: a sociological enquiry into community problems. London: Sage.

Engelhard, Jutta-Beate. 1986. Nachbarschaft in der Großstadt. Neuere Initiativen, dargestellt am Beispiel der Stadt Münster. Münster: F. Coppenrath.

Evans, Sandra; Schahadat, Schamma. 2012. Einleitung: Nachbarschaft in Theorie und Praxis, in: Nachbarschaft, Räume, Emotionen. Interdisziplinäre Beiträge zu einer sozialen Lebensform, hrsg. von Sandra Evans; Schamma Schahadat. Bielefeld: transcript, S. 7-27.

ETH Wohnforum (Hg.). 2011. AgglOasen. Impulse für die Agglomeration am Fusse des Bachtels. Baden: hier und jetzt.

Fahrländer Partner AG (Hg.). 2011. Immoprog 2011, Prognosen der regionalen Immobilienmärkte für Geschäfts- und Wohnflächen, Sept. 2011. Basel: Bakbasel.

Farwick, Andreas. 2012. Segregation, in: Eckhard, Frank (Hrsg): Handbuch Stadtsoziologie. Wiesbaden: VS Verlag, S. 381-420. https://doi.org/10.1007/978-3-531-94112-7_18

Fischer, Peter A.; Straubhaar, Thomas. 1996. Einwanderung in die Schweiz. Ein polit-ökonomisches Lehrstück, in: Migration in Europa. Historische Entwicklung, aktuelle Trends, politische Reaktionen, hrsg. von Heinz Fassmann; Rainer Münz. Frankfurt: Campus Verlag, S. 183-208.

Flade, Antje. 2006 (1987). Wohnen psychologisch betrachtet. Bern: Verlag Hans Huber.

Flick, Uwe. 2000. Qualitative Forschung. Theorie, Methoden, Anwendung in Psychologie und Sozialwissenschaften. Reinbek bei Hamburg: Rowohlt Taschenbuch Verlag.

Förderverein Nachbarschaftshilfe Zürich (Hg.). 2007. Grüezi...! 22 Geschichten über Erlebnisse mit Nachbarn aus dem Alltag. Zürich: Zürcher Druck.

Foroutan, Naika. 2015. Die Einheit der Verschiedenen: Integration in der postmigrantischen Gesellschaft, hrsg. von bpb Bundeszentrale für politische Bildung, Kurzdossier Nr. 28, focus Migration, April 2015.

Foucault, Michel. 1992. Andere Räume, in: Aisthesis. Wahrnehmung heute oder Perspektiven einer anderen Ästhetik, hrsg. von Karlheinz Barck et al. Leipzig: Reclam, S. 34-46.

Frank, Sybille. 2011. Stadtmarketing, in: Städte und ihre Eigenlogik. Ein Handbuch für Stadtplanung und Stadtentwicklung, hrsg. von Martina Löw; Georgios Terizakis. Frankfurt am Main: Campus, S. 37-46.

—. 2012. Eigenlogik der Städte, in: Handbuch Stadtsoziologie, hrsg. von Frank Eckhardt. Wiesbaden: Springer VS, S. 289-308. https://doi.org/10.1007/978-3-531-94112-7

Fretz, Nicole. 2011. Zum Verhältnis von Raum und Integration: eine empirische Untersuchung in Basel. Basel: Edition Gesowip.

Frisch, Max. 1953. Cum grano salis. Eine kleine Glosse zur schweizerischen Architektur, in: Das Werk 40(10), S. 325-329.

Friedrichs, Jürgen. 1995. Stadtsoziologie. Opladen: Leske und Budrich.

Friedrichs, Jürgen; Triemer, Sascha. 2009. Gespaltene Städte? Soziale und ethnische Segregation in deutschen Großstädten. Wiesbaden: VS Verlag für Sozialwissenschaften

Fuchs, Felix; Hanak, Michael. 1998. Die Wohnsiedlung Telli in Aarau. Eine Grossüberbauung im planerischen und städtebaulichen Kontext, in: Aarauer Neujahrsblätter, S. 131-160.

Furter, Fabian; Schoeck-Ritschard, Patrick. 2013. Göhner wohnen. Wachstumseuphorie und Plattenbau. Baden: hier und jetzt.

Gabathuler, Christian. 1996. Schweizer Bevölkerung im Umbruch: Veränderungen in der Bevölkerungsentwicklung und ihre Auswirkungen am Beispiel des Kantons Zürich, in: Schweizer Ingenieur und Architekt 114(22), S. 10-12.

Gaberell, Daniel (Hg.). 2007. Bern West. 50 Jahre Hochhausleben. Freiburg i.Br: fgb.

Gadola, Reto; Spechtenhauser, Klaus. 2003. Achtung: Die Vorfabrikation, in: archithese 2 (Vorfabrikation), S. 42-45.

Galster, George. 2012. Neighborhoods and Their Role in Creating and Changing Housing, in: The Sage handbook of housing studies, edited by David F. et al. Clapham. London: Sage, pp. 84-106. https://doi.org/10.4135/9781446247570.n5

Garfinkel, Harold. 1980. Das Alltagswissen über soziale und innerhalb sozialer Strukturen, in: Alltagswissen, Interaktion und gesellschaftliche Wirklichkeit, hrsg. von Arbeitsgruppe Bielefelder Soziologen. Wiesbaden: Springer Fachmedien, S. 189-262. https://doi.org/10.1007/978-3-663-14511-0_6

Gassner, Robert. 2009. Family Portrait with House. A Dwelling as Agent in Its Inhabitants' Biographies, in: Candide. Journal for Architectural Knowledge 1(12), pp. 119-138.

Geist, Johann Friedrich; Kürvers, Klaus. 1984. Das Berliner Mietshaus. 1862-1945. München: Prestel Verlag.

Geist, Jonas. 1991. Geschichte des Mietshauses, in: Berlin morgen. Ideen für das Herz einer Großstadt, hrsg. von Vittorio Magnago Lampugnani; Michael Mönninger. Stuttgart: Hatje, S. 49-53.

Gell, Alfred. 1998. Art and Agency. An Anthropological Theory. Oxford: Clarendon Press.

Ghanbari, Nacim. 2010. Das Haus und die wilhelminische Häusergesellschaft. Zur Überprüfung von Claude Lévi-Strauss' Theorie eines historischen Übergangs, in: Ehe – Haus – Familie: soziale Institutionen im Wandel 1750-1850, hrsg. von Inken Schmidt-Voges. Köln: Böhlau, S. 71-98. https://doi.org/10.7788/boehlau.9783412212537.71

Giddens, Anthony. 1984. The constitution of society: outline of the theory of structuration. Cambridge: Polity Press.

Gieryn, Thomas F. 2002. What buildings do, in: Theory and Society 31, S. 35-74. https://doi.org/10.1023/A:1014404201290

Glaser, Barney. 1978. Theoretical sensitivity: Advances in the methodology of grounded theory. Mill Valley, CA: Sociology Press.

Glaser, Barney; Strauss, Anselm. 1967. The Discovery of Grounded Theory. Strategies for Qualitative Research. Chicago: Aldine.

Glaser, Marie Antoinette. 2009. Wohnen im Wandel, in: Wohnen – im Wechselspiel zwischen öffentlich und privat, hrsg. von Dietmar Eberle; Marie Antoinette Glaser. Zürich: Niggli, S. 60-66.

—. 2011. Durability in housing – aesthetic of the ordinary, in: Aesthetics of Sustainable Architecture, edited by Sang Lee. Rotterdam: 010 Publishers, pp. 198-213.

—. 2013a. Gemeinschaftsidee im Grossformat – Die Siedlung Grünau (1975/1976), in: Vom guten Wohnen. Vier Zürcher Hausbiografien von 1915 bis zur Gegenwart, hrsg. von Marie Antoinette Glaser; ETH Wohnforum – ETH CASE. Zürich: Niggli, S. 184-207.

—. 2013b. Gutes Wohnen hat Bestand – Hausbiografien beschreiben Karrieren dauerhafter Wohnbauten, in: Vom guten Wohnen. Vier Zürcher Hausbiografien von 1915 bis zur Gegenwart, hrsg. von Marie Antoinette Glaser; ETH Wohnforum – ETH CASE. Zürich: Niggli, S. 10-28.

Glaser, Marie Antoinette; ETH Wohnforum – ETH CASE (Hg.). 2013. Vom guten Wohnen. Vier Zürcher Hausbiografien von 1915 bis zur Gegenwart. Zürich: Niggli.

Gleiniger, Andrea. 1995. Die Frankfurter Nordweststadt: Geschichte einer Großsiedlung. Frankfurt am Main: Campus.

Glick Schiller, Nina; Caglar, Ayse. 2011. Locality and Globality: Building a Comparative Analytical Framework in Migration and Urban Studies, in: Locating Migration. Rescaling Cities and Migrants, edited by Nina Glick Schiller, Ayse Caglar. Ithaca and London: Cornell University Press, pp. 60-84.

Gmür, Patrick. 2011. Nicht ganz dicht. Die räumliche Entwicklungsstrategie der Stadt Zürich, in: archithese 3 (Dichte), S. 50-57.

—. 2012. You'll never walk alone – Zürich verdichtet sich sorgsam, in: Ein neues Zuhause. Siedlung Triemli 1944-2012, hrsg. von Baugenossenschaft Sonnengarten. Zürich: Verlag Neue Zürcher Zeitung, S. 96-99.

Goebel, Jan; Hoppe, Lukas (2015): Ausmaß und Trends sozialräumlicher Segregation in Deutschland. Abschlussbericht, hrsg. vom Bundesministerium für Arbeit und Soziales, Lebenslagen in Deutschland. Bonn: BMAS.

Gollnick, Nina. 1997. Nachbarschaft im Hochhausblock, in: Nebenan und gegenüber: Nachbarn und Nachbarschaften heute, hrsg. von Heinz Schilling. Frankfurt am Main: Institut für Kulturanthropologie und Europäische Ethnologie, S. 283-322.

Gottdiener, Mark. 2002. Ein Marx für unsere Zeit: Henri Lefebvre und die Produktion des Raumes, in: An Architektur 01 (Juni), S. 22-26. https://doi.org/10.4135/9781446279120

Gottdiener, Mark; Budd, Leslie. 2005. Key Concepts in Urban Studies. London: Sage.

Graf, Franz. 2009. Préfabrication: »haute couture« (IGECO) versus »prêt à porter« (HA). Les systèmes constructifs en béton pour le logement en Suisse romande, in: Bauten der Boomjahre. Paradoxien der Erhaltung, hrsg. von Uta Hasser; Catherine Dumont d'Ayot. Zürich: Infolio éditions, S. 120-133.

Granovetter, Mark S. 1973. The Strength of Weak Ties, in: American Journal of Sociology 78(6), pp. 1360-1380. https://doi.org/10.1086/225469

Gutekunst, Miriam. 2013. Liebe ohne Grenzen?! Binationale Paare und ihr Umgang mit Immobilisierung durch Grenzregimes. München: Herbert Utz Verlag.

Gysi, Susanne; Dubach, Hannes; Henz, Alexander. 1988. Das Erbe des Baubooms: Wohnbauten der 60er Jahre. Strukturelle Eigenschaften und Erneuerungsmöglichkeiten, in: Habitation Horizon 2000 – Wohnen 2000. Schlussbericht – Rapport final, hrsg. von Michel Bassand; Alexander Henz. Lausanne: Librairie Polytechnique EPFL, S. 177-285.

Haas, Tigran (Ed.). 2008. New urbanism and beyond: designing for the future. New York: Rizzoli.

Habermas, Jürgen. 1993. Anerkennungskämpfe im demokratischen Rechtsstaat, in: Multikulturalismus und die Politik der Anerkennung, hrsg. von Charles Taylor. Frankfurt am Main: S. Fischer Verlag, S. 147-196.

Häfeli, Ueli. 2012. Umwelt, Raum, Verkehr, in: Wirtschaftsgeschichte der Schweiz im 20. Jahrhundert, hrsg. von Patrick Halbeisen et al. Basel: Schwabe Verlag, S. 703-752.

Halbwachs, Maurice. 1966 (1925). Das Gedächtnis und seine sozialen Bedingungen. Berlin und Neuwied: Hermann Luchterhand Verlag.

—. 1967 (1950). Das kollektive Gedächtnis. Stuttgart: Ferdinand Enke Verlag.

Hall, Edward. 1990 (1966). The Hidden Dimension. New York: Anchor Books.

Hall, Stuart. 1996. Introduction: Who Needs »Identity«?, in: Questions of Cultural Identity, edited by Stuart Hall; Paul du Gay. London: Sage, pp. 1-17. https://doi.org/10.1017/CBO9780511566011.002

Hall, Suzanne. 2010. Picturing difference: juxtaposition, collage and layering of a multiethnic street, in: Anthropology matters 12(1), pp. 1-17.

Hamm, Bernd. 1973. Betrifft: Nachbarschaft. Verständigung über Inhalt und Gebrauch eines vieldeutigen Begriffs. Düsseldorf: Bertelsmann Fachverlag.

—. 1998. Nachbarschaft, in: Großstadt: soziologische Stichworte, hrsg. von Hartmut Häußermann. Opladen: Leske und Budrich, S. 172-181.

Hanak, Michael. 2008. Wohnsiedlung Telli, Aarau. Arealüberbauung nach gesamthafter Planung, in: Hans Marti – Pionier der Raumplanung, hrsg. von Claude Ruedin; Michael Hanak. Zürich: gta Verlag, S. 108-111.

Hanley, Lynsey. 2012. Estates. An intimate history. London: Granta.

Hannerz, Ulf. 1980. Exploring the City: Inqueries Toward an Urban Anthropology. New York: Columbia University Press.

Harlander, Tilman. 2011. Die »Modernität« der Boomjahre. Flächensanierung und Großsiedlungsbau. Arch+ (Juni: Planung und Realität. Strategien im Umgang mit den Großsiedlungen), S. 14-24.

—. 2012. Zuwanderung und »überforderte Nachbarschaften« – zur Debatte um Segregation und Integration seit 1989, in: Soziale Mischung in der Stadt. Case Studies – Wohnungspolitik in Europa – Historische Analyse, hrsg. von Tilman Harlander; Gerd Kuhn. Stuttgart: Krämer Verlag, S. 306-313.

Harnack, Maren. 2012. Rückkehr der Wohnmaschinen. Sozialer Wohnungsbau und Gentrifizierung in London. Bielefeld: transcript.

Hartmann, Stefan. 2000. Rettung vor dem sozialen und baulichen Zerfall. Die städtische Siedlung Unteraffoltern II in Zürich, in: Wegweisend wohnen. Gemeinnütziger Wohnungsbau im Kanton Zürich an der Schwelle zum 21. Jahrhundert, hrsg. von Christian Caduff; Jean Pierre Kuster. Zürich: Scheidegger/Spiess, S. 130-141.

Harvey, David. 1973. Social Justice and the City. Oxford: Blackwell.

Hassler, Uta. 2004. Einführung, in: Häuser aus Beton. Vom Stampfbeton zum Grosstafelbau, hrsg. von Uta Hassler; Hartwig Schmidt. Dortmund: Wasmuth, S. 8-11.

—. 2009. Diskussion mit Hans-Peter Ess, Cornelia Mächler und Markus Meier Joos, in: Bauten der Boomjahre. Paradoxien der Erhaltung, hrsg. von Uta Hassler; Catherine Dumont d'Ayot. Zürich: Infolio éditions, S. 240-245.

Hassler, Uta; Dumont d'Ayot, Catherine (Hg.). 2009. Bauten der Boomjahre. Paradoxien der Erhaltung. Zürich: Infolio éditions.

Haumann, Sebastian; Wanger-Kyora, Georg (Hg.). 2013. Westeuropäische Großsiedlungen. Berlin: Deutsches Institut für Urbanistik.

Haupt, Isabel. 2013. Denkmalschutz für Nachkriegsbauten?, in: Werk, Bauen und Wohnen 10 (Junge Denkmäler), S. 14-20.

Hauser, Susanne; Kamleithner, Christa; Meyer, Roland. 2011. Das Wissen der Architektur, in: Architekturwissen. Grundlagentexte aus den Kulturwissenschaften. Band 1, hrsg. von Susanne Hauser et al. Bielefeld: transcript Verlag, S. 9-13.

Häußermann, Hartmut. 1998. Zuwanderung und die Zukunft der Stadt, in: Die Krise der Städte. Analysen zu den Folgen desintegrativer Stadtentwicklung für das ethnisch-kulturelle Zusammenleben, hrsg. von Wilhelm Heitmeyer et al. Frankfurt am Main: Suhrkamp, S. 145-175.

—. 2000. Berlin – von der geteilten zur gespaltenen Stadt? Sozialräumlicher Wandel seit 1990. Opladen: Leske und Budrich.

—. 2008. Wohnen und Quartier: Ursachen sozialräumlicher Segregation, in: Handbuch Armut und soziale Ausgrenzung, hrsg. von Ernst-Ulrich Huster et al. Wiesbaden: VS Verlag. https://doi.org/10.1007/978-3-531-90906-6

Häußermann, Hartmut; Siebel, Walter. 2000: Neue Urbanität. Frankfurt am Main: Suhrkamp.

—. 2004. Stadtsoziologie: Eine Einführung. Frankfurt am Main: Campus.

Helfrich, Silke; Heinrich-Böll-Stiftung (Hg.). 2012. Commons. Für eine neue Politik jenseits von Markt und Staat. Bielefeld: transcript.

Hengartner, Thomas. 1999. Forschungsfeld Stadt: zur Geschichte der volkskundlichen Erforschung städtischer Lebensformen. Berlin, Hamburg: Dietrich Reimer.

Hentsch, Jean. 1967. Ensemble résidentiel de La Gradelle, Chêne-Bougeries, in: Schweizerische Bauzeitung 44 (2. November). S. 790-792.

Herbers, Jill. 2004. Prefab modern. New York: Harper Collins.

Herlyn, Ulfert. 1970. Wohnen im Hochhaus: eine empirischsoziologische Untersuchung in ausgewählten Hochhäusern der Städte München, Stuttgart, Hamburg und Wolfsburg. Stuttgart: Krämer.

Heye, Corinna; Bosshard, Lorenz; Hermann, Michael. 2017. Wohnsituationen von Personen mit Asylhintergrund. Zustand und Herausforderungen in der Schweiz, hrsg. von Bundesamt für Wohnungswesen, Grenchen: Bundespublikationen.

Hilti, Nicola. 2013. Lebenswelten multilokal Wohnender. Eine Betrachtung des Spannungsfeldes von Bewegung und Verankerung. Wiesbaden: Springer VS. https://doi.org/10.1007/978-3-658-01046-1

Hillmann, Felicitas; Windzio, Michael. 2008. Migration und städtischer Raum. Chancen und Risiken der Segregation und Integration. Opladen: Budrich UniPress.

Hinte, Wolfgang. 2001. Bewohner ermutigen, aktivieren, organisieren – Methoden und Strukturen für ein effektives Stadtteilmanagement, in: Stadtteilmanagement. Voraussetzungen und Chancen für die soziale Stadt, hrsg. von Monika Alisch. Opladen: Leske und Budrich, S. 153-170.

—. 2004. Soziales und kulturelles Leben im Stadtteil: zum Aufbau von Aktivierungsstrukturen, in: Soziale Kommunalpolitik für lebenswerte Wohnquartiere. Beiträge zur Wohnungspolitik, Bürgerbeteiligung, Quartiersmanagement und Indikatoren sozialer Nachhaltigkeit, hrsg. von Konrad Maier; Manfred Messmer. Freiburg: Kontaktstelle für praxisorientierte Forschung an der evang. Fachhochschule Freiburg, S. 174-187.

Hirschauer, Stefan. 1999. Die Praxis der Fremdheit und die Minimierung von Anwesenheit. Eine Fahrstuhlfahrt, in: Soziale Welt 50, S. 221-246.

Hitz, Hansruedi; Keil, Roger; Lehrer, Ute. 1995. Capitales Fatales. Urbanisierung und Politik in den Finanzmetropolen Frankfurt am Main und Zürich. Zürich: Rotpunktverlag.

Hochbaudepartement der Stadt Zürich, Amt für Städtebau (Hg.). 2002. Baukultur in Zürich: schutzwürdige Bauten und gute Architektur der letzten Jahre. Zürich: Verlag Neue Zürcher Zeitung.

Hochbauinspektorat der Stadt Zürich. 1996. Die Sechziger sanieren, in: Werk, Bauen und Wohnen 83(4: Zur Funktion der Form), S. 86.

Hochparterre; Stadt Zürich (Hg.). 2012. Nachhaltig sanieren: vorbildlich erneuerte Wohnbauten in Zürich, in: Hochparterre 11.

Hochstrasser, Olivia. 1993. Ein Haus und seine Menschen. 1549-1989. Ein Versuch zum Verhältnis von Mikroforschung und Sozialgeschichte. Tübingen: Tübinger Vereinigung für Volkskunde.

Hofer, Andreas. 2005. Gut und günstig. Die Neubau-Strategien dreier Zürcher Baugenossenschaften, in: Wohnen 9, S. 21-24.

Hofer, Martin. 2009. Erhalten oder Ersetzen? Die Sicht des Marktes, in: Bauten der Boomjahre. Paradoxien der Erhaltung, hrsg. von Uta Hassler; Catherine Dumont d'Ayot. Zürich: Infolio éditions, S. 204-209.

Honer, Anne. 1993. Das Programm Welten zu beschreiben, in: Lebensweltliche Ethnographie, hrsg. von Anne Honer. Wiesbaden: Deutscher Universitäts-Verlag, S. 32-49. https://doi.org/10.1007/978-3-663-14594-3

Höpflinger, François. 2008. Die zweite Lebenshälfte – Lebensperiode im Wandel, in: Neues Wohnen in der zweiten Lebenshälfte, hrsg. von Andreas Huber. Basel: Birkhäuser, S. 31-46.

Hopfner, Karin; Simon-Philipp, Christina (Hg.). 2012. Größer, höher, dichter. Wohnen in Siedlungen der 1960er und 1970er Jahre in der Region Stuttgart. Stuttgart: Kraemer Verlag.

Hoskins, Janet. 2006. Agency, Biography and Objects, in: Handbook of Material Culture, edited by Christopher Tilley et al. London: Sage, pp. 74-84. https://doi.org/10.4135/9781848607972.n6

Huber, Verena. 1977. Grundlagen zur Auswahl und Benützung der Wohnung, in: Schriftenreihe Wohnungswesen Band 1, hrsg. von Bundesamt für Wohnungswesen. Bern: Eidg. Drucksachen- und Materialzentrale.

Hugentobler, Margrit; Gysi, Susanne. 1996. Sonnenhalb – schattenhalb: Wohngeschichten und Wohnsituationen von Frauen in der Schweiz. Zürich: Limmat Verlag.

Hugger, Kai-Uwe (Hg.). 2010. Digitale Jugendkulturen. Wiesbaden: VS Verlag für Sozialwissenschaften. https://doi.org/10.1007/978-3-531-91908-9

Huissod, Thérèse; Stofer, Suzanne; Cunha, Antonio; Schuler, Martin. 2004. Strukturen und Tendenzen der Differenzierung in städtischen Räumen der Schweiz, in: Migration und die Schweiz. Ergebnisse des Nationalen Forschungsprogramms »Migration und interkulturelle Beziehungen«, hrsg. von Hans Rudolf Wicker; Rosita Fibbi; Werner Haug. Zürich: Seismo, S. 183-206.

Imhof, Kurt. 2011. Warum ist der Rechtspopulismus in der Schweiz besonders erfolgreich, hrsg. von Club hélvetique http://www.clubhelvetique.ch/club-helv/?Diskussion:Rechtspopulismus.

Irion, Ilse; Sieverts, Thomas (Hg.). 1991. Neue Städte: Experimentierfelder der Moderne. Stuttgart: Deutsche Verlags-Anstalt.

Jacob, Brigitte; Schäche, Wolfgang (Hg.). 2004. 40 Jahre märkisches Viertel. Geschichte und Gegenwart einer Großsiedlung. Berlin: Jovis Verlag.

—. 2012b. Methods at the Interface of Geography and Architecture. Geographical Research 50(2), pp. 126-140. https://doi.org/10.1111/j.1745-5871.2011.00737.x

Jacobs, Jane M. 2006. A geography of big things, in: cultural geographies 13, pp. 1-27. https://doi.org/10.1191/1474474006eu354oa

Jacobs, Jane M.; Cairns, Steven; Strebel, Ignaz. 2012a. Materialising Vision: Performing a High-rise View, in: Visuality and Materiality. Images, Objects and Practices, edited by Gillian Rose; Divya Tolia-Kelly. Farnham: Ashgate, pp. 133-152.

Jacobs, Jane. 2011 (1961). The Death and Life of Great American Cities. New York: Modern Library Edition.

Jannière, Hélène. 2013. Stage Set from Hell, The Grands Ensembles between Social and Aesthetic Criticism. The case of Grigny la Grande Borne, in: Candide. Journal for Architectural Knowledge 7, pp. 37-60.

Janser, Andreas; Museum für Gestaltung Zürich (Hg.). 2011. Hochhaus: Wunsch und Wirklichkeit. Ostfildern: Hatje Cantz.

Jenatsch, Gian-Marco. 2003. Die Disziplinierung des Betons, in: archithese 2 (Vorfabrikation), S. 22-26.

Jenkins, Lloyd. 2002. Geography and Architecture. 11, Rue du Conservatoire and the Permeability of Buildings, in: Space and Culture 5(3), pp. 222-236. https://doi.org/10.1177/1206331202005003003

Joris, Elisabeth; Witzig, Heidi. 1987. Frauengeschichte(n). Dokumente aus zwei Jahrhunderten zur Situation der Frauen in der Schweiz. Zürich: Limmat Verlag Genossenschaft.

Kafka, Franz. 1970. Der Nachbar. Frankfurt am Main: Fischer.

Kaiser, Regula. 1992. Vom Balkon bis zur Aare. Untersuchung von verschiedenen Aussenräumen der Wohnsiedlung Telli in Aarau bezüglich ihrer Nutzbarkeit. Zürich: ETH Wohnforum (unveröffentlichte Diplomwahlfacharbeit).

Kaltenbrunner, Robert. 2011. Urbane Kondensation. Ein Streiflicht zur Frage der Dichte im jüngeren Städtebau, in: archithese 3 (Dichte), S. 32-37.

Kast, Hans. 1983. Hans Marti zum 70. Geburtstag, in: Schweizer Ingenieur und Architekt 101(27/28), S. 748-749.

Keller, Carsten. 2005. Leben im Plattenbau. Zur Dynamik sozialer Ausgrenzung. Frankfurt: Campus.

Keller, Rolf. 1973. Bauen als Umweltzerstörung: Alarmbilder einer Un-Architektur der Gegenwart. Zürich: Verlag für Architektur Artemis.

Kennedy, Paul. 2010. Local lives and global transformations: towards world society. Basingstoke: Palgrave Macmillan. https://doi.org/10.1007/978-1-137-04374-0

Kipfer, Stefan; Saberi, Parastou; Wieditz, Thorben. 2012. Henri Lefebvre, in: Handbuch Stadtsoziologie, hrsg. von Frank Eckhardt. Wiesbaden: Springer VS, S. 167-183. https://doi.org/10.1007/978-3-531-94112-7_8

Kirchhoff, Jutta; Jacobs, Bernd. 2007. Erhalt oder Abriss. Perspektiven für nicht marktfähige Wohngebäude aus den späten 1960er und den 1970er Jahren. Stuttgart: Fraunhofer IRB Verlag.

Klages, Helmut. 1958. Der Nachbarschaftsgedanke und die nachbarliche Wirklichkeit in der Großstadt. Köln: Westdeutscher Verlag.

Klös, Peter. 1997. Nachbarschaft: Neue Konzepte und alte Sehnsüchte, in: Nebenan und gegenüber: Nachbarn und Nachbarschaften heute, hrsg. von Heinz Schilling. Frankfurt am Main: Institut für Kulturanthropologie und Europäische Ethnologie, S. 13-26.

Kluge, Friedrich. 2002. Nachbar und Nachbarschaft, in: Etymologisches Wörterbuch der deutschen Sprache, hrsg. von Elmar Seebold. Berlin, New York: de Gruyter, S. 97.

Knopp, Susanna; Wassmer, Markus. 1995. Der Reiz des Rationellen, in: Werk, Bauen und Wohnen 10 (1995), S. 26-56.

Köbler, Gerhard. 1993. Wörterbuch des althochdeutschen Sprachschatzes. Paderborn: Ferdinand Schöningh.

Koch, Michael. 1992. Städtebau in der Schweiz 1800-1990. Entwicklungslinien, Einflüsse und Stationen. Zürich: Verlag der Fachvereine.

Koch, Michael; Somandin, Mathias; Süsstrunk, Christian (Hg.). 1990. Kommunaler und genossenschaftlicher Wohnungsbau in Zürich: ein Inventar der durch die Stadt geförderten Wohnbauten 1907-1989. Zürich: Finanzamt und Bauamt II der Stadt Zürich.

Kockelkorn, Anne. 2012. Interieurs des 21. Jahrhunderts. Ein Ausflug nach Marne-la-Vallée, in: archithese 5, S. 82-88.

Koselleck, Reinhart. 1981. Die Auflösung des Hauses als ständische Herrschaftseinheit, in: Familie zwischen Tradition und Moderne. Studien zur Geschichte der Familie in Deutschland und Frankreich vom 16. bis zum 20. Jahrhundert, hrsg. von Neithard Bulst et al. Göttingen: Vandenhoeck/Ruprecht, S. 109-124. https://doi.org/10.13109/9783666357060.109

Kotulla, Bernhard; Gropp, Manfred. 1994. Industrielles Bauen. Fertigteile. Renningen-Malmsheim: expert Verlag.

Kraft, Sabine. 2011. Die Großsiedlungen – Ein gescheitertes Erbe der Moderne?, in: Arch+ (Planung und Realität), S. 48-53.

Krämer-Badoni, Thomas. 2001. Urbanität und gesellschaftliche Integration, in: Deutsche Zeitschrift für Kommunalwissenschaften 1, S. 12-26.

Kreckel, Reinhard. 1992. Politische Soziologie der sozialen Ungleichheit. Frankfurt am Main: Campus.

Krippner, Roland. 2004. Bausysteme aus Stahlbeton, in: Häuser aus Beton. Vom Stampfbeton zum Grosstafelbau, hrsg. von Uta Hassler; Hartwig Schmidt. Dortmund: Wasmuth, S. 142-149.

Krohn, Carsten. 2010. Häuser als Strukturen. Das Märkische Viertel in Berlin, in: archithese 2 (Grosser Massstab), S. 52-57.

Kronauer, Martin. 2010. Exklusion. Die Gefährdung des Sozialen im hoch entwickelten Kapitalismus. Frankfurt am Main: Campus.

Kurz, Daniel. 2014. Verdichtung als Ausnahmeerscheinung, in: Stadtblick 30 (Dichte), S. 8-10.

Ladner, Andreas. 2005. NPM und die Gemeinden, in: 10 Jahre New Public Management in der Schweiz. Bilanz, Irrtümer und Erfolgsfaktoren, hrsg. von Andreas Lienhard et al. Bern: Haupt, S. 81-92.

Lampugnani, Vittorio Magnago. 1995. Die Modernität des Dauerhaften. Essays zu Stadt, Architektur und Design. Berlin: Verlag Klaus Wagenbach.

—. 2007. Die Architektur der städtischen Dichte, in: Städtische Dichte, hrsg. von Vittorio Magnago Lampugnani et al. Zürich: Verlag Neue Zürcher Zeitung, S. 11-18.

Lampugnani, Vittorio Magnago; Keller, Thomas K. 2007. Urbanität und Dichte: Ausgewählte Bestandesaufnahmen, in: Städtische Dichte, hrsg. von Vittorio Magnago Lampugnani et al. Zürich: Verlag Neue Zürcher Zeitung, S. 49-128.

Läpple, Dieter. 1991. Essay über den Raum. Für ein gesellschaftswissenschaftliches Raumkonzept, in: Stadt und Raum. Soziologische Analysen, hrsg. von Hartmut Häußermann et al. Pfaffenheim: Centaurus- Verlagsgesellschaft, S. 157-208.

Latour, Bruno; Yaneva, Albena. 2008. Gib mir eine Waffe und ich bring alle Gebäude dazu, sich zu bewegen: Die Analyse der Architektur nach der Actor-Network-Theorie (ANT), in: Explorations in Architecture. Teaching, Design, Research, hrsg. von Reto Geiser. Bern: Bundesamt für Kultur, S. 80-89.

Laurier, Eric; Whyte, Angus; Buckner, Kathy. 2002. Neighbouring as an Occasioned Activity. Finding a Lost Cat, in: Space and Culture 5(4), pp. 346-367. https://doi.org/10.1177/1206331202005004003

Le Goff, Jacques. 1992 (1977). Geschichte und Gedächtnis. Frankfurt am Main: Campus.

Lees, Loretta. 2003. Super-gentrification: the case of Brooklyn Heights, New York City, in: Urban Studies 40, pp. 2487-2509. https://doi.org/10.1080/004209-8032000136174

Lefebvre, Henri. 1991 (1974). The Production of Space. Oxford: Blackwell.

—. 2002 (1977). Die Produktion des städtischen Raums, in: An Architektur 01 (Juni), S. 4-21.

—. 2003 (1970). The Urban Revolution. Minneapolis, London: University of Minnesota Press.

Lévi-Strauss, Claude. 1986 (1983). Stillstand und Geschichte: Plädoyer für eine Ethnologie der Turbulenzen, in: Vom Umschreiben der Geschichte. Neue historische Perspektiven, hrsg. von Ulrich Raulff. Berlin: Klaus Wagenbach, S. 68-87.

Lindner, Rolf. 2004. Walks on the Wild Side. Eine Geschichte der Stadtforschung. Frankfurt/New York: Campus.

—. 2007 (1990). Die Entdeckung der Stadtkultur: Soziologie aus der Erfahrung der Reportage. Frankfurt am Main: Campus.

Llewellyn, Mark. 2004. »Urban village« or »white house«: envisioned spaces, experienced places, and everyday life at Kensal House, London in the 1930s, in: Environment and Planning D Society and Space 22(2), pp. 229-249. https://doi.org/10.1068/d342t

Löffler, Klara. 2013. Plurale tantum. Vorschläge zu einer ethnografischen Baukulturenforschung, in: Reziproke Räume: Texte zu Kulturanthropologie und Architektur, hrsg. von Johanna Rolshoven; Manfred Omahna. Marburg: Jonas Verlag, S. 25-39.

Longchamp, Claude; Bucher, Matthias. 2010. Bei finanziellen Engpässen auf weitere Kinder verzichten. Schlussbericht zur Studie »Wie geht es den Mittelschichtsfamilien in der Schweiz?« Studie im Auftrag der Zeitschrift Beobachter. Bern: gfs.

Lorenzetti, Luigi. 2012. Demographie und Wirtschaftsentwicklung, in: Wirtschafts-geschichte der Schweiz im 20. Jahrhundert, hrsg. von Patrick Halbeisen et al. Basel: Schwabe Verlag, S. 223-264.

Lossau, Julia. 2012. Spatial Turn, in: Handbuch Stadtsoziologie, hrsg. von Frank Eckhardt. Wiesbaden: Springer VS, S. 185-198. https://doi.org/10.1007/978-3-531-94112-7_9

Löw, Martina. 2001. Raumsoziologie. Frankfurt am Main: Suhrkamp.

—. 2004. Raum – Die topologische Dimensionen der Kultur, in: Handbuch der Kulturwissenschaften. Grundlagen und Schlüsselbegriffe, Band 1, hrsg. von Friedrich Jaeger; Burkhard Liebsch. Stuttgart: J.B. Metzler, S. 46-59. https://doi.org/10.1007/978-3-476-05006-9

—. 2008. The Constitution of Space: The Structuration of Spaces Through the Simultaneity of Effect and Perception, in: European Journal of Social Theory 11(1), pp. 25-49. https://doi.org/10.1177/1368431007085286

Löw, Martina; Steets, Silke; Stoetzer, Sergej. 2008. Einführung in die Stadt- und Raumsoziologie. Opladen, Farmington Hills: Barbara Budrich.

Low, Setha M. 1996. The Anthropology of Cities: Imagining and Theorizing the City, in: Annual Review of Anthropology 25, pp. 383-409. https://doi.org/10.1-146/annurev.anthro.25.1.383

Lüttringhaus, Maria. 2004. Beteiligen wir die Leute oder die Leute uns? Grundlagen, Haltungen und Methoden der Förderung von Partizipation im Wohnquartier, in: Soziale Kommunalpolitik für lebenswerte Wohnquartiere. Beiträge zu Wohnungspolitik, Bürgerbeteiligung und Indikatoren sozialer Nachhaltigkeit, hrsg. von Konrad Maier; Manfred Messmer. Freiburg: Kontaktstelle für praxisorientierte Forschung an der evang. Fachhochschule Freiburg, S. 68-77.

Lynch, Kevin. 1960. The image of the city. Cambridge: MIT Press.

Mäder, Ueli; Aratnam, Ganga Jey; Schilliger, Sarah. 2010. Wie Reiche denken und lenken. Reichtum in der Schweiz: Geschichte, Fakten, Gespräche. Zürich: Rotpunktverlag.

Marti, Rahel. 2007. Der Turmbau zu Affoltern, in: Hochparterre 20(10), S. 42-45.

Mauss, Marcel. 1990 (1950). Die Gabe. Form und Funktion des Austauschs in archaischen Gesellschaften. Frankfurt am Main: Suhrkamp.

Mazbouri, Malik; Guex, Sébastien; Lopez, Rodrigo. 2012. Finanzplatz Schweiz, in: Wirtschaftsgeschichte der Schweiz im 20. Jahrhundert, hrsg. von Patrick Halbeisen et al. Basel: Schwabe Verlag, S. 467-518.

Melhuish, Clare. 2006. The Life and Times of the Brunswick, Bloomsbury. London: Camden History Society.

Meneghotto, Danilo. 2005. Wohnbauten der 50er und 60er Jahre: Chance für Investoren und Architektur, in: Tagung Forum Wohnungsbau. Erneuerungsstrategien im internationalen Vergleich, hrsg. von ETH Wohnforum. Zürich, S. 17-20.

Menzl, Marcus. 2011. Soziale Dynamiken im nachbarschaftlichen Zusammenleben, in: Wohnen in der Hafencity. Zuzug, Alltag, Nachbarschaft, hrsg. von Marcus Menzl et al. Hamburg: Junius, S. 99-104.

Menzl, Marcus; Gonzalez, Toralf; Breckner, Ingrid; Vogelsang, Sybille. 2011. Wohnen in der Hafencity. Zuzug, Alltag, Nachbarschaft. Hamburg: Junius.

Merz-Benz, Peter-Ulrich. 2006. Die Überwindung des Individualismus und das Theorem von Gemeinschaft und Gesellschaft – Ferdinand Tönnies und der Kommunitarismus, in: Swiss Journal of Sociology 32(1), S. 27-52.

Mey, Günter; Mruck, Katja. 2011. Grounded-Theory-Methodologie: Entwicklung, Stand, Perspektiven, in: Grounded Theory Reader, hrsg. von Günter Mey; Katja Mruck. Wiesbaden: VS Verlag für Sozialwissenschaften, S. 11-48. https://doi.org/10.1007/978-3-531-93318-4_1

Miller, Daniel. 2001. Behind Closed Doors, in: Home Possessions. Material Culture behind Closed Doors, edited by Daniel Miller. Oxford, New York: Berg, pp. 1-22.

Mitscherlich, Alexander. 1965. Die Unwirtlichkeit unserer Städte: Anstiftung zum Unfrieden. Frankfurt am Main: Suhrkamp.

Muckel, Petra. 2011. Die Entwicklung von Kategorien mit der Methode der Grounded Theory, in: Grounded Theory Reader, hrsg. von Günter Mey; Katja Mruck. Wiesbaden: VS: Verlag für Sozialwissenschaften, S. 333-352. https://doi.org/10.1007/978-3-531-93318-4_15

Müller, Margrit; Woitek, Ulrich. 2012. Wohlstand, Wachstum und Konjunktur, in: Wirtschaftsgeschichte der Schweiz im 20. Jahrhundert, hrsg. von Patrick Halbeisen et al. Basel: Schwabe Verlag, S. 85-222.

Münkler, Herfried. 2011. Über Nachbarschaft. Der Nutzen und Nachteil von Partnerschaft, Mitgliedschaft und Freundschaft, in: Merkur 742, S. 193-203.

Myerson, Julie. 2004. Home: The Story of Everyone who ever Lived in our House. London: Flamingo.

Neustart Schweiz (Hg.). 2013. Nachbarschaften entwickeln! Mit multifunktionalen Nachbarschaften die Vision der 2000-Watt-Gesellschaft übertreffen und unsere Lebensqualität erhöhen. Zürich: Verein Neustart Schweiz.

Neustart Schweiz (Hg.). 2016. Nach Hause kommen. Nachbarschaften als Commons. Baden: Edition Volles Haus.

Noseda, Irma; Schläppi, Christoph (Hg.). 2001. Aarau Stadt Architektur: Stadtentwicklung in zehn Schritten 1240-2001. Aarau: AT Verlag.

Omahna, Manfred. 2013. Kulturanthropologie und Architektur. Episteme temporärer Begegnungen, in: Reziproke Räume: Texte zu Kulturanthropologie und Architektur, hrsg. von Johanna Rolshoven; Manfred Omahna. Marburg: Jonas Verlag, S. 40-49.

Ostrom, Elinor. 2012. The future of the commons: beyond market failure and government regulation. London: Institute of Economic Affairs.

Park, Robert E. 1970 (1925). The City: Suggestions for the Investigation of Human Behavior in the Urban Environment, in: The City, edited by Robert E. Park et al. Chicago: The University of Chicago Press, pp. 1-46.

Parvu, Sandra. 2010. Grands ensembles en situation: journal de bord de quatre chantiers. Genève: Metis Presses.

Perry, Clarence A. 1966. The neighborhood unit formula, in: Urban Housing, edited by W.L Wheaton. New York: The Free Press, pp. 94-109.

Pestalozzi, Martin. 1978a. Aaraus letzte grosse Landreserve: die Telli, in: Geschichte der Stadt Aarau, hrsg. von Alfred Lüthi et al. Aarau: Sauerländer, S. 704.

—. 1978b. Die Telli als Verwaltungszentrum: vermischte Nutzung, in: Geschichte der Stadt Aarau, hrsg. von Alfred Lüthi et al. Aarau: Sauerländer, S. 705.

Petersen, Palle. 2014. Gelocht, geschüttelt, gebändert, in: Hochparterre 10, S. 18-29.

Pfeiffer, Ulrich. 1998. Überforderte Nachbarschaften. Zwei sozialwissenschaftliche Studien über Wohnquartiere in den alten und den neuen Bundesländern, in: GdW-Schriften, Köln: GdW Gesamtverband der Wohnungswirtschaft e.V.

Pfeil, Elisabeth. 1972. Großstadtforschung. Entwicklung und gegenwärtiger Stand. Hannover: Gebrüder Jänecke Verlag.

Pierson, John. 2008. Going local: Working in communities and neighbourhoods. New York: Routledge. https://doi.org/10.4324/9780203370438

Piguet, Etienne. 2006. Einwanderungsland Schweiz. Fünf Jahrzehnte halb geöffnete Grenzen. Bern: Haupt.

Plessner, Helmuth. 1972 (1924). Grenzen der Gemeinschaft. Eine Kritik des sozialen Radikalismus. Bonn: Bouvier.

Pries, Ludger. 1997. Neue Migration im transnationalen Raum, in: Transnationale Migration, hrsg. von Ludger Pries. Baden-Baden: Nomos, S. 15-46.

Priester, Tom (Hg.). 2012. Armut in der Schweiz. Einkommensarmut der Schweizer Wohnbevölkerung von 2008 bis 2010. Neuchâtel: BfS.

Programm Projets urbains. 2013. Quartiere im Brennpunkt: gemeinsam entwickeln, vielfältig gestalten. Bern: Bundespublikationen.

Proske, Matthias. 1994. Zur Debatte um den Kommunitarismus. Eine kommentierte Bibliographie. Frankfurt am Main: Oswald-von-Nell-Breuning-Institut für Wirtschafts- und Gesellschaftsethik.

Przyborski, Aglaja; Wohlrab-Sahr, Monika. 2009. Qualitative Sozialforschung. Ein Arbeitsbuch. München: Oldenbourg Verlag.

Putnam, Robert. 1995. Bowling Alone: America's Declining Social Capital, in: Journal of Democracy 6, pp. 65-78. https://doi.org/10.1353/jod.1995.0002

—. 2000. Bowling Alone. The Collapse and Revival of American Community. New York: Simon/Schuster.

Reemtsma, Jan Philip. 2004. Nachbarschaft als Gewaltressource, in: Mittelweg 36(5), 103-120.

Rees, Anke. 2013. Widerspenstige Gebäude. Eine Atmosphären-Netzwerk-Theorie, in: Reziproke Räume: Texte zu Kulturanthropologie und Architektur, hrsg. von Johanna Rolshoven; Manfred Omahna. Marburg: Jonas Verlag, S. 65-81.

Reuber, Paul. 1993. Heimat in der Großstadt: eine sozialgeographische Studie zu Raumbezug und Entstehung von Ortsbindung am Beispiel Kölns und seiner Stadtviertel. Köln: Kölner geographische Arbeiten.

Reutlinger, Christian; Lingg, Eva; Sommer, Antje; Stiehler, Steve. 2010. Neue Nachbarschaften in der S5-Stadt: Von der Metamorphose der nachbarschaftlichen Beziehungen im Quartier, in: S-5 Stadt. Agglomeration im Zentrum. Forschungsberichte, hrsg. von ETH Wohnforum – ETH CASE. Baden: hier und jetzt, S. 206-233.

Reutlinger, Christian; Stiehler, Steve; Lingg, Eva (Hg.). 2015. Soziale Nachbarschaften: Geschichte, Grundlagen, Perspektiven. Wiesbaden: Springer VS. https://doi.org/10.1007/978-3-531-19051-8

Rey, Larry. 2006. Neighborhood. in The Cambridge Dictionary of Sociology, edited by Bryan S. Turn. New York: Cambridge University Press.

Ricoeur, Paul. 1955. Historie et Vérité. Troisième édition augmentée de quelques textes. Paris: édititons du Seuil.

—. 1988. Zeit und Erzählung. Zeit und historische Erzählung, Band 1. München: Wilhelm Fink.

—. 2000. La mémoire, l'histoire, l'oubli. Paris: éditions du Seuil.

—. 2002. Esquisse d'un parcours de l'oubli, in: Devoir de mémoire, droit à l'oubli?, sous la direction de Thomas Ferenczi. Bruxelles: éditions complexe, pp. 21-32.

Rieger, Günter. 2010. Kommunitarismus, in: Lexikon der Politikwissenschaft. Theorien, Methoden, Begriffe, hrsg. von Dieter Nohlen; Rainer-Olaf Schultze. München: C.H Beck, S. 483-484.

Riehl, Wilhelm Heinrich. 1854. Land und Leute, Band 1. Naturgeschichte des deutschen Volkes als Grundlage einer deutschen Social-Politik. Stuttgart und Tübingen: Verlag der J.G. Cotta'schen Buchhandlung.

Robin, Régine. 2001. Berlin chantiers. Essai sur les passés fragiles. Paris: éditions Stock.

—. 2002. Une juste mémoire, est-ce possible?, in: Devoir de mémoire, droit à l'oubli?, sous la direction de Thomas Ferenczi. Bruxelles: éditions complexe, pp. 107-118.

Rodriguez-Garcia, Don. 2008. Socio-cultural Dynamics in Intermarriage in Spain. Beyond simplistic Notions of Hybridity, in: The Family in Question, edited by Ralph Grillo. Amsterdam: Amsterdam University Press, pp. 245-267.

Rohr-Zänker, Ruth; Müller, Wolfgang. 1998. Die Rolle von Nachbarschaften für die zukünftige Entwicklung von Stadtquartieren. Bonn: Bundesamt für Bauwesen und Raumordnung.

Rolshoven, Johanna. 2003a. Der Rand des Raumes. Kulturwissenschaftliche Überlegungen zum Thema Übergang, in: Hexen, Wiedergänger, Sans-Papiers, hrsg. von Johanna Rolshoven. Marburg: Jonas Verlag, S. 7-17.

—. 2003b. Von der Kulturraum- zur Raumkulturforschung. Theoretische Herausforderungen an eine Kultur- und Sozialwissenschaft des Alltags, in: Zeitschrift für Volkskunde 2, S. 189-213.

—. 2013. What about Cultural Studies in Architetecture?, in: Reziproke Räume: Texte zu Kulturanthropologie und Architektur, hrsg. von Johanna Rolshoven; Manfred Omahna. Marburg: Jonas Verlag, S. 14-24.

Rolshoven, Johanna; Omahna, Manfred. 2013. Einleitung: Für einen Disziplinen übergreifenden Dialog zwischen Kulturanthropologie und Architektur, in: Reziproke Räume: Texte zu Kulturanthropologie und Architektur, hrsg. von Johanna Rolshoven; Manfred Omahna. Marburg: Jonas Verlag, S. 7-13.

Roth, Alfred. 1949. Rationelles Bauen. Mit einigen Hinweisen auf die schweizerischen Verhältnisse, in: Das Werk 7, S. 198-203.

Ruedin, Claude. 2008. Bauordnung der Stadt Aarau, in: Hans Marti – Pionier der Raumplanung, hrsg. von Claude Ruedin; Michael Hanak. Zürich: gta Verlag, S. 104-107.

Ruedin, Claude; Hanak, Michael (Hg.). 2008. Hans Marti – Pionier der Raumplanung. Zürich: gta Verlag.

s.n. 1963. Das Wohnen in Hochhäusern (Rezension), in: Wohnen 38(2), S.31.

s.n. 1952. L'unité d'habitation Malagnou-Parc à Genève: 1950/51, Marc Saugey, architecte, Genève, in: Werk 39(1), S. 1-5.

Sarasin, Philipp. 2003. Geschichtswissenschaft und Diskursanalyse. Frankfurt am Main: Suhrkamp.

Sarti, Raffaella. 2002. Europe at Home: Family and Material Culture. 1500-1800. New Haven: Yale University Press.

Sassen, Saskia. 1991. The Global City. Princeton: Princeton University Press.

Sbriglio, Jacques. 2004. Le Corbusier: L'Unité d'habitation de Marseille. Basel: Birkhäuser.

Schäfers, Bernhard. 2006. Stadtsoziologie. Stadtentwicklung und Theorien – Grundlagen und Praxisfelder. Wiesbaden: Verlag für Sozialwissenschaften.

Schilling, Heinz. 2000. Eine Welt von Grenzen. Nachbarschaften und Identitäten in der hessischen Peripherie, in: Peripherie. Lokale Identitäten und räumliche Orientierung an der Grenze, hrsg. von Heinz Schilling. Frankfurt am Main: Institut für Kulturanthropologie und Europäische Ethnologie.

—. 1997. Nebenan und Gegenüber. Nachbarn und Nachbarschaften heute, hrsg. von Heinz Schilling. Frankfurt am Main: Institut für Kulturanthropologie und Europäische Ethnologie.

Schilling, Rudolf; Scherer, Otto. 1991. Die Erneuerung von Grosssiedlungen. Beispiele und Empfehlungen. Bern: Schweizerische Bundeskanzlei.

Schindler, Anna. 2014. Kompakt, kollektiv, kreativ, in: Stadtblick 30 (September: Dichte), S. 4-7.

Schläppi, Christoph. 2012. Ein Plädoyer für die Dichte, in: Heimatschutz/Patrimoine 01 (Verdichten braucht Qualität), S. 6-9.

Schlögel, Karl. 2011 (2003). Im Raume lesen wir die Zeit. Über Zivilisationsgeschichte und Geopolitik. Frankfurt am Main: Fischer Taschenbuch Verlag.

Schmid, Adrian; Egli, Peter. 2012. Verdichten braucht Qualität. Neues Positionspapier des Schweizer Heimatschutzes, in: Heimatschutz/Patrimoine 1 (Verdichten braucht Qualität), S. 10-11.

Schmid, Christian. 2010. Stadt, Raum und Gesellschaft. Henri Lefebvre und die Theorie der Produktion des Raumes. Stuttgart: Franz Steiner Verlag.

Schmidt, Jan-Hinrik. 2010. Netzwerkplattformen als Räume des Heranwachsens, in: Mit der Welt vernetzt: Kinder und Jugendliche in virtuellen Erfahrungsräumen, hrsg. von Burkhard Fuchs et al. München: Kopaed, S. 163-178.

Schneider, Philipp. 2011. Die Cité du Lignon in Genf. Arch+ (Planung und Realität), S. 102-104.

Schnell, Dieter. 2013. Die Architekturkrise der 1970er-Jahre. Baden: hier und jetzt.

Schönig, Barbara; Kadi, Justin; Schipper, Sebastian (Hg.). 2017. Wohnraum für alle?! Perspektiven auf Planung, Politik und Architektur. Bielefeld: transcript.

Schnur, Olaf. 2008a. Neighborhood Trek: vom Chicago Loop nach Bochum Hamme – Quartierforschungskonzepte im Überblick. Berlin: Geographisches Institut der Humboldt Universität zu Berlin.

—. 2008b. Quartiersforschung im Überblick: Konzepte, Definitionen und aktuelle Perspektiven, in: Quartiersforschung. Zwischen Theorie und Praxis, hrsg. von Olaf Schnur. Wiesbaden: VS Research, S. 19-54. https://doi.org/10.1007/978-3-531-91032-1_2

—. 2012. Nachbarschaft und Quartier, in: Handbuch Stadtsoziologie, hrsg. von Frank Eckardt. Wiesbaden: Springer VS, S. 449-474. https://doi.org/10.10-07/978-3-531-94112-7

Schoeck, Patrick. 2013. Effizienz im kapitalistischen Wohnungsbau der Schweiz. Die Ernst Göhner AG, in: Candide. Journal for Architectural Knowledge 7, S. 89-112.

Schoeck, Patrick; Furter, Fabian. 2013. Normierung für den Mittelstand. Die Ernst Göhner AG und der Plattenbau, in: Heimatschutz/Patrimoine 2 (Im grossen Massstab), S. 6-8.

Schroer, Markus. 2005. Stadt als Prozess. Zur Diskussion städtischer Leitbilder, in: Die Wirklichkeit der Städte, hrsg. von Helmuth Berking; Martina Löw. Nomos: Baden-Baden, S. 327-344.

—. 2006. Räume, Orte, Grenzen: auf dem Weg zu einer Soziologie des Raums. Frankfurt am Main: Suhrkamp.

Schütz, Alfred; Luckmann, Thomas. 2003. Strukturen der Lebenswelt. Konstanz: UVK

Schweizer Heimatschutz. 2013a. Im grossen Massstab, in: Heimatschutz/Patrimoine 2.

—. 2013b. Die schönsten Bauten 1960-75. Von Otterlo zur Ölkrise. Zürich, hrsg. vom Schweizer Heimatschutz.

Schweizerischer Werkbund, SWB. 1975. 16x die gleiche Wohnung oder die gleiche Wohnung 16x anders eingerichtet. Zürich: Karl Schwegler.

Seifert, Jörg. 2011. Stadtbild, Wahrnehmung, Design: Kevin Lynch revisited. Gütersloh: Birkhäuser. https://doi.org/10.1515/9783034610384

Selle, Gert. 1996. Die eigenen vier Wände: zur verborgenen Geschichte des Wohnens. Frankfurt am Main: Campus.

Senatsverwaltung für Stadtentwicklung und Umwelt (Hg.). 2012. IBA-Symposium. Leben mit Weitsicht – Großwohnsiedlungen als Chance. Berlin: Senatsverwaltung für Stadtentwicklung und Umwelt.

Sennett, Richard. 2000. Der flexible Mensch. Die Kultur des neuen Kapitalismus. München: btb Verlag.

Siebel, Walter. 1997. Die Stadt und die Fremden, in: Migration – Stadt im Wandel, hrsg. von Joachim Brech; Laura Vanhué. Darmstadt: Verlag für wissenschaftliche Publikationen. S. 33-40.

—. 2011. Von der ökonomischen Notwendigkeit zur Integrationsdebatte. Nachbarschaft vor Ort, in: Illusion der Nähe? Ausblicke auf die europäische Nachbarschaft von morgen, hrsg. von Christoph Bartmann et al. Göttingen: Steidl Verlag, S. 49-62.

Simmel, Georg (Hg.). 1998 (1903). Die Grossstädte und das Geistesleben. Bodenheim: Philo.

Smith, Michael Peter. 2001. Transnational urbanism: locating globalization. Malden, MA: Blackwell Publishers.

Soja, Edward. 1989. Postmodern Geographies: The Reassertion of Space in Critical Social Theory. London: Verso.

Stadt Aarau (Hg.). 2006. Allons-y Telli! Quartierentwicklung Mittlere Telli in der Stadt Aarau. Erfahrungsbericht 2001-2006. Aarau: www.telli-quartier.ch.

Stadt Zürich. 2002. Dokumentation der städtischen Wohnsiedlungen. Unteraffoltern I. Zürich: Finanzdepartement/Liegenschaftenverwaltung, https://www.stadt-zuerich.ch/fd/de/index/liegenschaftenverwaltung/wohnungen/siedlungen/stadtkr eis_11.html.

—. 2005. Dokumentation der städtischen Wohnsiedlungen. Unteraffoltern II. Stadt Zürich: Finanzdepartement/Liegenschaftenverwaltung, https://www.stadt-zue-rich.ch/fd/de/index/liegenschaftenverwaltung/wohnungen/siedlungen/stadtkreis _11.html.

Stahel, Thomas. 2006. Wo-Wo-Wonige: Stadt- und wohnpolitische Bewegungen in Zürich nach 1968. Zürich: Paranoia-City-Verlag.

Stadtmuseum Aarau (Hg.). 2010. Telli-Geschichten. Aarau: Stadtmuseum.

Statistik Stadt Zürich. 2009. Quartierspiegel Affoltern, Stadt Zürich: Präsidialdepartement.

—. 2012. Statistisches Jahrbuch der Stadt Zürich. Bau- und Wohnungswesen. Stadt Zürich: Präsidialdepartement.

—. 2013. Statistisches Jahrbuch der Stadt Zürich. Stadt Zürich: Präsidialdeparte-ment.

Stanek, Lukasz. 2011. Henri Lefebvre on Space: Architecture, Urban Research and the Production of Space. Minneapolis: University of Minnesota Press. https://doi.org/10.5749/minnesota/9780816666164.001.0001

Stecher, Heinz. 2013. Die Renaissance der grossen Wohnbauten, in: Immobilien aktuell – Zürcher Kantonalbank (Mai 2013), S. 20-21.

Steets, Silke. 2008. Raum und Stadt, in: Handbuch Soziologie, hrsg. von Nina Baur et al. Wiesbaden: VS Verlag für Sozialwissenschaften, S. 391-412. https://doi.org/10.1007/978-3-531-91974-4_20

Steffen, Gabriele; Klein, Philipp; Abele, Lisa; Otto, Ulrich. 2015. Älter werden in München. Abschlussbericht im Auftrag der Landeshauptstadt München. Stuttgart, Berlin: Weber und Partner.

Steiner, Robert. 1987. Hans Marti (Zürich). Doch der Rufer in der Wüste hatte recht, in: Heimatschutz 82 (4), S. 6-7.

Steinhauser, Hildegard. 2008. Wohnen in Großsiedlungen. Der Beitrag der Ästhetischen Erziehung zur Wohnumfeldgestaltung innerhalb von Revitalisierungsmassnahmen. Hamburg: Verlag Dr. Kovac.

Stienen, Angela (Hg.). 2006. Integrationsmaschine Stadt? Interkulturelle Bezieh-ungsdynamiken am Beispiel von Bern. Bern: Haupt.

Strauss, Anselm. 1998. Grundlagen qualitativer Sozialforschung. München: Wilhelm Fink.

Strauss, Anselm; Corbin, Juliet. 1996. Grounded Theory: Grundlagen qualitativer Sozialforschung. Weinheim: Psychologie Verlags Union.

Strebel, Ignaz. 2011. The living building: towards a geography of maintenance work, in: Social and Cultural Geography 12(3), pp. 243-262. https://doi.org/10.1080/14649365.2011.564732

—. 2013. Houses of Experiment: Modern Housing and the Will to Laboratization, in: International Journal of Urban and Regional Research 38(2), pp. 450-470.

Suttles, Gerald D. 1972. The social construction of communities. Chicago: The University of Chicago Press.

Tanner, Mathias; Müller, Felix; Mathwig, Frank; Lienemann, Wolfgang (Hg.). 2009. Streit ums Minarett. Zusammenleben in der religiös pluralistischen Gesellschaft. Zürich: Theologischer Verlag.

Tindall, Gillian. 2007. The House by the Thames and the People who Lived There. London: Pimlico.

Tönnies, Ferdinand. 1912 (1903). Gemeinschaft und Gesellschaft. Grundbegriffe der reinen Soziologie. Berlin: Karl Curtius.

Tröger, Eberhard. 2014. Dichte Atmosphäre, in: Komplex (7), S. 56-60.

—. 2015. Dichte Atmosphäre: Über die bauliche Dichte und ihre Bedingungen in der mitteleuropäischen Stadt, hrsg. von Dietmar Eberle. Basel: Birkhäuser.

Turkington, Richard; Kempen, Ronald van; Wassenberg, Frank (Hg.). 2004. High-rise housing in Europe. Current trends and future prospects. Delft: Delft University Press.

Turner, Victor. 1967. Betwixt and Between. The Liminal Period in Rites de Passage, in: Forest of Symbols. Aspects of Ndembu Ritual, edited by Victor Turner. Ithaca: Cornell University Press, pp. 93-111.

Vierecke, Kurt Dieter. 1972. Nachbarschaft. Ein Beitrag zur Stadtsoziologie. Köln: J.P. Bachem.

Von Ballmoos, Krucker Architekten. 2012. Profilierte Grösse: Siedlung Triemli, Zürich, in: Bauen in Beton (13), S. 30-33.

Wagner, David-Alexandre. 2011. De la banlieue stigmatisé à la cité démystifiée. La représentation de la banlieue des grands ensembles dans le cinéma français de 1981 à 2005. Bern: Peter Lang.

Wang, Wilfried. 2001. Grundlegend umbauen, um grundlegend zu bauen, in: archithese Sondernummer (Alltagsarchitektur erneuern – Anspruch und Wirklichkeit), S. 4-9.

Wanner, Philipp. 2004. Migration und Integration. Ausländerinnen und Ausländer in der Schweiz. Neuchâtel: Bundesamt für Statistik.

Warren, Donald I. 1978. Explorations in Neighborhood Differentiation, in: The Sociological Quarterly 19, pp. 310-331. https://doi.org/10.1111/j.1533-8525.1978.tb01173.x

Watzlawick, Paul. 2011 (1983). Anleitung zum Unglücklichsein. München: Piper.

Weber, Max. 1972 (1921/22). Wirtschaft und Gesellschaft: Grundriss der verstehenden Soziologie. Tübingen: J.C.B.Mohr.

Weichhart, Peter. 2010. Das Trans-Syndrom. Wenn die Welt durch das Netz unserer Begriffe fällt, in: Transkulturalität, Transnationalität, Transstaatlichkeit, Translokalität. Theoretische und empirische Begrifssbestimmungen, hrsg. von Melanie Hühn et al. Münster: LIT Verlag, S. 47-70.

Weidmann, Ruedi. 2013. Vierfach verdichten, in: Tec21 9 (Verdichten ist...), S. 18-25.

Weiss, Klaus-Dieter. 2004. Von der Vereinzelung der Peripherie zum Häuserhaus der Stadt, in: Verdichtetes Wohnen. Konzepte, Planung, Konstruktion, hrsg. von Christian Schnittich. Basel: Birkhäuser, S. 12-25. https://doi.org/10.11-129/detail.9783034615211.12

Welz, Gisela. 1991. Street Life: Alltag in einem New Yorker Slum. Frankfurt am Main: Institut für Kulturanthropologie und Europäische Ethnologie.

Werlen, Benno. 1987. Gesellschaft, Handlung und Raum. Grundlagen handlungstheoretischer Sozialgeographie. Stuttgart: Franz Steiner Verlag.

Widmer, Hans E. 2013. »The Power of Neighbourhoods« und die Commons. Zürich: Verein Neustart Schweiz.

Wietschorke, Jens. 2012. Ist Nachbarschaft planbar? Zur Geschichte eines Schlüsselkonzepts in Sozialreform, Stadtplanung und Stadtsoziologie, in: Nachbarschaft, Räume, Emotionen. Interdisziplinäre Beiträge zu einer sozialen Lebensform, hrsg. von Sandra Evans; Schamma Schahadat. Bielefeld: transcript, S. 93-119.

Willener, Alex. 2007. Integrale Projektmethodik für Innovation und Entwicklung in Quartier, Gemeinde und Stadt. Luzern: Interact.

Willener, Alex et al. (Hg.). 2008. Projekt BaBeL: Quartierentwicklung im Luzerner Untergrund: Einsichten – Ergebnisse – Erkenntnisse. Zürich: vdf Hochschulverlag an der ETH Zürich.

Wolfensberger, Andreas; Frei, Beat. 2007. Zürcher Alltag in den sechziger Jahren. Zürich: Verlag Neue Zürcher Zeitung

Yildiz, Erol; Hill, Marc (Hg.). 2015. Nach der Migration. Postmigrantische Perspektiven jenseits der Parallelgesellschaft, Bielefeld: transcript.

Young, Michael; Willmott, Peter. 1957. Family and kinship in East London. London: Penguin Books.

Zahner, Hanni. 1963. Das Wohnen in Hochhäusern. Ergebnisse einer Umfrage der Schweizerischen Gemeinnützigen Gesellschaft bei 32 alleinstehenden Ehepaaren und Familien mit Kindern, in 13 Hochhäusern der Städte Zürich, Winterthur, Basel, Birsfelden, Biel und Genf, in: Schweizerische Zeitschrift für Gemeinnützigkeit 11 (November).

Zeller, Christa (Hg.). 1994. Schweizer Architekturführer. Band 2, Nordwestschweiz, Jura, Mittelland. Zürich: Werk Verlag.

Zizek, Slavoj. 2012. Allegro moderato – Adagio. Fürchte deinen Nächsten wie dich selbst!, in: Nachbarschaft, Räume, Emotionen. Interdisziplinäre Beiträge zu einer sozialen Lebensform, hrsg. von Sandra Evans; Schamma Schahadat. Bielefeld: transcript, S. 31-61.

Zukin, Sharon. 1995. The Cultures of Cities. Oxford: Blackwell Publishers.

Zweifel, Jakob. 1994. Nachruf zum Tode von Hans Marti, in: Werk, Bauen und Wohnen 81(3), S. 72.

Zychlinski, Jan; Frischknecht, Sanna; Franklin-Habermalz, Ulrike; von Büren, Christian. 2015. Soziale Durchmischung: Mythos oder Realität. Eine empirische Untersuchung eines städtebaulichen Leitbildes am Beispiel der Stadt Bern. Bern: Berner Fachhochschule, Soziale Arbeit.

WEBSEITEN

Alle Webseiten zuletzt geprüft am 21.5.2018:

Comparis, Mietpreis-Vergleich: https://www.comparis.ch/immobilien/wohnungs-suche-umzug/studie/mietpreise-staedte-schweiz-vergleich

Design Research Lab: http://www.design-research-lab.org/?projects=neighborhood-labs%29.

Derderic, Telli-Rap (Youtube): http://www.youtube.com/watch?v=xXvc_0rYo3I

Fondation Le Corbusier, Publikationen: http://www.fondationlecorbusier.fr/corbu-web/morpheus.aspx?sysName=home&sysLanguage=fr-fr&sysInfos=1

GZ Telli, Nachbarschaftshilfe: https://gztelli.ch/projekte/nachbarschaftshilfe/

GZ Telli, Jahresberichte: http://gztelli.ch/uber-uns/jahresberichte/

Law News, Revision Raumplanungsgesetz: http://www.law-news.ch/2013/02/-volksabstimmung-2013-revision-raumplanungsgesetz

Meili, Peter und Partner Architekten AG, Sanierung Telli B: http://www.meili-peter.ch/portfolio/energetische-sanierung-telli-b/

Projekt Hofgesang: http://www.hofgesang.ch/info/

Projekt Hausbiografien – Wohnsiedlung Lochergut: http://www.hausbiografien-.arch.ethz.ch/pdf/090908_K4_PLOTT_length%28170%29.pdf

Quartierverein Telli: http://www.aarau-telli.ch

Quartierverein Telli, Statuten: https://www.qv-telli.ch/pdf/statuten.pdf

Raumlabor, Projekt Emmas Hoftour: http://raumlabor.net/emmas-hoftour-2/

Schweizerischer Heimatschutz: http://www.heimatschutz.ch/index.php?id=1038

Schule Aarau, Primarschule Telli: http://www.schule-aarau.ch/primarschule/primar-schule-telli/organisation.

Ségrégation spatiale des étrangers en Suisse, André Ourednik: http://ourednik.in-fo/segregEtrangersCH/

Sinus Markt- und Sozialforschung: http://www.sinus-institut.de/

Stadt Aarau: http://www.aarau.ch

Universität der Nachbarschaften, HafenCity Universität Hamburg: http://udn.hcu-hamburg.de/de/?p=161

Verein Neustart Schweiz: http://neustartschweiz.ch/

Wikipedia-Seite zur Telli-Überbauung: http://de.wikipedia.org/wiki/Telli

Zürich-Affoltern: http://www.zh-affoltern.ch/

ZEITUNGSARTIKEL

Online verfügbare Artikel zuletzt geprüft am 21.5.2018:

Aargauer Tagblatt vom 12.11.1977, Modernes Wohnen in Aarau, Telli heute (s.n.).

Aargauer Tagblatt vom 10.7.1985, »Boomstadt« Telli Aarau (Hans Rusterholz).

Aargauer Zeitung vom 28.4.2001, Telli-Jugend sehnt sich nach Freiräumen (s.n.).

Aargauer Zeitung vom 24.11.2011, Ein Quartiergeist, der von der Stadt gefördert wird (Sabine Kuster).

Aargauer Zeitung vom 21.1.2014, Nun ist es klar: Die Stadt Aarau erhält den Wakkerpreis 2014 (trö/fam).

aaround vom 6.10.2009, Die Tellianer von Aarau, eine Reportage (Andreas Krebs).

Affoltemer News vom 3.1.2000, Was ist denn das für dumpfe Musik? (s.n.).

Affoltemer News vom 4.7.2002, Funktionierende Nachbarschaftshilfe (s.n.).

Die Vorstadt vom 26.6.1997, Auch Beton kann schön sein (su).

Die Vorstadt vom 6.7.1999, »Corbusier-Blöcke« auferweckt (s.n.).

Die Vorstadt vom 22.7.1999, Bauliche und soziale Aufwertung (s.n.).

Die Vorstadt vom 30.11.1999, Die Welt der Illusionen (s.n.).

Die Vorstadt vom 15.6.2000, Am »Bring- und Holmarkt« (s.n.).

Der Bund vom 4.8.2016, »Tscharni« ohne Blues (Simon Wälti), https://www.derbund.ch/bern/stadt/tscharni-ohne-blues/story/30732230

Migros-Magazin vom 10.10.2011, Zuhause in der Blocksiedlung (Reto Wild).

NZZ vom 18.8.1971, Aaraus Telli – eine neue Kleinstadt an der Aare (s.n.).

NZZ vom 20.8.1983, Gemeinwesenarbeit im »Isengrind« (f), S. 41.

NZZ vom 12.4.1995, Machtprobe um ein Sanierungsvorhaben (ese).

NZZ vom 2.06.1997, Jugendliche Zeitzeugen in leichtem Grau (sir).

NZZ vom 2.4.2006, Stadtgebirge, Melting Pot, Wohnmaschine (Willi Wottreng)

NZZ vom 4.10.2010, Das schiefe Bild von Göhnerswil (Stefan Hotz), http://www.nzz.ch/das-schiefe-bild-von-goehnerswil-1.8265569.

NZZ vom 27.11.2010, Behaglichkeit in der Betonwand (Matthias Daum), http://www.nzz.ch/behaglichkeit-in-der-betonwand-1.8489588.

NZZ vom 28.11.2010, Die Zukunft liegt in der Vergangenheit (Yann Cherix), http://www.nzz.ch/die-zukunft-liegt-in-der-vergangenheit-1.8495762.

NZZ vom 5.8.2011, Innenansichten einer Wohnmaschine (Dorothee Vögeli), http://www.nzz.ch/innenansichten-einer-wohnmaschine-1.11780794.

NZZ vom 16.3.2013, Die erste Satellitenstadt (Willi Wottreng), http://www.nzz.ch/article8QA4B-1.226445.

NZZ vom 9.7.2013, Die Grossüberbauung ist zurück (Andrea Mertel), http://www.nzz.ch/die-grossueberbauung-ist-zurueck-1.18113199.

NZZ vom 13.7.2013, Das andere Wahrzeichen von Genf (Andrea Kucera), https://www.nzz.ch/schweiz/das-andere-wahrzeichen-von-genf-1.18115809

NZZ Folio vom Januar 2012, Los Angeles in den Alpen (Gudrun Sachse), S. 52-54.

Tagblatt vom 20.6.1997, Farben gegen die Tristesse (s.n.).

Tagesanzeiger vom 20.2.1976, Was von der Horta-Pleite noch zu retten ist (ng).

Tagesanzeiger vom 7.2.1995, Stadt ist wenig kostenbewusst (E. Hildebrand).

Tagesanzeiger vom 7.2.1995, Der Stadtrat soll besser informieren (E. Hildebrand).

Tagesanzeiger vom 2.3.1995, Auf 50 Jahre die günstigste Lösung (E. Hildebrand).

Tagesanzeiger vom 23.3.1995, Dieser Betrag musste erschrecken (E. Hildebrand).

Tagesanzeiger vom 13.4.1995, Streit um Renovation (E. Hildebrand).

Tagesanzeiger vom 14.7.1995, Zum Betongrau nur bunte Sonnenstoren (E. Hildebrand).

Tagesanzeiger vom 6.7.1999, Die Verslumung gestoppt (Martin Huber).

Tagesanzeiger vom 2.6.2004, Stadt renoviert mit einem Herz für Familien (s.n.).

Tagesanzeiger vom 27.8.2013, Schützenswerter Beton (Georg Gindely), http://www.tagesanzeiger.ch/zuerich/stadt/Schuetzenswerter-Beton/story/31828677.

Telli-Post vom Juni 2006, Editorial, Fit für die Zukunft! (s.n.).

Züritipp vom 02.12.2010, Die Agglo boomt (Christian Wyss),

Züri Leu vom 10.1.1975, Die Horta-Story (s.n.).

RADIO- UND TV-BERICHTE

Online verfügbare Sendungen zuletzt geprüft am: 21.5.2018

RTS 15.11.2008, A suivre... Le Lignon, http://www.rts.ch/play/tv/a-suivre/video/a-suivre---le-lignon?id=44696

RTS 14.10.2010, Le Lignon, portrait d'une cité colorée et multiculturelle de la banlieue genevoise, http://www.rts.ch/play/tv/decouverte/video/le-lignon-portrait-dune-cite-coloree-et-multiculturelle-de-la-banlieue-genevoise?id=2586756

SRF 24.4.2012, Bauen und Wohnen: Hochhaussiedlung.

SRF 28.11.2012, Kulturplatz zur Telli-Überbauung (mit Eva Wannenmacher), www.srf.ch/sendungen/kulturplatz/mit-eva-wannenmacher-aus-der-ueberbauung-telli-in-aarau

SRF 7.9.2012, Regionaljournal, Telli-Quartier Aarau: Paradies oder Hölle?

SFF 18.09.2003, Himmelreich Schweiz – Leben im Hochhaus, Eine Reportage des Schweizer Fernsehens über das Leben in der Telli, https://www.aarau-telli.ch/index.php/filme

FILME

Kurt Gloor: Die grünen Kinder – filmisch-empirisches Soziogramm einer Schlafstadt (CH, 1972).

Fredy Rohner: Das reale Leben der Telli-Hochhäuser (CH, 2004), https://www.aarau-telli.ch/index.php/filme [Letzter Zugriff: 21.5.2018]

Hans und Nina Stürm: Zur Wohnungsfrage (CH, 1972).

ARCHIVBESTÄNDE

ABAUA: Archiv der Allgemeinen Wohnbaugenossenschaft, Aarau

Telli : Bestand zur Mittleren Telli (1970-2011), unsortiert, ohne Signaturen

Archiv der Helvetia Versicherungen, Generalagentur Zürich

Sunnebüel: Bestand zur Wohnüberbauung Sunnebüel in Volketswil, unsortiert, ohne Signaturen.

Baugeschichtliches Archiv Zürich

Fotografische Sammlung

ETH-Bibliothek Zürich, Bildarchiv

Stiftung Luftbild Schweiz
Fotoagentur Comet Photo AG

gta: Archiv des Instituts für Geschichte und Theorie der Architektur, ETH Zürich

NL Marti: Nachlass Hans Marti (1913-1993)

GZA: Archiv des Gemeinschaftszentrum Telli

Telli: Unterlagen zur Mittleren Telli (2000-2013), unsortiert, ohne Signaturen

LVZA: Archiv der Liegenschaftenverwaltung der Stadt Zürich

UAII: Bestand zu Unteraffoltern II (1966-2011), unsortiert, ohne Signaturen

Wincasa-Archiv: Archiv der Wincasa Immobilienverwaltung, Olten

Telli: Bestand zur Mittleren Telli (1970-2011), unsortiert, ohne Signaturen

UNVERÖFFENTLICHTE STATISTISCHE QUELLEN

Statistik Stadt Zürich, Siedlungsspiegel UAII, 1993-2011: Langzeitstudie zur Wohnsiedlung Unteraffoltern II (Herkunft/Nationalitäten, Altersstruktur, Haushaltsstruktur, Einbürgerungen, Bewegungen, Einkommen), 19.03.2012 (unveröffentlicht).

Stadtbüro Aarau, Auszug aus dem Einwohnerregister der Stadt Aarau, Stand: März 2014 (Variablen: Familien-/Haushaltscode, Zivilstand, Nationalität, Aufenthaltsstatus, Zuzugsdatum, Konfession, Jahrgang für die Liegenschaften Rüttmattstrasse 1-17; Delfterstrasse 21-30 und 31-44; Neuenburgerstrasse 1-12).

INTERVIEWS

Gruppeninterview LVZ UAII: Interview mit VertreterInnen der Liegenschaftenverwaltung der Stadt Zürich, 23.08.2012.

Gruppeninterview Wincasa: Interview mit VertreterInnen der Wincasa Immobilienverwaltung, 20.03.2013.

Gruppeninterview GZ Telli: Interview mit dem Team des Gemeinschaftszentrums Telli, 14.03.2013.

Interview ABAU: Interview mit dem Geschäftsführer der ABAU Wohnbaugenossenschaft Aarau, 01.12.2011 (Gesprächsprotokoll).

Interviews mit BewohnerInnen von Unteraffoltern II:

Interview I, UAII, 08.10.2012
Interview II, UAII, 23.10.2012
Interview III, UAII, 27.11.2012
Interview IV, UAII, 13.12.2012
Interview V, UAII, 29.01.2013

Interviews mit BewohnerInnen der Überbauung Mittlere Telli:

Interview I, Telli, 15.04.2013
Interview II, Telli, 13.05.2013
Interview III, Telli, 17.05.2013
Interview IV, Telli, 22.05.2013
Interview V, Telli, 25.06.2013
Interview VI, Telli, 01.07.2013

Soziologie

Sighard Neckel, Natalia Besedovsky, Moritz Boddenberg,
Martina Hasenfratz, Sarah Miriam Pritz, Timo Wiegand
Die Gesellschaft der Nachhaltigkeit
Umrisse eines Forschungsprogramms

Januar 2018, 150 S., kart.
14,99 € (DE), 978-3-8376-4194-3
E-Book kostenlos erhältlich als Open-Access-Publikation
PDF: ISBN 978-3-8394-4194-7
EPUB: ISBN 978-3-7328-4194-3

Sabine Hark, Paula-Irene Villa
Unterscheiden und herrschen
Ein Essay zu den ambivalenten Verflechtungen
von Rassismus, Sexismus und Feminismus
in der Gegenwart

2017, 176 S., kart.
19,99 € (DE), 978-3-8376-3653-6
E-Book
PDF: 17,99 € (DE), ISBN 978-3-8394-3653-0
EPUB: 17,99 € (DE), ISBN 978-3-7328-3653-6

Anna Henkel (Hg.)
10 Minuten Soziologie: Materialität

Juni 2018, 122 S., kart.
15,99 € (DE), 978-3-8376-4073-1
E-Book: 13,99 € (DE), ISBN 978-3-8394-4073-5

Soziologie

Robert Seyfert, Jonathan Roberge (Hg.)
Algorithmuskulturen
Über die rechnerische Konstruktion der Wirklichkeit

2017, 242 S., kart., Abb.
29,99 € (DE), 978-3-8376-3800-4
E-Book kostenlos erhältlich als Open-Access-Publikation
PDF: ISBN 978-3-8394-3800-8
EPUB: ISBN 978-3-7328-3800-4

Andreas Reckwitz
Kreativität und soziale Praxis
Studien zur Sozial- und Gesellschaftstheorie

2016, 314 S., kart.
29,99 € (DE), 978-3-8376-3345-0
E-Book: 26,99 € (DE), ISBN 978-3-8394-3345-4

Ilker Ataç, Gerda Heck, Sabine Hess, Zeynep Kasli,
Philipp Ratfisch, Cavidan Soykan, Bediz Yilmaz (eds.)
**movements. Journal for Critical Migration
and Border Regime Studies**
Vol. 3, Issue 2/2017:
Turkey's Changing Migration Regime
and its Global and Regional Dynamics

2017, 230 p., pb.
24,99 € (DE), 978-3-8376-3719-9

**Leseproben, weitere Informationen und Bestellmöglichkeiten
finden Sie unter www.transcript-verlag.de**